郷土・地域文化の賞事典

日外アソシエーツ

A Reference Guide to Awards and Prizes of Regional Culture

Compiled by
Nichigai Associates, Inc.

©2017 by Nichigai Associates, Inc.
Printed in Japan

本書はディジタルデータでご利用いただくことができます。詳細はお問い合わせください。

●編集担当● 児山 政彦
カバーデザイン：浅海 亜矢子

刊行にあたって

　本書は日本国内の郷土・地域文化に関する賞の概要、受賞情報を集めた事典である。

　地域特有の自然や歴史、伝統、文化、産業などを活用した魅力あるまちづくりが各地で進められ、活性化に寄与した人物・団体等を顕彰する賞も様々な団体、自治体により創設されている。本書では、1979年に創設された伝統ある「サントリー地域文化賞」をはじめ、伝統工芸や伝統芸能を奨励する「伝統文化ポーラ賞」、観光振興に対する各地の斬新な取組を支援する「JTB交流文化賞」、地域の活力を生み出すイベントを表彰する「ふるさとイベント大賞」、全国規模の地方自治体主催の文学賞として草分けとなった金沢市「泉鏡花文学賞」など、国内の162賞を収録。関連賞を含めて賞ごとにその概要や歴代受賞者、受賞作品などを創設から一覧することができ、受賞者名索引を利用すれば、特定の人物・団体の受賞歴を通覧することも可能である。

　小社では、賞の概要や受賞者について調べたいときのツールとして、分野ごとに歴代の受賞情報を集めた「映画の賞事典」(2009)、「音楽の賞事典」(2010)、「ビジネス・技術・産業の賞事典」(2012)、「漫画・アニメの賞事典」(2012)、「環境・エネルギーの賞事典」(2013)、「女性の賞事典」(2014)、「小説の賞事典」(2015)、「ノンフィクション・評論・学芸の賞事典」(2015)、「詩歌・俳句の賞事典」(2015) などを刊行している。本書と併せてご利用いただければ幸いである。

2017年5月

　　　　　　　　　　　　　　　　　　　　　　　　日外アソシエーツ

凡　例

1．本書の内容
　　　本書は国内の郷土・地域文化に関する162賞の受賞情報を収録した事典である。

2．収録範囲
　1）郷土・地域文化に関する賞を2017年3月末現在で収録した。
　2）特定の時期に郷土・地域関連の部門が設けられていたり、賞の一部に郷土・地域関連部門が存在する場合は、該当する年・部門を収録した。
　3）出身・在住など制限があるもの、児童・生徒が主体のものは原則対象外とした。

3．賞名見出し
　1）賞名の表記は原則正式名称を採用した。
　2）改称や他の呼称がある場合は、目次に個別の賞名見出しを立て、参照を付した。

4．賞の分類と賞名見出しの排列
　　　賞を「文化・社会・経済」「科学・技術」「美術」「音楽・芸能」「文学」の5つの大見出しに区分し、それぞれの賞名の五十音順に排列した。その際、濁音・半濁音は清音とみなし、ヂ→シ、ヅ→スとした。促音・拗音は直音とみなし、長音（音引き）は無視した。

5．記載内容
　1）概　要
　　　賞の概要として、賞の由来・趣旨／主催者／選考委員／選考方法／選考基準／締切・発表／賞・賞金／公式ホームページURLを記載した。記述内容は原則として最新回のものによった。

2) 受賞記録

　　歴代受賞記録を受賞年（回）ごとにまとめ、部門・席次／受賞者名（受賞時の所属、肩書き等）／受賞作品または受賞理由の順に記載した。

　　主催者からの回答が得られず、他の方法によっても調査しきれなかった場合は"＊"印を付した。

6．受賞者名索引
1) 受賞者名から本文での記載頁を引けるようにした。
2) 排列は、姓の読みの五十音順、同一姓のもとでは名の読みの五十音順とした。姓名区切りのない人物、団体名は全体を姓とみなして排列した。アルファベットで始まるものはABC順とし、五十音の後においた。なお、濁音・半濁音は清音とみなし、ヂ→シ、ヅ→スとした。促音・拗音は直音とみなし、長音（音引き）は無視した。

目　　次

文化・社会・経済

001　ICT地域活性化大賞 …………………………………………………… 3
002　アイヌ文化賞 …………………………………………………………… 4
003　暁烏敏賞 ………………………………………………………………… 8
004　あしたのまち・くらしづくり活動賞 ……………………………… 11
005　安吾賞 …………………………………………………………………… 33
006　岩切章太郎賞 …………………………………………………………… 34
007　岩宿文化賞 ……………………………………………………………… 35
008　植村直己冒険賞 ………………………………………………………… 36
　　　美しいまちなみ賞　→038 都市景観大賞「美しいまちなみ賞」
009　NTT全国タウン誌大賞 ………………………………………………… 38
010　織部賞 …………………………………………………………………… 41
011　温泉総選挙 ……………………………………………………………… 42
012　協働まちづくり表彰 …………………………………………………… 43
013　郷土史研究賞 …………………………………………………………… 46
　　　郷土文化賞　→054 山本有三記念郷土文化賞
014　小泉八雲賞 ……………………………………………………………… 48
　　　国際交流基金地域交流賞　→015 国際交流基金地球市民賞
　　　国際交流基金地域交流振興賞　→015 国際交流基金地球市民賞
015　国際交流基金地球市民賞 ……………………………………………… 49
016　コープみらい地域かがやき賞 ………………………………………… 54
017　産業観光まちづくり大賞 ……………………………………………… 56
018　サントリー地域文化賞 ………………………………………………… 57
019　JTB交流文化賞 ………………………………………………………… 66
020　自治体国際交流表彰（総務大臣賞）………………………………… 71
021　自治体まちづくりグッズ賞 …………………………………………… 73
　　　渋沢栄一社会貢献賞　→022 渋沢栄一賞
022　渋沢栄一賞 ……………………………………………………………… 74
023　信用金庫社会貢献賞 …………………………………………………… 77
024　スポーツ振興賞 ………………………………………………………… 83

(6)

目次

- 025　高円宮殿下記念地域伝統芸能賞 ……………………………… 85
  - 地域交流賞　→015 国際交流基金地球市民賞
  - 地域交流振興賞　→015 国際交流基金地球市民賞
- 026　地域食品産業貢献賞 …………………………………………… 86
- 027　地域・スポーツ振興賞 ………………………………………… 86
- 028　地域創造大賞（総務大臣賞） ………………………………… 88
- 029　地域伝統芸能奨励賞 …………………………………………… 90
- 030　地域伝統芸能大賞 ……………………………………………… 91
- 031　地域伝統芸能特別賞 …………………………………………… 94
- 032　地域福祉優秀実践賞 …………………………………………… 94
- 033　地方公共団体ファイナンス表彰 ……………………………… 95
- 034　地方出版文化功労賞 …………………………………………… 96
- 035　地方創生レファレンス大賞 …………………………………… 98
- 036　ティファニー財団賞―日本の伝統文化と現代社会 ………… 99
- 037　伝統文化ポーラ賞 ……………………………………………… 100
- 038　都市景観大賞「美しいまちなみ賞」 ………………………… 107
  - 日経インターネットアワード　→039 日経地域情報化大賞
- 039　日経地域情報化大賞 …………………………………………… 110
- 040　NIPPON QUEST AWARD ………………………………………… 115
- 041　日本ICT教育アワード ………………………………………… 116
- 042　日本ギフト大賞 ………………………………………………… 117
- 043　日本サービス大賞〔地方創生大臣賞〕 ……………………… 120
- 044　日本新聞協会地域貢献大賞 …………………………………… 120
- 045　日本タウン誌・フリーペーパー大賞 ………………………… 127
- 046　日本地域学会学会賞 …………………………………………… 132
- 047　濱田青陵賞 ……………………………………………………… 138
- 048　B-1グランプリ ………………………………………………… 140
- 049　ふるさとイベント大賞 ………………………………………… 143
- 050　ふるさと企業大賞（総務大臣賞） …………………………… 149
- 051　ふるさと名品オブ・ザ・イヤー ……………………………… 153
  - ポーラ賞　→037 伝統文化ポーラ賞
  - ポーラ伝統文化賞　→037 伝統文化ポーラ賞
- 052　毎日郷土提言賞 ………………………………………………… 158
- 053　山片蟠桃賞 ……………………………………………………… 160
- 054　山本有三記念郷土文化賞 ……………………………………… 162
- 055　和辻哲郎文化賞 ………………………………………………… 164

目　次

科学・技術

056　イノベーションネットアワード……………………………… 168
057　環境水俣賞…………………………………………………… 170
058　ジャパン・レジリエンス・アワード〔先進エネルギー自治体大賞〕……… 172
059　循環のみち下水道賞………………………………………… 173
060　杉田玄白賞…………………………………………………… 177
061　生態学琵琶湖賞……………………………………………… 179
062　西宮湯川記念賞……………………………………………… 181
063　南方熊楠賞…………………………………………………… 183
064　吉田富三賞…………………………………………………… 186
065　若月賞………………………………………………………… 189

美　術

066　あさご芸術の森大賞展……………………………………… 194
067　飯田市藤本四八写真文化賞………………………………… 195
　　　イルフビエンナーレ　→082 武井武雄記念日本童画大賞
068　いわてマンガ大賞…………………………………………… 197
069　宇和島パールデザインコンテスト………………………… 198
　　　越後湯沢全国童画展　→086 日本童画の父 川上四郎記念『越後湯沢全国童画展』
070　円空大賞……………………………………………………… 200
071　大分アジア彫刻展…………………………………………… 202
072　鹿沼市立川上澄生美術館木版画大賞……………………… 204
　　　臥龍桜日本画大賞展　→088 飛騨高山臥龍桜日本画大賞展
074　吉備川上漫画グランプリ…………………………………… 209
073　京都デザイン賞……………………………………………… 207
075　熊谷守一大賞展……………………………………………… 218
076　工芸都市高岡クラフトコンペ……………………………… 219
077　酒田市土門拳文化賞………………………………………… 225
078　写真の町 東川賞……………………………………………… 228
079　信州伊那高遠の四季展……………………………………… 233

(8)

目次

- *080* 菅楯彦大賞･･･ 234
  青邨記念大賞　→*095* 前田青邨記念大賞
- *081* 雪舟の里総社 墨彩画公募展･･････････････････････････････ 236
- *082* 武井武雄記念日本童画大賞････････････････････････････････ 237
- *083* 中原悌二郎賞･･ 240
- *084* 奈良県万葉日本画大賞展･･････････････････････････････････ 242
- *085* にいがたマンガ大賞･･････････････････････････････････････ 243
- *086* 日本童画の父 川上四郎記念『越後湯沢全国童画展』･･･ 255
- *087* 林忠彦賞･･ 257
- *088* 飛驒高山隊龍桜日本画大賞展･･････････････････････････････ 259
- *089* 飛驒高山国際現代木版画トリエンナーレ･････････････････ 261
- *090* 平櫛田中賞･･･ 263
- *091* ヒロシマ賞･･･ 264
  藤本四八写真文化賞　→*067* 飯田市藤本四八写真文化賞
- *092* 本郷新記念札幌彫刻賞････････････････････････････････････ 265
- *093* 本郷新賞･･ 265
- *094* 前田寛治大賞･･･ 266
- *095* 前田青邨記念大賞･･ 268
- *096* 山口源大賞･･･ 270
- *097* 雪のデザイン賞･･ 270

音楽・芸能

- *098* 浅草芸能大賞･･･ 273
  新しい童謡コンクール　→*113* 三木露風賞・新しい童謡コンクール
- *099* 泉鏡花記念金沢戯曲大賞･････････････････････････････････ 276
- *100* 江藤俊哉ヴァイオリンコンクール･･････････････････････ 276
- *101* 沖縄市戯曲大賞･･･ 279
- *102* 菊池寛ドラマ賞･･･ 280
- *103* 古関裕而記念音楽賞････････････････････････････････････ 281
- *104* 仙台劇のまち戯曲賞･･･････････････････････････････････ 282
- *105* せんだい短編戯曲賞･･･････････････････････････････････ 283
- *106* 宝塚ミュージカル・コンクール･･････････････････････ 284
  近松賞　→*107* 近松門左衛門賞
- *107* 近松門左衛門賞･･･ 286
  地方の時代賞映像コンクール　→*108* 「地方の時代賞」映像コンクール

(9)

目次

- *108* 「地方の時代賞」映像コンクール……287
- *109* 坪内逍遙大賞……296
- *110* 徳川夢声市民賞……297
- *111* 函館港イルミナシオン映画祭シナリオ大賞……298
    - 函館山ロープウェイ映画祭シナリオ大賞　→*111* 函館港イルミナシオン映画祭シナリオ大賞
- *112* 藤沢オペラコンクール……300
    - 三木露風賞　→*113* 三木露風賞・新しい童謡コンクール
- *113* 三木露風賞・新しい童謡コンクール……302

文　学

- *114* 芦屋国際俳句祭……306
- *115* 伊豆文学賞……308
- *116* 泉鏡花文学賞……312
- *117* 市川手児奈文学賞……314
- *118* 伊東静雄賞……316
- *119* 伊藤整文学賞……317
    - イーハトーブ賞　→*156* 宮沢賢治賞・イーハトーブ賞
- *120* いろは文学賞……319
    - 内田百閒文学賞　→*122* 岡山県「内田百閒文学賞」
    - 内田康夫ミステリー文学賞　→*125* 北区内田康夫ミステリー文学賞
- *121* 浦和スポーツ文学賞……320
    - 絵本の里大賞　→*129* けんぶち絵本の里大賞
    - 岡山・吉備の国文学賞　→*122* 岡山県「内田百閒文学賞」
- *122* 岡山県「内田百閒文学賞」……321
- *123* 奥の細道文学賞……323
- *124* 織田作之助賞……325
    - 笠岡市文学賞　→*126* 木山捷平短編小説賞
    - 笠岡市文学賞　→*127* 木山捷平文学賞
    - 風花随筆文学賞　→*148* ふくい風花随筆文学賞
- *125* 北区内田康夫ミステリー文学賞……327
- *126* 木山捷平短編小説賞……329
- *127* 木山捷平文学賞……330
- *128* 草枕文学賞……330
- *129* けんぶち絵本の里大賞……331
- *130* 小諸・藤村文学賞……335

(10)

目　次

- *131* さいたま市スポーツ文学賞 ……………………………………… 342
  - さいたま市スポーツ文学賞　→ *121* 浦和スポーツ文学賞
- *132* 齋藤茂吉短歌文学賞 ……………………………………………… 344
  - 堺市文学賞　→ *133* 堺自由都市文学賞
- *133* 堺自由都市文学賞 ………………………………………………… 345
- *134* 酒折連歌賞 ………………………………………………………… 347
  - 自由都市文学賞　→ *133* 堺自由都市文学賞
- *135* 白鳥省吾賞 ………………………………………………………… 351
- *136* ちよだ文学賞 ……………………………………………………… 356
- *137* 坪田譲治文学賞 …………………………………………………… 357
  - 土井晩翠賞　→ *147* 晩翠賞
- *138* 富田砕花賞 ………………………………………………………… 358
- *139* 中城ふみ子賞 ……………………………………………………… 360
- *140* 長塚節文学賞 ……………………………………………………… 360
- *141* 中原中也賞 ………………………………………………………… 363
- *142* 中山義秀文学賞 …………………………………………………… 364
- *143* NARA万葉世界賞 ………………………………………………… 365
- *144* 新美南吉童話賞 …………………………………………………… 366
- *145* 萩原朔太郎賞 ……………………………………………………… 377
- *146* 原阿佐緒賞 ………………………………………………………… 378
- *147* 晩翠賞 ……………………………………………………………… 380
- *148* ふくい風花随筆文学賞 …………………………………………… 381
- *149* 富士正晴全国同人雑誌賞 ………………………………………… 387
- *150* 舟橋聖一文学賞 …………………………………………………… 388
- *151* 文の京文芸賞 ……………………………………………………… 389
- *152* 坊っちゃん文学賞 ………………………………………………… 389
- *153* 正岡子規国際俳句賞 ……………………………………………… 391
- *154* マリン文学賞 ……………………………………………………… 392
- *155* 丸山豊記念現代詩賞 ……………………………………………… 393
  - 宮沢賢治賞　→ *156* 宮沢賢治賞・イーハトーブ賞
- *156* 宮沢賢治賞・イーハトーブ賞 …………………………………… 394
- *157* 三好達治賞 ………………………………………………………… 398
- *158* 椋鳩十児童文学賞 ………………………………………………… 399
- *159* 紫式部文学賞 ……………………………………………………… 400
- *160* 森林（もり）のまち童話大賞 …………………………………… 402
- *161* やまなし文学賞 …………………………………………………… 403
- *162* 若山牧水賞 ………………………………………………………… 407
- 受賞者名索引 …………………………………………………………… 409

郷土・地域文化の賞事典

文化・社会・経済

001 ICT地域活性化大賞

我が国が抱える様々な課題(人口減少,少子高齢化,医師不足,災害対応,地域経済の衰退等)を解決するため,それぞれの地域において様々な取組がなされている。これらの地域課題の解決に資するICT(情報通信技術)の利活用を普及促進していくことを目的として,平成26年度より先進的な地域情報化事例を「地域情報化大賞」として表彰。平成28年度からは名称を「ICT地域活性化大賞」としている。

【主催者】総務省
【締切・発表】(平成28年度)平成28年11月16日〜平成28年12月15日必着,平成29年3月7日発表
【賞・賞金】大賞:1件程度,優秀賞:3件程度,奨励賞:数件程度
【URL】http://www.soumu.go.jp/main_sosiki/joho_tsusin/top/local_support/ict/taisho/index.html

(平26年度)
◇大賞(総務大臣賞)
  NPO法人日本サスティナブル・コミュニティ・センター(京都府京都市)"「ポケットカルテ」及び地域共通診察券「すこやか安心カード」"
  岐阜県東白川村"フォレスタイル 森の恵みに満ちた暮らし方提案ウェブサイト"
◇地域活性化部門賞部門賞
  NPO法人グリーンバレー(徳島県神山町)"日本の田舎をステキに変える「サテライトオフィスプロジェクト」など"
◇地域サービス創生部門賞
  (株)データホライゾン(広島県広島市)"ICTを用いた広島県呉市における「データヘルス」の取り組み支援"
◇特別賞
  長野県塩尻市"センサーネットワークによる鳥獣被害対策"
  NPO法人地域情報化モデル研究会(青森県青森市)"地域の埋もれた魅力を浮上させる青森県観光モデル"
  (一社)みらいサポート石巻(宮城県石巻市)"石巻市におけるGIS,AR技術を利用した「防災まちあるき」"
◇奨励賞
  愛媛県愛南町"ICT利活用による次世代型水産業の実現"
  熊本県高森町教育委員会"教育の情報化を基盤とした誇りと夢と元気を生み出す人づくり町づくり"
  千葉県千葉市"ちばレポ 市民と行政をつなぐ新しいコミュニケーションツール"
  (株)デジタルブティック(東京都港区),大分県豊後高田市"WorkSmart@豊後高田市"
  東峰テレビ(福岡県東峰村),(一社)八百万人(東京都杉並区)"住民ディレクター発! NHK大河ドラマ追走番組プロジェクト"
  バーズ・ビュー(株)(東京都文京区)"e-MATCHによる奈良県の救急医療体制改善への支援"

(平27年度)
◇大賞(総務大臣賞)

公立はこだて未来大学マリンIT・ラボ "IT漁業による地方創生"
◇アドバイザー賞
　(一財)島前ふるさと魅力化財団隠岐國学習センター "小規模校集合体バーチャルクラス(クラウド遠隔授業システム)"
◇地域活性化部門賞
　福岡県福岡市 "福岡市無料公衆無線LANサービス「Fukuoka City Wi-Fi」"
●地域サービス創生部門賞
　福岡県福岡市 "福岡市無料公衆無線LANサービス「Fukuoka City Wi-Fi」"
◇特別賞
　(一社)愛媛県法人会連合会(愛媛県松山市) "えひめ結婚支援センター『愛結び』におけるビッグデータの活用"
　(株)JTBグローバルマーケティング&トラベル(東京都品川区) "マンガを切り口とした訪日観光の普及啓発と地域への誘客導線"
　宮崎県日南市 "「日南市式テレワーク」の推進による新たな働く場の創出"
◇奨励賞
　天かける医療介護連携事業運営協議会(広島県尾道市) "ICTで地域包括ケアの更なる進化をめざす天かけるネットの取組"
　イーグルバス(株)(埼玉県川越市) "ICTを活用した見える化による地域活性化とバスサービスの維持確保"
　(株)ウェルモ(福岡県福岡市) "社会資源プラットフォーム ミルモシリーズ"
　(一社)KAI OTSUCHI(岩手県上閉伊郡大槌町) "ICT教育のまちOTSUCHI"

新潟県妙高市 "見えて安心 使って楽々 除雪管理システム"
(平28年度)
◇大賞(総務大臣賞)
　シタテル(株) "ICTによる衣服生産のプラットフォーム"
◇優秀賞
　新潟市、(株)NTTドコモ "ICTで創る新しい農業・教育のかたち"
　特定非営利活動法人佐渡地域医療連携推進協議会 "佐渡地域医療連携ネットワーク「さどひまわりネット」"
　静岡県静岡市 "しずみちinfo・通行規制データのリアルタイム・オープン化"
◇奨励賞
　福島県新地町 "学校・家庭・地域を結ぶクラウドを活用した効果的なICT活用教育の実現"
　(株)ガイアックス "C2C地域体験と自治体連携を通じた着地型観光商品の開発"
　北海道岩見沢市 "スマート農業と除排雪への横断的活用による地方創生"
　東京大学生産技術研究所関本研究室 "都市の将来像可視化ツール「MyCityForecast」の開発と全国展開"
　茨城県つくば市教育委員会 "21世紀型スキルを育むICT教育でみんなが住みたくなるまち"
　福岡県福岡市 "福岡市地域包括ケア情報プラットフォーム"
　奈良県葛城市 "ママスクエア葛城店〜テレワークを活用した母親雇用創出事業〜"
　TimeAge(株) "名勝仁和寺の文化財保護保全を目的とする無線LAN整備事業"

002 アイヌ文化賞

　平成9年7月から施行されたアイヌ文化振興法に定めた事業を実施するため設立されたアイヌ文化振興・研究推進機構が創設。アイヌ文化の保存、振興に貢献した個人及び団体を表彰する。

【主催者】(公財)アイヌ文化振興・研究推進機構

【選考基準】〔基準〕アイヌ文化賞：アイヌ文化の各分野において保存・伝承及びその

文化・社会・経済　　　　　　　　　　　　　　　　　　　　　　　　　　　　002 アイヌ文化賞

> 発達に関し，特に業績の顕著な個人。アイヌ文化奨励賞：事績が顕著であって今後の活動が期待される個人及び団体
> 【賞・賞金】文化賞：賞状・副賞・記念品，奨励賞（個人）：賞状・副賞・記念品，奨励賞（団体）：賞状・副賞・記念品
> 【URL】http://www.frpac.or.jp/rst/sho/index.html

第1回（平9年度）
　◇文化賞
　　沢井 トメノ
　　葛野 辰次郎
　◇文化奨励賞
　●個人
　　杉村 満
　　上武 やす子
第2回（平10年度）
　◇文化賞
　　上田 とし
　　小田 イト
　　杉村 京子
　◇文化奨励賞
　●個人
　　上野 サダ
　　小鳥 サワ
　　豊川 重雄
　●団体
　　白老民族芸能保存会
　　平取アイヌ文化保存会
第3回（平11年度）
　◇文化賞
　　日川 キヨ
　◇文化奨励賞
　●個人
　　秋辺 今吉
　　尾関 昇
　　黒川 セツ
　　清水 虎吉
　　野本 リヨ
　●団体
　　帯広カムイトウウポポ保存会
　　上士幌町ウタリ文化伝承保存会
　　静内民族文化保存会
　　白糠アイヌ文化保存会
　　春採アイヌ古式舞踊釧路リムセ保存会
第4回（平12年度）
　◇文化賞
　　野本 亀雄
　◇文化奨励賞
　●個人
　　青木 とき
　　安東 ウメ子
　　泉 辰江
　　増野 光教
　　松島 トミ
　●団体
　　浦河ウタリ文化保存会
　　札幌ウポポ保存会
　　アイヌ民族博物館
　　平取町二風谷アイヌ語教室
　　三石民族文化保存会
第5回（平13年度）
　◇文化賞
　　新井田 セイノ
　　上野 サダ
　　八重 清次郎
　◇文化奨励賞
　●個人
　　桐本 トモ
　　杉村 フサ
　　林 イツ子
　●団体
　　旭川アイヌ語教室
　　札幌アイヌ文化協会
　　様似民族文化保存会
第6回（平14年度）
　◇文化賞
　　根本 与三郎
　◇文化奨励賞
　●個人
　　芹沢 ヤエ
　　川上 実
　　小石川 セツ子
　　蝶多 則光

細川 一人
八重 フサ
- 団体
釧路アイヌ民芸企業組合
札幌アイヌ語教室
鵡川アイヌ文化伝承保存会
門別ウタリ文化保存会

第7回（平15年度）
◇文化賞
萱野 茂
◇文化奨励賞
- 個人
秋辺 トヨ子
伊沢 ヒサ
泉 トメ
磯辺 マサ子
浦川 ツタ
山本 ヤス子
渡辺 良弘
- 団体
阿寒アイヌ民族文化保存会
知里真志保を語る会
釧路アイヌ文化懇話会

第8回（平16年度）
◇文化賞
中本 ムツ子
◇文化奨励賞
- 個人
荒井 和子
宇梶 静江
木村 いと
弟子 シギ子
遠山 サキ
吉村 冬子
- 団体
旭川チカップニ・アイヌ民族文化保存会
千歳アイヌ文化伝承保存会
関東ウタリ会
レラの会

第9回（平17年度）
◇文化賞
野村 義一（元道ウタリ協会理事長）
◇文化奨励賞
- 個人
秋辺 美津子（釧路市）
浦川治造（千葉・君津市）
太田 シゲエ（旭川市）
木幡 サチ子（日高管内平取町）
沢 スミ子（胆振管内鵡川町）
志気 フミ（釧路管内阿寒町）
- 団体
釧路アイヌ語教室（釧路市）
弟子屈町屈斜路古丹アイヌ文化保存会（釧路管内弟子屈町）
新冠民族文化保存会（日高管内新冠町）
ペウレ・ウタリの会（神奈川県川崎市）

第10回（平18年度）
◇文化賞
小鳥 サワ "阿寒アイヌ語教室や阿寒アイヌ民族文化保存会において精神文化・舞踊・アイヌ語を指導"
◇文化奨励賞
- 個人
川上 けさ子 "アイヌ植物園「東泉園」を営み，アイヌの伝統家屋「チセ」を復元。十勝管内では数少ないキナ（ゴザ）編みの伝承者として講習会を行う"
才賀 フサエ "春採アイヌ古式舞踊釧路リムセ保存会幹事。ハルトリのウポポやリムセの継承，釧路地方における活動など"
笹村 一郎 "帯広で行われるイチャルパ等での祭司，十勝管内の学校におけるアイヌ文化講座講師，アイヌ教育相談員として活躍"
床 ヌプリ "阿寒アイヌ文化保存会結成時より参加してユーカラの劇化に取り組み，国内外で公演活動を行う"
藤原 信子 "北海道ウタリ協会千歳支部実施の伝統工芸展示会において刺繍の実演指導を行うなど，アイヌ文化の伝承に貢献"
- 団体
阿寒湖アイヌ協会 "地元の有志等とマリモの返還運動を目的に結成され，阿寒町や近隣地域で開催されるアイヌ民族の祭事には，中心的な役割で携わり，マリモの保存を目的に立ち上げた「まりも祭」も開催"
白糠アイヌ語教室 "毎月2回アイヌ語教室を開催し，後継者の育成に力に尽力。白

糠町に伝わる口承文芸「サコロペ」の伝承活動も行う"
鵡川アイヌ語教室実行委員会 "平成4年にアイヌ語教室を開設,野外教室で野草,薬草のアイヌ語研究及びアイヌ料理等にも取り組む"

第11回(平19年度)
◇文化賞
　秋辺 今吉
◇文化奨励賞
● 個人
　芦澤 弘
　木村 ヤエ子
　近藤 ノリ子
　津田 命子
　野本 ハナエ
　野本 ヨシエ
　三上 トシ子
　向井 政治郎
● 団体
　アイヌ語地名研究会
　阿寒アイヌ工芸協同組合

第12回(平20年度)
◇文化賞
　鈴木 ヨチ
◇文化奨励賞
● 個人
　宇佐 タミエ
　浦川 太八
　川上 英幸
　木下 信子
　工藤 さち子
　小石川 章市
　笹村 二朗
　時田 岩吉

第13回(平21年度)
◇文化賞
　遠山 サキ
◇文化奨励賞
● 個人
　伊賀 勝子
　大塚 義隆
　川上 哲
　川村 兼一
　小枝 ユリ
　鍋澤 保
　松永 八重子
● 団体
　帯広アイヌ語教室

第14回(平22年度)
◇文化賞
　萱野 れい子
◇文化奨励賞
● 個人
　山﨑 シマ子
　山本 文利
● 団体
　特定非営利活動法人知里森舎

第15回(平23年度)
◇文化賞
　弟子 シギ子
◇文化奨励賞
● 個人
　石井 由治
　上野 幸男
　内海 縣一
　小川 早苗
　貝澤 雪子
　川奈野 一信
　澤井 進
　時田 志美子
● 団体
　苫小牧アイヌ文化保存会(苫小牧市)

第16回(平24年度)
◇文化賞
　木幡 サチ子
◇文化奨励賞
● 個人
　新井田 幹夫
　荒木 繁
　加藤 町子
　熊谷 カネ
　合田 クミ
　其浦 清
　中村 勝信
　日川 キク子
　廣野 トヨ

第17回(平25年度)
◇文化賞
　床 ヌブリ
◇文化奨励賞

- 個人
  - 大関 美栄子
  - 貝澤 耕一
  - 北原 きよ子
  - 野本 久栄
  - 日川 清
- 第18回（平26年度）
  - ◇文化賞
    - 奥山 幸男
  - ◇文化奨励賞
  - 個人
    - 岡田 育子
    - 貝澤 貢男
    - 川島 江美子
    - 久保 久美子
    - 高木 喜久恵
    - 床 明
    - 野本 敏江
    - 八幡 智子
- 第19回（平27年度）
  - ◇文化賞
    - 林 イツコ
  - ◇文化奨励賞
  - 個人
    - 今井 ノリ子
    - 貝澤 ユリ子
    - 木村 マサエ
    - 酒井 奈々子
    - 佐渡 日出男
    - 堀 悦子
    - 村尾 磯子
    - 山本 栄子

003 暁烏敏賞

石川県白山市出身の歌人、仏教学者・暁烏敏にちなみ、同市の文化的伝統を更に継承発展させ、併せて21世紀を担う青少年の健全育成を図り、広く有為な人材の輩出を目的として昭和59年5月に創設された。

【主催者】白山市

【選考委員】梶田叡一（奈良学園大学学長），深川明子（金沢大学名誉教授），川村覚昭（佛教大学教授），山本哲也（元NHK金沢放送局局長），上原麻有子（京都大学教授）

【選考方法】公募

【選考基準】〔対象〕第1部門：哲学・思想に関する論文。第2部門：次代を担う子どもの育成に関する論文または実践記録。〔応募規定〕400字詰原稿用紙30～50枚以内の未発表作品。800字程度の梗概を添付

【締切・発表】（第32回）平成28年8月31日必着，11月6日贈呈式

【賞・賞金】第1部門（1点）：正賞「火焔様式楽人像」と副賞50万円。第2部門（1点）：正賞「覚華鏡」と副賞30万円

【URL】http://www.city.hakusan.ishikawa.jp/kankoubunkabu/bunkasinkou/akegarasu_sho/bunka5-1.html

第1回（昭60年）
  ◇第1部門
    池田 長康（通産省工業技術院電子技術総合研究所エネルギー部プラズマ研究室主任，工学博士）「時間と行動そして自己」
  ◇第2部門
    和田 明広（所沢市立清進小学校教諭）「第2回所沢サマースクール―高校生ボランティアの受け入れを通じて」

第2回（昭61年）
  ◇第1部門
    アーサー，クリス（英国エジンバラ大学研

究員, 宗教学博士)「21世紀への霊性への展望」
- 佳作
  岡崎 勇 「新地域主義―地球から地域へ」
◇第2部門
  波母山 矩子 「大人達の責任」

第3回 (昭62年)
◇第1部門
  足立 幸子 (大谷大学院生)「法然の信と親鸞の信について―その構造上の比較」
◇第2部門
  森田 俊和 (品川区立東海中学校教諭)「中学生の生徒指導におけるある試み」

第4回 (昭63年)
◇第1部門
  長沢 靖浩 (大阪府立勝山高校教諭)「念仏もうさんとおもいたつこころ」
- 優秀作品
  宇田 茂 「あはれの構造」
  尾上 新太郎 「田辺元の「種の論理」批判」
◇第2部門
  山崎 健治 (長野県児童福祉専門員)「青少年健全育成活動の在り方」

第5回 (平1年)
◇第1部門
  深沢 助雄 (新潟大学人文学部助教授)「我は此の如く如来を信ず―清沢満之先生の信仰について」
- 奨励作品
  三浦 精子 (児童文学者)「絵本で子育て, 心育て―今, 心豊かな家庭教育に可能なこと」

第8回 (平4年)
◇第1部門
  該当者なし
- 佳作
  池田 邦彦 (東大寺学園高等部教員)「しな離る越に五箇年―大友家持論」
  朱 全安 (早稲田大学非常勤講師)「国際化の中で―外国語教育を考える」
◇第2部門
  上田 泉 (熊本県人吉市役所職員)「子供に夢と誇りと思いやりの心を (人吉市西間下町子供会活動実践事例)」

第9回 (平5年)
◇第1部門
  吉永 慎二郎 (秋田大学助教授)「義理と人情―日本文学の普遍的価値」
- 佳作
  浅見 洋 (国立石川工業高等専門学校助教授)「西田幾多郎の未公開俳句と純粋経験論」
◇第2部門
  松吉 久美子 (ほりたわんぱくクラブ指導員)「わんぱくオリンピック―手を通して心を学ぶ」

第10回 (平6年)
◇第1部門
  茶谷 十六 (民族芸術研究所研究員)「団七踊り」の生命力―「奥州白石噺」の系譜とその思想にふれて」
- 佳作
  室 弥太郎 「「間」の感覚―技術時代の感性」
◇第2部門
  小林 公司 (相模原市立麻溝台中学校教諭)「学校と地域との"共育"による青少年の健全育成」

第11回 (平7年)
◇第1部門
  青木 英実 (大学助教授)「「理性」の〈深み〉へ―合理主義と教養教育」
- 佳作
  リックス, ボ・アンドレアセン (デンマーク癌協会研究員)「現代社会における死の定義―生と死に関する新しい概念を若者達はいかに学ぶべきなのか?」
◇第2部門
  小久保 純一 (専門学校講師)「教え育てる真の"教育"をめざして」

第12回 (平8年)
◇第1部門
  菰淵 和士 (大学教授)「「聞く」態度をきわめた人―暁烏敏小論」
◇第2部門
  本間 友巳 (教育センター研修指導主事)「子どもと居場所―不登校児への援助を通して」

第13回 (平9年)

◇第1部門
　室 弥太郎 「日本の芸道に含む感性とモラル」
◇第2部門
　小泉 博（平塚市青少年相談室）「相談活動から見えてきたもの」
第14回（平10年）
◇第1部門
　山竹 伸二 「自由と主体性を求めて」
◇第2部門
　森 紘（九州大学工学部助教授）「子育て心温計」
第15回（平11年）
◇第1部門
　該当者なし
● 佳作
　前田 嘉則 「言葉だ, 言葉, 言葉」…心的唯言論序説
　安田 暁男 「長塚節における「自然」について」
◇第2部門
　中川 美保子 「現代子ども事情」—新たな援助の視点を探る
第16回（平12年）
◇第1部門
　小平 慎一 「連帯する市民 21世紀の創造と生産の現場」
◇第2部門
　竹俣 由美子（養護教諭）「心の居場所としての保健室—その意味を探る」
第17回（平13年）
◇第1部門
　鈴木 一典（福祉施設職員）「河上肇とこの時代」
◇第2部門
　高田 咲子（教育相談員）「中学校「心の教育相談員」のあり方について」
第18回（平14年）
◇第1部門
　吉野 美智子（フリーランス哲学研究者）「近代の問題としての地球温暖化」
● 奨励賞
　角田 佑一 「清沢満之における信念」
◇第2部門
　加藤 宣彦（私立武蔵国際総合学園校長）「心に翼が生えるまで」
第19回（平15年度）
◇第1部門
　該当なし
◇第2部門
　野村 洋一 「野坂中学校区『おやじの会』の活動を通じて観じること」
第20回（平16年度）
◇第1部門
　小川 仁志 「地球時代によみがえるヘーゲルの市民社会論—『ネオコンの論理』を超えて」
◇第2部門
　上農 肇 「『つながり』という支援～教育相談機関における電話相談の実践を振り返って～」
第21回（平17年度）
◇第1部門
　光明 祐寛 「ありのまま・そのままの生き方—幾多郎・大拙・啓治の自然法爾」
◇第2部門
　松浦 一樹 「福祉と非行—元刑事と非行少年の軌跡」
第22回（平18年度）
◇第1部門
　後藤 靖英 「更生の仏道」
◇第2部門
　該当なし
第23回（平19年度）
◇第1部門
　宮本 佳範 「自然に対する『責任の感情』の形成を担うものとして自然保護教育—H・ヨナスの思想に基づく自然保護教育の基礎付けとその応用の試み」
◇第2部門
　寺岸 和光 「『いじめ』を越えた子どもたちとの歩み～教室の人間化から生まれる成長の姿～」
第24回（平20年度）
◇第1部門
　南 コニー 「今, 独自的普遍（Universel Singulier）というあり方」
◇第2部門
　三野 陽子 「言葉で心と心をつなぐ子をめざして～俳句・短歌を取り入れた授業の

創造～」
第25回（平21年度）
　◇第1部門
　　梶尾 悠史 「苦悩の倫理学―死なないでいることの〈理由〉」
　◇第2部門
　　村瀬 智之，土屋 陽介，山田 圭一 「深く考え，思いを伝えあう場をつくるために～哲学的議論を通じたコミュニケーションの試み～」
第26回（平22年度）
　◇第1部門
　　鈴木 朋子 「清沢満之における至誠心と道徳」
　◇第2部門
　　高 賢一 「いじめ・不登校問題等と向き合って」
第27回（平23年度）
　◇第1部門
　　下西 善三郎（上越教育大学大学院教授）「宮沢賢治と〈まことの文学〉―暁烏敏の受容を視野に収めて」
　◇第2部門
　　久原 弘（山口県立防府商業高等学校）「生きた相談室にするには～相談しやすい雰囲気の醸成～」
第28回（平24年度）
　◇第1部門
　　該当なし
　◇第2部門
　　中橋 和昭（白山市立千代野小学校）「『宗教的なもの』を考える『畏敬の念』の道徳授業の試み」
第29回（平25年度）
　◇第1部門
　　碧海 寿広（龍谷大学アジア仏教文化研究センター博士研究員）「教養主義者の救済論―読書家としての暁烏敏」
　◇第2部門
　　羽田 里加子（子育て支援電話相談員）「『子育て支援は親支援』という視点―電話相談での十年余の実践を通して」
第30回（平26年度）
　◇第1部門
　　舟木 徹男（予備校勤務）「親鸞思想における『生きる意味』―神谷美恵子とフランクルを媒介に」
　◇第2部門
　　稲荷 正明（元道南森高校校長）「親の背中」
第31回（平27年度）
　◇第1部門
　　戸谷 洋志（大阪大学大学院・文学研究科博士後後期課程）「原子力をめぐる哲学―ドイツ現代思想を中心に」
　◇第2部門
　　大菅 新（元公立中学校理科教員）「実践記録『いじめ問題について』」
第32回（平28年度）
　◇第1部門
　　山根 知子（ノートルダム清心女子大学教授）「宮沢賢治の文学と浄土真宗信仰―信仰の重層性の基層から」
　●奨励賞
　　田中 雄祐（岡山大学大学院・社会文化科学研究科博士後期課程）「グローバル化を巡って―井筒俊彦とエマニュエル・レヴィナス」
　◇第2部門
　　該当作なし

004 あしたのまち・くらしづくり活動賞

　地域が直面するさまざまな課題を自らの手で解決して，住み良い地域社会の創造をめざし，独自の発想により全国各地で活動に取り組んでいる地域活動団体・企業等を表彰する。平成18年度より「ふるさとづくり賞」から「あしたのまち・くらしづくり活動賞」に改称。

【主催者】（公財）あしたの日本を創る協会

【選考方法】学識経験者,マスコミ関係者,関係省庁等で構成される審査委員会等において審査を行う

【締切・発表】(平成29年度)平成29年11月3日表彰式

【賞・賞金】内閣総理大臣賞(1件)賞状,副賞20万円,内閣官房長官賞(1件)賞状,副賞10万円,総務大臣賞(1件)賞状,副賞10万円,主催者賞(5件程度)賞状,副賞5万円,振興奨励賞(20件程度)賞状

【URL】http://www.ashita.or.jp/prize/

(昭61年度)
◇集団の部
- 入賞
 真野まちづくり推進会(兵庫県)
 ふるさと五島をつくる会(長崎県)
- 奨励賞
 高月町雨森区(滋賀県)
 垂水区団地スポーツ協会(兵庫県)
 三田生活学校(和歌山県)
 『村芝居』白百合座・やったろー21(徳島県)

(昭62年度)
◇集団の部
- 入賞
 万場町三区「かたる会」(群馬県万場町)
 なら女性フォーラム(奈良県)
- 奨励賞
 横浜町手づくり友の会(青森県横浜町)
 薮神地区を考える会(新潟県大和町)
 米子音楽祭実行委員会(鳥取県米子市)
 グループ2000(鹿児島県鶴田町)

(昭63年度)
◇集団の部
- 入賞
 流山市立博物館友の会(千葉県流山市)
 面白ちんぐ倶楽部(長崎県大島町)
- 奨励賞
 当麻八起会(北海道当麻町)
 赤井地区コミュニティ推進協議会(宮城県矢本町)
 一乗観光フリーサービスクラブ(福井県福井市)
 香北町青年団(高知県香北町)

(平1年度)
◇集団の部
- 入賞
 まちづくり研究会(北海道北見市)
 上中町大鳥羽地区(福井県上中町)
- 奨励賞
 千歳市生活学校(北海道千歳市)
 紫波町有線放送劇団(岩手県紫波町)
 国分寺の名にふさわしい文化都市を築く会(東京都国分寺市)
 プラス2001(徳島県上勝町)

(平2年度)
◇集団の部
- ふるさとづくり大賞
 清見潟大学塾(静岡県)
- ふるさとづくり賞
 六郷生活学校(東京都)
- ふるさとづくり奨励賞
 下川町コロンブスの卵(北海道)
 渡良瀬ネット運営委員会(群馬県)
 よこはま川を考える会(神奈川県)
 追分生活改善グループ(兵庫県)
 広島市新川場商店街振興組合(広島県)
 椎根コスモス生活改善グループ(長崎県)
 流氷あいすらんど共和国(北海道)
◇市町村の部
- ふるさとづくり大賞
 綾町(宮崎県)
- ふるさとづくり賞
 高宮町(広島県)
- ふるさとづくり奨励賞
 鶴田町(青森県)
◇個人の部
- ふるさとづくり大賞
 安藤 周治

(平3年度)
◇集団の部
- ふるさとづくり大賞
 けんぶち絵本の里を創ろう会(北海道剣淵

町)
- ふるさとづくり賞
  みさと八街区町会あかねグループ(埼玉県三郷市)
- ふるさとづくり奨励賞
  流氷あいすらんど共和国北海道・室蘭ルネッサンス(北海道紋別市)
  SENDAI光のページェント実行委員会(宮城県仙台市)
  秋田県婦人会館生活学校(秋田県秋田市)
  石川国際交流ラウンジ(石川県金沢市)
  はかた夢松原の会(福岡県福岡市)
◇市町村の部
- ふるさとづくり大賞
  沼隈町(広島県)
- ふるさとづくり賞
  鷹栖町(北海道)
- ふるさとづくり奨励賞
  南郷村(宮崎県)
◇個人の部
- ふるさとづくり大賞
  宇田 保(上中町大鳥羽区相談役(福井県上中町))
- ふるさとづくり賞
  大村 虔一(羽根木プレーパークの会代表、東京都世田谷区)

(平4年度)
◇集団の部
- ふるさとづくり大賞
  大隅半島カルチャーロビー(鹿児島県)
- ふるさとづくり賞
  あかねグループ(宮城県)
- ふるさとづくり奨励賞
  室蘭ルネッサンス(北海道)
  芦野の里づくり委員会(栃木県)
  かたりべの会(静岡県)
  西奈良ふるさとづくり交歓委員会(奈良県)
◇市町村の部
- ふるさとづくり大賞
  今立町(福井県)
- ふるさとづくり賞
  鬼無里村(長野県)
- ふるさとづくり奨励賞
  宇治市(京都府)
◇個人の部
- ふるさとづくり大賞
  樋口 英一
- ふるさとづくり賞
  谷口 いわお

(平5年度)
◇集団の部
- ふるさとづくり大賞
  「PALPAL交流事業岩手推進本部・PALPAL世田谷実行委員会」(岩手県千厩町)
- ふるさとづくり賞
  ほたるの里「三鷹村」(東京都三鷹市)
- ふるさとづくり奨励賞
  秋田県国際交流をすすめる婦人の会「わぴえ」(秋田県秋田市)
  会津若松中央生活学校(福島県会津若松市)
  弥栄村青年セミナー(島根県弥栄村)
  ウォールアート実行委員会(徳島県小松島市)
- ふるさとづくり振興奨励賞
  ほべつ銀河鉄道の里づくり委員会(北海道穂別町)
  小岩井生活学校(岩手県滝沢村)
  小山レディース・イングリッシュ・クラブ(栃木県小山市)
  二ヶ領用水の再生を考える市民の会(神奈川県川崎市)
  平村郷土学習会(富山県平村)
  月曜日の会(兵庫県大屋町)
  一の坂川風致保存協議会(山口県山口市)
  筑後吉井の小さな美術館めぐり実行委員会(福岡県吉井町)
  フォーラム小城(佐賀県小城町)
◇市町村の部
- ふるさとづくり大賞
  古川町(岐阜県)
- ふるさとづくり賞
  臼杵市(大分県)
- ふるさとづくり奨励賞
  山形村(長野県)
- ふるさとづくり振興奨励賞
  矢本町(宮城県)
  嵐山町(埼玉県)
  甲良町(滋賀県)
◇個人の部

- ふるさとづくり賞
  土岐 良平
- ふるさとづくり振興奨励賞
  木内 こう
  和田 嘉海

(平6年度)
◇集団の部
- ふるさとづくり大賞 内閣総理大臣賞
  童話の里「わらべサークル協議会」(大分県玖珠町)
- ふるさとづくり大賞 内閣官房長官賞
  花巻おはなしキャラバン(岩手県花巻市)
- ふるさとづくり奨励賞 主催者賞
  市民創作「函館野外劇の会」(北海道函館市)
  瀬谷チャリティーコンサート実行委員会・瀬谷まほろば(神奈川県横浜市)
  城端水車の会(富山県城端町)
  智頭町活性化プロジェクト集団(鳥取県智頭町)
- ふるさとづくり賞 振興奨励賞
  鹿追町ファームイン研究会(北海道鹿追町)
  (株)まちづくりカンパニー(宮城県唐桑町)
  岩崎住民会議・藤と鹿島の里プラン会議(秋田県湯沢市)
  若妻の翼(福島県飯舘村)
  馬頭町国際交流会(栃木県馬頭町)
  三郷インターナショナルコミュニティ(MIC)(埼玉県三郷市)
  和田町観光協会(千葉県和田町)
  杉並区第7生活学校(東京都杉並区)
  両津市羽二生21委員会(新潟県両津市)
  福井県生活学校連絡協議会(福井県)
  増坪町地区の明日を考える会(山梨県甲府市)
  (株)「小川の庄」(長野県小川村)
  信州須坂町並みの会(長野県須坂市)
  フォレストキーパーズ(三重県宮川村)
  芦屋川に魚を増やそう会(兵庫県芦屋市)
  安富町「末広区」(兵庫県安富町)
  田辺市「長野郷明」(和歌山県田辺市)
  福山市「鞆を愛する会」(広島県福山市)
  高宮町青年会「みんなの野菜畑」(広島県高宮町)
  勝浦町地域づくり井戸端塾実行委員会(徳島県勝浦町)
  むら芝居「一宇座」(徳島県一宇村)
  阿波こくふ街角博物館運営委員会(徳島県国府町)
  如来田の環境を守る会(福岡県宮田町)
  フォーラム鹿島(佐賀県鹿島市)
  羽金山振興会(佐賀県富士町)
  長崎伝習所(長崎県長崎市)
  荒尾市新生地区公民館(熊本県荒尾市)
  岡の里事業実行委員会(大分県竹田市)
  本町商人通り振興会(宮崎県日向市)
◇市町村の部
- ふるさとづくり大賞 内閣総理大臣賞
  安塚町(新潟県)
- ふるさとづくり賞 内閣官房長官賞
  大島町(長崎県)
- ふるさとづくり奨励賞 主催者賞
  尾道市(広島県)
- ふるさとづくり賞 振興奨励賞
  岩出山町(宮城県)
  飯田市(長野県)
  大内町(香川県)
◇個人の部
- ふるさとづくり大賞 内閣総理大臣賞
  浅利 悟
- ふるさとづくり賞 内閣官房長官賞
  栗本 茂男
- ふるさとづくり賞 振興奨励賞
  玉城 詠光

(平7年度)
◇集団の部
- ふるさとづくり大賞 内閣総理大臣賞
  大垣市生活学校(岐阜県大垣市)
- ふるさとづくり賞 内閣官房長官賞
  とこなめ国際やきものホームステイ実行委員会(愛知県常滑市)
- ふるさとづくり奨励賞 主催者賞
  山崎の谷戸を愛する会(神奈川県鎌倉市)
  サウンドファイブ夢の音会(島根県金城町)
  ボランティアグループおてだま(福岡県新吉富村)
  あざみ生活改善グループ(長崎県小佐々町)
- ふるさとづくり賞 振興奨励賞
  栗山町オオムラサキの会(北海道栗山町)

文化・社会・経済　　　　　　　　　　　　　　　　　004 あしたのまち・くらしづくり活動賞

砂金野菜振興会（北海道浜頓別町）
社会福祉法人至誠会 救護施設・誠幸園（青森県十和田市）
山根六郷研究会（岩手県久慈市）
柴田町さくらの会（宮城県柴田町）
秋田市でデポジットをすすめる会（秋田県秋田市）
てぐらた人和夢実行委員会（山形県酒田市）
納場地区コミュニティ推進協議会（茨城県美野里町）
野メダカを育てる会（群馬県前橋市）
吉町親睦会（埼玉県草加市）
立川市新生活運動推進協議会（東京都立川市）
新組地区活性化協議会（新潟県長岡市）
越後しろねを考える会（新潟県白根市）
新潟北部開発協議会青年部（新潟県新潟市）
定塚公民館「ばっちゃま劇団」（富山県高岡市）
"句碑の里づくり"実行委員会（山梨県中富町）
三郷村国際交流協会（長野県三郷村）
北上くらしのサロン（静岡県三島市）
花と緑のマイタウン綾部推進協議会（京都府綾部市）
ひめじ町衆の祭典実行委員会（兵庫県姫路市）
北道区（和歌山県南部町）
オフィス21（鳥取県岩美町）
REVO501（鳥取県鳥取市）
備中新見庄ロマンの里づくり委員会（岡山県新見市）
万葉火実行委員会（広島県安芸津町）
乃美小学校区ふるさと活性化推進協議会（広島県豊栄町）
トーク・ウベ21（山口県宇部市）
ムラ芝居「いちう座」（徳島県一宇村）
えひめJASL（愛媛県松山市）
垣生山よもだ会（愛媛県新居浜市）
I LOVE遠賀川実行委員会（福岡県飯塚市）
おはなし会「三日月」（佐賀県三日月町）
五福ふれあいまちづくりの会（熊本県熊本市）
◇市町村の部
● ふるさとづくり大賞 内閣総理大臣賞
　上勝町（徳島県）
● ふるさとづくり賞 内閣官房長官賞
　矢部村（福岡県）
● ふるさとづくり奨励賞 主催者賞
　茂木町（栃木県）
● ふるさとづくり賞 振興奨励賞
　丸森町（宮城県）
　我孫子市（千葉県）
　山北町（新潟県）
◇個人の部
● ふるさとづくり奨励賞 主催者賞
　叶 公
● ふるさとづくり賞 振興奨励賞
　向井 哲朗
(平8年度)
◇集団の部
● ふるさとづくり大賞 内閣総理大臣賞
　高木町生活年会議（東京都国分寺市）
● ふるさとづくり賞 内閣官房長官賞
　住学協同機構「筑豊地域づくりセンター」（福岡県飯塚市）
● ふるさとづくり奨励賞 主催者賞
　荒町壮年クラブ（秋田県田沢湖町）
　グループ「山形こまつ座」（旧名：「先知らぬ」）（山形県川西町）
　森岳まちづくりの会（長崎県島原市）
　仏の里の民話を語る会（大分県豊後高田市）
● ふるさとづくり賞 振興奨励賞
　はまなか21世紀プラン会議（北海道浜中町）
　よこはまホタル村（青森県横沢町）
　生出地区コミュニティ推進協議会（岩手県陸前高田市）
　寺崎はねこ踊り保存会（宮城県桃生町）
　小名浜玉川町連合会（福島県いわき市）
　八俣ふきの芽会（茨城県三和町）
　明野町国際交流をすすめる会（茨城県明野町）
　ながめ黒子の会（群馬県大間々町）
　弦代公園の自然と環境を守る会（埼玉県鷲宮町）
　四方木町内会（千葉県天津小湊町）
　宮前区子どもの遊び場を考える会（ポレポレ会）（神奈川県川崎市）
　根知むらおこしふるさと協会（新潟県糸魚

川市)
大滝むらづくり推進協議会(富山県福岡町)
小菅むらづくり委員会(長野県飯山市)
上阿多古草ふえ会(静岡県天竜市)
冨田人形保存愛好会(滋賀県びわ町)
長池地区ため池環境づくりワークショップ(大阪府熊取町)
文化サロン「クリエイト'89」(兵庫県加西市)
加美ふるさと塾(兵庫県加美町)
山添村環境リサイクルの会(奈良県山添村)
文化鑑賞クラブ「ふれあい企画」(奈良県上北山村)
新王子製紙(株)米子工場環境ボランティアグループ(鳥取県米子市)
グリーンクラブ福田(GCF)(島根県赤来町)
服部の自然を守る会(広島県福山市)
芦品郡新市町上戸手町内会(広島県新市町)
菜の花学校(山口県岩国市)
南丘コミュニティ委員会(福岡県北九州市)
古代の里の鏡会(佐賀県唐津市)
フェルム・ド・外海(長崎県外海町)
国際文化交流を進める会(熊本県熊本市)
野の花館設立準備会(宮崎県宮崎市)
スペースアドベンチャークラブ夜行星131(鹿児島県財部町)

◇市町村の部
● ふるさとづくり大賞 内閣総理大臣賞
田浦町(熊本県)
● ふるさとづくり賞 内閣官房長官賞
大内町(香川県)
● ふるさとづくり奨励賞 主催者賞
大島村(新潟県)
● ふるさとづくり賞 振興奨励賞
南部町(和歌山県)
穴吹町(徳島県)
樋脇町(鹿児島県)
◇個人の部
● ふるさとづくり賞 内閣官房長官賞
長濱 要悟
● ふるさとづくり奨励賞 主催者賞
宮本 美恵子
● ふるさとづくり賞 振興奨励賞
辻 貞夫
辻 栄子
村元 信江
(平9年度)
◇集団の部
● ふるさとづくり大賞 内閣総理大臣賞
塙山学区住みよいまちをつくる会(茨城県日立市)
● ふるさとづくり賞 内閣官房長官賞
大岩2丁目福祉協力会(静岡県静岡市)
● ふるさとづくり奨励賞 主催者賞
DIYヘルプ(千葉県我孫子市)
巻生活学校(新潟県巻町)
エコピュア佐久間(静岡県佐久間町)
わかやま絵本の会(和歌山県和歌山市)
● ふるさとづくり賞 振興奨励賞
むかわたんぽぽ研究所(北海道鵡川町)
バッタリー村(岩手県山形村)
荒町商店街振興組合(宮城県仙台市)
蛍実行委員会(秋田県秋田市)
いっくら国際文化交流会(栃木県宇都宮市)
新巻遊歩道委員会(群馬県東村)
川越市役所自主研究グループ「GUM」(埼玉県川越市)
上総掘りをつたえる会(千葉県袖ヶ浦市)
渋谷区生活学校連絡協議会(東京都渋谷区)
井の頭・神田川を守る連絡会(東京都武蔵野市)
私たちのまちから生ゴミを100%出さない会(東京都八王子市)
明日の桑取を考える会(新潟県上越市)
年をとらないための生活講座(富山県富山市)
平成かかしカーニバル実行委員会(山梨県韮崎市)
木島平ふるさと会議(長野県木島平村)
浮気自治会(滋賀県守山市)
老原営農組合ふれあい農園部(兵庫県太子町)
じゃげな会(山口県岩国市)
西富田藍の会(徳島県徳島市)
「子どもごころ美術館」を育てる会(香川県内海町)
日本のお手玉の会(愛媛県新居浜市)
諫早コスモス音声訳の会(長崎県諫早市)
高田地区コミュニティ活動推進会議(長崎

県長与町)
小国町コミュニティプラン推進チーム(熊本県小国町)
留学生と交流を進める会(大分県大分市)
佐土原くじら会(宮崎県佐土原町)
◇市町村の部
・ふるさとづくり大賞 内閣総理大臣賞
　脇町(徳島県)
・ふるさとづくり賞 内閣官房長官賞
　小国町(新潟県)
・ふるさとづくり奨励賞 主催者賞
　大三島町(愛媛県)
・ふるさとづくり賞 振興奨励賞
　女川町(宮城県)
　山川町(鹿児島県)
◇個人の部
・ふるさとづくり大賞 内閣総理大臣賞
　寒川 孝久
・ふるさとづくり賞 内閣官房長官賞
　平井 茂彦
・ふるさとづくり賞 振興奨励賞
　浦 正造
　縄田 ムツ
(平10年度)
◇集団の部
・ふるさとづくり大賞 内閣総理大臣賞
　春日住民福祉協議会(京都府京都市)
・ふるさとづくり賞 内閣官房長官賞
　新町川を守る会(徳島県徳島市)
・ふるさとづくり奨励賞 主催者賞
　秋田中央生活学校(秋田県秋田市)
　末広区(兵庫県安富町)
　国際葛グリーン作戦山南(兵庫県山南町)
　ヒラド・ビッグ フューチャーズ(長崎県平戸市)
・ふるさとづくり振興奨励賞
　追分町マチおこし研究所(北海道追分町)
　よこはまホタル村(青森県横浜町)
　無限会社ファンファン(青森県名川町)
　劇団「ZENT-YOYO-CLUB」(岩手県花巻市)
　福祉劇団・鶴亀(宮城県柴田町)
　ひっぽ筆まつり実行委員会(宮城県丸森町)
　大潟村耕心(秋田県大潟村)
　ザ・ピープル(福島県いわき市)

おかあさん劇団「シアター・あだたら」(福島県大玉村)
明野町国際交流をすすめる会(茨城県明野町)
新狭山1丁目自治会(埼玉県狭山市)
八王子いちょう祭り祭典委員会(東京都八王子市)
宮前区子どもの遊び場を考える会(ポレポレ会)(神奈川県川崎市)
寺町まちづくり協議会(新潟県上越市)
身延竹炭生産組合(山梨県身延町)
うえんてら かんぱにぃ(長野県安曇村)
乗政DVC(岐阜県下呂町)
カレッタ君のふる里を守る会(静岡県湖西市)
今在家 ガッツ！ 友・悠・遊(滋賀県湖東町)
京都府北部国際交流協会(京都府福知山市)
京都府北部の福祉の街づくり協会(京都府舞鶴市)
加美町箸荷地区消防団(兵庫県加美町)
ハーモニィカレッジ(鳥取県八東町)
制作者集団猪八戒(岡山県上斎原村)
広島ケナフの会(広島県安浦町)
シアター365萩オフィス 劇団さくら組(山口県萩市)
じゃげな会(山口県岩国市)
「子どもごころ美術館」を育てる会(香川県内海町)
やまさか暮らし研究会(福岡県北九州市)
浦上いかだ下り大会実行委員会(長崎県長崎市)
長崎伝習所「国際交流塾」(長崎県長崎市)
やっちみろかい酒谷(宮崎県日南市)
菱刈町和牛青年部(鹿児島県菱刈町)
永水小学校山村留学里親制度実施委員会
　(鹿児島県霧島町)
◇市町村の部
・ふるさとづくり大賞 内閣総理大臣賞
　四賀村(長野県)
・ふるさとづくり賞 内閣官房長官賞
　五個荘町(滋賀県)
・ふるさとづくり奨励賞 主催者賞
　栗山町(北海道)
・ふるさとづくり振興奨励賞

花泉町（岩手県）
小布施町（長野県）
明宝村（岐阜県）
琴海町（長崎県）
◇個人の部
● ふるさとづくり賞 内閣官房長官賞
桑田 トシ江
● ふるさとづくり奨励賞 主催者賞
澤田 清
● ふるさとづくり振興奨励賞
飯田 幸雄
津田 信子
（平11年度）
◇集団の部
● ふるさとづくり大賞 内閣総理大臣賞
千葉ガーデンタウン有線テレビ放送局（千葉県千葉市）
● ふるさとづくり賞 内閣官房長官賞
上五島町農業を楽しむ会連絡会（長崎県上五島町）
● ふるさとづくり奨励賞 主催者賞
室根村第12区自治会（岩手県室根村）
玉川上水の自然保護を考える会（東京都立川市）
ガリバーアクティブ'95委員会（滋賀県高島町）
美山村生活改善友の会（和歌山県美山村）
● ふるさとづくり賞 振興奨励賞
北海道熊石観光協会（北海道熊石町）
山元町こどもエコクラブ「はっぱあず」（宮城県山元町）
麓友会（秋田県山内村）
生活学校「チャレンジ相馬」（福島県相馬市）
西沼メダカ保存会（栃木県真岡市）
邑楽町あすへひとこと編集委員会（群馬県邑楽町）
紙芝居ボランティアグループ「あじさいの会」（埼玉県坂戸市）
「下保倉地域づくり協議会」人口増チーム（新潟県浦川原村）
越後いといがわ塩の道を歩く旅（新潟県糸魚川市）
七尾市徳田地区ふるさと活性化推進委員会（石川県七尾市）
富浜地区ボランティア連絡協議会（山梨県大月市）
NAGAOC（長野県中野市）
いわむら町まちづくり運営・実行委員会（岐阜県岩村町）
東伊豆町大川区（静岡県東伊豆町）
夢倶楽部あしたか（静岡県沼津市）
城陽生活学校（京都府城陽市）
奥矢根川桜堤を育てる会（兵庫県但東町）
成ケ島を美しくする会（兵庫県洲本市）
平城西地区社会福祉協議会（奈良県奈良市）
四郷串柿祭り実行委員会（和歌山県かつらぎ町）
益田市保健・医療・福祉のまちづくりワーキング（島根県益田市）
わるさ神の会（岡山県哲多町）
社会福祉法人那賀川町社会福祉協議会（徳島県那賀川町）
リサイクルハウス・エコーひまわり（愛媛県新居浜市）
大和町ふるさと塾「景観ウォッチング」（福岡県大和町）
山あいの里育成会（長崎県諫早市）
中小場大豆研究会（熊本県水俣市）
白山川を守る会（大分県三重町）
臼杵市生活学校（大分県臼杵市）
大塚台団地自治会連絡協議会（宮崎県宮崎市）
栗野町幸田地区（鹿児島県栗野町）
◇市町村の部
● ふるさとづくり大賞 内閣総理大臣賞
海部町（徳島県）
● ふるさとづくり賞 内閣官房長官賞
松江市（島根県）
● ふるさとづくり奨励賞 主催者賞
馬瀬村（岐阜県）
● ふるさとづくり賞 振興奨励賞
市川市（千葉県）
横須賀市（神奈川県）
小杉町（富山県）
◇個人の部
● ふるさとづくり賞 内閣官房長官賞
向井 哲朗
● ふるさとづくり奨励賞 主催者賞
山田 勲

文化・社会・経済　　　　　　　　　　　　　004 あしたのまち・くらしづくり活動賞

- ふるさとづくり賞 振興奨励賞
  吉永 正一
  (平12年度)
  ◇集団の部
- ふるさとづくり大賞 内閣総理大臣賞
  アドプト・ア・ハイウェイ神山会議(徳島県神山町)
- ふるさとづくり賞 内閣官房長官賞
  砂浜美術館(高知県大方町)
- ふるさとづくり奨励賞 主催者賞
  市民ネットワーキング・相模川(神奈川県)
  特定非営利法人阿漕浦友の会(三重県津市)
  なかつ村移住者推進協議会(和歌山県中津村)
- ふるさとづくり賞 振興奨励賞
  南朝日イルミネーションを灯す会(北海道朝日町)
  北のパイオニア(青森県むつ市)
  一関市舞川第5区自治会(岩手県一関市)
  NPO法人ひたかみ水の里(宮城県石巻市)
  米沢生物愛好会(山形県米沢市)
  須賀川阿武隈高原散策ルート実行委員会(福島県須賀川市)
  共楽館を考える集い(茨城県日立市)
  南橘リサイクルの会(群馬県前橋市)
  あそびの学校(埼玉県北本市)
  エコシティ志木(埼玉県志木市)
  館山駅西口地区街づくり協議会(千葉県館山市)
  エコネット町田(東京都町田市)
  大井まちづくりコミュニティ研究会(神奈川県大井町)
  とちお 夢しお21(新潟県栃尾市)
  あさひ若駒太鼓会(富山県朝日町)
  当目公民館(石川県柳田村)
  中道南地区 エコニンジャクラブ(山梨県中道町)
  小川ふるさとづくり委員会(岐阜県明宝村)
  レディースネット袋井(静岡県袋井市)
  バリアフリー伊豆研究会(静岡県大仁町)
  安養寺西区行政区(滋賀県栗東町)
  精華町北ノ堂まちづくり協議会(京都府精華町)
  八尾の川を考える会(大阪府八尾市)
  東芦田村おこしの会「ごりんかん」(兵庫県青垣町)
  下津DHCクラブ(和歌山県下津町)
  岸本ガーデンクラブ(鳥取県岸本町)
  さくらえいきいきワーカー(島根県桜江町)
  なぎビカリア会(岡山県奈義町)
  湯田まちサポーターズ(山口県山口市)
  発憤の会(山口県下関市)
  さぬき広島フォーラム推進委員会(香川県丸亀市)
  新居浜市おもちゃ図書館きしゃポッポボランティアグループ(愛媛県新居浜市)
  宿場木屋瀬街づくりの会(福岡県北九州市)
  かがみ女性の会「ひまわり会」(佐賀県唐津市)
  JAいきつき いちご部会(女性部)(長崎県平戸市)
  16区地域振興協議会(熊本県水俣市)
  大分県立大分東高等学校ボランティア委員会(大分県大分市)
  緒方町生活学校(大分県緒方町)
  種子島アクションクラブ(鹿児島県中種子町)
  具志川市水と緑を考える会(沖縄県具志川市)
◇市町村の部
- ふるさとづくり大賞 内閣総理大臣賞
  南部川村(和歌山県)
- ふるさとづくり賞 内閣官房長官賞
  赤泊村(新潟県)
- ふるさとづくり奨励賞 主催者賞
  高知市(高知県)
- ふるさとづくり賞 振興奨励賞
  石狩市(北海道)
  小平市(東京都)
  横須賀市(神奈川県)
  加美町(兵庫県)
  長洲町(熊本県)
◇企業の部
- ふるさとづくり大賞 内閣総理大臣賞
  トヨタカローラ熊本(株)(熊本県熊本市)
- ふるさとづくり賞 内閣官房長官賞
  (株)ノアすさみ(和歌山県すさみ町)
- ふるさとづくり奨励賞 主催者賞
  西新道錦会商店街振興組合(京都府京都市)
- ふるさとづくり賞 振興奨励賞

郷土・地域文化の賞事典　19

上京小売酒販組合（上酒近代経営推進グループ）（京都府京都市）
天神橋3丁目商店街振興組合（町街トラスト）（大阪府大阪市）
（株）エフピコ（広島県福山市）
羽ノ浦町商工会青年部（徳島県羽ノ浦町）
（株）大島造船所（長崎県大島町）
壺屋やちむん通り会（沖縄県那覇市）

(平13年度)
◇集団の部
- ふるさとづくり賞 内閣総理大臣賞
  えりも岬の緑を守る会（北海道えりも町）
- ふるさとづくり賞 内閣官房長官賞
  特定非営利活動法人アサザ基金（茨城県牛久市）
- ふるさとづくり賞 主催者賞
  恵み野花のまちづくり団体連合（北海道恵庭市）
  プロバンスクラブ（福島県岩代町）
  ままとーん（茨城県つくば市）
  伊座利の未来を考える推進協議会（徳島県由岐町）
- ふるさとづくり賞 振興奨励賞
  トロッコ王国美深の会（北海道美深町）
  八戸エコ・リサイクル協議会（青森県八戸市）
  「文学の蔵」設立委員会（岩手県一関市）
  小坂町国際交流協会（秋田県小坂町）
  長瀞・二の堀を愛する会（山形県東根市）
  特定非営利活動法人庄内海浜美化ボランティア（山形県酒田市）
  三島町老人クラブ連合会女性部（福島県三島町）
  ギャラリー絵の里芸術の泉友の会（茨城県水海道市）
  足利EM普及探偵団（栃木県足利市）
  石川小学校区学社融合推進会議（栃木県鹿沼市）
  特定非営利活動法人ふじみの国際交流センター（埼玉県上福岡市）
  Cityかまがや編集室（千葉県鎌ヶ谷市）
  松戸まちづくり交流室テント小屋市民事務局（千葉県松戸市）
  丸山サンクチュアリ（千葉県船橋市）
  墨田区横川生活学校と墨田区生活学校連絡会（東京都墨田区）
  鴨居駅周辺まちづくり研究会・魅力つくり隊（神奈川県横浜市）
  平山町内まちづくり協議会（新潟県上越市）
  （財）駒ヶ根高原美術館（長野県駒ヶ根市）
  青川フェニックス大学（岐阜県付知町）
  高草会（静岡県焼津市）
  富士宮やきそば学会（静岡県富士宮市）
  クニハウス（愛知県名古屋市）
  滋賀県立甲良養護学校（滋賀県甲良町）
  京都ものづくり塾（京都府京都市）
  堺活性化委員会（兵庫県五色町）
  特定非営利活動法人アトリエマーケットNPO（奈良県田原本町）
  みさとチューリップの会（和歌山県美里町）
  ひやま女性会議（島根県平田市）
  RACDA（路面電車と都市の未来を考える会）（岡山県岡山市）
  ゆげ女性塾（愛媛県弓削町）
  特定非営利活動法人高知こどもの図書館（高知県高知市）
  セミナリヨの里からMerry X'mas in 北有馬実行委員会（長崎県北有馬町）
  熊本市立春日小学校（熊本県熊本市）
  地域おこしグループ比栄会（大分県大田村）
  岩南（岩南校区公民館・岩南小学校PTA）（鹿児島県末吉町）
  大城区「花咲爺会」（沖縄県北中城村）
◇市町村の部
- ふるさとづくり賞 内閣総理大臣賞
  城川町（愛媛県）
- ふるさとづくり賞 内閣官房長官賞
  八潮市（埼玉県）
- ふるさとづくり賞 主催者賞
  小出郷広域事務組合（新潟県）
- ふるさとづくり賞 振興奨励賞
  板橋区（東京都）
  古賀市（福岡県）
◇企業の部
- ふるさとづくり賞 内閣総理大臣賞
  ホンダ太陽（株）（大分県別府市）
- ふるさとづくり賞 内閣官房長官賞
  能生町漁業協同組合青年部（新潟県能生町）
- ふるさとづくり賞 振興奨励賞
  （株）紀南ふるさと開発センター（和歌山県

田辺市)
ホープ印刷(株)(熊本県熊本市)
(平14年度)
◇集団の部
● ふるさとづくり賞 内閣総理大臣賞
　出雲歌舞伎むらくも座(島根県佐田町)
● ふるさとづくり賞 内閣官房長官賞
　栃工高国際ボランティアネットワーク(栃木県栃木市)
● ふるさとづくり賞 主催者賞
　特定非営利活動法人自立支援センターフィフティ(青森県下田町)
　特定非営利活動法人赤目の里山を育てる会(三重県名張市)
　古座川ゆず平井婦人部(和歌山県古座川町)
　水俣市地域婦人会(水俣生活学校)ゴミ減量女性会議(熊本県水俣市)
　(財)人材育成ゆふいん財団(大分県湯布院町)
● ふるさとづくり賞 振興奨励賞
　「緑いっぱい市民運動」世話人会(北海道釧路市)
　ミュージカル「BREATH」ASAHIKAWA(北海道旭川市)
　特定非営利活動法人資源循環型社会発信地域創造グループ(エッグ)(青森県県下全域)
　いちのへ子どもオペレッタ劇団(岩手県一戸町)
　特定非営利活動法人蔵王のブナと水を守る会(宮城県白石市)
　釈迦内地区まちづくり協議会(秋田県大館市)
　湯川を美しくする会(福島県会津若松市)
　特定非営利活動法人自然生クラブ(茨城県つくば市)
　さぎいし公園(地区住民で築くさぎいし公園)運営委員会(群馬県沼田市)
　天覧山・多峯主山の自然を守る会(埼玉県飯能市)
　飯山満中学校区青少年の環境を良くする市民の会(千葉県船橋市)
　くにたち桜守(東京都国立市)
　仲町まちづくり協議会(新潟県上越市)
　五箇山自然文化研究会(富山県上平村他)
　非営利活動法人なんぶ農援隊(山梨県南部町)
　大垣まちづくり市民活動支援センター運営会議(岐阜県大垣市)
　古宇磯祭り実行委員会(静岡県沼津市)
　岡部町青年サークル森のたね(静岡県岡部町)
　春岡学区子ども会育成連絡協議会(愛知県名古屋市千種区)
　竜王町そば振興会(滋賀県竜王町)
　宮津市連合婦人会(京都府宮津市)
　棚田農業体験ツアー実行委員会(京都府大江町)
　兵庫県立洲本実業高等学校(兵庫県洲本市)
　漂探古道(和歌山県中辺路町)
　彦名地区チビッ子環境パトロール隊(鳥取県米子市)
　畑ヶ中2子ども会エコクラブ(島根県大田市)
　特定非営利活動法人INE OASA(広島県大朝町)
　西富田藍の会(徳島県徳島市)
　綾上ふれあいネットワーク(香川県綾上町)
　惣利好いとう会(福岡県春日市)
　三井楽町牛心会(長崎県三井楽町)
　かみつえ酒呑童子太鼓倶楽部(大分県上津江村)
　山崎エコアップ会(宮崎県宮崎市)
　佳例川を語る会(鹿児島県福山町)
◇市町村の部
● ふるさとづくり賞 内閣総理大臣賞
　山岡町(岐阜県)
● ふるさとづくり賞 内閣官房長官賞
　尾口村(石川県)
● ふるさとづくり賞 主催者賞
　高山市(岐阜県)
● ふるさとづくり賞 振興奨励賞
　苫前町(北海道)
　桶川市(埼玉県)
　本耶馬渓町(大分県)
◇企業の部
● ふるさとづくり賞 内閣総理大臣賞
　小島プレス工業(株)(愛知県豊田市)
● ふるさとづくり賞 振興奨励賞
　光町特産品販売企業組合(千葉県光町)

東洋アーツ（有）（石川県河内村）
有家町技おこしグループ（長崎県有家町）
(平15年度)
◇集団の部
- ふるさとづくり賞 内閣総理大臣賞
  墨田区生活学校連絡会（東京都墨田区）
- ふるさとづくり賞 内閣官房長官賞
  特定非営利活動法人花巻文化村協議会（岩手県花巻市）
- ふるさとづくり賞 主催者賞
  大深沢水園委員会（岩手県水沢市）
  手這坂活用研究会（秋田県峰浜村）
  にぐるまの会生活学校（秋田県能代市）
  おおたかの森トラスト（埼玉県所沢市他）
  特定非営利活動法人大垣おやこ劇場（岐阜県大垣市）
- ふるさとづくり賞 振興奨励賞
  稲穂金山活性化推進委員会（北海道札幌市）
  函館からトラスト事務局（北海道函館市）
  ボランティアグループまちづくり倶楽部（青森県むつ市）
  アスネットねぎし推進委員会（青森県八戸市）
  特定非営利活動法人尾上町蔵保存利活用促進会（青森県尾上町）
  美楽アートクラブ（宮城県仙台市）
  East Wind（茨城県波崎町）
  メサフレンドシップ（茨城県水戸市）
  特定非営利活動法人栃木県シニアセンター（栃木県栃木市）
  安行みどりのまちづくり協議会（埼玉県川口市）
  佐倉印旛沼ネットワーカーの会（千葉県佐倉市）
  総合型地域スポーツクラブ「クラブレッツ」（石川県宇ノ気町）
  太良庄ふるさとづくり推進会議（福井県小浜市）
  羽場祭礼同志会（長野県辰野町）
  薪能くるす桜実行委員会（岐阜県大和町）
  ひょうたん池自然を考えよう会（静岡県磐田市）
  大阪自然教室（大阪府茨木市）
  小規模作業所「遊ゆうかぼちゃのお家」（大阪府吹田市）

黒田庄町子育て学習センターママ広報部（兵庫県黒田庄町）
上菅ボランティアグループうららか会（兵庫県夢前町）
（財）天神崎の自然を大切にする会（和歌山県田辺市）
福栄村特産品開発グループ（山口県福栄村）
床鍋とことん会（高知県葉山村）
瀬高町青少年ボランティア"みるく"（福岡県瀬高町）
住みよい田園の郷づくり「ほりだし劇団」（熊本県大津町）
放課後児童クラブ「つるおか子どもの家」（大分県佐伯市）
ときめき・らんど はなみずき（鹿児島県鹿児島市）
◇市町村の部
- ふるさとづくり賞 内閣総理大臣賞
  富良野市（北海道）
- ふるさとづくり賞 内閣官房長官賞
  琴丘町（秋田県）
- ふるさとづくり賞 主催者賞
  葛巻町（岩手県）
- ふるさとづくり賞 振興奨励賞
  甘楽町（群馬県）
  海士町（島根県）
  前津江村（大分県）
◇企業の部
- ふるさとづくり賞 主催者賞
  チャレンジShopV（新潟県見附市）
(平16年度)
◇集団の部
- ふるさとづくり賞 内閣総理大臣賞
  アネッサクラブ（福島県会津若松市）
- ふるさとづくり賞 内閣官房長官賞
  特定非営利活動法人活き粋あさむし（青森県青森市）
- ふるさとづくり賞 主催者賞
  特定非営利活動法人活き粋あさむし（青森県青森市）
  松阪まちづくりセンター（三重県松阪市）
  雲雀丘山手緑化推進委員会（兵庫県宝塚市）
  特定非営利活動法人伊万里はちがめプラン（佐賀県伊万里市）
- ふるさとづくり賞 振興奨励賞

北広島市西の里地区青少年健全育成連絡協議会（北海道北広島市）
苫前町くま獅子保存会（北海道苫前町）
小牛田町国際交流協会（宮城県小牛田町）
中田区（福島県石川町）
隅田川市民交流実行委員会（東京都台東区）
小学校卒業記念ナイトウォーク実行委員会（東京都江戸川区）
すかっ子セミナー実行委員会（神奈川県横須賀市）
赤城コマランド（新潟県長岡市）
林公民館ふるさと部会（富山県砺波市）
三国町安島区（福井県三国町）
O・KAKIプロジェクト（岐阜県大垣市）
明見神社鎮守の森を育てる会（静岡県富士川町）
エコロジーライフ研究会（静岡県掛川市）
生涯学習ボランティアグループ「わいわいTRY塾」（京都府宇治市）
播州歌舞伎ファンクラブ（兵庫県中町）
特定非営利活動法人和歌の浦万葉薪能の会（和歌山県和歌山市）
和歌山市立有功東小学校（和歌山県和歌山市）
特定非営利活動法人WACわかやま（和歌山県和歌山市）
日生カキお好み焼き研究会（岡山県日生町）
久賀引山太鼓保存会（山口県久賀町）
特定非営利活動法人まちのよそおいネットワーク（山口県山口市）
ミセスファーマーズ（長崎県北有馬町）
町民情報室「未来クラブ」（大分県挾間町）
ゆふいんFamily（大分県湯布院町）

◇市町村の部
● ふるさとづくり賞 内閣総理大臣賞
  北上川流域市町村連携協議会（岩手県・宮城県）
● ふるさとづくり賞 内閣官房長官賞
  崎戸町（長崎県）
● ふるさとづくり賞 主催者賞
  大牟田市（福岡県）
● ふるさとづくり賞 振興奨励賞
  戸田市（埼玉県）
  根上町（石川県）
  甲賀市（旧甲賀町）（滋賀県）
  岡山市（岡山県）
  水俣市（熊本県）
  宮之城町（鹿児島県）
◇企業の部
● ふるさとづくり賞 内閣総理大臣賞
  北の起業広場協同組合（北の屋台）（北海道帯広市）
● ふるさとづくり賞 主催者賞
  坂下町商店街振興組合（富山県高岡市）
● ふるさとづくり賞 振興奨励賞
  （有）もち米の里ふうれん特産館（北海道風連町）
  八戸屋台村（（有）北のグルメ都市）（青森県八戸市）
  網小医院（宮城県牡鹿町）
  霜降銀座栄会（環境部）（東京都北区）
  農事組合法人畦道グループ食品加工組合（大分県天瀬町）

(平17年度)
◇集団の部
● ふるさとづくり賞 内閣総理大臣賞
  特定非営利活動法人宍塚の自然と歴史の会（茨城県土浦市）
● ふるさとづくり賞 内閣官房長官賞
  あまわり浪漫の会（沖縄県うるま市）
● ふるさとづくり賞 主催者賞
  新庄区まちづくり委員会（福井県坂井町）
  特定非営利活動法人子ども劇場和歌山県センター（和歌山県和歌山市）
  （財）天神崎の自然を大切にする会（和歌山県田辺市）
  特定非営利活動法人なごみの里（島根県知夫村）
● ふるさとづくり賞 振興奨励賞
  剣淵町特産研究グループ福有会（北海道剣淵町）
  くんのこほっぱ愛好会（岩手県久慈市）
  特定非営利活動法人シナイモツゴ郷の会（宮城県鹿島台町）
  馬籠新興クラブ（宮城県本吉町）
  特定非営利活動法人ひょっこりひょうたん田代島（宮城県石巻市）
  緑がおいしい北の郷探偵団（栃木県足利市）
  ねどふみの里保存会（群馬県六合村）
  朝霞市コミュニティ協議会（埼玉県朝霞市）

東松山女性のネットワーク(埼玉県東松山市)
矢切地区社会福祉協議会 子育て支援「みんなといっしょ」(千葉県松戸市)
特定非営利活動法人スマイルクラブ(千葉県柏市)
通園・通学路花むすびネットワーク 東京都足立区(東京都足立区)
特定非営利活動法人あだち学習支援ボランティア「楽学の会」(東京都足立区)
上越市南本町三丁目まちづくり協議会(新潟県上越市)
丸岡歌舞伎物語(福井県丸岡町)
特定非営利活動法人キッズスクエア瑞穂(岐阜県瑞穂市)
「さいえんすふぇすてぃばるIN柳津」実行委員会(岐阜県柳津町)
走雲峡ライン「桃源郷・里山づくり」ネットワーク(静岡県南伊豆町)
浜北少年科学クラブ(静岡県浜松市)
おおくさ探検隊(愛知県小牧市)
小野託児サークル"このゆびと〜まれ♪"(兵庫県小野市)
ガーデンクラブ バーベナあわじ(兵庫県淡路市)
農村歌舞伎 葛畑座(兵庫県養父市)
やすらぎの里ましが丘推進委員会(奈良県大淀町)
ひだまりの会(和歌山県橋本市)
特定非営利活動法人斐伊川流域環境ネットワーク(島根県松江市)
野中里山倶楽部(島根県津和野町)
岡山県子ども会連合会(岡山県)
大道地区まちづくり推進協議会(山口県防府市)
水辺に遊ぶ会(大分県中津市)
森渡り拍子保存会(大分県大分市)
奥豊後古代紫草蘇生研究会(大分県竹田市)

◇市町村の部
- ふるさとづくり賞 内閣総理大臣賞
  多可町(旧加美町)(兵庫県)
- ふるさとづくり賞 内閣官房長官賞
  豊後高田市(大分県)
- ふるさとづくり賞 振興奨励賞
  白子町(千葉県)
  十日町地域広域事務組合(新潟県)
  小値賀町(長崎県)

◇企業の部
- ふるさとづくり賞 内閣総理大臣賞
  (株)肥後銀行((財)肥後の水資源愛護基金)(熊本県熊本市)
- ふるさとづくり賞 内閣官房長官賞
  ぼたん会(山中温泉旅館 女将の会)(石川県山中町)
- ふるさとづくり賞 主催者賞
  アイシン精機(株)(愛知県刈谷市)
- ふるさとづくり賞 振興奨励賞
  (有)のびのびリサイクル所(東京都江東区),コニカミノルタフォトイメージング(株)
  モトスミ・オズ通り商店街振興組合(神奈川県川崎市)
  (株)神戸ながたティ・エム・オー(兵庫県神戸市)
  甲南本通商店街振興組合(兵庫県神戸市)
  大分製紙(株)(大分県大分市)

(平18年度)
◇住民活動分野 食育推進活動部門
- あしたのまち・くらしづくり活動賞 内閣総理大臣賞
  特定非営利活動法人霧島食育研究会(鹿児島県霧島市)
- あしたのまち・くらしづくり活動賞 内閣官房長官賞
  緑区食生活等改善推進員会(神奈川県横浜市緑区)
- あしたのまち・くらしづくり活動賞 主催者賞
  となみの農産物生産グループ協議会(富山県砺波市)
- あしたのまち・くらしづくり活動賞 振興奨励賞
  鹿嶋市食生活改善推進連絡協議会(茨城県鹿嶋市)
  特定非営利活動法人ぐらす・かわさき(神奈川県川崎市多摩区)
  食育げんきッズ(三重県明和町)

◇住民活動分野 子育て支援活動部門
- あしたのまち・くらしづくり活動賞 内閣総理大臣賞

特定非営利活動法人子ども達の環境を考えるひこうせん（岡山県備前市）
- あしたのまち・くらしづくり活動賞 内閣官房長官賞
  子どもが育つまち天白 天白子ネット（愛知県名古屋市天白区）
- あしたのまち・くらしづくり活動賞 主催者賞
  ちびっこ夢ランド（熊本県和水町）
- あしたのまち・くらしづくり活動賞 振興奨励賞
  特定非営利活動法人MIYAGI子どもネットワーク（宮城県仙台市青葉区）
  金島地区楽しいまちづくり推進委員会（群馬県渋川市）
  神奈川区すくすくかめっ子事業（親がめ会議）（神奈川県神奈川区）
  瓦木地区青少年愛護協議会（兵庫県西宮市）

◇住民活動分野 まち・くらしづくり活動部門
- あしたのまち・くらしづくり活動賞 内閣総理大臣賞
  特定非営利活動法人グラウンドワーク三島（静岡県三島市）
- あしたのまち・くらしづくり活動賞 内閣官房長官賞
  特定非営利活動法人南房総文化財・戦跡保存活用フォーラム（特定非営利活動法人安房文化遺産フォーラムに改称）（千葉県館山市）
- あしたのまち・くらしづくり活動賞 主催者賞
  酒田市子どもと白鳥を愛する会（山形県酒田市）
  笠間市まちづくり教室（茨城県笠間市）
  美山木ごころ一座（福井県福井市）
- あしたのまち・くらしづくり活動賞 振興奨励賞
  大曲の水辺に夢をつくろう会（岩手県奥州市）
  古代の流れ源流「網代滝」を守る会（岩手県奥州市）
  第十区自治会（岩手県一関市）
  東の辻二部町内会（茨城県石岡市）
  特定非営利活動法人街・建築・文化再生集団（群馬県前橋市）
  銀座ミツバチプロジェクト（東京都中央区）
  カット倶楽部（東京都墨田区）
  真光寺川を清流にする会（エコネット町田生活会議・真光寺川部会）（東京都町田市）
  泊の歴史を知る会（福井県小浜市）
  特定非営利活動法人宙塾（奈良県奈良市）

◇企業の地域社会貢献活動分野 企業の地域社会貢献活動部門
- あしたのまち・くらしづくり活動賞 内閣総理大臣賞
  むつみ造園土木（株）（秋田グリーンサム倶楽部）（秋田県秋田市）
- あしたのまち・くらしづくり活動賞 内閣官房長官賞
  トヨタ自動車（株）トヨタボランティアセンター（愛知県小坂井町）
- あしたのまち・くらしづくり活動賞 主催者賞
  （株）ティー・エム・オー尼崎（兵庫県尼崎市）
- あしたのまち・くらしづくり活動賞 振興奨励賞
  ソニーエナジー・デバイス（株）（福島県郡山市）
  サンデンファシリティ（株）（群馬県前橋市）
  （株）西友（東京都北区）
  地域ぐるみ環境ISO研究会（長野県飯田市）
  大日六商店会（大日通周辺地区まちづくりを考える会）（兵庫県神戸市）
  させぼ四ヶ町商店街協同組合（長崎県佐世保市）

（平19年度）
◇住民活動分野 食育推進活動部門
- あしたのまち・くらしづくり活動賞 内閣総理大臣賞
  山ゆりの会（岡山県岡山市）
- あしたのまち・くらしづくり活動賞 内閣官房長官賞
  四街道食と緑の会（千葉県四街道市）
- あしたのまち・くらしづくり活動賞 主催者賞

都会と田舎を結ぶ食育ネット(愛媛県松山市)
- あしたのまち・くらしづくり活動賞 振興奨励賞
  熊谷の子ども達を朝食で元気にする会(埼玉県熊谷市)
  竹の台エコタウンクラブ(兵庫県神戸市西区)
  もち麦生産組合(兵庫県福崎町)
  三好集団給食施設協議会(徳島県三好市)
  母親クラブエンジェルスマイル(鹿児島県鹿児島市)

◇住民活動分野 子育て支援活動部門
- あしたのまち・くらしづくり活動賞 内閣総理大臣賞
  新居浜市おもちゃ図書館きしゃポッポボランティアグループ(愛媛県新居浜市)
- あしたのまち・くらしづくり活動賞 内閣官房長官賞
  特定非営利活動法人わくわくくらぶ(福井県小浜市)
- あしたのまち・くらしづくり活動賞 主催者賞
  多胎児サークルみど・ふぁど(岐阜県多治見市)
- あしたのまち・くらしづくり活動賞 振興奨励賞
  あそぶっくの会(北海道ニセコ町)
  甘楽富岡子どもと本の会(群馬県富岡市)
  特定非営利活動法人子育て広場きらら(東京都小平市)

◇住民活動分野 まち・くらしづくり活動部門
- あしたのまち・くらしづくり活動賞 内閣総理大臣賞
  柳谷自治公民館(鹿児島県鹿屋市)
- あしたのまち・くらしづくり活動賞 内閣官房長官賞
  特定非営利活動法人足尾に緑を育てる会(栃木県日光市)
- あしたのまち・くらしづくり活動賞 主催者賞
  湯沢市岩崎地区町内協議会(秋田県湯沢市)
  水戸女性フォーラム(茨城県水戸市)
- あしたのまち・くらしづくり活動賞 振興奨励賞
  特定非営利活動法人エクスプローラー北海道(北海道苫小牧市)
  岩手県立盛岡農業高等学校(岩手県滝沢村)
  特定非営利活動法人小田地域振興協議会(茨城県つくば市)
  特定非営利活動法人ゆいの里街中サロンなじみ庵(栃木県那須塩原市)
  地域づくり団体未来塾(群馬県安中市)
  特定非営利活動法人青葉台さわやかネットワーク(千葉県市原市)
  特定非営利活動法人夢のマネージメント社(東京都多摩市)
  特定非営利活動法人心に響く文集・編集局(福井県福井市)
  倉真地区まちづくり委員会(静岡県掛川市)
  さくら福祉の会(滋賀県大津市)
  姉小路界隈を考える会(京都府京都市中京区)
  自然と文化の森協会(兵庫県尼崎市)

◇企業の地域社会貢献活動分野 企業の地域社会貢献活動部門
- あしたのまち・くらしづくり活動賞 内閣総理大臣賞
  天神橋3丁目商店街振興組合(大阪府北区)
- あしたのまち・くらしづくり活動賞 内閣官房長官賞
  綜合警備保障(株)(東京都港区)
- あしたのまち・くらしづくり活動賞 主催者賞
  住友生命保険相互会社(東京都中央区)
- あしたのまち・くらしづくり活動賞 振興奨励賞
  東北福祉大学ボランティアセンター(宮城県仙台市青葉区)
  常陽ボランティア倶楽部(茨城県水戸市)
  富国生命保険相互会社広報室(東京都千代田区)
  ながはま御坊表参道商店街振興組合(滋賀県長浜市)
  サンイン技術コンサルタント(株)(鳥取県米子市)

(平20年度)
◇住民活動分野 子育て支援活動部門
- あしたのまち・くらしづくり活動賞 内閣

総理大臣賞
　NPO法人ふれあいの家―おばちゃんち（東京都品川区）
- あしたのまち・くらしづくり活動賞 内閣官房長官賞
　NPO法人ながのこどもの城いきいきプロジェクト（長野県長野市）
- あしたのまち・くらしづくり活動賞 主催者賞
　NPO法人ウイズアイ（東京都清瀬市）
- あしたのまち・くらしづくり活動賞 振興奨励賞
　NPO法人時をつむぐ会（群馬県高崎市）
　NPO法人子どもるーぷ袖ケ浦（千葉県袖ケ浦市）
　子ども夢フォーラム（石川県金沢市）
　伊那谷あんじゃね自然学校（長野県泰阜村）
　NPO法人くすくす（岐阜県大垣市）

◇住民活動分野 まち・くらしづくり活動部門
- あしたのまち・くらしづくり活動賞 内閣総理大臣賞
　NPO法人えがおつなげて（山梨県北杜市）
- あしたのまち・くらしづくり活動賞 内閣官房長官賞
　石坂線21駅の顔づくりグループ（滋賀県大津市）
- あしたのまち・くらしづくり活動賞 主催者賞
　大張物産センター なんでもや（宮城県丸森町）
　兵庫県立龍野実業高等学校デザイン科（兵庫県たつの市）
- あしたのまち・くらしづくり活動賞 振興奨励賞
　ひろさき環境パートナーシップ21（青森県弘前市）
　福住町町内会（宮城県仙台市宮城野区）
　あじ島冒険楽校（宮城県石巻市）
　君津まちづくりの会（千葉県君津市）
　若狭熊川宿まちづくり特別委員会（福井県若狭町）
　NPO法人日吉台の福祉を語る会・あじさいくらぶ（滋賀県大津市）
　木岐まちづくり委員会"わいわいkiki"（徳島県美波町）
　特定非営利活動法人きらり水源村（熊本県菊池市）
　平小城活性化協議会（熊本県山鹿市）

◇企業の地域社会貢献活動分野 企業の地域社会貢献活動部門
- あしたのまち・くらしづくり活動賞 内閣総理大臣賞
　本田技研工業（株）（東京都港区）
- あしたのまち・くらしづくり活動賞 内閣官房長官賞
　（株）イトーヨーカ堂（東京都千代田区）
- あしたのまち・くらしづくり活動賞 主催者賞
　佐川急便（株）（東京都江東区）
- あしたのまち・くらしづくり活動賞 振興奨励賞
　日鉱金属（株）（茨城県日立市）
　Green Road SIX（東京都港区）
　前田建設工業（株）（東京都千代田区）
　全トヨタ労働組合連合会（愛知県豊田市）
　須磨寺前商友会（須磨寺前商店街）（兵庫県神戸市須磨区）
　マツダ（株）（広島県府中町）

（平21年度）
◇あしたのまち・くらしづくり活動賞
- 内閣総理大臣賞
　村上町屋商人会，チーム黒塀プロジェクト，むらかみ町屋再生プロジェクト（新潟県村上市）
- 内閣官房長官賞
　NPO法人くらし協同館なかよし（茨城県ひたちなか市）
- 主催者賞
　作原地区むらづくり推進協議会（栃木県佐野市）
　和光市食文化研究会（埼玉県和光市）
　柘植地域まちづくり協議会（三重県伊賀市）
　醍醐コミュニティバス市民の会（京都府京都市伏見区）
　旅館吉田屋 食と農のインキュベーションのろNOLO（島根県大田市）
　NPO法人「正応寺ごんだの会」・正応寺自治公民館（宮崎県都城市）
- 振興奨励賞

黒松内町フットパスボランティア（北海道黒松内町）
千田町内会ほのぼの交流会（青森県八戸市）
下内野自治会（岩手県一関市）
里山クラブやかまし村（岩手県遠野市）
盛岡大通商店街協同組合（岩手県盛岡市）
一関市千厩町第13区自治会（岩手県一関市）
ボランティアゆう遊（宮城県仙台市太白区）
NPO法人メリーゴーランド（秋田県能代市）
NPO法人取手ぶるく（茨城県取手市）
エンジョイネットワーク片品（群馬県片品村）
和光市地域子ども防犯ネット（埼玉県和光市）
井戸端手話の会（千葉県船橋市）
鴨居原市民の森 愛護会（神奈川県横浜市緑区）
小国山野草会（新潟県長岡市）
水橋ミニクラブ「アドベンチャーじょうじょう」（富山県富山市）
NPO法人夢空間松代のまちと心を育てる会（長野県長野市）
掛川おかみさん会（静岡県掛川市）
原田地区通院車運営委員会（静岡県掛川市）
NPO法人子育て支援のNPOまめっこ（愛知県名古屋市北区）
島を美しくつくる会（愛知県一色町）
かりや消費者生活学校（愛知県刈谷市）
大府スケッチ研究会（愛知県大府市）
三重県立相可高等学校（三重県多気郡）
八幡酒蔵工房（滋賀県近江八幡市）
あんしん・あんぜん上鳥羽推進委員会（京都府京都市南区）
井吹東ふれあいのまちづくり協議会（兵庫県神戸市西区）
マイスター工房八千代（兵庫県多可町）
稲美地活会 子育て支援あすなろ会（兵庫県稲美町）
うぶすな編集部（奈良県平群町）
和歌山県田辺市 紀南養護専攻科を考える会（和歌山県田辺市）
21世紀えひめニューフロンティアグループ（愛媛県伊予市）
NPO法人わらべ（大分県別府市）
大馬越地区コミュニティ協議会（鹿児島県薩摩川内市）

(平22年度)
◇あしたのまち・くらしづくり活動賞
● 内閣総理大臣賞
  峰山地区コミュニティ協議会（鹿児島県薩摩川内市）
● 内閣官房長官賞
  NPO法人いんしゅう鹿野まちづくり協議会（鳥取県鳥取市）
● 総務大臣賞
  NPO法人大分人材育成・地域文化交流協会（大分県別府市）
● 主催者賞
  大沢農村振興会（岩手県洋野町）
  東沢地区協働のまちづくり推進会議（山形県川西町）
  NPO法人くにたち富士見台人間環境キーステーション（東京都国立市）
  美麻地域づくり会議（長野県大町市）
  NPO法人いえしま（兵庫県姫路市）
● 振興奨励賞
  弟子屈ユニバーサルデザインプラザ（北海道弟子屈町）
  宮城県一迫商業高等学校 商業研究部 地域活性化プロジェクトチーム（宮城県栗原市）
  あじ朗志組（宮城県石巻市）
  坂下地区みなみ号運営委員会（茨城県日立市）
  明治コミュニティ推進協議会（栃木県上三川町）
  まろにえ21（栃木県鹿沼市）
  NPO法人まごの手（栃木県佐野市）
  宮田ほたるの里を守る会（群馬県渋川市）
  弁天通青年会（群馬県前橋市）
  川口市プレイリーダー協議会（埼玉県川口市）
  和光市コミュニティ協議会（埼玉県和光市）
  常盤平団地自治会（千葉県松戸市）
  東田端まちづくり協議会（東京都北区）
  NPO法人Green Works（東京都江東区）
  ほっと村（東京都北区）
  NPO法人楽竹会（神奈川県横浜市瀬谷区）

さかえ地域通貨プロジェクト・イタッチ（神奈川県横浜市栄区）
まっと活性化委員会（新潟県小千谷市）
NPO法人多世代交流館になニーナ（新潟県長岡市）
三日市大町商店街振興組合（富山県黒部市）
各務原市生活学校（岐阜県各務原市）
芥見東自治会連合会（岐阜県岐阜市）
石榑の里共育委員会（三重県いなべ市）
NPO法人ふれあいネットひらかた（大阪府枚方市）
NPO法人南河内こどもステーション（大阪府羽曳野市）
北須磨団地自治会（兵庫県神戸市須磨区）
八千代蛍の宿路の会（兵庫県多可町）
NPO法人くらしのお手伝いよねさと（鳥取県鳥取市）
NPO法人はっぴいひろば とまとさん家（岡山県井原市）
NPO法人あいあいねっと・フードバンク広島（広島県広島市安佐北区）
春日ダンボールコンポストの会（福岡県春日市）

（平23年度）
◇あしたのまち・くらしづくり活動賞
● 内閣総理大臣賞
　岩村田本町商店街振興組合（長野県佐久市）
● 内閣官房長官賞
　木綿街道振興会（島根県出雲市）
● 総務大臣賞
　NPO法人ゆめ・まち・ねっと（静岡県富士市）
● 主催者賞
　麓郷振興会（北海道富良野市）
　棚田の郷かぶと（栃木県茂木町）
　NPO法人まち研究工房（埼玉県戸田市）
　岩成台一丁目町内会防犯隊（愛知県春日井市）
　NPO法人山の薬剤師たち（徳島県美馬市）
● 振興奨励賞
　NPO法人ハックの家（岩手県田野畑村）
　のしろ白神ネットワーク（秋田県能代市）
　元気クラブ（茨城県水戸市）
　NPO法人友の会たすけあい（茨城県つくば市）

NPO法人 "矢中の杜" の守り人（茨城県つくば市）
清水洞の上自然を守る会（茨城県那珂市）
那須塩原市生活学校（栃木県那須塩原市）
こもなみ倶楽部（東京都杉並区・長野県）
NPO法人ソーシャライズ（東京都東村山市）
比角地区子ども育成会（新潟県柏崎市）
NPO法人富士川・夢・未来（山梨県富士川町）
NPO法人エコロジーアクション桜が丘の会（静岡県掛川市）
NPO法人ポレポレ（静岡県湖西市）
NPO法人せんがまち棚田倶楽部（静岡県菊川市）
あこがれ千町の会（兵庫県宍粟市）
橿原市ふれあいin新沢実行委員会（奈良県橿原市）
波多コミュニティ協議会（島根県雲南市）
NPO法人小河内Oプロジェクト（広島県広島市安佐北区）
NPO法人ほっとハウス（徳島県徳島市）
NPO法人子育て支援ネットワークとくしま（徳島県徳島市）
NPO法人小町ウイング（熊本県熊本市北区）
西表島農家援農環境ネットワーク（沖縄県竹富町）

（平24年度）
◇あしたのまち・くらしづくり活動賞
● 内閣総理大臣賞
　NPO法人フェアトレード東北（宮城県石巻市）
● 内閣官房長官賞
　NPO法人十日町市地域おこし実行委員会（新潟県十日町市）
● 総務大臣賞
　NPO法人亘理いちごっこ（宮城県亘理町）
● 主催者賞
　みやのかわ商店街振興組合（埼玉県秩父市）
　下和泉住宅ボランティアグループ（神奈川県横浜市泉区）
　なでしこ防災ネット（神奈川県秦野市）
　劇団「ババーズ」（福井県福井市）
　NPO法人長居公園元気ネット（大阪府大

市住吉区）
地域の応援隊 和（高知県津野町）
- 振興奨励賞
  NPO法人救命のリレー普及会（北海道函館市）
  江釣子6区自治会（岩手県北上市）
  NPO法人まごころサービス福島センター内子育て支援部門こども緊急サポートネットワークふくしま（福島県福島市）
  緑が丘ふれあい交流会実行委員会（栃木県日光市）
  いどばたカフェ・好縁（栃木県下野市）
  宇津貫みどりの会（東京都八王子市）
  防災まちづくりの会・東久留米（東京都東久留米市）
  Colabo（東京都世田谷区）
  NPO法人お互いさまねっと公田町団地（神奈川県横浜市栄区）
  NPO法人ユー＆ミーの会（新潟県新発田市）
  立山山麓生活学校（富山県富山市）
  NPO法人阿羅漢（石川県加賀市）
  掛川市西山口地区福祉協議会（静岡県掛川市）
  NPO法人伊東里山クラブ（静岡県伊東市）
  農事組合法人白王町集落営農組合（滋賀県近江八幡市）
  NPO法人棚田LOVER's（兵庫県市川町）
  稲荘農場まちづくりの会（兵庫県稲美町）
  復興支援ネットワーク淡路島（兵庫県淡路市）
  NPO法人ほっと大東（島根県大東町）
  倉掛自治連合会（岡山県井原市）
  徳島活性化委員会（徳島県徳島市）
  次世代のためにがんばろう会（熊本県八代市）
  上天草市中央公民館（熊本県上天草市）
  NPO法人武蔵ケ丘ご近所クラブ（熊本県熊本市）

（平25年度）
◇あしたのまち・くらしづくり活動賞
- 内閣総理大臣賞
  長洞元気村協議会（岩手県陸前高田市）
- 内閣官房長官賞
  望海地区在宅サービスゾーン協議会（兵庫県明石市）
- 総務大臣賞
  NPO法人尾道空き家再生プロジェクト（広島県尾道市）
- 主催者賞
  プロジェクトおおわに事業協同組合（青森県大鰐町）
  釈迦内SP実行委員会（秋田県大館市）
  特定非営利活動法人With優（山形県米沢市）
  ふるさと栃尾里山倶楽部（岐阜県郡上市）
  NPO法人学生人材バンク（鳥取県鳥取市）
  アテラーノ旭（高知県高知市）
- 振興奨励賞
  方言を語り残そう会（宮城県名取市）
  上川名地区活性化推進組合（宮城県柴田町）
  小泉地区の明日を考える会（宮城県気仙沼市）
  NPO法人ふじさと元気塾（秋田県藤里町）
  災害に強い男鹿の地域づくり協議会（秋田県秋田市）
  三区町環境保全隊（栃木県那須塩原市）
  芝浦工業大学 三浦研究室（埼玉県さいたま市見沼区）
  NPO法人子ども大学かわごえ（埼玉県川越市）
  あおば生活学校（東京都大田区）
  NPO法人ワップフィルム（東京都大田区）
  日野ヶ丘町内会 交通問題研究会（神奈川県横浜市港南区）
  ふじさわこどもまちづくり会議実行委員会（神奈川県藤沢市）
  鎌倉ガーディアンズ（神奈川県鎌倉市）
  特定非営利活動法人マミーズ・ネット（新潟県上越市）
  特定非営利活動法人かみえちご山里ファン倶楽部（新潟県上越市）
  公益財団法人妻籠を愛する会（長野県南木曽町）
  特定非営利活動法人Mama's Cafe（岐阜県多治見市）
  湖西フロンティア倶楽部（静岡県湖西市）
  幸田町生活学校（愛知県幸田町）
  特定非営利活動法人我がまちの縁側（愛知県刈谷市）

文化・社会・経済　　　　　　　　　　　　　　　　　004 あしたのまち・くらしづくり活動賞

　手づくり工房・ワーイワイ（三重県紀北町）
　穂積製材所プロジェクト（三重県伊賀市）
　特定非営利活動法人こえとことばとこころ
　　の部屋（大阪府大阪市西成区）
　リバークリーン・エコ炭銀行（兵庫県加古
　　川市）
　住みたくなるふるさとづくり実行委員会
　　（山口県下関市）
　特定非営利活動法人えひめ子どもチャレン
　　ジ支援機構（愛媛県松山市）
　唐津街道姪浜まちづくり協議会（福岡県福
　　岡市西区）
（平26年度）
◇あしたのまち・くらしづくり活動賞
●内閣総理大臣賞
　特定非営利活動法人くくのち（石川県金沢
　　市）
●内閣官房長官賞
　（一社）カミスガプロジェクト（茨城県那珂
　　市）
●総務大臣賞
　学生団体学生＋（沖縄県那覇市）
●主催者賞
　特定非営利活動法人富岡製糸場を愛する会
　　（群馬県高崎市）
　KOPA（外遊びと子育て支援研究会）（東京
　　都世田谷区）
　いずみの会生活学校（東京都あきる野市）
　特定非営利活動法人いこいの家 夢みん（神
　　奈川県横浜市戸塚区）
　大庄西中跡地活用団体「大庄おもしろ広
　　場」（兵庫県尼崎市）
　特定非営利活動法人てっちりこ（岡山県鏡
　　野町）
●振興奨励賞
　納内地域づくり推進協議会（北海道深川市）
　永井地区まちづくりの会（岩手県盛岡市）
　群馬県立利根実業高等学校 生物生産科 食
　　品文化部（群馬県沼田市）
　認定・埼玉県指定特定非営利活動法人メイ
　　あさかセンター（埼玉県朝霞市）
　多世代交流型コミュニティ実行委員（千葉
　　県柏市）
　NPOふれあい広場ポーポーの木（東京都稲
　　城市）

　街の家族（神奈川県横浜市青葉区）
　美川生活学校（石川県白山市）
　清明げんきの郷運営委員会（福井県福井市）
　特定非営利活動法人フロンティア清沢（静
　　岡県静岡市葵区）
　安倍奥の会（静岡県静岡市葵区）
　特定非営利活動法人しずおか環境教育研究
　　会「エコエデュ」（静岡県静岡市駿河区）
　蟹江町商工会（一番街・まちの駅）（愛知県
　　蟹江町）
　生ゴミリサイクル亀さんの家（三重県松阪
　　市）
　せせらぎの郷（滋賀県野洲市）
　天の川実行委員会（奈良県高取町）
　福島の子どもたちとつながる宇部の会（山
　　口県宇部市）
　森藤村づくり推進協議会（徳島県吉野川市）
　特定非営利活動法人黒潮実感センター（高
　　知県大月町）
　糸島空き家プロジェクト（福岡県福岡市東
　　区）
　NPO法人みさと（熊本県芦北町）
　特定非営利活動法人フードバンクかごしま
　　（鹿児島県鹿児島市）
　里地区コミュニティ協議会（鹿児島県薩摩
　　川内市）
　つきしろ自治会（沖縄県南城市）
（平27年度）
◇あしたのまち・くらしづくり活動賞
●内閣総理大臣賞
　特定非営利活動法人えき・まちネットこま
　　つ（山形県）
●内閣官房長官賞
　特定非営利活動法人豊島子ども
　　WAKUWAKUネットワーク（東京都）
●総務大臣賞
　芝園団地自治会（埼玉県）
●主催者賞
　西神楽エコ農村共生対流推進協議会（北海
　　道）
　特定非営利活動法人チームふくしま（福島
　　県）
　nanoda（長野県）
　猪名寺自治会（兵庫県）
　青河自治振興会（広島県）

中山間松尾集落（熊本県）
- 振興奨励賞
煤孫1区自治会（岩手県）
放課後こどもクラブBremen（宮城県）
特定非営利活動法人ベビースマイル石巻（宮城県）
気仙沼あそびーばーの会（宮城県）
底上げYouth（宮城県）
2015年の公共交通をつくる会（群馬県）
NPO法人コドモ・ワカモノまちing（東京都）
特定非営利活動法人さくら茶屋にししば（神奈川県）
特定非営利活動法人森ノオト（神奈川県）
高山自治会（神奈川県）
特定非営利活動法人きちづくり福井（福井県）
特定非営利活動法人富士川っ子の会（静岡県）
特定非営利活動法人犬山市民活動支援センターの会（愛知県）
特定非営利活動法人てほへ（愛知県）
特定非営利活動法人どんぐりの会（三重県）
ミンナソラノシタ（京都府）
特定非営利活動法人寝屋川あいの会（大阪府）
淞北台いきいきライフを推進する会（島根県）
ぐるぐる海友舎プロジェクト（広島県）
特定非営利活動法人ゆうゆうグリーン俵山（山口県）
多田エコグループたんぽぽ生活学校（愛媛県）
特定非営利活動法人八幡浜元気プロジェクト（愛媛県）
特定非営利活動法人北九州タウンツーリズム（福岡県）
おおにし農業小学校（福岡県）
「みんなにやさしいトイレ会議」実行委員会（長崎県）
NPO法人頴娃おこそ会（鹿児島県）

（平28年度）
◇あしたのまち・くらしづくり活動賞
- 内閣総理大臣賞
幸町1丁目コミュニティ委員会（千葉県）
- 内閣官房長官賞
八代環境パトロール隊（富山県）
- 総務大臣賞
野原村元気づくり協議会（三重県）
- 主催者賞
（一社）天売島おらが島活性化会議（北海道）
特定非営利活動法人あおもり若者プロジェクト クリエイト（青森県）
公益財団法人妻籠を愛する会（長野県）
特定非営利活動法人よのなか塾（京都府）
殿川小水力発電研究会（奈良県）
川津南やっちみる会（愛媛県）
- 振興奨励賞
釧路鳥取てらこや（北海道）
くしろ高齢者劇団（北海道）
特定非営利活動法人斗南どんどこ健康村（青森県）
まんまるママいわて（岩手県）
Social Academy寺子屋（宮城県）
特定非営利活動法人にじいろクレヨン（宮城県）
柳瀬川をきれいにする会（埼玉県）
岩瀬自治会（千葉県）
NPO法人もりのこびとたち（千葉県）
西原自然公園を育成する会（東京都）
NPO法人ミニシティ・プラス（神奈川県）
特定非営利活動法人中越防災フロンティア（新潟県）
宇津尾集落（新潟県）
北中山まちづくり委員会（福井県）
特定非営利活動法人フードバンク山梨（山梨県）
岐阜県立大垣養老高等学校 瓢箪倶楽部秀吉（岐阜県）
認定NPO法人丸子まちづくり協議会（静岡県）
下町自主防災会（愛知県）
岡田ゆめみたい（愛知県）
「ぐるっと生瀬」運営協議会（兵庫県）
やまと郡山環境を良くする市民の会（奈良県）
高美台生活学校坂道（広島県）
楢原ゆうあい会（山口県）
美里フットパス協会（熊本県）
NPO法人岡原花咲かそう会（大分県）

005 安吾賞

作家・坂口安吾の生誕100周年を記念し、出生地の新潟市が平成18年に創設した。活動分野を問わず、反骨精神に代表される安吾の人間性を体現した個人や団体に贈る。

【主催者】 新潟市

【選考委員】 委員長：三枝成彰（作曲家），副委員長：齋藤正行（安吾の会世話人代表，新潟・市民映画館シネ・ウインド代表），角川歴彦（株式会社KADOKAWA取締役会長），手塚眞（ヴィジュアリスト），三好一美（日本MITベンチャーフォーラム理事，パイロエンタープライズ代表取締役社長）

【選考方法】 推薦人，及び一般から広く推薦を募集。自薦または他薦

【選考基準】 〔資格〕国籍，居住地，性別・年齢は問わない。〔対象〕さまざまな社会活動・文化活動において，新しい時代や新たな分野を切り開き，人々に勇気や元気を与えて，かつ共感を持って迎えられた個人または団体。表彰は1名または1団体とする

【締切・発表】 （第10回）授賞式：平成28年3月16日

【賞・賞金】 正賞，副賞（賞金100万円）

【URL】 https://www.city.niigata.lg.jp/info/bunka/ango/index.html

第1回（平18年）
　野田 秀樹（劇作家）
　◇新潟市特別賞
　横田 滋，横田 早紀江（北朝鮮による拉致被害者家族連絡会（家族会）代表）

第2回（平19年）
　野口 健（アルピニスト）
　◇新潟市特別賞
　ベンクス, カール（建築デザイナー）

第3回（平20年）
　瀬戸内 寂聴（作家・僧侶）
　◇新潟市特別賞
　近藤 亨（NPOネパール・ムスタン地域開発協力会理事長）

第4回（平21年）
　渡辺 謙（俳優）
　◇新潟市特別賞
　野坂 昭如（作家）

第5回（平22年）
　キーン, ドナルド（日本文学・日本文化研究者）
　◇新潟市特別賞
　月乃 光司（「こわれ者の祭典」代表）

第6回（平23年）
　荒木 経惟（写真家）
　◇新潟市特別賞
　能登 剛史（「にいがた総おどり」副会長，総合プロデューサー）

第7回（平24年）
　若松 孝二（映画監督）
　◇新潟市特別賞
　天野 尚（写真家）

第8回（平25年）
　会田 誠（美術家）
　◇新潟市特別賞
　大友 良英（音楽家）

第9回（平26年）
　草間 彌生（前衛芸術家，小説家）
　◇新潟市特別賞
　coba（アコーディオニスト，作曲家）

第10回（平27年）
　佐藤 優（作家，元外務省主任分析官）
　◇新潟市特別賞
　外山 陽子（新潟県女子体育連盟会長）

006 岩切章太郎賞

　宮崎交通創立者で、日本観光協会副会長や国際観光振興会運営委員などを務めた故岩切章太郎氏の観光業界に対する功績を記念し、岩切章太郎顕彰観光振興基金に基づいて、昭和63年1月に創設された。平成19年度第20回で終了した。

【主催者】宮崎市

【選考委員】（第20回）永六輔（放送作家）、石井好子（故人・シャンソン歌手）、川上哲治（野球解説者）、服部克久（作曲家）、俵万智（歌人）、塩見一郎（財団法人みやざき観光コンベンション協会顧問）、渡辺綱纜（宮崎市芸術文化連盟会長）

【選考方法】全国都道府県庁・市町村、新聞社、観光協会などの推薦、または運営協議会独自の調査による候補者を選考委員会で選考する

【選考基準】〔対象〕観光を通して地域の振興や文化の高揚に尽くした個人あるいは団体

【締切・発表】2月発表

【賞・賞金】表彰状、副賞100万円と記念品（岩切章太郎ブロンズ像、宮崎の旅、岩切章太郎著書「無尽灯」）

第1回（昭63年）
　堀本 文次（香川県・小豆島バス会長）
第2回（平1年）
　岡本 勇雄（栃木県那須郡・南ケ丘牧場代表）
第3回（平2年）
　田中 誠二（奈良交通代表取締役会長）
第4回（平3年）
　小樽市（市長・新谷昌明）
第5回（平4年）
　星野 嘉助（星野温泉代表取締役会長）
第6回（平5年）
　伊藤 務（豊橋鉄道代表取締役会長）
第7回（平6年）
　瀬戸田町（町長・和気成祥）
第8回（平7年）
　杉本 行雄（青森県・古牧温泉渋沢公園代表取締役社長）
第9回（平8年）
　竹富町竹富島の皆さん（沖縄県）
第10回（平9年）
　由布院温泉観光協会（大分県）
第11回（平10年）
　押切 六郎（山形県・最上峡芭蕉ライン観光代表取締役社長）
第12回（平11年）
　長浜市（滋賀県）
第13回（平12年）
　福武 総一郎（岡山県・ベネッセコーポレーション代表取締役社長）
第14回（平13年）
　佐藤 和志（秋田県・鶴の湯温泉湯主）
第15回（平14年）
　遠野市（岩手県）
第16回（平15年度）
　小澤 恒夫（小澤酒造（株）会長）
第17回（平16年度）
　知覧町（鹿児島県）
第18回（平17年度）
　旭川市旭山動物園
第19回（平18年度）
　川越市（埼玉県）
第20回（平19年度）
　日南市（宮崎県）

007 岩宿文化賞

　日本列島における旧石器段階の人類の存在を立証した岩宿遺跡の発見・発掘を記念して，平成3年に創設された。考古学にとどまらず，関連諸科学の分野で，旧石器時代の文化研究の進展に貢献した研究者や研究団体に贈られる。第20回より，岩宿文化賞（本賞）は3年毎に変更。

【主催者】みどり市（群馬県）

【選考基準】〔対象〕(1) 岩宿時代文化研究に関する優れた業績をあげた研究者，または研究団体。(2) 引き続き，研究・諸活動をしている者または団体

【賞・賞金】賞状，トロフィー

【URL】http://www.city.midori.gunma.jp/iwajuku/

第1回（平4年）
　松藤 和人（同志社大学嘱託講師）"近畿地方の旧石器時代研究に貢献"

第2回（平5年）
　安蒜 政雄（明治大学文学部教授）"砂川遺跡，月見野遺跡群，野川遺跡群の発掘調査に参画するとともに，その後の岩宿時代文化研究に大きく貢献した"

第3回（平6年）
　白石 浩之（かながわ考古学財団）"ナイフ形石器文化の研究と尖頭器文化の研究"

第4回（平7年）
　織笠 昭（東海大学文学部助教授）"「岩宿II石器文化論」と大陸と日本列島の細石刃形態比較論を提示した功績に対して"

第5回（平8年）
　稲田 孝司（岡山大学教授）"出土した石器の分析を通して，約一万三千年前に東北地方から中国山地に移住してきた集団があることを明らかにした"

第6回（平9年）
　鈴木 忠司（京都文化博物館主任学芸員）"「日本細石刃文化の地理的背景」と「岩宿時代」の学問的意義付け"

第7回（平10年）
　木村 英明（札幌大学教授）"北海道の旧石器時代の研究，とくに白滝産の黒曜石の動きから，石材の採掘や搬出，加工にいたる分業システムの存在を明らかにした"

第8回（平11年）
　佐藤 宏之（東京大学助教授）"考古学研究にシステム論や構造論など新たな方法論を導入した"

第9回（平12年）
　柳田 俊雄（東北大学総合学術博物館教授）"東北地方南部において，旧石器時代の広域指標テフラである姶良Tn火山灰と石刃石器群の関係をはじめて明らかにし，同時に東北地方で出土する調整技術の未発達な石刃技法を持つ石器群の様相を明らかにした"

第10回（平13年）
　小野 昭（東京都立大学教授）"2001年1月に刊行した「打製骨器論」（東京大学出版会）によって，石器を対象とした研究が中心だった旧石器研究の現状を打破，骨器を世界レベルで体系づけた。また，ナイフ形石器を中心とした型式学的研究から出発し，黒曜石の産地推定を援用しながら，石器石材研究の基礎を確立，旧石器時代の集団関係にも積極的な問題提起を行った"

第11回（平14年）
　鈴木 次郎（神奈川県教委職員）"1971年から78年まで，多摩丘陵地帯の相模野台地で遺跡分布を調査。地蔵坂遺跡などの研究を進め，岩宿時代（3万年前から1万年前）の石器群を種類でなく加工技術などから時代区分する編年法（相模野編年）

で, 遺跡の解明を進めた。近年も東日本のナイフ型石器の技術的分析で, 石器文化の系統を明らかにした"

第12回（平15年）
萩原 博文（平戸市教育委員会）"日常的には多忙な文化財保護行政の業務に携わる傍らで, 研究のブランクもなく多くの論文を発表し, 九州地方における岩宿時代研究の進展に寄与した功績"

第13回（平16年）
藤野 次史（広島大大学院助教授）"東アジア的な視点から, 槍先に用いられる石器の制作技術や系統などについて総合的な研究に取り組み,「日本列島の槍先形尖頭器」として上梓した"

第14回（平17年）
小田 静夫（元東京都教育委員会）

第15回（平18年）
小畑 弘己（熊本大学法文学部助教授）"九州での岩宿時代文化の研究を着実に進め, 海外の研究者の業績を日本に紹介することによっても岩宿時代研究の進展に大きく寄与した"

第16回（平19年）
堤 隆（御代田町教育委員会（浅間縄文ミュージアム））"岩宿時代終末期の細石刃文化研究や使用痕研究の他, 八ヶ岳旧石器研究グループの代表として共同研究を進め, 岩宿時代研究の最前線の研究成果と課題を広く検討し一般にも公開する活動を積極的に行う"

第17回（平20年）
諏訪間 順（小田原市教育委員会）"相模野台地の岩宿時代の開始から縄文時代草創期にいたるこれまでの5段階の編年案を12段階まで細分し, 新基準を確立した。また, 岩宿時代開始期の研究を進め, 4万年前を遡る時代の人類は日本列島に到来しなかった可能性が高いことを示すなど, 新しい枠組みを提示しており, 今後とも活躍が期待される研究者である"

第18回（平21年）
木﨑 康弘（熊本県教育庁）"岩宿時代文化, 特に九州地方に根ざした研究に取り組み, その研究姿勢は, 九州地方内部での認識に止まりがちであった研究に様々な視点を与える契機となるとともに, 列島並びに東アジア全体を通じた岩宿時代の九州地方の位置づけを高めることに大いに寄与した"

第19回（平22年）
比田井 民子（東京都埋蔵文化財センター）"自然地理学や地質学の最新の成果を採り入れたジオ・アーケオロジーの開拓者として知られるとともに, 岩宿時代研究者の研究団体である日本旧石器学会においてその設立段階から運営に尽力し学界全体にリーダーシップを発揮しており, 自らの研究の発展や学界における指導者としての活躍が今後も期待される"

第20回（平25年）
加藤 真二（奈良文化財研究所企画調整室長）

第21回（平28年）
御堂島 正（大正大学文学部教授）"実験考古学の理論的体系化, 岩宿時代研究の根幹をなす道具としての石器研究に大きく寄与"

008 植村直己冒険賞

世界的冒険家・植村直己の故郷の兵庫県日高町が, その偉業をたたえ創設。植村氏のパイオニア精神を継承し, 不屈の冒険心によって未知の世界を切り開き人々に夢と希望と勇気を与えた行動を表彰する。

【主催者】豊岡市
【選考委員】石毛直道（国立民族学博物館名誉教授）, 椎名誠（作家）, 西木正明（作家）, 山

極壽一（京都大学総長），豊岡市長
【選考方法】非公募
【選考基準】〔対象〕前年1年間に極地や山岳，海洋，空など自然の中で人間の可能性に挑んだ創造性豊かな行動〔資格〕個人の場合は日本人，団体は日本人が主宰するグループ。現存者に限り，年齢，性別は問わない
【締切・発表】例年2月に発表
【賞・賞金】メダルと賞金100万円
【URL】http : //www3.city.toyooka.lg.jp/boukenkan/pages/special/special.html

第1回（平8年）
　尾崎 隆（登山家）"幻の山ミャンマー最高峰カカボラジ初登頂"
第2回（平9年）
　米子 昭男（ヨットマン）"左腕を失うハンディを乗り越えヨットで大西洋・太平洋単独横断"
第3回（平10年）
　関野 吉晴（探検家，医師）"人類の旅5万キロを探るグレートジャーニーで冒険精神発揮"
第4回（平11年）
　大場 満郎（冒険家）"史上初の北極海と南極大陸を徒歩で単独横断に成功"
第5回（平12年）
　神田 道夫（気球愛好家）"熱気球でヒマラヤ・ナンガパルバット（8125m）越えに成功"
第6回（平13年）
　中山 嘉太郎（ジャーニーランナー）"中央アジア・シルクロードを駆け抜ける"
第7回（平14年）
　山野井 泰史，山野井 妙子（登山家）"ギャチュンカン峰（7952m）の登頂に成功"
第8回（平15年）
　安東 浩正 "日本人として初めて冬季のシベリアを自転車で単独横断した"
◇特別賞
　明大山岳部，明大山岳部OB会炉辺会 "ネパール・ヒマラヤのアンナプルナI峰に困難な南壁から登頂し，グループとして8千メートル峰全14峰を制覇"
第9回（平16年）
　渡辺 玉枝（登山家）"ヒマラヤ山脈にある世界第4位の高峰ローツェ（8516m）の登頂に65歳で成功。同峰での最高齢女性登山者となった"
第10回（平17年）
　永瀬 忠志 "リヤカーを引いてアフリカ大陸などを縦・横断"
第11回（平18年）
　小松 由佳（登山家）"世界第2位の高峰K2（8611m）に日本人女性初登頂"
第12回（平19年）
　野口 健（アルピニスト）"エベレスト（8848m）に北稜（中国側）から登頂成功"
第13回（平20年）
◇特別賞
　堀江 謙一（ソロセーラー）"1962年から46年間，海の冒険を常にリード"
第14回（平21年）
　中西 大輔（サイクリスト）"11年かけ自転車で地球2周15万キロを走破"
第15回（平22年）
　栗秋 正寿 "中央アラスカ山脈83日間に及ぶハンター冬季単独登頂に挑戦"
第16回（平23年）
　斉藤 実 "ヨットで単独「最高齢（77歳）・最多（8回）」世界一周達成"
第17回（平24年）
　竹内 洋岳（登山家）"14Project（ダウラギリに無酸素登頂し，8000m峰14座完登）"
第18回（平25年）
　田中 幹也 "厳冬期カナダで自身の可能性に挑み続け19年・2万2千キロ踏破"
第19回（平26年）

該当者なし（辞退）
第20回（平27年）
本田 有香（犬ぞり師）"極北の原野で犬たちと暮らし、マッシャー（犬ゾリ使い）となる夢を実現〜北米二大犬ゾリレース完走〜"

第21回（平28年）
平出 和也（アルパインクライマー、山岳カメラマン）"アルパインクライマー、山岳カメラマンの二刀流で活動中（8000m峰5座、エベレスト3回登頂）"

009 NTT全国タウン誌大賞

地域コミュニケーションと地域文化の振興・発展に貢献しているタウン誌を応援するために「NTT全国タウン誌フェスティバル」として昭和60年から開催。平成10年NTTの再編成に伴い、第14回をもって終了。

【主催者】NTT

【選考委員】（第14回）渡辺文雄（俳優）、木村治美（大学教授）、赤塚行雄（評論家）、田村紀雄（大学教授）、鷲津美栄子（評論家）

【選考方法】（第14回）平成9年9月11日から平成10年9月10日までの間に発行されたタウン誌

【選考基準】企画性、編集技術、地域密着度などの角度から審査を行ない、「タウン誌大賞」（1誌）、「タウン誌大賞部門賞」（企画賞、編集技術賞、地域コミュニケーション賞の3部門・各1誌）、「タウン誌大賞奨励賞」（最大12誌）を選定

【締切・発表】（第14回）平成10年8月3日〜9月10日

【賞・賞金】タウン誌大賞（副賞150万円）、タウン誌大賞部門賞（副賞50万円）、タウン誌大賞奨励賞（副賞30万円）

第1回（昭60年）
◇大賞
「月刊CHONライフ」（北海道）
「季刊あおもり草子」（青森県）
「とうよこ沿線」（神奈川県）
「NEW COAST」（東京都）
「地域雑誌「谷中・根津・千駄木」」（東京都）
「浜松百撰」（静岡県）
「月刊リサイクルNEWS」（愛知県）
「月刊SEMBA（せんば）」（大阪府）
「話の缶詰 こんせるぶ」（大阪府）
「月刊タウン情報かがわ」（香川県）
第2回（昭61年）
◇大賞
「月刊キャロット」（青森県）
「月刊うぃずY」（山形県）
「ヨコハマコレクション」（神奈川県）
「うえの」（東京都）
「下町タイムス」（東京都）
「月刊おあしす」（石川県）
「月刊リサイクルニュース」（大阪府）
「Bird's Eye（バーズ・アイ）」（大阪府）
「月刊タウンマガジンあわわ」（徳島県）
「月刊土佐」（高知県）
第3回（昭62年）
◇大賞
「会津嶺（あいづね）」（福島県）
「月刊街こおりやま」（福島県）
「月刊上州路」（群馬県）
「月刊武州路」（埼玉県）
「クォータリーかわさき」（神奈川県）
「月刊京都」（京都府）
「大阪春秋」（大阪府）
「月刊神戸っ子」（兵庫県）

「キャンパスFUKUOKA」（福岡県）
「週刊レキオ」（沖縄県）
第4回（昭63年）
　◇大賞
　　「月刊チョンライフ」（北海道）
　　地域雑誌「谷中・根津・千駄木」」（東京都）
　　「泉北コミュニティ」（大阪府）
　◇奨励賞
　　「ふるさと十勝」（北海道）
　　「北の街」（青森県）
　　「軽井沢ヴィネット」（長野県）
　　「週刊きちじょうじ」（東京都）
　　「タウン誌 うつのみや」（栃木県）
　　「因島ジャーナル」（広島県）
　　「タウン情報 まつやま」（愛媛県）
　　「月刊アドバンス大分」（大分県）
　　「月刊金沢情報」（石川県）
　　「月刊ぽっちぽっちNAGOYA」（愛知県）
　　「月刊タウン誌 かまん・くまの」（和歌山県）
第5回（平1年）
　◇大賞
　　「かまくら春秋」（神奈川県）
　　「季刊アンド・アルファ」（新潟県）
　　「月刊光が丘」（東京都）
　◇奨励賞
　　「月刊おたる」（北海道）
　　「月刊筏」（秋田県）
　　「月刊うづまっこ」（栃木県）
　　「aoyama PRESS」（東京都）
　　「月刊佐渡国」（新潟県）
　　「グットラックとやま」（富山県）
　　「月刊西美濃わが街」（岐阜県）
　　「ザ・淀川」（大阪府）
　　「月刊レジャー広島」（広島県）
　　「月刊ぷらざ」（佐賀県）
　　「月刊PEOPLE（ピープル）」（香川県）
第6回（平2年）
　◇大賞
　　「季刊筏」（秋田県）
　　「月刊日本橋」（東京都）
　　「週刊きちじょうじ」（東京都）
　◇奨励賞
　　「郷土誌 あさひかわ」（北海道）

「月刊みやこわが町」（岩手県）
「高島平新聞」（東京都）
「かながわ風土記」（神奈川県）
「季刊ふるさと村通信」（新潟県）
「ゆきのした」（福井県）
「奥様ジャーナル」（愛知県）
「月刊しものせきウェーブ」（山口県）
「月刊NICE TOWN」（香川県）
「月刊Meets Regional」（大阪府）
「レディス・マガジン ぴっく・あっぷ」（鹿児島県）
　◇選考委員特別賞
　　「季刊あおもり草子」（青森県）
　　「月刊SEMBA（せんば）」（大阪府）
第7回（平3年）
　◇大賞
　　「ひらがなタイムズ」（東京都）
　　「月刊アドバンス大分」（大分県）
　　「Club Fame（クラブ フェイム）」（京都府）
　◇奨励賞
　　「月刊あるふぁ」（北海道）
　　「月刊ZERO・ひたかみ」（宮城県）
　　「We湘南」（神奈川県）
　　「築地物語」（東京都）
　　「月刊サード」（新潟県）
　　「富山の女性誌 まいけ」（富山県）
　　「旅の雑誌『伊勢志摩』」（三重県）
　　「オール関西」（大阪府）
　　「月刊のおがた」（福岡県）
　　「ジ・アース」（愛媛県）
　　「レディース ますだ」（島根県）
第8回（平4年）
　◇大賞
　　「タウン誌 深川」（東京都）
　　「月刊バスケット」（千葉県）
　　「西日本文化」（福岡県）
　◇奨励賞
　　「HAKODADI（はこだでぃ）」（北海道）
　　「やまがた散歩」（山形県）
　　「私のかまくら」（神奈川県）
　　「群馬風土記」（東京都）
　　「月刊LIVE STATION（ライブ・ステーション）」（長野県）
　　「Simple（シンプル）」（三重県）
　　「京都 THE 伏見」（京都府）

009 NTT全国タウン誌大賞　　　　　　　　　　　　　　　　文化・社会・経済

「月刊ウララ」(福井県)
「月刊くれえばん」(広島県)
「月刊あおぞら」(高知県)
「月刊リブながさき」(長崎県)
第9回(平5年)
　◇大賞
　　「ゆきのまち通信」(青森県)
　◇部門賞
　●企画賞
　　「1010(いちまるいちまる)」(東京都)
　●編集技術賞
　　「かまくら春秋」(神奈川県)
　●地域コミュニケーション賞
　　「月刊acute(アキュート)」(岩手県)
　◇奨励賞
　　「月刊イエローページ」(北海道)
　　「会津嶺(あいづね)」(福島県)
　　「みにむ」(栃木県)
　　「月刊浅草」(東京都)
　　「信州の旅」(長野県)
　　「月刊タウン情報 とやま」(富山県)
　　「Nagoya発」(愛知県)
　　「SOFT」(大阪府)
　　「月刊メックス」(福岡県)
第10回(平6年)
　◇大賞
　　「ひらがなタイムス」(東京都)
　◇部門賞
　●企画賞
　　「子づれ(DE)CHA・CHA・CHA」(福岡県)
　●編集技術賞
　　「Club Fame(クラブ フェイム)」(京都府)
　●地域コミュニケーション賞
　　「月刊みやこわが町」(岩手県)
　◇奨励賞
　　「タウンガイド帯広 コミュニティ・アイ」(北海道)
　　「SPOON」(山形県)
　　「月刊上州路」(群馬県)
　　「四季 本郷」(東京都)
　　「月刊まいけ」(富山県)
　　「季刊とよはし百撰」(愛知県)
　　「京都TOMORROW」(京都府)
　　「月刊広島美人」(広島県)

「まちかどプレス」(徳島県)
「リブながさき」(長崎県)
◇10周年記念特別賞
　「子づれ(DE)CHA・CHA・CHA」(福岡県)
　「銀座百点」(東京都)
　「月刊アドバンス大分」(大分県)
　「月刊みやこわが町」(岩手県)
　「地域雑誌「谷中・根津・千駄木」」(東京都)
　「Club Fame(クラブ フェイム)」(京都府)
第11回(平7年)
　◇大賞
　　「季刊生命の島」(鹿児島県)
　◇部門賞
　●企画賞
　　「月刊アスリートマガジン」(広島県)
　●編集技術賞
　　「OSAKA-JIN(大阪人)」(大阪府)
　●地域コミュニケーション賞
　　「キッズジャーナル」(千葉県)
　◇奨励賞
　　「CO・TO・EN」(北海道)
　　「MALタウンすくらむぶる」(岩手県)
　　「月刊ossa」(千葉県)
　　「築地物語」(東京都)
　　「月刊ゆうほう」(新潟県)
　　「きらめきTAKAOKA」(富山県)
　　「月刊リサイクルNEWS」(愛知県)
　　「月刊神戸っ子」(兵庫県)
　　「交通マガジンφ〈ウー〉」(広島県)
　　「松山百点」(愛媛県)
　　「島唄楽園シマウタパラダイス」(沖縄県)
第12回(平8年)
　◇大賞
　　「月刊アドバンス大分」(大分県)
　◇部門賞
　●企画賞
　　「月刊はたはた」(秋田県)
　●編集技術賞
　　「北海道味と旅」(北海道)
　●地域コミュニケーション賞
　　「月刊リサイクルNEWS」(愛知県)
　◇奨励賞
　　「団地新聞 Green Town(グリーン・タウ

文化・社会・経済　　　　　　　　　　　　　　　　　　　　　　　　　　　　　　　010 織部賞

　　ン）」(北海道)
　「ダ・ダ・スコ」(岩手県)
　「ラビット通信」(神奈川県)
　「銀座通信 AVENUE」(東京都)
　「地域文化」(長野県)
　「自然派マガジン 山女（やまめ）」(石川県)
　「月刊岐阜人」(岐阜県)
　「長浜みーな」(滋賀県)
　「月刊アスリートマガジン」(広島県)
　「あおぞら」(高知県)
　「子づれ(DE)CHA・CHA・CHA」(福岡県)
◇特別賞
　「神戸から」(兵庫県)
◇特別顕彰
　「地域雑誌「谷中・根津・千駄木」」(東京都)
　「月刊日本橋」(東京都)
第13回（平9年）
◇大賞
　「地域文化」(長野県)
◇部門賞
● 企画賞
　「SPOON」(山形県)
● 編集技術賞
　「月刊はたはた」(秋田県)
● 地域コミュニケーション賞

　「町雑誌 千住」(東京都)
◇奨励賞
　「人間情報紙「夢見る人」上十三版」(青森県)
　「パハヤチニカ」(岩手県)
　「総合文化誌 カルチャーちば」(千葉県)
　「私のかまくら」(神奈川県)
　「武蔵野から」(東京都)
　「ここは牛込、神楽坂」(東京都)
　「茶の間しんぶん」(新潟県)
　「月刊京都」(京都府)
　「京都THE伏見」(京都府)
　「季刊アトラス」(愛媛県)
　「ホライゾン」(鹿児島県)
◇特別賞
　「月刊リサイクルデザイン」(神奈川県)
第14回（平10年）
◇大賞
　「Water-Path」(東京都青梅市)
◇部門賞
● 企画賞
　「ひらがなタイムズ」(東京都新宿区)
● 編集技術賞
　「沖縄通信「うるま」」(沖縄県那覇市)
● 地域コミュニケーション賞
　「奄美の情熱情報誌 ホライゾン」(鹿児島県名瀬市)

---

010 織部賞

　岐阜県に生まれた古田織部の精神にちなみ，自由で革新的な活動を展開する人物を顕彰し，広くこれを発信していくことにより，真の創造的社会の形成に貢献するとともに，岐阜県の文化振興を図る。隔年で開催していたが，第6回以降，休止となっている。

【主催者】岐阜県

【選考委員】委員長：磯崎新（建築家），委員：石井幹子（照明デザイナー），内田繁（インテリアデザイナー），熊倉功夫（財団法人林原美術館館長），坂根厳夫（岐阜県情報科学芸術大学院大学名誉学長），日比野克彦（アーティスト），松岡正剛（編集工学研究所所長）

【選考基準】〔(第6回)授賞対象の要件〕国籍，活動場所，活動領域，ジャンル，年齢を問わず，創造的活動を展開する人物（または団体）を対象とする。2006年現在，その活動をもって現役とみなせる人物（または団体）に限る。アート，デザイン，建築，都市開発，マルチメディアソフト，ペーパーメディア，工芸，映像，演出，音楽，演劇，広告，プロジェクト，産業そのほかあらゆる創造的活動を評価の対象とする。その活動や成果が，広

く多数の人々に供せられることが可能なもの。〔選考基準〕(1) 東西文化のかけはしとなりうるもの、(2) 時代を先取りする気風に満ちたもの、(3) 産業と文化の振興に寄与するもの、(4) 革新的な技術または表現に根ざすもの
【賞・賞金】織部賞グランプリ（1件）：賞金300万円、織部賞（4名）：賞金100万円

第1回（平9年）
　◇織部賞グランプリ
　　ソットサス, エットレ（建築家, デザイナー）
　◇織部賞
　　押井 守（アニメ演出家）
　　蔡 国強（アーティスト）
　　ガリアーノ, ジョン（ファッションデザイナー）
　　スウォッチ（プロダクツ）
　　野村 万之丞（能楽師）
　　楽 吉左衛門（陶芸家）
　◇知事賞
　　未来工業（電気設備資材メーカー）
　◇特別功労賞
　　久野 治（作家, 織部研究家）
第2回（平11年）
　◇織部賞グランプリ
　　中川 幸夫（生け花作家）
　◇織部賞
　　荒木 経惟（写真家）
　　石山 修武（建築家）
　　矢野 顕子（ミュージシャン）
　　カッシーナ（家具メーカー）
　◇知事賞
　　土取 利行（パーカッショニスト）
　　桃山 晴衣（ミュージシャン）
第3回（平13年）
　◇織部賞グランプリ
　　大野 一雄（舞踏家）
　◇織部賞
　　井上 ひさし（作家, 劇作家）
　　津村 耕佑（ファッションデザイナー）
　　アラッド, ロン（建築家, デザイナー）
　　鯉江 良二（陶芸家）
　　石山 篤（インダストリアルデザイナー）
　◇知事賞
　　岩本 哲臣（石材業, 博石館館長）
第4回（平15年）
　◇織部賞グランプリ
　　鈴木 清順（映画監督）
　◇織部賞
　　マウラー, インゴ（照明デザイナー）
　　内藤 広（建築家）
　　無印良品（日用品ブランド）
　　森村 泰昌（美術家）
　◇知事賞
　　加藤 孝造（陶芸家）
第5回（平17年）
　◇織部賞グランプリ
　　水木 しげる（漫画家）
　◇織部賞
　　杉浦 康平（グラフィックデザイナー）
　　深沢 直人（プロダクトデザイナー）
　　山下 洋輔（ジャズピアニスト）
　　ショー, ジェフリー（メディアアーティスト）
　◇特別賞
　　加藤 卓男（陶芸家, 故人）
第6回（平19年）
　◇グランプリ
　　ワダ エミ（衣装デザイナー）
　◇織部賞
　　岩井 俊雄（メディアアーティスト）
　　高橋 睦郎（詩人）
　　林屋 晴三（東京国立博物館名誉館員, 菊池寛実記念 智美術館館長）
　　山田 脩二（瓦師, 写真家）

011 温泉総選挙

温泉地のある市区町村の取り組みを評価するコンテストで、温泉の効能や温泉地の魅力

文化・社会・経済　　　　　　　　　　　　　　　　　　　　012 協働まちづくり表彰

を国民の皆さんに広く知ってもらうために平成28年より開催。8つの部門賞（「リフレッシュ部門」「ファミリー部門」「うる肌部門」「インバウンド部門」「健康増進部門」「女子旅部門」「スポーツリハビリ部門」「レジャー部門」）と8つのメディア賞（「Walker賞」「Find Travel賞」「プレミアムジャパン賞」「ZEKKEI JAPAN賞」「ママスタジアム賞」「WELQ賞」「ウルトラJ賞」「美的（ビテキ）賞」）がある。

【主催者】うるおい日本プロジェクト
【選考委員】（第1回）環境省自然環境局自然環境整備課温泉地保護利用推進室,一般社団法人日本温泉気候物理医学会,一般社団法人日本温泉協会,石井宏子（温泉ビューティー研究家・トラベルジャーナリスト）,岡崎浩巳（地方公務員共済組合連合会理事長・元総務省事務次官）,甘露寺泰雄（公益財団法人中央温泉研究所専務理事）,夏野剛（慶應義塾大学政策・メディア研究科特別招聘教授）
【選考方法】選考委員会にて審査基準をもとに選考のうえ,各賞受賞温泉地を決定（来年度からは国民投票による総選挙）
【締切・発表】（第2回）平成29年7月1日～10月31日投票期間
【URL】http://www.uruoi-japan.jp/onsen/

(平28年)
◇環境大臣賞
　玉造温泉（島根県松江市）
◇部門賞
● リフレッシュ部門
　みなかみ18湯（群馬県利根郡みなかみ町）
● うる肌部門
　玉造温泉（島根県松江市）
● 健康増進部門
　竹田温泉群（大分県竹田市）
● スポーツリハビリ部門
　有馬温泉（兵庫県神戸市）
● ファミリー部門
　草津温泉（群馬県吾妻郡草津町）
● インバウンド部門
　城崎温泉（兵庫県豊岡市）
● 女子旅部門
　道後温泉（愛媛県松山市）
● レジャー部門
　箱根十七湯（神奈川県足柄下群箱根町）
◇メディア賞
● Walker賞
　南紀白浜温泉（和歌山県西牟婁郡白浜町）
● プレミアムジャパン賞
　別府八湯（大分県別府市）
● ZEKKEI Japan賞
　大歩危祖谷温泉郷（徳島県三好市）
● ママスタジアム賞
　川根温泉（静岡県島田市）
● ウルトラJ賞
　ちゃたん恵み温泉美浜の湯（沖縄県中頭群北谷町）
● 美的賞
　原鶴温泉（静岡県朝倉市）
● メディア特別賞
　定山渓温泉（北海道札幌市）
　雲仙温泉（長崎県雲仙市）

012 協働まちづくり表彰

　公（行政・自治体）と民（NPO・自治会・協議会・商工会・地場産業・企業等）が協働して構築・推進したプロジェクト・活動・制度などの取り組みを審査し,自治体経営の革新を推進するとともに,地域住民が真に豊かさを実感できる魅力ある地域社会の実現という観点で大きく貢献したと評価できる事例を表彰。第5回まで「活力協働まちづくり推進

012 協働まちづくり表彰

文化・社会・経済

団体表彰」、第6回から「協働まちづくり表彰」に名称変更。
【主催者】（一社）日本経営協会
【締切・発表】（第9回）平成29年3月17日必着,5月25日表彰式（自治体総合フェア会場）
【賞・賞金】グランプリ1点・準グランプリ1点・入選2点ほど選出、表彰盾を贈呈
【URL】http://www.noma.or.jp/lgf/2017/award/

第1回（平21年）
　◇グランプリ
　　鹿児島県薩摩川内市, KOSHIKI ART PROJECT, 里地区コミュニティ協議会 "「甑島で、つくる。」KOSHIKI ART EXHIBITION"
　◇準グランプリ
　　静岡県焼津市経済部, まちの駅ネットワーク焼津 まちにいいこと創造委員会 "おつかいにチャレンジ！ 2009"
　◇優秀賞
　　東京都町田市経済観光部, NPO法人みどりのゆび "フットパスによる市民協働のまちづくり"
　　富山県射水市, NPO法人水辺のまち新湊 "射水市移住交流促進事業と「内川まちづくり劇場」事業"
　　静岡県三島市地域振興部, 三島商工会議所, 三島市観光協会, JA三島函南 "みしまコロッケの会"

第2回（平22年）
　◇グランプリ
　　愛知県豊田市, たんころりんの会 "たんころりん"
　◇準グランプリ
　　神奈川県商工労働局産業部, NPO法人小田原まちづくり応援団 "車座会議"まちえんカフェ"を通じた多様な主体の連携による地域の活性化"
　◇優秀賞
　　千葉県千葉市, こてはし台調整池水辺づくり協議会, こてはし台調整池水辺を守る会 "夢の調整池づくり（市民協働による取組）～心なごむ 水辺の再生～"
　　新潟県見附市まちづくり課, 悠々ライフ "ハッピー・リタイアメント・プロジェクト"
　　静岡県三島市地域振興部, 三島市ふるさとガイドの会 "三島ふるさとガイドの会の先駆的なおもてなし事業～経済活性化と地域魅力の発信をめざして～"

第3回（平23年）
　◇グランプリ
　　静岡市, NPO法人災害・医療・町づくり "『プリベンタブル・デス（避けられた死）=0』プロジェクト〈公助に依存しない自立した災害医療活動〉"
　◇準グランプリ
　　岐阜県御嵩町, みたけ地域活性化委員会 "中山道『御嶽宿』景観修景プロジェクト～賑わいと誇りの持てるまちづくりをめざして～"
　◇優秀賞
　　京田辺市, 京田辺市観光協会, 同志社大学, （株）吉蔵エックスワイゼットソリューションズ "京たなべスマートフォンプロジェクト"
　　福山市教育委員会, 鞆・町並ひな祭実行委員会 "第9回鞆・町並ひな祭"
　　長崎県産業労働部, 五島市EV・ITS実配備促進協議会, 新上五島町EV・ITS実配備促進協議会 "長崎EV&ITS（エビッツ）プロジェクト"

第4回（平24年）
　◇グランプリ
　　島根県邑南町, （一社）邑南町観光協会, 邑南町雇用創造推進協議会 "A級グルメ立町の実現を通じた雇用機会の拡大プラン"
　◇準グランプリ
　　栃木県足利市産業観光部, 足利・名草ふるさと自然塾運営協議会 "足利・名草ふる

さと自然塾事業"
◇優秀賞
静岡県焼津市, おいしい! プロジェクト "最期まで『口から食べる幸せ』をサポートするまちづくりプロジェクト"
大分市福祉保健部大分市保健所, 大分市民健康ネットワーク協議会, 大分市民健康づくり運動指導者協議会 "市民健康づくり運動指導者養成事業"

第5回（平25年）
◇グランプリ
熊本県合志市,「合志あぐっと! 村」運営協議会 "合志あぐっと! 村"
◇準グランプリ
栃木県鹿沼市, まろにえ21・まろにえばばちゃんショップ, NPO法人CCV "商店街が支援するコミュニティビジネス「まろにえばばちゃんショップ」"
◇優秀賞
愛知県東海市, 東海商工会議所, 東海市健康応援ステーション "いきいき元気推進事業"
京築連帯アメニティ都市圏推進会議, 京築地域ディレクター会 "「京築まるごとナビ」からの情報発信プロジェクト"

第6回（平26年）
◇グランプリ
筑後田園都市推進評議会（福岡県および筑後地域12市町）,（一財）星のふるさと, 筑後川まるごと博物館, マメ行者プロジェクト〔他13団体〕"ちくご子どもキャンパス"
◇準グランプリ
宮城県仙台市,（一社）パーソナルサポートセンター "被災者伴走型生活支援事業"
◇優秀賞
神奈川県藤沢市, 認定NPO法人湘南ふじさわシニアネット "えのぽ（えのしま・ふじさわポータルサイト）"
山形県朝日町, 朝日町観光協会, 地域振興サポート会社まよひが企画 "桃色ウサヒプロジェクト"

第7回（平27年）
◇グランプリ
東京都町田市,（株）イズミ,（合）マチダ・ラボ "「消えないまちだ君」整備促進事業"
◇準グランプリ
京都府亀岡市, 亀岡市自治会連合会, 保津川遊船企業組合, 特定非営利活動法人プロジェクト保津川 "川と海つながり共創（みんなでつくろう）プロジェクト"
◇優秀賞
岐阜県関市, 関の工場参観日実行委員会, 関商工会議所 "関の工場参観日"
山口県長門市, 特定非営利活動法人ゆうゆうグリーン俵山, 俵山地区発展促進協議会 "「小さな政府」を目指して!!—都市農村交流を基盤とした協働によるむらおこし"

第8回（平28年）
◇グランプリ
高知県高知市, NPO高知市民会議, 高知市文化振興事業団 "こどもが運営するまち「とさっ子タウン」"
◇準グランプリ
大分県臼杵市, 臼杵市医師会, 臼津歯科医師会, 臼津薬剤師会 "医療・介護ICT基盤「うすき石仏ねっと」活用推進事業"
◇優秀賞
福井県鯖江市, 鯖江市民主役条例推進委員会 "市民主役のまちづくりプロジェクト"
宮崎県延岡市, 宮崎県北の地域医療を守る会, 延岡市健康長寿推進市民会議 "全国市町村「初」「延岡市の地域医療を守る条例」のまちづくり"

第9回（平29年）
◇グランプリ
福岡県春日市, なんちゅうカレッジ実行委員会 "なんちゅうカレッジ"
◇準グランプリ
鹿児島県大崎町, 大崎町衛生自治会,（有）そおリサイクルセンター "「混ぜればごみ、分ければ資源」でごみ減量化プロジェクト"
◇優秀賞
福岡県大牟田市, 大牟田市介護サービス事

業者協議会 "認知症SOSネットワーク模擬訓練"
山口県柳井市,柳井市観光ボランティアの会,柳井市観光協会 "天の時 地の恵 人の技と知恵〜金魚ちょうちんのまち柳井の魅力発信事業〜"

013 郷土史研究賞

昭和51年,月刊「歴史読本」が通巻250号を迎えたのを記念して創設された。学術文化の分野で研究に励む隠れた人材の育成と貴重な文化遺産の保護保存を期して創られた由良哲次博士による「由良学術文化基金」に基づき,郷土史研究の奨励と振興を目的とする。のち表彰事業を終了。

【主催者】新人物往来社
【選考方法】公募
【選考基準】〔対象〕古代(考古学を含む)から現代に至る郷土史研究。通史でも特定の時代でも,特定のテーマでも可。但し書下し新稿に限る

第1回(昭51年度前期)
◇特賞
　山田 良三(花園大学非常勤講師)"栗隈県寺院址の歴史的背景"
◇優秀賞
　東京北斎会 "北斎と名古屋書肆永楽屋"
　藤井 重寿(日東輸送専務取締役)"加紫久利神社と薩摩建国史"
　小園 公雄(鹿児島県立財部高校教諭)"大隅国止上神社の成立由来と歴史関係の考察"

第2回(昭51年度後期)
◇特賞
　網干 善教(関西大学教授)"大和における寺院跡の研究"
◇優秀賞
　江戸 建雄(国立山中病院付属看護学校講師)"河鍋暁斎の生涯と芸術"
　上田 宏範(奈良県立橿原考古学研究所研究員),小沢 一雄(大阪電気通信大学工学部助教授)"前方後円墳の型式学並に計測学的研究"

第3回(昭52年度)
◇特賞
　近藤 映子(ジェノヴァ市立キオッソーネ東洋美術館)"お雇い外国人エドアルド・キオッソーネ"

◇優秀賞
　松下 亀太郎(滋賀県・中学校教員)"中江藤樹の郷土史研究"
　福山 義一 "大和都祁村上深川の宮座 "題目立"(芸能)について"
　増田 善之助(東京都・地方公務員)"江戸と周辺—幕末の街道と道しるべ"

第4回(昭53年度)
◇優秀賞
　吉崎 志保子(地方史研究協議会会員)"備前社軍隊"
　桐生 敏明(政府刊行物大阪サービス・ステーション)"背教者ジョアン末次平蔵とアントニオ村山当安の対立"

第5回(昭54年度)
◇優秀賞
　胡口 靖夫(神奈川県立柿生高校教諭)"古代における近江国蒲生郡の水田開発"
　山下 尚志(私立武庫川高校講師)"経島"

第6回(昭55年度)
◇特別優秀賞
　奥野 正男(筑紫古代文化研究会主幹)"三角縁神獣鏡の研究"
　山崎 正治(新潟県越路町立越路小学校)"勝平城の城壁を解明する"
◇優秀賞
　阿達 義雄(新潟県刈羽郡高柳町町史編集委

員）"「会津人の斗南藩移住と新潟港」"

第7回（昭56年度）
◇特別優秀賞
　米村 竜治（正竜寺住職）"「宮崎地方に於ける逃散一揆と隠れ念仏」"
◇優秀賞
　浅田 晃彦（横川鉄道診療所長）"「考証岡上景能」"

第8回（昭57年度）
◇優秀賞
　鈴木 真哉（神奈川県地方労働委員会事務局）"「雑賀合戦の再検討―太田牛一「信長記」の記述をめぐって」"
　杉原 丈夫（福井県立図書館長）"「忠直配流―その説話と史実」"

第9回（昭58年度）
◇優秀賞
　岡田 博（鳩ヶ谷市文化財保護委員）"「小谷三志と富士信仰教典」"
　宿南 保（八鹿町立八鹿中学校教諭）"「但馬出石藩幣制の沿革」"

第10回（昭59年度）
◇特別優秀賞
　力丸 光雄（岩手医科大学教授）"「蕏内の大型土偶仮面の系譜」"
◇優秀賞
　土屋 悦之助 "「三笠附」"
　川副 義敦（佐賀県立伊万里高校教諭）"「肥前国一宮相論について」"

第11回（昭60年度）
◇特賞
　多田 憲美（千葉県袖ヶ浦町町史編纂委員）"「近世西上総地方における〔きさご〕相論」"
◇優秀賞
　川副 義敦（佐賀県立伊万里高校教諭）"「肥後国阿蘇神社の支配と権能」"
　岸 浩（獣医学博士）"「朝鮮人送り」"

第12回（昭61年度）
◇特別優秀賞
　服部 良一（三重大学名誉教授）"「紀州藩松坂御城番の士族商法」"
　立川 初義（長崎図書館史料課長）"「代官戸長の死と明治の戸長制度」"
◇優秀賞

　兵頭 与一郎（歴史研究会会員）"「安土城天守閣と復原考証について」"

第13回（昭62年度）
◇優秀賞
　石村 与志（東京）"「小石川大下水と嫁入橋縁起」"
　中井 正弘（大阪）"「旧堺港灯台築造時の復元と沿革」"
　勝村 公（愛知）"「天正以前の木曽川流路と濃尾国境」"

第14回（昭63年度）
◇特別優秀賞
　平山 裕人 "「夷千島王とウソリケシ政権」"
　岩城 邦子 "「七夕人形考―長野県松本市の七夕人形を中心に」"
◇優秀賞
　西沢 朱実 "「箱館戦争と旧幕軍箱館病院」"
　大谷 従二 "「出雲阿国の新研究―出雲から見た阿国」"
　坂田 大爾 "「東播磨における悪党の質的転換について―東大寺領大部荘を中心として」"

第15回（平1年度）
◇特別優秀賞
　五十嵐 秀太郎（新潟県文化財調査審議会委員長）"「和算学者佐藤雪山とその周辺」"
◇優秀賞
　安西 勝 "「大塔宮・渕辺伝説の胚胎と形成」"
　今井 昭彦 "「群馬県下における戦没者慰霊施設の展開」"
　清水 清次郎 "「函館志海苔の埋蔵金考」"
　大条 和雄 "「津軽三味線のルーツを求めて―その精神と風土」"

第16回（平2年度）
◇特別優秀賞
　佐藤 和夫（捜真女学校中高等学部教諭）"「梶原水軍の成立と展開」"
◇優秀賞
　東原 那美 "「武蔵悲田処の研究」"
　乾 敬治 "「楠木氏の周辺をめぐって」"

第17回（平3年度）
◇特賞
　坂田 大爾 "「文観僧正私論―元弘の乱と西大寺律宗」"

◇優秀賞
　河合 敦（町田養護学校教諭）"「小野路城について」"
　木村 高士（協同運輸社長）"「一枚の免許状と諸隊の反乱」"
第18回（平4年度）
◇特別優秀賞
　早川 和見 "「藩祖土井利勝について」"
◇優秀賞
　境 淳伍 "「山城カモ氏の研究―葛城原郷説批判」"
　広野 卓 "「古代大和の乳製品―酥（そ）と蘇についての考察」"
　本多 勉 "「海保青陵が出会った上毛文人の調査」"
第19回（平5年度）
◇特別優秀賞
　中 好幸 "「大和川付替運動史の虚構をつく」"
◇優秀賞
　佐藤 次郎（福島大学名誉教授）"「奥州半田銀山坑業史」"
第20回（平6年度）
◇特別優秀賞
　相川 淳 "「長崎唐人・林公琰と大村藩」"

◇優秀賞
　大槻 満 "「龍安寺庭園の歴史的背景」"
　白浜 信之 "「お伊勢参り「光と影」―大神宮碑と餓死供養塔」"
第21回（平7年度）
◇特賞
　宮島 正人（福岡県立糸島高校教諭）"「妖怪形成論―「キチキチ」伝承の成立と展開」"
◇優秀賞
　川村 たづ子 "「「柳屋」活鯛御用50年の足跡―家伝書による時代考証」"
　長屋 清臣 "「長屋王の年齢二説考」"
第22回（平8年度）
◇特賞
　丸島 隆雄 "「相模国中郡煤ケ谷村における由井正雪一党搦取の一件―近世の治安に関する一考察」"
◇優秀賞
　玉置 博司 "「久米直と久米部についての一考察」"
　川村 たづ子 "「柳家活鯛三代目長十郎と日野屋三右衛門―二人は同一人物か」"
　辻尾 栄市 "「奇縁冰人石の系譜」"

014 小泉八雲賞

文学を通じて日本を世界に紹介した小泉八雲の業績を永く顕彰するため、平成元年に創設された。日本文化の発展に寄与することを目的とする。平成7年第6回で終了。

【主催者】 松江市

【選考委員】 （第6回）委員長：小島信夫，委員：梅原猛，芳賀徹，錢本健二，中村芳二郎

【選考方法】 一般読者（自薦を含む）・出版社・新聞社・通信社及び放送局の推薦

【選考基準】 〔対象〕（第6回）平成5年1月1日から6年12月31日（2年間）までに公刊されたもので，日本語（翻訳を含む）または英語（翻訳を含む）で書かれたもの

【締切・発表】 （第6回）平成7年4月30日締切，8月発表，11月松江市にて表彰式

【賞・賞金】 表彰状及び楯，賞金200万円，ダブリン市長賞

第1回（平2年）
　河竹 登志夫（早稲田大学名誉教授，日本比較文学会会長，演劇学会会長）「歌舞伎美論」
第2回（平3年）
　マイナー，アール（プリンストン大学（アメ

リカ）教授）「COMPARATIVE POETICS」
第3回（平4年）
　川本 皓嗣（東京大学教授）「日本詩歌の伝統」
◇奨励賞
　松居 竜五（東京大学講師）「南方熊楠――一切智の夢」
第4回（平5年）
　千野 香織（学習院大学助教授），西 和夫（神奈川大学教授）「フィクションとしての絵画」
第5回（平6年）
　比嘉 康雄（写真家）「神々の古層 全12巻」（写真集）
第6回（平7年）
　原田 康男（札幌大学女子短期大学教授）「歴史のなかの米と肉」
　Murray, Paul A.（駐英アイルランド大使館勤務外交官）「A FUNTASTIC JOURNEY」

015　国際交流基金地球市民賞

　国際文化交流事業を通じ，地域における国際相互理解と国際友好親善の促進に貢献のあった国内の団体・個人に贈られる賞。昭和60年度に「国際交流基金地域交流振興賞」として創設。平成16年に賞名を「国際交流基金地域交流賞」に，17年に「国際交流基金地球市民賞」に変更した。平成25年度に選考および応募方法を改訂している。

【主催者】国際交流基金
【選考方法】外部有識者から構成される選考委員会で2度にわたる選考により受賞団体が決定
【選考基準】〔対象活動〕文化・芸術による地域づくりの推進，多様な文化の共生の推進，市民連携・国際相互理解の推進。〔対象団体〕公益性の高い国際文化交流活動を行っている日本国内の団体
【締切・発表】（平成28年度）平成28年7月29日締切，平成29年1月下旬に発表，2月28日授賞式
【賞・賞金】3件以内，正賞（賞状）及び副賞200万円
【URL】http://www.jpf.go.jp/j/about/citizen/

（昭60年度）
　京都国際学生の家 "外国人留学生と日本人学生の共同生活の場を提供"
　劇団文芸座（富山県）"富山国際アマチュア演劇祭，富山国際高校演劇祭を開催"
　南北海道国際交流センター "在日留学生と一般家庭の交流を推進"
（昭61年度）
　高萩国際交流の集い実行委員会（茨城県）"小都市市民と異国人留学生のふれあいを促進"
　アジア協会・アジア友の会（大阪府）"アジア・アフリカの生活改善と開発に協力"
　南方圏交流センター（鹿児島県）"「村おこし交流からの海外協力」を推進"
（昭62年度）
　京葉教育文化センター（千葉県）"アジアの民衆レベルの交流活動を実施"
　母と学生の会国際女子留学生センター（京都府）"外国人女子留学生を学業・生活両面で支援"
　金沢を世界へ開く市民の会（石川県）"幅広い市民交流活動"
（昭63年度）

大内山塾(三重県 塾頭・内山正熊)"中国人留学生を受け入れ,物心両面で支援"
PHD協会(兵庫県 理事長・今井鎮雄)"村づくりに取り組むアジア・南太平洋の若者を育成"
広島アジア文化会館(広島県 館長・讃井光子)"長年にわたってアジアからの留学生のための寄宿舎を運営"
(平1年度)
地球市民の会(佐賀市 会長・小原嘉文)"様々な市民交流活動を実施し,地域の活性化に貢献"
アジア学院(栃木県 理事長・高見敏弘)"アジア・アフリカ・中南米の農村地域社会の指導者を育成"
北海道国際婦人協会(札幌市 会長・阿部三恵)"各種ボランティア活動を通じ,世界の婦人との友好親善を促進"
(平2年度)
庄内国際交流協会(山形県 会長・山口吉彦)"留学生と地域の若者たちに広がった国際交流"
浦安市国際交流協会(千葉県 会長・浜野久雄)"幅広い市民が参加する多様な国際交流"
富山県芸術文化協会(富山県 会長・深山栄)"富山県下の芸術文化団体の連携による国際交流"
(平3年度)
神戸YMCAクロスカルチュラルセンター(兵庫県 所長・山口徹)"留学生のホストファミリー活動及び市民と在住外国人の交流活動"
いっくら国際文化交流会(栃木県 会長・長門芳子)"ボランティアの人材育成及びホームステイ受入れ等の国際交流"
人形劇カーニバル飯田実行委員会(長野県 実行委員長・田中秀典)"国内外の人形劇団と市民の交流による文化振興"
(平4年度)
アジア・太平洋こども会議イン福岡実行委員会(福岡県 会長・後藤達夫)"アジア・太平洋諸国から約100名の子供の招待,ホームステイを始めとした各種交流事業"
茨城アジア教育基金を支える会(茨城県 会長・井上よしの)"ボランティアによるタイ東北部の児童への教育基金運営及び支援活動"
岩手国際理解推進協会(岩手県 理事長・早野仙平)"米国人英語教師の招聘。田野畑村を核とした国際理解教育と国際交流事業の推進"
(平5年度)
置賜百姓交流会(山形県 長井地区世話人・小関秀一)"「自然と人間の共生」「地域文化の再考・保存」をテーマとした国内外の農民との継続的な人的交流活動"
熊本たけのこ会(熊本県 理事長・塘添亘男)"国内外における,市民有志の人形劇公演"
長野国際親善クラブ(長野県 会長・小出博治)"市民レベルでの海外諸都市との交流事業と地域住民対象の外国語講座運営"
(平6年度)
アース・セレブレーション実行委員会(新潟県 大会長・佐藤実)"太鼓グループ「鼓童」と協力し,佐渡において国際的な太鼓フェスティバルを開催"
関西国際交流団体協議会(大阪府 会長・奥田東)"関西地域一円の民間国際交流団体から成るネットワーク組織を形成"
たんぽぽの家(奈良県 理事長・播磨靖夫)"国境を越えた障害者の音楽交流を実現し,アジアに障害者の国際交流ネットワークを形成"
(平7年度)
秋田県国際交流をすすめる婦人の会 "外国人花嫁を対象とした日本語教室活動と在日留学生に対する支援活動"
からす川音楽集団(群馬県)"学校や福祉施設での定期演奏活動,諸外国においての文化協力事業"
智音町活性化プロジェクト集団(鳥取県)"国際交流と科学を軸とした地域の活性化・国際化を目的として様々なプロジェクトを展開"

◇理事長特別表彰

多文化共生センター（旧・外国人地震情報センター）（大阪府）"ボランティア活動のネットワークの中心となって在住外国人に地震の情報を提供"

（平8年度）

JVC山形（日本国際ボランティアセンター山形）"外国人花嫁の「こころの拠り所」として，電話相談，日本語教室の運営等の支援型交流事業を実施"

メイ文庫（埼玉県）"児童絵画の交換を通じてマレーシアと日本の子供たちの友好親善を促進"

長崎県世界青年友の会（面白ちんぐ倶楽部）"ホームステイ受入など，多彩な国際交流事業を手段とした離島における地域おこし活動"

（平9年度）

国際都市仙台を支える市民の会（ICAS）"日本語教育を柱とする在住外国人との交流活動"

とこなめ国際やきものホームステイ実行委員会 "陶芸ワークショップの開催とホームステイをはじめとする交流活動"

太鼓集団 蒲生郷太鼓坊主 "郷土芸能の太鼓の演奏活動を通じ交流を実践"

（平10年度）

札幌こどもミュージカル育成会（北海道）"ミュージカルの公演等音楽を通じた青少年の国際交流活動"

藤沢町国際交流協会（岩手県）"オーストラリア・フィジーとの交流を通じ，町の国際化，地域の活性化に貢献"

ミティラー美術館（新潟県）"インドの民族画ミティラー画の紹介をはじめとした多彩な市民芸術文化交流活動"

（平11年度）

おはなしきゃらばんセンター（東京都）"人形劇・お話の読み聞かせによる東南アジア諸国との交流活動"

いなみ国際木彫刻キャンプ実行委員会（富山県）"地元の木工芸文化の伝統を生かした国際木彫刻キャンプを町ぐるみで開催"

琉球国祭り太鼓（沖縄県）"沖縄の民俗芸能を生かした創作舞踊の公演と普及による国際文科交流活動を展開"

（平12年度）

江差追分会（北海道）"江差追分の普及と伝承活動を通じた諸外国との交流"

栃工高国際ボランティアネットワーク（栃木県）"工業高校の特性を活かした車イスの修理・寄贈を通じての国際交流"

玄海人クラブ（佐賀県）"玄界灘をはさむ市民同士による地域に根ざした日韓交流"

（平13年度）

豊田市国際交流協会（愛知県）"外国籍住民集住地域における多文化共生のまちづくり"

八日市大凧保存会（滋賀県）"伝統文化の大凧の保存継承を通じた国際交流"

こころの家族特別養護老人ホーム故郷の家（大阪市）"在日コリアンと日本人の共生老人ホーム運営を通じた日韓交流"

（平14年度）

劇団あしぶえ（島根県，園山土筆代表）"5カ国7劇団による八雲国際演劇祭の核として，地域住民の異文化理解を促進，地域活性化を主体的に考え実践してきた"

高知市立高知商業高校生徒会（高知県，岡崎夢子会長）"模擬株式会社を設立してラオスの民芸品を買い付け，学園祭や地域商店街の空き店舗で販売，利益を同国の学校建設資金として寄付している"

特定非営利活動法人たかとりコミュニティセンター（兵庫県，神田裕理事長）"阪神大震災時の救援活動拠点が前身で，多文化共生の地域づくりを進める9つのNGOがそれぞれ自立した活動をしつつ，共同事業を実施する組織としても柔軟に機能している"

（平15年度）

アーティスト・イン・レジデンス美濃・紙の芸術村実行委員会（岐阜県，委員長・石川道政）"伝統の美濃和紙と海外アーティストの出会いを市民がサポート"

武生国際音楽祭推進会議（福井県，理事長・

上木雅晴）"市民ボランティアが育む世界レベルの国際音楽祭"

北方圏国際シンポジウム（北海道，実行委員長・青田昌秋）"流氷のまちの市民が支える国際流氷シンポジウム"

（平16年度）

戸沢村国際交流協会（山形県，会長・芳賀欣一）"国際交流を通じた地域づくりと多文化共生社会実現への試み"

特定非営利活動法人セカンドハンド（香川県，代表・新田恭子）"市民ボランティアの力によるカンボジアでの学校建設"

長崎国際交流塾（長崎県，塾長・牛嶋洋一郎）"長崎ならではの留学生が主役の国際交流"

（平17年度）

チェルノブイリへのかけはし "チェルノブイリ原発事故で被災した子どもたちを招へいし，1ヶ月の転地療養をさせる「里親運動」を行う"

浅賀 正治 "私費を投じてジンバブエやブルガリアからの石彫刻家を招く等，石彫を通じた国際文化交流活動"

Genki 青年会 "土佐弁ミュージカルの創作・上演を通して地域社会との交流ならびにボランティア活動"

（平18年度）

ジュニア・グローバル・トレーニング・スクール実行委員会（青森県，実行委員長・工藤健）"これからの地域社会，そして地球社会を担う青少年たちの国際交流活動のモデルとなりうる"

多文化共生センター東京（東京都，代表理事・王慧槿）"多文化の環境にあるこどもたちのステップアップのため現代社会の要請に応え，めざましい支援活動を行なっている"

ジャパン・コンテンポラリーダンス・ネットワーク（京都府，理事長・佐東範一）"社会と芸術を結ぶ中間支援型のNPOとして日本と世界のダンス関係者間のネットワークをつなぐとともに，海外の団体と振付家やダンサーの交流を通して共同制作を推進するなど，日本と世界のダンスネットワークの橋渡役となっている"

（平19年度）

芸術と計画会議（C.A.P）（兵庫県神戸市，理事長・杉山知子）"地道な活動の積み重ねが国際交流にも発展し，海外のアーティストたちの受け入れや，アイルランドと日本のアーティストが互いの国を訪ね作品を発表する「リュックサック・プロジェクト」などユニークな国際共同プロジェクトを実施"

えひめグローバルネットワーク（愛媛県松山市，代表・竹内よし子）"自転車を活用して参加できる「ちゃり・チャリティー」などの募金イベント企画などを，地域に密着したかたちで実施。放置自転車を活用しての海外の平和構築，復興支援活動というユニークな発想とその継続的な実施など，地域に根ざした国際協力・交流活動のモデルとして評価された"

アジア女性センター（福岡県福岡市，理事長・堤かなめ）"日本人と外国人が気持ちよく共生していける地域づくりを目指した活動が，多文化共生活動のモデルとなりうると評価された"

（平20年度）

S-AIR "世界から若手芸術家を受け入れ，「アーティスト・イン・レジデンス」事業を継続して実施"

大泉国際教育技術普及センター "ブラジル人の子どもたちのための日本語教室やブラジル青少年フェスティバルを開催し，多文化共生の地域社会をめざす"

スキヤキ・ミーツ・ザ・ワールド実行委員会 "アジア，アフリカ，中南米などの音楽を紹介する「スキヤキ・ミーツ・ザ・ワールド」フェスティバルを毎年開催"

（平21年度）

自然生クラブ "知的ハンディのある人を含む「組織体」として環境保全型農業を営みながら，表現活動を通じた国際文化交流を実施"

浜松NPOネットワークセンター "教育，医療，アートを3つの柱に，さまざまな団体

や人々をつなぐ「ネットワーカー」を目指して活動"
グリーンバレー "「創造的過疎」をうたい,アートを柱に世界と地域をつなぎ,グローバルな地域活性化を図る"

(平22年度)
アクション(東京都武蔵野市) "エコブランドを立ち上げ,フィリピンの子どもたちが自力で夢に向かってチャレンジできるよう支援"
多文化まちづくり工房(神奈川県横浜市) "多様な文化背景をもつ若者たちによる地域を守る活動"
ダンスボックス(兵庫県神戸市) "地域に根ざし,先鋭的なダンスを神戸から世界に発信"

(平23年度)
かものはしプロジェクト(東京都渋谷区) "世界中の子どもたちが人身売買される現実を阻止するため,カンボジアやインドで子どもたちの教育やコミュニティ・ビジネスの創出を行う"
ブラジル友の会(岐阜県美濃加茂市) "日本社会での教育・福祉・医療などの生活面で直面する困難や課題をブラジル人同士で互いに協力し解決するため立ち上げられた自助組織"
鳥の劇場(鳥取県鳥取市) "現代演劇を創作する劇団として内外で公演活動を行うとともに,廃校を文化交流の拠点・地域のアートセンターとして,内外のアーティストや劇団との交流,国際演劇祭の開催を行う"

◇理事長特別賞
陸前高田市国際交流協会(岩手県陸前高田市) "日本語教室や国際文化交流イベントを通じて地域の国際化を支援"
国際交流協会 ともだちin名取(宮城県名取市) "在住外国人が孤立せず社会参画できるようさまざまな支援を実施"
ザ・ピープル(福島県いわき市) "自分たちの住むまちの問題を自ら主体的に行動して解決を目指す活動を行う"

(平24年度)

難民支援協会(東京都新宿区) "難民への自立に向けた包括的支援,難民と地域コミュニティをつなぐ活動を行う"
テラ・ルネッサンス(京都府京都市) "すべての生命が安心して生活できる社会の実現を目指し,カンボジアでの地雷撤去支援,ウガンダやコンゴで元こども兵の社会復帰支援を行う"
国立大分工業高等専門学校 足踏みミシンボランティア部(大分県大分市) "国内で使用されなくなった足踏みミシンを修理,東南アジア諸国の貧困層へ寄贈することにより現地の人々の生活・就労支援を行う"

(平25年度)
多言語社会リソースセンターかながわ(MICかながわ)(神奈川県横浜市) "日外国人が病院にかかるとき,神奈川県下の医療機関と連携して医療通訳者の派遣を行う"
BankART1929(神奈川県横浜市) "横浜市の歴史的建造物を文化芸術の場として活用する都市再生プロジェクトに貢献"
雪合戦インターナショナル(北海道壮瞥町) "雪合戦をスポーツに変え日本国内だけでなく世界中に広める普及活動と交流を行う"

(平26年度)
アメラジアンスクール・イン・オキナワ(沖縄県宜野湾市) "日本と米国の二つの文化を等しく尊重する「ダブル」として誇りを持って成長できるバイリンガルの教育の機会を提供"
なら国際映画祭実行委員会(奈良県奈良市) "世界で活躍できる次世代育成を目的とする国際映画祭を開催。作品を通し奈良の魅力を世界に発信"
プラス・アーツ(兵庫県神戸市) "阪神・淡路大震災の教訓をもとにデザインやアートの力を活用し「楽しく防災を学ぶ」プログラムを考案,国内外で普及活動を展開"

(平27年度)
Peace Field Japan(東京都千代田区) "イ

スラエル、パレスチナ、日本の女子高校生・大学生が里山での共同生活を通じ、ともに生きる価値と意義を見出す活動を実践"
(公財)山本能楽堂(大阪府大阪市)"中・東欧での能公演やワークショップなどの国際交流を通じ伝統芸能の可能性を広げる活動を行っている"
神戸定住外国人支援センター(兵庫県神戸市)"外国人が多く居住する神戸市長田区を拠点に,定住外国人の自立支援を行っている"
(平28年度)
ノルテ・ハポン(コスキン・エン・ハポン開催事務局)(福島県川俣町)"1975年以来「コスキン・エン・ハポン」を毎年開催。町をあげての異文化交流による地域づくりの先進事例"
熊本市国際交流振興事業団(熊本県熊本市)"多言語相談窓口や医療通訳等と連携,2016年の熊本地震では避難所を巡回して外国人が抱える不安や心配を聞き取りしてニーズに寄り添った支援を行った"
硫黄島地区会(鹿児島県三島村)"硫黄島はギニアの太鼓「ジャンベ」の島として知られている。1994年「ジャンベの神様」ママディ・ケイタ氏が来島,以降活発に交流を続け,小規模地域の国際文化交流のモデルといえる"

016 コープみらい地域かがやき賞

地域の課題解決のための優れた活動・事業に尽力している団体に対して,その功績をコープみらい地域かがやき賞として表彰。その中から特に優れている各都県1団体をコープみらいかがやき大賞を贈る。

【主催者】(一財)コープみらい社会活動財団

【選考委員】コープみらい財団理事会,〔千葉エリア〕吉開真一郎(NHK千葉放送局局長),赤田靖英(千葉日報社特別顧問),古在豊樹(千葉大学名誉教授),玉田浩一(千葉県環境生活部生活安全・有害鳥獣担当部長),早川恒雄(千葉銀行特別顧問),〔埼玉エリア〕」小川秀樹(埼玉新聞社代表取締役社長),加藤ひとみ(上智大学総合人間科学部社会福祉学科非常勤講師・公益財団法人埼玉県国際交流協会元理事長),上井喜彦(国立大学法人埼玉大学名誉教授・前学長),口田憲治(埼玉りそな銀行経営管理部CSR推進室室長),〔東京エリア〕阿南久((一社)消費者市民社会をつくる会理事長・前消費者庁長官),青山佾(明治大学大学院教授・元東京都副知事),生源寺眞一(名古屋大学大学院教授),白水忠隆(生協総合研究所特別研究員)

【締切・発表】(第3回)平成29年2月14日発表,3月11日贈呈

【賞・賞金】コープみらい地域かがやき賞:副賞20万円,コープみらいかがやき大賞(3団体):副賞10万円

【URL】http://www.coopmirai-zaidan.or.jp/josei/kagayaki/

第1回(平26年度)
◇コープみらいかがやき大賞
- ちばエリア
 NPO法人たからばこ
- さいたまエリア
 埼玉県自閉症協会
- とうきょうエリア
 特定非営利活動法人チャレンジャー支援機構パン工房ノアノア
◇コープみらい地域かがやき賞

- ちばエリア
  不登校問題を考える東葛の会「ひだまり」
  NPO法人たからばこ
  NPO法人外国人の子どものための勉強会
  NPO法人ほのぼの研究所
  千葉県立旭農業高等学校
- さいたまエリア
  埼玉県自閉症協会
  特定非営利活動法人ほっとプラス
  地域で共に生きるナノ
  埼玉骨髄バンク推進連絡会
  特定非営利活動法人市民後見センターさいたま
  特定非営利活動法人越谷らるご
  特定非営利活動法人食育研究会MoguMogu
  特定非営利活動法人障がい児者芸術クラブ
- とうきょうエリア
  認定非営利活動法人なぎさ虹の会
  特定非営利活動法人チャレンジャー支援機構パン工房ノアノア
  サニーママ武蔵野
  特定非営利活動法人町田ウォーキング協会
  特定非営利活動法人小児がん治療開発サポート

第2回（平27年度）
◇コープみらいかがやき大賞
- 千葉エリア
  NPO法人上総掘りをつたえる会
- 埼玉エリア
  特定非営利活動法人ライフアップサポート
- 東京エリア
  特定非営利活動法人視覚障害者パソコンアシストネットワーク
◇コープみらい地域かがやき賞
- 千葉エリア
  特定非営利活動法人子どもるーぷ袖ケ浦
  NPO法人傾聴グループぬくもりほっとらいん
  NPO法人上総掘りをつたえる会
  NPO法人歌のボランティア・いちかわシャンテ
  特定非営利活動法人光と風
- 埼玉エリア
  特定非営利活動法人ライフアップサポート
  特定非営利活動法人ユーアイネット柏原
  特定非営利活動法人親子でつくる子育ての会わらしべの里
  特定非営利活動法人和光・緑と湧き水の会
  埼玉県北部地域ファーマーズマーケット推進実行委員会
- 東京エリア
  特定非営利活動法人視覚障害者パソコンアシストネットワーク
  特定非営利活動法人サポートハウスじょむ
  地域クラブ'わんりぃ'
  特定非営利活動法人筋痛性脳脊髄炎の会
  コミュニティ・サロン「アットホームはぎ」

第3回（平28年度）
◇コープみらいかがやき大賞
- 千葉エリア
  NPO法人情報ステーション
- 埼玉エリア
  チームひだまり
- 東京エリア
  （一社）グリーフサポートせたがや
◇コープみらい地域かがやき賞
- 千葉エリア
  NPO法人いちはら子育て応援団
  NPO法人情報ステーション
  松戸市社会福祉協議会 明第二西地区社会福祉協議会
  さかえ市民みゅーじかるの会
  食の安全安心を考える市民の会
- 埼玉エリア
  川越igoまち倶楽部
  特定非営利活動法人自然観察さいたまフレンド
  チームひだまり
  和光自然環境を守る会
  特定非営利活動法人わが街さやまの防災ネットワーク
- 東京エリア
  （一社）グリーフサポートせたがや
  立川市災害ボランティアネット
  特定非営利活動法人Dカフェまちづくりネットワーク
  はちおうじ子ども食堂
  キッチンの科学プロジェクト（KKP）

017 産業観光まちづくり大賞

観光による地域振興の新しい手法として注目されている"産業観光(産業遺産や,現在稼働している産業施設などを活用した観光)"による観光まちづくりを実践し,他の地域の模範となる地域を表彰する制度で,平成19年度創設。平成26年度から経済産業大臣賞及び観光庁長官賞を創設。

【主催者】(公社)日本観光振興協会

【選考委員】委員長:福川伸次(東洋大学理事長),副委員長:望月照彦(多摩大学大学院客員教授),志賀典人(公益財団法人日本交通公社会長),須田寛(東海旅客鉄道株式会社相談役),政所利子(株式会社玄代表取締役),蔵持京治(観光庁観光地域振興部観光資源課課長),佐々木啓介(経済産業省商務情報政策局サービス政策課課長),久保成人((公社)日本観光振興協会理事長),久保田穣((公社)日本観光振興協会副理事長),中村浩之((公社)日本観光振興協会常務理事),丁野朗((公社)日本観光振興協会総合調査研究所所長)

【締切・発表】(第10回)平成28年10月27日表彰式

【賞・賞金】金賞,経済産業大臣賞,観光庁長官賞,銀賞。その他状況に応じ特別賞,奨励賞等を設ける

【URL】http://www.nihon-kankou.or.jp/sangyou/

第1回(平19年)
◇金賞
  (財)名古屋観光コンベンションビューロー(愛知県名古屋市)
◇銀賞
  釧路市(北海道釧路市)
◇特別賞
  宇部・美祢・山陽小野田産業観光推進協議会(山口県)
第2回(平20年)
◇金賞
  (財)浜松観光コンベンションビューロー(静岡県浜松市)
◇銀賞
  川崎産業観光振興協議会(神奈川県川崎市)
  NPO法人いくのライブミュージアム(兵庫県朝来市)
◇特別賞
  栗原市(宮城県栗原市)
第3回(平21年)
◇金賞
  北九州市(福岡県北九州市)
◇銀賞
  函館市(北海道函館市)
  益子アートウォーク実行委員会(栃木県芳賀郡益子町)
◇特別賞
  横須賀市(神奈川県横須賀市),横須賀集客促進実行委員会,(株)トライアングル YKK(株)(富山県黒部市),黒部市
第4回(平22年)
◇金賞
  桐生市(群馬県桐生市)
◇銀賞
  大垣商工会議所(岐阜県大垣市)
◇奨励賞
  昭島市(東京都昭島市)
  (社)真庭観光連盟(岡山県真庭市)
第5回(平23年)
◇金賞
  姫路市(兵庫県姫路市)
◇銀賞
  会津若松商工会議所(福島県会津若松市)
◇特別賞
  岡谷市(長野県岡谷市),岡谷商工会議所,岡谷市観光協会
◇奨励賞

丹後ええもん工房（京都府京丹後市）
第6回（平24年）
　◇金賞
　　酒田市（山形県酒田市），（一社）酒田観光物産協会，酒田商工会議所
　◇銀賞
　　天草市（熊本県天草市）
　◇特別賞
　　みたけ華ずしの会（岐阜県御嵩町）
第7回（平25年）
　◇金賞
　　おおたオープンファクトリー実行委員会（大田観光協会，工和会協同組合，首都大学東京，横浜国立大学，東京大学）
　◇銀賞
　　室蘭観光推進連絡会議（室蘭市，室蘭商工会議所，室蘭観光協会）
　　宇部・美祢・山陽小野田産業観光推進協議会（山口県）
　◇特別賞
　　秋田内陸縦貫鉄道（株）（秋田県）
　　静岡商工会議所（静岡県）
第8回（平26年）
　◇金賞
　　北九州産業観光センター（福岡県北九州市）
　◇経済産業大臣賞
　　燕三条プライドプロジェクト・「燕三条 工場の祭典」実行委員会（新潟県燕三条）
　◇観光庁長官賞
　　小岩井農牧（株）小岩井農場（岩手県雫石町）
　◇銀賞
　　小樽産業観光推進協議会（北海道小樽市）
　　小松市（石川県小松市）
　◇特別賞
　　小坂町（秋田県小坂町）
　　鶴岡織物工業協同組合（山形県鶴岡市）
第9回（平27年）
　◇金賞
　　知多半島観光圏協議会（愛知県半田市）
　◇経済産業大臣賞
　　新居浜市（愛知県）
　◇観光庁長官賞
　　三条市（新潟市）
　◇銀賞
　　北海道鉄道観光資源研究会（北海道札幌市）
　◇奨励賞
　　生野まちづくり工房井筒屋運営委員会（兵庫県朝来市）
第10回（平28年）
　◇金賞
　　神岡・町づくりネットワーク（岐阜県）
　◇経済産業大臣賞
　　すみだ地域ブランド推進協議会（東京都），墨田区産業観光部産業経済課
　◇観光庁長官賞
　　（一社）舞鶴観光協会（京都府）
　◇銀賞
　　呉市（広島県）
　◇特別賞
　　八戸市まちづくり文化スポーツ観光部観光課（青森県）
　◇奨励賞
　　加古川市（兵庫県）

018 サントリー地域文化賞

　国際化，情報化，高度大衆化社会の時代に応えて，それを支える学術研究の育成，文化活動の振興ならびに国際交流の推進に寄与することを目的とし，地域の文化向上に顕著な貢献をした個人・団体に贈られる。

【主催者】（公財）サントリー文化財団
【選考方法】全国からの推薦による
【選考基準】〔対象〕音楽・演劇・美術，歴史・伝統継承，環境の美化・創造，国際交流，コミュニティ活動。〔基準〕活動実績，独自性，地域の文化向上に与えた影響，継続性および将来への発展性

【締切・発表】（平成28年）8月決定
【賞・賞金】 原則として5件。正賞として楯、副賞として200万円
【URL】 http://www.suntory.co.jp/sfnd/prize_cca/

第1回（昭54年度）
◇最優秀賞
　大分県民オペラ協会（大分県 代表・小長久子）"民話を題材にした創作オペラ上演など、アマチュアオペラ界の先駆け的存在"
◇優秀賞
　FMC混声合唱団（福島県 代表・高野広治）"群を抜く実力と地元や海外での幅広い公演活動で、合唱王国・福島県の土台を築いた"
　京都女子大子どもの劇場（京都府 代表・中川正ških)"児童劇の調査・研究、創作、上演活動などを通じ、健康で明るい児童文化を創造"
　梼原史談会（高知県 代表・山口勇）"過疎の山村に残る生活に根ざした史・資料を町民あげて収集整理"
　中島川を守る会（長崎県 代表・赤瀬守）"美化・景観保全から文化活動まで、中島川への思いを核とした幅広い市民運動"
　レーモン、カール（北海道）"手づくりハム、ソーセージの製造を通じた地域の味覚創出"

第2回（昭55年度）
◇最優秀賞
　沖縄民話の会（沖縄県 代表・遠藤庄治）"沖縄諸島の民話聞き書き運動展開、民話の保存・継承と地域での活用を推進"
◇優秀賞
　秋田伝承遊び研究会（秋田県 代表・加藤亮）"伝承遊びと郷土の精神文化を次代に継承。幅広い年齢層によるコミュニティづくり"
　市川交響楽団（千葉県 代表・村上正治）"県下の音楽・文化団体のまとめ役として活躍するアマチュアオーケストラ"
　劇団炎（静岡県 代表・小川治康）"巡回公演や技術指導を通じ、地域の演劇文化をリードするアマチュア劇団"
　国際ジャパネスク歌舞伎（旧カナディアン歌舞伎）（兵庫県 代表・海野光子）"女性や外国人も交え、アマチュアによる本格的な歌舞伎を上演"

第3回（昭56年度）
◇最優秀賞
　劇団文芸座（富山県 代表・小泉博）"国際演劇祭への参加、地元での開催など、世界を舞台に活躍するアマチュア劇団"
◇優秀賞
　白甕社（山形県 代表・今井繁三郎）"大正年間からの美術団体。息の長い安定した活動で地域文化の中核的存在として活躍"
　金沢を世界へひらく市民の会（石川県 事務局長・松田園子）"外国人への日本語指導などを通じ地域の国際化を進める草の根国際交流"
　豊橋交響楽団（愛知県 代表・森下元康）"高い演奏水準を誇り、全国のアマチュアオーケストラの中心的存在として活躍"
　佐藤忠勇（三重県）"半生を研究と事業化に捧げた、的矢湾での無菌蠣養殖"

第4回（昭57年度）
◇最優秀賞
　該当者なし
◇優秀賞
　江差追分会（北海道 代表・木村義信）"江差追分の保存と普及を通じ、文化を核とした町づくりを推進"
　佐渡版画村運動（新潟県 代表・高橋信一）"農・漁民による版画制作と普及活動を通じ、過疎化に対抗する地域づくりを展開"
　大阪春秋（大阪府 代表・堀内宏昭）"同人の研究家が集まり、知られざる大阪の歴史と文化を発掘・紹介する地域雑誌"

月刊神戸っ子（兵庫県 代表・小泉康夫）"神戸の温故知新を訴え，社会と文化の発展を考えるタウン誌"

日本はきもの博物館（広島県 代表・丸山茂樹）"古今東西7000点以上の履物を展示し，太古からの暮らしを伝える博物館"

湯布院自然と文化の町づくり（大分県 代表・中谷健太郎）"自然と文化を核に斬新な地域活動展開する全国の町づくり運動の旗手"

第5回（昭58年度）
◇最優秀賞
遠野市民の舞台（岩手県 代表・菊池春雄）"遠野物語を題材に，市民挙げて手作りの舞台を創造。全国の市民演劇の先駆け的存在"

◇優秀賞
劇団はぐるま（岐阜県 代表・こばやしひろし）"一流のスタッフ・キャストを養成，県下の舞台芸術の発展に寄与する地域劇団"

グリーン・エコー（愛知県 代表・江崎栄二）"合唱音楽の新分野を切り拓く，斬新で多彩な音楽活動を展開するアマチュア合唱団"

木内 綾（北海道）"北海道の自然を織込んだ新しい伝統工芸「優佳良織（ゆうからおり）」の創出"

高橋 彰一（青森県）"「津軽書房」を設立，地方の特色を活かした出版活動を展開"

第6回（昭59年度）
◇優秀賞
片貝花火まつり（新潟県 代表・本田善治）"住民挙げての花火祭によって，ふるさとへの郷土愛を育てるコミュニティ活動"

信州児童文学会（長野県 代表・高橋忠治）"児童文学の創作・研究と啓蒙普及活動を通じ，過疎化に対抗する地域づくりを展開"

長浜曳山祭保存会（滋賀県 代表・石居良造）"老新力を合わせて，伝統的な祭を地域文化とコミュニティの核として保存・継承"

四国民家博物館（香川県 代表・加藤達雄）"四国の古い民家を移築・保存。庶民の暮らしを伝える野外博物館"

劇団青春座（福岡県 代表・井生定巳）"40年以上にわたり，地域に密着した演劇活動を続けるアマチュア劇団"

高野 和人（熊本県）"地方出版社「青潮社」設立。地域史資料の貴重な基礎資料を復刻出版"

第7回（昭60年度）
南茅部沿岸農業大学（北海道 代表・飯田 満）"新時代の漁業に生きる町としての地域住民のための独創的な生涯教育"

石巻文化をはぐくむ港町づくり（宮城県 代表・稲井善次郎）"郷土の天才彫刻家・高橋英吉の遺作収集などを通じ，郷土愛と市民文化を育む"

朝倉氏遺跡保存協会（福井県 代表・木村竹次郎）"地域住民による遺跡の保存発掘を通じたふるさとづくり"

夢二郷土美術館（岡山県 代表・松田基）"郷土の生んだ芸術家・竹久夢二をテーマとしたユニークな美術館活動"

多久古文書の村（佐賀県 代表・秀村選三）"学者と住民が一体となり地域の古文書の収集・整理を進める郷土史研究活動"

鹿児島オペラ協会（鹿児島県 代表・有馬万里代）"市民に高度の芸術性を持つ作品を提供し続ける地方オペラ活動"

第8回（昭61年度）
細谷 清吉（群馬県）"郷土史研究と自費出版活動"

浜松まつり凧揚げ保存会（静岡県 代表・岡崎一）"市民挙げての勇壮な凧揚げ祭の伝統と技術を保存・継承"

足助ロマンの町づくり（愛知県 代表・水野五郎）"山村生活の知恵と歴史的町並を活かしたふるさとづくり"

映画中之島製作グループ（大阪府 代表・高比良昇）"大阪文化の真の姿を地道な努力で映像に記録し，保存・継承"

ミュージカル劇団ヤング・ゼネレーション（和歌山県 代表・宇治田敏昭）"地域の若者文化を牽引する手作りのミュージカル劇団"

新邪馬台国（大分県 代表・高橋宜宏）"パロディー精神溢れる「ミニ独立国」活動と地域間交流を通じた町づくり"

第9回（昭62年度）

おけと人間ばん馬（北海道）"ユニークな木材引き競技を中心に、創意溢れる地域活動を展開"

土浦歴史と自然のふるさとづくり（茨城県）"住民のネットワークで、質の高い新しいタイプの地域活動を創造"

高橋 美智子（京都府）"京都のわらべ歌をコツコツと採譜、合唱団活動で子供達に伝える"

宇部市緑化運動推進委員会（山口県）"緑と花と彫刻のある美しい町を市民の手で実現"

博多町人文化連盟（福岡県）"博多町人の築いた文化を守り育てるため、様々な企画をプロデュース"

熊本史談会（熊本県）"郷土史研究を通じ地域住民による伝統継承活動、町づくり運動を継続"

第10回（昭63年度）

黒川能（山形県）"高度の芸術性をもつ黒川能を500年以上にわたり、地域住民の手で保存・継承し、広く地域の誇りとして確立"

佐治 薫子（千葉県）"長年にわたり、子供たちを中心としたきわめて水準の高い管弦楽の演奏活動を実現し、地域に優れた音楽文化の輪を広げている"

下町タイムス社（東京都）"東京の下町の生活を描くミニ・タウン誌の発行と下町活性化のための企画イベントを推進。幅広いネットワーキングで大都市のなかでの地域文化を先導"

人形劇カーニバル飯田（長野県）"市民と人形劇人、行政が一体となって全国の人形劇が集まるお祭りを開催。人形劇を通じ、国際交流や町の活性化にも大きく寄与"

ピッコロシアター（兵庫県）"阪神間の若者たちに演劇を中心とした文化創造活動の発表の場を提供、さらに自主企画公演やピッコロ演劇学校の運営を通じ、地域における文化創造の拠点を構築"

隠岐古典相撲大巾会（島根県）"神事としての儀式にのっとった古典相撲を復活させ、全島を上げてのコミュニティー活動として、住民の連帯を育んでいる"

地球市民の会（佐賀県）"市民が自分にできることから参加する草の根国際交流を佐賀県全域で展開。全国でもトップ・レベルのスケールの大きな民間国際交流活動に発展"

姫島車えび養殖（大分県）"様々な試行錯誤を経て車えびの養殖に成功。全国一の出荷量を誇り、"食"による離島の村おこしに貢献"

第11回（平1年度）

東川氷土会（北海道 代表・加賀城章）"寒さを逆手に新しい「氷の芸術」をつくり出す氷彫刻活動"

中新田バッハホール（宮城県 代表・須貝信義）"地方におけるクラシック音楽の拠点として、質の高い音楽文化を創造"

あいの会松坂"松阪木綿を中心とする文化遺産を活かした、郷土愛と出会いの町づくり"

トワ・エ・モア（広島県 代表・田村照子）"合唱を通じ、世代や国籍を超えた交流を続けるおばあちゃんコーラス"

阿波町花いっぱい運動（徳島県 代表・安友清）"町ぐるみで花の街づくりを展開、全国に輪を広げるふるさと美化活動"

演劇集団創造（沖縄県 代表・幸喜良秀）"郷土芸能との交流をはじめ、地域に根づいた活動を続けるアマチュア劇団"

第12回（平2年度）

札幌こどもミュージカルグループ（北海道 代表・細川真理子）"北海道の自然とアイヌの精神文化に材をとった、手作りの子供ミュージカル上演"

八戸市民創作オペラ協会（青森県 代表・工藤欣一）"総合芸術のオペラ上演に市民手作りで取り組み、市民文化全体の向上に貢献"

東横沿線を語る会（神奈川県 代表・岩田忠

利)"タウン誌出版を核とした東横沿線の住民によるコミュニティ活動"

妣田豊原塾(山梨県 代表・妣田圭子)"豊かな自然を生かし,芸術と住民の交流をはかる芸術村づくりを推進"

紀州ふるさとの歌づくり(和歌山県・梅田恵以子,杉原治,森川隆之)"紀州をテーマに,新しいふるさとの歌を作詞・作曲,普及活動を続ける"

トンボと自然を考える会(高知県 代表・加用貞喜)"トンボの愛好・保護活動を通じて,自然と文化を考えるトンボ王国建設"

第13回(平3年度)

永井 伸和(鳥取県)"読書活動の推進や地方出版の育成を通じた,本による地域文化づくり"

士別サフォーク研究会(北海道 会長・斉藤敏一)"サフォーク種の羊を地域産業の中で多面的に活かした市民主導の積極的町づくり"

いわき地域学会(福島県 代表幹事・里見庫男)"地域の調査研究と出版を通じた総合的・学際的なコミュニティ活動"

川越いも友の会(埼玉県 会長・ベーリ・ドゥエル)"いもを愛する人々による,川越いもの保存と復権運動"

現代美術今立紙展実行委員会(福井県 会長・高橋堅次)"地域の伝統産業である和紙を現代美術と融合させた,斬新な発送の展覧会を自主的に開催"

鉄の歴史村づくり(島根県 村長・藤井幾朗)"ソフト・ハード両面からたたら製鉄の生活文化を再生・保存"

第14回(平4年度)

檜枝岐いこいと伝統の村づくり(福島県 代表・星勝夫)"自然の恵みと伝統文化を村づくりに生かすコミュニティ活動"

いっくら国際文化交流会(栃木県 代表・長門芳子)"県内の国際交流の中心として活躍する,主婦によるボランティア活動"

谷根千工房(東京都 代表・森まゆみ)"地域雑誌の刊行を中心に,地域の歴史と文化を掘り起こすコミュニティ活動"

八日市大凧保存会(滋賀県 代表・大西清)"大凧の技術保存と地域住民への普及を通じた伝統継承活動"

内子歴史と文化の里づくり(愛媛県 代表・河内紘一)"伝統的町並と村並の保存・再生を核としたまちづくり運動"

琉球国祭り太鼓(沖縄県 代表・照屋辰弘)"全島の若者を組織し,伝統芸能を独自にアレンジ・発展させた太鼓団体"

第15回(平5年度)

市民創作函館野外劇の会(北海道 代表・フィリップ・グロード)"五稜郭を舞台に,市民ボランティアのエネルギーを結集した野外劇上演"

コスキン・エン・ハポン(福島県 代表・長沼康光)"阿武隈山系の山あいの町で,手作りの中南米音楽の音楽祭開催"

吉田町竜勢保存会(埼玉県 代表・笠原清一)"農民ロケットの技術を継承し,町づくりの核として祭を保存・発展"

西軽井沢ケーブルテレビ(長野県 代表・石川伸一)"世界一小さなたった2人のテレビ局で,町の情報を集積・発信"

荒井 敦子(奈良県)"合唱指導を通じ,地域の歴史と文化を伝える大和のわらべ歌を継承・普及"

はかた夢松原の会(福岡県 代表・川口道子)"女性を中心とした市民の力で,日本の原風景である美しい松原を復元"

第16回(平6年度)

村上 定一郎(宮城県 船大工)"伊達政宗の慶長遣欧使節団が航海した木造洋式帆船を復元"

越中野外音楽劇団(富山県 代表・武沢正代)"市民千人が参加し,高岡城跡を舞台に歌舞や歌謡による野外劇を上演"

青嶋 昭男(静岡県),青嶋 節子"80人収容のホールに毎月一流の音楽家たちを招き,手作りコンサートを開催"

下関市民ミュージカルの会(代表・伊藤寿真男)(山口県)"市民からの公募メンバーによる子供向けオリジナルミュージカルを上演"

南郷村百済の里づくり(代表・田原正人)

(宮崎県)"村の百済王伝説を核に韓国との交流や「西の正倉院」建設などを推進"

第17回(平7年度)
　童劇プーポ(会長・寺本光男)(福島県)"38年間にわたり,子供たちに夢を与える児童劇を毎年上演"
　津川狐の嫁入り行列実行委員会(会長・沢野修)(新潟県)"狐のメイクをした人々が練り歩く幻想的なイベントを町を挙げて開催"
　身体気象農場舞塾(代表・田中泯)(山梨県)"農業の傍ら舞踊を創作し,世界の芸術家と共に毎夏野外で公演"
　徳島国際人形劇フェスティバル実行委員会(会長・布川隆美)(徳島県)"主婦ボランティアで,地域に根ざした人形劇フェスティバル開催"
　沖縄県民踊研究会(会長・仲本興真)(沖縄県)"手軽に踊れる沖縄民踊を全島に普及し,親睦と健康づくりに貢献"

◇佐治敬三特別賞
　神戸新聞社(代表取締役社長・荒川克郎)(兵庫県)"1世紀,あらゆる困難を乗りこえ,情報の灯を守り通し,地域に勇気と文化を提供"

第18回(平8年度)
　諏訪交響楽団(理事長・武井勇二)(長野県)"70年間にわたり,地域に密着したクラシック音楽の演奏を継続"
　いなみ国際木彫刻キャンプ実行委員会(会長・清都邦夫)(富山県)"木彫りの伝統を生かし,世界の彫刻家を招き町ぐるみで野外イベントを開催"
　名古屋むすめ歌舞伎(代表・加藤えみ子)(愛知県)"女性だけで演じる新しい歌舞伎の魅力を創造し,活発な舞台活動を展開"
　神戸ジャズ・ストリート実行委員会(実行委員長・末広光夫)(兵庫県)"プロとアマの演奏家が北野地区一帯にわたってユニークなジャズフェスティバルを開催"
　ニューCOARA(事務局長・尾野徹)(大分県)"地域の情報化をいち早く提唱し,新たなネットワーク社会の可能性に挑戦"

第19回(平9年度)
　ふるさと開発研究所"写真月刊誌「万華鏡」の発行を通して郷土の魅力を紹介"
　淡路人形会淡路人形座"伝統芸能を継承し世界的な活動も展開"
　劇団あしぶえ"長年の公演実績をもとに活動拠点の村営劇場を完成させた"
　おもろ会"沖縄最古の歌謡集「おもろさうし」の研究会を千回以上続ける"

第20回(平10年度)
　山口吉彦,山口孝子(山形県鶴岡市)"私設アマゾン資料館を核に,庄内国際青年祭など草の根国際交流活動を展開"
　日本玩具博物館(兵庫県香寺町)"失われゆく郷土がん具7万点を個人で収集,保存し国内外に紹介"
　犬飼農村舞台保存会(徳島市)"明治6年築の農村舞台の保存と襖(ふすま)カラクリ技術の継承,実演に尽力"
　大分県南落語組合(大分県宇目町)"大分県の全市町村で出張寄席を実施,地域を笑いによって活性化させた"

第21回(平11年度)
　加藤博"人形劇の育成振興に尽力"
　栃木蔵の街音楽祭実行委員会"古楽器を使用した音楽祭を開催"
　日本一短い手紙一筆啓上賞活動"「母」などをテーマとする短文の手紙を公募"
　出雲歌舞伎むらくも座"地方歌舞伎を復興"
　玄海人クラブ"日韓両国の相互理解に貢献"

第22回(平12年度)
　よこはま映画祭(鈴村たけし代表)"ファン手作りの映画祭を20年前から毎年開催"
　浜松交響楽団(丹羽稔夫理事長)"「楽器のまちを音楽のまちに」をスローガンに音楽文化の発展に貢献"
　波佐文化協会(隅田正三会長)"島根県金城町出身のチベット探検家・能海寛の研究,顕彰などの生涯学習を通じたコミュニティー活動"

高畠華宵大正ロマン館(高畠澄江館長)(愛媛県重信町)"大正ロマンを彩った画家・高畠華宵を研究し,独自の企画展で紹介"

土佐絵金歌舞伎伝承会(杉村信夫会長)(高知県赤岡町)"土佐生まれの江戸末期—明治初期の絵師・絵金のびょうぶ絵に描かれた歌舞伎の演目を住民が上演"

第23回(平13年度)

山形交響楽団(代表・村川千秋)(山形県山形市)"地域の人々の音楽への愛情を育み続けるプロ・オーケストラ"

下関少年少女合唱隊(代表・原田博之)(山口県下関市)"長年にわたり地域の児童に歌の楽しさを伝え,合唱の振興に寄与"

清和文楽人形芝居保存会(代表・平田節男)(熊本県清和村)"清和文楽を復興・発展させ,全村挙げて「文楽の里づくり」を実現"

蒲生郷太鼓坊主(代表・田中久嗣)(鹿児島県蒲生町)"独創的な太鼓演奏を通じ,地域の活性化と韓国との国際交流に貢献"

沖縄芸能史研究会(代表・当間一郎)(沖縄県那覇市)"実演家も参画する真摯な研究活動で,沖縄芸能を学術的に裏付ける"

第24回(平14年度)

定禅寺ストリートジャズフェスティバル(実行委員長・尾崎行彦)(仙台市)"街角をステージに,市民とミュージシャンがつくる音楽の祭り"

スキヤキ・ミーツ・ザ・ワールド(実行委員長・村中清孝)(富山県福野町)"ワールド・ミュージックの音楽祭を核とした地域ぐるみの異文化交流"

遠藤 寿美子(京都市)"演劇人の発掘や伝統芸能の国際交流など,新しい演劇文化をプロデュース"

近松伝承を活かすまち長門(代表・藤田平二)(長門市)"近松門左衛門の出生伝承をもとにした官民あげての演劇と文化のまちづくり"

出水市立荘中学校ツルクラブ(部長・伊藤優)(出水市)"長年全校あげて羽数調査を行い,ツルと人との共生の文化を育む"

第25回(平15年度)

西馬音内盆踊保存会(会長・柴田貞一郎)(秋田県羽後町)"幻想的で優美な踊りと華やかで威勢のいい囃子,700年の伝統を踊り継ぐ"

美濃流し仁輪加(代表・磯部勲)(岐阜県美濃市)"郷土芸能を地域の老若男女で楽しみ,各地への情報発信と連携に取り組む"

桃太郎少年合唱団(団長・棚田国雄)(岡山県岡山市)"40年の歴史を持ち,海外とも活発に交流を続ける日本屈指の少年合唱団"

日本のお手玉の会(会長・藤田石根)(愛媛県新居浜市)"昔ながらのお手玉遊びに競技性を加え,新居浜から日本と世界に広げる"

馬路村柚子のふるさと村づくり(代表・上治堂司)(高知県馬路村)"柚子の加工品づくりを核に,ふるさと馬路村を村ごと全国に売り込む"

第26回(平16年度)

武蔵野中央公園紙飛行機を飛ばす会連合会(二宮康明代表)(東京都武蔵野市)"愛好家の自由な集まりで世代を超えたコミュニティーを形成"

富山県民謡おわら保存会(福島順二会長)(富山県八尾町)"創造性豊かな伝統芸能をまちづくりの核に活用"

丸田 明彦(京都市)"卓抜した技と創造性で京料理を革新し,出版や弟子育成で新たな味覚を伝える"

中之島まつり(森一貫代表世話人)(大阪市)"文化的景観の保存を訴えつつ30年にわたり手づくりのまつりを開催"

眺楽座(築地一幸座長)(広島県廿日市市)"日本で唯一残る説教源氏節を保存・継承"

第27回(平17年度)

全国太鼓フェスティバル(代表・及川修一)(岩手県陸前高田市)"地域の伝統を核に,全国最高レベルの太鼓団体が競演"

全国かかし祭(代表・佐藤信幸)(山形県上

山市）"ユニークなかかしのコンクールを地域をあげて開催"

全日本チンドンコンクール（代表・森雅志）（富山県富山市）"50年以上続くコンクールがチンドン文化の保存と振興に寄与"

浅の川園遊会（代表・佃一成）（石川県金沢市）"浅野川を舞台にお座敷文化や芸能を市民が気軽に楽しむイベント"

嘉穂劇場（代表・伊藤英子）（福岡県飯塚市）"地域で愛される木造芝居小屋を戦前戦後，民間の手で守り続ける"

第28回（平18年度）

大曲の花火（代表・髙柳恭侑）（秋田県大仙市）"花火師が技を競う全国大会"

西塩子の回り舞台保存会（代表・大貫信正）（茨城県常陸大宮市）"現存する日本最古の組立式回り舞台の復興"

福岡町つくりもんまつり（代表・石沢義文）（富山県高岡市）"野菜による見立て細工の祭典"

白峰・桑島地区の雪だるままつり（代表・北野滋）（石川県白山市）"住民ひとり1個の雪だるまづくり"

大原美術館ギャラリーコンサート（代表・大原謙一郎）（岡山県倉敷市）"美術館でのコンサートの先駆け"

第29回（平19年度）

昭和新山国際雪合戦（代表・松本勉）（北海道壮瞥町）"国内さらには海外にも愛好者を持つスポーツ雪合戦を創出"

山形国際ドキュメンタリー映画祭（代表・田中哲）（山形県山形市）"世界的な評価を受けるドキュメンタリー映画祭"

取手アートプロジェクト（代表・宮田亮平）（茨城県取手市）"市民・大学・行政が一体となった現代アートによる街づくり"

秩父歌舞伎正和会（会長・坂本三男）（埼玉県秩父市）"手づくりの農村歌舞伎を継承し，他地域の地芝居も支援"

能勢 浄瑠璃の里（代表・中和博）（大阪府能勢町）"200人以上の太夫を擁し，町ぐるみで浄瑠璃の振興に取り組む"

第30回（平20年度）

つくばみらい市綱火保存連合会（茨城県つくばみらい市）"花火の中をからくり人形が舞う「綱火」を地域を挙げて保存・継承"

佐原囃子保存会（千葉県香取市）"22の連が団結し，祭り囃子を町の音として地域づくりに役立てる"

八尾劇団（大阪府八尾市）"30年以上の歴史を持つ，ユーモアと元気溢れる高齢者劇団"

隠岐国分寺蓮華会舞保存会（島根県隠岐の島町）"平安時代から伝わる舞を復興させ，地域ぐるみで守り伝える"

勤労障がい者長崎打楽団「瑞宝太鼓」（長崎県雲仙市）"地域に育まれ，プロとして活動する知的障害者による太鼓集団"

第31回（平21年度）

ひばのくに 雪の大食卓会（代表・山内まつゑ）（青森県大鰐町）"氷点下の雪上，山里の暮らしと食の魅力を伝える"

横尾歌舞伎（代表・高井勇）（静岡県浜松市）"独自のしくみで後継者を育成し，農村歌舞伎を伝承"

南方熊楠顕彰会（代表・真砂充敏）（和歌山県田辺市）"地域住民・研究者・行政が協力して郷土の偉人を顕彰"

朝鮮通信使行列振興会（代表・永留晃）（長崎県対馬市）"国際性豊かな歴史的特性を活かし，新しい祭りを創出"

豊後高田 昭和の町（代表・野田洋二）（大分県豊後高田市）"昭和30年代の生活文化を再現し，中心商店街を活性化"

第32回（平22年度）

北海道くしろ蝦夷太鼓（北海道釧路市）"アイヌ文化と和太鼓を融合させた新たな郷土芸能"

エコの文化が根づくまち 小坂（秋田県小坂町）"環境と文化が調和したエコ・タウンづくり"

島の旅社推進協議会（三重県鳥羽市）"離島の生活文化でもてなす旅のコーディネーター"

秋葉まつり（高知県仁淀川町）"過疎地域を支える開かれた伝統の祭り"

現代版組踊「肝高の阿麻和利」（沖縄県うるま市）"教育で地域をおこす、中・高校生の創作舞台"

第33回（平23年度）
　森は海の恋人運動（代表・畠山重篤）（宮城県気仙沼市）"海・山の住民をつなぐ環境保全活動"
　真壁 伝統ともてなしのまちづくり（代表・川嶋利弘）（茨城県桜川市）"まちづくりに貢献する多彩な地域文化活動"
　三重県立相可高等学校『調理クラブ』（代表・村林新吾）（三重県多気町）"教育に地域の食文化取り入れた高校生レストラン"
　今宮戎 宝恵駕行列（代表・今井徹）（大阪府大阪市）"地元商店街を盛り上げる伝統の旦那衆文化"
　福岡県立北九州高等学校『魚部』（代表・井上大輔）（福岡県北九州市）"高校生による地域に密着した水辺探索"
◇特別賞
　全国太鼓フェスティバル（代表・及川修一）（岩手県陸前高田市）"震災復興の起爆剤となる「太鼓の甲子園」"
　コスキン・エン・ハポン（代表・長沼康光）（福島県川俣町）"絆を深め、希望を育む中南米音楽の祭典"
第34回（平24年度）
　山形県立置賜農業高等学校（代表・岸順一）（山形県川西町）"農と食に関連した多彩な活動で地域活性化に貢献"
　伏木相撲愛好會（代表・南吉晴）（富山県高岡市）"地域ぐるみで「大相撲さながら」の相撲大会を開催"
　山口鷺流狂言保存会（代表・樹下明紀）（山口県山口市）"宗家が途絶えた狂言を120年以上にわたり素人衆が伝承"
　イサム・ノグチ日本財団（代表・和泉正敏）（香川県高松市）"世界的な芸術家のアトリエを庭園美術館として保存・公開"
　俳句甲子園実行委員会（代表・岡本治）（愛媛県松山市）"高校生による俳句の全国大会を市民ボランティアが運営"
第35回（平25年度）

桶ケ谷沼 トンボの楽園づくり（代表・鈴木裕司）（静岡県磐田市）"地域の人々と行政が一体となり、トンボの楽園を保全"
　江北図書館（代表・冨田光彦）（滋賀県長浜市）"100年余りにわたり、地域が守り続けた私立図書館"
　丹後藤織り保存会（代表・井之本泰）（京都府宮津市）"自然と寄り添う昔ながらの生活文化を保存・継承"
　四国の秘境 山城・大歩危妖怪村（代表・宮本敬）（徳島県三好市）"山里に伝わる妖怪伝説を核にした地域づくり"
　うふだき会と小浜島ばあちゃん合唱団（代表・花城キミ）（沖縄県竹富町）"島の敬老文化が支える80歳以上の女性合唱団"
第36回（平26年度）
　布橋灌頂会実行委員会（代表・佐伯信春）（富山県立山町）"130年余り途絶えていた女人救済の儀式を現代的に復元"
　峠の国盛り綱引き合戦（代表・山本功、山崎久孝）（静岡県浜松市・長野県飯田市）"県境で接する二つのまちが、境界線を賭けて綱引き合戦を展開"
　美保神社大祭奉賛会（代表・木村隆之）（島根県松江市）"厳しい精進を守りながら、「国譲り神話」を再現する祭礼を継承"
　八女福島 住まう文化のまちづくり（代表・北島力）（福岡県八女市）"独自のファンドシステムで町家を保存・再生し、暮らしの中で活用"
　開懐世利六菓匠（代表・北川和喜）（熊本県熊本市）"和菓子職人たちが手をとりあい職人の町、和菓子の町をアピール"
第37回（平27年度）
　『君の椅子』プロジェクト（代表・磯田憲一）（北海道上川地域）"地元の材と技術を用い、子どもの誕生を祝う椅子を贈る"
　田舎館村 田んぼアート（代表・鈴木孝雄）（青森県田舎館村）"稲で大地に壮大な絵を描く"田んぼアート"発祥の地"
　富岡製糸場世界遺産伝道師協会（代表・近藤功）（群馬県）"世界に誇るべき絹産業遺産の価値を広く内外に普及啓発"
　飯南町注連縄（しめなわ）企業組合（代表・

星野敏幸）（島根県飯南町）"大しめ縄づくりの技を保存継承し,地域活性化に活用"

歴史と文化のガーデンアイランド 下蒲刈島（代表・渡辺理一郎）（広島県呉市）"住民皆が参画する,歴史と文化の薫り高い島づくり"

第38回（平28年度）

上山市民俗行事加勢鳥保存会（山形県上山市）"コミュニティの核となる旧正月の民俗行事を復活・継承"

パン祖のパン祭（静岡県伊豆の国市）"パン祖・江川坦庵にちなんだパンのお祭りを開催"

全隠岐牛突き連合会（島根県隠岐の島町）"人牛一体となった独特の闘牛,牛突きを保存・継承"

鳴門「第九」を歌う会（徳島県鳴門市）"アジア初演の地として全国の愛好家と共に「第九」を歌い継ぐ"

砂浜美術館（高知県黒潮町）"砂浜を「美術館」に見立て地域資源を「作品」として展示"

---

019 JTB交流文化賞

地域に根ざした持続的な交流の創造と各地域の魅力の創出,地域の活性化に寄与することを目的とし,組織・団体部門,一般体験部門,ジュニア体験部門（第8回より）の3部門の個人・団体に贈られる。平成17年に創設された。

【主催者】JTB交流文化賞事務局

【選考委員】安島博幸（跡見学園女子大学観光コミュニティ学部教授）,森まゆみ（作家・谷根千工房主宰）,政所利子（（株）玄代表取締役）,松平定知（京都造形芸術大学教授・国学院大学客員教授）,見城美枝子（青森大学副学長・エッセイスト・ジャーナリスト）,伊藤嘉道（（株）ジェイティービー常務取締役）

【選考方法】応募による

【選考基準】組織・団体部門〔対象〕組織・団体。〔基準〕持続的な観光振興や地域活性化への波及や貢献,地域資源の活用など地域の独自性,地域の中での人や組織の連携,人・地域・文化の交流の創造,民間・市民が中心であり将来性への期待。一般体験部門〔対象〕一般個人。〔基準〕国内外を問わず,本人が体験した地域,自然,文化,人々との交流や表現の斬新さ。ジュニア体験部門〔対象〕小学生,中学生。〔基準〕人との出会い,自然・文化・歴史とのふれあいなど感動したことについての内容および表現の伝わりやすさ

【締切・発表】（第12回）平成28年9月30日,平成29年1月発表

【賞・賞金】〔組織・団体部門〕最優秀賞（1作）：賞金100万円,優秀賞（2作）：賞金50万円,〔一般体験部門〕最優秀賞（1作）：賞金20万円,優秀賞（2作）：賞金10万円,〔ジュニア体験部門〕最優秀賞（1作）：旅行券10万円,優秀賞（2作）：旅行券5万円,入選（5作）：旅行券1万円

【URL】http://www.jtb.co.jp/chiikikoryu/koryubunkasho/index.asp

---

第1回（平17年）
　◇組織・団体部門
　　●最優秀賞

兵庫県豊岡市企画部コウノトリ共生課"コウノトリも暮らすまちへ 豊岡の挑戦"
　　●優秀賞

青森県名川町観光振興課（現・南部町農林課グリーン・ツーリズム推進室）"「究極のグリーン・ツーリズム」を標榜する達者村"
新潟県村上町屋商人（あきんど）会，チーム黒塀プロジェクト，むらかみ町屋再生プロジェクト "新潟最北の城下町「村上」明日をかけた市民まちづくりの挑戦"
- 創設記念審査員メモリアル賞
  北海道札幌市YOSAKOIソーラン祭り組織委員会 "「YOSAKOIソーラン祭り」―新しい交流文化の創造とその広がり"
◇一般体験部門
- 最優秀賞
  妻鹿 弘子 「大鹿歌舞伎」
- 優秀賞
  梅木 加津枝 「インドで得たこれから」
  鈴木 幸子 「夏のある日、美々津にて」

第2回（平18年）
◇組織・団体部門
- 最優秀賞
  小樽雪あかりの路実行委員会 "歴史的遺産を活用したまちづくり～イベント「小樽雪あかりの路」を通じて～"
- 優秀賞
  豊後高田市観光まちづくり（株） "豊後高田「昭和の町」物語"
  大地の芸術祭実行委員会 "越後妻有 アートをみちしるべに里山を体験する旅"
- 特別賞
  大分県宇佐市 "ジョイントで取り組む農と心の教育体験～安心院型グリーンツーリズムの新たな展開～"
◇一般体験部門
- 最優秀賞
  藤川 尭子 「林芙美子と歩く尾道の旅」
- 優秀賞
  渡辺 伸悟 「ベドウィンの教え」

第3回（平19年）
◇組織・団体部門
- 最優秀賞
  NPO法人ハットウ・オンパク "「ハットウ・オンパク」を通じた地域資源開発と町づくり"
- 優秀賞
  特定非営利活動法人体験観光ネットワーク松浦党，松浦体験型旅行協議会 "松浦党の里ほんなもん体験"
  岐阜県高山市 "ゆくたび感動 国際観光都市「飛騨高山」"
◇一般体験部門
- 最優秀賞
  山崎 良弘 「北スペイン・信州そば紀行」
- 優秀賞
  神保 伸子 「悠久の風が吹く…石見銀山遺跡」
  後藤 桂子 "カナダで百人一首"

第4回（平20年）
◇組織・団体部門
- 最優秀賞
  NPO法人おぢかアイランドツーリズム協会 "小さな離島の未来への挑戦！"
- 優秀賞
  まちづくり真壁 "語りのある街・桜川市真壁町"
  特定非営利活動法人尾上蔵保存利活用促進会 "農家蔵保存利活用とグリーン・ツーリズム"
- 選考委員特別賞
  モントレージャズフェスティバルin能登実行委員会 "ふるさとへの誇りをのせて、港町にジャズは響く～若者の熱意が生んだモントレージャズフェスティバルin能登の20年～"
◇一般体験部門
- 最優秀賞
  佑来 弘章 「カナートの村での約束」
- 優秀賞
  宮森 庸輔 「イスラム教の礼拝告知、アザーンに包まれる街 シリア・ダマスカス―ウマイヤ・モスクのアザーン朗唱」
  佐々木 美和 「フランス、もうひとつの家族」

第5回（平21年）
◇組織・団体部門
- 最優秀賞
  遅筆堂文庫生活者大学校 "小さな町に大きな図書館ができてから…・演劇の町、交流の町になりました。さらに姉妹館がで

019 JTB交流文化賞

きました。"
- 優秀賞
  (有)ワックジャパン(WAK JAPAN) "外国人旅行者に京都から日本の魅力を発信！"
  田辺市熊野ツーリズムビューロー "世界に向けた田辺の挑戦～外国人に優しいまちづくり～持続可能な世界標準の観光地をめざして"

◇一般体験部門
- 最優秀賞
  新井 光 「私の韓国人疑似体験記」
- 優秀賞
  高橋 史郎 「北の果てに続く道」
  久保 智子 「ペッチョリ滞在記」

第6回(平22年)
◇組織・団体部門
- 最優秀賞
  (社)若狭三方五湖観光協会(福井県三方上中郡若狭町) "田舎っぷりが大自慢‼ 「若狭三方五湖わんぱく隊」が"地域の誇り"へ"
- 優秀賞
  (株)信州せいしゅん村(長野県上田市) "日帰り農村生活体験：ほっとステイ"
  (一社)信州いいやま観光局なべくら高原・森の家(長野県飯山市) "交流は地域との連携から～地域資源は誰のもの？～"
- 選考委員特別賞
  NPO法人市民創作「函館野外劇」の会(北海道函館市) "市民創作「函館野外劇」"

◇一般体験部門
- 最優秀賞
  野口 翠 「パラオでみつけたニッポン」
- 優秀賞
  保坂 美季 「スープのレシピ」
  上浦 未来 「"過剰的親切・チャイナ"深夜の北京西駅での出来事」

第7回(平23年)
◇組織・団体部門
- 最優秀賞
  NPO法人体験村・たのはたネットワーク(岩手県下閉伊郡田野畑村) "漁村の暮らし体験が地域を再生する「番屋エコツーリズム」"
- 優秀賞
  JR下灘駅フィールドミュージアム運営委員会(愛媛県伊予市) "何もないけど何かある…。無人駅を、ひとのあつまる場所に。"
  東大阪"モノづくり観光"活性化プロジェクト協議会(大阪府東大阪市) "若者に伝えたいんや‼ 町工場のおっちゃんが熱く語る"モノづくりの心""

◇一般体験部門
- 最優秀賞
  大久保 達夫 「モザンビークの空に浮かんだシャボン玉」
- 優秀賞
  河野 友見 「ランニング・フォー・コーヒー！」
  能勢 健生 「小さな村のコンサート」

第8回(平24年)
◇組織・団体部門
- 最優秀賞
  一本杉町町会(石川県七尾市) "「花嫁のれんのまち」のと・七尾 一本杉通り「語り部処」でふれあい「茶の間の観光」"
- 優秀賞
  (株)南都(沖縄県南城市) "祖先の痕跡が残る空間「ガンガラーの谷」守るために価値を伝える"
  阪南大学国際観光学部 松村嘉久研究室(大阪府松原市) "学生ボランティアが運営する新今宮観光インフォメーションセンター"

◇一般体験部門
- 最優秀賞
  小高 朋子 「大地の芸術祭～越後妻有アートトリエンナーレ「車座おにぎり」で、笑顔といのちにつながる旅」
- 優秀賞
  塚口 洋子 「西表島に染まる日々」
  恩田 茂夫 「自転車旅で出会ったおもてなし文化」

◇ジュニア体験部門 小学校低学年の部(1～3年生)
- 最優秀賞
  松尾 倫之介 「ぼくの京都旅行」

- 優秀賞
  - 曳汐 奏輝 「ふじとざん」
  - 三崎 百音 「おいしいおこめにありがとう」
- 入選
  - 及川 寧々 「おばあちゃんのおかげ」
  - 東瀬戸 智也 「オーストラリアのケアンズに行きました」
  - 鈴木 心渚 「しぜんをまもること」
  - 吉田 佑衣 「ほたるとおにごっこ」
  - 大田 恵凜 お父さんといっしょに Let's go！」

◇ジュニア体験部門 小学校低学年の部（4〜6年生）
- 最優秀賞
  - 白根 拓実 「ホタルに教えてもらった滋賀県のよさ」
- 優秀賞
  - 矢澤 宙空 「双子でよかった上海旅行」
  - 唐木 映里花 「三世代家族旅行から学んだこと」
- 入選
  - 矢澤 希空 「謝謝台湾、やさしくて大好きな国」
  - 池上 碧人 「英語が出来なくても」
  - 曺 摩柚 「夢見る光」
  - 長 みらい 「妹と初めての旅行」
  - 大田 恵凜 「はじめてのロシア」

◇ジュニア体験部門 中学生の部
- 最優秀賞
  - 深澤 崇史 「都会っ子の一人旅 in 平戸」
- 優秀賞
  - 星野 優 「インドの子供たちが教えてくれたこと」
  - 鈴木 美紀 「感動！ 幸せ！ 秋田への旅」
- 入選
  - 高城 彩 「中国人の女の子」
  - 都築 瞳水 「金龍寺の宝」
  - 吉羽 楓 「感じたこと」
  - 山下 莉奈 「旅先での出会い」
  - 荒舩 萌里 「オーストラリアでの出会い」

第9回（平25年）
◇組織・団体部門
- 最優秀賞
  - NPO法人神岡・町づくりネットワーク（岐阜県飛騨市）"線路よ響け!!いつまでもレールマウンテンバイク「Gattan Go!!」"
- 優秀賞
  - 八女文化遺産保存・活用ネットワーク（福岡県八女市）"八女の町家で暮らそうか？―町並みの輝きを再び取り戻す人々の挑戦"
  - NPO法人尾道空き家再生プロジェクト（広島県尾道市）"負の遺産を町の宝に！「尾道空き家再生プロジェクト」"

◇一般体験部門
- 最優秀賞
  - 中田 朋樹 「百年の時を越えて―朝鮮鉄道職員の子孫韓国へ行く」
- 優秀賞
  - 舟橋 ひとみ 「命のリレーを追いかけて」
  - 宮本 知明 「ラウフォート」

◇ジュニア体験部門 小学生の部
- 最優秀賞
  - 井崎 英乃 「See you again」
- 優秀賞
  - 井崎 英里 「足湯でこんにちは」
  - 佐藤 優宙 「ばくだんまめぶだ！ じぇじぇじぇ」
  - 坂本 裕美奈 「祖母との旅」
- 入選
  - 唐木 秀徳 「もてなす気持ちと思いやる気持ち」
  - 矢澤 宙空 「多民族の美しい国シンガポール」
  - 中村 典子 「道東めぐり」
  - 近能 善斗 「家ぞくのおこめができるまで」

◇ジュニア体験部門 中学生の部
- 最優秀賞
  - 山中 良太 「旅のお土産」
- 優秀賞
  - 栗田 優輝 「特別な場所」
  - 志賀 晶穂 「富岡製糸場にて」
  - 小倉 みなみ 「伊勢神宮式年遷宮の行事に参加して」
- 入選
  - 小林 咲季 「人の集まる場所」
  - 古橋 龍也 「おもてなし・出会い in 箱根」
  - 松本 あすか 「英語の輪」
  - 荒川 悠香 「初めての鹿児島」

第10回（平26年）
◇組織・団体部門
● 最優秀賞
小原ECOプロジェクト（福井県勝山市）
"集落人口2人!!限界集落の挑戦"
● 優秀賞
特定非営利活動法人シクロツーリズムしまなみ（愛媛県今治市）"自転車旅行を支えるおもてなしのしくみ「サイクルオアシス」"
七尾山の寺地域振興会（石川県七尾市）"七尾山の寺の日「等伯と山の寺千年史」"
◇一般体験部門
● 最優秀賞
中島 素子 「旅・賛歌！―なにがあっても旅は楽しい」
● 優秀賞
大菅 新 「南京2014・夏」
髙橋 美知子 「まさかのホームレス体験」
大塚 さゆり 「近くて近い国への旅路」
◇ジュニア体験部門 小学生の部
● 最優秀賞
曳汐 奏輝 「三回目の富士登山」
● 優秀賞
坂本 裕美奈 「美しいサンゴ畑を求めて」
石井 泰地 「キャンプの思い出」
● 入選
古谷 櫂 「ペダルをふんで」
黒川 哲義 「「神戸・広島子供たちの旅」に参加して」
井崎 英乃 「祖父の姿を訪ねて」
ブラウン 蕗七 「旅からのメッセージ」
後藤 雅尚 「都会の子が教えてくれた事」
山本 絢子 「台湾人と少し中国語で話せた」
◇ジュニア体験部門 中学生の部
● 最優秀賞
下京田 果歩 「亀岡で知ったぬくもり」
● 優秀賞
道谷 将貴 「神戸の「御影」から北海道の「御影」へ」
石川 聖竜 「金閣を見て」
● 入選
矢崎 未來 「旅先で考えた私達の自然と未来」

及部 愛実 「Don't be shy！」
三村 統 「彼が教えてくれたこと」
宇野 南 「何もしないという贅沢」
伊比 安里 「楽しむための工夫」
駒谷 遥也 「RPG in Paris」

第11回（平27年）
◇組織・団体部門
● 最優秀賞
NPO法人英田上山棚田団（岡山県美作市）"元快集楽歓交立克（げんかいしゅうらくかんこうりっこく）―世界棚田連邦をめざして"
● 優秀賞
NPO法人おもてなしスノーレンジャー（北海道札幌市）"留学生スキーインストラクター『おもてなしスノーレンジャー』育成プロジェクト～北海道のスキー文化の発展とローカルスキー場の存続と活性化のために～"
気仙沼つばき会（宮城県気仙沼市）"漁師が帰りたくなる港へ―気仙沼つばき会による女性目線の観光・まちづくり"
◇一般体験部門
● 最優秀賞
大久保 泰裕 「ユンヌの海」
● 優秀賞
西本 幸司 「障害があっても旅は楽しめる！「旅を楽しむための6箇条」」
土松 真理子 「真っ赤な招待状がくれたもの」
◇ジュニア体験部門 小学生の部
● 最優秀賞
尾関 文亮 「ロケットが教えてくれたこと」
● 優秀賞
嶽 きらら 「ぜったいわすれないよ」
佐藤 優宙 「ばあちゃんのずんだもち」
● 入選
藤井 大我 「人間らしい生き方って」
岡田 知紗 「これで良いのか？」
藤木 麻衣 「初めての飛行機」
松本 智 「初めての二人きりの旅で」
西沢 郁輝 「モンゴルの羊たち」
◇ジュニア体験部門 中学生の部
● 最優秀賞
牧野 はるか 「バッハに近づけた春」

文化・社会・経済　　　　　　　　　　　　　　　　　　　　　020　自治体国際交流表彰（総務大臣賞）

- 優秀賞
  西本 朱里　「旅行の笑顔は未来に続く」
  タルノフスカヤ藤原 瑛令奈　「もうひとつの母国」
- 入選
  大杉 明日香　「研修から深まった思い」
  本常 夢月　「旅で得られるものをもとめて」
  上路 有音　「ごませんべい」
  三原 黎香　「笑顔の力」
  浦野 千夏　「実際に見なければわからないすばらしさ」
  竹田 紗良　「世界遺産からツナグ」
  内山 はる香　「あの笑顔から考えたこと」

第12回（平28年）

◇組織・団体部門
- 最優秀賞
  大館市まるごと体験推進協議会（秋田県大館市）"本場のきりたんぽ、秋田弁♪、かっちゃが魅力の秋田県大館市"
- 優秀賞
  あじ島冒険楽校（宮城県石巻市）"限界集落の社会貢献 昔の子どもたちから未来の大人たちへ"
  NPO法人頴娃おこそ会（鹿児島県南九州市）"地域総力戦の観光まちおこし～素通りのまちから観光地への歩み～"
- 選考委員特別賞
  （公財）山本能楽堂（大阪府大阪市）"「芸能の都・大阪！」～the capital of performing arts in Japan！"

◇一般体験部門
- 最優秀賞
  岡﨑 拓実　「ゴールデン・テンプル」
- 優秀賞
  中村 実千代　「花香る旅」
  松岡 幸三　「20秒の奇跡」

◇ジュニア体験部門 小学生の部
- 最優秀賞
  嶋村 康　「不思議な機械」
- 優秀賞
  簱智 里奈　「わたし、とりになったよ」
  水澤 紀　「美しい島と美味しいお芋」
- 入選
  石原 由貴　「わたしがくもの中に」
  白方 伶亜　「行って伝えようみんなの思い」
  佐藤 優宙　「越後妻有の大雪と鳥追い」
  芳賀 祐太朗　「震災後の熊本城を見て」
  池上 遼　「初めての二人旅」

◇ジュニア体験部門 中学生の部
- 最優秀賞
  金田 羽衣吏　「心で感じた広いアメリカ」
- 優秀賞
  潮田 千尋　「人生の先輩」
  田中 楓　「かけがえのない兄弟姉妹旅行 日本最大の砂丘を目指して」
- 入選
  山田 恭輔　「僕にできる小さな支援」
  松浦 夏帆　「日本の誇り」
  山中 乃鈴香　「沖縄の光と陰」
  池田 有沙　「国を超えてつながる」
  篠﨑 海斗　「見えない線路を繋いだ青函連絡船」

020　自治体国際交流表彰（総務大臣賞）

　総務省との共催により，地域の国際化の更なる推進を図るため，平成18年度から姉妹自治体交流等の国際交流について創意と工夫に富んだ取組みを表彰，広く全国に紹介する事業を行っている。

【主催者】総務省,（一財）自治体国際化協会（クレア）

【選考委員】委員長：中邨章（明治大学名誉教授）ほか

【選考方法】有識者等で構成する審査委員会の審査を経て，総務省と協会が決定する

【締切・発表】（第11回）平成29年4月28日発表

【賞・賞金】総務大臣賞 3団体以内

020 自治体国際交流表彰（総務大臣賞）　　　文化・社会・経済

【URL】http://www.clair.or.jp/j/exchange/shien/hyoushou.html

第1回（平18年度）
　四日市市（三重県）"〔交流先〕天津市（中華人民共和国）"
　モンゴルに風力発電を贈る会（宮崎県）"〔交流先〕ウランバートル市（モンゴル国）"
　● 審査委員会特別賞
　長崎・セントポール姉妹都市委員会（長崎県）"〔交流先〕セントポール市（アメリカ合衆国）"

第2回（平19年度）
　兵庫県"〔交流先〕ハバロフスク地方（ロシア連邦）"
　甘楽町（群馬県）"〔交流先〕チェルタルド市（イタリア共和国）"
　鳴門市（徳島県）"〔交流先〕リューネブルク市（ドイツ連邦共和国）"

第3回（平20年度）
　当別町（北海道）"〔交流先〕レクサンド市（スウェーデン王国）"
　高山・デンバー友好協会（岐阜県）"〔交流先〕デンバー市（アメリカ合衆国）"
　いちき串木野・サリナス市姉妹都市協会（鹿児島県）"〔交流先〕サリナス市（アメリカ合衆国）"
　● 審査委員会特別賞
　京都府"〔交流先〕陝西省（中華人民共和国）"

第4回（平21年度）
　鹿追町（北海道）"〔交流先〕ストニィプレイン町（カナダ）"
　京都府"〔交流先〕ジョグジャカルタ特別区（インドネシア共和国）"
　北九州市（福岡県）"〔交流先〕大連市（中華人民共和国），仁川広域市（大韓民国）"

第5回（平22年度）
　高崎市（群馬県）"〔交流先〕バトルクリーク市（アメリカ合衆国），サントアンドレ市（ブラジル連邦共和国），承徳市（中華人民共和国），プルゼニ市（チェコ共和国），モンテンルパ市（フィリピン共和国）"
　金沢市（石川県）"〔交流先〕ナンシー市（フランス共和国）"
　宮城・ベラルーシ協会（宮城県）"〔交流先〕ミンスク市（ベラルーシ共和国）"

第6回（平23年度）
　横須賀市（神奈川県）"〔交流先〕メッドウェイ市（グレートブリテン及びアイルランド連合王国），ブレスト市（フランス共和国），フリマントル市（オーストラリア連邦），コーパスクリスティ市（アメリカ合衆国）"
　釜石市（岩手県）"〔交流先〕ディーニュ・レ・バン市（フランス共和国）"
　竹田市（大分県）"〔交流先〕バートクロツィンゲン市（ドイツ連邦共和国）"

第7回（平24年度）
　（公財）水戸市国際交流協会（茨城県）"〔交流先〕アナハイム市（アメリカ合衆国）"
　大府市（愛知県）"〔交流先〕ポート・フィリップ市（オーストラリア連邦）"
　周防大島町（山口県）"〔交流先〕カウアイ郡（アメリカ合衆国）"

第8回（平25年度）
　松江市（島根県）"〔交流先〕ニューオーリンズ市（アメリカ合衆国）"
　大分市（大分県）"〔交流先〕武漢市（中華人民共和国）"

第9回（平26年度）
　旭川市（北海道）"〔交流先〕水原市（大韓民国）"
　刈谷市（愛知県）"〔交流先〕ミササガ市（カナダ）"
　四日市市（三重県）"〔交流先〕ロングビーチ市（アメリカ合衆国）"
　● 審査委員会奨励賞
　豊根村・サウジアラビア王国交流促進委員会（愛知県）"〔交流先〕駐日サウジアラビア王国大使館文化部"

第10回（平27年度）
　雫石町国際交流協会（岩手県）"〔交流先〕バートヴィンプフェン市・ネッカーズル

文化・社会・経済　　　　　　　　　　　　　　　　　　　　　　　　　021 自治体まちづくりグッズ賞

ム市（ドイツ連邦共和国）"
ときめき国際学校実行委員会（神奈川県），小田原市 "〔交流先〕マンリー姉妹都市委員会・マンリー市（オーストラリア連邦）"
わだやま国際文化交流協会（兵庫県）"〔交流先〕内蒙古自治区人民教育基金会・呼和浩特民族学院外語系日本語学科（中華人民共和国）"
第11回（平28年度）
新潟市（新潟県）"〔交流先〕ガルベストン市（アメリカ合衆国），ハバロフスク市・ウラジオストク市，ビロビジャン市（ロシア連邦），ハルビン市（中華人民共和国），ナント市（フランス共和国），ウルサン広域市（大韓民国）"
大和高田・リズモー都市友好協会及び大和高田市（奈良県）"〔交流先〕リズモー市（オーストラリア連邦）"
内子町（愛媛県）"〔交流先〕ローテンブルク・オブ・デア・タウバー市（ドイツ連邦共和国）"

---

021 自治体まちづくりグッズ賞

日本都市計画学会創立60周年を迎えるにあたり，記念事業の一つとして「自治体まちづくりグッズ賞」を企画。自治体を中心とした都市計画・まちづくりにおいて，市民にわかりやすく伝える工夫や市民意識を啓発するような表現で，市民との間をつなぐ役割を果たしてきたグッズを広く募集した。

【主催者】（公社）日本都市計画学会

【選考委員】加藤仁美（東海大学），饗庭伸（首都大学東京），秋田典子（千葉大学），阿部貴弘（国土技術政策総合研究所），桑田仁（芝浦工業大学），薬袋奈美子（日本女子大学）

【選考方法】情報委員会ワーキング6名による点数評価

【選考基準】（1）登載情報・内容・デザイン（必要な情報が盛り込まれ，わかりやすい説明・構成でデザイン性に優れている），（2）今後のまちづくりへの発展性（作成プロセスに市民との連携等の工夫があり，まちづくりへの発展の可能性が見出される），（3）地域特性などの表現の適切性（地域の特性が反映され，表現にユニークさや独自性が感じられる）

【締切・発表】平成23年11月18日表彰

【URL】http://wwwnew.cpij.or.jp/60th/goods.html

（平23年）
◇自治体優秀まちづくりグッズ賞
札幌市都市計画部（北海道札幌市）"まち本・ミニまち"
川越市都市計画部都市景観課（埼玉県川越市）"都市景観啓発パンフレット"
東京市＋公益財団法人東京都公園協会緑と水の市民カレッジ事務局（東京都）"パンフレット：震災復興公園＋冊子：企画展「明治・大正・昭和－時代が生みだした東京の公園」＋DVD：震災復興公園"
新宿区，東京大学，早稲田大学，工学院大学 "新宿区景観まちづくりガイドブック（No.01～10）"
世田谷まちづくりセンター（現（財）世田谷トラストまちづくり）（東京都）"参加のデザイン道具箱"
新潟市地域・魅力創造部（新潟県），roji-ren niigata "新潟のまち小路めぐり〈本町界隈編〉〈古町界隈編〉・新潟下町あるき　日和山登山のしおり"
（財）いしかわまちづくり技術センター・

郷土・地域文化の賞事典　73

石川県土木部都市計画課(石川県) "み
んなで考えよう! わたしのまちづ
くり」(石川県まちづくり読本(小学生版・中
学生版))、同手引き書(先生用))"
伊勢市建設部、伊勢市都市マスタープラン
策定委員会・市民ワークショップ運営委
員会、三重大学浅野研究室、早稲田大学
後藤研究室、まちづくりブック伊勢制作
委員会 "伊勢市の「成長する都市マス
タープラン」まちづくりグッズ群"

木津川市学研企画課企画政策係(京都府)
"幻の都・恭仁京と名宝・加茂の三塔を
活かした民学官による観光まちづくりプ
ロジェクト「恭仁京/10ペーパークラフ
ト」「見える恭仁京! クリアファイル」
「デスクトップ恭仁京ポストカード」"
唐津市内中高生27名(佐賀県)、早稲田大
学卯月研究室唐津プロジェクトチーム、
唐津市役所 "10代が描く唐津のみらい/
Teens KARATSU Project 2030"

022 渋沢栄一賞

多くの企業の設立や育成に携わる一方で、福祉や教育などの社会事業にも尽力した渋
沢栄一の生き方や功績を顕彰するとともに、今日の企業家のあるべき姿を示すため、渋
沢栄一の精神を今に受け継ぐ全国の企業又は企業経営者に「渋沢栄一賞」を贈る。

【主催者】埼玉県
【選考委員】渋沢栄一賞選考委員会の審査を経て、埼玉県知事が決定
【選考方法】国、地方自治体や商工経済団体、社会福祉団体等からの推薦による
【選考基準】対象は、渋沢栄一の精神を受け継ぐような企業活動と社会貢献を行ってい
る、地域に根ざした全国の企業または企業経営者
【締切・発表】(第15回)平成29年1月発表、2月表彰式
【賞・賞金】賞状と記念品
【URL】https://www.pref.saitama.lg.jp/a0801/sibusawaeiichishou.html

第1回(平14年度)
　小島 鐐次郎(小島代表取締役社長) "中国
　等への国際貢献や地域での福祉活動、教
　育機関への支援に貢献"
　鈴木 稔彦(日吉代表取締役) "海外技術研
　修生の受け入れ、地域小学校での環境教
　育への協力に貢献"
　鈴木 吉太郎(ココ・ファーム・ワイナリー
　代表取締役) "障害者の雇用を目的とし
　た企業経営や山林保全活動に貢献"
第2回(平15年度)
　石原 義正(俵屋吉富代表取締役社長) "京
　菓子文化の伝統を踏まえながら芸術的な
　造形美を取り入れた新しい商品づくりに
　努める。また京菓子資料館を設立。さら

に、京菓子業界を中心とした人材育成や
産業振興にも顕著な功績を残す"
西河 紀男(三ツ星ベルト代表取締役社長)
"高機能、高精密、高品質な製品の提供を
通して社会に貢献する"という経営基本
方針を掲げ、経営を進める。社内のボラ
ンティア団体「三ツ星ベルトふれあい協
議会」を結成して活発な地域活動も展
開。また「学校ビオトープ」への支援を
行うなど、社会的に顕著な功績を上げる"
前川 正雄(前川製作所取締役会長) "独立
法人と呼ばれる分社を全国各地に持ち、
それぞれの地域のニーズに対応したベン
チャー活動を進める。また、大学生のた
めの塾(財団法人)の理事として、人材の

育成にも貢献"

第3回（平16年度）

太田 三郎（オリオン機械株式会社、一般機械器具製造業代表取締役会長）"ニッチ分野に特化した高付加価値のモノづくりを展開し、安定した経営を実践。認定職業訓練校校長を長年務めたほか、地元大学への外国人留学生交流施設の建設寄贈や特別養護老人ホームの建設運営など、地域社会への貢献"

坂口 美代子（坂口電熱株式会社 電気機器具製造・販売業代表取締役社長）"高効率でクリーンな熱エネルギー変換技術を核とした高付加価値製品開発を行い真空・バイオ・光学・化学などの多くの最先端産業に貢献。坂口国際育英奨学財団や、NPO法人「NPO N・Cさくら会」の設立運営など地域社会への貢献"

第4回（平17年度）

川本 宜彦（LPガス供給業サイサンガスワングループ社主取締役会長）"各種ガスの安全確保、安定供給に尽力し、LPガス新供給システム確立の実証実験に取り組んでいるほか、環境保全活動への助成基金創設、民間団体やNPO団体、学術研究などを支援し、社会貢献に尽力している点"

河北 博文（河北総合病院理事長）"医療評価制度の導入など患者本位の病院経営を実践、地域住民を対象にした講座などを開催するなど、地域社会への貢献"

第5回（平18年度）

笹崎 龍雄（埼玉種畜牧場代表取締役会長）"本物の食と健康を志向した生産、加工、販売の一環経営を実践。戦後いち早く豚の育種改良に取り組むなど、畜産振興に多大な貢献。また、海外及び全国の研修生受け入れや国内外での講演活動等、教育や国際貢献に尽力"

平沼 康彦（埼玉トヨペット代表取締役会長）"埼玉県内トップクラスのカーディーラーとして、安定した業績を確保。障害者や高齢者、子育てサークルなどへの活動の場の提供や、運営のサポートのほか、30年間継続して植樹活動を行うなど、地域の社会貢献に尽力"

山本 徳次（たねや代表取締役社長）"自社農業で、食の安心・安全、美味しさを追求した経営を実践。菓子職業訓練校を設立し、多数の菓子職人を輩出。近江の風土、歴史、文化の研究及び発信を目的としたNPO法人を設立運営するなど、地域文化の振興や環境保全に尽力"

第6回（平19年度）

神野 信郎（中部ガス株式会社取締役会長）"エネルギーから生活関連に至る幅広い事業を興し、地域の総合生活関連企業として地域産業の発展に寄与。また、交響楽団による地域文化の高揚、森づくりの会による環境保全活動、国際交流事業への貢献などに尽力"

中村 俊郎（中村ブレイス株式会社代表取締役社長）"独自技術と人に喜ばれる義肢装具製造で世界的な優良企業とした経営力を持つ。また、世界遺産登録に向けた石見銀山の町並み再生や資料館の整備など様々な地域社会に貢献"

山田 裕通（山田食品産業株式会社代表取締役会長）"低価格メニューによる外食産業を展開する一方、女性の積極登用により地域の優良企業とした経営力を持つ。日本赤十字社への寄附や新潟県中越地震での被災者支援などの社会貢献活動に尽力"

第7回（平20年度）

大山 泰弘（日本理化学工業株式会社取締役会長）"粉が飛び散らないチョークが国内シェアトップの30％。昭和35年から障害者の雇用を開始し、昭和50年心身障害者多数雇用モデル工場を開設。現在障害者雇用率75％"

川野 幸夫（株式会社ヤオコー代表取締役会長）"スーパーマーケット展開で19年連続増収増益。平成元年川野小児医学奨学財団を設立、以来、小児医療研究者への助成（計3億5千万円）、医学生への奨学金貸与（105名）を実施"

後藤 磯吉（はごろもフーズ株式会社顧問）"缶詰の「シーチキン」ブランド確立でシェアトップ。昭和62年財団法人はごろも教育研究奨励会を設立し静岡県の教育研究機関・教職員への助成を実施。市に福祉・教育目的で2億円寄附"

第8回（平21年度）

栗原 敏郎（株式会社大協製作所代表取締役社長）"連合処理を行う紡績一貫メーカーとして、経済産業省のIT経営100選優秀賞認定。46年前から障害者雇用に取り組み、障害者雇用率56％、うち重度障害者20％"

正木 萬平（埼玉県民共済生活協同組合組合長理事）"年齢や性別に関係なく掛金も保障も一律で格安な掛金という画期的で斬新なビジネスモデルを構築。組合として、日本点字図書館等に毎年2千万円（累計5億3千万円）寄附"

米屋（株）（代表取締役社長・諸岡靖彦）"栗羊羹を成田山参詣客向けに日本初の開発販売。（財）諸岡報恩会から市内中高生に奨学金支給。総本店2階に成田生涯学習市民ギャラリーを私費建設し開放。福祉施設（900所）に水羊羹を寄贈"

第9回（平22年度）

小松 安弘（株式会社エフピコ／プラスチック製品製造代表取締役会長兼最高経営責任者）"エコ（再生）トレーの生産やリサイクル等によるCO2削減などの環境負荷低減に貢献。（財）小松育英会及び（財）小松奨学団を設立、高校生等に資金援助"

中山 輝也（株式会社キタック／技術サービス業代表取締役社長）"地理情報システムを活用した地形・地質解析技術やGPSを活用した斜面監視システム等を駆使した防災活動で貢献。（財）産業地質科学研究所を設立し若手研究者に助成金による支援など"

第10回（平23年度）

小川 哲也（太平洋工業株式会社相談役名誉会長）"自動車部品、電子機器製品等の開発・生産メーカーで、海外シェア20％、国内シェア100％。小川技術科学財団を運営、岐阜県内の大学・短大・高専・高校の研究者や産業振興団体等へ助成（助成件数252件）"

柳内 光子（山一興産株式会社代表取締役社長）"生コンクリート販売で受注から納入段階までの業務プロセスを標準化・規格化し実現。社会福祉法人江戸川豊生会を設立し、特別養護老人ホーム「福楽園」等を開設"

第11回（平24年度）

池田 弘（NSGグループ代表、株式会社アルビレックス新潟取締役会長）"NSGグループを創業、新潟県を中心に30校を超える教育機関や医療福祉機関などを展開、地域の教育水準の向上に貢献。（株）アルビレックス新潟初代代表取締役に就任、地域密着型のビジネスモデルをサッカーチームの経営に導入"

金井 昭雄（株式会社富士メガネ代表取締役会長・社長兼任）"社員288名に（公社）日本眼鏡技術者協会の「認定眼鏡士」の資格を取得させ、同社を国民の視力ケア専門家集団に育て上げた。1983年から難民の視力を検査して一人一人に合ったメガネを贈る活動を開始"

第12回（平25年度）

牛込 進（株式会社TYK代表取締役会長）"機能性耐火物メーカーとして機能性耐火物の分野ではシェア35％、業界2位、世界で総合耐火物メーカー7社の一つに数えられる地位を築く。1996年「TYK」絵画大賞を開設し、地域の文化振興に貢献"

更家 悠介（サラヤ株式会社代表取締役社長）"2010年日本初RSPO（持続可能なパーム油）の原料認証を取得、2011年に実施されたWWF（世界自然保護基金）のパーム油の購入企業調査においてコンシューマー商品製造部門で最高ランクとなった。2004年からボルネオ島の野生象の保全に取り組む"

第13回（平26年度）

小田 豊（六花亭製菓株式会社代表取締役社長）"出店を北海道内のみに限っているにも関わらず、北海道トップクラスの菓子製造業に成長させた。中札内美術村、六花の森の建設・運営、50年にわたる月刊児童詩誌「サイロ」の発行など様々な文化活動事業を行う"

中尾 眞（株式会社ジーシー取締役会長）"歯科材料分野ではトップグループに位置する歯科医療総合メーカー。ベトナムやカンボジアでの子どもたちへの歯科治療や健康・口腔衛生教育を行う国際プロジェクトに対し歯科材料の提供するほか、様々な地域で歯科治療・教育に関する支援を行う"

第14回（平27年度）

斉之平 伸一（三州製菓株式会社代表取締役社長）"一人三役制度などによりワーク・ライフ・バランスを推進、「APEC女性活躍推進企業50選」の日本から選ばれた5社のうちの1社。小学生への食育、中高生への商品開発指導、児童養護施設への支援等を行っている"

中島 基善（ナカシマプロペラ株式会社代表取締役社長）"船舶用プロペラで世界の3割、国内の7割のシェアを誇る。（公財）中島記念財団を設立、岡山県内在学中の留学生と、県内に本拠地を置くスポーツチーム支援"

丸木 清浩（学校法人埼玉医科大学・社会福祉法人毛呂病院名誉理事長）"埼玉県唯一の医科大学設立に深く関わり、質の高い医学教育の提供に尽力。地域医学・医療センターを設立し、地域医療に関する教育研修等を実施"

第15回（平28年度）

里見 菊雄（日本パーカライジング株式会社取締役名誉会長）"マーケット・シェアNo.1の金属表面処理を中心に国内外に子会社43社、関連会社12社を有し連結売上高は1090億円超。（公財）里見奨学会の理事長として奨学金給付のほか、大分県竹田市の小・中・高校への図書購入資金の助成や、（公財）老人はげみの里見会理事長として大分県下の老人福祉施設の増進へ助成"

中村 隆俊（戸田中央医科グループ会長）"1都4県に114か所の関連事業所を展開する売上高約1,000億円に上る国内最大級の医療グループに成長。個人で青少年育成のための基金設立を目的に多方面への多額の寄付を実施"

林 香与子（株式会社マルハ物産代表取締役会長）"レンコン加工業界を牽引してきたパイオニア企業。徳島県の休耕田を借受けレンコン栽培を開始、耕作放棄地の減少・地域農業の振興に貢献。徳島県内の女性社長の先駆けとして女性の起業・経営を支援。"

---

023 信用金庫社会貢献賞

「信用金庫社会貢献賞」は、地域に生まれ、地域と共に歩む信用金庫の原点を踏まえ、地域の発展に貢献する信用金庫の真摯な姿を広くアピールし、お客様や地域の信頼を揺るぎないものとするとともに、地域での存在感を高めていくことを目的に、平成9年度に創設された。

【主催者】（一社）全国信用金庫協会
【締切・発表】（第19回）平成28年6月24日表彰
【URL】http://www.shinkin.org/kouken/prize/index.html

第1回（平9年度）

023 信用金庫社会貢献賞　　　文化・社会・経済

◇会長賞
　八光信用金庫（大阪府）"お笑い研究会活動"
◇Face to Face賞
　多摩中央信用金庫（東京都）"郷土誌「多摩の歩み」刊行"
　大分みらい信用金庫（大分県）"地域活性化イベント「ベイサイドルネサンス」"
◇奨励賞
　青梅信用金庫（東京都）"青梅マラソン大会のボランティア活動"
　鹿児島信用金庫（鹿児島県）"吹奏楽部社会貢献活動"
◇特別賞
　湘南信用金庫（神奈川県）"ボランティア出向制度"
　福井中央信用金庫（福井県）"ロシアタンカー重油流出事故に係る支援活動"
◇特別賞（個人）
　大道　勇（二戸信用金庫（岩手県））"交通安全活動"
　吉野　輝信（江戸川信用金庫（東京都））"浦安のサンタクロース"
　水　真里子（日本海信用金庫（島根県））"手話サークル「わかあゆ会」活動"

第2回（平10年度）
◇会長賞
　東調布信用金庫（東京都）"50年にわたる地域アマチュア野球支援"
◇Face to Face賞
　稚内信用金庫（北海道）"札幌定期公演の全面支援"
　高田信用金庫（新潟県）"小学生図画・版画展開催"
◇奨励賞
　旭川信用金庫（北海道）"手縫いおむつの寄贈"
　帯広信用金庫（北海道）"「しんきん郷土文庫」刊行"
◇特別賞
　熊本中央信用金庫（熊本県）"水の手橋清掃活動"
　長野県信用金庫協会（長野県）"点字カレンダーの贈呈"
　静岡県信用金庫協会（静岡県）"しんきんバンク370万ピカッと作戦"
◇特別賞（個人）
　小川　重喜（鶴来信用金庫（石川県））"地域の青少年健全育成活動"
　小谷野　友義（岡山相互信用金庫（岡山県））"腹話術による交通安全指導"

第3回（平11年度）
◇会長賞
　大阪市信用金庫（大阪府）"人にやさしい福祉のまちづくり活動"
◇Face to Face賞
　鶴岡信用金庫（山形県）"養護施設との交流活動"
　広島信用金庫（広島県）"能楽の普及と振興活動"
◇奨励賞
　赤穂信用金庫（長野県）"電子マネーによる地域商店街の活性化支援"
　能登信用金庫（石川県）"痴呆性老人問題への啓蒙"
◇特別賞
　北上信用金庫（岩手県）"ミズバショウの植栽活動"
　巣鴨信用金庫（東京都）"おもてなし処の開催"
　一宮信用金庫（愛知県）"親子民話教室の開催"
◇特別賞（個人）
　西浦　稔（蒲郡信用金庫（愛知県））"市民バンド育成への参画"
　池内　宏行（姫路信用金庫（兵庫県））"花いっぱい運動の推進"

第4回（平12年度）
◇会長賞
　岐阜信用金庫（岐阜県）"地域ふれあい活動"
◇Face to Face賞
　朝日信用金庫（東京都）"中小企業の経営支援活動"
　大分信用金庫（大分県）"地域活性化イベント「活き粋大分光のひろば」の運営"
◇奨励賞
　京都中央信用金庫（京都府）"廃棄物減

量・リサイクル活動"
　　幡多信用金庫（高知県）"四万十川短歌・俳句・川柳大会の運営"
◇特別賞
　　伊達信用金庫（北海道）"有珠山噴火時における地域支援活動"
　　北見信用金庫（北海道）"一店舗一貢献活動"
　　摂津信用金庫（大阪府）"企業間ビジネスマッチング形成事業"
◇特別賞（個人）
　　山本 潤一（十三信用金庫（大阪府））"点字の指導および点訳本の製本"
　　尾崎 隆志，隅岡 豊（呉信用金庫（広島県））"くれしん笑芸会活動"

第5回（平13年度）
◇会長賞
　　川崎信用金庫（神奈川県）"川崎ジュニア文化賞"
◇Face to Face賞
　　須賀川信用金庫（福島県）"松明あかし武者行列の保存・継承"
　　姫路信用金庫（兵庫県）"子供の詩 有本芳水賞"
◇奨励賞
　　呉信用金庫（広島県）"地域の高校生に対するイラスト募集活動"
　　西京信用金庫（東京都）"お年寄りへの昼食宅配"
◇特別賞
　　新庄信用金庫（山形県）"まちづくり会社（TMO）の設立と中心市街地活性化"
　　奈良中央信用金庫（奈良県）"NPOローンの創設"
◇特別賞（個人）
　　村田 秀雄（横浜信用金庫（神奈川県））"手話ボランティア活動"
　　西村 治雄（尼崎信用金庫（兵庫県））"奇術を通じて社会貢献"

第6回（平14年度）
◇会長賞
　　高鍋信用金庫（宮崎県）"「石井十次」顕彰活動"
◇Face to Face賞
　　苫小牧信用金庫（北海道）"森林保護活動「とましんアッペナイの森林」"
　　永和信用金庫（大阪府）"ボランティア団体「あすなろ会」支援"
◇奨励賞
　　十和田信用金庫（青森県）"あすなろ杯少年サッカー大会"
　　埼玉県信用金庫（埼玉県）"介護者リフレッシュ旅行"
◇特別賞
　　松本信用金庫（長野県）"「白馬の観光－CRMからの考察－」とガーデニングコンテスト実施"
　　北陸信用金庫（石川県）"40年にわたる小学生珠算大会の開催"
◇個人賞
　　宮腰 奈美（金沢信用金庫（石川県））"ボランティアガイド「まいどさん」"
　　高松 右門（大分みらい信用金庫（大分県））"剣道指導を通じた青少年の育成"

第7回（平15年度）
◇会長賞
　　西武信用金庫（東京都）"ビジネスコーディネート・ネットワークの構築"
◇Face to Face賞
　　三浦藤沢信用金庫（神奈川県）"遊行寺薪能への支援"
　　多摩中央信用金庫（東京都）"たましんギャラリーによる地域文化支援"
◇奨励賞
　　二本松信用金庫（福島県）"心の灯をともそう会"
　　鹿沼相互信用金庫（栃木県）"しんきんこども村「サマーツアー」"
◇特別賞
　　三条信用金庫（新潟県）"交通安全のためのカーブミラー等寄贈とその清掃活動"
　　しずおか信用金庫（静岡県）"しずおか「夢」デザインコンテストの企画実施"
◇個人賞
　　菅原 浩（秋田信用金庫（秋田県））"秋田に元気を与え続けて20年の音楽活動"
　　西村 匡弘（巣鴨信用金庫（東京都））"20年にわたる養護施設訪問などのボランティア活動"

藤本 敏弘（きのくに信用金庫（和歌山県））"海南市消防団活動"
◇地域再生しんきん運動・優秀賞
　大地みらい信用金庫（北海道）"「リ・スタート支援チーム」活動"
　岐阜信用金庫（岐阜県）"地域再生と企業再生支援活動"
第8回（平16年度）
◇会長賞
　横浜信用金庫（神奈川県）"横浜ルネサンス事業"
◇Face to Face賞
　岡崎信用金庫（愛知県）"岡崎信用金庫資料館"
　尼崎信用金庫（兵庫県）"「世界の貯金箱博物館」の運営"
◇奨励賞
　豊橋信用金庫（愛知県）"とよしんクラシックコンサート"
　広島信用金庫（広島県）"広島シンガポール協会の運営"
◇特別賞
　敦賀信用金庫（福井県）"環境保護への取り組み"
　高松信用金庫（香川県）"老人ホーム慰問活動"
◇個人賞
　澤谷 英勝（日高信用金庫（北海道））"地域の芸術・文化活動支援"
　今西 健二（南大阪（現・大阪）信用金庫元職員（大阪府））"ボランティア清掃活動"
◇地域再生しんきん運動・優秀賞
　大阪信用金庫（大阪府）"だいしん産学連携共創機構"
　奈良中央信用金庫（奈良県）"なら・未来創造基金の創設"
第9回（平17年度）
◇会長賞
　郡山信用金庫（福島県）"一人暮らし高齢者宅への「一声運動」"
◇Face to Face賞
　稚内信用金庫（北海道）"稚内しんきんスキースクールの運営"
　北上信用金庫（岩手県）"地域活性化活動～住み良い町づくりを目指して～"
◇奨励賞
　留萌信用金庫（北海道）"小中学生書道・絵画コンクール"
　十三信用金庫（大阪府）"中学生の職場体験学習"
◇特別賞
　気仙沼信用金庫（宮城県）"地域住民に対する環境保全活動等の支援"
　昭和信用金庫（東京都）"「安全・安心の街づくり」に向けた自警活動"
◇個人賞
　小山 治男（秋田ふれあい信用金庫（秋田県））"腹話術ボランティア活動"
　木下 一夫（金沢信用金庫（石川県））"青少年の海外派遣、タイへの支援活動"
◇地域再生しんきん運動・優秀賞
　岡崎信用金庫（愛知県）"「あいちの地場産業」の発刊"
　京都中央信用金庫（京都府）"中信サクセスクラブ大商談会"
第10回（平18年度）
◇会長賞
　永和信用金庫（大阪府）"ボランティア派遣制度"
◇Face to Face賞
　京都中央信用金庫（京都府）"20年にわたる地域の美術文化への支援活動"
　大阪信用金庫（大阪府）"だいしん出前相談"
◇特別賞
　いちい信用金庫（愛知県）"70周年記念冊子「いちいエリア70」の発刊"
　大分みらい信用金庫（大分県）"こどもたちが安心で安全に暮らせる地域（まち）づくり"
◇個人賞
　中川 進一（のと共栄信用金庫（石川県））"「スズ虫」寄贈による社会貢献活動"
　安田 光男（東濃信用金庫（岐阜県））"手話通訳、手話サークル運営によるボランティア活動"
◇地域活性化しんきん運動・優秀賞
　しずおか信用金庫（静岡県）"「地場産業が

できるまで—しずおか特産品解体新書—」の発刊"
　　摂津水都信用金庫（大阪府）"産学官連携支援活動"
第11回（平19年度）
◇会長賞
　　金沢信用金庫（石川県）"環境保全への取り組み"
◇Face to Face賞
　　三浦藤沢信用金庫（神奈川県）"ボランティアサークル「ふれあい」の活動"
◇特別賞
　　大地みらい信用金庫（北海道）"サービス介助士、全店での活動"
　　大和信用金庫（奈良県）"大和川の水質改善に向けた取り組み"
◇個人賞
　　村田 政之（焼津信用金庫（静岡県））"消防団活動"
　　金藤 和明（しまなみ信用金庫（広島県））"備後地域に伝わる"二上り踊り"の保存と継承"
◇地域活性化しんきん運動・優秀賞
　　小樽信用金庫（北海道），北海信用金庫（北海道）"小樽市活性化のための共同事業「小樽市の地域活性化への提言」"
　　新庄信用金庫（山形県）"バイオマス利用による地域活性化、NPO法人の設立・支援、産学官連携"
　　きのくに信用金庫（和歌山県）"観光振興による地域再生への取り組み"
第12回（平20年度）
◇会長賞
　　天草信用金庫（熊本県）"徹底した「地元優先の運営＝地産地消」の取り組み"
◇Face to Face賞
　　函館信用金庫（北海道）"函館地区小中学生珠算競技大会"
　　米沢信用金庫（山形県）"郷土の歴史叢書刊行"
◇特別賞
　　静清信用金庫（静岡県）"環境問題に対する地域金融機関としての取組み"
　　（社）群馬県信用金庫協会（群馬県）"「おやくそくノート」の作成、配布"
◇個人賞
　　広谷 明雄（山形信用金庫（山形県））"野球強化指導"
　　原 功（岐阜信用金庫（岐阜県））"アンサンブル・アミーとともに"
◇地域活性化しんきん運動・優秀賞
　　東濃信用金庫（岐阜県）"美濃焼産地活性化に向けた取り組み"
　　知多信用金庫（愛知県）"ちたしん地域振興支援制度「夢サポート」"
第13回（平21年度）
◇会長賞
　　八幡信用金庫（岐阜県）"「郡上市における地域活性化」への取り組み"
◇Face to Face賞
　　世田谷信用金庫（東京都）"伝統行事「せたがやボロ市」と地域の絆"
　　磐田信用金庫（静岡県）"移動店舗車による山間地での金融提供"
◇特別賞
　　北海信用金庫（北海道）"認知症サポーター事業への取り組み"
　　神戸信用金庫（兵庫県）"「安心・安全なまちづくり」への取り組み"
◇個人賞
　　渡辺 照夫（城北信用金庫（東京都））"グランドソフトボールの発展・普及活動"
　　瀬古 正（新宮信用金庫（和歌山県））"伝統の佐野柱松復活"
◇地域活性化しんきん運動・優秀賞
　　花巻信用金庫（岩手県）"「花巻 夢・企業家塾」の取り組み"
　　大阪市信用金庫（大阪府）"取引先企業の販路拡大に向けた取り組み"
第14回（平22年度）
◇会長賞
　　空知信用金庫（北海道）"地域産業・文化活動等活性化への取り組み"
◇Face to Face賞
　　きのくに信用金庫（和歌山県）"「お年寄りにやさしい信用金庫」をめざして"
　　遠賀信用金庫（福岡県）"地域共生〜「暮らしのあんしんコーナー」"
◇特別賞

多摩信用金庫（東京都）"「多摩・武蔵野検定」への取り組み"
いちい信用金庫（愛知県）"「ホタルの庭」の造園・開放・観賞会"
◇個人賞
　阿部 一夫（一関信用金庫（岩手県））"地元小学校への吹奏楽指導"
　井垣 六郎（十三信用金庫（大阪府））"障がい者スポーツの発展・普及活動"
◇地域活性化しんきん運動・優秀賞
　愛媛信用金庫（愛媛県）"地域振興としての「まさき村」の創業支援"
　(社)兵庫県信用金庫協会（兵庫県）"川上・川下ビジネスネットワーク事業"

第15回（平23年度）
◇会長賞
　青梅信用金庫（東京都）"官民広域連携による地域づくりの取り組み"
◇Face to Face賞
　新井信用金庫（新潟県）"青少年図書充実基金への支援"
　尼崎信用金庫（兵庫県）"あまちゃん・しんちゃんプロジェクト"
◇特別賞
　のと共栄信用金庫（石川県）"石動山での森づくり活動"
　鳥取信用金庫（鳥取県）"山陰海岸ジオパーク応援による地域貢献"
◇個人賞
　鳥越 基子（大地みらい信用金庫（北海道））"北方四島住民へのロシア語通訳ボランティア"
　佐藤 裕之（二本松信用金庫（福島県））"スキーを通しての青少年育成活動"
　檜垣 萌子（朝日信用金庫（東京都））"ブラインドスキーサポーター活動"
◇地域活性化しんきん運動・優秀賞
　渡島信用金庫（北海道）"協同組合への支援による地域貢献活動"
　多摩信用金庫（東京都）"地域と連携した創業・CB支援"

第16回（平24年度）
◇会長賞
　西尾信用金庫（愛知県）"西三河ハイスクール・起業家コンテスト"
◇Face to Face賞
　大阪信用金庫（大阪府）"職場体験学習の実施による地域貢献活動"
　鹿児島相互信用金庫（鹿児島県）"貿易ミッション「そうしんTOBO会」"
◇特別賞
　石巻信用金庫（宮城県）"産学官金連携による震災復興支援の取り組み"
　気仙沼信用金庫（宮城県）"NPOとの協働による復興支援"
　城南信用金庫（東京都）"移動図書館による被災地支援活動"
◇個人賞
　石井 健治（さがみ信用金庫（神奈川県））"「からくりパズル」の発展・普及活動"
　西村 叡（八幡信用金庫（岐阜県））"サッカーによる青少年育成と地域活性化"
　上平 幸生（新宮信用金庫（和歌山県））"少林寺拳法を通じ青少年育成と社会貢献"
◇地域活性化しんきん運動・優秀賞
　苫小牧信用金庫（北海道）"中心市街地活性化に伴う社会貢献活動"
　帯広信用金庫（北海道）"とかち酒文化再現プロジェクト"

第17回（平25年度）
◇会長賞
　東京東信用金庫（東京都）"江戸っ子1号プロジェクト"
◇Face to Face賞
　米沢信用金庫（山形県）"市民投票！リサイクルアート・コンテスト"
　瀬戸信用金庫（愛知県）"シンボルフラワー「すみれ」の苗の寄贈"
　北おおさか信用金庫（大阪府）"学生の起業支援「CVG大阪」の開催"
　但馬信用金庫（兵庫県）"地域と一体化した湯村温泉活性化支援"
◇個人賞
　栗原 利幸（栃木信用金庫（栃木県））"里山保全と児童通学路の安全確保"
　鶴来信用金庫・軽音楽部「クレインズ」（石川県）"音楽活動を通じた東日本大震災復興支援"

隈元 智子（東濃信用金庫（岐阜県））"小学校図書館ボランティア"
◇地域活性化しんきん運動・優秀賞
　盛岡信用金庫（岩手県）"ファンドによる起業支援への取り組み"
　福岡ひびき信用金庫（福岡県）"ひびしん女性創業塾"
第18回（平26年度）
◇会長賞
　城北信用金庫（東京都）"北区赤羽地区の活性化"
◇Face to Face賞
　福島信用金庫（福島県）"商店街復活へ「ふくしま逸品アカデミー」"
　湘南信用金庫（神奈川県）"久里浜おつかい便「御用聞きプロジェクト」"
　津山信用金庫（岡山県）"全国公募のしんわ美術展と企画展開催"
◇個人賞
　市川 博之（さがみ信用金庫（神奈川県））"人形芝居を通じた郷土文化の再発見"
　鈴木 勝哉（昭和信用金庫（東京都））"地域で繋がっていく青少年育成"
　松山 公勇（蒲郡信用金庫（愛知県））"創作ミュージカルの音楽制作"
◇地域活性化しんきん運動・優秀賞
　しののめ信用金庫（群馬県）"富岡製糸場世界遺産登録への支援活動"
　大阪シティ信用金庫（大阪府）"シティ信金商店街PLUS事業"
第19回（平27年度）
◇会長賞
　柏崎信用金庫（新潟県）"人と人をつないだ「産・学・官・金」連携"
◇Face to Face賞
　帯広信用金庫（北海道）"十勝の未来づくり応援プロジェクト"
　三島信用金庫（静岡県）"さんしんハートフルを通じた社会貢献活動"
　宇和島信用金庫（愛媛県）"NEXT100プロジェクト絵本製作"
◇個人賞
　松坂 浩（二本松信用金庫（福島県））"地域の子どもたちを守る交通安全活動25年"
　福本 弘明（福岡ひびき信用金庫（福岡県））"俳句を通して地域の文化活動に貢献"
　賦句 辰治（鹿児島相互信用金庫（鹿児島県））"地域と一体となった台湾留学生支援"
◇地域活性化しんきん運動・優秀賞
　ひまわり信用金庫（福島県）"街なか工場「ひまわりふれあい農園」の活動"
　尾西信用金庫（愛知県）"地域活性化へ〜138ひつじプロジェクト〜"

024 スポーツ振興賞

　公益社団法人スポーツ健康産業団体連合会と一般社団法人日本スポーツツーリズム推進機構が，スポーツを通じて健康づくりをし，ツーリズムや産業振興，地域振興（まちづくり）に貢献した団体・グループ・企業を顕彰する目的で平成24年度より設立。

【主催者】（公社）スポーツ健康産業団体連合会，（一社）日本スポーツツーリズム推進機構

【締切・発表】（第5回）審査結果発表：平成29年6月下旬予定

【賞・賞金】スポーツ振興大賞：1点（賞状・トロフィー・副賞20万），スポーツ振興賞：各1点（賞状・トロフィー）スポーツ庁長官賞/観光庁長官賞/経済産業省商務情報政策局長賞/日本商工会議所奨励賞/日本スポーツリズム推進機構会長賞/スポーツ健康産業団体連合会会長賞

【URL】http://www.jsif.or.jp

第1回（平25年）

024 スポーツ振興賞

- ◇スポーツツーリズム賞
  - 国土交通省観光庁長官賞
    さいたまスポーツコミッション(埼玉県さいたま市)"「スポーツコミッション」を活用した地域振興～日本一スポーツで笑顔あふれるさいたま市～"
  - 日本スポーツツーリズム推進機構会長賞
    矢島カップMt.鳥海バイシクルクラシック大会実行委員会(秋田県由利本荘市)"第2四半世紀を迎えたMt.鳥海バイシクルクラシック大会と地域活性化"
- ◇スポーツとまちづくり賞
  - 経済産業省商務情報政策局長賞
    (一社)日本スポーツGOMI拾い連盟(東京都渋谷区)"「スポーツツーリズム」「スポーツによるまちづくり」を通じた産業・地域活性化の貢献～ゴミ拾いはスポーツだ"
  - 日本商工会議所奨励賞
    NPO法人神岡・町づくりネットワーク(岐阜県飛騨市)"廃線でサイクリング!?「自転車とレールで風になる」レールマウンテンバイク「Gattan GO!!」ガッタンゴー"
  - スポーツ健康産業団体連合会会長賞
    ウルトラトレイル・マウントフジ実行委員会(静岡県富士宮市)"10市町村が主催し実現した日本最大の100マイルトレイルレース「ウルトラトレイル・マウントフジ」"

第2回(平26年)
- ◇スポーツツーリズム賞
  - 国土交通省観光庁長官賞
    神戸ランニングフェスティバル実行委員会(兵庫県神戸市)"神戸ランニングフェスティバル"
  - 日本スポーツツーリズム推進機構会長賞
    諏訪湖温泉ラージボール卓球大会実行委員会(長野県岡谷市)"諏訪湖温泉ラージボール卓球大会～広域連携によるスポーツツーリズムの推進～"
- ◇スポーツとまちづくり賞
  - 経済産業省商務情報政策局長賞
    (一社)洞爺湖温泉観光協会(北海道虻田郡)"40年前から推進する「スポーツ」による地域活性化及び観光客誘致"
  - 日本商工会議所奨励賞
    ツール・ド・三陸2013実行委員会(東京都港区)"ツール・ド・三陸 2013 ～りくぜんたかた・おおふなと～"
  - スポーツ健康産業団体連合会会長賞
    (株)デサント(東京都豊島区)"スポーツと街づくり「スポーツによる町興し～群馬県みなかみ町」"

第3回(平27年)
- ◇スポーツ振興大賞
  (一社)九州観光推進機構(福岡県福岡市中央区)"九州オルレ(の取り組み)"
- ◇スポーツツーリズム賞
  - 国土交通省観光庁長官賞
    (一社)若狭路活性化研究所(福井県三方上中郡若狭町)"若狭路スポーツトリップ"
  - 日本スポーツツーリズム推進機構会長賞
    留学生スキーインストラクター『おもてなしスノーレンジャー』育成プロジェクトチーム(北海道札幌市中央区)"留学生スキーインストラクター『おもてなしスノーレンジャー』育成プロジェト"
- ◇スポーツとまちづくり賞
  - 経済産業省商務情報政策局長賞
    (一社)日本スポーツ雪かき連盟(北海道小樽市)"国際スポーツ雪かき選手権"
  - 日本商工会議所奨励賞
    飯坂マラソン実行委員会(福島県福島市飯坂町)"湯のまち飯坂・茂庭っ湖マラソン大会(スポーツツーリズムを主体とした飯坂温泉活性化プロジェクト)"
- ◇特別賞
  - スポーツ健康産業団体連合会会長賞
    (一社)鬼ごっこ協会(東京都世田谷区)"「スポーツ鬼ごっこ」と「伝承鬼ごっこ」による産業・地域活性化への貢献～日本文化「鬼ごっこ」がスポーツに！人と地域のつながりづくり～"

第4回(平28年)
- ◇スポーツ振興大賞
  NPO法人ツール・ド・おきなわ協会(沖縄県名護市)"自転車を活用した地域活性

化の取組"

◇スポーツ振興賞
- スポーツ庁長官賞
  TOGA天空トレイル大会実行委員会（富山県南砺市利賀村）"ようこそ、利賀のおもてなしへ 〜TOGA天空トレイルラン〜"
- 観光庁長官賞
  （一社）東北風土マラソン&フェスティバル（宮城県登米市）"「マラソン」と「フェスティバル」の同時開催によるスポーツ振興と地域振興の両立"
- 経済産業省商務情報政策局長賞
  東尋坊愛のマラニック実行委員会（福井県坂井市）"第4回東尋坊愛のマラニック"
- 日本商工会議所奨励賞
  （株）モンベル（大阪府大阪市）"環境スポーツイベント「SEA TO SUMMIT」"
- 日本スポーツツーリズム推進機構会長賞
  （一社）志摩スポーツコミッション（三重県志摩市阿児町）"ひとづくり まちづくり スポーツを活かした地域振興 伊勢志摩・里海トライアスロン"
- スポーツ健康産業団体連合会会長賞
  NPO法人北海道バーバリアンズラグビーアンドスポーツクラブ（北海道札幌市）"北海道バーバリアンズ「夢は想えば必ず叶う」"

025 高円宮殿下記念地域伝統芸能賞

地域伝統芸能の保存と継承によせられた高円宮殿下の遺徳を後世に永く伝えるために平成15年創設。伝統芸能の保存，継承，活用の全ての面にわたって抜きんでた功績が認められる個人または団体に授与する。

【主催者】（一財）地域伝統芸能活用センター
【URL】http://www.dentogeino.or.jp/prize/index.html

（平15年）
　日立郷土芸能保存会（茨城県日立市）
（平16年）
　博多祇園山笠振興会（福岡県福岡市）
（平17年）
　長崎伝統芸能振興会（長崎県長崎市）
（平18年）
　青森ねぶた祭実行委員会（青森県青森市），弘前ねぷた保存会（青森県弘前市）
（平19年）
　阿波おどり振興協会，徳島県阿波踊り協会（徳島県徳島市）
（平20年）
　秋田市竿燈会（秋田県秋田市）
（平21年）
　秩父祭保存委員会（埼玉県秩父市）
（平22年）
　早池峰神楽保存会（岩手県花巻市）
（平23年）
　（一社）高千穂町観光協会（宮崎県高千穂町）
（平24年）
　八槻都々古別神社楽人会・御田植保存会（福島県棚倉町）
（平25年）
　御陣乗太鼓保存会（石川県輪島市）
（平26年）
　山形県花笠協議会（山形県山形市）
（平27年）
　角館のお祭り保存会（秋田県仙北市）
（平28年）
　（公財）長浜曳山文化協会（滋賀県長浜市）
（平29年）
　浜田石見神楽社中連絡協議会（島根県浜田市）

026 地域食品産業貢献賞

全国的な活躍がある中で特に地域の経済,社会に貢献し,地域の食品業界の地位向上に寄与,今後の発展に勇気を与えている範となる企業を顕彰する。日本食糧新聞創刊70周年を記念して制定。

【主催者】日本食糧新聞社

【選考方法】日本食糧新聞社全国9支社局と本社が推薦した企業の中から,日本食糧新聞社の取締役会が選任した地域食品産業貢献賞選考委員会で決定

【選考基準】7つの基準(1.地域活性化への貢献,2.技術革新への貢献,3.産業復興への貢献,4.社会貢献,5.ブランド商品としての信頼への貢献,6.伝統を重んじて,またロングセラー商品として地域に愛されたことによる貢献,7.地域の誇りとしての存在感)の複数に該当する独自性の高い企業を対象とする

【締切・発表】(第4回)平成28年9月9日贈呈式

【URL】http://info.nissyoku.co.jp/modules/general/view.php？id=533

第1回(平25年度)
　一番食品(株)(福岡県飯塚市)
　伊那食品工業(株)(長野県伊那市)
　カタギ食品(株)(大阪府寝屋川市)
　田中食品(株)(広島県広島市)
　マロニー(株)(大阪府吹田市)
第2回(平26年度)
　阿部幸製菓(株)(新潟県小千谷市)
　石丸製麺(株)(香川県高松市)
　イチビキ(株)(愛知県名古屋市)
　(株)でん六(山形県山形市)
　西山製麺(株)(北海道札幌市)
　マリンフード(株)(大阪府豊中市)
第3回(平27年度)
　岩塚製菓(株)(新潟県長岡市)
　幸南食糧(株)(大阪府松原市)
　(株)フタバ(熊本県熊本市)
　(株)マル井(長野県安曇野市)
　丸久小山園(京都府宇治市)
　ヤマモリ(株)(三重県桑名市)
第4回(平28年度)
　(株)小倉屋柳本(兵庫県神戸市)
　サンジルシ醸造(株)(三重県桑名市)
　東北醬油(株)(秋田県大仙市)
　ニチフリ食品(株)(静岡県静岡市)
　(株)マルタイ(福岡県福岡市)
　(株)マルハ物産(徳島県板野郡)

027 地域・スポーツ振興賞

社団法人スポーツ健康産業団体連合会では,平成20年度より「地域・スポーツ振興賞」を制定し,スポーツを通じて地域振興に貢献した団体・グループを顕彰している。

【主催者】(社)スポーツ健康産業団体連合会

【締切・発表】(第4回)平成24年2月13日発表

【賞・賞金】最優秀賞:副賞30万円,優秀賞:副賞10万円

【URL】http://www.jsif.or.jp/others/defualt3.html

第1回(平21年)

◇最優秀賞（経済産業省商務情報政策局長賞）
新潟市 "BCリーグによるMIKITO AED PROJECT"
◇優秀賞（社団法人スポーツ健康産業団体連合会会長賞）
新潟県十日町市 "十日町新雪マラソン大会"
千葉県知的障害者サッカー連盟（袖ヶ浦市）"サッカーを通じた出会いの場を"
◇佳作
東京都世田谷区 "東深沢スポーツ・文化クラブ（HFSCC）における地域活性化"
日本文理大学（大分市）"スポーツ観戦者サービス"
島根県隠岐の島町 "隠岐の島ウルトラマラソン大会の実現から発展へ"
宇都宮市 "新生プロバスケットボールチーム・リンク栃木ブレックスの取り組み"
広島県廿日市市 "はつかいち縦断みやじま国際パワートライアイスロン大会"
東京都港区 "Kissポートボウリング事業"

第2回（平22年）
◇最優秀賞（経済産業省商務情報政策局長賞）
昭和新山国際雪合戦実行委員会（北海道有珠郡壮瞥町）"スポーツ雪合戦による地域活性化"
◇優秀賞
● 日本商工会議所奨励賞
はつかいち縦断みやじま国際パワートライアイスロン大会実行委員会（広島県廿日市市）"はつかいち縦断みやじま国際パワートライアイスロン大会2009"
● 社団法人スポーツ健康産業団体連合会 会長賞
（財）四万十市体育協会（高知県四万十市）"四万十川水泳マラソン大会"
◇佳作
日本スポーツごみ拾い連盟（東京都渋谷区）"スポーツごみ拾い"
横浜マリノス（株）（神奈川県横浜市）"横浜F・マリノスのサッカー食育キャラバン〜サッカーを通じてひろがる笑顔の輪〜"
NPO法人新発田市総合型地域スポーツクラブ「とらい夢」（新潟県新発田市）"だれもがスポーツに親しめる環境づくりをめざして"
ゴールデンゲームズinのべおか大会実行委員会（宮崎県延岡市）"ゴールデンゲームズinのべおか"

第3回（平23年）
◇最優秀賞（経済産業省商務情報政策局長賞）
八幡川リバーマラソン大会委員会（広島県広島市佐伯区）"八幡川リバーマラソン大会"
◇優秀賞
● 日本商工会議所 奨励賞
蒲郡市観光協会（愛知県蒲郡市）"「ヘルスツーリズム」の取組みによる観光宿泊客のアップを目指して!!"
● 社団法人スポーツ健康産業団体連合会 会長賞
（株）リンクスポーツエンターテインメント（栃木県宇都宮市）"日本一のチームを通じた地域活性化（リンク栃木ブレックス）"
◇佳作
NPO法人コミュニケーション・スクエア21（東京都新宿区）"やさしい共生社会を体験する「ピポ・ユニバーサル駅伝」"
奥びわ湖スポーツクラブ実行委員会（滋賀県長浜市）"奥びわ湖スポーツクラブ"
サンポート高松トライアスロン大会実行委員会（香川県高松市）"サンポート高松トライアスロン大会〜瀬戸内国際体育祭〜"
合型地域スポーツクラブどんぐりクラブ屋台村（広島県山県郡北広島町）"広島東洋カープ・プロ野球ウエスタンリーグ公式戦開催による地域活性化"

第4回（平24年）
◇最優秀賞（経済産業省商務情報政策局長賞）
特定非営利活動法人石巻スポーツ振興サポートセンター（宮城県石巻市）"スポーツで「頑張ろう石巻！」"
◇優秀賞
● 日本商工会議所奨励賞
エクストリームシリーズ実行委員会（東京

都墨田区）"ありのままの地域の自然を活用したアドベンチャーレース「エクストリームシリーズ」"
- 社団法人スポーツ健康産業団体連合会 会長賞
トライアスロン世界選手権シリーズ横浜大会組織委員会（神奈川県横浜市）"トライアスロンと環境"
◇佳作
智頭町森林セラピー推進協議会（鳥取県八頭郡智頭町）"森のウォーキングによる地域づくり〜智頭町森林セラピー〜"
（株）デサント（東京都豊島区）"みなかみ町と株式会社デサントによるスポーツ体感の場の提供「みなかみデサントスポーツタウンプロジェクト」"
兵庫神鍋高原マラソン全国大会実行委員会（兵庫県豊岡市）"兵庫神鍋高原マラソン全国大会"

028 地域創造大賞（総務大臣賞）

地域における創造的で文化的な表現活動のための環境づくりに特に功績のあった公立文化施設を顕彰し、美しく心豊かなふるさとづくりの推進に寄与することを目的として、財団設立10周年を機に平成16年度から実施。

【主催者】（一財）地域創造

【選考委員】委員長：田村孝子（文化ジャーナリスト・公益社団法人全国公立文化施設協会副会長）、委員長代理：加藤恒夫（一般社団法人芸術資源マネジメント研究所代表理事）、板倉敏和（一般財団法人地域創造理事長）、熊倉純子（東京芸術大学音楽学部音楽環境創造科教授）、小林真理（東京大学大学院人文社会系研究科教授）、坪池栄子（株式会社文化科学研究所編集プロデューサー）、仲道郁代（ピアニスト）、柳沢秀行（公益財団法人大原美術館学芸課長）、吉本光宏（株式会社ニッセイ基礎研究所研究理事「社会研究部芸術文化プロジェクト室長」）

【選考方法】審査委員会の審査を経て、10施設以内を選定。総務省と協議のうえ、地域創造理事長が決定

【締切・発表】（平成28年度）平成29年1月20日表彰式

【URL】http://www.jafra.or.jp/j/guide/independent/award01/

（平16年度）
富良野演劇工場（NPOふらの演劇工房）（北海道富良野市）
盛岡劇場（岩手県盛岡市）
世田谷文化生活情報センター（世田谷パブリックシアター）（東京都世田谷区）
小出郷文化会館（新潟県魚沼市）
岡谷市文化会館（カノラホール）（長野県岡谷市）
京都芸術センター（京都府京都市）
兵庫県立尼崎青少年創造劇場（ピッコロシアター）（兵庫県）
伊丹市立演劇ホール（アイホール）（兵庫県伊丹市）
佐敷町文化センター・シュガーホール（沖縄県島尻郡佐敷町）
（平17年度）
あさひサンライズホール（北海道士別市）
水戸芸術館（茨城県水戸市）
横浜能楽堂（神奈川県横浜市）
新潟市民芸術文化会館（りゅーとぴあ）（新潟県新潟市）
金沢市民芸術村（石川県金沢市）
岡山県立美術館（岡山県）
沖縄市民小劇場 あしびなー（沖縄県沖縄

028 地域創造大賞（総務大臣賞）

　市）
（平18年度）
　喜多方市喜多方プラザ（福島県）
　世田谷美術館（東京都）
　すみだトリフォニーホール（東京都）
　南砺市福野文化創造センター（富山県）
　静岡県舞台芸術公園・静岡芸術劇場（静岡県）
　長久手町文化の家（愛知県）
　浄るりシアター（大阪府）
　浜田市世界こども美術館創作活動館（島根県）
　高知県立美術館（高知県）
（平19年度）
　仙南芸術文化センター（えずこホール）（宮城県仙南地域広域行政事務組合）
　富士見市民文化会館キラリ☆ふじみ（埼玉県富士見市）
　江東公会堂（ティアラこうとう）（東京都江東区）
　河口湖ステラシアター（山梨県富士河口湖町）
　多治見市文化会館（岐阜県多治見市）
　幸田町民会館（愛知県幸田町）
　朝来市文化会館（和田山ジュピターホール）（兵庫県朝来市）
　熊本市現代美術館（熊本県熊本市）
（平20年度）
　国際芸術センター青森（ACAC）（青森県青森市）
　七ヶ浜国際村（宮城県七ヶ浜町）
　東京都写真美術館（東京都）
　武蔵野市民文化会館（東京都武蔵野市）
　黒部市国際文化センター コラーレ（富山県黒部市）
　松江市八雲林間劇場（しいの実シアター）（島根県松江市）
　山口情報芸術センター「YCAM」（山口県山口市）
　北九州芸術劇場（福岡県北九州市）
　名護市民会館（沖縄県名護市）
（平21年度）
　西和賀町文化創造館銀河ホール（岩手県西和賀町）
　小美玉市四季文化館（みの〜れ）（茨城県小美玉市）
　足利市民会館（栃木県足利市）
　彩の国さいたま芸術劇場（埼玉県）
　石川県立音楽堂（石川県）
　静岡音楽館AOI（静岡県静岡市）
　福岡アジア美術館（福岡県福岡市）
　熊本県立劇場（熊本県）
（平22年度）
　せんだいメディアテーク（宮城県仙台市）
　日立シビックセンター（茨城県日立市）
　入善町下山芸術の森発電所美術館（富山県入善町）
　可児市文化創造センター（ala）（岐阜県可児市）
　兵庫県立芸術文化センター（兵庫県）
　サザンクス筑後（福岡県筑後市）
　大村市体育文化センター（シーハットおおむら）（長崎県大村市）
　霧島国際音楽ホール（みやまコンセール）（鹿児島県）
（平23年度）
　福島県立博物館（福島県）
　三鷹市芸術文化センター（東京都三鷹市）
　北方町生涯学習センター きらり（岐阜県北方町）
　春日井市民会館，春日井市文芸館（愛知県春日井市）
　滋賀県立芸術劇場びわ湖ホール（滋賀県）
　豊岡市民プラザ（兵庫県豊岡市）
　浜田市立石正美術館（島根県浜田市）
（平24年度）
　札幌芸術の森（北海道札幌市）
　ひたちなか市文化会館（茨城県ひたちなか市）
　飯田文化会館（長野県飯田市）
　島根県芸術文化センターグラントワ（島根県）
　真庭市久世エスパスセンター（岡山県真庭市）
　とぎつカナリーホール（長崎県時津町）
　三股町立文化会館（宮崎県三股町）
（平25年度）
　十和田市現代美術館（青森県十和田市）
　いわき芸術文化交流館アリオス（福島県いわき市）

世田谷区立世田谷文学館（東京都世田谷区）
神奈川県立音楽堂（神奈川県）
みのかも文化の森 美濃加茂市民ミュージアム（岐阜県美濃加茂市）
武豊町民会館（ゆめたろうプラザ）（愛知県武豊町）
つなぎ美術館（熊本県津奈木町）
（平26年度）
遠野市民センター（岩手県遠野市）
リアス・アーク美術館（気仙沼・本吉地域広域行政事務組合）
座・高円寺（杉並区立杉並芸術会館）（東京都杉並区）
金沢21世紀美術館（石川県金沢市）
福井県立音楽堂ハーモニーホールふくい（福井県）
三重県総合文化センター（三重県）
東かがわ市とらまるパペットランド（香川県東かがわ市）
丸亀市猪熊弦一郎現代美術館（MIMOCA）（香川県丸亀市）
直方市美術館（直方谷尾美術館）（福岡県直方市）
（平27年度）

札幌市こどもの劇場やまびこ座（北海道札幌市）
横浜美術館（神奈川県横浜市）
まつもと市民芸術館（長野県松本市）
吹田市文化会館メイシアター（大阪府吹田市）
兵庫陶芸美術館（兵庫県）
雲南市加茂文化ホール ラメール（島根県雲南市）
坂本善三美術館（熊本県小国町）
（平28年度）
砂川市地域交流センターゆう（北海道砂川市）
八戸ポータルミュージアム（はっち）（青森県八戸市）
豊島区立舞台芸術交流センター（あうるすぽっと）（東京都豊島区）
ミューザ川崎シンフォニーホール（神奈川県川崎市）
愛知芸術文化センター（愛知県）
なら100年会館（奈良県奈良市）
笠岡市立竹喬美術館（岡山県笠岡市）
宗像総合市民センター（宗像ユリックス）（福岡県宗像市）

---

029 地域伝統芸能奨励賞

　日本各地に伝わる伝統芸能の技の継承に地道な努力を重ね、その地域の伝統芸能を担って立つと期待される将来有望な若手新人、伝統芸能を活用した新しい行事等の企画・運営により、地域の観光振興や商工業の発展に取り組んでいる団体に授与する。平成14年度制定。

【主催者】（一財）地域伝統芸能活用センター
【URL】http://www.dentogeino.or.jp/prize/index.html

（平14年）
　木村 香澄（北海道江差町）
（平15年）
　渋谷 和生（青森県弘前市）
（平16年）
　沖縄新歌舞団大太陽（沖縄県那覇市）
（平17年）
　貴島 康男（鹿児島県名瀬市）
（平18年）

　寺島 絵里佳（北海道函館市）
（平19年）
　一宇川 耕士（島根県安来市）
（平20年）
　中村 瑞希（鹿児島県奄美市）
（平21年）
　大田 守邦（沖縄県那覇市）
（平22年）

文化・社会・経済　　　　　　　　　　　　　　　　　　　　　　　　　　030 地域伝統芸能大賞

　福田 廣平（岩手県盛岡市）
（平23年）
　熊田 かほり（宮城県）
（平25年）
　川畑 さおり（鹿児島県大島郡喜界町）
（平26年）
　香川 良子（東京都八王子市）

（平27年）
　一之瀬高橋の春駒保存会（山梨県甲州市）
（平28年）
　米本 太郎（山口県山口市）
（平29年）
　茎永校区青年団（鹿児島県南種子町）

---

030 地域伝統芸能大賞

多年にわたり地域の民衆の生活の中で受け継がれ，地域固有の歴史，文化等を色濃く反映した伝統的な芸能及び風俗習慣の活用を通じ，観光または商工業の振興に顕著な貢献のあったものに対して授与。平成5年制定。

【主催者】 （一財）地域伝統芸能活用センター
【選考方法】 全国の関係者より推薦，その中から選考委員会により選定
【URL】 http://www.dentogeino.or.jp/prize/index.html

（平5年）
◇保存継承賞
　興梠 金長（宮崎県高千穂町）
◇活用賞
　山形県櫛引町 "黒川能"
◇支援賞
　徳永 正弘（熊本県山鹿市）
◇地域振興賞
　島袋 光史 "沖縄の伝統芸能振興"
（平6年）
◇保存継承賞
　清和文楽人形芝居保存会（熊本県清和村）
◇活用賞
　四国こんぴら歌舞伎大芝居推進協議会（香川県琴平町）
◇支援賞
　安井 武次（石川県七尾市）
◇地域振興賞
　南部盛岡チャグチャグ馬コ保存会（岩手県盛岡市）
（平7年）
◇保存継承賞
　富山県民謡おわら保存会（富山県八尾町）
◇活用賞
　北上・みちのく芸能まつり実行委員会（岩手県北上市）

◇支援賞
　細川 史子（島根県浜田市）
◇地域振興賞
　浜田 守太郎（新潟県佐渡市）
（平8年）
◇保存継承賞
　郡上おどり保存会（岐阜県郡上郡八幡町）
◇活用賞
　（財）淡路人形協会（兵庫県南あわじ市）
◇支援賞
　永松 茂，永松 雪美（佐賀県小城町）
◇地域振興賞
　隼人町鈴かけ馬おどり保存会（鹿児島県隼人町）
（平9年）
◇保存継承賞
　鷺舞保存会（島根県津和野町）
◇活用賞
　遊佐町民俗芸能保存協議会等（山形県遊佐町）
◇支援賞
　石水 信至（愛媛県西条市）
◇地域振興賞
　竹中 義雄（岐阜県揖斐郡谷汲村）
（平10年）

郷土・地域文化の賞事典　91

◇保存継承賞
　八戸地方えんぶり連合協議会（青森県八戸市）
◇活用賞
　出雲神話と神楽フォーラム実行委員会（島根県大東町）
◇支援賞
　山本 幸太郎（和歌山県御坊市）
◇地域振興賞
　片桐 登（長野県大鹿村）
（平11年）
◇保存継承賞
　西馬音内盆踊保存会（秋田県雄勝郡）
◇活用賞
　佐原の大祭実行委員会（千葉県佐原市）
◇支援賞
　岩堀 薫（福井県三国町）
◇地域振興賞
　鶴崎おどり保存会（大分県大分市）
（平12年）
◇保存継承賞
　白石踊会（岡山県笠岡市）
◇活用賞
　先帝祭上﨟参拝行事実行委員会（山口県下関市）
◇支援賞
　髙木 虎男（静岡県水窪町）
◇地域振興賞
　烏山山あげ保存会（栃木県烏山市）
（平13年）
◇保存継承賞
　山鹿灯籠まつり実行委員会（熊本県山鹿市）
◇活用賞
　城端むぎや祭協賛会（富山県城端町）
◇支援賞
　五十嵐 藤二（山形県飯豊町）
◇地域振興賞
　長浜曳山祭総当番（滋賀県長浜市）
（平14年）
◇保存継承賞
　壬生の花田植保存会（広島県山県郡北広島町）
◇活用賞
　唐津曳山取締会（佐賀県唐津市）
◇支援賞

　大畑からかさ万灯保存会（茨城県新治村）
◇地域振興賞
　島田大祭保存振興会（静岡県島田市）
（平15年）
◇保存継承賞
　白鳥拝殿踊り保存会（岐阜県白鳥町）
◇活用賞
　八王子まつり実行委員会（東京都八王子市）
◇支援賞
　田村 恒夫（徳島県徳島市）"阿波木偶の製作"
◇地域振興賞
　能登キリコ祭り振興協議会（石川県七尾市）
（平16年）
◇保存継承賞
　犬山祭保存会（愛知県犬山市）
◇活用賞
　小鹿野歌舞伎保存会（埼玉県男鹿野町）
◇支援賞
　橘 斌（福島県相馬市）
◇地域振興賞
　佐伯灯籠保存会（京都府亀岡市）
（平17年）
◇保存継承賞
　黒森歌舞伎妻堂連中（山形県酒田市）
◇活用賞
　（株）神楽門前湯治村（広島県安芸高田市）
◇地域振興賞
　国府町因幡の傘踊り保存会（鳥取県鳥取市）
（平18年）
◇保存継承賞
　盛岡さんさ踊り実行委員会（岩手県盛岡市）
◇活用賞
　沖縄全島エイサーまつり実行委員会（沖縄県沖縄市）
◇地域振興賞
　YOSAKOIソーラン祭り組織委員会（北海道札幌市）
（平19年）
◇保存継承賞
　柏崎市綾子舞保存振興会（新潟県柏崎市）
◇活用賞
　加賀百万石まつり実行委員会（石川県金沢市）
◇支援賞

梶原 一龍（佐賀県鹿島市）
◇地域振興賞
　牛深ハイヤまつり実行委員会（熊本県天草市）
（平20年）
◇保存継承賞
　黒丸踊保存会（長崎県大村市）
◇活用賞
　五箇山麦屋・こきりこ祭り実行委員会（富山県南砺市）
◇支援賞
　長嶋 作造（大分県日田市）
◇地域振興賞
　桐生八木節まつり協賛会（群馬県桐生市）
（平21年）
◇保存継承賞
　藤守の田遊び保存会（静岡県焼津市）
◇活用賞
　登米秋まつり協賛会（宮城県登米市）
◇支援賞
　中山 勘治（鳥取県鳥取市）
◇地域振興賞
　庄内神楽座長会（大分県由布市）
（平22年）
◇保存継承賞
　魚津たてもん保存会（富山県魚津市）
◇活用賞
　新居浜市太鼓祭り推進委員会（愛媛県新居浜市）
◇支援賞
　田中 常治（長崎県長崎市）
◇地域振興賞
　新潟市民謡連盟（新潟県新潟市）
（平23年）
◇保存継承賞
　北上鬼剣舞連合会（岩手県北上市）
◇活用賞
　八代妙見祭保存振興会（熊本県八代市）
◇支援賞
　上三原田歌舞伎舞台操作伝承委員会（群馬県渋川市）
◇地域振興賞
　五所川原立佞武多運営委員会（青森県五所川原市）
（平24年）

◇保存継承賞
　小奴可地区芸能保存会（広島県庄原市）
◇活用賞
　寺崎はねこ踊り保存会（宮城県石巻市）
◇支援賞
　植田 倫吉（島根県浜田市）
（平25年）
◇保存継承賞
　雄勝法印神楽保存会（宮城県石巻市）
◇活用賞
　かんこ踊保存会（石川県白山市）
◇支援賞
　石川 千秋（秋田県男鹿市）
◇地域振興賞
　勝山左義長まつり実行委員会（福井県勝山市）
（平26年）
◇保存継承賞
　東通村郷土芸能保存連合会（青森県下北郡）
◇活用賞
　成田祇園祭実行委員会（千葉県成田市）
◇支援賞
　匠乃会（新潟県南区）
◇地域振興賞
　全国太鼓フェスティバル実行委員会（岩手県陸前高田市）
（平27年）
◇保存継承賞
　知立山車文楽保存会・知立からくり保存会（愛知県知立市）
◇活用賞
　キンニャモニャ祭り実行委員会（島根県隠岐郡海士町）
◇地域振興賞
　銚子はね太鼓保存会（千葉県銚子市）
（平28年）
◇保存継承賞
　徳丸北野神社田遊び保存会・赤塚諏訪神社田遊び保存会（東京都板橋区）
◇活用賞
　小倉祇園太鼓保存振興会（福岡県北九州市小倉北区）
◇支援賞
　鹿沼の名匠（栃木県鹿沼市）
◇地域振興賞

031 地域伝統芸能特別賞

　　八尾河内音頭まつり振興会（大阪府八尾市）
　（平29年）
　◇保存継承賞
　　石井芸能保存会（福島県二本松市）
◇活用賞

　　仙台・青葉まつり協賛会（宮城県仙台市）
◇支援賞
　　伊藤 よし（山形県飯豊町）
◇地域振興賞
　　安来節保存会（島根県安来市）

---

031 地域伝統芸能特別賞

　平成23年東日本大震災により，被災地において伝統芸能団体に所属していた団員及び伝統芸能公演に使用する衣装・用具等に被害が生じた。その後，その地に伝わる伝統芸能の再開に向けて努力を重ねている団体又は個人に授与する。

【主催者】（一財）地域伝統芸能活用センター
【URL】http://www.dentogeino.or.jp/prize/index.html

（平24年）
　　釜石虎舞保存会連合会（岩手県釜石市）
　　行山流水戸辺鹿子躍保存会（宮城県南三陸町）
　　請戸芸能保存会（福島県双葉郡浪江町）

---

032 地域福祉優秀実践賞

　全国各地でおこなわれている地域福祉に関する優れた実践を掘り起こし，ひいては我が国の地域福祉の一層の発展と向上に寄与することを目的として，平成16年度に設立された。

【主催者】日本地域福祉学会
【締切・発表】（第13回）平成28年1月末日推薦締切，6月発表
【賞・賞金】賞状と記念品
【URL】http://jracd.jp/award.html

第1回（平16年度）
　社会福祉法人一麦会「麦の郷」（和歌山県和歌山市）
　社会福祉法人氷見市社会福祉協議会（富山県氷見市）
　真野地区まちづくり推進会（兵庫県神戸市長田区）
第2回（平17年度）
　特定非営利活動法人春日住民福祉協議会（京都府京都市）
　社会福祉法人遠軽町社会福祉協議会（北海道）
　今川社会福祉協議会ボランティア部（大阪府大阪市）
第3回（平18年度）
　社会福祉法人訪問の家（神奈川県横浜市）
　福祉21茅野・行政・社会福祉協議会（長野県茅野市）
第4回（平19年度）
　社会福祉法人めだかすとりぃむ（埼玉県川口市），特定非営利活動法人めだかふぁみりい
第5回（平20年度）
　伊賀市社会福祉協議会（三重県伊賀市）
　しみんふくし滋賀（滋賀県近江八幡市）

文化・社会・経済

すずの会（神奈川県川崎市）
寝屋川市民たすけあいの会（大阪府寝屋川市）
第6回（平21年度）
　豊中市社会福祉協議会（大阪府豊中市）
　社会福祉法人総社市社会福祉協議会（岡山県総社市）
第7回（平22年度）
　社会福祉法人宝塚市社会福祉協議会（兵庫県宝塚市）
　NPO法人「地域福祉サポートちた」（愛知県知多市）
第8回（平23年度）
　松江市および松江市社会福祉協議会（島根県松江市）
　社会福祉法人水俣市社会福祉協議会（熊本県水俣市）
第9回（平24年度）
　社会福祉法人堺市社会福祉協議会（大阪府堺市）
　特定非営利活動法人秋桜舎コスモスの家（神奈川県川崎市）
第10回（平25年度）
　社会福祉法人岬町社会福祉協議会（大阪府泉南郡岬町）
　社会福祉法人藤里町社会福祉協議会（秋田県藤里町）
　特定非営利活動法人暮らしづくりネットワーク北芝（大阪府箕面市）
第11回（平26年度）
　社会福祉法人むそう（愛知県半田市）
　塙山学区住みよいまちをつくる会（茨城県日立市）
　社会福祉法人琴平町社会福祉協議会（香川県琴平町）
第12回（平27年度）
　社会福祉法人よさのうみ福祉会（京都府与謝野町）
　豊北地区社会福祉協議会連合会（山口県下関市）
　社会福祉法人石巻市社会福祉協議会（宮城県石巻市）

033 地方公共団体ファイナンス表彰

ファイナンス（資金調達・資金運用等）に関して工夫し、他の団体の模範・参考となる取り組みを行っている地方公共団体を表彰する制度として平成26年創設。

【主催者】地方公共団体金融機構
【選考委員】有識者等で構成する選考委員会
【選考方法】選考委員会において、独自性、継続性、先進性などを総合的に勘案して決定
【締切・発表】（第3回）平成28年5月19日締切、平成28年8月4日表彰式
【賞・賞金】表彰状及び記念品
【URL】http://www.jfm.go.jp/support/commendation/commendation.html#commendation

第1回（平26年）
　鶴岡市（山形県）"クラゲドリーム債の発行"
　川崎市（神奈川県）"外部専門家を活用した資金調達に関する継続的な研究・実践"
　各務原市（岐阜県）"資金調達におけるトータルコスト削減ほか"
　萩市（山口県）"組織的な金融知識の習得、資金調達の工夫"
　国東市（大分県）"調達と運用の活動基準を設定し、運用の集積性向上、調達の効率性向上"
● JFM理事長賞

萩市総務部財政課（山口県）
第2回（平27年）
　　岩手中部水道企業団（岩手県）"地方公営企業におけるファイナンスの効率化"
　　茨城市 —「資金調達手法の多様化」の取組"
　　太田市（群馬県）"おおた市民債の発行について"

大阪府 "財務マネジメント機能の向上への取組み"
●JFM理事長賞
　　岩手中部水道企業団（岩手県）
第3回（平28年）
　　大津市（滋賀県）"大津市企業局資金管理プロジェクト～この1年でできたこと～"

034 地方出版文化功労賞

昭和62年鳥取県で開催されたブックイン とっとり '87「日本の出版文化展」いわゆる「本の国体」を機に創設された。

【主催者】ブックイン とっとり実行委員会

【選考委員】齋藤明彦（元鳥取県立図書館長）、岩田直樹（鳥取県立高等学校副校長）、金澤瑞子（倉吉市文化団体協議会）、上田京子（鳥取短期大学講師）、松本薫（作家・NHK文化センター講師）、松田暢子（日野町立図書館長）、福本慎一（鳥取県立図書館長）、岡本康（元高等学校長）、岡本圭司（鳥取県職員）、山脇幸人（倉吉市立図書館長）、長柄裕美（鳥取大学准教授）

【選考方法】鳥取県内展示期間中に於ける鳥取県民の投票。鳥取県内審査員12名程度による審査会によって最終決定

【選考基準】〔対象〕（第30回）(1) 平成27年10月1日～平成28年9月30日までに出版されたもの。(2) 官公庁出版物は除く。(3) 著書ならびに発行社が各々の県内（鳥取県を除く）であるもの。(4) 雑誌、新聞等を除く

【締切・発表】翌年7月

【賞・賞金】賞状、記念楯と副賞10万円

【URL】http://www.bookin-tottori.co.jp/

第1回（昭63年）
　　杉山 正 「静岡県の職人衆」
第2回（平1年）
　　北海道新聞社 "道新選書シリーズの刊行"
　　窪田 善太郎 「日曜市物語」
第3回（平2年）
　　無明舎〔編刊〕「ブナが危い—東北各地からの報告」
第4回（平3年）
　　津田 武美 「原色日本海魚類図鑑」
第5回（平4年）
　　ネフスキー、ニコライ 「アイヌ・フォークロア」
◇第5回記念特別賞

　　森崎 和江 「風になりたや旅ごころ」
第6回（平5年）
　　鉄の歴史村地域振興事業団〔編刊〕「シンポジウム 人間と鉄 総集編」
第7回（平6年）
　　青木 新門 「納棺夫日記」〔桂書房〕
第8回（平7年）
　　篠ノ井公民館東福寺分館〔刊〕「千曲川瀬直しにみる村人暮らし—松代領東福寺の古文書」（岡沢由往監修）
◇特別賞
　　八木 義徳 「何年ぶりかの朝—八木義徳自薦随筆集」〔北海道新聞社〕
第9回（平8年）

文化・社会・経済　　　034 地方出版文化功労賞

　　山村調査グループ編　「村の記憶」〔桂書房〕
第10回（平9年）
　　秋月 煌　「粗朶集」〔桂書房〕
　◇特別賞
　　長征社〔編集・発行〕　「大震災・市民篇1995」
第11回（平10年）
　　岩間 一雄　「渋染一揆・美作血税一揆の周辺」〔手帖舎〕
第12回（平11年）
　　渡辺 京二　「逝きし世の面影」〔葦書房〕
　◇特別賞
　　李 元寿，姜 小泉 "「子どもたちの朝鮮戦争」を含む「コリア児童文学選」〔素人社〕"
第13回（平12年）
　　宮下 正昭　「聖堂の日の丸—奄美カトリック迫害と天皇教」〔南方新社〕
第14回（平13年）
　　窪島 誠一郎　「鼎（かなえ）と槐多（かいた）—わが生命の焔（ほむら）信濃の天（そら）にとどけ」〔信濃毎日新聞社〕
　◇特別賞
　　百萬人の身世打鈴編集委員会　「百萬人の身世打鈴—朝鮮強制連行・強制労働の「恨」」〔東方出版〕
第15回（平14年）
　　鈴木 明子，勝山 敏一〔共著〕　「感化院の記憶」〔桂書房〕
　◇特別賞
　　信濃毎日新聞社出版部〔編〕　「信州子どもの20世紀」〔信濃毎日新聞社発行〕
第16回（平15年）
　　姜 信子〔文〕，アン・ビクトル〔写真〕　「追放の高麗人（コリョサム）」—「天然の美」と百年の記憶〔石風社〕
　◇特別賞
　　箕川 恒男〔聞き手・構成〕　「みえない恐怖をこえて」—村上達也東海村長の証言〔那珂書房〕
第17回（平16年）
　　前田 俊彦　「百姓は米をつくらず田をつくる」〔海鳥社〕
　◇次席
　　柴橋 伴夫　「聖なるルネッサンス—安田侃（かん）」〔共同文化社〕
第18回（平17年）
　　該当作なし
　◇奨励賞
　　向原 祥隆　「地域と出版—南方新社の十年を巡って」〔南方新社〕
　　高校生一万人署名活動実行委員会〔他著〕　「高校生一万人署名活動—高校生パワーが世界を変える」〔長崎新聞社〕
　◇特別賞
　　佐々木 馨　「北海道仏教史の研究」〔北海道図書刊行会〕
第19回（平18年）
　　丸谷 馨　「ようこそ，フランス料理の街へ。」〔弘前大学出版会〕
　◇奨励賞
　　風間 健介　「夕張 風間健介写真集」〔寿郎社〕
第20回（平19年）
　　該当作なし
　◇奨励賞
　　城島 徹　「私たち，みんな同じ—記者が見た信州の国際理解教育」〔一草舎〕
　　藤井 健三，佐藤 道子　「織の四季—京の365日」〔京都新聞出版センター〕
第21回（平20年）
　　該当なし
　◇奨励賞
　　米丘 寅吉（富山県）「二人の炭焼，二人の紙漉」〔桂書房〕
　　井上 佳子（福岡県）「壁のない風景—ハンセン病を生きる」〔弦書房〕
　◇特別賞
　　木村 万平（京都府）「京都破壊に抗して—市民運動20年の軌跡」〔かもがわ出版〕
第22回（平21年）
　◇功労賞及び特別賞
　　中村 哲（福岡県）「医者，用水路を拓く—アフガンの大地から世界の虚構に挑む」〔石風社〕
　◇奨励賞
　　かやの たかゆき，かやの ひかる，久米 美都子〔編〕（福岡県）「それゆけ小学生！ボクたちの世界一周」〔石風社〕
第23回（平22年）

中園 成生，安永 浩 「鯨取り絵物語」〔弦書房〕
◇奨励賞
岡田 弘 「有珠山 火の山とともに」〔北海道新聞社〕
第24回（平23年）
岩下 明裕 「日本の国境・いかにこの『呪縛』を解くか」〔北海道大学出版会〕
◇奨励賞
角谷 敏夫 「刑務所の中の中学校」〔しなのき書房〕
第25回（平24年）
該当なし
◇奨励賞
佐々木 寿 「東北ダイコン風土誌」〔東北出版企画〕
協創LLP 「愛だ！上山棚田団—限界集落なんて言わせない」〔吉備人出版〕
◇特別賞
安渓 遊地，当山 昌直〔編〕 「奄美沖縄環境史資料集成」〔南方新社〕
第26回（平25年）
渡辺 一史 「北の無人駅から」〔北海道新聞社〕
◇奨励賞
汐見 文隆〔監修〕，「脱原発わかやま」編集委員会〔編〕 「原発を拒み続けた和歌山の記録」〔寿郎社〕
第27回（平26年）
該当なし
◇奨励賞
小坂 洋右 「〈ルポ〉原発はやめられる ドイツと日本—その倫理と再生可能エネルギーへの道」〔寿郎社〕
矢野 寛治 「伊藤野枝と代準介」〔弦書房〕
◇特別賞
森 信勝 「静岡県鉄道軌道史」〔静岡新聞社〕
第28回（平27年）
該当なし
◇奨励賞
平出 美穂子 「古文書にみる会津藩の食文化」〔歴史春秋出版株式会社〕
沖縄タイムス中部支社編集部 「基地で働く—軍作業員の戦後」〔沖縄タイムス社〕
◇特別賞
本田 良一 「日ロ現場史 北方領土—終わらない戦後」〔北海道新聞社〕
第29回（平28年）
田中 輝美，法政大学社会学部メディア社会学科 藤代裕之研究室 「地域ではたらく『風の人』という新しい選択」〔ハーベスト出版〕
◇奨励賞
佐竹 直子 「獄中メモは問う—作文教育が罪にされた時代」（道新選書47）〔北海道新聞社〕

035 地方創生レファレンス大賞

平成25年度以降の各図書館及び図書館利用者がもつレファレンス事例のうち，地域活性化や地域の課題解決に結びついた優秀な事例を表彰する。図書館総合展会場で最終審査が行われる。

【選考方法】書類審査（3グループ程度を選考），プレゼンテーション

【締切・発表】（第2回）平成28年9月30日締切，平成28年11月9日表彰

【URL】https://www.libraryfair.jp/news/5504

第1回（平27年）
◇文部科学大臣賞
鳥取県立図書館，成清 仁士（鳥取市中心市街地活性化協議会・タウンマネージャー）"中心市街地活性化に繋がる図書館活用～マチナカの人・歴史・再発

◇公益財団法人図書館振興財団賞
　熊本県立図書館，中山 善晴（株式会社ワイズ・リーディング）"遠隔画像診断事業立ち上げ時の課題解決"
◇審査会特別賞
　河瀬 裕子（くまもと森都心プラザ図書館），細工豆腐製造卸販売の老舗「麩屋氏助」"創業300年の老舗をひご野菜でブランド化"

第2回（平28年）
◇文部科学大臣賞
　岡山県立図書館 "中山間地域の産業を応援！～岡山県小田郡矢掛町干柿の里の活性化～"
◇公益財団法人図書館振興財団賞
　鳥取県立図書館 "ひまわりオイルが地域を潤す！（2016）"
◇審査会特別賞
　横浜市港北図書館，港北区役所地域振興課 "横浜港北昔ばなし紙芝居の創作・上演・ライブラリー活動支援de地域の元気づくりと地域文化の継承"

036 ティファニー財団賞—日本の伝統文化と現代社会

　平成20年から平成25年にかけて，JCIEは米国・ティファニー財団との協力のもと，日本の伝統文化の振興と地域社会の活性化に功績のある団体を顕彰する「ティファニー財団賞—日本の伝統文化と現代社会—」事業を行った。6年間で全国から延べ447件の応募があり，12団体を表彰した。

【主催者】（公財）日本国際交流センター

【選考委員】委員長：南條史生（森美術館館長），隈研吾（建築家・東京大学教授），田中優子（法政大学総長），日比野克彦（アーティスト・東京藝術大学教授）

【選考基準】〔対象〕(1)地域文化（地域の伝統に根ざした活動や文化を核に現代社会にふさわしい活動としてコミュニティの活性化に結び付けている）。(2)視覚的芸術性（視覚的芸術性に優れており美的な要素に富んでいる）。(3)自立発展（幅広く財源の確保に努め，担い手の広がりが見られる）。(4)クロスセクター（行政，企業，市民など，特定のセクターの枠をこえて幅広く支持を得ている）。(5)波及性（単一の地域社会を超えた影響力を持ち，普遍的なモデルになりうる）

【賞・賞金】ティファニー製トロフィー，賞金目録200万円

【URL】http://www.jcie.or.jp/japan/cn/tiffany/

第1回（平20年）
◇伝統文化大賞
　美濃和紙あかりアート展実行委員会（岐阜県美濃市）
◇伝統文化振興賞
　西塩子（にししおご）の回り舞台保存会（茨城県常陸大宮市）

第2回（平21年）
◇伝統文化大賞
　アース・セレブレーション実行委員会（新潟県佐渡市）
◇伝統文化振興賞
　チーム黒塀プロジェクト（新潟県村上市）

第3回（平22年）
◇伝統文化大賞
　京町家再生研究会（京都府京都市）
◇伝統文化振興賞
　赤煉瓦倶楽部舞鶴（京都府舞鶴市）

第4回（平23年）
◇伝統文化大賞
　あまわり浪漫の会（沖縄県うるま市）

◇伝統文化振興賞
　鯛車復活プロジェクト(新潟県新潟市)
第5回(平24年)
　◇伝統文化大賞
　　(公財)山本能楽堂(大阪府大阪市)
　◇伝統文化振興賞
　　特定非営利活動法人輪島土蔵文化研究会

　　(石川県輪島市)
第6回(平25年)
　◇伝統文化大賞
　　一本杉通り振興会(石川県七尾市)
　◇伝統文化振興賞
　　ENVISI(宮城県仙台市)

037 伝統文化ポーラ賞

　我が国の伝統工芸技術や伝統芸能、あるいは民俗芸能、民俗行事など無形の伝統文化の分野で、優れた業績を残した人々を顕彰するため創設された。

【主催者】(公財)ポーラ伝統文化振興財団

【選考方法】公募(他薦)

【選考基準】〔対象〕優秀賞:我が国の無形の伝統文化の(1)保存・伝承のために欠くことのできない基礎的な仕事(2)「技」または「芸」または「行事」等の保存・伝承(3)保存・振興のための記録・研究・普及につき永年地道に努力・精進し、優れた業績を残し、今後も一層の業績をあげることが期待できる個人または団体。とくに顕著な業績をあげた個人または団体がある場合に、大賞として顕彰する。奨励賞:我が国の無形の伝統文化に関し、将来に向けて大きな業績をあげ貢献することが期待できる、比較的若い個人または団体。地域賞:地域の無形の伝統文化に関し、優れた業績を残し、今後もより一層の業績をあげることが期待できる個人または団体。(全国を「北海道・東北」「関東」「北陸・甲信越・東海」「近畿」「中国・四国」「九州・沖縄」の6ブロックに分け選考)

【締切・発表】(平成28年)8月10日発表,10月26日授賞式

【賞・賞金】優秀賞:賞牌、賞状、賞金各100万円、奨励賞:賞牌、賞状、賞金50万円、地域賞:賞牌、賞状、賞金50万円

【URL】http://www.polaculture.or.jp/promotion/polaaward.html

第1回(昭56年度)
　◇大賞
　　平良 敏子,喜如嘉の芭蕉布保存会 "染織・芭蕉布"
　◇特賞
　　一輪亭 花咲 "大衆芸能・大阪にわか"
　　梅谷 正吉(榛地師) "漆芸・榛地づくり"
　　高橋 房美 "和紙・漉き簀用の片子づくり"
　　初瀬川 ウメ "漆苗づくり"
　　松井 正三 "歌舞伎・上方狂言方"
　　松本 鶴子 "陶芸・色鍋島染付濃み"
　　森屋 善之助 "歌舞伎・小道具"
第2回(昭57年度)
　◇大賞
　　楳茂都 陸平 "日本舞踊・楳茂都流家元"
　◇特賞
　　五十嵐 善蔵 "からむし栽培"
　　鈴木 寅重郎 "越後上布"
　　辻 タカ "陶芸の上絵具の製造"
　　東京能楽養成会(会長・広瀬信太郎)、京都能楽養成会(会長・吉田忠)、大阪能楽養成会(会長・野崎道郎)
　　山村 精,原始布・古代織保存会 "太布織物"
第3回(昭58年度)

◇大賞
　武原 はん "日本舞踊・地唄舞"
◇特賞
　大西 重太郎 "伏見人形の製作"
　小椋 健男 "漆芸・榛地づくり"
　小泉 重次郎 "板橋・徳丸の田遊びの伝承"
　根本 甲子男 "日立風流物の復興"
　山鹿 良之 "肥後琵琶師"
　山本 長之助 "舞台衣裳方"
第4回（昭59年度）
◇大賞
　遠山 静雄 "舞台照明の開拓と創造"
◇特賞
　押田 良久 "雅楽の普及・振興"
　小林 章男 "鬼瓦づくり"
　志布 正治 "神輿の製作"
　宮平 初子 "首里の織物の復興"
第5回（昭60年度）
◇大賞
　喜多川 平朗 "有職織物の伝承"
◇特賞
　釘町 久磨次 "舞台美術"
　中村 又五郎 "歌舞伎役者の後継者の育成"
　坂東 八重之助 "歌舞伎役者の後継者の育成"
　平野 利太郎 "刺繍"
　南 ちゑ "日本髪の結髪"
　吉田 庄太朗（邦舞の狂言方）
第6回（昭61年度）
◇大賞
　藤本 琇丈 "邦楽・民謡の振興"
◇特賞
　市川 子団次 "歌舞伎の脇役"
　上間 郁子 "乙姫劇団の主宰"
　村田 九郎兵衛 "蒔絵筆の製造"
　安江 孝明 "金箔の普及・振興"
　山岡 一晴 "組紐の奨励・振興"
第7回（昭62年度）
◇大賞
　大江 巳之助 "文楽・首の製作"
◇特賞
　浅野 梅若 "秋田民謡の普及・振興"
　市嶋 栄吉 "漆芸・榛地づくり"
　大橋 堅生 "地機の製作"
　佐藤 松子 "日本民謡の普及・振興"
　中畑 長次郎 "漆掻き鎌の製作"
　宮城 能造 "沖縄組踊の保存・振興"
第8回（昭63年度）
◇大賞
　由水 十久 "加賀友禅の製作"
◇特賞
　遠藤 忠雄 "白石手漉き和紙の製作"
　久保田 秀教 "陶磁器用柞灰づくり"
　高橋 竹山 "津軽三味線の普及・振興"
　中村 梅花 "歌舞伎演技の指導育成"
　柳橋 朝じ "江戸座敷芸の継承"
第9回（平1年度）
◇大賞
　友枝 喜久夫 "能楽・喜多流シテ方"
◇特賞
　石井 方二 "地唄三絃の駒・撥作り"
　岩舘 正二 "漆植栽事業の推進"
　加藤 伝一 "有職装束等の製作・伝承"
　清元 寿国太夫 "清元節の保存・伝承"
　浜田 守太郎 "文弥人形芝居の保存・振興"
　福田 喜兵衛 "料紙の製作・復元"
　名越 昭司（人形浄瑠璃文楽技術スタッフ：かつら），石橋 長武（人形浄瑠璃文楽技術スタッフ：衣裳），菱田 宏治（人形浄瑠璃文楽技術スタッフ：かつら），和田 時男（人形浄瑠璃文楽技術スタッフ：小道具）"文楽人形技術の保存・伝承"
第10回（平2年度）
◇大賞
　中村 雀右衛門 "歌舞伎・立女形"
◇特賞
　阿波藍製造技術保存会 "阿波藍・蒅（すくも）の製造"
　中村 万之丞 "歌舞伎・脇女形"
　若松 若太夫 "説教浄瑠璃の継承"
　板東 米子 "阿波木偶（でこ）の製作"
　綾子舞保存振興会 "綾子舞の継承"
◇10周年記念特別大賞
　音丸 耕堂 "漆芸の発展・振興"
　岡本 文弥 "新内の伝承・普及"
　清元 志寿太夫 "清元節の振興"
　市丸 "端唄・小唄・俗曲の普及"
◇10周年記念特別奨励賞
　増井 一平 "江戸小紋の型彫り"
　小宮 康正 "江戸小紋の染め"
◇10周年記念特別国際賞

メレディス，フィリップ "重要美術品などの修復"
第11回（平3年度）
　◇大賞
　　本田 安次 "民俗芸能の発掘・公開・振興"
　◇特賞
　　梶山 伸一 "加賀友禅の発展・振興"
　　山本 真治 "真土型鋳造による和鏡製作"
　　松島 寿三郎 "歌舞伎の地方・長唄三味線"
　　川瀬 白秋 "歌舞伎の地方・箏・三弦・胡弓"
　　大鹿歌舞伎保存会 "村歌舞伎の保存・伝承"
第12回（平4年度）
　◇大賞
　　該当者なし
　◇特賞
　　中谷 路子，中口 千恵子 "衣裳などの文化財修理"
　　城間 栄喜 "紅型の復興と保存・伝承"
　　伊野波 盛正 "琉球藍の製造"
　　村上 栄一 "社寺の檜皮葺等文化財修理"
　　真境名 佳子 "琉球舞踊の保存・伝承・発展"
　　渡辺 武雄 "民俗芸能の振り付け・舞台化"
　　近藤 孝 "天津司舞の保存・伝承"
第13回（平5年度）
　◇大賞
　　柳家 小さん "古典落語の保存・伝承"
　◇特賞
　　山口 伊太郎 "紋染技術の開発・発展"
　　桐原 道明 "漆樹栽培と採漆の事業推進"
　　野上記念法政大学能楽研究所（代表・表章）"能楽の研究，資料収集・保存，能楽の振興"
　　藤間 勘紫恵 "日本舞踊の伝承・振興"
　　松本 団升 "地歌舞伎の保存・振興"
第14回（平6年度）
　◇大賞
　　安部 由蔵（村上とその伝承者）"玉鋼製造"たたら吹き"技術の保存・伝承"
　◇特賞
　　島野 慎太郎 "伝統的浮世絵木版画用の版木作り"
　　藤本 弥三郎 "京染加工着尺の新技法創造"

　　松尾塾子供歌舞伎（代表・松尾昌出子）"子供たちによる歌舞伎の伝承・普及・振興"
　　水上 荘詠 "挽物技術の伝承・発展"
　　宮城会（代表・宮城数江）"箏曲界の活性化と振興"
　　吉田 文雀 "文楽の伝承・振興"
第15回（平7年度）
　◇大賞
　　該当者なし
　◇特賞
　　市山 七十郎（6世）"日本舞踊の伝承・振興"
　　早川 義一 "伝統七宝技法の伝承"
　　板東 弥五郎（2世）"歌舞伎芸の伝承"
　　与那嶺 貞 "「読谷山花織（ゆんたんざはなうい）」の復興"
　　米八（1世）"正調「山中節」の伝承・振興"
　◇奨励賞
　　泉 清二 "漆塗り刷毛の製作"
　　竹本 緑太夫 "人形浄瑠璃文楽の伝承"
第16回（平8年度）
　◇大賞
　　重要無形文化財久留米絣技術保存会 "久留米絣の伝承"
　◇特賞
　　魚住 安彦 "砂張製「銅鑼」製作技法の伝承"
　　竹本 越道 "「女流義太夫節」の伝承と振興（太夫）"
　　鶴沢 友路 "「女流義太夫節」の伝承・振興（三味線方）"
　　西川 古柳（4代目）"「八王子車人形」の伝承・振興"
　　能川 光陽 "「加賀友禅」の伝承・振興"
　　米川 敏子 "箏曲の伝承・振興"
第17回（平9年度）
　◇大賞
　　吉田 玉男（文楽人形遣い）"文楽の伝承・振興"
　◇特賞
　　筑紫 美主子 "佐賀にわかの伝承・振興"
　　上島 洋山 "能州紬の開発・振興"
　　尾崎 茂 "土佐和紙「清帳紙」製造技術の伝承"

稀音家 義丸 "古典長唄の伝承・振興"
竹内 駒香 "地唄・上方唄の伝承・振興"
上村 和歌子 "地唄・上方唄の伝承・振興"
森本 安之助 "伝統建築の「錺金具」の伝承"

第18回（平10年度）
◇大賞
　森口 華弘 "友禅の伝承・振興"
◇特賞
　池田 八郎 "土佐古代塗の伝承"
　越前万歳保存会 "越前万歳の伝承・振興"
　新内 仲三郎 "新内節の伝承・振興"
　寺岡 文子 "手織り中継ぎ畳表製作技法の伝承"
　花柳 千代 "日本舞踊の伝承・振興"
　横道 万里雄 "日本伝統芸能の研究・普及・振興"
◇奨励賞
　竹下 玲子 "越後瞽女唄の伝承・振興"

第19回（平11年度）
◇特賞
　新垣 幸子 "八重山上布の復興・伝承"
　杵屋 巳太郎 "歌舞伎音楽（長唄三味線）の伝承・振興"
　芝 祐靖 "龍笛の演奏・作曲・研究／雅楽の伝承・普及"
　前田 幸作 "刀剣外装製作技法の伝承"
　横山 勝也 "尺八演奏技法の伝承・振興"
◇地域賞
　千葉 よしの "正藍染の伝承"
　稲川 武男 "粟野春慶塗の伝承"
　唐人踊り保存会 "唐人踊りの保存・伝承"
　兵庫県立三原高等学校郷土部 "淡路人形浄瑠璃の伝承・振興"
　山北棒踊り保存会 "山北棒踊りの保存・伝承"
　長崎明清楽保存会 "長崎明清楽の保存・伝承"

第20回（平12年度）
◇大賞
　花柳 寿南海 "日本舞踊の伝承・振興"
◇ポーラ賞
　栄芝 "端唄・小唄の伝承・振興"
　芳賀 日出男 "写真による民俗芸能・行事の保存・振興"

宇佐美 直八 "文化財の保存・修理"
大城 広四郎 "琉球絣の伝承・振興"
◇地域賞
　王子田楽衆 "王子田楽の復興・伝承"
　鳥羽 鐐一 "金剛石目塗の伝承"
　田口 芳郎 "樺細工の伝承"
　青花紙生産者 "青花紙生産技術の伝承"
　鷺の舞保存会 "鷺の舞の伝承"
　坪山 豊 "奄美島唄の伝承・振興"

第21回（平13年度）
◇ポーラ賞
　甲田 綏郎 "精好仙台平の伝承"
　竹本 朝重 "義太夫節の伝承・振興"
　中島 靖子 "箏曲の伝承・振興"
　林 一枝 "日本舞踊の伝承・振興"
　吉島 伸一 "鍋島緞通の伝承"
◇奨励賞
　伊藤 忠 "鈴鹿墨の伝承"
◇地域賞
　酒井 天美 "文化遺産活用による地域文化の振興"
　秩父歌舞伎正和会 "秩父歌舞伎の伝承"
　犬山祭保存会 "犬山祭の伝承"
　天理大学雅楽部 "雅楽の伝承・振興"
　秋葉神社祭礼練り保存会 "秋葉神社祭礼練りの伝承"
　前田 孝充 "琉球漆器の伝承・振興"

第22回（平14年度）
◇優秀賞
　江里 佐代子 "截金の伝承・振興"
　尾上 菊乃里 "日本舞踊の伝承・振興"
　小波 則夫 "琉球結髪の伝承・振興"
　鳥羽屋 里長 "歌舞伎音楽長唄の伝承・振興"
　藤村 玲子 "紅型の伝承・振興"
◇奨励賞
　日下部 ゆきじ "京友禅下絵描の伝承"
◇地域賞
　石川 久美子 "津軽民謡手踊りの伝承・振興"
　伊那人形芝居保存協議会 "伊那人形芝居の伝承・振興"
　須磨琴保存会 "須磨琴の伝承・振興"
　安部 信一郎 "出雲民芸紙の伝承"
　永田 法順 "日向盲僧琵琶の伝承"

第23回（平15年度）
　◇優秀賞
　　片岡 秀太郎（片岡彦人）"上方歌舞伎の伝承・振興"
　　城間 德太郎 "琉球古典音楽の伝承・振興"
　　鈴田 滋人 "鍋島更紗の伝承・振興"
　　東音中島 勝祐（中島雄司）"長唄の伝承・振興"
　　吉村 芙子 "七宝の伝承・振興"
　◇奨励賞
　　田中 佐太郎（亀井令子）"歌舞伎囃子の伝承・振興"
　◇地域賞
　　佐藤 春雄 "浄法寺漆の伝承"
　　秋川歌舞伎保存会 "秋川歌舞伎の伝承・振興"
　　玉屋 庄兵衛（9代目）（高科庄次）"からくり人形の製作・伝承"
　　嶋田 悦子 "弓浜絣の伝承"
　　金城 唯喜 "琉球漆器の伝承・振興"
第24回（平16年度）
　◇大賞
　　友枝 昭世（東京都）"能楽シテ方の伝承・振興"
　◇優秀賞
　　青野 武市（神奈川県）"ガラス工芸の伝承・振興"
　　祝嶺 恭子（沖縄県）"首里の織物の伝承・振興"
　　竹柴 正二（東京都）"歌舞伎狂言作者の伝承・振興"
　　中川 衛（石川県）"加賀象嵌の伝承・振興"
　◇奨励賞
　　金城 一国斎（広島県）"高盛絵の伝承・振興"
　　若林 美智子（富山県）"胡弓の伝承・振興"
　◇地域賞
　　針生 乾馬（宮城県）"堤焼の伝承・振興"
　　桐竹 智恵子（神奈川県）"乙女文楽の伝承・振興"
　　木村 澄子（石川県）"金沢素囃子の伝承・振興"
　　中村 雅峯（奈良県）"墨型技術の伝承・振興"
　◇国際賞
　　劉 宏軍 "天平音楽の再現・普及"
第25回（平17年度）
　◇優秀賞
　　お鯉（徳島県）"阿波よしこのの伝承・普及"
　　玉川 宣夫（新潟県）"鍛金（木目金）技法の伝承・振興"
　　築城 則子（福岡県）"小倉織の復元・振興"
　◇奨励賞
　　鶴澤 寛也（東京都）"義太夫節三味線の伝承"
　◇地域賞
　　八重樫 榮吉（宮城県）"仙台箪笥金具の製造・伝承"
　　小野瀨 正（茨城県）"漆掻き技術の伝承"
　　明日香の響保存会（奈良県）"八雲琴の保存・継承"
　　福井 貞子（鳥取県）"倉吉絣の再興・普及"
第26回（平18年度）
　◇優秀賞
　　中川 善雄（東京都）"邦楽囃子（笛）の演奏"
　　姫田 忠義（神奈川県）"民族文化の映像制作"
　　前田 金弥（神奈川県）"「桐塑人形」の制作・伝承"
　◇奨励賞
　　中島 洋一（東京都）"「古典織物」の復元・研究"
　◇地域賞
　　青坂 満（北海道）"「江差追分」の伝承・育成"
　　江戸からかみ協同組合（代表・伴充弘）（東京都）"「江戸からかみ」の保存・継承"
　　小島 清子（広島県）"「手打刺繍針」の製作・伝承"
　　若宮稲荷神社竹ン芸保存会（代表・光嶋輝幸）（長崎県）"「竹ン芸」の保存・継承"
第27回（平19年度）
　◇優秀賞
　　知念 貞男（沖縄県）"紅型の制作・伝承"
　　四世清元 梅吉（東京都）"清元節三味線の演奏・作曲"
　◇奨励賞
　　雨宮 彌太郎（山梨県）"雨畑硯（あまはた

すずり）の制作・伝承"
◇地域賞
　佐藤 昭一（宮城県）"宮城伝統こけしの伝承・振興"
　深野 誠一郎（江古田獅子舞保存会会長）"江古田獅子舞の保存・伝承"
　渡邊 勘太郎（新潟県）"漆掻き技術の保存・伝承"
　西本 昌平（長田神社追儺式奉賛会会長）"長田神社古式追儺式の保存・伝承"
　洲脇 泰雄（鴻八幡宮祭りばやし保存会会長）"鴻八幡宮祭りばやしの保存・伝承"
第28回（平20年度）
◇大賞
　中村 吉右衛門（東京都）"歌舞伎の継承・発展"
◇優秀賞
　藍田 正雄（群馬県）"江戸小紋の制作・継承"
◇奨励賞
　藤井 昭子（東京都）"地歌箏曲の伝承"
◇地域賞
　大館曲ワッパ協同組合（秋田県）"大館曲げわっぱの継承・振興"
　岩島麻保存会（群馬県）"岩島麻の保存・伝承"
第29回（平21年度）
◇優秀賞
　加藤 孝造（岐阜県）"瀬戸黒・志野・黄瀬戸の制作・伝承"
　川瀬 順輔（東京都）"尺八の演奏・伝承"
　萩岡 松韻（東京都）"箏曲の演奏・作曲"
◇奨励賞
　杵屋 巳吉（東京都）"歌舞伎音楽（長唄三味線）の演奏・伝承"
◇地域賞
　上武 やす子（北海道）"アイヌ紋様刺繍の普及・振興"
　松田 弘（石川県）"金沢和傘の制作・普及"
　金丸八幡神社宵宮神事保存会（徳島県）"金丸八幡神社宵宮神事の保存・伝承"
　伊波 貞子（沖縄県）"伊波メンサー織の制作・伝承"
第30回（平22年度）
◇優秀賞
　大和 保男（山口県）"萩焼の制作・伝承"
　宮城 幸子（沖縄県）"琉球舞踊の伝承"
◇地域賞
　五所川原立佞武多運営委員会（大会長・寺田春一）（青森県）"五所川原立佞武多の保存・振興"
　鬼来迎保存会（会長・深田隆明）（千葉県）"鬼来迎の保存・伝承"
　井波彫刻協同組合（理事長・岩倉雅美）（富山県）"井波彫刻の伝承・振興"
　和田 一久（京都府）"京極流箏曲の保存・伝承"
　丹下 哲夫（岡山県）"備中和紙の制作・伝承"
　西米良神楽保存会（会長・濱砂誠二）（宮崎県）"西米良神楽の保存・伝承"
◇30回記念功労賞
• 工芸
　日本文化財漆協会（会長・磯井正美）"「日本産漆」生産・精製の保存・継承"
• 海外
　ルマニエール，ニコル・クーリッジ "日本文化の研究・紹介・人材育成"
• 芸能
　（財）日本青年館（理事長・小里貞利）"民俗芸能の保存・振興"
第31回（平23年度）
◇優秀賞
　中村 信喬（福岡県）"博多人形の制作・伝承"
　有賀 二郎（東京都）"舞台美術の制作"
◇奨励賞
　鶴澤 藤蔵（大阪府）"人形浄瑠璃文楽三味線の伝承"
◇地域賞
　一日市郷土芸術研究会（秋田県）"一日市民俗芸能の保存・伝承"
　安島 道男（茨城県）"漆掻き技術の保存・伝承"
　砺波子供歌舞伎曳山振興会（富山県）"砺波子供歌舞伎の保存・伝承"
　深江菅細工保存会（大阪府）"菅細工の製作・継承"
　太宰府木うそ保存会（福岡県）"『太宰府の

木うそ』の保存・伝承"

第32回（平24年度）
　◇優秀賞
　　山下 義人（香川県）"蒟醤（きんま）の制作・伝承"
　　吉田 玉女（大阪府）"人形浄瑠璃文楽人形の伝承・振興"
　◇奨励賞
　　鈴木 徹（岐阜県）"緑釉陶器の制作・継承"
　　林 美音子（京都府）"柳川三味線の伝承・振興"
　◇地域賞
　　江差追分会（北海道）"江差追分の伝承・普及"
　　田中 信行（東京都）"漆刷毛の製作・伝承"
　　数河獅子保存会（岐阜県）"数河獅子の保存・伝承"
　　鹿子原虫送り踊保存会（島根県）"鹿子原虫送り踊の保存・伝承"
　　新里 玲子（沖縄県）"宮古上布の制作・振興"

第33回（平25年度）
　◇大賞
　　観世 清和（東京都）"能楽の伝承・振興"
　◇優秀賞
　　岡田 裕（山口県）"萩焼の制作・伝承"
　◇奨励賞
　　石田 知史（京都府）"鋳込みガラスの制作・伝承"
　◇地域賞
　　懸田 弘訓（福島県）"民俗文化財の保存・振興"
　　名倉 鳳山（愛知県）"鳳来寺硯の制作・伝承"
　　鶴澤 友勇（兵庫県）"義太夫節三味線の伝承"
　　音戸の舟唄保存会（広島県）"音戸の舟唄の伝承・振興"
　　北原人形芝居保存会（大分県）"北原人形芝居の保存・伝承"

第34回（平26年度）
　◇優秀賞
　　釜我 敏子（福岡県）"型絵染の伝承・創作"
　　藤間 勘祖（東京都）"歌舞伎舞踊の保存・振興"

　◇奨励賞
　　福田 栄香（東京都）"地歌箏曲の保存・伝承"
　◇地域賞
　　中村 タケ（青森県）"イタコのおしら遊びの伝承"
　　越後三条鍛冶集団（新潟県）"三条打刃物の伝承・振興"
　　杉野原の御田の舞保存会（和歌山県）"杉野原の御田舞の保存・伝承"
　　白石踊会（岡山県）"白石踊の保存・伝承"
　　秋山 眞和（宮崎県）"綾町の染織技術の振興"

第35回（平27年度）
　◇優秀賞
　　中田 一於（石川県）"釉裏銀彩の制作・伝承"
　　佐藤 太圭子（沖縄県）"琉球舞踊の伝承・創作"
　◇奨励賞
　　山本 茜（京都府）"截金ガラスの制作"
　◇地域賞
　　大堀相馬焼協同組合（福島県）"大堀相馬焼の伝承・振興"
　　山中木地挽物技術保存会（石川県）"山中木地挽物の伝承・振興"
　　冨田人形共遊団（滋賀県）"冨田人形浄瑠璃の保存・伝承"
　　一宇雨乞い踊り保存会（徳島県）"一宇雨乞い踊りの保存・伝承"
　　下水流臼太鼓踊保存会（宮崎県）"下水流臼太鼓踊の保存・伝承"

第36回（平28年度）
　◇優秀賞
　　神谷 紀雄（千葉県）"鉄絵銅彩の制作・伝承"
　　砂崎 知子（東京都）"箏曲の演奏・振興"
　◇奨励賞
　　井上 安寿子（京都府）"京舞の伝承"
　◇地域賞
　　宗像 利浩（福島県）"会津本郷焼の伝承・振興"
　　櫻井 貞子（茨城県）"紙布の制作・伝承"
　　木村 陽子（石川県）"金沢素囃子の継承・振興"

文化・社会・経済　　　　　　　　　　　　　　　　　　038 都市景観大賞「美しいまちなみ賞」

堀尾 信夫（山口県）"赤間硯の制作・伝承"
中江岩戸神楽保存会（熊本県）"岩戸神楽の保存・伝承"

038 都市景観大賞「美しいまちなみ賞」

空間の美しさ，景観形成のための地元の活動や，地域活性化・観光交流面への波及効果など様々な工夫が行われている地区を総合的に評価して都市景観大賞「美しいまちなみ賞」として表彰。平成13年度から平成22年度まで実施された。

【主催者】「都市景観の日」実行委員会

【選考委員】（平成22年度）委員長：中村良夫（東京工業大学名誉教授），委員：岩渕潤子（慶応義塾大学教授），卯月盛夫（早稲田大学芸術学校教授），加藤源（都市プランナー），岸井隆幸（日本大学教授），輿水肇（明治大学教授），田中一雄（環境・工業デザイナー），富田泰行（照明デザイナー），富田玲子（建築家），松葉一清（建築評論家），小林昭（国土交通省都市・地域整備局公園緑地・景観課長），望月明彦（国土交通省都市・地域整備局市街地整備課長），井上勝徳（国土交通省住宅局市街地建築課長）

【賞・賞金】美しいまちなみ大賞（国土交通大臣賞）：概ね1～2地区，優秀賞：数地区，特別賞：内容に応じ適宜選定

(平13年度)
◇大賞
　特定非営利活動法人エヌピーオー・フュージョン長池，八王子市，都市基盤整備公団東京支社 "多摩ニュータウンライブ長池地区"
　蓬莱地区再生事業推進協議会，武生市 "蔵の辻地区"
　門真市末広地区共同整備事業組合，門真市 "大阪府門真市末広地区"
　豆田地区町並み保存推進協議会，日田市 "豆田地区"
◇優秀賞
　苫前町まちおこし対策推進協議会，苫前町 "上平グリーンヒルウィンドファーム周辺地"
　戸塚団地自治会，川口市 "戸塚団地地区"
　ラベンダーの会（千葉県），本埜村，都市基盤整備公団千葉地域支社 "滝野地区"
　滝呂緑化委員会，多治見市，都市基盤整備公団中部支社 "滝呂地区"
　福山久松通商店街振興組合，福山市，福山商工会議所 "福山久松通り地区"
　南町並み保存会（徳島県），脇町 "うだつの町並み地区"
　浪打自治会緑地協定運営委員会，久留米市 "久留米市小森野浪打地区"
◇特別賞
　弓の木町4丁目地区市街地再開発組合，神戸市，(株)アール・アイ・エー神戸支社 "弓木町4丁目地区"

(平14年度)
◇大賞
　愛宕寺町つくろう会，飯山市 "飯山市愛宕町雁木通り地区"
　みずき町会，金沢市 "瑞樹団地地区"
　松本地区まちづくり協議会，神戸市，(株)環境緑地設計研究所 "松本地区「せせらぎ歩道」地区（神戸市）"
◇優秀賞
　ニセコ綺羅街道住民会議，北海道ニセコ町，ニセコ21世紀まちづくり委員会 "綺羅街道地区"
　本町まちなみ委員会，彦根市 "夢京橋キャッスルロード地区"
　今井町町並み保存会，橿原市 "今井地区"
　中央地区やすらぎの街づくり協議会，善通寺市，香川県善通寺土木事務所 "善通寺

地区"
　松合の町並み保存会，熊本県不知火町 "松合地区"
◇特別賞
　本木二丁目地区まちづくり連絡会，足立区，(財)足立区まちづくり公社 "足立区本木二丁目地区"

(平15年度)
◇大賞
　古川町区長会，古川町 "古川町歴史的景観地区(岐阜県吉城郡古川町)"
　特定非営利活動法人赤煉瓦倶楽部舞鶴，舞鶴市 "赤煉瓦みなと地区"
　下の丁町内会，島原市 "島原武家屋敷街地区"
◇優秀賞
　おゆみ野南21自治会，千葉市，都市基盤整備公団千葉地域支社 "おゆみ野モデル街区「おゆみ野駅南」地区(千葉市緑区)"
　晴海をよくする会，中央区，(株)晴海コーポレーション，都市基盤整備公団土地有効利用事業本部，晴海一丁目地区第一種市街地再開発事業(西地区)設計共同体(日建設計・久米設計・山下設計) "晴海アイランドトリトンスクエア地区(東京都中央区)"
　鈴鹿・長宿区域街づくり協定運営委員会，座間市 "鈴鹿・長宿地区"
　徳島市東船場商店街振興組合，徳島市，(有)中川建築デザイン室 "しんまちボードウォーク地区"
　NPO法人竹田まちなみ会，竹田市 "竹田地区(大分県竹田市)"

(平16年度)
◇大賞
　恵み野花のまちづくり団体連合会，恵庭市 "恵み野地区(北海道恵庭市)"
　温泉中央南線(山中温泉ゆげ街道)街なか再生・目抜き通り整備協議会，石川県山中町 "南町地区(石川県江沼郡山中町)"
　町並み景観保全委員会，美濃市 "うだつの上がる町並み地区"
◇優秀賞
　緑園都市コミュニティ協会，横浜市，相模鉄道(株) "横浜市緑園都市住宅地区(横浜市泉区)"
　金沢杜の里まちづくり委員会，金沢市，(株)アスリック "金沢杜の里浅野川通り・杜の里通り沿道地区(石川県金沢市)"
　門真市石原東・幸福北地区共同整備事業組合，門真市 "門真市石原東・幸福北地区"
　美野島校区まちづくり協議会，福岡市 "りぼんシティオ那珂川地区(福岡市博多区)"
◇特別賞
　南町商店街事業共同組合，宮城県岩出山町，宮城県古川土木事務所 "岩出山町南町地区"
　ガーデンヴィレッジ平尾台管理組合，北九州市，みくに産業(株) "ガーデンヴィレッジ平尾台地区(北九州市小倉南区)"

(平17年度)
◇大賞
　フラワーボランティアの会，秋田県小坂町 "明治百年通り"
　八匠，富山市 "八尾地区"
　特定非営利活動法人グラウンドワーク三島，静岡県三島市，三島商工会議所 "街中がせせらぎ事業地区(静岡県三島市)"
　打吹地区歩行ネットワークを考える会，鳥取県倉吉市 "倉吉市打吹地区"
◇優秀賞
　上町街づくり協議会，千葉県成田市 "成田市上町地区"
　宇津ノ谷地区美しいまちづくり協議会，静岡市 "宇津ノ谷地区"
　大洲市町並みイベント実行委員会，愛媛県大洲市 "大洲市肱南地区"
◇特別賞
　さいたま市北部拠点宮原地区まちづくり協議会，さいたま市，(独)都市再生機構，スバル興産(株) "さいたま市北部拠点宮原地区"

(平18年度)
◇大賞
　北之庄沢を守る会，近江八幡市 "近江八幡市北之庄町周辺地区"

文化・社会・経済　　　　　　　　　　　　　　　038 都市景観大賞「美しいまちなみ賞」

　神代小路まちなみ保存会，神代小路区，雲仙市，神代鍋島塾 "雲仙市神代小路地区"
◇優秀賞
　津軽こみせ（株），黒石市 "黒石市こみせ通り地区"
　特定非営利活動法人小野川と佐原の町並みを考える会，香取市 "香取市佐原さわら地区"
　大学通り学園・住宅地区景観形成協議会，国立市，国立駅前大学通り商店会 "国立市大学通り沿道地区"
　彦根市本町地区共同整備事業組合，彦根市 "彦根市本町地区"
　津和野町まちづくり検討委員会，津和野町 "津和野町環境保全地区"
　照葉まちづくり協会（TCA），福岡市，福岡市住宅供給公社，博多港開発（株），アイランドシティ住宅開発企業連合体 "福岡市アイランドシティ 照葉のまち地区"
◇特別賞
　武庫之荘4丁目地区まちづくり協議会，尼崎市 "尼崎市武庫之荘4丁目地区"
（平19年度）
◇大賞
　紫川マイタウンの会，北九州市 "北九州市紫川マイタウン・マイリバー整備地区"
　熊本県建築士会山鹿支部まちづくり景観研究部会，山鹿市 "山鹿市豊前街道山鹿温泉界隈地区（山鹿市）"
◇優秀賞
　磐州通り街づくり協定運営委員会，三春町 "三春町大町地区"
　（独）都市再生機構埼玉地域支社，川口市，サッポロビール（株），（株）イトーヨーカ堂，東武鉄道（株），パシフィックプログラムマネージメント（株），（株）コスモスイニシア，（株）プレイスメディア "川口市リボンシティ地区"
　桜町まちづくり協議会（桜町ほうだら会），豊田まちづくり（株），豊田市，（株）創建 "豊田市桜町地区"
　神宮参道懇話会，伊勢市，三重県 "伊勢市神宮参道地区"

　宇部中央地区再開発推進協議会，宇部市 "宇部市中央町三丁目地区"
　八日市護国地区町並保存会，内子町 "内子町八日市・護国地区"
◇特別賞
　栃尾表町区まちづくり委員会，新潟大学工学部，長岡市 "長岡市栃尾表町地区"
（平20年度）
◇大賞
　むらかみ町屋再生プロジェクト，チーム黒塀プロジェクト，村上市，村上大工匠の会 "村上市旧町人町・旧武家町地区"
　黒川温泉自治会，南小国町，黒川温泉観光協会，黒川温泉観光旅館協同組合 "南小国町黒川温泉地区"
◇優秀賞
　（株）まちづくり長野，長野市 "長野市ぱてぃお大門蔵楽庭地区"
　（株）まちづくり島田，島田市，（株）アーバン・ハウス都市建築研究所，昭和設計（株） "島田市中央第三地区"
　伊丹酒蔵通り協議会，伊丹市 "伊丹市伊丹酒蔵通り地区"
　特定非営利活動法人いんしゅう鹿野まちづくり協議会，鳥取市 "鳥取市夢街道・鹿野往来城下町地区"
　八女福島伝統的町並み協定運営委員会，八女市，特定非営利活動法人八女町並みデザイン研究会 "八女市八女福島地区"
◇特別賞
　帷子川親水緑道鶴ケ峰地区愛護会，帷子川親水緑道白根地区愛護会，帷子川親水緑道家敷地区愛護会，帷子川親水緑道ホタルの会，横浜市 "横浜市帷子川親水緑道地区"
（平21年度）
◇大賞
　栃木市商店会連合会，うずま川遊会，栃木の例幣使街道を考える会，栃木市 "栃木市歴史的町並み景観形成地区"
　真庭市，町並み保存事業を応援する会 "真庭市勝山町並み保存地区"
◇優秀賞
　浦安市，千葉県企業庁，（独）都市再生機構

郷土・地域文化の賞事典　109

千葉地域支社 "浦安市日の出・明海・高洲地区"
馬籠地域づくり推進協議会，中津川市 "中津川市中山道馬籠地区"
大野市，寺町通り地区まちづくり協定運営委員会 "大野市寺町通り地区"
本町のまちづくりを考える会，岸和田市 "岸和田市本町地区"
富田林寺内町をまもり・そだてる会，富田林市 "富田林市富田林寺内町地区"
出水麓街なみ保存会，出水市 "出水市出水麓地区"
◇特別賞
富山市，総曲輪シティ（株），西町・総曲輪再開発ビル管理組合 "富山市総曲輪地区"
浜松市，東地区街づくり会議 "浜松市東地区"
（平22年度）
◇大賞
金山地域区長サミット（山形県），金山町 "金山町金山地区"
倉敷伝建地区をまもり育てる会，特定非営利活動法人倉敷町家トラスト，倉敷市 "倉敷市倉敷美観地区"
◇優秀賞
函館の歴史的風土を守る会，函館市伝統的建造物群保存会，NPOはこだて街なかプロジェクト，はこだてクリスマスファンタジー実行委員会，はこだて冬フェスティバル実行委員会，函館市 "函館市都市景観形成地区"
七日町通りまちなみ協議会，会津若松市 "会津若松市七日町通り地区"
山手まちづくり推進会議，横浜市，（株）山手総合計画研究所 "横浜市中区山手町地区"
南木曽町，（財）妻籠を愛する会 "南木曽町妻籠地区"
◇特別賞
特定非営利活動法人柴又まちなみ協議会，東京都，葛飾区，まちひとこと総合計画室，クロスワンコンサルティング（株） "葛飾区葛飾柴又帝釈天参道周辺地区"
近江町いちば館管理組合，金沢市，（株）アール・アイ・エー金沢支社 "金沢市武蔵ヶ辻第四地区"

039 日経地域情報化大賞

　IT（情報技術）を利用して，地域の自律的な創意・工夫に基づいて地域経済の活性化や生活の向上，文化の振興などに取り組んでいる先進的なプロジェクトを発掘し，顕彰するため創設。平成15年度より「日経インターネットアワード」から「日経地域情報化大賞」に改称。のち終了。

【主催者】日本経済新聞社，日本インターネット協会，地域活性化センター
【選考委員】委員長：國領二郎（慶応義塾大学教授）
【選考方法】公募あるいは推薦
【選考基準】〔対象〕IT（情報技術）を利用して「地域の活性化」を目指しているプロジェクト
【URL】http://www.nikkei.co.jp/riaward

第1回（平8年）
　◇ビジネス部門
　　●日本経済新聞社賞

セコム「身体の健康，自己診断システム」「三百六十度まわるショッピング」などインターネットの特性を生かす

文化・社会・経済　　　　　　　　　　　　　　　　　039 日経地域情報化大賞

大阪ガス "家庭用レシピ「ボブとアンジーのキッチン」"
江崎グリコ "「栄養成分ナビゲーター」「ネットショップ」コーナーなど"
- 日本インターネット協会賞
モジダス "インターネットの双方向性を利用して顧客が納得いくまで印影づくりをする仕組みを作り，チタン製の印鑑を海外にも通信販売"
- 日本ヒューレット・パッカード特別賞
たもかく "「本と森の交換」というユニークな事業をホームページを利用して全国展開"
◇自治体部門
- 日本経済新聞社賞
函館インフォメーション・ネットワーク "情報は観光・物産，イベント，地域ニュースなど幅広く，地域向けと外部向けの情報量のバランスの良さが評価された"
富山県 "県の内外の人と電子メールを使って実施した仮想シンポジウムなどユニークな取組みが評価された"
- 日本インターネット協会賞
上野市 "忍者の里にちなんで忍者に特化したアイデアとビジュアルな画面デザインが評価された"
- 地域活性化センター賞
松江警察署 "警察を一般市民に身近に感じさせるページづくりが高い評価を受けた"
- 日本ヒューレット・パッカード特別賞
神戸市 "震災という逆境のなかでインターネットの普及に貢献した点が評価された"

第2回 (平9年)
◇ビジネス部門
- 日本経済新聞社賞
日本銀行 "使い勝手に配慮，「短観」資料提供"
松下電工 "イントラネットのウェブサーバーを42部署で立ち上げ，すべての部門で業務効率化達成"
ティーシャツ・ギャラクシー "好みの絵柄でTシャツを通販する"
- 日本インターネット協会賞
築地場外市場商店街振興組合 "各商店の説明，商品の解説を行い商店街の魅力をアッピール"
- 日本ヒューレット・パッカード特別賞
紀伊國屋書店 "図書館ネットによる本の受注を可能にした"
◇自治体部門
- 日本経済新聞社賞
岡山県 "双方向性に留意"
黒部市 "市の内容を広く紹介"
- 日本インターネット協会賞
福井県環境科学センター "「みどりネット」のタイトルで環境に特化している"
- 地域活性化センター賞
オホーツク委員会 "過疎地が連携し発信"
- 日本ヒューレット・パッカード特別賞
石川県 "地場産業の振興重視"

第3回 (平10年)
◇ビジネス部門
- 日本経済新聞社賞
旭化成工業 "就職活動する学生向けに採用担当者の考えなどを紹介"
ものづくり共和国 "製造業の若手経営者らが活発な議論を展開"
エスエスケイ "スポーツチームの対戦相手を実力に応じて検索"
フリーウェイ "パソコン7000点の情報を流し実質本位で運営"
- 日本インターネット協会賞
NTT第二法人営業本部 "イントラネットを活用し個人のノウハウを全職場で共有"
◇自治体部門
- 日本経済新聞社賞
横浜市 "情報内容が整理され検索機能が優れている"
帯広市 "市民に役立つ情報を提供"
滋賀県 "環境の視点を軸に発信"
- 地域活性化センター賞
藤沢市 "市民参加で意見交換"
- 日本インターネット協会賞
須玉町歴史資料館 "写真，イラストを多用"

第4回 (平11年)

◇ビジネス部門
- 日本経済新聞社賞
  住友海上火災保険 "全国5500店の代理店の営業を支援(イントラネット)"
  エヌシーネットワーク "東京・葛飾区の中小企業経営者らが共同で設置し,製造業の技術交流や情報交換を行う"
  バンライ "介護情報の提供と用品販売を行うほか,会議室も開く"
  サードウェーブ "消費者同志がオークション形式で商品を売買できる"
- 日本インターネット協会賞
  楽天 "日本最大規模の電子モールで情報更新が頻繁"

◇自治体・教育部門
- 日本経済新聞社賞
  三重県 "全国に先駆けて事務事業評価システムの膨大な評価表を公開"
  岩手県 "情報公開にインターネットの持つ双方向性をうまく活用"
  横浜市立本町小学校 "学校内の生き生きとした様子が手に取るようにわかる構成となっている"
- 地域活性化センター賞
  神奈川県横須賀市 "情報が「市民にとって必要なもの」という視点で整理・発信されている"
- 日本インターネット協会賞
  玉川学園 "幼稚園から大学院まであり,子,親,教師が一体となってネットワークを通じた教育に取り組む"

第5回(平12年)
◇ビジネス部門
- 日本経済新聞社賞
  三井物産 "iモードで地図を配信するサイト「アイマップファン」を運営"
  ツタヤオンライン "総合エンターテインメント情報提供サービス「TSUTAYA Online」を展開"
  DeNA "自社ブランドのネットオークション「BIDDERS(ビッダーズ)」を運営するほか,有力ポータルサイトなどにオークションプラットホームを提供"
  ラクーン "複数のメーカー,問屋,小売業などが参加して過剰在庫を処分できる仮想市場「オンライン激安問屋」を企画,運営"
- 日本インターネット協会賞
  ソニー・ミュージックエンタテインメント "インターネットを利用して音楽を有料で配信"

◇自治体・教育部門
- 日本経済新聞社賞
  静岡県 "行政情報を総合的に提供"
  兵庫県西宮市 "豊富な情報を市民が使いやすいように工夫"
  山口県立徳山商業高等学校 "情報化学習の一環として,ホームページ上に地元商店街のモールを作成・提供"
- 地域活性化センター賞
  京都府中小企業振興公社 "単なる産業施策の案内や地元産業・企業の紹介などにとどまらず,資材調達・購買に関する受発注情報を提供し,中小企業の販路開拓,取引拡大を支援"
- 日本インターネット協会賞
  龍谷大学 "大学図書館が所蔵する大谷探検隊の収集品を精細デジタル撮影し提供"
- 特別賞
  ゆびとま "ネット上の同窓生交流サイト「この指とまれ!」を運営"

第6回(平13年)
◇ビジネス部門
- 日本経済新聞社賞
  松井証券 "インターネットを通じて,株式やオプションの売買取り次ぎなど従来の対面営業型証券会社で営業員が担当していた業務のすべてを,24時間365日展開"
  マツダ "カスタマイズ専用車「ロードスター」をインターネットを利用して受注生産"
  トラボックス "主に中小トラック運送業界向けに国内最大の荷物・空車電子取引市場「Tr@Box」を運営"
  復刊ドットコム "読者が復刊を希望する絶版本の投票をインターネットで集めるサイト"
- インターネット協会賞

有線ブロードネットワークス "各家庭向けに光ファイバーによるブロードバンド（高速大容量）通信事業を展開，最大速度が毎秒100メガビットの常時接続型超高速インターネット接続サービスを提供"

◇自治体・教育部門
- 日本経済新聞社賞
 大分県 "インターネット上に，一村一品の電子版ともいうべきバーチャル国際見本市を開設"
 千葉県市川市 "市内外のコンビニエンスストアの情報端末から施設予約や子育て施設・行事の検索などができるサービスなど，市民にとってシンプルで使い勝手の良い行政情報の提供に注力"
 兵庫県篠山市 "観光・イベントを中心に丹波地域の情報をきめ細かく発信"
- 地域活性化センター賞
 富山インターネット市民塾 "市民主導型の在宅学習講座をインターネット上で開催できる場を提供・運営"
- インターネット協会賞
 北陸先端科学技術大学院大学 "博士課程で国立大学では初めてネットによる入試を実施"

第7回（平14年）
◇ビジネス部門
- 日本経済新聞社賞
 石井食品 "ミートボール，ハンバーグなど製造販売する商品について，原材料などの情報を消費者に公開している"
 全日本空輸 "インターネットで航空座席の予約ができる「ANASKYWEB」を運営する"
 アイスタイル "化粧品に関する消費者の声を紹介する口コミサイト「@cosme（アットコスメ）」を運営する"
 ゼイヴェル "携帯電話の女性向け情報サイト「ガールズウォーカー」などを運営する"
- インターネット協会賞
 オーテック "金型，部品など中小の工業製品メーカー向けの受発注サイト「ものづくりタウン21」を運営する"

◇自治体・教育・NPO部門
- 日本経済新聞社賞
 神奈川県大和市 "市民参加型の電子自治体構築に意欲的に取り組んでいる"
 WIDE University School of Internet "慶応大学のインターネット工学などの講義を動画ファイル・資料で配信している"
 キャンサーネットジャパン "がん専門医がボランティアで海外のがん医療情報を翻訳し，患者・家族に無料で提供している"
- 地域活性化センター賞
 埼玉県宮代町 "町民サイドの視点を大事にした情報やサービスを豊富に掲載している"
- 日本インターネット協会賞
 ネイチャーネットワーク・プロジェクト "世界中にオルカ（シャチの学名）とアオウミガメの生態を24時間ライブ中継している"

第8回（平15年）
◇大賞
 シニアSOHO普及サロン・三鷹（東京都三鷹市）
◇日本経済新聞社賞
 NetComさが推進協議会・鳳雛塾（佐賀市）
 日本サスティナブル・コミュニティ・センター
 人吉球磨広域行政組合（熊本県人吉市）
◇地域活性化センター賞
 桐生地域情報ネットワーク（群馬県桐生市）
◇インターネット協会賞
 関西ブロードバンド（神戸市）
◇CANフォーラム賞
 つくば市教育委員会（茨城県つくば市）

第9回（平16年）
◇大賞
 鹿児島建築市場（鹿児島市） "地域内サプライチェーン「鹿児島建築市場」"
◇日本経済新聞賞
 鶴岡地区医師会（山形県鶴岡市） "地域医療連携ネットワーク「Net4U」"
◇日経産業新聞賞
 大阪市都市型産業振興センター・ソフト産業プラザ・イメディオ（大阪市） "受発

注業務支援サイト「商談上手」"
◇日経MJ（流通新聞）賞
　幡ケ谷・西原・笹塚商店街連合会，アンカーコム "10商店街合同地域サイト「ささはたドッとこむ」"
◇地域活性化センター賞
　内子フレッシュパークからり（愛媛県喜多郡内子町）"産直販売支援システム「からりネット」"
◇インターネット協会賞
　房総IT推進協議会（NPO）（千葉県館山市）"南房総地域インフラ整備プロジェクト"
◇CANフォーラム賞
　はりまスマートスクールプロジェクト（兵庫県姫路市）

第10回（平17年）
◇大賞
　きょうと情報カードシステム（京都府）"京都の商業者によるIT決済ネットワークの構築"
◇日本経済新聞賞
　千葉県立東金病院（千葉県）"わかしお医療ネットワーク"
◇日経産業新聞賞
　豊田市（愛知県）"移動支援ポータルサイト「みちナビとよた」"
◇日経MJ（流通新聞）賞
　西条市（愛媛県）"西条市合併記念映画製作と「らくだ銀座」プロジェクト"
◇地域活性化センター賞
　にんじんネット協議会（長崎県）"無線LANによる地域ネット構築"
◇インターネット協会賞
　長野県共同電算（長野県）"信州ユニバーサル・ブロードバンドサービス"
◇CANフォーラム賞
　いろどり（徳島県）"彩事業"
◇京都府知事賞
　京都府自治体情報化推進協議会（京都府）"統合システム「TRY-X」等による市町村電算業務の共同化"
　京都試作ネット（京都府）

第11回（平18年）
◇大賞
　長崎県（長崎県），オープンソースベンダーフォーラム長崎 "長崎県電子県庁システム等のオープンソース公開"
◇日本経済新聞社賞
　有工メディアプロジェクト（A.M.P）（佐賀県有田町）"有田工業高校の地域連携マルチメディアプロジェクト"
　e-まなびネット郡山（福島県郡山市）"e-まなびネット郡山が開発した学校用ブログ「スクログ」"
　NPO法人はままつ子育てネットワークぴっぴ（静岡県浜松市）"子育て支援ポータルサイト「はままつ子育てネットワークぴっぴ」"
◇佐賀県知事賞
　新庄ミニFM発起人会（通称FM FLOWER）（山形県新庄市）"住民参加型ミニFM局「FM FLOWER」"
◇地域活性化センター賞
　熊本県八代市 "地域SNSプロジェクト「ごろっとやっちろ」"
◇インターネット協会賞
　NPO法人子どもの権利支援センターぱれっと（富山県射水市）"ネット掲示板を使った相談・ピアサポーター育成事業「ほっとスマイル」"
◇CANフォーラム賞
　NPO法人STAND（金沢市）"障害者スポーツ・モバイルライブ中継「モバチュウ」"
◇佐賀新聞社賞
　（株）ケーブルワン（佐賀県武雄市）"ケーブルワンの地域映像アーカイブとVODサービス"

第12回（平19年）
◇大賞
　松江市（島根県）"Ruby City MATSUEプロジェクト"
◇日本経済新聞賞
　岩手県医療福祉情報化コンソーシアム「ポラーノ広場」（岩手県）"高齢者安否確認システム—今日も発信・元気だよ！"
　高知県 "高知県地域版アウトソーシング"
◇日経産業新聞賞
　ヘルスケア基盤整備事業推進コンソーシア

文化・社会・経済

ム（熊本県）"オープンプラットフォーム型健康情報基盤（私の健康履歴）"
◇日経MJ（流通新聞）賞
　北山村（和歌山県）"ブログポータルサイト「村ぶろ」"
◇新潟県知事賞
　協同組合三条工業会（新潟県）"インダスマーケット"
　藤沢市（神奈川県）"地域が見守る安心ネットワーク"
◇地域活性化センター賞
　須坂市，NPO法人信州SOHO支援協議会，須高ケーブルテレビ，須坂新聞，須坂市観光協会（長野県）"寄ってたかって信州須坂発信プロジェクト"
◇インターネット協会賞
　松江市（島根県）"Ruby City MATSUEプロジェクト"
◇CANフォーラム賞
　シーポイント（静岡県）"浜松地域ブログポータル「はまぞう」"
◇特別賞
　柏崎コミュニティ放送「FMピッカラ」（新潟県）"新潟県中越沖地震に伴う緊急災害放送"
第13回（平20年）
◇大賞
　地域SNS基盤連携ネットワーク インフォミーム（兵庫県）"OpenSNP地域情報プラットホーム連携プロジェクト"
◇日本経済新聞賞
　神戸市第二次救急病院協議会（兵庫県）"神戸市第二次救急病院協議会救急医療情報システム"
◇日経産業新聞賞
　ワイズスタッフ（北海道）"テレワークの新しい形「ネットオフィス」による全国各地での地域情報化"
◇日経MJ（流通新聞）賞
　三陸いわて【魚】情報化チーム（岩手県）"三陸いわて水産分野の情報化"
◇地域活性化センター賞
　厚木市（神奈川県）"地域ポータルサイト「マイタウンクラブ」"
◇インターネット協会賞
　特定非営利活動法人TRYWARP（千葉県）"大学生がパソコンを教えることを通して，若者と地域住民との世代間交流のきっかけ作り〜パソコンプレックス解消大作戦〜"
◇CANフォーラム賞
　特定非営利活動法人中海再生プロジェクト，中海テレビ放送（鳥取県）"中海再生プロジェクト"
◇特別賞
　スルッとKANSAI協議会（大阪府）"スルッとKANSAIプロジェクト"

040 NIPPON QUEST AWARD

WEBサイト「NIPPON QUEST（ニッポン クエスト）」は，地域を愛する日本人と，日本が大好きな外国人で"ふるさと名物"の情報を投稿・評価する「ふるさと名物サイト」である。海外販路の開拓や外国人の誘客のため，全国各地の"ふるさと名物"情報を広く海外に発信する取組として平成28年開始。

【主催者】NIPPON QUEST 運営事務局

【選考方法】(1)「NIPPON QUEST」サイト，(2) 連携先イベント等での投票の2種類の投票合計ポイントで年間アワードが決定

【締切・発表】（第1回）平成28年3月4日表彰式

【URL】http://www.meti.go.jp/press/2015/03/20160304006/20160304006.html

第1回（平28年）
◇食部門
- グランプリ
  日光軒（栃木県佐野市）"ハラール餃子"
◇モノ部門
- グランプリ
  木本硝子（株）（東京都台東区）"漆黒の江戸切子"
◇アクティビティ部門
- グランプリ
  松永日本刀剣鍛錬所（熊本県荒尾市）"日本刀作刀見学"

◇バイヤー賞
　HALOS（Chord&Co.）（東京都足立区）"ソーラーバッグ"
◇ロケーションジャパン編集部「LJマルシェ」賞
　割烹旅館 銚子屋（茨城県潮来市）"鯉のうま煮"
◇楽天市場「まち楽」賞
　（株）マツザワ（長野県高森町）"市田柿ミルフィーユ"
◇自治体賞
　仙北市（秋田県）

041 日本ICT教育アワード

全国ICT教育首長協議会設立を機に、「全国ICT教育首長サミット」において「日本ICT教育アワード」を実施。先進的・特徴的な取組を実施している地方公共団体への表彰を行う。

【主催者】全国ICT教育首長協議会
【選考委員】審査委員長・東原義訓（信州大学学術研究院教育学系教授）
【選考方法】第一次審査：特徴的な取組、継続性、他の地域への影響力、の観点から審査委員により6事例を選出。第二次審査：「全国ICT教育首長サミット」の席上において、プレゼンテーションを行い、本協議会加盟自治体首長等の投票により決定
【締切・発表】（第1回）平成29年1月20日締切、平成29年2月22日表彰式
【URL】https://ictmayors.jp/#a5

第1回（平29年）
◇文部科学大臣賞
　茨城県つくば市 "『未来の子供の社会力をICTで実現する世界No.1 教育都市』"
◇全国ICT教育首長協議会会長賞
　岐阜県岐阜市 "『未来への投資～首長の決断がICT教育推進の鍵』"
　滋賀県草津市 "『草津市における教育情報化推進体制の構築』"
　佐賀県武雄市 "『未来を担うすべてのこどもを主人公に（ICT利活用教育の推進）』"
　東京都日野市 "『ゼロからスタートして10年経過した日野市の教育の情報化』"
　熊本県山江村 "『全国平均を大幅に上回る学力を実現～山江村の取組とは～』"

042 日本ギフト大賞

「日本ギフト大賞」は、ギフトの活性化は日本人の心に宿る温かさを形にし、受け手、贈り手の喜びを高めるだけでなく、日本の文化と産業を豊かにしていくものであるとの思いから、平成27年に創設された。

【主催者】日本ギフト大賞選考委員会

【選考委員】選考委員長・永井多恵子(せたがや文化財団理事長、国際演劇協会会長)、選考委員・鎌田薫(早稲田大学総長)、酒井正三郎(中央大学総長)、藁谷郁美(慶応義塾大学総合政策学部教授)、田中理恵(日本体育大学助教)、石塚邦雄(三越伊勢丹ホールディングス代表取締役会長)、角和夫(阪急阪神ホールディングス代表取締役社長)、肥塚見春(髙島屋顧問)、伊東信一郎(ANAホールディングス代表取締役会長)、佐藤康博(みずほフィナンシャルグループCEO)、永井浩二(野村ホールディングスグループCEO)、隈研吾(隈研吾建築都市設計事務所建築家)、佐竹力總(美濃吉代表取締役社長)、山田法胤(法相宗大本山薬師寺管主)、北原巖男(前東ティモール特命全権大使)、中川敬(東京楽天地代表取締役社長)、菊池武恭(WPCコーポレーション代表取締役)、芝昭彦(芝経営法律事務所弁護士)、縣良二(フジサンケイビジネスアイ会長)、鈴木克之(日本経済新聞社常務執行役員)

【選考基準】(1)独自性:差別化された価値や地域に根ざすなどの独自性を持ったギフト (2)創造性:新しいギフト習慣を生み出す創造性豊かなギフト (3)社会性:日本のギフト文化への貢献や活性化につながるギフト

【URL】http://www.japan-gift-awards.jp/

(平27年)
◇都道府県賞
(株)ほんま(北海道) "月寒あんぱん"
タムラファーム(株)(青森) "タムラシードル赤りんごラベル"
(有)木村商店(岩手) "いか徳利"
(有)東北工芸製作所(宮城) "玉虫塗ワインカップペア"
(株)アクアス(秋田) "横手じっぱり箱"
(株)多田農園(山形) "真夏のルビー『紅姫』"
齋栄織物(株)(福島) "妖精の羽・オーガンジーストール"
めん工房 ほさか(茨城) "「常陸秋そば」そば屋の手打ちそば"
味一番(栃木) "味一番餃子120個セット"
玉子屋やまたか(群馬) "たぶん世界一濃厚なプリン天国のぶた"
米寿屋(埼玉) "特別栽培米の贈り物「結-yui-」"
(株)マザー牧場(千葉) "手造り工房千産千消セット"
ケンズカフェ東京(東京) "ケンズカフェ東京の特撰ガトーショコラ"
カフェパンセ湘南(神奈川) "湘南小田原の桜のレアチーズタルト"
(株)三幸(新潟) "塩辛三昧ロング3本セット~サーモン・甘えび・いか~"
奥田屋(富山) "奥田屋特製3点セット海の幸「北陸AKB」"
ル ミュゼ ドゥ アッシュ KANAZAWA(石川) "YUKIZURI"
(株)三玄(福井) "越前蟹味噌バター"
シフォン富士(山梨) "スーパーふじフォン大"
HAMARA FARM(長野) "生で食べられる極上の「八ヶ岳生とうもろこし」"
明宝ハム(岐阜) "明宝ハム"
(株)メロー静岡(静岡) "至高のマスクメロン幻の最高等級『富士』クラウンメロ

042 日本ギフト大賞　　　　　　　　　　　　　　　　　　　文化・社会・経済

ン"
(有)まるや本店(愛知)"3人用ひつまぶしDX「鰻ぞく」"
(有)カネスエ製麺所(三重)"鈴鹿抹茶めん"
かねきち(滋賀)"近江牛特選和風とろ生ローストビーフ"
(株)京煎堂(京都)"御縁の桜"
おつけもの川伊屋(大阪)"ふるさとの味・旬の漬物大阪泉州産水なす漬"
神戸フランツ(兵庫)"神戸・港町の午後"
柿の専門 奈良吉野いしい(奈良)"柿こーり"
(株)おはなはん(和歌山)"おはなはん・お好み焼ミックス・ホットケーキ特別セット"
大山ハム(株)(鳥取)"大山山麓ボンレスハム"
赤てんの江木蒲鉾店(島根)"赤てん20枚入り化粧箱"
(株)果実工房(岡山)"フルーツコラーゲンゼリー岡山県産4種セット"
癒しの熊野化粧筆 宮尾(広島)"熊野筆化粧筆メイクブラシ5本セット《ピンクパール》"
下関酒造(株)(山口)"下関味わいギフト ～本場下関のひれ酒とご自分でつくるひれ酒のセット"
(株)ワイヤーオレンジ(徳島)"おむつ寿司"
(株)一鶴(香川)"骨付鳥一鶴"
暁工房(愛媛)"宇和島アコヤ真珠のピンキーリング〈クローバー〉"
企業組合ごめんシャモ研究会(高知)"坂本龍馬の愛した『ごめんシャモ鍋 大』"
辛子明太子の一結堂(福岡)"久留米かすり風呂敷付 辛子明太子 特別限定版 博多コラボギフトセット"
(株)サン海苔(佐賀)"佐賀有明海一番DX-100"
長崎じげもん豚と雲仙しまばら 鶏の肉工房みぞた(長崎)"コク旨そしてジューシー！ 長崎じげもん豚はちみつ味噌ハンバーグ"

(株)森羅万象堂(熊本)"国産ばんぺいゆの蜂蜜"
姫からの贈り物(大分)"幻の2日ひじき"
合同会社あまか(宮崎)"宮崎完熟マンゴー「甘い誘惑」"
(有)カーマイン(鹿児島)"乙姫の扇子 金目鯛一夜干し"
もとぶ牧場商店(沖縄)"もとぶ牛ギフトセット"
◇話題賞
三越伊勢丹"三越伊勢丹のライオン像 日本体育大学への寄贈"
◇音楽ギフト賞
村上音楽事務所"楽器演奏、聖歌/声楽ギフト"
◇プレミアムギフト賞
サントリー"サントリー ザ・プレミアム・モルツ"
◇和食ギフト普及賞
森永乳業"森永絹ごしとうふ"
◇コーヒーギフト育成賞
味の素ゼネラルフーヅ"AGFコーヒーギフト"
◇地方文化交流賞
日田市(大分県)，伊那市(長野県)"井上酒造麦焼酎 ゴルフ寺弘妙寺"
(平28年)
◇都道府県賞
昆布村(能戸フーズ(株))(北海道)"天然がごめ昆布しょうゆ"
武輪水産(株)(青森県)"御馳走しめさば"
(株)肉のふがね(岩手県)"いわて短角 和牛吟醸粕漬"
(有)マルタ水産(宮城県)"閖上産 赤貝の塩漬(瓶詰)"
(有)中野木工(秋田県)"天然木のボールペン"
山形食品(株)(山形県)"果汁100％ストレートジュース「山形代表」"
(株)おのざき(福島県)"厚揚ソフトかまぼこ"
農業法人大地(茨城県)"大地のミニトマトジュースSun Pallet(サンパレット)"
斎藤商事(株)(御菓子司 桝金)(栃木県)

"生どら焼とちおとめ2倍"
うどん茶屋水沢 万葉亭((有)牧商事)(群馬県)"水沢うどん"
(株)武蔵野ユニフォーム(埼玉県)"ポップ足袋"
(株)オランダ家(千葉県)"楽花生パイ"
(株)榮太樓總本鋪(東京都)"榮太樓あんみつ"
三崎朝一協同組合(神奈川県)"三崎港まぐろトロちまき"
(株)見田元七商店(新潟県)"銀鱈越後漬 鮭塩こうじ漬詰合せ"
(有)寿々屋(富山県)"白えび寿し"
(株)中田屋(石川県)"きんつば"
スタイル・オブ・ジャパン(株)(福井県)"若狭塗り箸 あわび貝 金若狭"
(株)かいや(山梨県)"国産黒鮑 煮貝"
(株)サエグサ&グリーン(長野県)"コタキホワイト"
古屋産業(株)(岐阜県)"五平餅"
(有)やましち(静岡県)"活き桜えび"
(株)あいや(愛知県)"抹茶バウムクーヘンとお茶の詰め合わせ"
(株)地主共和商会(三重県)"贅沢たまごジャム(伊勢茶味)"
社会福祉法人あゆみ福祉会工房しゅしゅ(滋賀県)"湖のくに生チーズケーキ"
フレーバーズ(京都府)"ミルクレープロール 宇治抹茶"
(株)あみだ池大黒(大阪府)"粟おこし、岩おこし"
鉄板焼神戸Fuji(兵庫県)"神戸牛入り鉄板焼やプレミアムお肉のケーキ"
奈良一奈良漬 いせ弥(奈良県)"奈良漬と茶がゆのセット"
(株)ふみこ農園(和歌山県)"紀州梅グラッセ"
鳥取食品工業(株)(トリショク)(鳥取県)"鳥取砂丘ラッキョウ"
奥出雲そば処 一福(島根県)"出雲そば 奥出雲セット"
社会福祉法人敬業会ヴィレッジ興産(岡山県)"「ときわヴィレッジ」のロースハムブロック1100g 極(きわみ)"

(有)ポワブリエール(広島県)"アオギリ"
(株)藤フーズ(下関 関とら)(山口県)"【贈り福】とらふぐ大吟醸粕漬食べ比べセット"
徳島魚類(有)(徳島県)"きらびき工房 天然鳴門鯛 鯛しゃぶセット"
(株)志満秀(香川県)"えびチーズフォンデュ"
(株)一六本舗(愛媛県)"一六タルト"
(株)ハマヤ(しまんとハマヤ)(高知県)"鰹のオリーブオイル漬けとパテ ギフトセット"
(株)糸島みるくぷらんと(福岡県)"体験型ギフト「バター作り体験キット」"
(有)伊藤けえらん(佐賀県)"唐津銘菓「呼子のいか」"
溝田精肉店 肉工房みぞた(長崎県)"雲仙しまばら鶏塩麹漬け"
(株)千興ファーム(熊本県)"鮮馬刺し赤身100g・タタキ100gセット"
大分水産(株)(大分県)"温泉で育てたうなぎ蒲焼"
(有)しゃくなげの森(宮崎県)"尺ヤマメ(巨大ヤマメ)の黄金イクラ"
薩摩金山蔵(株)(濱田酒造グループ)(鹿児島県)
(有)ごーやーどっとネット(沖縄県)"プレミアム山将ラフテー"

◇ふるさとギフト最高賞
 (有)寿々屋(富山県)"白えび寿し"
◇特別賞
● 感動ギフト賞
 全日本空輸(株)"すずらん行事"
● 100年ギフト賞
 味の素(株)"味の素ギフト"
● プレミアムギフト賞
 山田平安堂"工芸美の再定義「漆器」プレミアムギフト・ラインナップ"
 九州旅客鉄道(株)"クルーズトレインななつ星in九州"
 サントリービール"サントリー ザ・プレミアム・モルツビールギフト"
● 地域ハーモニー賞
 日本体育大学社会貢献推進機構"地方自治

体への体育・スポーツ振興支援"
味の素ゼネラルフーヅ "AGFコーヒーギフトセット"
● 記念日ギフト賞

サソーグラインドスポーツ(株) "SASO Runryu(ランリュウ)、SASO RRR(トリプルアール)"

043 日本サービス大賞〔地方創生大臣賞〕

国内全サービス業者を対象により一層の士気向上などを目的に、多種多様なサービスを共通の尺度で評価し表彰する。内閣総理大臣賞、地方創生大臣賞、総務大臣賞、厚生労働大臣賞、農林水産大臣賞、経済産業大臣賞、国土交通大臣賞、JETRO理事長賞がある。平成28年に創設された「地方創生大臣賞」は地域の活性化の視点で大きく貢献した優秀なサービスを表彰するもの。

【主催者】サービス産業生産性協議会(SPRING)
【選考委員】委員長・野中郁次郎(一橋大学名誉教授)および、サービス企業の経営者、学識経験者等の有識者
【選考方法】応募
【選考基準】受け手の期待に対する達成度、サービスをつくりとどけるしくみ、サービス産業の発展への寄与
【締切・発表】(第2回)平成29年6月1日から7年8月31日必着、平成30年春発表予定
【賞・賞金】8件程度
【URL】http://service-award.jp/result_detail/creation02.html

第1回(平28年)
◇地方創生大臣賞
旭川市旭山動物園(北海道) "動物の本能を魅せる「行動展示」"
(一社)日本食べる通信リーグ、特定非営利活動法人東北開墾(岩手県) "食べ物つき情報誌「食べる通信」"
(株)ラクーン(東京都) "卸・仕入れサイト「スーパーデリバリー」"
(株)フォレストコーポレーション(長野県) "家づくりを物語に「工房信州の家」"
(有)兵吉屋(三重県) "海女小屋体験「はちまんかまど」"
(株)リブネット(三重県) "学校図書館運営サポートサービス"
医療法人ゆうの森(愛媛県) "在宅医療により地域を再生するへき地医療サービス"
九州産交バス(株)(熊本県) "公共交通で旅を創る「日帰りバス旅」"

044 日本新聞協会地域貢献大賞

全国の新聞販売所や新聞販売同業者組合などが各地域で行っている地域貢献活動を顕彰することを目的に、平成19年創設。

【主催者】(一社)日本新聞協会

【締切・発表】（第11回）平成29年4月末日必着,10月5日以降発表
【URL】http://www.pressnet.or.jp/about/commendation/

第1回（平19年）
◇大賞
　高新会婦人部「なでしこ会」（高知県高知市）"「生命（いのち）の基金」チャリティーバザー"
◇特別賞
　桑山 利子（中日新聞安城今池町専売所（愛知県安城市））"スリランカ学生の巣立ち助け14年"
◇奨励賞
　ASA手稲東部（北海道），ASA発寒，ASA稲穂，ASA八軒，ASA西野 "配達という名の地域パトロール、行政とのタイアップ地域貢献"
　岩手日報会（岩手県）"岩手日報会ウィング基金"
　信毎会連合会（長野県）"県下盲・ろう・養護学校児童・生徒に普通傷害保険贈呈の継続事業"
　板橋区新聞販売同業組合（東京都）"板橋セーフティー・ネットワークへの参加"
　名古屋市中日会，名古屋新市内中日会（愛知県）"異常事態支援サービス"
　北日本会（富山県）"北日本新聞「愛のひと声運動」"
　日本新聞販売協会近畿地区本部 "日赤の献血に協力するキャンペーン"
　山陽新聞山陽会 "岡山県へ福祉バスを贈る運動"
　宮崎日日新聞宮日会（宮崎県）"アカウミガメ保護 清掃活動"
◇褒賞
　佐藤 孝（二本松販売センター（福島県））"販売所を開放しての「寺子屋教室」「楽しい教室」開催事業"
　薮崎 佳樹（薮崎新聞店育伸社（静岡県藤枝市）），池谷 仁志（いけたに新聞店（静岡県藤枝市）），江﨑 友次郎（藤枝江﨑新聞店（静岡県藤枝市））"古新聞回収事業による循環型地域ネットワークの構築"
　高木 与志久（福井新聞美浜販売店店主（福井県））"ホビーギャラリーちょこま"
　高谷 将美（山陽新聞岡山東販売株式会社洲崎販売センター所長（岡山県））"お年寄りの生活サポート"
　福永 博司（南日本新聞真砂販売所所長）"こどもに夢を贈る献本運動・敬老の日思い出写真プレゼント"

第2回（平20年）
◇地域貢献大賞
　岐阜新聞岐新会（岐阜県）"岐阜・各務原市境山火事跡地「緑の山再生プロジェクト」と環境保護活動"
◇地域貢献賞
　道新会札幌八日会（北海道）"財団法人北海道盲導犬協会に盲導犬育成のため継続的に支援活動"
　秋田魁県北青年部会（秋田県）"秋田県八森・岩館海岸クリーンアップ活動"
　川村 清（（株）東北堂代表取締役社長・ASA盛岡東北堂所長（岩手県））"盛岡の清流中津川を守ろう"
　寺澤 淳一（NIC真砂所（新潟県））"道路クリーン作戦"
　ASA石神井北口（東京都），ASA下石神井，ASA石神井公園，ASA高松，ASA練馬春日町，ASA富士見台 "朝日新聞石神井6店チャリティーコンサート"
　西峯 行雄（ニュースサービス日経西日暮里所長（東京都））"地域に信頼される販売店"
　時々輪 忠正（中日新聞岩津専売店店主（愛知県））"販売店の傍ら30年以上続けてきた消防団活動"
　北國新聞北國会（石川県）"北國新聞北國会「ふるさとに感謝する地域貢献事業」"
　神戸朝日会（兵庫県）"プルトップを集めて車いすを贈ろう」運動"
　松井 憲昭（京都新聞洛南販売所所長（京都府））"警察署の防犯活動に長年にわた

り協力"

山陽新聞山陽会加盟の岡山県内販売所（岡山県）"山陽新聞山陽会セーフティーネットワーク"

岡村 俊典（中国新聞因島南販売所所長（広島県））"因島村上水軍陣太鼓の復活と保存、普及活動"

徳島新聞みつわ会美馬支部（徳島県）"資源を活かして車椅子をゲット!!"

田村 定也（高知新聞宿毛販売所所長（高知県））"宿毛市グラウンドゴルフ高新大会"「宿毛市こども会ソフトボール大会」ほかスポーツ振興活動"

西日本新聞エリアセンター連合会"「車いす送迎車を贈ろう！」キャンペーン"

第3回（平21年）

◇地域貢献大賞

北川 良紀（YC手宮町所長（北海道））"雪下ろしボランティア"

◇地域貢献賞

秋田県読売会（秋田県）"ミニコミ紙「おらほ」での地域安全ニュース掲載"

谷津 芳男（（有）谷津新聞店社長・河北新報白石販売所所長（宮城県））"ベッドスクールへの寄付活動"

埼玉県連合読売会（埼玉県）"「もういちど活かそう限りある資源」フリーマーケット"

望月 博征（毎日新聞望月新聞店店主（静岡県））"「なかよし運動会」への支援（特別支援学級および学校の運動会）"

全国読売防犯協力会"警察と協力し、地域に根ざした防犯活動"

枇杷阪 秀明（ASA小石川所長（東京都））"文京区小石川地区における消防団活動への貢献"

中日新聞春日井支部（愛知県）"春日井日公防犯ネットワーク"

金森 幸男（YC長久手所長（愛知県））"地域密着型イベント"

北國新聞北國会羽咋支部（石川県）"グラウンドゴルフで地域貢献!!健康増進、地域の和を広げる"

奈良県三重県読売会"奈良県三重県読売会エコプロジェクト"

山陰中央新報会女性部「あやめの会」（島根県）"活気ある街づくり支援"と"がん対策募金運動"

入澤 實（山陽新聞那岐販売所所長（岡山県））"メダカの里親募集"

四国新聞販売店会「四国会」（香川県）"地域防災協定「よんしん安心ネット」"

有田 晋作（愛媛新聞エリアサービス粟井南所長（愛媛県））"ふるさとの自然を守る運動"

大分合同新聞玖珠郡プレスセンター会（大分県）"子供映画祭"

第4回（平22年）

◇地域貢献大賞

山本 良平（山本新聞店所長（兵庫県））"上郡民報"

◇地域貢献特別賞

加藤 憲一（（株）加藤新聞舗代表取締役社長（千葉県））"活字文化推進運動"

◇地域貢献賞

旭川地方道新会（北海道）"車いすの寄贈"

松崎 浩（ASA江差所長（北海道））"図書館への書籍寄贈"

浅沼 良子（読売センター大湊所長（青森県））"ミニコミ紙で集めたタオルを老人ホームに贈る運動"

河口 仁朗（（株）河口代表（岩手県））"ミニコミ紙「週刊きたかみ」の発行"

ASA世田谷ブロック（東京都）"未来のジャーナリスト講座"

東部読売会（東京都）"献血活動協力「まごころ献血」"

名古屋リサイクル推進協議会（愛知県）"全紙で取り組む地域と一体となった古紙リサイクルの推進"

伊藤 隆（（有）坂本ニュース販売代表（岐阜県））"葬儀案内、小中学校報の無料製作と折込〜町の情報ステーションを目指して"

北國新聞北國会七尾鹿島支部（石川県）"老人福祉施設に紙おむつ寄贈〜紙おむつで、快適な入所生活を〜"

福井新聞福井会（福井県）"ふれあい募金"

文化・社会・経済

佐藤 鈴子（神戸新聞名谷中央専売所所長（兵庫県））"新聞の音読（脳トレ）の集い"

日本新聞販売協会和歌山県紀南支部（和歌山県）"地元中学・高校への新聞提供と作文募集活動〜和歌山県田辺・白浜地区の「すべての教室へ新聞を」運動"

山陽新聞山陽会（岡山県）"岡山県に移動環境学習車を贈り、こどもたちの環境に対する意識を高める運動"

中国新聞中国会連合会，中国新聞販売センター"無料点字新聞（日刊）の発行"

徳島新聞販売店会（徳島県）"古紙リサイクルで子供たちに図書を!!"

村上 正郎（愛媛新聞エリアサービス今治西所長（愛媛県））"月刊地域紙を28年間編集・発行し、地域の歴史・文化の発掘と啓発に貢献"

西日本新聞エリアセンター連合会"中高生による砂漠緑化体験事業「西日本新聞ハナドリ隊」"

佐賀新聞佐賀会（佐賀県）"地域還元「佐賀の民話紙芝居セット贈呈」事業"

第5回（平23年）
◇地域貢献大賞
鈴木 常徳（中国新聞西条販売所所長（広島県））"60年以上続く地域の社交場「小泉サロン」"

◇地域貢献特別賞
藤田 裕喜（河北新報気仙沼南販売所所長（宮城県））"大震災時にミニコミ紙を避難所等で連日発行"

◇地域貢献賞
高橋 勇治（読売センター夕張中央所長（北海道））"ミニコミ紙を使った地域情報・防犯情報の提供"

大東 勲（北海道新聞津別・大東販売所所長（北海道））"つべつかわら版福祉基金"

渡部 卓（秋田魁新報大森販売所店主（秋田県））"カヌーを通じての自然体験活動"

土浦店主会（茨城県）"土浦地区新聞販売店・警察防犯連絡協議会"

村越 由美（ASA下田（静岡県））"古紙回収利益で小学校に図書寄贈"

044 日本新聞協会地域貢献大賞

都内中部朝日会渋谷ブロック会（東京都）"渋谷区民のためのチャリティーコンサート"

江戸川区新聞販売同業組合（東京都）"熟年者の安心生活応援ネットワーク"

中世古 光正（毎日新聞鳥羽専売所所長（三重県））"三重県鳥羽市あらしま地区こどもサポーターの会、安楽島地区青少年育成会"

中日新聞瀬戸支部販売店会（愛知県）"ぷちエコ運動"

村上 潔（北日本新聞大門販売店代表（富山県））"庄東タイムス"

北國新聞北國会珠洲支部（石川県）"グラウンドゴルフで健康促進—珠洲地区親睦グラウンドゴルフ大会"

大阪市朝日会（大阪府）"プルタブ回収（リサイクル）運動"

和歌山県毎日会（和歌山県）"エコキャップ回収運動"

小野 知男（山陽新聞玉島販売所所長（岡山県））"山陽新聞ちびっこクリスマス大会"

近藤 一文（徳島新聞井川専売所所長（徳島県））"「編集委員は住民」地域主体のミニコミ紙で文化発展へ尽力"

領家 奈津子（愛媛新聞エリアサービス川内所長（愛媛県））"「バルーンパフォーマンス」を通じての地域活動"

山陽小野田店主会（山口県）"山口県山陽小野田店主会による小中学校への新聞提供"

大分合同新聞KKYYプレスセンター会（大分県）"ふれあいバスツアー"

第6回（平24年）
◇地域貢献大賞
三重県朝日会四日市支部（三重県）"新聞スクラップコンテスト"

◇地域貢献賞
市田 和則（ASA恵庭中央所長（北海道））"ASA、地域版、支社による地域の学校教育貢献事業"

阿部 昌雄（北海道新聞釧路駅前・阿部新聞店所長（北海道））"ミニコミ紙を軸とし

た地域貢献活動"
加賀 孝司（秋田魁新報西目販売所店主（秋田県））"古新聞紙からの花や苗木のポット作り"
鈴木 ヨシ子（山形新聞鮭川専売所所長（山形県））"絵本等の読み聞かせを中心とする手づくり娯楽事業活動"
毎日新聞・福島民報販売店会安達太良会（福島県）"安達太良会地域安全協力活動"
湘南読売会（神奈川県）"湘南絵てがみ大賞「がんばろう、日本。がんばろう、東日本。」"
今井 松男（YC土呂所長（埼玉県））"地域の見守り活動"
新潟日報会（新潟県）"新潟県における地域の見守り活動"
小松 盛喜（信毎販売センター代表取締役社長（長野県））"ボランティア情報誌の配布協力"
江﨑 晴海（藤枝江﨑新聞店代表（静岡県））"小学校へのAEDの寄贈と「命の大切さを伝える授業」の実施"
読売センター石神井，読売センター石神井北口，読売センター石神井公園（東京都）"石神井公園ウォーキングごみ拾い"
朝日新聞江東ブロック会（東京都）"お米作り（田植え、草刈り、稲刈り）体験とミニコミ紙による地域情報の発信"
川村 益美（毎日新聞鵜沼専売所所長（岐阜県））"「しめ縄作り」による三世代ふれあい活動"
北國新聞北國会（石川県）"子どもの安全を守り、子どもの情操を養う"
三枝 正男（神戸新聞北条販売所所長（兵庫県））"写真情報誌「カメラ・アイライン」の発行"
伊賀地区朝日新聞サービスアンカー（三重県））"伊賀地区朝日新聞サービスアンカー、伊賀支局紙面連動企画「なくそう交通事故」"
山本 勝（山陽新聞神島外販売所所長（岡山県））"地域ボランティア・有線放送、ゴミ出し支援"

中国新聞中国会連合会（広島県）"「ちゅーピーの森づくり」プロジェクトの展開"
西口 功（愛媛新聞エリアサービス桑原所長（愛媛県））"地域の歴史的名勝の保全・整備、PR"
徳島新聞販売店会（徳島県）"県内全域でくまなく「高齢者見守り活動！」安心して暮らせる地域づくりへ 徳島県および市町村と連携活動"
佐賀新聞販売店会佐賀会（佐賀県）"「宇宙カボチャを育てよう」～パンプキンミッション in さが～"
南日本新聞指宿地区南日会（鹿児島県）"ミニコミ紙特集号「ハーイ元気です」とちびっこサッカー&グラウンドゴルフ大会"

第7回（平25年）
◇地域貢献大賞
平塚地区新聞販売組合（神奈川県）"防犯ミニコミ紙「じもとの事件簿」発行"
◇地域貢献賞
八柳 斉（毎日新聞芦別販売所所長（北海道））"芦別市における統計調査活動を通じた地域貢献"
橘 佳一郎（北海道新聞旭川住吉・道新たちばな販売所所長（北海道））"たすけ愛企画"
吉村 英樹（北海道新聞あいの里・道新吉村販売所所長（北海道））"どうしんあいの里こどもマラソン大会"
北海道新聞士別北販売所，北海道新聞士別南販売所，北海道新聞上士別販売所，北海道新聞温根別販売所，北海道新聞多寄販売所，読売センター士別（北海道）"学校通信・学校だよりの地域市民への無償配布"
武藤 靖人（河北新報中田販売所所長（宮城県））"なかだだねっと「復興応援バスツアー」"
長沢 吉勝（毎日民報西部販売センター所長（福島県））"古紙回収による学校への図書寄贈活動とミニコミ紙発行"
東奥会（東奥日報販売店主会）青森方部会（青森県）"障害者支援 古紙再生鉢事業"

文化・社会・経済　　　　　　　　　　　　　　　044 日本新聞協会地域貢献大賞

岩崎 公則（ASA相模原みなみ所長（神奈川県））"ベルマーク運動による地域貢献活動"

松本 賢一（読売センター南河内所長（栃木県））"下野市交通指導員として22年間小学生の交通事故ゼロに貢献"

信濃毎日新聞長野市店主会（長野県）"長野市内小学校・特別支援学校新1年生に普通傷害保険を贈呈"

岩城 武（ASA旭町所長（東京都））"長年にわたる防犯・防火・交通安全を通した街作り活動"

小池 徹（毎日新聞武蔵小山販売所所長（東京都））"毎日地域防犯ニュースの配布"

鈴木 芳則（(有)鈴木新聞店代表（愛知県））"特定非営利活動法人のんほい・ほうらい"

中日新聞名古屋中日会（愛知県）"夏祭り、やぐらの貸し出しと設営"

桑野 英夫（中日新聞春江専売店店主（福井県））"長年にわたる地域交通安全への貢献"

福井新聞福井会（福井県）"地域貢献ボランティア事業「福井新聞心のふれあい一声運動」"

毎日新聞大阪市・府毎日会連合会（会長・丹生勝），毎日新聞京都兵庫専売会連合会（会長・厚主幸三），毎日新聞近畿専売会連合会（会長・宮井良継），毎日新聞中四北専売会連合会（会長・坂本知光）"毎日新聞愛の手運動"

坂本 知光（毎日新聞松永販売所所長（広島県））"みんなが住みやすい街へ〜防犯・高齢者見守り・環境保全活動〜"

藤井 洋治（山陽新聞川面販売所所長（岡山県））"高梁・寺山城址の調査・保存および川面地域まちづくり推進活動"

久米 一仁（徳島新聞八万西専売所所長（徳島県））"「こどもの安全を見守る家」活動"

四国新聞販売店会四国会女性部「温心会」（香川県）"小児病棟に絵本を贈る活動"

大分合同新聞大分南部，大分稙田，日出プレスセンター会（大分県）"うみたまご貸し切りイベント「夜の水族館を楽しもう」"

佐潟 隆一（南日本新聞販売（株）代表取締役社長（鹿児島県））"絵本リサイクルバザー"

第8回（平26年）

◇地域貢献大賞

どうしん小樽販売所会（三日会）（北海道）"「小樽なつかし写真帖」の発行"

◇地域貢献賞

髙橋 正雄（北海道新聞旭川末広東道新髙橋新聞店所長（北海道））"小中学校への「安全マップ」寄贈"

中田 光彦（北海道新聞旭川神楽道新なかた販売所所長（北海道））"地域清掃などの住民サービス"

秋田魁会県南ふきのとうの会（秋田県）"患者さんへ届けようタオル帽子"

福島民友会（福島県）"地球にやさしく、子どもたちに愛を。ふくしまエコキャップ運動」全面協力"

松田 英雄（山形新聞真室川販売所所長（山形県））"真室川町学校新聞コンクール"

市川市新聞組合（千葉県）"市川市小学生・中学生新聞感想文コンクール"

樋口 仁（信毎販売（株）代表取締役社長（長野県））"東海地震に備え店舗で毎年住民と防災訓練 飯田市と結んだ避難者支援協定に基づいて"

木村 哲郎（新潟日報サービスネット代表取締役社長（新潟県））"NIC木戸えほん館"

東京都連合日経会（東京都）「地域貢献チラシ（月刊・30万部）」の無償制作と配布で地域貢献"

ASA赤羽（所長山田秀明）ほか北ブロックASA10販売所（東京都）"赤羽馬鹿祭り"

尾張朝日会知多支部（愛知県）"朝日新聞社旗争奪知多地区少年野球大会"

岐阜新聞西濃会（西濃販売店会）（岐阜県）"地域振興事業応援プロジェクト（チューリップ祭りPRキャラバンなど）"

淀川区「1千人の第九」運営委員会，ASA淀川（大阪府）"淀川区「1千人の第九」"

郷土・地域文化の賞事典　125

競 文宏（京都新聞城北販売所所長（京都府））"地域の見守り活動に対する貢献"
神戸新聞但馬会（兵庫県）"兵庫県北部（但馬地区）におけるスポーツ地域事業の後援"
和歌山県読売会和歌山支部（和歌山県）"読売ふれあいフェスタ"
山陰中央新報会協同組合"山陰を元気に！「地域見守り運動」と「イベントの支援」"
田中 克尚（山陽新聞弓削販売所所長（岡山県））"中山間地域における子育て世代・若者の地域交流支援"
愛媛春秋会女性部ひめいよ会（愛媛県）"車いす寄贈と途上国へのワクチン代支援"
大原 哲夫（高知新聞吾川販売所所長（高知県））"タイムカプセルIN吾川じゃ"
西日本新聞エリアセンター連合会"NEWScafe「まわしよみ新聞」"
梶谷 睦枝（大分合同新聞中津宮永今津プレスセンター（大分県））"豊田の杜ほーかご子ども教室"コーディネーター"

第9回（平27年）
◇地域貢献大賞
　能登 昭博（ASAニュータウン西白井所長（千葉県））"主役は子どもたち ASA子ども元気塾！"
◇地域貢献特別賞
　加藤 輝雄（ASA上新庄所長（大阪府））"『認知症サポーター』運動とその普及"
◇地域貢献賞
　吉田 亮子（ASA伊達所長（北海道））"道南・伊達エリアでの「近隣親睦交流カルタ大会」開催による地域貢献"
　中田 雅久（北海道新聞札幌鉄北・中田販売所所長（北海道））"未就学児向けの絵本貸し出し活動"
　東奥会（青森県）"東奥会の従業員社会貢献表彰制度"
　横山 久利（河北新報大河原販売所所長（宮城県））"「紙芝居を見よう！」〜読み聞かせでコミュニケーションを〜"
　鈴木 宏（川崎弥栄新聞販売所代表取締役（岩手県））"地元催事のお知らせ「伝言版」無償折り込み"
　清水新聞販売組合（石原新聞店、シミズ新聞店、中島新聞舗、水野新聞店）（静岡県）"障害者の社会参加と就労を支援する活動"
　成城警察署管内ASA16販売所（東京都）"安全・安心まちづくり「朝日新聞防犯ニュース」の配布"
　綿引 智彦（ASA高円寺所長（東京都））"ASA高円寺による消防団活動"
　尾張中日会津島支部（あまつしまサポーターズクラブ）（愛知県）"地域防災プロジェクト〜守ろう！ あまつしま〜"
　川村 益美（毎日新聞鵜沼販売所所長（岐阜県））"南町住みよいまちづくりを考える会"
　北日本新聞ニュースセンター城東、北日本新聞大田販売店（富山県）"とうぶふれあいフェスタ"
　毎日新聞京都兵庫専売会連合会（兵庫県）"阪神淡路大震災20年寄贈活動（毎日新聞愛の手運動）"
　中尾 臣裕（楠新聞舗代表取締役（京都府））"くすのき瓦版"発行における地域貢献"
　山陽新聞山陽会"山陽新聞健康ウオーク"
　読売センター上石見、読売センター生山（鳥取県）"地域密着・日南町ミニコミ紙発行"
　徳島新聞販売店会婦人部「みつわ会」鳴門支部（徳島県）"「地域文化のシンボル・図書館を守る」市民参加の図書館運営を支援"
　毎日新聞中国四国セールスセンター（香川県チーム）（香川県）"サンタクロースからのクリスマスプレゼント 幼稚園・保育園への絵本・遊具寄贈"
　佐賀新聞販売店会佐賀会（佐賀県）"冬休みの自由学習「チャレンジ3days」"
　岩本 剛（熊本日日新聞宮原販売センター代表（熊本県））"「子ども記者クラブ」を通じた地域の人材育成"
第10回（平28年）
◇地域貢献大賞

文化・社会・経済

福島民報会(福島県) "東日本大震災・原発事故復興支援『思いやり ひと声運動』"
◇地域貢献特別賞
尾張中日会犬山支部「新聞生かし隊」(愛知県) "新聞を活用した出前授業の実施および出前授業の普及活動"
◇地域貢献賞
齋藤 利幸(読売センター恵み野所長(北海道)) "防犯ブザー寄贈"
若林 雅教(北海道新聞中央・若林販売所所長(北海道)) "古紙回収を通じた地域貢献活動の実践"
川村 清(東北堂代表取締役(岩手県)) "「もりおか生活情報紙アップル」発行"
山形新聞西村山地区販売店(山形県) "西村山けんこう塾"
読売東京七日会,大阪連合読売会,読売西部七日会 "全国の学童保育施設への児童書寄贈"
遠藤 透(ASA下野所長(栃木県)) "地域と共によりよい街作り"
加藤 勝登(加藤新聞店所長(長野県)) "特別支援学級への書道指導"
高橋 安則(新潟日報県庁前販売センター(NIC県庁前)代表取締役会長(新潟県)) "「新潟いのちの電話」支援活動"
大田新聞販売同業組合(東京都) "この人に聞きたい！ 講演会(著名人による講演会)"
YC本駒込,YC根津,YC本郷,YC東駒込(東京都) "千駄木マラソン"
岐阜新聞城北会 本巣・大野ブロック(岐阜県) "根尾川花火大会 絵日記コンテスト"
北日本会新川支部(富山県) "新川地区幼児ソフトサッカー交流大会"
福井新聞坂井地区7販売店(三国,三国北,芦原,芦原東,金津,金津南,丸岡北)(福井県) "ミニコミ紙「おはようSUN」の発行"
日本新聞販売協会近畿地区本部 "冬場の献血15年、受け付け総数2万8千人超える"
大阪管内読売防犯協力会 "子どもの安全対策"
毎日新聞播淡専売会(兵庫県) "姫路市少年サッカー友好リーグを通じての青少年育成活動"
山崎 和彦(山崎新聞舗(読売センター吉礼駅前・和佐)代表(和歌山県)) "エコキャップ収集運動"
中国新聞備東専売会(広島県) "小学新1年生に幸せの黄色いカサを贈ろう！ キャンペーン"
橋元 京子(四国新聞内海・橋元販売所所長) "センバツで島の心を一つに～長年のミニコミ発行が結実、「号外」で歓喜の輪広げる～"
中川 由起子(愛媛新聞エリアサービス保内(愛媛県)) "女性の目で街や地域をみつめ、明るく元気な地域づくり20年"
大分合同新聞杵築市プレスセンター会(大分県) "杵築市「映画祭」"
岩崎 宏太(佐賀新聞山内販売店店主(佐賀県)) "18年延べ2万人のゲートボール大会"

045 日本タウン誌・フリーペーパー大賞

全国各地のタウン誌,フリーペーパーを誌面クオリティや読者の支持率など様々な視点より審査し,評価の高い媒体に贈られる。

【主催者】(一社)日本地域情報振興協会アワード事務局

【URL】 http://award.nicoanet.jp/

第1回(平23年)　　　　　　　　　　　　◇大賞&最優秀コンテンツクオリティ部門賞

「Fのさかな」
◇最優秀地域密着部門賞
　「朝日サリー」
　「スロー朝日サリィ」
◇最優秀ビジネスモデル部門賞
　「遊んどこっ」
◇ジャパンオンライン賞
　「ぐらんざ」
◇読者投票
　● 第1位
　　「Ag」
◇特別賞
　「オヤノコト.マガジン」
第2回（平24年）
◇大賞
　「月刊サクラサクライフ」
◇地域密着部門
　● 最優秀賞
　　「JIMORE」
　● 優秀賞
　　「遊んどこっ」
　　「ナイスいさはや」
　　「kai-wai」
　　「ぶうめらん」
　　「瓦版や」
◇ビジネスモデル部門
　● 最優秀賞
　　「オヤノコト.マガジン」
　● 優秀賞
　　「KamoZine」
　　「a・un」
　　「瞳としっぽ」
◇コンテンツクオリティ部門
　● 最優秀賞
　　「HARU」
　● 優秀賞
　　「apple」
　　「GO GUY !」
　　「Fのさかな」
　　「Chusma」
◇新人賞
　● 最優秀賞
　　「Co-Co Life 女子部」
　● 優秀賞
　　「あわわfree」
　　「COMPANY？」

「iDolspot」
　「RMaMa」
◇読者投票部門
　● 第1位
　　「Ag」
　● 第2位
　　「ゴールデンライフ」
　● 第3位
　　「遊んどこっ」
　● 第4位
　　「ぶうめらん」
　● 第5位
　　「Co-Co Life 女子部」
◇特別賞
　「Geen徳島版」
第3回（平25年）
◇大賞
　「HARU」
◇地域密着部門
　● 最優秀賞
　　「街角こんぱす」
　● 優秀賞
　　「avanti」
　　「ぐらんざ」
　　「iisakaii」
　　「すろーかる」
◇観光誘致部門
　● 最優秀賞
　　「月刊大和路ならら」
　● 優秀賞
　　「HARU」
　　「沖縄ツアーランド旅カタログ」
　　「Ag」
　　「みちくさ」
◇コンテンツクオリティ部門
　● 最優秀賞
　　「CUT IN」
　● 優秀賞
　　「Blue Star Magazine」
　　「みちくさうるま」
　　「KAMAKURA」
　　「kai-wai」
◇新創刊部門
　● 最優秀賞
　　「つなぐ通信」

- 優秀賞
  「ChuClu」
  「Medetta！」
  「Tabeyu」
  「みなみマガジン」
◇読者投票部門
- 第1位
  「鉄聞」
- 第2位
  「Tabeyu」
- 第3位
  「ゴールデンライフ」
- 第4位
  「つなぐ通信」
- 第5位
  「遊んどこっ」
◇特別賞
  「フリースタイルな僧侶たちのフリーマガジン」
  「ChuClu」
  「avanti」

第4回（平26年）
◇大賞
  「peeps hakodate」
◇新創刊部門
- 最優秀賞
  「MIRAIKU（現：MIRAKUU）」
- 優秀賞
  「JP01」
  「Medetta！」
  「スポーツ文化新聞ola！」
  「peeps hakodate」
◇グルメコンテンツ部門
- 最優秀賞
  「Fのさかな」
- 優秀賞
  「月刊SAKURASAKU LIFE」
  「Step」
  「太陽笑顔fufufu..」
  「Nasse北九州」
◇ライフスタイルコンテンツ部門
- 最優秀賞
  「耕Life」
- 優秀賞
  「ぐらんざ」
  「チュスマ」
  「¿ Cómo le va？」
  「つなぐ通信」
◇レジャー・観光コンテンツ部門
- 最優秀賞
  「Region」
- 優秀賞
  「月刊カジュアルゴルフ」
  「これも、うるま」
  「たびカタログ」
  「みちくさ」
◇コミュニティ部門
- 最優秀賞
  「soccer MAMA」
- 優秀賞
  「あわわfree」
  「iisakaii」
  「静岡時代」
  「ボラット」
◇海外媒体部門
- 最優秀賞
  「フランスニュースダイジェスト」
  「Lighthouse」
◇読者投票部門
- 第1位
  「Lighthouse」
- 第2位
  「楽遊」
- 第3位
  「つなぐ通信」
- 第4位
  「んだっちゃ！」
- 第5位
  「耕Life」
◇ビジネスモデル部門
- 最優秀賞
  「月刊SARUBOBO」
- 優秀賞
  「ChuClu」
  「news」
  「Hen」
  「楽遊」
◇有料誌部門
- 最優秀賞
  「LUNCH PASSPORT」

- 優秀賞
  「Ag」
  「月刊CARREL」
  「月刊Simple」
  「月刊大和路なら」
第5回（平27年）
  ◇大賞
  「JP01」（北海道）
  ◇特別賞
  「Lighthouse」（アメリカ）
  ◇観光庁長官賞
  「Fのさかな」（石川県）
  ◇優秀賞
  「やまとびと」（奈良県）
  「東九州道ぐるまっぷ」（大分県）
  「みちくさうるま」（沖縄県）
  「JP01」（北海道）
  「HARU」（北海道）
  「月刊大和路なら」（奈良県）
  「自然人」（石川県）
  ◇グルメ部門
  ●最優秀賞
  「ハコラク」（北海道）
  ●優秀賞
  「Beautiful dish」（全国）
  「a un」（岐阜県）
  「旨い！ 広島・宮島」（広島県）
  「CUT IN AVAN」（新潟県）
  「セレブチケット」（兵庫県）
  ◇ライフスタイル部門
  ●最優秀賞
  「ハンケイ500m」（京都府）
  ●優秀賞
  「耕Life」（愛知県）
  「Wonderful Style」（静岡県）
  「T2」（兵庫県）
  「シニアNavi おかやま」（岡山県）
  「くるとん」（山口県）
  ◇コミュニティ部門
  ●最優秀賞
  「ポラット」（北海道）
  ●優秀賞
  「Member」（北海道）
  「茨女」（茨城県）
  「PATENAVI」（東京都）

  「フォトライフ四季」（東京都）
  ◇ビジネスモデル部門
  ●最優秀賞
  「みちくさ」（宮崎県）
  ●優秀賞
  「Hen」（福岡県）
  「ぎふ咲楽」（岐阜県）
  「news」（京都府）
  「はいから」（東京都）
  ◇読者投票部門
  ●第1位
  「どぅぎゃん」（熊本県）
  ●第2位
  「耕Life」（愛知県）
  ●第3位
  「Confetti」（東京都）
  ●第4位
  「Lighthouse」（アメリカ）
  ●第5位
  「アロハストリート」（アメリカ）
  ◇企業誌部門
  ●最優秀賞
  「にしてつニュース」（福岡県）
  ●優秀賞
  「Raku：Me」（宮城県）
  「Sora Maga」（鹿児島県）
  「カデンプラス」（全国）
  「りぶらぼ」（愛知県）
  ◇新創刊部門
  ●最優秀賞
  「mogmag」（北海道）
  ●優秀賞
  「おっちゃんとおばちゃん」（京都府）
  「IBARAKI ZiMAN」（茨城県）
  「pocket」（群馬県）
  「仙台朝市通信」（宮城県）
  ◇海外媒体部門
  ●最優秀賞
  「ドイツニュースダイジェスト」（ドイツ）
  ●優秀賞
  「DACO」（タイ）
  「Lighthouse」（アメリカ）
  「NICHIGO PRESS」（オーストラリア）
  「Weekly LALALA」（アメリカ）
  ◇タブロイド部門

文化・社会・経済　　　　　　　　　　　　　　　　045　日本タウン誌・フリーペーパー大賞

- 最優秀賞
  「常陽リビング」(茨城県)
- 優秀賞
  「えべつeye」(北海道)
  「横濱タウン新聞」(神奈川県)
  「Hoo-JA！」(愛媛県)
  「ちいき新聞」(千葉県)

第6回(平28年)
◇大賞
　「季刊誌らく(樂)」(長崎県)
　kawagoe premium(埼玉県)
◇観光庁長官賞
　「旨い！ 広島・宮島」(広島県)
◇優秀賞
　「やまとびと」(奈良県)
　「ミスモ箱根」(神奈川県)
　「歩(ほ)らいぶ」(北海道)
　「Scenic Byway」(北海道)
◇グルメ部門賞
- 最優秀賞
  「仙台朝市通信」(宮城県)
- 優秀賞
  「耕Life」(愛知県)
  「よりみち.」(兵庫県)
  「ハンケイ500m」(京都府)
  「55才からの大人のフリーマガジン「リトルノ」」(京都府)
◇ライフスタイル部門賞
- 最優秀賞
  「いいね！ 農style」(北海道)
- 優秀賞
  「ぐらんざ」(福岡県)
  「シニアNaviおかやま」(岡山県)
  「神宮前二丁目新聞」(東京都)
  「おぎなう」(佐賀県)
◇コミュニティ部門賞
- 最優秀賞
  「茨女(いばじょ)」(茨城県)
- 優秀賞
  「富士山周辺公園ガイド」(静岡県)
  「Wonderful Style」(静岡県)
  「ジャポニスム」(京都府)
  「月刊ネクスト」(全国)
◇ビジネスモデル部門賞
- 最優秀賞

  「ココロエ愛媛」(愛媛県)
- 優秀賞
  「リトル・ママ」(全国)
  「フォトライフ四季」(東京都)
◇読者投票部門賞
- 第1位
  「耕Life」(愛知県)
- 第2位
  「kawagoe premium」(埼玉県)
- 第3位
  「楽遊IDOL PASS」(全国)
- 第4位
  「カンフェティ」(東京都)
- 第5位
  「つなぐ通信」(東京都)
◇企業誌部門賞
- 最優秀賞
  「Cho-co-tto」(北海道)
- 優秀賞
  「光が丘ima'am」(東京都)
  「kawagoe premium」(埼玉県)
  「ヘルス・グラフィックマガジン」(東京都)
  「KAI FACT Magazine」(東京都)
◇新創刊部門賞
- 最優秀賞
  「KEMONOTE」(福岡県)
- 優秀賞
  「月刊GUYZ」(鹿児島県)
  「おっちゃんとおばちゃん」(京都府)
  「ちょっとペッパー」(滋賀県)
  「とうちゃんのこたべ」(北海道)
◇海外媒体部門賞
- 最優秀賞
  「DACO」
- 優秀賞
  「ドイツニュースダイジェスト」
  「アピ・マガジン」
  「Weekly J-Angle」
◇タブロイド部門賞
- 最優秀賞
  「MiSMO」(神奈川県)
- 優秀賞
  「ファンファン福岡」(福岡県)
  「ザウイークリープレスネット」(広島県)
  「目白大学新聞」(東京都)

郷土・地域文化の賞事典　131

「かなまちLive」(東京都)
◇タウン誌部門賞
● 最優秀賞
該当なし
● 優秀賞
「Rural」(長野県)
「季刊誌らく(樂)」(長崎県)
◇まるごとにっぽん賞
「JP01」(北海道)

● 優秀賞
「ビューティフルディッシュ」(全国)
「十勝の生活応援マガジンChai」(北海道)
「Fのさかな」(石川県)
「D-PRESS」(秋田県)
「地域情報誌「みちくさ」」(宮崎県)
◇特別賞
「ナッセ熊本」

046 日本地域学会学会賞

　日本地域学会創立30周年を機会に，地域科学の発展および学会の運営に功績のあった者および優れた研究業績を発表した研究者を表彰するため，平成3年に創設され，翌年より授賞を開始した。功績賞，論文賞(平成28年度より呼称が大石泰彦賞に)，奨励賞の3賞からなる。平成14年度より著作賞，平成19年度より博士論文賞(田中啓一賞)，修士論文賞(平成21年度より呼称が熊田禎宣賞に)また，平成22年度より論説賞を新たに加えた。

【主催者】日本地域学会
【選考委員】(第24回)委員長：酒井泰弘
【選考方法】功績賞・学位論文賞：会員の推薦による。論文賞・奨励賞・著作賞・論説賞：会員の応募または推薦による
【選考基準】〔資格〕同学会会員。〔対象〕功績賞：長年にわたり地域科学の進歩，地域学会の運営に顕著な貢献をなした者。論文賞：優れた研究論文によって地域科学の発展に寄与した者。奨励賞：35歳以下の若手研究者で優れた研究をおこなった者。論文賞・奨励賞の対象となる研究業績は，その主たるものが同学会関連誌に掲載されていることが必要。著作賞：地域学の発展に著しく寄与した著作。学位論文賞：本学会会員である博士または修士課程修了者がその修了要件として提出したすぐれた学位論文を表彰する。論説賞：地域学の発展に著しく寄与し，その意義や貢献が多大であると判断できる論説を表彰する
【締切・発表】推薦および応募の締切は毎年4月。授与式は年次大会における総会にておこなわれる
【賞・賞金】賞状，賞牌(純銀製メダル)
【URL】http://jsrsai.jp/ja/

第1回(平4年)
◇功績賞
大石 泰彦(東京大学名誉教授) "長年にわたり地域科学および学会の発展に寄与"
岡崎 不二男(摂南大学教授) "長年にわたり地域科学および学会の発展に寄与"
折下 功(東京技術科学大学教授) "長年にわたり地域科学および学会の発展に寄与"
◇論文賞
福地 崇生(京都大学教授) "多地域経済の相互関連を考慮した計量経済学的モデル分析"
木村 吉男(中京大学教授) "M行列の視点

に立脚した多地域産業連関分析の研究"

河野 博忠（筑波大学教授）"地域間産業連関プログラミング・モデルによる総合交通体系の最適編成"

◇奨励賞

三友 仁志（専修大学助教授）"需要の外部性を考慮に入れた情報通信の最適料金形成に関する研究"

第2回（平5年）

◇論文賞

山村 悦夫（北海道大学教授）"モデルの規範適応理論に基づく地域成長の適応過程分析に関する研究"

第3回（平6年）

◇功績賞

五十嵐 日出夫（北海道大学教授）"長年にわたり地域科学および学会の発展に寄与"

西岡 久雄（駿河台大学教授）"長年にわたり地域科学および学会の発展に寄与"

◇論文賞

河上 省吾（名古屋大学教授）"多手段交通網の均衡交通需要予測法と公共交通網の計画・運営に関する研究"

◇奨励賞

中山 恵子（中京大学助教授）"「Optimal Growth & Environmental Regulation by Means of Fuzzy Control」"

太田 充（筑波大学講師）"通信技術革新と企業内立地行動の変化に関する研究"

第4回（平7年）

◇功績賞

米谷 栄二（京都大学名誉教授）"長年にわたり地域科学および学会の発展に寄与"

◇奨励賞

渋沢 博幸（豊橋技術科学大学助手）"「Agglomeration of the Firms and the Allocation of Land to the Transportaion in the Information—Oriented City」"

第5回（平8年）

◇功績賞

伊藤 善市（帝京大学経済学部教授）

◇論文賞

井原 健雄（香川大学経済学部教授）"多地域投入産出分析を主軸とする地域経済構造の理論的実証的研究とその政策的応用に関する研究"

◇奨励賞

岩崎 邦彦（東京都労働経済局）"「高速道路開通が，小売業における都市間の空間的競争条件にもたらす効果」"

第6回（平9年）

◇功績賞

河野 博忠（常磐大学国際学部教授）

◇論文賞

信国 真載（名古屋市立大学経済研究所教授）"「地域開発のための計量的手法の展開と応用」"

◇奨励賞

奥田 隆明（名古屋大学助教授）"「確率論に基づく多地域一般均衡モデルの開発とその応用」"

第7回（平10年）

◇功績賞

福地 崇生（朝日大学大学院経営学研究科教授）

◇論文賞

該当者なし

◇奨励賞

国光 洋二（農林水産省）"「（1）ベトナムの経済成長に関する計量経済モデル分析,（2）ベトナムにおける生産構造に関する計量経済分析」"

若生 徹（東北学院大学経済学部助教授）"共同事業を媒介とした不動産業の後方統合の効果」"

第8回（平11年）

◇功績賞

木村 吉男（中京大学経済学部教授）

◇論文賞

徳永 澄憲（名古屋市立大学経済学部教授）"「A Residential Land Use Model with a General Landownership： Existence and Uniqueness of Equilibrium」"

◇奨励賞

森島 隆晴（敬愛大学経済学部助教授）"「A Wealth Preference-Related

Explanation for Creation And Collapse of a Rational Asset Bubble in the Land Market」"
川村 和美(環日本海経済研究所研究員)
"「Optimum Transportation Program for Northeast China Using Tumen Area Sea Ports : An Assessment of International cooperation Based on the Spirit of Le Chatelier Princeple」"

第9回(平12年)
◇功績賞
蔵下 勝行(専修大学経営学部教授)
◇論文賞
氷鉋 揚四郎(筑波大学農林工学系教授)
"「Economical Policies to Relieve Contamination of Lake Kasumigaura」"
◇奨励賞
藤田 陽子(琉球大学法文学部専任講師)
"「Evaluation and Prospect of Market-Based Environmental Policy : How the Transferable Emission Permit Works in Reality」"
阿部 雅明(新潟産業大学経済学部専任講師) "「貿易,資本蓄積,賃金格差:比較優位理論のシンプルな動学モデル」"

第10回(平13年)
◇功績賞
福岡 克也(東亜大学大学院環境科学専攻教授)
河上 省吾(名古屋大学大学院工学研究科教授)
◇論文賞
多和田 真(名古屋大学大学院経済学研究科教授) "「地域独占企業に対する規制に関する理論的研究」"
◇奨励賞
田中 正秀(筑波大学大学院非常勤講師)
"「(1)リバース・モーゲージの利用活用による都市再生—阪神・淡路大震災の教訓とその適応性—(2) Problems of Decrepit Condominiums Furthering Aggravation of Urban Environment. Is Rebuilding Possible by Means of Reverse Mortgage System?」"

井上 知子(南山大学経済学部講師)
"「Transboundary Pollutionに関する理論的研究 "A Survey of Analysis of the Transboundary Pollution Problems: Symmetric and Asymmetric Dynamic Models"」"

第11回(平14年)
◇功績賞
鈴木 多加史(追手門学院大学教授)
◇論文賞
宮田 譲(豊橋技術科学大学人文・社会工学系教授) "「環境・経済統合勘定と一般均衡分析適用に関する研究」"
◇奨励賞
足達 健夫(専修大学北海道短期大学助教授) "「「ふるさと銀河線」活用による都市間鉄道輸送の改善」"
◇著作賞
田中 啓一 「都市環境整備論—地球環境との共生を求めて」
中川 大, 松中 亮治 「Funding Transport Systems—A Comparison among Developed Countries」
松行 康夫, 松行 彬子 「組織間学習論」
村山 祐司 「Japanese Urban System」
福井 秀夫 「都市再生の法と経済学」
久米 良昭, 福井 秀夫 「競売の法と経済学」

第12回(平15年)
◇功績賞
関根 正行(東北学院大学経済学部教授)
太田 浩(青山学院大学国際政治経済学部教授)
◇論文賞
高橋 秀悦(東北学院大学経済学部教授) "グローカル・エコノミーのマクロ経済分析"
◇奨励賞
水野谷 剛(茨城県科学技術振興財団研究員) "霞ケ浦流域における水質改善技術評価と最適環境経済政策に関する研究"
前鶴 政和(大阪経済法科大学経済学部専任講師) "「寡占競争下における研究開発および貿易政策について」"
坂本 麻衣子(京都大学工学研究科土木シス

文化・社会・経済

テム工学専攻博士後期課程）"開発と環境のコンフリクトにおける合意形成に関する研究―長良川河口堰問題を対象として"
◇著作賞
　福岡　克也　「エコロジー経済学」
　原　勲　「地域経済学の新展開」
　近藤　健児　「労働者管理企業と労働移動の経済学」
　河野　正道　「経済発展と成長の基礎理論」

第13回（平16年）
◇功績賞
　山村　悦夫（北海道大学大学院地球環境科学研究科教授）
◇論文賞
　加賀屋　誠一（北海道大学大学院工学研究科教授）"計画情報がもたらす交通行動特性変化への影響解析に関する研究"
◇奨励賞
　内藤　徹（釧路公立大学経済学部助教授）"産業廃棄物の処理システムと産業廃棄物税の使途選択問題"
　福本　潤也（東京大学大学院新領域創生科学研究科助手）"最適契約として捉えたインフラプロジェクトの事前評価と事後評価"
　福山　博文（九州大学大学院経済学研究院日本学術振興会特別研究員）"産業廃棄物の処理システムと産業廃棄物税の使途選択問題"
◇著作賞
　田中　啓一　「制度と社会の安全保障」
　青山　吉隆，中川　大，松中　亮治　「都市アメニティの経済学―環境の価値を測る」
　中山　恵子　「投入産出分析と最適制御の環境保全への応用」

第14回（平17年）
◇功績賞
　酒井　泰弘（滋賀大学経済学部教授）
◇論文賞
　斎藤　参郎（福岡大学経済学部教授）"来街地ベース調査によるODパターンの一致推定法の応用―福岡市大名地区での回遊パターンの推定― 他"

◇奨励賞
　Faziharudean,Tengku M.（Kelantan State Economic Planning UniatDeputy Director）"Digital Divide as a Consequence of Uneven Digital Opportunities between Urban and Rural Areas in Malaysia"
　山西　靖人（中央大学経済研究所客員研究員）"森林保護とその最適利用に関する考察"
　内田　賢悦（北海道大学大学院工学研究科助手）"札幌都心部における駐車場配置による歩行回遊誘発率に関する研究"
　須賀　宣仁（名古屋大学大学院経済学研究科日本学術振興会特別研究員）"グローバルな環境汚染と国際貿易の分析"
◇著作賞
　福井　秀夫　「官の詭弁学」
　肥田野　登　「The Economic Valuation of the Environment and Public Policy」
　多和田　眞，家森　信善　「東海地域のクラスターと金融構造」
　枝川　明敬　「新時代の文化振興論―地域活動と文化を考える」

第15回（平18年）
◇功績賞
　該当なし
◇論文賞
　阿部　宏史（岡山大学大学院環境学研究科教授）"地域産業連関分析による地域経済及び環境負荷の変動要因に関する研究"
　有吉　範敏（長崎大学環境科学部教授）"日本版環境経済統合勘定の開発とその環境政策分析への適用"
◇奨励賞
　櫻井　一宏（海洋政策環境財団研究員）"日本海へ流入する陸域起因汚濁負荷削減政策の動学分析"
　鈴木　聡士（札幌大学経済学部助教授）"AHPクラスター分析を活用したPI支援システムの提案―北海道白老町第四次総合計画への応用"
　吉田　大悟（千葉商科大学嘱託研究員）"リスクコミュニケーションの科学知識創造

の社会的責務と公共選択のモデルチェンジ"
　　篠崎 剛(名古屋大学大学院経済学研究科博士後期課程) "関税による援助：動学的視点による再考"
◇著作賞
　　実積 寿也 「IT投資効果メカニズムの経済分析」
第16回(平19年)
◇功績賞
　　該当なし
◇論文賞
　　伊藤 薫(岐阜聖徳学園大学経済情報学部准教授) "戦後日本の国内長距離人口移動の決定因の変化―純移動率に対する所得・気候の作用"
◇奨励賞
　　�井 昌邦(福岡大学経済学部准教授) "来街地ベースデータにもとづく都心部来街者の出向頻度特性ルールの抽出"
　　朝日 ちさと(首都大学東京都市教養学部准教授) "環境に由来する飲料水質汚染リスクの事後的マネジメント"
　　境 和彦(九州大学専門研究員) "環境事故と拡張責任―油濁汚染損害に対する最適責任分担ルール"
◇著作賞
　　酒井 泰弘 「リスク社会を見る目」
　　熊田 禎宣 「わたしたちの環境学習」
　　原科 幸彦 「環境計画・政策研究の展開」
　　萩原 良巳 「コンフリクトマネジメント―水資源の社会リスク‐」
　　大内田 康徳 「環境投資と規制の経済分析」
第17回(平20年)
◇功績賞
　　該当なし
◇論文賞
　　細江 守紀(九州大学大学院経済学研究院教授) "情報公開と廃棄物不法投棄対策の経済分析"
　　三友 仁志(早稲田大学大学院国際情報通信研究科 教授) "情報通信基盤整備の経済効果と利用の高度化に関する研究"
◇奨励賞
　　野村 良一(立命館大学BKC社系研究機構ポストドクトラルフェロー) "Feasibility of FTA/EPA and Timing of Trade Policy"
　　鈴木 雅勝(名古屋市立大学大学院経済学研究科研究員) "中国の三地域・二領域・二部門分割による人口移動を含む計量経済学的分析"
　　山口 類(東京大学医科学研究所特任講師) "ベイジアンネットによる店舗間回遊行動の確率的推論"
◇著作賞
　　該当なし
第18回(平21年)
◇功績賞
　　熊田 禎宣(千葉商科大学政策情報学部教授)
◇論文賞
　　木南 莉莉(新潟大学自然科学研究科教授) "中国の経済成長に伴う食料消費行動の変化と食料政策"
◇奨励賞
　　小林 慎太郎((独)国際農林水産業研究センター研究員) "Economic Structure of Cambodia and Strategies for Pro—Poor Growth： Results from a Computable General Equilibrium Analysis"
　　阿久根 優子(筑波大学大学院生命環境科学研究科研究員) "国内における食品産業の業種別産業集積要因分析"
◇著作賞
　　熊田 禎宣 「環境市民による地球環境資源の保全―理論と実践」
　　徳永 澄憲 「自動車環境政策のモデル分析―地球温暖化対策としての環境車普及促進政策」
　　国光 洋二 「農村公共事業の経済評価―マイクロデータによる事後評価手法と実践」
　　永松 俊雄 「チッソ支援の政策学―政府金融支援措置の軌跡」
　　萩原 清子 「生活者からみた環境のマネジメント」

第19回（平22年）
◇功績賞
該当なし
◇論文賞
萩原 清子（佛教大学社会学部公共政策学科教授）"中国都市域の水辺整備の概念と実際—北京市を中心として"
渋澤 博幸（豊橋技術科学大学建築・都市システム学系准教授））"社会的便益の評価手法に関する研究—技術的伝播拡散の外部性を考慮した一般均衡モデルを用いて"
◇奨励賞
金 湛（南九州短期大学国際教養学科准教授）"中国内モンゴル自治区における経済急成長と失業問題の産業的要因に関する考察"
◇著作賞
林 良嗣 「都市のクオリティ・ストック」
酒井 泰弘 「リスクの経済思想」

第20回（平23年）
◇功績賞
多和田 眞
◇論文賞
宮城 俊彦 "リグレット・マッチング理論に基づく行動選択モデル"
Batabyal, Amitrajeet A. "Endogenizing the Reservation Value in Models of Land Development Over Time and Under Uncertainty"
◇奨励賞
今西 衞 "市街地再開発事業のリスク評価"
金 少勝 "Effects of Agglomeration on Production in the Chinese Food Industry: A Panel Data Analysis"
◇著作賞
梶原 文男 「地域政策アセスメント—自治体政策のセカンドオピニオン」〔日本評論社〕
伊ヶ崎 大理，内藤 徹，福山 博文 「空間と持続可能な環境政策の理論的研究」〔多賀出版〕
三井 康壽 「大地震から都市をまもる」〔信山社〕
矢吹 雄平 「地域マーケティング論—地域経営の新地平」〔有斐閣〕
実積 寿也 「通信産業の経済学」〔九州大学出版会〕

第21回（平24年）
◇功績賞
該当なし
◇論文賞
藤岡 明房 "財政赤字と上からの地方分権"
岡村 誠 "国内企業の産業間移動と最適関税率"
佐々木 啓介 "投資不確実性下の非営利組織と情報共有—被害除去とリスク回避的投資行動について"
◇奨励賞
古澤 慎一 "新潟県における共有資源の管理活動に関する政策的一考察"
◇著作賞
松行 康夫，松行 彬子，松行 輝昌 「ソーシャルイノベーション—地域公共圏のガバナンス」〔丸善出版〕

第22回（平25年）
◇功績賞
該当なし
◇論文賞
戸田 常一 "都市・地域の持続性確保と振興のための政策研究"
◇奨励賞
中村 大輔 "Well-being Optimization and spatial reorganization for sustainable economic growth in developed countries"
神谷 大介 "過疎高齢島嶼地域における減災計画のための地域分析方法"
◇著作賞
岡本 信広 「中国の地域経済—空間構造と相互依存」〔日本評論社〕
木南 莉莉，中村 俊彦 「北東アジアの食料安全保障と産業クラスター」〔農林統計出版〕
廣野 桂子 「住宅の質に関する経済分析—政策の理論と実証」〔多賀出版〕
浅見 泰司，福井 秀夫，山口 幹幸 「マンション建替え 老朽化にどう備えるか」

047 濱田青陵賞

〔日本評論社〕

第23回（平26年）
- ◇功績賞
  - 該当なし
- ◇論文賞
  - 三井 栄 "都道府県別製造業・卸小売業・サービス業の生産性と産業集積"
- ◇奨励賞
  - 保永 展利 "中山間地農業における農村ビジネスの成長性分析—Malmquist生産性指数の計測による分析"
- ◇著作賞
  - 北詰 恵一，浅見 泰司〔編〕 「人口減少下のインフラ整備」〔東京大学出版会〕
  - 萩原 清子，朝日 ちさと，木村 富美子，堀江 典子 「環境の意思決定支援の基礎理論」〔勁草書房〕

第24回（平27年）
- ◇功績賞
  - 加賀屋 誠一 "二車線道路における追越車線設置効果に関する基礎的研究"
- ◇論文賞
  - 該当なし
- ◇奨励賞
  - 小川 健 "結合生産を含むリカードモデルでの特化パターン分析"
- ◇著作賞
  - 田中 利彦 「先端産業クラスターによる地域活性化—産学官連携とハイテクイノベーション」〔ミネルヴァ書房〕
  - 谷口 守 「入門都市計画 都市の機能とまちづくりの考え方」〔森北出版〕
  - 徳永 澄憲，沖山 充〔編著〕，阿久根 優子，石川 良文，猪原 龍介〔著〕 「大震災からの復興と地域再生のモデル分析—有効な財政措置と新産業集積の形成」〔文眞堂〕

第25回（平28年）
- ◇功績賞
  - 該当なし
- ◇論文賞
  - 福本 潤也 "生物多様性オフセットが都市規模と都市内土地利用に与える影響：日本とドイツの土地利用規制の違いを考慮した都市経済分析"
- ◇奨励賞
  - 沖本 まどか "不完全競争の下での不良品が混入する食品輸入国の貿易政策と経済厚生"
- ◇著作賞
  - Zhenhua Chen, Haynes,Kingsley E. 「Chinese Railways in the Era of High-Speed」〔Emerald Group Publishing Limited〕
  - 木南 莉莉 「改訂 国際フードシステム論」〔農林統計出版〕
  - 三井 康壽 「筑波 研究学園都市論」〔鹿島出版会〕

047 濱田青陵賞

　我が国の科学的考古学の先駆者とされる第11代京都帝国大学総長・濱田耕作（号 青陵）氏の没後50年を記念し，氏の出身地である大阪府岸和田市と朝日新聞社によって，昭和63年に創設された。我が国の考古学の振興に寄与する目的で，新進の研究者や団体に贈られる。

【主催者】 岸和田市，朝日新聞社

【選考方法】 学会各層の推薦による

【選考基準】 〔資格〕おおむね50歳以下。〔対象〕遺跡・遺物を資料として考古学，歴史，美術史その他関連分野に優れた業績のあった若手研究者

【締切・発表】 毎年4月末頃締切，7月25日発表，9月下旬に授賞式

【賞・賞金】表彰状と副賞100万円（岸和田市50万円・朝日新聞社50万円）・ブロンズ楯
【URL】https://www.city.kishiwada.osaka.jp/soshiki/70/hama-sei.html

第1回（昭63年度）
　東野 治之（大阪大学教授）"アジア的視点にたつ古代日本文化の研究"
第2回（平1年度）
　都出 比呂志（大阪大学文学部教授）"日本農耕社会の成立過程に関する研究"
第3回（平2年度）
　小林 達雄（国学院大学文学部教授）"縄文文化の総合的研究"
第4回（平3年度）
　青柳 正規（東京大学教授）"古代ローマの美術・考古学研究における優れた業績"
第5回（平4年度）
　田中 淡（京都大学人文科学研究所助教授）"中国建築史の研究"
第6回（平5年度）
　春成 秀爾（国立歴史民俗博物館教授）"原始時代の社会構造とイデオロギーに関する考古学的研究"
第7回（平6年度）
　千田 稔（奈良女子大教授）"古代日本の歴史地理学的研究についての業績"
第8回（平7年度）
　武田 佐知子（大阪外国語大学助教授）"服装史と日本古代国家の形成についての研究"
第9回（平8年度）
　山中 敏史（奈良国立文化財研究所埋蔵文化財センター集落遺跡研究室長）"古代官衙に関する考古学的研究"
第10回（平9年度）
　菊池 俊彦（北海道大学教授）"北の海と大地を視点として"
第11回（平10年度）
　甲元 眞之（熊本大学教授）"東アジア新石器時代社会研究の革新"
第12回（平11年度）
　上原 眞人（京都大学大学院文学研究科教授）"瓦と木器から日本の古代を追求する"
第13回（平12年度）
　岡村 秀典（京都大学人文科学研究所助教授）"中国・日本の考古学を連携する研究"
第14回（平13年度）
　今村 啓爾（東京大学大学院人文社会系研究科教授）"縄文文化を中心とした考古学の実証的研究と日本考古学の英文概説書による海外への紹介"
第15回（平14年度）
　寺沢 薫（奈良県教育委員会文化財保存課主幹）"考古学的成果にもとづく王権・国家形成期のすぐれた研究"
第16回（平15年度）
　宮本 一夫（九州大学大学院人文科学研究院教授）"「東北アジア文化論とその日本文化への影響の研究」のすぐれた業績"
第17回（平16年度）
　佐藤 洋一郎（総合地球環境学研究所研究部教授）"DNAによる新しい考古学の開拓"
第18回（平17年度）
　中村 慎一（金沢大学文学部助教授）"アジア稲作の起源と展開，中国文明の成立をめぐる比較研究"
第19回（平18年度）
　福永 伸哉（大阪大学教授）"三角縁神獣鏡と国家形成の研究"
第20回（平19年度）
　難波 洋三（京都国立博物館情報管理室長）"弥生時代の青銅器である銅鐸の研究"
第21回（平20年度）
　関 雄二（国立民族学博物館教授・先端人類科学研究部長）"古代アンデス文明の形成過程とその特質に関する研究"
第22回（平21年度）
　村上 恭通（愛媛大学教授・東アジア古代鉄器文化研究センター長）"東アジアにおける鉄と国家形成過程との有機的関係を解明した"
第23回（平22年度）

若狭 徹（群馬県高崎市教育委員会文化財保護課埋蔵文化財担当係長）"古墳時代地域首長とその支配領域の形成過程に関する実証的研究"
第24回（平23年度）
松井 章（独立行政法人国立文化財機構奈良文化財研究所埋蔵文化財センター長）"日本考古学における動物、環境考古学の確立と国際化"
第25回（平24年度）
小畑 弘己（熊本大学文学部教授）"東北アジアにおける穀物栽培化過程の革新的研究"
第26回（平25年度）
市 大樹（大阪大学大学院文学研究科准教授）"考古学と木簡などの研究を重ね、古代国家の研究を大きく前進させた"
第27回（平26年度）
吉井 秀夫（京都大学大学院文学研究科教授）"百済を中心とする朝鮮半島墳墓の研究と古代日朝関係史、朝鮮考古学の研究をすすめた"
第28回（平27年度）
千田 嘉博（奈良大学学長）"城郭の考古学的研究を新たに開拓し、その確立と発展に寄与"
第29回（平28年度）
下垣 仁志（京都大学准教授）"古墳時代の王権構造の解明に大きく寄与した"

048 B-1グランプリ

　ご当地グルメをテーマとし，まちおこし団体による共同PRを行い，地元を盛り上げ地域ブランドを高めることを目的としたイベント。

【主催者】2016 B-1グランプリスペシャル実行委員会，ご当地グルメでまちおこし団体連絡協議会（愛Bリーグ）

【選考方法】愛Bリーグの本部加盟会員

【選考基準】来場者が料理の味，パフォーマンスや対応など総合的に判断し投票用箸の総重量により決定

【URL】http://b-1grandprix.com/

第1回B-1グランプリin八戸（平18年）
　◇ゴールドグランプリ
　　富士宮やきそば学会（静岡県富士宮市）
　◇シルバーグランプリ
　　横手やきそばサンライ'S（秋田県横手市）
　◇ブロンズグランプリ
　　室蘭やきとり逸匹会
　◇第4位
　　八戸せんべい汁研究所（青森県八戸市）
　◇第5位
　　小倉焼うどん研究所
　◇第6位
　　青森おでんの会
　◇第7位
　　鳥取とうふちくわ総研（鳥取県鳥取市）
　◇第8位
　　食のトライアングル（農・商・消）研究会
　◇第9位
　　久留米やきとり日本一の会
　◇第10位
　　御食国若狭倶楽部
第2回B-1グランプリin富士宮（平19年）
　◇ゴールドグランプリ
　　富士宮やきそば学会（静岡県富士宮市）
　◇シルバーグランプリ
　　八戸せんべい汁研究所（青森県八戸市）
　◇ブロンズグランプリ
　　青森おでんの会
　◇第4位
　　すそのギョーザ倶楽部

◇第5位
　厚木シロコロ・ホルモン探検隊
◇第6位
　浜松餃子学会(静岡県浜松市)
◇第7位
　袋井宿たまごふわふわほっと隊(静岡県袋井市)
◇第8位
　駒ヶ根ソースかつ丼フライヤーズ(長野県駒ヶ根市)
◇第9位
　久留米やきとり日本一の会
◇第10位
　横手やきそばサンライ'S(秋田県横手市)

第3回B-1グランプリin久留米(平20年)
◇ゴールドグランプリ
　厚木シロコロ・ホルモン探検隊
◇シルバーグランプリ
　八戸せんべい汁研究所(青森県八戸市)
◇ブロンズグランプリ
　各務原キムチ鍋奉行所
◇第4位
　小倉焼うどん研究所
◇第5位
　駒ヶ根ソースかつ丼フライヤーズ(長野県駒ヶ根市)
◇第6位
　すそのギョーザ倶楽部
◇第7位
　神代地域活性化推進協議会
◇第8位
　久留米やきとり日本一の会
◇第9位
　黒石つゆやきそばHAPPY麺恋　ジャー(青森県黒石市)
◇第10位
　行田ゼリーフライ研究会(埼玉県行田市)

第4回B-1グランプリin横手(平21年)
◇ゴールドグランプリ
　横手やきそばサンライ'S(秋田県横手市)
◇シルバーグランプリ
　八戸せんべい汁研究所(青森県八戸市)
◇ブロンズグランプリ
　津山ホルモンうどん研究会(岡山県津山市)
◇第4位
　神代地域活性化推進協議会
◇第5位
　厚木シロコロ・ホルモン探検隊
◇第6位
　すそのギョーザ倶楽部
◇第7位
　黒石つゆやきそばHAPPY麺恋　ジャー(青森県黒石市)
◇第8位
　みしまコロッケの会
◇第9位
　各務原キムチ鍋奉行所
◇第10位
　富士宮やきそば学会(静岡県富士宮市)

第5回B-1グランプリin厚木(平22年)
◇ゴールドグランプリ
　甲府鳥もつ煮でみなさまの縁をとりもつ隊(山梨県甲府市)
◇シルバーグランプリ
　ひるぜん焼そば好いとん会(岡山県真庭市)
◇ブロンズグランプリ
　八戸せんべい汁研究所(青森県八戸市)
◇第4位
　津山ホルモンうどん研究会(岡山県津山市)
◇第5位
　三崎まぐろラーメンズ(神奈川県三浦市)
◇第6位
　豊川いなり寿司で豊川市をもりあげ隊(愛知県豊川市)
◇第7位
　黒石つゆやきそばHAPPY麺恋　ジャー(青森県黒石市)
◇第8位
　十和田バラ焼きゼミナール(青森県十和田市)
◇第9位
　みしまコロッケの会
◇第10位
　オホーツク北見塩やきそば応塩隊(北海道北見市)

第6回B-1グランプリin姫路(平23年)
◇ゴールドグランプリ
　ひるぜん焼そば好いとん会(岡山県真庭市)
◇シルバーグランプリ
　津山ホルモンうどん研究会(岡山県津山市)

◇ブロンズグランプリ
　八戸せんべい汁研究所（青森県八戸市）
◇第4位
　浪江焼麺太国（福島県双葉郡浪江町）
◇第5位
　今治焼豚玉子飯世界普及委員会（愛媛県今治市）
◇第6位
　石巻茶色い焼きそばアカデミー（宮城県石巻市）
◇第7位
　熱血!!勝浦タンタンメン船団（千葉県勝浦市）
◇第8位
　十和田バラ焼きゼミナール（青森県十和田市）
◇第9位
　＊
◇第10位
　あかし玉子焼ひろめ隊（兵庫県明石市）
第7回B-1グランプリin北九州（平24年）
◇ゴールドグランプリ
　八戸せんべい汁研究所（青森県八戸市）
◇シルバーグランプリ
　対馬とんちゃん部隊（長崎県対馬市）
◇ブロンズグランプリ
　今治焼豚玉子飯世界普及委員会（愛媛県今治市）
◇第4位
　浪江焼麺太国（福島県双葉郡浪江町）
◇第5位
　＊
◇第6位
　田川ホルモン喰楽歩（福岡県田川市）
◇第7位
　津山ホルモンうどん研究会（岡山県津山市）
◇第8位
　熱血!!勝浦タンタンメン船団（千葉県勝浦市）
◇第9位
　あかし玉子焼ひろめ隊（兵庫県明石市）
◇第10位
　十和田バラ焼きゼミナール（青森県十和田市）
第8回B-1グランプリin豊川（平25年）

◇ゴールドグランプリ
　浪江焼麺太国（福島県双葉郡浪江町）
◇シルバーグランプリ
　十和田バラ焼きゼミナール（青森県十和田市）
◇ブロンズグランプリ
　熱血!!勝浦タンタンメン船団（千葉県勝浦市）
◇第4位
　今治焼豚玉子飯世界普及委員会（愛媛県今治市）
◇第5位
　久慈まめぶ部屋（岩手県久慈市）
◇第6位
　三崎まぐろラーメンズ（神奈川県三浦市）
◇第7位
　出雲ぜんざい学会（島根県出雲市）
◇第8位
　高浜とりめし学会（愛知県高浜市）
◇第9位
　田川ホルモン喰楽歩（福岡県田川市）
◇第10位
　四日市とんてき協会（三重県四日市市）
第9回B-1グランプリin郡山（平26年）
◇ゴールドグランプリ
　十和田バラ焼きゼミナール（青森県十和田市）
◇シルバーグランプリ
　熱血!!勝浦タンタンメン船団（千葉県勝浦市）
◇ブロンズグランプリ
　今治焼豚玉子飯世界普及委員会（愛媛県今治市）
◇第4位
　津ぎょうざ小学校（三重県津市）
◇第5位
　あかし玉子焼ひろめ隊（兵庫県明石市）
◇第6位
　久慈まめぶ部屋（岩手県久慈市）
◇第7位
　対馬とんちゃん部隊（長崎県対馬市）
◇第8位
　かほく冷たい肉そば研究会（山形県西村山郡河北町）
◇第9位

文化・社会・経済　　　　　　　　　　　　　　　　　　　　　　　　049 ふるさとイベント大賞

　　小樽あんかけ焼そば親衛隊(北海道小樽市)
　◇第10位
　　田川ホルモン喰楽歩(福岡県田川市)
第10回B-1グランプリin十和田(平27年)
　◇ゴールドグランプリ
　　熱血!!勝浦タンタンメン船団(千葉県勝浦市)
　◇シルバーグランプリ
　　対馬とんちゃん部隊(長崎県対馬市)
　◇ブロンズグランプリ
　　津ぎょうざ小学校(三重県津市)
　◇第4位
　　今治焼豚玉子飯世界普及委員会(愛媛県今治市)
　◇第5位
　　田川ホルモン喰楽歩(福岡県田川市)
　◇第6位
　　あかし玉子焼ひろめ隊(兵庫県明石市)
　◇第7位
　　黒石つゆやきそばHAPPY麺恋　ジャー(青森県黒石市)
　◇第8位
　　出雲ぜんざい学会(島根県出雲市)
　◇第9位
　　三崎まぐろラーメンズ(神奈川県三浦市)
　◇第10位
　　Do it !　松阪鶏焼き肉隊(三重県松阪市)
2016B-1グランプリスペシャルin東京・臨海副都心(平28年)
　◇ゴールドグランプリ
　　兵庫県明石市
　◇シルバーグランプリ
　　千葉県勝浦市
　◇ブロンズグランプリ
　　北海道釧路市・釧路町
　◇第4位
　　静岡県富士宮市
　◇第5位
　　青森県八戸市
　◇第6位
　　秋田県横手市
　◇第7位
　　青森県十和田市
　◇第8位
　　愛媛県今治市
　◇第9位
　　三重県松阪市
　◇第10位
　　長崎県対馬市

049 ふるさとイベント大賞

「ふるさとイベント大賞」は,全国各地で数多く開催されている地域の活力を生み出すイベントを表彰し,全国に向けて紹介することによって,ふるさとイベントの更なる発展を応援することを目的に,平成8年に設けられた賞である。

【主催者】(一財)地域活性化センター

【選考委員】(第21回)選考委員長:北川フラム(アートディレクター),選考委員:内原智史(ライティングデザイナー),楓千里((株)JTBパブリッシング取締役),角田光代(作家),吉本光宏((株)ニッセイ基礎研究所研究理事),若泉久朗(NHK制作局長),古尾谷光男(全国知事会事務総長),時澤忠(総務省大臣官房地域力創造審議官),椎川忍(一般財団法人地域活性化センター理事長)

【選考方法】応募用紙等をもとに,イベントプロデューサー,学識経験者などをはじめとした方々で構成される「ふるさとイベント大賞」選考委員会において,審査し,各賞を決定する

【選考基準】(第21回)〔対象イベント〕平成27年7月1日から平成28年6月30日までに市区町村(広域を含む)で開催されるイベント。(1)直近の5回(第16回〜第20回)に各賞を受賞したイベント(2)継続性がなく1回の開催のみで終了するイベント。〔応募方法〕

市区町村は、所管の地域で実施されたイベントに関する応募用紙等の関係書類を取りまとめ、都道府県地域振興担当課へ提出する。都道府県は、「第15回ふるさとイベント大賞実施要領」に定められた選考基準を参照の上、市区町村から提出されたイベントの中から3イベント以内を選定し、財団法人地域活性化センターに定められた提出期限までに関係書類を提出する

【締切・発表】（第21回）〔発表〕平成29年3月3日に、東京国際フォーラムで開催の「第21回ふるさとイベント大賞表彰式」で発表

【賞・賞金】〔各賞〕大賞（総務大臣表彰）1点、優秀賞（2点）、奨励賞（3点）、選考委員特別賞（1点）。受賞団体には、賞状と楯及び副賞としてイベント支援品を贈呈。受賞イベントは積極的に全国に向けて紹介

【URL】https://www.jcrd.jp/

第1回（平8年度）
◇大賞
　万葉集全20巻朗唱の会（高岡市）
◇優秀賞
　大道芸ワールドカップin静岡（静岡市）
　かまぼこ板の絵展覧会（愛媛県城川町）
◇部門賞
● 展示・博覧会部門
　全国小ちゃなしあわせ絵手紙展（長野県栄村）
● 祭り部門
　吹上浜砂の祭典（加世田市）
● スポーツ・文化部門
　昭和新山国際雪合戦（北海道壮瞥町）
◇選考委員特別賞
　神戸ルミナリエ（神戸市）

第2回（平9年度）
◇大賞
　小学生創作ミュージカル発表会（宮城県歌津町）
◇優秀賞
　星の都絵本大賞（兵庫県佐用町）
　柳川ソーラーボート大会（福岡県柳川市）
◇部門賞
● 展示・博覧会部門
　あづま造形美術展（鹿児島県東町）
● 祭り部門
　祭りin大町・北安曇'97炎（長野県大町市）
● スポーツ・文化部門
　上三原田の歌舞伎舞台公演（群馬県赤城村）
◇選考委員特別賞
　1997佐賀熱気球世界選手権（佐賀県佐賀市）

第3回（平10年度）
◇大賞
　因島水軍まつり（因島市）
◇優秀賞
　棚田inうきは彼岸花めぐり（福岡県浮羽町）
　立佞武多（たちねぷた）（五所川原市）
◇部門賞
● 展示・展覧会部門
　青梅宿アートFes 招き猫たちの青梅宿（青梅市）
● 祭り部門
　1万人のエイサー踊り隊（那覇市）
● スポーツ・文化部門
　とうもろこし3万坪迷路（北海道本別町）
◇選考委員特別賞
　雪だるまウイーク'98（石川県白峰村）

第4回（平11年度）
◇大賞
　仁淀川紙のこいのぼり（高知県伊野町）
◇優秀賞
　からくりデザインフェスティバル'99（名古屋市）
　師走祭り迎え火（宮崎県南郷村）
◇部門賞
● 文化・交流部門
　ドイチェス・フェストinなると（徳島県鳴門市）
● 祭り・スポーツ部門
　全日本玉入れ選手権（第4回）（北海道和寒町）
● 地域経済振興部門

文化・社会・経済　　　　　　　　　　　　　　　　049　ふるさとイベント大賞

　　竹光芸まつり（大分県臼杵市）
　◇選考委員特別賞
　　鉄砲組百人隊出陣（東京都新宿区）
第5回（平12年度）
　◇大賞
　　大地の芸術祭・越後妻有アートトリエンナーレ2000（新潟県十日町）
　◇優秀賞
　　ゲタリンピック2000（広島県福山市）
　　長崎ランタンフェスティバル（長崎市）
　◇部門賞
　●文化・交流部門
　　全国子供歌舞伎フェスティバルin小松（石川県小松市）
　●祭り・スポーツ部門
　　源平火牛祭り（富山県小矢部市）
　●地域経済振興部門
　　大船渡・かがり火まつり（岩手県大船渡市）
　●ミレニアム・世紀越え部門
　　GET21なんかん 音と光のカウントダウン（熊本県南関町）
　◇選考委員特別賞
　　たんのカレーライスマラソン（北海道端野町）
　　西暦2000年世界民族芸能祭"ワッショイ！2000"（大阪府堺市）
第6回（平13年度）
　◇大賞
　　美濃和紙あかりアート展（美濃市）
　◇優秀賞
　　松山・21世紀イベント ことばのちから2001（松山市）
　　いいだ人形劇フェスタ（飯田市）
　◇部門賞
　●文化・交流部門
　　がいせん桜まつり（岡山県真庭郡新庄村）
　●祭り・スポーツ部門
　　国際渓流滝登りinななやま（佐賀県東松浦郡七山村）
　●産業・観光部門
　　しもかわアイスキャンドルフェスティバル（北海道上川郡下川町）
　◇選考委員特別賞
　　21世紀未来博覧会（山口きらら博）（山口県）

第7回（平14年度）
　◇大賞
　　仁尾八朔人形まつり2002（第5回）（香川県三豊郡仁尾町）
　◇優秀賞
　　松明あかし（福島県須賀川市）
　　鹿島ガタリンピック（第18回）（佐賀県鹿島市）
　◇部門賞
　●文化・交流部門
　　金沢・浅の川園遊会（第16回）（石川県金沢市）
　　中馬のおひなさん（第4回）（愛知県東加茂郡足助町）
　●産業・観光部門
　　なら灯花会（第4回）（奈良県奈良市）
　　農林ピック・そばフェスタ2002（第5回）（福井県今立郡池田町）
　●祭り・スポーツ部門
　　夜高あんどん祭り（第26回）（北海道雨竜郡沼田町）
第8回（平15年度）
　◇大賞（総務大臣表彰）
　　西塩子の回り舞台歌舞伎公演（第4回）（茨城県那珂郡大宮町）
　◇優秀賞（地域活性化センター会長表彰）
　　西都古墳まつり（第17回）（宮崎県西都市）
　◇優秀賞（朝日新聞社表彰）
　　つがわ狐の嫁入り行列（第14回）（新潟県東蒲原郡津川町）
　◇部門賞
　●文化・交流部門
　　近江中世城跡琵琶湖一周のろし駅伝（第2回）（滋賀県坂田郡米原町）
　　ビッグひな祭り（第15回）（徳島県勝浦郡勝浦町）
　●産業・観光部門
　　北房ぶり市（岡山県上房郡北房町）
　　えちごせきかわ大したもん蛇まつり（第16回）（新潟県岩船郡関川村）
第9回（平16年度）
　◇大賞（総務大臣表彰）
　　あったか高知まんがフェア第13回全国高等学校漫画選手権大会（高知県）
　◇優秀賞（地域活性化センター会長表彰）

049 ふるさとイベント大賞　　　　　　　　　　　　　　　　　　　文化・社会・経済

　　　岡山弁はええもんじゃ～ことばの祭り・建部（第5回）（岡山県御津郡建部町）
　　　南の島の星まつり（第2回）（石垣市）
　◇部門賞
　●文化・交流部門
　　　丹波の森国際音楽祭シューベルティアーデたんば2004（第10回）（丹波の森協会（丹波市・篠山市））
　　　高開石積ライトアップ（第4回）（吉野川市）
　●産業・観光部門
　　　南総里見まつり（第23回館山城まつり）（館山市）
　●祭り・スポーツ部門
　　　安政遠足侍マラソン（第30回）（安中市・松井田町）
　◇選考委員特別賞
　　　えひめ町並博2004（愛媛県）
第10回（平17年度）
　◇大賞（総務大臣賞）
　　　小樽雪あかりの路（第7回）（小樽雪あかりの路実行委員会, 北海道小樽市）
　◇優秀賞（財団法人地域活性化センター会長表彰）
　　　藤沢野焼祭（第30回）（藤沢野焼祭実行委員会, 岩手県藤沢町）
　　　エアロバティックジャパンINかくだ2005（第2回）（エアロバティックジャパンINかくだ2005実行委員会, 宮城県角田市）
　◇部門賞（文化・交流部門）・財団法人地域活性化センター理事長表彰
　　　モントレージャズフェスティバルイン能登2005（第17回）（モントレージャズフェスティバルイン能登開催事会・実行委員会, 石川県七尾市）
　◇部門賞（産業・観光部門）・財団法人地域活性化センター理事長表彰
　　　さくらんぼ種飛ばしジャパングランプリ（第18回）（さくらんぼ種飛ばし実行委員会, 山形県東根市）
　　　土谷棚田の火祭り（第3回）（土谷棚田保存会, 長崎県松浦市（イベント開催時は福島町））
　◇部門賞（祭り・スポーツ部門）・財団法人地域活性化センター理事長表彰

　　　氷点下の森 氷祭り（第30回）（氷点下の森氷祭り運営委員会, 岐阜県高山市）
　　　獅子舞フェスタ（第14回）（三木町・獅子たちの里三木活き生きふれあいまつり実行委員会, 香川県三木町）
　◇選考委員特別賞・選考委員長表彰
　　　第3回コウノトリ未来・国際かいぎ（第3回コウノトリ未来・国際かいぎ実行委員会, 兵庫県豊岡市）
第11回（平18年度）
　◇大賞（総務大臣賞）
　　　岐阜フラッグアート展2006（第10回）（岐阜市商店街振興組合連合会, 岐阜県岐阜市）
　◇優秀賞（財団法人地域活性化センター会長表彰）
　　　みやぎ村田町蔵の陶器市（第6回）（みやぎ村田町蔵の陶器市実行委員会, 宮城県村田町）
　　　白根大凧合戦（300年以上）（白根大凧合戦実行委員会, 新潟県新潟市）
　◇奨励賞（財団法人地域活性化センター理事長表彰）
　　　世界チェンソーアート競技大会IN東栄2006（第6回（世界大会としては第1回））（とうえい宝の山づくり実行委員会, 愛知県東栄町）
　　　天体界道100kmにちなんおろちマラソン全国大会（第6回）（にちなん100kmマラソン実行委員会, 鳥取県日南町）
　　　クイチャーフェスティバル（第5回）（クイチャーフェスティバル実行委員会, 沖縄県宮古島市）
　◇選考委員特別賞・選考委員長表彰
　　　大分国際車いすマラソン大会（第26回）（大分県（他7団体）, 大分県）
第12回（平19年度）
　◇大賞（総務大臣賞）
　　　アース・セレブレーション2007（第20回）（アース・セレブレーション実行委員会, 新潟県佐渡市）
　◇優秀賞（財団法人地域活性化センター会長表彰）
　　　ふるさと百餅祭り（第25回）（岩見沢市観光協会, 北海道岩見沢市）

来る福招き猫まつりin瀬戸（第12回）（来る福招き猫まつりin瀬戸実行委員会, 愛知県瀬戸市）
◇奨励賞（財団法人地域活性化センター理事長表彰）
全国大学フラメンコフェスティバルin館山（第13回）（館山市・館山市教育委員会, 千葉県館山市）
コトナリエサマーフェスタ2007（第4回）（コトナリエ サマーフェスタ実行委員会, 滋賀県東近江市）
着物ウィークin萩（第2回）（着物ウィークin萩実行委員会, 山口県萩市）
◇選考委員特別賞・選考委員長表彰
わたらせ渓谷鐵道各駅イルミネーション（第4回）（わたらせ渓谷鐵道各駅イルミネーション事業実行委員会, 群馬県みどり市）

第13回（平20年度）
◇大賞（総務大臣賞）
月山志津温泉 雪旅籠の灯り（第3回）（月山志津温泉雪旅籠の灯り実行委員会, 山形県西川町）
◇優秀賞（財団法人地域活性化センター会長表彰）
全国高等学校写真選手権大会「写真甲子園」（第15回）（写真甲子園実行委員会, 北海道東川町）
成田太鼓祭（第20回）（成田太鼓祭実行委員会, 千葉県成田市）
◇奨励賞（財団法人地域活性化センター理事長表彰）
奥地の海のカーニバル（第25回）（みかめイベント実行委員会, 愛媛県西予市）
第3回TAGAWAコールマイン・フェスティバル～炭坑節まつり～（TAGAWAコールマイン・フェスティバル実行委員会, 福岡県田川市）
椎葉平家まつり2008（第22回）（椎葉平家まつり実行委員会, 宮崎県椎葉村）
◇選考委員特別賞・選考委員長表彰
第34回野毛大道芸（野毛大道芸実行委員会, 神奈川県横浜市）

第14回（平21年度）
◇大賞（総務大臣賞）
2009しかりべつ湖コタン（第28回）（然別湖コタン実行委員会・鹿追町, 北海道鹿追町）
◇優秀賞（財団法人地域活性化センター会長表彰）
KING KALAKAUA THE "MERRIE MONARCH"伊香保ハワイアンフェスティバル（第13回）（渋川市, 群馬県渋川市）
能登ふるさと博 灯りでつなぐ能登半島 能登・千枚田あぜの万燈（第2回）（「ほっと石川」観光キャンペーン実行委員会・輪島市, 石川県輪島市）
◇奨励賞（財団法人地域活性化センター理事長表彰）
小祢理（横須賀区祭典総代会, 静岡県掛川市）
ゆるキャラまつりIN彦根～キグるミさみっと2009～（第2回）（井伊直弼と開国150年祭実行委員会, 滋賀県彦根市）
鳩間島音楽祭（第12回）（鳩間島音楽祭実行委員会, 沖縄県竹富町）
◇選考委員特別賞（選考委員長表彰）
日本海政令市にいがた 水と土の芸術祭2009（第1回）（水と土の芸術祭実行委員会, 新潟県新潟市）

第15回（平22年度）
◇大賞（総務大臣表彰）
田んぼアート【稲作体験ツアー】（18回）（田舎館村むらおこし推進協議会, 青森県田舎館村）
◇優秀賞（財団法人地域活性化センター会長表彰）
スキヤキ・ミーツ・ザ・ワールド2010（20回）（スキヤキ・ミーツ・ザ・ワールド実行委員会, 富山県南砺市）
全国高校書道パフォーマンス選手権大会（3回）（書道パフォーマンス甲子園実行委員会, 愛媛県四国中央市）
◇奨励賞（財団法人地域活性化センター理事長表彰）
ながい黒獅子まつり（第21回）（ながい黒獅子まつり, 山形県長井市）

金屋町楽市inさまのこ (3回) (金屋町楽市inさまのこ, 富山県高岡市)
INAKAイルミ＠おおなん (1回) (INAKAイルミ実行委員会, 島根県邑南町)
夕焼けプラットホームコンサート (25回) (夕焼けプラットホームコンサート, 愛媛県伊予市)
◇選考委員特別賞 (選考委員長表彰)
瀬戸内国際芸術祭2010 (1回) (瀬戸内国際芸術祭実行委員会, 香川県)

第16回 (平23年度)
◇大賞 (総務大臣表彰)
熊本暮らし人まつり みずあかり (8回) (みずあかり実行委員会, 熊本県熊本市)
◇優秀賞【復興応援特別賞】(財団法人地域活性化センター会長表彰)
～史都多賀城～ 万葉復興祭 (1回) (社団法人 塩釜青年会議所, 宮城県多賀城市)
◇優秀賞 (財団法人地域活性化センター会長表彰)
文化文政風俗絵巻之行列 (44回) (財団法人妻籠を愛する会, 長野県南木曽町)
◇奨励賞【復興応援特別賞】(財団法人地域活性化センター理事長表彰)
復興なみえ町十日市祭 (復興なみえ町十日市祭運営委員会, 福島県浪江町)
◇奨励賞 (財団法人地域活性化センター理事長表彰)
むらかみ宵の竹灯籠まつり (10回) (チーム黒塀プロジェクト・竹灯籠まつり実行委員会, 新潟県村上市)
南砺市いなみ国際木彫刻キャンプ2011 (6回) (南砺市いなみ国際木彫刻キャンプ2011, 富山県南砺市)
◇選考委員特別賞 (選考委員長表彰)
横濱 JAZZ PROMENADE (19回) (横濱 JAZZ PROMENADE 実行委員会, 神奈川県横浜市)

第17回 (平24年度)
◇大賞 (総務大臣表彰)
脚折雨乞 (すねおりあまごい) (10回) (脚折雨乞行事保存会, 埼玉県鶴ヶ島市)
◇優秀賞【復興応援特別賞】(財団法人地域活性化センター会長表彰)

あさひ砂の彫刻美術展2012～笑顔をここから～ (6回) (あさひ砂の彫刻美術展実行委員会, 千葉県旭市)
◇優秀賞 (財団法人地域活性化センター会長表彰)
松江水燈路 (10回) (松江ライトアップ・キャラバン実行委員会, 島根県松江市)
◇奨励賞 (第17回ふるさとイベント大賞選考委員会表彰)
アーティスティック・ムーブメント・イン・トヤマ2012 (21回) (アーティスティック・ムーブメント・イン・トヤマ実行委員会, 富山県高岡市)
湯田温泉スリッパ卓球 (1回) (湯田温泉スリッパ卓球大会実行委員会, 山口県山口市)
さかいで塩まつり (21回) (さかいで塩まつり実行委員会, 香川県坂出市)

第18回 (平25年度)
◇大賞 (総務大臣表彰)
糸満大綱引 (糸満大綱引行事委員会, 沖縄県糸満市)
◇優秀賞 (一般財団法人地域活性化センター会長表彰)
長野灯明まつり (10回) (長野灯明まつり実行委員会, 長野県長野市)
島田髷まつり (56回) (島田髷まつり保存会, 静岡県島田市)
◇奨励賞 (選考委員会表彰)
日本のふるさと遠野まつり (42回) (日本のふるさと遠野まつり実行委員会, 岩手県遠野市)
平成25年老神温泉大蛇まつり (49回) (老神温泉観光協会, 群馬県沼田市)
京築神楽の里フェスティバル (12回) (神楽の里づくり推進協議会, 福岡県京築地域7市町)
◇選考委員特別賞 (選考委員会委員長表彰)
燕三条 工場の祭典 (1回) (「燕三条 工場の祭典」実行委員会, 新潟県三条市・燕市)

第19回 (平26年度)
◇大賞 (内閣総理大臣賞)
塩竈みなと祭 (67回) (塩竈みなと祭協賛会, 宮城県塩竈市)

◇最優秀賞（総務大臣表彰）
　奥能登珠洲の秋祭りと「ヨバレ」（珠洲まつり特別委員会, 石川県珠洲市）
◇優秀賞（一般財団法人地域活性化センター会長表彰）
　レッツウォークお山参詣（31回）（岩木山観光協会, 青森県弘前市）
　寒河江まつり「神輿の祭典」（32回）（寒河江神輿會, 山形県寒河江市）
　勝山左義長まつり（勝山左義長まつり実行委員会, 福井県勝山市）
◇ふるさとキラリ賞（第19回ふるさとイベント大賞選考委員会表彰）
　わらじで歩こう七ヶ宿（29回）（七ヶ宿町・七ヶ宿町観光協会, 宮城県七ヶ宿町）
　通くじら祭り（23回）（通くじら祭り実行委員会, 山口県長門市）
　いぜな88トライアスロン大会（27回）（沖縄県伊是名村）
◇選考委員特別賞（第19回ふるさとイベント大賞選考委員会委員長表彰）
　チャグチャグ馬コ（チャグチャグ馬コ保存会, 岩手県盛岡市・滝沢市・矢巾町）

第20回（平27年度）
◇大賞（内閣総理大臣賞）
　桜流鏑馬（12回）（桜流鏑馬実行委員会, 青森県十和田市）
◇最優秀賞（総務大臣表彰）
　會津十楽（10回）（サムライシティプロジェクト実行委員会, 福島県会津若松市）
◇優秀賞（一般財団法人地域活性化センター会長表彰）
　にいがた総おどり（14回）（新潟総踊り祭実行委員会, 新潟県新潟市）
　燈籠祭（29回）（紀北町燈籠祭実行委員会, 三重県紀北町）
　菓子祭前日祭（5回）（菓子祭前日祭実行委員会, 兵庫県豊岡市）
◇ふるさとキラリ賞（第20回ふるさとイベント大賞選考委員会表彰）
　いす－1GP「キララ2時間ISU耐久レース」（6回）（キララ商店街事業協同組合, 京都府京田辺市）
　日本初のホタル舟（25回）（ホタル舟実行委員会, 山口県下関市）

第21回（平28年度）
◇大賞（内閣総理大臣賞）
　福岡町つくりもんまつり（50回以上）（福岡町つくりもんまつり実行委員会, 富山県高岡市）
◇最優秀賞（総務大臣表彰）
　お旅まつり曳山八基曳揃え（27回）（曳山八基曳揃え実行委員会, 石川県小松市）
◇優秀賞（地域活性化センター会長表彰）
　阿寒湖まりも夏希灯（2回）（NPO法人阿寒観光協会まちづくり推進機構, 北海道釧路市）
　天空の楽園 日本一の星空ナイトツアー（5回）（スタービレッジ阿智誘客促進協議会, 長野県阿智村）
　糸田祇園山笠（不明）（糸田祇園山笠運行実行委員会, 福岡県糸田町）
◇ふるさとキラリ賞（選考委員会表彰）
　柳橋歌舞伎定期公演（不明）（柳橋歌舞伎保存会, 福島県郡山市）
　日和佐八幡神社 秋まつり（不明）（日和佐ちょうさ保存会, 徳島県美波町）
◇選考委員特別賞（選考委員会委員長表彰）
　加須市民平和祭～ジャンボこいのぼり遊泳～（28回）（加須市民平和祭実行委員会, 埼玉県加須市）

050 ふるさと企業大賞（総務大臣賞）

「ふるさと企業大賞」は, 地域振興に資する事業活動を実施している民間事業者を顕彰し, 地域の振興・地域経済の活性化と魅力あるふるさとづくりの推進に寄与することを目的として, 平成14年度より表彰を行っている。

050 ふるさと企業大賞（総務大臣賞）

【主催者】（一財）地域総合整備財団（ふるさと財団）
【締切・発表】（平成29年度）平成29年2月28日締切、平成29年10月下旬表彰式
【URL】http://www.furusato-zaidan.or.jp/yushi/kigyotaisho.html

(平14年度) ※〔〕補記内は貸付団体名
オホーツクビール（株）〔北海道北見市〕"地ビール製造工場建設事業"
石屋製菓（株）〔北海道札幌市〕"観光菓子工場建設事業"
宮腰情報機械（株）〔秋田県大雄村（現・横手市）〕"印刷機械製造工場建設事業"
（株）ザッツ福島〔福島県梁川町（現・伊達市）〕"電子部品製造工場建設事業"
（株）霧しな〔長野県開田村（現・木曽郡）〕"そば製造工場建設事業"
（株）赤福〔三重県〕"伊勢内宮門前町観光施設建設事業"
（株）鮎家〔滋賀県中主町（現・野洲市）〕"びわ湖鮎家の郷建設事業"
日本ライツ（株）〔鳥取県鳥取市〕"大型液晶用バックライト製造工場建設事業"
蒜山酪農農業協同組合〔岡山県八束村（現・真庭市）〕"ひるぜんジャージーランド建設事業"
（有）みね屋〔沖縄県石垣市〕"織物工房建設事業"

(平15年度)
道東観光開発（株）〔北海道網走市〕"流氷観光砕氷船建造事業"
久慈琥珀（株）〔岩手県久慈市〕"琥珀展示資料館建設事業"
アイリスオーヤマ（株）〔宮城県〕"プラスティック製品開発・製造施設建設事業"
（株）菊池製作所〔福島県飯舘村〕"プレス加工工場増設事業"
（株）茨自販リサイクルセンター〔茨城県〕"自動車再生処理工場建設事業"
青山ハープ（株）〔福井県松岡町（現・永平寺町）〕"ハープ製造工場建設事業"
（株）柿の葉すし本舗たなか〔奈良県〕"柿の葉寿司製造工場建設事業"
（株）ウメタ〔和歌山県南部町（現・みなべ町）〕"梅干製造工場建設事業"

（株）ファーム〔広島県〕"高宮虹の家族村建設事業"
エフ・ジェイ都市開発（株）〔福岡県福岡市〕"住吉地区複合商業施設建設事業"

(平16年度)
金森商船（株）〔北海道函館市〕"赤レンガ倉庫群再生建設事業"
（株）小布施堂〔長野県小布施町〕"傘風舎（栗菓子工場）建設事業"
（株）サン・シング東海〔岐阜県〕"寝具製造工場建設事業"
ダイソウ工業（株）〔三重県芸濃村（現・津市）〕"金属部品製造工場建設事業"
（株）アウルコーポレーション〔京都府京丹後市〕"観光旅館建設事業"
ミツ精機（株）〔兵庫県一宮町（現・淡路市）〕"精密機械製造工場建設事業"
（株）エキナン〔島根県出雲市〕"宿泊施設建設事業"
新生食品（株）〔徳島県阿南市〕"農産物加工施設建設事業"
ニッポン高度紙工業（株）〔高知県安芸市〕"電解コンデンサ紙製造工場増設事業"
合名会社まるはら〔大分県日田市〕"醬油・ラムネ観光工場建設事業"

(平17年度)
（有）ポークランド〔秋田県〕"養豚農場建設事業"
（株）シベール〔山形県山形市〕"菓子製造工場建設事業"
（株）おびなた〔長野県長野市〕"戸隠そば工場建設事業"
（株）住文〔滋賀県長浜市〕"ホテル建設事業"
（株）丹波の黒太郎〔兵庫県宍粟市〕"食品加工工場建設事業"
（株）アワーズ〔和歌山県〕"レジャーランド増設事業"
下関フィッシャーマンズワーフ（株）〔山口

県下関市〕"商業施設建設事業"
九州教具(株)〔長崎県長崎市〕"ビジネスホテル建設事業"
(株)臼杵造船所〔大分県臼杵市〕"船台拡張事業"
宮崎部品(株)〔宮崎県日之影町〕"自動車用組電線製造工場建設事業"

(平18年度)
弘果弘前中央青果(株)〔青森県弘前市〕"りんご卸売場増設事業"
尾西食品(株)〔宮城県大崎市〕"米飯加工工場建設事業"
(株)不二コントロールズ〔福島県湯川村〕"エアコン用自動機器製造工場建設事業"
(株)磯部ガーデン〔群馬県安中市〕"ホテル増設事業"
トーヨーリトレッド(株)〔新潟県糸魚川市〕"更生タイヤ製造工場建設事業"
農事組合法人伊賀の里モクモク手づくりファーム〔三重県伊賀市〕"伊賀の里モクモク手づくりファーム増設事業"
ユーシー産業(株)〔鳥取県鳥取市〕"樹脂製品製造工場建設事業"
銘建工業(株)〔岡山県真庭市〕"集成材工場建設事業"
一広(株)〔愛媛県今治市〕"タオル産業観光センター建設事業"
(株)福田農場ワイナリー〔熊本県水俣市〕"地ビール製造工場建設事業"

(平19年度)
(有)追分温泉〔宮城県石巻市〕"温泉旅館増設事業"
(株)八幡屋〔福島県石川町〕"温泉旅館増設事業"
北越急行(株)〔新潟県〕"鉄道車両整備事業"
古野興業(株)〔長野県長野市〕"生酒工房建設事業"
伊賀越(株)〔三重県伊賀市〕"醬油製造工場建設事業"
(有)白浜荘〔滋賀県高島市〕"研修施設増設事業"
(株)タスト〔和歌山県広川町〕"アルミ建材製造加工工場建設事業"

ダイヘン産業機器(株)〔鳥取県鳥取市〕"電源装置製造工場建設事業"
(有)岡松バラ園〔徳島県海陽町〕"バラ温室建設事業"
三貴工業(株)〔長崎県雲仙市〕"橋梁架設機材等製造工場建設事業"

(平20年度)
(株)アップルランド南田温泉〔青森県平川市〕"ホテル増設事業"
(株)IHIキャスティングス相馬工場〔福島県相馬市〕"精密鋳造品製造設備整備事業"
鷹の羽興業(株)〔埼玉県熊谷市〕"シネマコンプレックス建設事業"
医療法人社団今城会〔千葉県君津市〕"介護老人保健施設建設事業"
参天製薬(株)能登工場〔石川県宝達志水町〕"医薬品製造工場増設事業"
(株)マルイチ産商〔長野県伊那市〕"卸売市場店舗建設事業"
大昭和精機(株)淡路工場〔兵庫県洲本市〕"工作機械部品製造工場建設事業"
社会福祉法人高瀬会〔和歌山県古座川町〕"老人保健施設建設事業"
九州ジージーシー(株)岡山工場〔岡山県矢掛町〕"もやし製造工場建設事業"
(株)かりゆし〔沖縄県〕"リゾートホテル建設事業"

(平21年度)
(株)アクリフーズ 夕張工場〔北海道夕張市〕"冷凍食品工場建設事業"
(株)和銅鉱泉旅館〔埼玉県秩父市〕"旅館増改築事業"
医療法人社団慶勝会〔千葉県館山市〕"老人保健施設建設事業"
医療法人社団弘仁会 魚津緑ヶ丘病院〔富山県魚津市〕"病院増改築等事業"
医療法人みゆき会〔長野県飯山市〕"老人保健施設建設事業"
香住鶴(株)〔兵庫県香美町〕"観光酒蔵建設事業"
(有)福屋〔徳島県徳島市〕"観光レストラン・和菓子工房建設事業"
北九州エアターミナル(株)〔北九州市〕

"新北九州空港ターミナルビル建設事業"
医療法人興和会〔熊本県美里町〕"介護老人保健施設建設事業"
拓南製鐵(株)〔沖縄県〕"電炉製鋼・圧延工場建設事業"
(平22年度)
　(株)黄金崎不老不死温泉〔青森県深浦町〕"観光ホテル建設事業"
　北日本造船(株)〔岩手県久慈市〕"船体ブロック製造工場建設事業"
　メルコジャパン(株)〔宮城県丸森町〕"金属製品加工製造工場建設事業"
　(株)安藤醸造〔秋田県仙北市〕"農産物加工販売施設建設事業"
　(株)グリーンクアパーク〔山形県寒河江市〕"温泉施設建設事業"
　鈴与(株)〔静岡県〕"複合商業施設建設事業"
　(株)積進〔京都府京丹後市〕"精密機械製造工場建設事業"
　(株)あわしま堂〔愛媛県八幡浜市〕"和菓子製造工場建設事業"
　山本貴金属地金(株)〔高知県香南市〕"歯科材料研究開発棟建設事業"
　(株)マンダイ〔福岡県久留米市〕"金属製品板金製造工場建設事業"
(平23年度)
　(株)六花亭北海道〔北海道中札内村〕"菓子製造工場建設事業"
　(株)マエダ〔青森県むつ市〕"百貨店増設事業"
　(株)水沢給食センター〔岩手県奥州市〕"イベント・コンベンション施設整備事業"
　(株)ゆもとや〔新潟県新潟市〕"温泉旅館増設事業"
　医療法人社団寿山会〔富山県砺波市〕"老人保健施設建設事業"
　(株)八汐〔石川県輪島市〕"宿泊施設整備事業"
　(株)HRD〔鳥取県鳥取市〕"電子部品組立工場建設事業"
　島根イーグル(株)〔島根県雲南市〕"自動車部品製造工場建設事業"

(株)佐賀電算センター〔佐賀県佐賀市〕"ソフトウェア開発センター建設事業"
枕崎水産加工業協同組合〔鹿児島県枕崎市〕"水産加工残滓高度活用化施設建設事業"
(平24年度)
　大雪地ビール(株)〔北海道旭川市〕"地ビール製造工場建設事業"
　北日本精機(株)〔北海道芦別市〕"ベアリング製造設備建設事業"
　(株)サクラダ〔岩手県大船渡市〕"リゾートホテル増設事業"
　大槌商業開発(株)〔岩手県大槌町〕"ショッピングセンター建設事業"
　(有)佐藤養助商店〔秋田県湯沢市〕"うどん製造販売施設建設事業"
　(株)三浦海業公社〔神奈川県三浦市〕"商業施設建設事業"
　栂池ゴンドラリフト(株)〔長野県小谷村〕"観光ロープウェイ建設事業"
　大口酒造〔鹿児島県伊佐市〕"焼酎製造工場建設事業"
　(株)大川〔沖縄県沖縄市〕"商業施設増設事業"
(平25年度)
　(株)かわむら〔岩手県陸前高田市〕"水産加工場建設事業"
　社会福祉法人太陽会〔千葉県館山市〕"医療関連機器整備等事業"
　医療法人社団ホスピィー〔富山県魚津市〕"グループホーム建設事業"
　(株)シマダ〔京都府京丹後市〕"温泉宿泊施設整備事業"
　日段(株)〔島根県安来市〕"ダンボールケース製造工場建設事業"
　周南バルクターミナル(株)〔山口県周南市〕"周南バルクターミナル整備事業"
　(株)マリーンパレス〔大分県〕"水族館建設事業"
(平26年度)
　(株)小田島〔岩手県花巻市〕"本社・物流センター建設事業"
　北日本索道(株)〔秋田県湯沢市〕"間伐材等加工流通施設整備事業"
　内堀醸造(株)〔長野県飯島町〕"食酢製造

文化・社会・経済　　　　　　　　　　　　　　　　　　　　*051* ふるさと名品オブ・ザ・イヤー

　　工場建設事業"
　赤田工業（株）〔長野県池田町〕　"機械金属
　　加工工場建設事業"
　東洋自動機（株）〔山口県岩国市〕　"自動計
　　量包装機製造工場建設事業"
　オレンジベイフーズ（株）〔愛媛県八幡浜
　　市〕　"食品加工工場建設事業"
　（株）TRI大分AE〔大分県豊後高田市〕
　　"精密ゴム樹脂製品製造工場建設事業"
　（株）丸屋本社〔鹿児島県鹿児島市〕　"商
　　業施設等改修事業"
　（株）南都〔沖縄県〕　"テーマパーク建設
　　事業"
（平27年度）
　さくらインターネット（株）〔北海道石狩
　　市〕　"環境負荷低減型石狩データセン
　　ター建設事業"
　社会福祉法人渓仁会〔北海道岩内町〕　"介
　　護老人保健施設新設事業"
　多摩川精機（株）〔青森県三沢市〕　"電気機
　　器製造工場開設事業"
　AGF関東（株）〔群馬県太田市〕　"コーヒー
　　製造工場建設事業"
　遠州鉄道（株）〔静岡県浜松市〕　"百貨店・
　　事務所ビル建設事業"

　（株）ジェイ・エム・エス〔島根県出雲市〕
　　"医薬品等製造工場増設事業"
　（株）白雪食品〔長崎県諫早市〕　"麺類製
　　造工場建設事業"
　中興化成工業（株）〔長崎県松浦市〕　"樹脂
　　コーティング加工工場建設事業"
　南国殖産（株）〔鹿児島県〕　"オフィス・バ
　　スターミナル等複合施設整備事業"
（平28年度）
　（株）石巻青果〔宮城県東松島市〕　"卸売
　　市場移転整備事業"
　医療法人社団博英会〔福島県西郷村〕　"介
　　護老人保健施設建設事業"
　（株）ナベル〔三重県伊賀市〕　"各種蛇腹
　　製造工場建設事業"
　ミサキ電機（株）〔兵庫県洲本市〕　"板金部
　　品・電機機器製造工場建設事業"
　（株）ケイズ〔鳥取県米子市〕　"アウト
　　ソーシングセンター建設事業"
　（株）レスパスコーポレーション〔愛媛県
　　東温市〕　"温浴施設等建設事業"
　（株）アグリス〔福岡県八女市〕　"医療機
　　器製造工場建設事業"
　社会医療法人財団白十字会〔長崎県佐世保
　　市〕　"病院建設事業"

---

051 ふるさと名品オブ・ザ・イヤー

　地域の将来を支える名品とその市場開拓を支援する表彰制度として平成27年開始。地域に眠る名品の発掘とその市場開拓を支援するため，会員企業が独自の視点で選び表彰。

【主催者】ふるさと名品オブ・ザ・イヤー実行委員会

【選考委員】実行委員長・古田秘馬（株式会社umari代表），エイチ・アイ・エス，産経新聞社，J：COM，ジェイティービー，大日本印刷，テレビ東京コミュニケーションズ，電通，トライステージ，ドゥ・ハウス，日本郵便，Yahoo！ JAPAN，楽天，アイランド，朝日新聞社，角川アップリンク，サイバーエージェント・クラウドファンディング，スターツ出版，世界文化社，ソニー企業，プレジデント社，モテパパLAB．，リクルートジョブズ，リクルートライフスタイル，よしもとクリエイティブ・エージェンシー，内閣府，農林水産省，経済産業省

【締切・発表】平成29年3月21日表彰

【URL】https://furusatomeihin.jp/index.php

（平27年）

051 ふるさと名品オブ・ザ・イヤー

文化・社会・経済

◇部門賞
- 交流文化部門

  気仙沼つばき会(宮城県気仙沼市) "大漁旗やカレンダー販売、魚市場イベントなど、観光客増や気仙沼港の水揚げ向上に寄与"

  NPO法人おもてなしスノーレンジャー(北海道札幌市) "海外からのスキー需要喚起を目的に留学生をインストラクターとして育成するプロジェクト"

  NPO法人英田上山棚田団(岡山県美作市) "かつての棚田を手作りで再生。ブランド米販売や祭りの復活、台湾の棚田との提携などの活動"

  肉のいとう(宮城県仙台市) "宮城県仙台牛のブランドを全国に広め、『仙台牛販売指定店』として展開"

  十文字屋商店 楽天市場店(宮城県石巻市) "三陸産の無添加物産品を全国に伝える販売活動"

  マルイチ高橋(宮城県石巻市) "石巻のたらこや金華さばなどの加工品製造"

  めぐり菜(岩手県一関市) "震災をきっかけに就農、ネット市場を中心に活動"

  博多ふくいち(福岡県糟屋郡新宮町) "福岡県の玄界灘を臨む自然の中で、手作業による辛子明太子の製造"

  ふりだし屋(福岡県福岡市博多区) "日本初の「うどんスープ」ティーバッグ詰め販売を始め、さまざまな「あじつゆ」製品の製造販売"

  松喜屋(滋賀県大津市) "明治操業のすき焼き用肉の製造販売"

  横浜と共に130年 聘珍樓(神奈川県横浜市中区) "日本最古の中国料理店"

  本坊酒造(鹿児島県鹿児島市) "九州の酒造メーカー"

  カミチク情熱牧場(鹿児島県鹿児島市) "生産から販売までを一貫で行う「6次化スタイル」を築く"

  (株)プロクルー(滋賀県長浜市) "滋賀県びわこ食堂の「とりやさいみそ」の販売提供"

  黄金のかつお節屋(鹿児島県指宿市) "ユーザー評価の高い鰹節"

  ワンダフル沖縄(沖縄県読谷村) "沖縄三味線のビギナーズセットの販売製作"

  沖縄うまいもの屋！ 長浜商店(沖縄県沖縄市) "ちんすこうの販売製造"

  奥那嶺商会楽天市場店(沖縄県島尻郡久米島町) "生産量日本一の沖縄車海老の販売"

  久米仙酒造(沖縄県那覇市) "泡盛の製造販売"

  琉球ガラスグラス専門店kubagasaya(沖縄県那覇市) "沖縄伝統工芸品の販売製造"

  石垣島の泡盛と梅酒 請福酒造(沖縄県石垣市) "石垣島で創業60年の泡盛メーカー"

  オークヴィレッジ楽天市場店(岐阜県高山市) "伝統工法の折りたたみ小机等の製造販売"

- ベスト・デジタル観光パンフレット部門

  長崎県佐世保市 "【「九十九島」青い地球のキャンパス】神さまが描いた99の宝島"

  伊藤漬物本舗(秋田県湯沢市) "秋田の伝統食材「いぶりがっこ」を加工したスナック菓子「いぶりガッキー」"

  hatsutoki 島田製織(兵庫県西脇市) "地元の職人とともに洋服をデザイン。播州織の可能性を探る"

  御菓子司 栄堂 坂井敦子(兵庫県南あわじ市) "淡路島産の米粉や鳴門オレンジ(淡路島特産品柑橘類)を丸ごと使った焼きまんじゅう"

  ウェルカムジョン万カンパニー 田中慎太郎(高知県土佐清水市) "こくがある美味しいだしの出る宗田節を使ったおかき"

- ふるさと名品ネーミング部門

  (株)スカイインテック(富山県富山市) "美味しくて、体に良い「薬都富山のめぐみ 食やくスイーツ」"

- 地域活性ソフトパワー部門

  ユーフォーテーブル(有) "アニメと実写を融合させた新たな地域活性"

  高山「氷菓」応援委員会(岐阜県高山市) "地域活性事例 「氷菓」"

  岩美町観光協会(鳥取県岩美町) "地域活

文化・社会・経済　　　　　　　　　　　　　　　　　　　　　*051* ふるさと名品オブ・ザ・イヤー

　　性事例「Free！」"
　　なつまちおもてなしプロジェクト（長野県小諸市）"地域活性事例「あの夏で待ってる」"
　　秩父アニメツーリズム実行委員会（埼玉県秩父市）"アニメ作品と地域の新たな共存"
- 数字で見る地域ブランディング部門
　　能作（富山県高岡市）"10年間で売り上げを10倍に。さらに工場見学数も6000人を超え、モダン伝統工芸の先駆者的存在に"
　　リトル石巻プロジェクト（宮城県石巻市）"石巻の魅力発信プロジェクト"
　　尾道デニム（広島県尾道市）"720人が履いてつくりだしたユーズドデニム"
　　（一社）SAVE IWATE（岩手県盛岡市）"和グルミをペーストにして日本酒にとかしたリキュールと和グルミプロジェクト商品"
　　（株）ギンザのサエグサ（長野県栄村）"小滝集落のコシヒカリである小滝米（ワインボトルと米袋入り）"
- ご当地グルメ部門
　　加賀カニごはん推進協議会（石川県加賀市）"食材は貴重な香箱ガニだけでなく、加賀産でこだわった加賀カニごはん"
- 世界のアキバ部門
　　レッドライスカンパニー（株）（岡山県総社市）"白米の先祖といわれる赤米を使った甘酒は、是非ハレの日に！"
- おもてなしアイディア部門
　　祇園ない藤商品名：JOJO（京都府京都市東山区）"老舗履物専門店による洋草履"
　　（有）弘前キュイジーヌ「奇跡のりんごかりんとう」（青森県弘前市）"無農薬・無肥料で皮も種も芯も食べられる「奇跡のりんご」を用いて作られた洋風かりんとう"
- おいしい名品をお取り寄せ部門
　　（株）大沼製菓（地元宮城県桃生町）"お茶の北限と言われる桃生茶を使った大福「桃生茶福」を開発"
　　（株）おおいた姫島（大分県姫島村）"「幻の2日ひじき」瀬戸内海浮かぶ姫島で、1年でたった2日間しか採れない「幻のひじき」"
　　丸徳海苔（株）（広島県）"ワルのりスナック」海苔そのものをスナックにした商品"
- 未来の地域の逸品部門
　　石垣市特産品販売センター（沖縄県石垣市）"希少な黒毛和牛「石垣牛」を100％使った贅沢なハンバーグ"
- ふるさと活性化部門
　　丹生川宿儺かぼちゃ研究会 代表若林定夫（岐阜県高山市）"フードアルチザン「飛騨高山宿儺かぼちゃ食の匠推進協議会」の活動を主導"
- 「勇気ありすぎ」名品部門
　　あねさん工房 小代富男 小代スミエ（大分県豊後大野市）"摘果した際に摘み取ったかぼすを甘露煮にしたもの。この地方の家庭の味を再現して商品化"
- ウチらの食が一番部門
　　北海道 しんや タラバ蟹カレー（北海道北見市）"オホーツク産のタラバガニを使用したカレー"

◆地方創生賞【コト】部門受賞
- ふるさと名品・ベストストーリー部門
　　mizuiro（株）（青森県青森市）"「おやさいクレヨン」国産の米と野菜から作られたクレヨン"

◆地方創生賞【ヒト】部門受賞
- ふるさとモノがたり部門
　　米・雑穀のみちのく農業研究所（宮城県柴田郡村田町）"原付で農家を回る「米・雑穀のみちのく農業研究所」長濱氏"

◆地方創生賞【モノ】部門受賞
- ベスト・ネットセールス
　　（株）GRA（上田貴史）（宮城県山元町）"山元町のイチゴのみで作るスパークリングワイン「ミガキイチゴ・ムスー」"

◆地方創生賞 入賞
- 女子旅部門
　　（公社）和歌山県観光連盟（和歌山県）"高野山の魅力を伝える女性向け"金曜夜発"ツアープラン"

郷土・地域文化の賞事典　155

- モテパパサポート部門
  平成船手組 三津浜焼き（愛媛県松山市）
  "三津浜焼きをはじめ地域資産で街を盛り上げる活動に対して"
- 家庭画報美味遺産部門
  長野県 "「信州ワインバレー構想」のワイナリー、NAGANO WINE等催事・イベント運営に対して"
- 自治体が勧める地域の逸品（まちの逸品）部門
  宮崎キャビア事業協同組合 坂元基雄（宮崎県）"手作業での製造などキャビア本来の味を実現した商品開発に対して"
- ベストアイディア部門
  （株）Growth（青森県三沢市）"「青森ごぼう茶」等フェアトレードを通じた活動に対して"
- NEXT HISTORY部門
  レディメイドプロダクツ（福岡県久留米市）"鋳造製造技術を生かしたダッチオーブン「WEEKENDER」開発"

（平28年）
◇部門賞
- TVが伝えた食の物語部門
  みかん農家・紀州はら農園 原和男（和歌山県田辺市上秋津）"和歌山県上秋津産完熟みかん30kg（完熟みかんの樹オーナー制度）"
  食べる宝石「有機JAS雑穀」をつくる高村英世（岩手県二戸市）"有機JAS雑穀 定期便"
- モテパパサポート部門
  「KUHANA！」映画部（三重県桑名市）
- また行きたくなる「おもてなし」部門
  （株）小田原柑橘倶楽部（神奈川県小田原市）"地域振興サイダー（片浦レモン/小田原みかん/小田原梅）"
  （株）草竹農園（大阪府阪南市），（株）キビィズ（大阪府阪南市）"NUKAMARCHÉ"
- LCCインバウンド部門
  別府八湯温泉名人会理事長（大分県別府市）
- ふるさとモノがたり部門
  沖縄県 "せんべろセット"

- デジタル観光パンフ部門
  （株）カワ、サンドウィッチカフェ サントピア（和歌山県）"ご当地バーガーグランプリ「紀州梅バーガー」"
- 体験アクティビティ部門
  ガラス工房 弟子丸（鹿児島県霧島市）"薩摩切子の新ジャンル「ecoKIRI」に挑戦しよう！ 薩摩切子カット体験"
  ブルーボックス（広島県廿日市市）"世界遺産の海をクルージング！ SUP体験スクール（半日コース）"
  LAZYBONEZ（レイジーボーンズ）（沖縄県国頭郡本部町）"あの、とったどー!!体験ができちゃいます!!モリ突き体験！"
- こだわりの駅弁部門
  （株）淡路屋（京都府京都市右京区嵯峨天竜寺道町）"きつねの鶏めし"
- ふるさと動画部門
  長野県長野市若穂支所（長野県長野市若穂）"長野市若穂のジビエPR動画"
  岐阜県下呂市 "POKAPOKA下呂スタイル魅力発信プロジェクト「しごと編」"
- 自治体が勧める まちの逸品部門
  兵庫県養父市 "但馬朝倉さんしょシリーズ"
  （株）百姓堂本舗（青森県弘前市）"kimori シードル スイート・ドライ"
  瀧芳（株）（大阪府）"シルクリビングケット"
- 郵便局ネットショップ部門
  こと京都（株）（京都府）"京の九条の葱の箱"
  （株）ジェイエイフーズおおいた（大分県杵築市）"つぶらなカボス/かぼすハイボール"
  和平フレイズ（株）（新潟県燕市）"肴七味ステンレス製卓上鍋"
- お取り寄せ・ふるさと名品部門
  京のごちそう「三味洪庵」（京都府）"京都西京漬け「雅」"
- 未来ブランドオーディション部門
  JA京都やましろ（京都府京田辺市），京都府京田辺市，ロイヤルブルーティージャパン（株）"The Uji 京都宇治碾茶"

文化・社会・経済　　　　　　　　　　　　　　　　　　　　　　　　　　　　　051 ふるさと名品オブ・ザ・イヤー

- 47シュフラン部門
  十勝清水コスモスファーム（（株）風車）（北海道上川郡清水町）"ブラウンスイス牛コンビーフ"
- こんなのあるんだ！部門
  石井物産（株）（奈良県五條市）"柿バター"
  日穀製粉（株）（長野県長野市）"スノーモンキーそば茶"
  こんぴらや販売（株）（香川県仲多度郡まんのう町）"代打ち麺ロール"
- What's that!? 部門
  ステファン・ダントン（おちゃらか）（静岡県島田市川根本町）"日本茶フレーバーティー"
  出雲かみしお（島根県出雲市大社町）"出雲かみしお"
  （株）サンヨーコーポレーション（広島県東広島市豊栄町安宿），（株）資生堂　"ザ・ギンザ　スーペリアコットン"
  時田工業（株）（札幌市豊平区福住1条3-6-8）"【PURE TIME 1978】シラカバ樹液50%配合の基礎化粧品"
  （株）笹屋昌園（京都市右京区谷口園町3-11）"本わらび餅　極み"
  （株）大井肉店（神戸市長田区野田町8-5-14）"神戸ビーフラスク"
  久米仙酒造（株）（沖縄県那覇市字仲井真155）"酵素のお酒　美王"
  （有）吉永醸造店（鹿児島市西田2-2-3）"純黒糖使用の濃厚な甘みのスイーツ醬油　黒蜜しょうゆ"
  （株）菓匠三全（仙台市青葉区大町2-14-18）"ずんだ餅"
  （株）永谷園（東京都港区西新橋2-36-1）"お茶漬け"
- ふるさとタイムお土産にしたい地元名品部門
  神奈川県逗子市 KopiLuwak　"Seegras アカモク ハンド＆ボディジェル"
  立川市（立川市役所）（東京都立川市）"立川市プレミアム婚姻届"
- 隠れ名品撲滅部門
  地場野菜イタリアン カポナータ（埼玉県越谷市）"苺のかけジャム"
- （有）リンクコーポレーション（大阪府大阪市中央区難波）"オオサカ学習帳〜世界の難波へ、大阪弁をお土産に〜"
- クラウドファンディング部門
  （株）ツカダ（岐阜県関市）"「Key-Quest」（キークエスト）ポケットにしのばせる6 in 1鍵型便利ツール"
- ふるさとカレー部門
  （株）さつま屋産業，（株）なかむら（福岡県北九州市）"合馬筍カレー"
- 地方創生ソフトパワー部門
  （株）内藤食品工業（北海道）「北海道ねぎ味噌なっとう（カムイ納豆）」"
  （株）丸善市町（北海道）"「北乃カムイガラナ」"
  三笠公園，世界三大記念館「三笠」，猿島（神奈川県横須賀市）"ヨコカル祭"
- TVでは伝わらないすごい温泉宿部門
  強羅花扇 円かの杜（神奈川県足柄下郡箱根町）
- dancyuおいしい街部門
  静岡県松崎町 "美しい村の豊かな食"
- IT x 地方創生部門
  神奈川県横須賀市 "〔金賞〕ふるさと納税における謝礼品数増"
  埼玉県戸田市 "〔金賞〕ターゲティング広告を活用した効果的な定住促進PR"
  滋賀県米原市 "〔銀賞〕通過するだけじゃもったいない！ 通過点を目的地に！「orite（オリテ）米原」"
  宮崎県綾町 "〔銀賞〕宮崎県綾町 ふるさと納税応援弁当"
- 観光客と共に創る名品 ベストアプローチ賞部門
  愛知県 "ふるさとの魅力 伝承本「おかずシリーズ」"
- 地産地消de朝ごはん部門
  山形県 あつみ温泉萬国屋（ばんこくや）（山形県鶴岡市湯温海丁）"温海温泉「萬国屋」の朝ごはん"
- 家庭画報のふるさとオブザイヤー部門
  兵庫県神戸市 "ロカボ神戸プロジェクト"
  昇苑くみひも（京都府宇治市）"京組紐のマット＆ナプキンリング"

えちごトキめき鉄道（株）（新潟県）"えちごトキめきリゾート雪月花"
- ご当地遊び体験部門
  （株）ユニバーサルワーカーズ 軍艦島コンシェルジュ（長崎県長崎市）"世界遺産に触れる！ 軍艦島上陸・周遊クルージング"
- ふるさと名品・ベストストーリー部門
  （株）秋田ことづくり（秋田県横手市）"「Fruitreat（フルートリート）」"
- 女子旅部門
  Re♡Birthプロジェクト実行委員会 "さいはての女子旅 Re♡Birthプロジェクト"
- 交流文化部門
  秋田県大館市 "本場のきりたんぽ、秋田弁♪かっちゃが魅力の秋田県大館市"
- 地域活性キャラコラボ部門
  栃木県大田原市 "与一くん"
- 世界に届けたい日本の逸品部門
  千葉県南房総市 "近藤牧場（低温殺菌ノンホモ牛乳/クレマカタラーナ）"
  （有）アルガマリーナ（代表取締役・金高武夫）（千葉県南房総市）"鯖の寒露煮"
- 主婦やシニアの方の活躍創出部門
  矢沢加工所企業組合（長野県塩尻市）"「自分の通帳が欲しかったのよ」還暦を過ぎて農産物加工所設立をなしとげた塩原輝子さん"
  キングパン協業組合（愛知県豊田市）"シニア、主婦、若者の多世代でつくる思い出いっぱいの給食パン"
  ゆいまーる沖縄（株）（沖縄県島尻郡南風原町）"「沖縄を経済的に自立させたい」思いで販売する、沖縄県で原料調達、企画製造された名品"

◇地方創生賞
- 地方創生大賞ヒト
  三重県桑名市 "「KUHANA！」映画部"
- 地方創生大賞モノ
  石井物産（株）（奈良県五條市）"柿バター"
- 地方創生大賞コト
  立川市（立川市役所）（東京都立川市）"立川市プレミアム婚姻届"
- 地方創生賞ヒト
  原 和男（みかん農家・紀州はら農園、和歌山県田辺市上秋津）"和歌山県上秋津産完熟みかん30kg（完熟みかんの樹オーナー制度）"
  矢沢加工所企業組合（長野県塩尻市）"「自分の通帳が欲しかったのよ」還暦を過ぎて農産物加工所設立をなしとげた塩原輝子さん"
- 地方創生賞モノ
  兵庫県養父市 "但馬 朝倉さんしょシリーズ"
  こと京都（株）（京都府）"京の九条の葱の箱"
- 地方創生賞コト
  （有）リンクコーポレーション（大阪府大阪市中央区難波）"オオサカ学習帳～世界の難波へ、大阪弁をお土産に～"
  えちごトキめき鉄道（株）（新潟県）"えちごトキめきリゾート 雪月花"
- 政策奨励賞
  島根県海士町 "ふるさと海士のCASシステム"
- 政策奨励賞 入選
  （株）小田原柑橘倶楽部（神奈川県小田原市）"地域振興サイダー（片浦レモン/小田原みかん/小田原梅）"
  （株）ツカダ（岐阜県関市）"「Key-Quest」（キークエスト）ポケットにしのばせる6in1鍵型便利ツール"
  ステファン・ダントン（おちゃらか）（静岡県島田市川根本町）"日本茶フレーバーティー"

052 毎日郷土提言賞

高度成長から低成長時代へと移行し、地域社会の役割が再検討されるようになった昭和50年に創設された。「あすのふるさとづくり」をテーマに21世紀に向けて豊かなふる

文化・社会・経済　　　　　　　　　　　　　　　　　　　　　　　*052* 毎日郷土提言賞

さとを築くため,市民の行政参加や地域のあり方についての提言のうち特に優れたものに贈られる。
【主催者】 毎日新聞社
【選考基準】〔対象〕環境,教育,産業振興,コミュニティづくりなど,郷土づくりに関する作品であれば内容は自由。〔応募規定〕論文の部：400字詰め原稿用紙18枚〜22枚,感想文の部：400字詰め原稿用紙4枚半〜5枚半。未発表作品に限る

第1回(昭50年)
　◇論文の部
　　該当者なし
　◇感想文の部
　　佐藤 多賀
第2回(昭51年)
　◇論文の部
　　伊藤 晶
　◇感想文の部
　　該当者なし
第3回(昭52年)
　◇論文の部
　　細越 健一
　◇感想文の部
　　伊藤 かおる
第4回(昭53年)
　◇論文の部
　　金坂 直仁
　◇感想文の部
　　桜井 亮子
第5回(昭54年)
　◇論文の部
　　栗村 和夫
　◇感想文の部
　　漆原 憲博
第6回(昭55年)
　◇論文の部
　　布施 幹夫
　◇感想文の部
　　橋本 美恵子
第7回(昭56年)
　◇論文の部
　　該当者なし
　◇感想文の部
　　中根 房子
第8回(昭57年)
　◇論文の部
　　三宅 節子
　◇感想文の部
　　吉岡 れん子
第9回(昭58年)
　◇論文の部
　　平松 伴子
　◇感想文の部
　　菊池 英子
第10回(昭59年)
　◇論文の部
　　古川 君子
　◇感想文の部
　　蔵本 順子
第11回(昭60年)
　◇論文の部
　　福田 良輔
　◇感想文の部
　　該当者なし
第12回(昭61年)
　◇論文の部
　　長縄 光延
　◇感想文の部
　　小野 玲子
第13回(昭62年)
　◇論文の部
　　石川 民雄
　◇感想文の部
　　右谷 専一郎
第14回(昭63年)
　◇論文の部
　　該当者なし
　◇感想文の部
　　忍足 良夫(入間市立藤沢中学校教諭)
第15回(平1年)
　◇論文の部
　　樋口 利明
　◇感想文の部

053 山片蟠桃賞　　　　　　　　　　　　　　　　　　　　　　文化・社会・経済

　　栗原 義明
　　石黒 則子
第16回（平2年）
　　＊
第17回（平3年）
　◇論文の部
　　小野 利勝 "「高齢化社会へ向けての一つの対応―低視力者からの訴え」"
　◇感想文の部
　　三浦 久宜 "「善意の波紋」"
第18回（平4年）
　◇論文の部
　　庄司 勲 "「会社人間の忘れ物見つけた―自分の人生を生きる」"
　◇感想文の部
　　中村 栄美子 "「ふる里の昔を次の世代に伝えよう」"
第19回（平5年）
　◇論文の部
　　大浦 栄次 "「『沈黙の夏』,Silent Summerを診る」"
　◇感想文の部
　　小林 巖 "「ふるさとづくりは故郷を愛する心の芽ばえから」"
第20回（平6年）
　◇論文の部
　　田端 裕 "「ゴミを計ろう―『私の環境白書』」"
　◇感想文の部
　　熊木 正則 "「私たちの美術館を」"

---

053 山片蟠桃賞

　近世大阪の生んだ世界的町人学者である山片蟠桃の名にちなみ、日本文化の国際通用性を高めた優秀な著作とその著者を顕彰し、あわせて大阪の国際都市としての役割と文化・学術の国際性を高めることを目的として、大阪府文化問題懇話会委員を務めていた作家の司馬遼太郎氏の提唱により創設された。平成13年度以降，3年に1回の開催に変更した。

【主催者】大阪府

【選考委員】（第25回）今西祐一郎（国文学研究資料館館長），小松和彦（国際日本文化研究センター所長），斎木宣隆（国際交流基金京都支部長），佐藤友美子（サントリー文化財団上席研究フェロー），須藤健一（国立民族学博物館館長），中西進（堺市博物館館長），蓑豊（兵庫県立美術館長，大阪市立美術館名誉館長）

【選考方法】学識経験者，大学，研究所，国際交流機関などの推薦を受けた受賞候補作及び著作について，学識経験者からなる審査委員会において審査の上,1件を決定

【選考基準】〔資格〕著者の国籍は問わない。〔対象〕国外において刊行された日本文化の国際通用性を高めるためにふさわしい著作とその著者。〔基準〕(1)著作の範囲は，日本文化についての研究，紹介及び日本文学の翻訳を指すが，文章による表現が主体となっているもの。(2)日本文化とは，日本文学，芸術及び思想の分野とする。(3)著作の発行形態は，それぞれの国で国民一般が入手できるよう公表されたものとする。(4)著作の刊行の時期は，ここ数年間のものとする

【賞・賞金】賞状

【URL】http://www.pref.osaka.lg.jp/bunka/news/bantou.html

第1回（昭57年度）
　　キーン，ドナルド（米・コロンビア大学教授）"「World Within Walls」をはじめとする著作"
第2回（昭58年度）
　　アクロイド，ジョイス（オーストラリア・

クィーンズランド大学教授）"「Lessons from History」をはじめとする著作"
第3回（昭59年度）
　フォス, フリッツ（オランダ・ライデン大学名誉教授）"「日本語の中のオランダ語」をはじめとする著作"
第4回（昭60年度）
　金 思燁（韓国・東国大学校教授, 東国大学付設日本学研究所長）"「日本の万葉集」をはじめとする著作"
第5回（昭61年度）
　ゴレグリヤード, ヴラジスラフ（ソ連・ソ連科学アカデミー東洋学研究所レニングラード支部極東部長, レニングラード大学日本語科主任教授）"「10〜13世紀日本文学における日記と随筆」をはじめとする著作"
第6回（昭62年度）
　マイナー, アール（米・プリンストン大学教授）"「日本古典文学事典」をはじめとする著作"
第7回（昭63年度）
　ピジョー, ジャクリーヌ（フランス・パリ第7大学教授）"「道行文」をはじめとする著作"
第8回（平1年度）
　ナジタ, テツオ（アメリカ合衆国シカゴ大学教授）"「18世紀日本の「徳」の諸相―大坂商人の学問所・懐徳堂」をはじめとする著作"
第9回（平2年度）
　コータッチ, ヒュー（元駐日大使）"「歴史的日本に対する文明論的あるいは学問的考察」に基づく一連の著作"
第10回（平3年度）
　サイデンスティッカー, エドワード（米国コロンビア大学名誉教授）""The Tale of Genji"（「源氏物語」全訳）の翻訳をはじめとする一連の著作"
第11回（平4年度）
　ジャンセン, マリウス（米国プリンストン大学名誉教授）"「坂本龍馬と明治維新」をはじめとする一連の著作"
第12回（平5年度）
　エライユ, フランシーヌ（フランス国立高等研究院教授）"「御堂関白記」をはじめとする著作"
第13回（平6年度）
　ガードナー, ケネス（元大英図書館東洋コレクション副主席）"「大英図書館蔵日本古版本目録」をはじめとする著作"
第14回（平7年度）
　クライナー, ヨーゼフ（ボン大学教授, ドイツ―日本研究所所長）"奄美・沖縄を中心とする調査と研究をはじめ、民族学的考察に基づく日本研究の一連の著作（奄美・沖縄を中心とする民族学研究）"
第15回（平8年度）
　周 一良（北京大学教授）"「中日文化関係史論」をはじめ, 日本の歴史と文化の研究に基づく一連の著作"
第16回（平9年度）
　ベルク, オギュスタン（国立社会科学高等研究院教授, 現代日本研究所長）"「地球と存在の哲学 環境倫理を越えて」にいたる一連の著作"
第17回（平10年度）
　コタンスキ, ヴィエスワフ（ワルシャワ大学名誉教授）"日本研究推進への多年の貢献と,「古事記」の言語学的考察による一連の著作"
第18回（平11年度）
　ルーシュ, バーバラ（コロンビア大学日本文学・文化名誉教授, 中世日本研究所所長）"多年にわたる日本文学・日本文化史研究の功績と「もう一つの中世像」を中心とする一連の著作"
第19回（平12年度）
　ローゼンフィルド, ジョン（ハーバード大学東洋美術史名誉教授）"「近世畸人の芸術」と, 日本美術研究に関する一連の著作"
第20回（平13年度）
　ダワー, ジョン（マサチューセッツ工科大学教授）"「敗北を抱きしめて」をはじめとする一連の著作"
第21回（平16年度）
　リンハルト, セップ（ウィーン大学日本学

科教授,同大学東アジア研究所長)"「余暇を通じてみた日本文化」や「拳の文化史」をはじめとする余暇社会学,娯楽史的分野に関する一連の著作"

第22回(平19年度)
　クランストン,エドウィン・A.(ハーバード大学日本文学教授)"「A Waka Anthology, Volume One」をはじめとする一連の著作"

第23回(平22年度)
　嚴 紹璗(北京大学教授)"「日蔵漢籍善本書録」をはじめとする一連の著作"

第24回(平25年度)
　コーニツキー, ピーター(ケンブリッジ大学教授)"「日本の書籍―始発より19世紀にいたる文化史」及び江戸時代の書籍文化に関する一連の著作,また欧州所在の日本古典籍の書誌調査に基づくデータベースの整備"

第25回(平28年度)
　ヴァンドゥワラ,ウィリー・F.(ルーヴァン大学名誉教授兼特任教授(ベルギー))"「日本史―侍からソフト・パワーへ」をはじめとする一連の著作"

054 山本有三記念郷土文化賞

　生涯郷土を愛しつづけた作家・山本有三氏の遺志を顕し,昭和54年に創設された。平成13年,第23回をもって授賞を停止。

【主催者】(財)石川文化事業財団
【選考方法】関係者による推薦
【選考基準】〔対象〕郷土の文化育成や環境改善など優れた郷土文化事業を行なっている団体,個人
【締切・発表】締切:6〜7月(7月末日),発表:2月,表彰:3月
【賞・賞金】賞状,賞金50万円と記念品

第1回(昭54年)
　松下 吉衛 "生涯を通して,幼児教育に献身した"
　日光杉並木街道保存委員会 "人工植樹杉並木は自然景観を備える郷土文化の典型であり,これを先祖の遺産として守ることに努めた"

第2回(昭55年)
　妻籠を愛する会 "過疎化と国道建設による廃村の危機に際し,中仙道十一宿の一つとしてこれを守り「小京都」を再現した"

第3回(昭56年)
　北方教育同人懇話会 "秋田県の青年教師たちによって推進された綴り方教育を中心とする活動が農村文化に活を入れた"
　明治村 "明治時代の文化を具体的に再現"

第4回(昭57年)
　島根県津和野町教育委員会 "日本近代文学大宗の一人,森鷗外の旧居を保存し,あわせてその時代の文化を伝えた"
　熊本市教育委員会 "日本近代文学と文化に比類ない貢献をした夏目漱石の住居を保存"

第5回(昭58年)
　茨城大学五浦美術文化研究所 "明治時代後期に美術革新の活動を展開し,日本美術院再興の力となった岡倉天心の画業現場を保存"
　水野 九右衛門 "多年にわたり古越前焼の収集と研究に献身し,越前焼の歴史体系化に貢献した"

第6回(昭59年)
　国分寺万葉植物園 "国分寺住職星野亮勝氏独力で作られた,万葉集に歌われた植物

163種を含む300種の植物園"
天神崎保全市民協議会 "別荘地化から自然を守り抜いた"

第7回（昭60年）
高山市河川美化連絡協議会 "小京都といわれながらも汚れ切っていた町の川を，子ども連合会の活動をきっかけに浄化した"
親子自然観察会小池しぜんの子 "芥川賞作家加藤幸子氏の野鳥観察への情熱と自然観察会のふれあいが，東京湾野鳥公園を実現させた"

第8回（昭61年）
全日本花いっぱい連盟 "「個人の花」「家庭の花」という古来の花の愛し方から「社会の花」「公共の花」へと発展させ，30年にわたって自然保護の先駆的役割を果たした"
致道博物館 "庄内地方の民俗資料，考古学資料を積極的に調査収集し，地域に密着した生活文化を整理，展示した"

第9回（昭62年）
鶴居タンチョウ鶴愛護会 "日本野鳥の会や地元の人々と協力して給餌を続け，鶴の楽園聖域を確保した"
国蝶オオムラサキの山梨県坂町 "エノキ，クヌギの乱伐やプロコレクターにより減少した国蝶オオムラサキを「守る会」に協力し，全国最大の生息地とした"
国際基督教大学湯浅八郎記念館 "大学構内から出土した先土器時代から縄文時代にかけての考古遺物と，日本各地の民芸品によって古文化の粋を展示した"

第10回（昭63年）
愛媛県内子町の町並み保存運動 "江戸末期から明治にかけて木鑞で栄えた頃の町並みを守りながら，町と住民が一体となって地域の活性化を進めた"
富山県利賀村の国際舞台芸術研究所 "「世界は日本だけではない，日本は東京だけではない，この利賀で世界に出会う」をスローガンに，豪雪地の寒村で演劇活動を推進した"

第11回（平1年）
長野県上高井郡小布施町 "「北斎館」「脩然楼」を中心に，行政と民間の両面から文化遺産を掘り起し，心の安らぎを得られる町づくりに成功した"
群馬交響楽団，丸山 勝広 "戦後，荒廃の中で，丸山氏らによって誕生した群響は，多くの困難をのり越えて，定期演奏会，移動音楽教室で県民に希望を与え続けた"

第12回（平2年）
逸翁美術館 "故・小林一三氏の遺志を継いで，茶道美術品や，蕪村，呉春の作品など，優れた美術工芸品の展示に努力した"
柿田川自然保護の会 "静岡県3市2町40万人の飲み水の供給源であり，珍しい鳥魚類や植物群の棲息地でもある柿田川を環境汚染から守りつづけている"

第13回（平3年）
苫小牧郷土文化研究会 "30年の長きにわたり，郷土の考古，歴史，地理，民俗，自然について地道な研究活動をつづけ，郷土博物館の建設を実現させた"
江本 守男 "傷ついた野生シカを救うために自力で野生救援センターを作り，日光・霧降高原の自然環境保護にもたゆまぬ努力をつづけている"

第14回（平4年）
白保環境保護管理委員会 "沖縄県石垣島南東部にある，世帯数450の村落・白保の美しいサンゴ礁を，土地改良事業による汚染から守るなど，自然保護を訴えつづけている"
島根県松江市の八雲会 "明治23年に来日し松江に住んだラフカディオ・ハーン（小泉八雲）の作品を通して青少年教育の活動をつづけている"

第15回（平5年）
広松 伝 "水郷・柳川の浄化計画を作成し，住民の先頭に立ってドブ川になっていた市内の水路を蘇生させた"
福島県南会津郡舘岩村 "前沢・水引2集落村民の協力により，過疎の村に残る貴重な民家・曲家の保存に努力している"

第16回（平6年）
長野県下伊那郡大鹿歌舞伎保存会 "村民と

行政が協力しながら、200年余にわたる農村歌舞伎の伝統を守り、積極的な活動をつづけている"

谷根千工房 "季刊タウン誌「谷中・根津・千駄木」で、貴重な東京の文化遺産・生活遺産を発掘、紹介しつづけている"

第17回（平7年）

知床100平方メートル運動 "知床を乱開発から守るために、100平方メートル単位で、一般から寄付金を集めて私有地を買い取り、町保有地として管理し、森林を復元する努力をつづけている"

夏麻の会 "婦人教室で「日本の古典」を受講した千葉県の主婦たちが、万葉を学ぶ会を独自に発足させ、自らの手と足で「房総の万葉」を出版した"

第18回（平8年）

鹿児島県知覧町 "武家屋敷群や水からくりなど貴重な文化遺産を保護し、特攻平和会館を整備して平和の尊さを訴え続けている"

与那国町伝統織物協同組合 "与那国島に伝わる織物の技術を復活・継承し、島の文化と産業に貢献"

第19回（平9年）

萱野 茂 "先住民族アイヌの民具を収集・製作してアイヌの生活と文化を保存・公開し、後世に伝える努力を続けている"

富山県井波町 "伝統工芸「井波木彫刻」の技法を若者を養成しつつ引き継ぐ"

第20回（平10年）

越後上布・小千谷縮布技術保存協会 "豪雪地の環境を克服し、1200年の伝統技法を守り育てている"

昭和村からむし生産技術保存協会 "歴史的きずなを重んじ、地元のみならず隣県の文化財にも製作原料を供給し続ける"

第21回（平11年）

大分県文化財愛護少年団連絡協議会 "郷土の文化財や伝統芸能を守り育てるため、県内各地の少年少女たちの自発的な活動を束ねる"

人形劇カーニバル飯田実行委員会 "世界中から人形遣いが集まる「人形劇のまち」として、飯田市で20年継続"

第22回（平12年）

吉田 敬直 "北海道・大沼をシベリアからの白鳥の中継・飛来地にした"

隅田川市民交流実行委員会 "多面的な啓発運動で川の再生と快適な町づくりをはかる"

第23回（平13年）

北陸婦人問題研究所 "女性の地位向上と生涯学習の場としてセミナーや講演会開催など地道な活動を続けてきた"

055 和辻哲郎文化賞

兵庫県姫路市出身の哲学者・和辻哲郎の生誕100周年と姫路市制100周年を記念し、氏の業績を顕彰するとともにその精神を広く伝え、日本文化の総合的な発展向上を願い昭和63年に創設された。

【主催者】姫路市

【選考委員】一般部門：梅原猛（哲学者）、山折哲雄（宗教学者）、阿刀田高（作家）学術部門：野家啓一（東北大学名誉教授）、関根清三（東京大学名誉教授）、黒住真（東京大学名誉教授）

【選考方法】推薦（自薦、他薦）

【選考基準】〔対象〕一般部門：前年9月1日から当該年8月末日までに発刊された（復刊は除く）著作物（単行本）の中で、日本文化、伝統文化、風土と人間生活との関連等に関するもので国際的普遍性、斬新な視点及び深い思索性のある評論。学術部門：前年9

文化・社会・経済　　　　　　　　　　　　　　　　　　　　　055 和辻哲郎文化賞

月1日から当該年8月末日までに発刊（復刊は除く）または発表された著作物（単行本）の中で，哲学，倫理学，宗教，思想，比較文化等に関するもので高い水準に達した論文

【締切・発表】締切は9月5日，発表は2月初旬，3月初旬に贈呈式
【賞・賞金】正賞として蒔絵源氏絵千姫羽子板と副賞100万円
【URL】http://www.city.himeji.hyogo.jp/bungaku/watsuji/

第1回（昭63年）
　◇一般部門
　　大久保 喬樹（東京女子大助教授）「岡倉天心」〔小沢書店〕
　◇学術部門
　　ラフルーア，ウィリアム・R.（UCLA東アジア言語文化部教授）「廃墟に立つ理性―戦後合理性論争における和辻哲郎学の位相」〔岩波書店〕
第2回（平1年）
　◇一般部門
　　宇佐美 斉（京都大学人文科学研究所助教授）「落日論」〔築摩書房〕
　◇学術部門
　　上山 安敏（奈良産業大学教授）「フロイトとユング」〔岩波書店〕
第3回（平2年）
　◇一般部門
　　中西 進（国際日本文化研究センター教授）「万葉と海彼」〔角川書店〕
　◇学術部門
　　永積 洋子（東京大学教授）「近世初期の外交」〔創文社〕
第4回（平3年）
　◇一般部門
　　野口 武彦（神戸大学教授）「江戸の兵学思想」〔中央公論社〕
　◇学術部門
　　オームス，ヘルマン（カリフォルニア大学ロサンゼルス校教授）「徳川イデオロギー」〔ぺりかん社〕
第5回（平4年）
　◇一般部門
　　郡司 正勝（早稲田大学名誉教授）「冊定集（さんていしゅう）」〔白水社〕
　◇学術部門
　　大森 荘蔵（東京大学名誉教授）「時間と自我」〔青土社〕
第6回（平5年）
　◇一般部門
　　土居 良三（元会社役員）「咸臨丸海を渡る―曽父・長尾幸作の日記より」〔未来社〕
　◇学術部門
　　加藤 尚武（千葉大学文学部教授）「哲学の使命―ヘーゲル哲学の精神と世界」〔未来社〕
第7回（平6年）
　◇一般部門
　　堀田 善衛（作家）「ミシェル城館の人」〔集英社〕
　　山内 昶（甲南大学文学部教授）「「食」の歴史人類学―比較文化論の地平」〔人文書院〕
　◇学術部門
　　関根 清三（東京大学文学部教授）「旧約における超越と象徴―解釈学的経験の系譜」〔東京大学出版会〕
第8回（平7年）
　◇一般部門
　　井上 義夫（一橋大学教授）「評伝D・H・ロレンス」〔小沢書店〕
　◇学術部門
　　阿部 良雄（東京大学名誉教授）「シャルル・ボードレール 現代性（モデルニテ）の成立」
第9回（平8年）
　◇一般部門
　　長谷川 三千子（埼玉大学教授）「バベルの謎」〔中央公論社〕
　◇学術部門
　　小野 清美（大阪外国語大学教授）「テクノクラートの世界とナチズム」〔ミネルヴァ書房〕
第10回（平9年）

055 和辻哲郎文化賞　　　　　　　　　　　　　　　　　　文化・社会・経済

◇一般部門
　徳永 恂（大阪国際大学教授）「ヴェニスのゲットーにて 反ユダヤ主義思想史への旅」〔みすず書房〕
◇学術部門
　一ノ瀬 正樹（東京大学助教授）「人格知識論の生成 ジョン・ロックの瞬間」〔東京大学出版会〕

第11回（平10年）
◇一般部門
　嶋田 義仁（静岡大学教授）「稲作文化の世界観 『古事記』神代神話を読む」〔平凡社〕
◇学術部門
　佐々木 毅（東京大学教授）「プラトンの呪縛 二十世紀の哲学と政治」〔講談社〕

第12回（平11年）
◇一般部門
　西村 三郎（京都大学名誉教授）「文明のなかの博物学 西欧と日本」〔紀伊国屋書店〕
　渡辺 京二（評論家）「逝きし世の面影 日本近代素描I」〔葦書房〕
◇学術部門
　宇都宮 芳明（北海道情報大学教授）「カントと神 理性信仰・道徳・宗教」〔岩波書店〕

第13回（平12年）
◇一般部門
　稲賀 繁美（国際日本文化研究センター助教授）「絵画の東方」〔名古屋大学出版会〕
◇学術部門
　小林 道夫（大阪市立大学教授）「デカルト哲学とその射程」〔弘文堂〕

第14回（平13年）
◇一般部門
　岡野 弘彦（国学院大学栃木短期大学長）「折口信夫伝 その思想と学問」〔中央公論新社〕
　山折 哲雄（国際日本文化研究センター所長）「愛欲の精神史」〔小学館〕
◇学術部門
　ナカイ、ケイト・W.（上智大学教授）「新井白石の政治戦略 儒学と史論」〔東京大学出版会〕

第15回（平14年）
◇一般部門
　長部 日出雄（作家）「桜桃とキリスト もう一つの太宰治伝」〔文芸春秋〕
◇学術部門
　木村 敏（京都大学名誉教授）「木村敏著作集第7巻 臨床哲学論文集」〔弘文堂〕
　植村 恒一郎（群馬県立女子大学教授）「時間の本性」〔勁草書房〕

第16回（平15年）
◇一般部門
　秋山 駿「神経と夢想 私の『罪と罰』」〔講談社〕
◇学術部門
　塩川 徹也「パスカル考」〔岩波書店〕

第17回（平16年）
◇一般部門
　平川 裕弘「ラフカディオ・ハーン 植民地化・キリスト教化・文明開化」〔ミネルヴァ書房〕
◇学術部門
　井上 達夫「法という企て」〔東京大学出版会〕

第18回（平17年）
◇一般部門
　新倉 俊一（明治学院大学名誉教授）「評伝 西脇順三郎」〔慶応義塾大学出版会〕
◇学術部門
　佐藤 康邦（東京大学大学院教授）「カント『判断力批判』と現代―目的論の新たな可能性を求めて」〔岩波書店〕

第19回（平18年度）
◇一般部門
　大泉 光一（日本大学国際関係学部・同大学院国際関係研究家主任教授）「支倉常長 慶長遣欧使節の真相 肖像画に秘められた実像」〔雄山閣〕
◇学術部門
　今道 友信（哲学美学比較研究国際センター所長,東京大学名誉教授）「美の存立と生成」〔ピナケス出版〕

第20回（平19年度）
◇一般部門
　岩下 尚史（作家）「芸者論 神々に扮することを忘れた日本人」〔雄山閣〕

◇学術部門
　伊藤 邦武（京都大学大学院文学研究科教授）「パースの宇宙論」〔岩波書店〕

第21回（平20年度）
◇一般部門
　岡谷 公二（跡見学園女子大学名誉教授）「南海漂蕩 ミクロネシアに魅せられた土方久功・杉浦佐助・中島敦」〔冨山房インターナショナル〕
◇学術部門
　森 一郎（東京女子大学文理学部教授）「死と誕生 ハイデガー・九鬼周造・アーレント」〔東京大学出版会〕

第22回（平21年度）
◇一般部門
　今橋 理子（学習院女子大学国際文化交流学部教授）「秋田蘭画の近代 小田野直武「不忍池図」を読む」〔東京大学出版会〕
◇学術部門
　互 盛央（出版社勤務）「フェルディナン・ド・ソシュール〈言語学〉の孤独,「一般言語学」の夢」〔作品社〕

第23回（平22年度）
◇一般部門
　杉田 弘子 「漱石の『猫』とニーチェ 稀代の哲学者に震撼した近代日本の知性たち」〔白水社〕
◇学術部門
　権左 武志 「ヘーゲルにおける理性・国家・歴史」〔岩波書店〕

第24回（平23年度）
◇一般部門
　末延 芳晴 「正岡子規、従軍す」〔平凡社〕
◇学術部門
　中畑 正志 「魂の変容 心的基礎概念の歴史的構成」〔岩波書店〕

第25回（平24年度）
◇一般部門
　劉 岸偉 「周作人伝 ある知日派文人の精神史」〔ミネルヴァ書房〕

◇一般部門
　安住 恭子 「『草枕』の那美と辛亥革命」〔白水社〕
◇学術部門
　中島 隆博 「共生のプラクシス 国家と宗教」〔東京大学出版会〕

第26回（平25年度）
◇一般部門
　池田 美紀子 「夏目漱石 眼は識る東西の字」〔国書刊行会〕
◇学術部門
　野本 和幸 「フレーゲ哲学の全貌 論理主義と意味論の原型」〔勁草書房〕

第27回（平26年度）
◇一般部門
　亀井 俊介 「有島武郎 世間に対して真剣勝負をし続けて」〔ミネルヴァ書房〕
◇学術部門
　稲垣 良典 「トマス・アクィナスの神学」〔創文社〕,「トマス・アクィナス「存在」の形而上学」〔春秋社〕

第28回（平27年度）
◇一般部門
　勝又 浩（文芸評論家,法政大学名誉教授）「私小説千年史 日記文学から近代文学まで」〔勉誠出版〕
◇学術部門
　佐藤 光（東京大学大学院総合文化研究科准教授）「柳宗悦とウィリアム・ブレイク 環流する『肯定の思想』」〔東京大学出版会〕

第29回（平28年度）
◇一般部門
　山口 謠司（大東文化大学准教授）「日本語を作った男 上田万年とその時代」〔集英社インターナショナル〕
◇学術部門
　野矢 茂樹（東京大学大学院総合文化研究科教授）「心という難問 空間・身体・意味」〔講談社〕

科学・技術

056 イノベーションネットアワード

　日本各地の地域産業支援プログラムや支援者の質的向上および取り組みの普及を図り、より一層の地域産業の振興・活性化を促進することを目的に「イノベーションネットアワード」(地域産業支援プログラム表彰事業)として創設。第6回から個人を表彰対象とした「全国イノベーション推進機関ネットワーク堀場雅夫賞」を創設。

【主催者】(一財)日本立地センター、全国イノベーション推進機関ネットワーク
【選考委員】委員長：岸輝雄(新構造材料技術研究組合理事長)ほか
【選考方法】推薦による公募
【選考基準】《地域産業支援プログラム表彰》〔対象〕現在実施している事業、今後も継続する支援プログラムで地域産業の振興・活性化を目的に活動している公的機関(自治体除く)、研究・教育機関、民間団体等。《地域産業支援者表彰》〔対象〕地域イノベーション・地方創生活動に携わり、今後も継続して活動を予定している支援者(個人)
【締切・発表】(第6回)平成29年2月24日表彰式
【URL】http://www.innovation-network.jp/category/innovation-net-award/active/

第1回(平24年)
◇経済産業大臣賞
　(公財)仙台市産業振興事業団 "大震災からの地域産業の復興に向け効果的・多面的な支援事業に取り組んでいる"
◇全国イノベーション推進機関ネットワーク会長賞
　(公財)滋賀県産業支援プラザ "創業支援事業"
◇優秀賞
　(公財)ひょうご産業活性化センター
　岩手ネットワークシステム
　(公財)ひろしま産業振興機構
第2回(平25年)
◇経済産業大臣賞
　(公財)京都高度技術研究所 "研究開発型中小企業に対する総合産業支援事業として極めて優れている"
◇文部科学大臣賞
　(地独)青森県産業技術センター・弘前大学・ひろさき産学官連携フォーラム
◇全国イノベーション推進機関ネットワーク会長賞
　国立大学法人北海道大学
◇一般財団法人日本立地センター理事長賞
　(公財)川崎市産業振興財団
◇優秀賞
　国立大学法人山梨大学
　大阪市信用金庫(現・大阪シティ信用金庫)
第3回(平26年)
◇経済産業大臣賞
　つやま新産業創出機構(岡山県津山市) "ステンレス加工技術に特化した人材育成とクラスター的取組によるリーディング産業の振興"
◇文部科学大臣賞
　高知大学(高知県高知市) "土佐フードビジネスクリエーター人材創出事業"
◇農林水産大臣賞
　香川県産業技術センター発酵食品研究所

（香川県小豆郡小豆島町）"小豆島オリーブトップワンプロジェクト支援のためのオリーブ利活用技術の開発"
◇全国イノベーション推進機関ネットワーク会長賞
宮崎大学エコフィード高品質肉生産プロジェクトチーム（宮崎県宮崎市）"地域エコフィードを活用した高品質畜産物生産に基づいた産官学連携による畜産支援"
◇一般財団法人日本立地センター理事長賞
燕商工会議所（新潟県燕市）"磨き屋シンジケート"
◇優秀賞
（一財）浅間リサーチエクステンションセンター（長野県上田市）"地方中小都市における自助独立・継続性を重視した産学官連携による中小企業支援"
山梨中央銀行（山梨県甲府市）"山梨中銀経営支援コーディネートサービス"

第4回（平27年）
◇経済産業大臣賞
ちゅうごく産業創造センター（広島県広島市）"質感・色感などの感性研究を活用した産官学連携による地域産業のイノベーション活動"
◇文部科学大臣賞
高知工業高等専門学校（高知県南国市）"高知県の基盤産業である第一次産業を活性化させる微細気泡システムの研究開発"
◇農林水産大臣賞
にいがた雪室ブランド事業協同組合（新潟県新潟市）"天然雪の冷蔵倉庫「雪室」を活用した、雪国発信の食ブランド「越後雪室屋」"
◇全国イノベーション推進機関ネットワーク会長賞
大阪商工会議所（大阪府大阪市）"次世代医療システム産業化フォーラム"
◇一般財団法人日本立地センター理事長賞
ぎふ技術革新センター運営協議会（岐阜県関市）"ぎふ技術革新センターを中核とした産学官連携"

◇優秀賞
長野県工業技術総合センター（長野県）"地域資源製品開発支援センター事業"
JST復興促進センター "マッチングプランナーによる被災地復興支援の取組"

第5回（平28年）
◇経済産業大臣賞
九州地域環境・リサイクル産業交流プラザ "海外展開支援プラットフォーム構築による環境ビジネス創出支援事業"
◇文部科学大臣賞
北海道情報大学（北海道江別市）"食のヒト介入試験システム"江別モデル"による、食と健康のイノベーション拠点形成"
◇農林水産大臣賞
（株）西条産業情報支援センター（愛媛県西条市）"四国経済を牽引する「総合6次産業都市」の実現～農業界と経済界の連携および産学官金連携によって推進する新産業創出イノベーション～"
◇全国イノベーション推進機関ネットワーク会長賞
（地独）東京都立産業技術研究センター（東京都江東区）"広域首都圏輸出製品技術支援センター（MTEP）による中小企業向け海外展開支援サービス"
◇一般財団法人日本立地センター理事長賞
呉自社商品開発協議会（広島県呉市）"自社商品開発と事業化にかける120社が集う、広島県呉地域の異業種交流団体の成長と挑戦"
◇優秀賞
国立大学法人北陸先端科学技術大学院大学（石川県能美市）"北陸地域の活性化を目指した新産業創出と人材育成"
（株）池田泉州銀行（大阪府大阪市）"2つの助成金制度を活用した企業サポート"
（公財）南信州・飯田産業センター（長野県飯田市）"航空宇宙産業クラスター形成事業を先導とする地域産業の活性化事業と人材の育成"

第6回（2017年）
◇経済産業大臣賞

(公財)みやぎ産業振興機構(宮城県),宮城県産業技術総合センター "産業支援機関と公設試の連携による「"新"みやぎ自動車産業取引あっせんモデル」(提案型あっせん手法)の構築"
◇文部科学大臣賞
慶應義塾大学先端生命科学研究所(山形県鶴岡市) "世界的な統合システムバイオロジー研究拠点形成による地域活性化と社会貢献"
◇農林水産大臣賞
フードバレーとかち推進協議会(北海道帯広市) "食と農林漁業を柱とした地域産業政策「フードバレーとかち」"
◇全国イノベーション推進機関ネットワーク会長賞
(公財)さいたま市産業創造財団(埼玉県さいたま市) "「さいたまヨーロッパ野菜研究会」生産者とシェフ、地域機関の連携による、新たな地域ブランド創造支援"
◇一般財団法人日本立地センター理事長賞
(一社)兵庫県信用金庫協会(兵庫県神戸市) "川上・川下ビジネスネットワーク事業"
◇優秀賞
国立大学法人広島大学(広島県) "臨床評価・予防医学研究プロジェクトによる地域食品産業支援及び食品臨床試験プロフェッショナル人材の育成"
(公財)北九州活性化協議会(福岡県北九州市) "北九州地域産業人材育成フォーラム"
◇全国イノベーション推進機関ネットワーク堀場雅夫賞
大南 信也(認定特定非営利活動法人グリーンバレー理事長)
萩本 範文(公益財団法人南信州・飯田産業センター専務理事)

057 環境水俣賞

　水俣市が経験した海の汚染による世界に類を見ない水俣病の教訓を活かし、環境問題に関する役割を積極的に担い、広く日本や世界に貢献するとともに、「あいとやすらぎの環境モデル都市づくり」を目指している水俣の市民意識の高揚を図り、環境の保全・再生・回復又はこれに関する活動の育成や調査研究の振興に資することを目的として,平成4年に創設された。平成19年から募集を休止している。

【主催者】水俣市

【選考委員】(平成19年度まで)委員長：藤木素士(熊本県環境センター館長,筑波大学名誉教授),副委員長：松本満良(水俣市議会議長),委員：弘田禮一郎(熊本大学名誉教授),丸山定巳(熊本大学文学部教授),内野明徳(熊本大学理学部教授,沿岸域環境科学教育研究センター長),寺本照子(水俣市地域婦人連絡協議会会長),下田国義(寄ろ会みなまた世話人代表),川口和博(水俣青年会議所理事長),吉海安丈(水俣市福祉環境部長)※肩書き等は当時のもの

【選考方法】自薦,他薦

【選考基準】〔部門〕流域・海洋生態系部門：流域・海洋生態系の保全・再生・回復,循環型社会形成部門：循環型社会形成の保持・回復,先進技術部門：先進技術による環境汚染抑制・回復。〔対象〕(1)流域・海洋生態系の保全・再生・回復及び循環型社会形成の保x持・回復及び先進技術(企業を除く)による環境汚染抑制・回復に関する活動や調査研究を中心とし,これに関連する領域を含め学術的若しくは社会的見地から優れた業績を挙げた個人や団体。(2)今後の活動等の継続により,多大な成果を挙げることが見込まれる個人や団体。(3)水俣市民であること(環境水俣市民賞)。〔対象地

域〕(1)国内：日本国内における活動や調査研究。(2)国外：東アジア，東南アジアにおける活動や調査研究。(3)環境水俣市民賞：水俣地域

【締切・発表】第9回は平成18年10月31日締切，平成19年5月26日に授賞式

【賞・賞金】表彰状と賞金100万円（環境水俣市民賞は10万円）

第1回（平4年）
◇流域生態系部門
松永 勝彦（北海道大学水産学部教授）"森林の持つ沿岸海域の生態系への影響の解明に独創的に取り組む"
◇海洋生態系部門
リティボンブン，ニティ（タイ王国プリンス・オブ・ソンクラ大学天然資源学部水産科学科長）"住民参加型マングローブ林再生活動を推進"
◇共生社会部門
熊本県ホタルを育てる会（熊本県）"ホタルを通して熊本県全域にわたって環境保全の普及啓発活動を行う"

第2回（平5年）
◇流域生態系部門
脊梁の原生林を守る連絡協議会（熊本県）"九州中央山地一帯の原生的天然林を保護する活動"
◇海洋生態系部門
アジア湿地帯事務所（マレーシア）"生命維持システムの役割を果たしている湿地帯の保護に貢献"
◇共生社会部門
アピチャブロップ，ヤワラク（タイ・コンケン大学人文社会科学部森林研究計画長）"森林と村落社会との共生関係を再生することに貢献"

第3回（平6年）
◇流域生態系部門
天明水の会（熊本県）"熊本市などを流れる緑川の流域で清掃・植林を続ける"
◇海洋生態系部門
マレーシア自然協会（マレーシア）"マングローブ林の保全活動や渡り鳥の保護にあたる"
◇共生社会部門
各務原地下水研究会（岐阜県）"過剰な施肥による地下水汚染を抑制"

第4回（平7年）
◇流域生態系部門
竹と環境財団（インドネシア）"竹林の保全"
◇海洋生態系部門
牛深ダイビングクラブ（代表・桑島栄一郎）（牛深市）"海底サンゴ礁保護に努めた"
◇共生社会部門
PHD協会（神戸市）"アジア農業研修生への有機農法指導"

第5回（平9年）
◇共生社会部門
アジア民間交流ぐるーぷ（日本）
ディアン・タマ財団（インドネシア）
◇海洋生態系部門
マングローブ植林行動（日本）
◇特別賞（環境水俣市民賞）
水俣市立水俣第二中学校生徒会（水俣市，日本）

第6回（平12年）
◇共生社会部門
インドネシア森林環境協会（インドネシア）
阿蘇グリーンストック（日本）
◇流域生態系部門
牡蠣の森を慕う会（日本）
◇特別賞（環境水俣市民賞）
水光社家庭会（水俣市，日本）

第7回（平13年）
◇共生社会部門
水と文化研究会（日本）
廃棄物対策豊島住民会議（日本）
◇流域生態系部門
特定非営利活動法人アサザ基金（日本）
◇特別賞（環境水俣市民賞）
畳リサイクルの会（水俣市，日本）

第8回（平14年）
◇流域生態系部門
崎尾 均（埼玉県農林総合研究センター森林

研究所主任研究員)
◇流域生態系部門
　ブナの森を育てる会
◇海洋生態系部門
　該当者なし
◇共生社会部門
　伊万里はちがめプラン
◇環境水俣市民賞(特別賞)
　椎葉 昭二(水俣葦北自然観察会会長)
第9回(平18年)
◇流域・海洋生態系部門

佐久川 弘(広島大学大学院生物圏化学研究科教授)
ウ・オン(ミャンマー森林資源開発保全協会事務局長)
◇先進技術部門
　該当者なし
◇循環型社会形成部門
　該当者なし
◇環境水俣市民賞(特別賞)
　村丸ごと生活博物館(頭石・大川・久木野地区)

058 ジャパン・レジリエンス・アワード〔先進エネルギー自治体大賞〕

　全国で展開されている次世代に向けたレジリエンス社会(強くてしなやかな国)の構築への取組みを発掘・評価・表彰する制度として平成26年度に「ジャパン・レジリエンス・アワード(強靭化大賞)」を創設。平成28年先進エネルギーで先駆的な取り組みをしている自治体を表彰する「先進エネルギー自治体大賞」と協賛団体賞「バイオマス大賞」が新たに創設された。

【主催者】(一社)レジリエンスジャパン推進協議会
【締切・発表】(第2回)平成27年11月9日締切, 平成28年3月15日発表・表彰
【賞・賞金】大賞(1件):トロフィー・賞状・活動内容の全国メディアでの紹介, 金賞(1件):楯・賞状・活動内容の全国メディアでの紹介, 最優秀賞(3件):楯・賞状・活動内容の全国メディアでの紹介, 優秀賞(6件):楯・賞状, 優良賞(10件):賞状
【URL】http://www.resilience-jp.org/20151020020059/

第2回(平28年)
◇先進エネルギー自治体大賞
● グランプリ
　北九州市 "市民参加型地域エネルギーマネジメントによる低炭素で災害に強いまちづくり"
● 金賞
　真庭市 "地域産業を軸に「木を使い切り山を生かす」強靭な地域創造"
● 最優秀賞
　下川町 "地域資源"森林"を最大限活用した森林バイオマス地域熱併給モデルの構築"
　横浜市 "「環境未来都市」横浜のまちづくり"
　浜松市 "「浜松版スマートシティ」の実現に向けた浜松市の取組み"
● 優秀賞
　弘前市 "弘前型スマートシティ構造『世界一快適な雪国 弘前』"
　東松島市 "東松島市スマート防災エコタウン電力マネジメントプロジェクト"
　武蔵野市 "新武蔵野クリーンセンタ(仮称)における自立・分散型地域エネルギー供給システム"
　堺市 "環境モデル都市・堺におけるエネルギーを活用した先導的まちづくり活動"
　佐賀市 "バイオマス産業都市さが"
　五島市 "エネルギーで活力をつくり、エネ

ルギーを生産する「エネルギーのしま」"
- 優良賞
  山梨県 "次世代エネルギー啓発施設「ゆめソーラー館やまなし」の水素エネルギー利用を含めたEMS機構と電力貯蔵技術研究サイトへの発展"
  大阪府 "大阪府の先進的な環境施策（ESCO事業・省エネ提案型総合評価入札・屋根貸しソーラー事業・ビル省エネ度判定制度）について"
  北上市 "北上市あじさい型スマートコミュニティ構造モデル事業"
  妙高市 "水夢ランドあらいESCO事業（全国初：公共施設における地中熱を活用したESCO事業）"
  三郷町 "奈良県三郷町におけるエネルギーの強靭化と災害に強いまちづくり"
  瀬戸内市 "太陽のまちプロジェクト"

対馬市 "エネルギー自立に向けた国境離島対馬プロジェクト"
◇バイオマス大賞
- グランプリ
  真庭市 "地域産業を軸に「木を使い切り山を生かす」強靭な地域創造"
- 準グランプリ（地方自治体部門）
  宮城県大崎市 "避難場所へのエネルギー供給を可能にする地域産エネルギー（太陽光発電・バイオマス）複合利用の取組"
- 準グランプリ（企業・産業部門）
  静岡油化工業（株），静岡県工業技術研究所 "コーヒーかすを原料とした高カロリーペレット燃料の開発"
- 準グランプリ（NPO・市民活動部門）
  霊山プロジェクトおよびNPO再生可能エネルギー推進協会 "地域および世代間連携による農産物六次産業化とエネルギー資源作物生産"

059 循環のみち下水道賞

「循環のみち下水道賞」は，下水道の使命を果たし，社会に貢献した好事例を表彰する国土交通大臣賞として平成20年度から表彰を行っている。優れた取組みを広く発信することで，持続的発展が可能な社会の構築に貢献する「循環のみち下水道」の実現を全国的に図ることを目的としている。

【主催者】国土交通省
【選考方法】「循環のみち下水道賞選定委員会」において審査
【締切・発表】（第9回）平成28年6月20日締切，平成28年9月9日発表・表彰式
【URL】http://www.mlit.go.jp/mizukokudo/sewerage/crd_sewerage_tk_000085.html

第1回（平20年度）
  ◇水のみち部門
    長野県上田市 "「ホタルマップ」による「下水道の見える化」めざして!!"
    福井県福井市 "総合的な都市浸水対策の推進"
    NPOごせまちネットワーク・創（奈良県御所市）"江戸時代からの背割下水および環濠の保存活動"
  ◇資源のみち部門
    東京都 "東部汚泥処理プラント汚泥炭化事業による汚泥燃料化"
    神奈川県川崎市 "地域の活性化に貢献！麻生水処理センター"
    富山県入善町 "省エネルギー型下水道システムによる環境負荷の低減"
    兵庫県神戸市 "こうべバイオガスの自動車燃料への活用"
  ◇サスティナブル活動部門
    管清工業（株）（東京都）"あらゆる世代・地域を対象とした下水道の出前授業"

静岡市，日本下水道事業団 "下水道施設の運営にかかるアセットマネジメント手法の導入について"
熊本県益城町 "下水道未普及解消クイックプロジェクトによる低コスト化について"
◇特別部門
福岡県北九州市 "下水道分野における国際技術協力の推進"
浜松市立気田小学校（静岡県浜松市）"日本一きれいな川をめざして気田浄化センターで育てたアマゴの放流"

第2回（平21年度）
◇水のみち部門
大阪府 "環境教育の場 南大阪湾岸流域下水道南部水みらいセンター～「環境教育の場の創造」として、処理区内全ての小学校に環境教育を提供"
こてはし台調整池水辺づくり協議会（千葉県千葉市）"市民協働による水辺づくり～こてはし台調整池～"
広島県広島市 "雨水貯留地による水循環形成"
◇資源のみち部門
東京都 "多摩川上流水再生センター「下水汚泥と木質系バイオマスの混合焼却施設」下水道事業と花粉症対策のコラボレーション"
長野県，日本下水道事業団 "資源としての下水汚泥の有効利用～豊丘終末処理場の下水汚泥焼却灰等に含有する貴重な資源の発掘・回収～"
宮城県 "下水汚泥を燃料に！ 拡げるバイオマスエネルギーの環"
石川県珠洲市 "珠洲市浄化センター・バイオマスメタン発酵施設"
◇サスティナブル活動部門
静岡県浜松市 "流動化処理土の特性を活かした管きょ整備手法によるコスト縮減"
◇特別部門
神奈川県川崎市 "市民参加型広報活動の推進"
福岡県大牟田市 "合流式下水道改善率100％達成～大牟田市合流改善事業～"

第3回（平22年度）
◇水のみち部門
石川県金沢市 "みんなで取り組む総合治水！ ～水害に強いかなざわを目指して"
東京都調布市立富士見台小学校，小学校環境教育研究会 "小学校教育に新たな風～家庭科の授業で下水道～"
広島県安芸郡海田町立海田東小学校 "「水と緑の海田東小学校」を通じた下水道環境教育"
◇資源のみち部門
東京都 "葛西水再生センターの上部空間を活用した新型太陽光発電設備～太陽の向きに合わせてパネルが動く～"
岐阜県岐阜市 "岐阜モデルとして確立したリン回収技術を世界に発信！"
◇サスティナブル活動部門
長野県上田市，日本下水道事業団 "温室効果ガス削減目標を掲げた老朽化施設の再構築"
長野県 "持続可能な生活排水対策『長野県「水循環・資源循環のみち2010」構想』"
◇特別部門
山梨県山梨市，下神内川二区 "官民協働による『かのがわ古道・かのがわ広場』の再生・創造"
白汚 零（写真家），東京都 "東京の地下空間に広がる下水道の世界を写真展でPR"

第4回（平23年度）
◇水のみち部門
福岡県福岡市 "都心部における公園と融合した浸水対策～野球場が雨水調整池に変身！ ～"
長野県坂城町立村上小学校 "実験で知る微生物の浄化力～子どもの発見をもとにした自主的な浄化実験と地域の人々への情報発信活動～"
◇資源のみち部門
東京都 "清瀬水再生センター下水汚泥ガス化システム～わが国初下水汚泥から新たなエネルギーを生み出し、地球温暖化防止に貢献する～"
東京都 "汚泥の多層燃焼による温室効果ガスの削減"

神奈川県川崎市 "下水道技術が環境を変える！ 入江崎水処理センターに水環境技術のショーケースがOPEN!!"
北海道北広島市 "北広島下水処理センター（愛称「あしる」）におけるバイオマス利活用の取り組み"
◇サスティナブル活動部門
兵庫県神戸市 "災害に強い「神戸市下水道ネットワークシステム」"
富山県黒部市 "PFI事業による下水汚泥のバイオマスエネルギー利活用"
◇特別部門
東京都 "水面制御装置の海外展開"
岩手県釜石市 "東日本大震災で流失した水管橋の迅速な仮復旧の実現"

第5回（平24年度）
◇水のみち部門
よこはま水環境ガイドボランティア（神奈川県横浜市） "水環境ガイドボランティアとして下水道を通じた環境教育とPRに協力"
堺市堺浜再生水利用者連絡会（大阪府） "産官連携で創る都市の水循環〜再生水利用の新展開〜"
福岡教育大学附属福岡小学校（福岡県） "みんなで考える「あらつハザードマップ」〜福岡市の浸水対策を素材とした教育の取り組み〜"
◇資源のみち部門
広島県広島市 "西部水資源再生センター「下水汚泥燃料化事業」〜わが国初！ 低温炭化技術による汚泥燃料化で焼却からの脱却〜"
佐賀県佐賀市 "地域に密着した循環型下水処理の実現〜「環境宣言都市さが」における下水道資源の有効利用〜"
◇サスティナブル活動部門
愛媛県今治市，日本下水道事業団 "今治市における下水道の成熟化に向けた取り組み"
NPO法人日本トイレ研究所（東京都） "災害時トイレ対応での下水道・トイレ連携活動"
◇特別部門
宮城県気仙沼市 日本下水道事業団 "気仙沼市における仮設汚水処理施設の建設〜東日本大震災被害からの復旧〜"
岩手県大船渡市 "「現場力」による早期仮復旧の実施"

第6回（平25年度）
◇水のみち部門
NPO新発田川を愛する会（新潟県） "水のみち新発田川再生物語の取組み"
岡山市，岡山市ホタル生息調査ボランティア "まちなかにホタルが帰ってきた—30年間にわたるホタル生息調査"
◇資源のみち部門
北海道恵庭市 "恵庭下水終末処理場におけるバイオマス利活用（発電等）の取り組み"
東京都下水道局 "ターボ型流動焼却炉による温室効果ガスの削減〜過給機を組み合わせた世界初のシステム〜"
新潟市 "〜バイオマス産業都市の構築を目指して〜下水汚泥と他のバイオマスとの混合消化実験"
◇サスティナブル活動部門
横浜市 "「横浜市下水道BCP」を通じた危機管理体制の強化〜地震・津波災害に対する職員の全庁的な取組みを始めました〜"
積水化学工業（株） "日本の下水道技術（管路更生工法）による欧州都市再生への貢献"
◇特別部門
東京都下水道局 "国指定重要文化財『旧三河島汚水処分場喞筒場施設』〜わが国最初の近代下水道施設を公開・未来に継ぐ〜"
金沢市企業局 "下水道事業PRビデオ「わたしとトイレと女神さま」"
広島市下水道局 "下水道サポーター協議会による広報活動支援"
（株）G&U技術研究センター（埼玉県） "五感をフル活用したマンホールふたの情報発信センター"

第7回（平26年度）
◇グランプリ

「Pen+(ペン・プラス)『下水道のチカラ』」制作プロジェクトチーム "史上初！ 書店で販売する一冊丸ごと下水道特集の雑誌「Pen+(ペン・プラス)『下水道のチカラ』」"
◇ネクサス部門
東京都下水道局 "下水道事業初のエネルギー基本計画「スマートプラン2014」の策定"
神戸市 "こうべWエコ発電プロジェクト"
◇レジリエント部門
栃木県 "下水道BCPの策定による栃木県内自治体間の連携強化"
高知県 "南海トラフ地震に備える「高知県内の下水道管理者が一体となった取り組み」"
◇イノベーション部門
仙台市 "下水道管路からの熱利用実用化の取組み"
石川県かほく市 "マンホールふたを活用した官民協働による地域の活性化"
国立大学法人豊橋技術科学大学・愛知県東三河建設事務所 "豊川バイオマスパーク構想"
◇グローバル部門
機動建設工業(株), ヤスダエンジニアリング(株), (株)イセキ開発工機共同企業体 "下水道管埋設技術(推進工法)をインドネシア洪水対策事業(地下放水路建設)に適用"
メタウォーター(株)(東京都) "先進的省エネ型下水処理システム(前ろ過散水ろ床法【PTF法】)の開発"
◇アセットマネジメント部門
仙台市 "仙台市下水道事業におけるアセットマネジメントの取組み"
東京都下水道局 "下水道技術実習センター整備事業(日本初の下水道技術専門の大型実習施設)"
◇広報部門
長野県千曲市 "千曲市「魅せる下水道」プロジェクト"
京都市上下水道局 "下水道PRポスター"
(公財)愛知水と緑の公社(愛知県) "台所

から学ぶ下水道"
第8回(平27年度)
◇グランプリ
前澤工業(株), 高知大学, 高知県, 香南市, 日本下水道事業団 "産官学が連携した効率的な下水処理技術の開発"
◇ネクサス部門
岩見沢地区汚泥利用組合(北海道) "下水道資源循環型農業"
栃木県 "固定価格買取制度を適用した消化ガス発電事業"
◇レジリエント部門
仙台市 "世界に発信！「仙台下水道防災宣言」"
埼玉県 "内水ハザードマップの県内展開"
◇イノベーション部門
横浜市,(株)ゼンリン "迅速な災害時対応に向けた電子住宅地図の活用"
◇グローバル部門
北九州市 "水ビジネスの国際戦略拠点プロジェクト"
ランガット下水道整備プロジェクト日本チーム "官民連携によるマレーシア大規模下水道整備プロジェクト"
◇アセットマネジメント部門
東京都下水道局 "芝浦水再生センター上部利用事業"
◇広報部門
武蔵野市 "水の学校"
堺市上下水道局 "「すいちゃん」を活用した双方向コミュニケーション広報"
沖縄県 "歩く広告塔！ 下水道ポロシャツによる広報展開"
第9回(平28年度)
◇グランプリ
堺市 "熱源、水源、地域資源に下水再生水をフル活用"
◇イノベーション部門
横浜市 "パワートレインチームによる国際貢献活動"
新潟市 "下水熱を利用した歩道融雪"
◇レジリエント部門
大阪府 "下水道と河川の一体的整備による浸水対策効果の発現"
熊本市 "熊本地震におけるマンホールトイ

レの活用"
◇アセットマネジメント部門
ポリエチレンライニング工法協会（兵庫県）"リサイクル可能な材料を用いた管更生技術"
（公財）長野県下水道公社"下水道公社を活用した下水道事業の広域化・共同化"
◇広報・教育部門
神奈川県立大師高等学校，川崎市，下水道広報プラットフォーム，管路情報活用有限責任事業組合，メタウォーター（株）"キャリア教育を意識した夏季連携講座「下水道マニア」"
伊勢市"お伊勢さんの美しい水環境の創出"
「下水道のひみつ」制作チーム（（公社）日本下水道協会，（株）学研プラス，（株）YHB編集企画，ひろゆうこ（漫画家））"学習漫画「下水道のひみつ」の制作・発刊"

060 杉田玄白賞

郷土の偉人・杉田玄白の功績に冠し，「医食同源」の理念に沿って食と医療あるいは健康増進に関する進歩的な研究や取組を表彰することを目的として，平成14年に創設された。

【主催者】福井県小浜市
【選考委員】同賞審査委員会
【選考方法】公募
【選考基準】〔対象〕(1) 食と医療に関する進歩的な研究・取組を行い実績をあげている者。(2) 健康増進に関する進歩的な研究・取組を行い実績をあげている者。(3) 地域活動と食育に関する進歩的な取組・活動を行い実績をあげている者
【締切・発表】（第15回）平成28年8月12日締切，10月下旬審査，12月10日表彰
【賞・賞金】賞状と副賞（50万円）
【URL】http://www1.city.obama.fukui.jp/

第1回（平14年）
◇杉田玄白賞
黒田 留美子（宮崎市介護老人保健施設ひむか苑栄養管理室長）"「高齢者ソフト食」の開発"
第2回（平15年）
◇杉田玄白賞
家森 幸男（WHO循環器疾患予防国際共同研究センター長）"循環器系疾患は「栄養により遺伝子の支配を克服して病気の予防が可能であり，日本食が世界の健康に大きく貢献しうる」ことを証明した研究・取組み"
第3回（平16年）
◇杉田玄白賞
田辺 栄吉（青梅市観光協会長（元青梅市長））"蘭学史研究ならびに杉田玄白を始め多くの医人達の業績研究などの取組み"
第4回（平17年）
◇杉田玄白賞
郡 健二郎（名古屋市立大学大学院医学研究科教授）"尿路結石の発生機序を分子レベルで解明"
第5回（平18年）
◇杉田玄白賞
中尾 一和（京都大学大学院医学研究科教授）"抗肥満ホルモンであるレプチンに関する研究"
第6回（平19年）
◇杉田玄白賞

秦 榮子（新居浜市食生活改善推進協議会会長）"地域に根ざした食育活動"
◇杉田玄白賞 奨励賞
桑田 一夫（岐阜大学教授）"プリオン病等への感染症治療薬の開発研究"

第7回（平20年）
◇杉田玄白賞
川嶌 眞人（医療法人玄真堂川嶌整形外科病院理事長）"杉田玄白らの医学史研究や「医食同源」の思想に関する広報活動等"
◇杉田玄白賞 奨励賞
依藤 亨（京都大学医学部附属病院小児科講師）"我が国の乳幼児ビタミンD欠乏症と望ましい食・生活習慣への提案"

第8回（平21年）
◇杉田玄白賞
赤羽 義章（公立大学法人福井県立大学理事・副学長）"マサバへしこの食味の醸成メカニズムと健康機能性の研究"

第9回（平22年）
◇杉田玄白賞
山本 隆（畿央大学健康科学部健康栄養学科教授）"味覚と食行動の神経科学的研究による食嗜好性，食育への啓発活動"

第10回（平23年）
◇杉田玄白賞
平尾 彰子（早稲田大学先進理工学研究科博士課程2年）"健康増進に関与する食と体内時計に関する研究"

第11回（平24年）
◇杉田玄白賞 奨励賞
村田 昌一（独立行政法人水産総合研究センター中央水産研究所 水産物応用開発研究センター長）"魚類・海藻類の機能性の解明と日本人への健康効能に関する研究"
大谷 りら（東京大学総括プロジェクト機構総括寄付講座「食と生命」特任研究員）"妊婦の栄養環境と胎児の生活習慣病発症に関する研究"

第12回（平25年）
◇杉田玄白賞
中里 雅光（宮崎大学医学部内科学講座神経呼吸内分泌代謝学分野教授）"食欲を亢進するペプチドの一種であるグレリンについて，その生理作用および治療薬研究に成功"
◇杉田玄白賞 奨励賞
近藤 春美（防衛医科大学校助教）"長年不明だったコーヒーの抗動脈硬化作用を明らかにした研究活動"

第13回（平26年）
◇杉田玄白賞
古家 大祐（金沢医科大学糖尿病・内分泌内科教授）"カロリー制限が，生命維持，寿命の延長に有効であることの一端を明らかにした"
◇杉田玄白賞 奨励賞
都築 毅（東北大学大学院准教授）"1970～1980年代の伝統的日本食が最も健康長寿に効果的であることを明らかにした"

第14回（平27年）
◇杉田玄白賞
山田 律子（北海道医療大学看護福祉学部教授）"認知症高齢者の食支援に関する研究・実践活動を22年間継続"

第15回（平28年）
◇杉田玄白賞
木村 郁夫（東京農工大学テニュアトラック特任准教授）"食物繊維由来，腸内細菌代謝物である短鎖脂肪酸や，食用油に用いられるオメガ脂肪酸による抗肥満・代謝機能改善に至るメカニズムを世界で最初に明らかにした"
◇杉田玄白賞 奨励賞
森 真理（武庫川女子大学国際健康開発研究所講師）"科学的根拠に基づく体験食育講座や食育ボランティアの振興のための活動"

061 生態学琵琶湖賞

　地球規模での環境問題に対する取り組みが進展しつつあるなかで,環境保全に関する役割をより積極的に担い,広く日本やアジアに貢献するとともに,滋賀県民意識の高揚をはかるため,平成3年度に創設された。水環境またはこれに関連する分野の生態学研究において,学術的,社会的見地から重要な研究成果をあげ,今後の研究の深化が期待される研究者に贈られる。

【主催者】日本生態学会

【選考方法】推薦(自薦を含む)

【選考基準】〔研究分野〕生態学を中心にその周辺領域を含めた分野において,水環境またはこれに関連する研究。〔資格,適格要件〕東アジア地域(ロシア連邦の東部地域を含む),東南アジア地域および西太平洋地域(ただし,オーストラリアおよびニュージーランドを除く)に居住し,同地域における研究活動実績が高く評価される人で原則として50歳未満の研究者

【締切・発表】(第19回)平成28年7月15日〜11月18日募集,平成29年7月1日びわ湖の日に授賞式検討中

【賞・賞金】滋賀県知事と学会より賞状

【URL】http://www.esj.ne.jp/esj/award/biwako/list.html

第1回(平3年)
　高橋 正征(東京大学理学部教授) "湖沼・海洋における植物プランクトンの個体群の生産活動について植物プランクトンと独立栄養バクテリアに焦点をおいた解析を進めるとともに,環境因子との関連において一次生産の変動機構を解明した"
　福嶌 義宏(京都大学農学部助教授) "山地小集水域における時間単位の降水量,流出量などのデータをもとに,植生被覆および地質と水環境との関連を捉え,水環境の構成成分の動態を定量的に表現できるモデルを構築した"

第2回(平4年)
　岩熊 敏夫(国立環境研究所生物圏環境部生態機構研究室長) "霞ヶ浦を中心に湖沼のユスリカの生態,特に個体群変動機構および二次生産を明らかにするとともに,湖沼の物質循環におけるユスリカの役割を定量的に評価し,そのモデル化を行った"
　堀 道雄(和歌山県立医科大学教授) "タンガニイカ湖のカワスズメ類を材料に,食物を獲得する方法が異なる魚種間において,他種の存在が各々の種にとっての植物獲得をかえって有利にすることを世界で最初に発見した"

第3回(平5年)
　サニット・アクソンコー(タイ王国,カセサート大学育林学部教授) "タイおよびその周辺地域でのマングローブ林について,その生産や物質循環を中心に,生態系の構造と機能を研究するとともにその保全再生の手法を提示し,啓発教育と保全再生の実践活動を精力的に進めた"
　高村 典子(国立環境研究所生物圏環境部生態機構研究室長) "霞ヶ浦で大発生するミクロキスティスの分布,光合成,栄養塩吸収沈降と分解,越冬条件を調べ,「水の華」を形成するシアノバクテリアの生理・生態学的特性を解明した"

第4回(平6年)
　尹 澄清(中国科学院生態環境研究センター・環境水科学国家重点実験室副主

任）"中国における浅い湖沼の富栄養化―あおこ発生―の特色を明らかにするとともに、湖沼の富栄養化管理において多数の池を散在配置したシステムや、水陸境界エコトーンの環境浄化機能にかかる実証研究など生態工学的な富栄養化防止対策を提示した"

池田 勉（水産庁西海区水産研究所海洋環境部長）"動物プランクトン群集全体の代謝活性の変動が群集を構成する個々の動物プランクトンの体重と生息水温によることを示し、貧栄養海域として知られる黒潮海域での動物プランクトン群集の摂餌の補食・生産速度、窒素排泄速度などを試算した"

第5回（平7年）

フォルテス、ミゲル・D.（フィリピン大学海洋科学研究所教授）"東南アジア沿岸域は、海草帯がよく発達し、インド―太平洋地域の27ヶ国が7つの海草区に区分されることおよび海草帯が高い生産性を持ち、珊瑚礁やマングローブ湿地に匹敵する重要な生態系であることを明らかにした"

花里 孝幸（信州大学理学部付属諏訪臨湖実験所教授）"湖における動物プランクトンの生態に関する研究を進め、富栄養湖においては腐食植物連鎖が中心となっていることを示し、富栄養湖の循環過程を理解するうえで大きく学術的に貢献した"

第6回（平8年）

ティモーシュキン、オレック A.（ロシア科学アカデミーシベリア局陸水研究所水生生物室長）"バイカル湖において、浮遊性の渦虫類の分類・生態・進化、または大型プランクトン動物の生態の研究に優れた業績を挙げ、さらに、アジアの古い湖沼における生物多様性の成立過程の比較研究に成果をおさめた。"

中島 経夫（滋賀県立琵琶湖博物館総括学芸員）"コイ科魚類の咽頭歯の研究を行い、古琵琶湖から現在の琵琶湖に至る環境と魚類相の変遷を明らかにした。その中で古琵琶湖は沼沢や湿地的な環境であったこと、現在の環境は琵琶湖の歴史のなかでは特異であることを示した。"

第7回（平9年）

陳 鎮東（台湾中山大学海洋地質学・化学研究所教授）"海洋や湖沼の水の安定度を密度、温度、圧力の関係式で統合して解析することを可能にした。さらに、大気中の炭酸ガスが海洋に溶け込んでいることを定量的に証明するとともに、台湾湖沼の堆積物研究から、人間活動が気候変動に与える影響を解析した。"

濱 健夫（名古屋大学大気水圏科学研究所助手）"水域における基礎生産測定法および有機物分析法を新しく開発し、基礎生産分野の研究を活性化させ、有機物生産研究を分子レベルにまで進展させた。また、有機物生産の初期過程と有機物分子の動態を明らかにし、水域生態系での物質循環の理解に貢献した。"

第8回（平10年）

ポンプラサート、チョンラック（アジア工科大学環境・資源・開発学部長）"熱帯地方の川や湖に増えて水上交通の障害となり、処置に困っている水草ホテイアオイを逆転利用し、資源としての利用を含めた地域に密着した低コストの汚水処置システムを開発するとともに、このような有機的リサイクリング手法の理論化を研究。"

西田 睦（福井県立大学生物資源学部教授）"DNAを用いた分子生物学的な研究手法を生態学の分野に率先して導入し、琵琶湖のアユは10万年も前から日本の他の河川のアユとは違っていたことなど、集団生態学の上できわめて重要な事実を明らかにした。"

第9回（平11年）

謝 平（中国科学院水生生物研究所教授）"実験生態系を用いて、湖内の食物連鎖系の仕組みを明らかにすることによって湖毎あるいは季節毎に特徴的な生物組成がどのようにして成立するかを明らかに

し,湖の富栄養化防止に草食魚の導入が有効であることを検証した。"

吉岡 崇仁(名古屋大学大気水圏科学研究所助手)"湖沼生態系解析に炭素・窒素安定同位体比測定手法を導入し,この種の研究に新たな質的展開をもたらした。また,同手法を用いて食物連鎖系について克明な解析を行うと共に過去の湖沼環境変遷の解析にも応用できることを示した。"

第10回(平12年)

ダジョン,デビッド(香港大学生態学・生物多様性学科主任教授)"香港大学を研究拠点として,一貫してアジア地域の水生昆虫を中心とする熱帯河川生態系の研究を行ってきた。その成果をもとに,学生への生態学教育を行い,現在は熱帯アジアの生物多様性保全に関しての情報発信を通して社会的にも貢献している。"

山室 真澄(通商産業省工業技術院地質調査所海洋地質部主任研究官)"汽水域での物質循環機構を窒素循環の面から解析し,宍道湖でのヤマトシジミ,宍道湖・中海での潜水性カモ類が水質浄化に果たす役割を定量的に明らかにした。また,地球温暖化の機構研究に関連して,サンゴ礁が炭素の吸収源として機能していることを指摘した。"

第11回(平13年)

占部 城太郎(京都大学生態学研究センター助教授)"生態学的化学量論というまったく新しい視点から,湖沼におけるプランクトンの成長・増殖とそれによる物質循環の実態を詳しく解析した。"

アヤウディン・ビン・アリ(マレーシア科学大学生物科学部教授)"マレーシアにおける水田養魚に関する生態学的・実用的研究を展開してきた。精力的な研究によって,稲作と養魚を統合するシステムが構築されつつある。"

第12回(平15年)

森 誠一(岐阜経済大学コミュニティ福祉政策学科教授)"野外におけるトゲウオの行動生態学的研究"

ワン,ウェン・シオン(香港科学技術大学生物学部助教授)"水生生物における金属代謝に関する生理生態学的研究"

第13回(平17年)

今井 章雄(国立環境研究所水土壌圏環境研究領域・湖沼環境研究室長)"溶存有機物質が湖沼生態系や飲料水に与える影響"

朱 杞載(釜山大学生物学科教授)"韓国洛東江における水域生態学の研究"

第14回(平19年)

津田 敦(東京大学海洋研究所海洋生態系動態部門浮遊生物分野准教授)"鉄散布の浮遊生物群集への影響と二酸化炭素削減技術としての効率性の検討"

鄭 明修(中央研究院生物多様性研究センター研究員)"沿岸域の甲殻類動物の生態と多様性に関する研究"

第15回(平21年)

中村 太士(北海道大学大学院農学研究院教授)

第16回(平23年)

岩田 久人(愛媛大学沿岸環境科学研究センター教授)

沖 大幹(東京大学生産技術研究所教授)

第17回(平25年)

大手 信人(東京大学大学院農学生命科学研究科准教授)

中野 伸一(京都大学生態学研究センター教授)

第18回(平27年)

謝 志豪(国立台湾大学海洋研究所教授)

062 西宮湯川記念賞

湯川秀樹博士の西宮市在住時代における業績を顕彰し,今後の基礎物理学が一層発展

062 西宮湯川記念賞

科学・技術

を期する一助として、京都大学基礎物理学研究所の協力を得て、昭和61年に創設された。

【主催者】西宮湯川記念事業運営委員会、西宮市、西宮市教育委員会
【選考委員】西宮湯川記念賞選考委員会（基礎物理学分野の研究者6名以内の委員で構成）
【選考方法】各大学・研究機関の専門家の推薦による
【選考基準】〔資格〕当該年度の4月1日現在40歳未満の者。〔対象〕基礎物理学の分野で将来を嘱望される研究者の極めて優秀な研究
【締切・発表】贈呈式：11月上旬
【賞・賞金】原則として1件。賞金50万円、賞状と盾
【URL】http://www.nishi.or.jp/index.html

第1回（昭61年度）
　米沢 民明（東京大学教養学部助教授）"弦理論に基づく量子重力の研究"
第2回（昭62年度）
　氷上 忍（東京大学教養学部助教授）"アンダーソン局在へのくりこみ群の応用"
第3回（昭63年度）
　柳田 勉（東北大学理学部助教授）"ニュートリノ質量と統一理論"
第4回（平1年度）
　小貫 明（京都大学基礎物理学研究所助教授）"複合液体の動的理論"
第5回（平2年度）
　加藤 光裕（国立高エネルギー物理学研究所助手）、小川 格（東大理学部助手）"弦理論の共変的量子化"
　中村 卓史（京大基礎物理学研究所）"数値的一般相対論"
第6回（平3年度）
　大塚 孝治（東京大学理学部助教授）"相互作用するボゾン模型による原子核の集団運動の研究"
第7回（平4年度）
　金子 邦彦（東京大学教養学部助教授）"結合写像格子の導入による時空カオスの研究"
第8回（平5年度）
　筒井 泉（アイルランド・ダブリン高等学術研究所研究員）、原田 恒司（九州大学理学部助手）"量子異常を含むゲージ理論の量子論"
第9回（平6年度）
　阿久津 泰弘（大阪大学理学部物理学科教授）、出口 哲生（お茶の水女子大学理学部物理学教室助教授）"可解統計力学模型に基づく結び目理論"
第10回（平7年度）
　永長 直人（東京大学大学院工学系研究科超伝導工学専攻助教授）"強相関電子系のゲージ場理論"
第11回（平8年度）
　岡田 安弘（高エネルギー物理学研究所助教授）、山口 昌弘（東北大学大学院理学研究科助教授）"超対称標準理論におけるヒッグス粒子の質量"
第12回（平9年度）
　初田 哲男（筑波大学物理学系助教授）"核媒質中におけるハドロンの動的構造の研究"
第13回（平10年度）
　草野 完也（広島大学大学院先端物質科学研究科助教授）"電磁流体力学の最小エネルギー原理に基づく太陽フレア発現機構の研究"
第14回（平11年度）
　小形 正男（東京大学大学院総合文化研究科助教授）"一次元強相関電子系の研究"
第15回（平12年度）
　石橋 延幸（高エネルギー加速器研究機構助教授）"境界を持つ共形場の理論および行列模型による構成的超弦理論の研究"
第16回（平13年度）
　杉山 直（国立天文台理論天文学研究系教

科学・技術

授）"宇宙マイクロ波背景放射ゆらぎの研究"

第17回（平14年度）
村山 斉（カリフォルニア大学バークレー校物理学教授）"超共形不変性の量子異常によるゲージーノ質量生成機構"

第18回（平15年度）
柴田 大（東京大学大学院総合文化研究科）"連星中性子星の合体によるブラックホールの形成"

第19回（平16年度）
古崎 昭（理化学研究所）"相互作用する一次元電子系における電気伝導の研究"

第20回（平17年度）
白水 徹也（東京工業大学大学院助教授）"ブレーン宇宙上のアインシュタイン方程式"

第21回（平18年度）
肥山 詠美子（奈良女子大学理学部物理科学科助教授）"量子少数粒子系の精密計算法の開発とハイパー原子核への応用"

第22回（平19年度）
諸井 健夫（東北大学大学院理学研究科准教授）"グラビディーノの宇宙論的影響の研究"

第23回（平20年度）
笹本 智弘（千葉大学大学院理学研究科基盤理学専攻准教授）"非平衡定常系における確率的模型の厳密解"

第24回（平21年度）
平野 哲文（東京大学大学院理学系研究科物理学専攻講師）"相対論的流体力学に基づくクォーク・グルーオン・プラズマの研究"

第25回（平22年度）
小松 英一郎（テキサス大学オースティン校天文学科教授）"宇宙マイクロ波背景輻射を用いた初期宇宙理論の検証"

第26回（平23年度）
古澤 力（大阪大学大学院情報科学研究科准教授）"カオス力学系モデルによる細胞分化の理論的研究"

第27回（平24年度）
福嶋 健二（慶応義塾大学理工学部物理学科准教授）"ハドロン物質からクォーク物質への相転移の理論的研究"

第28回（平25年度）
高柳 匡（京都大学基礎物理学研究所教授），笠 真生（イリノイ大学アーバナ・シャンペーン校准教授）"ホログラフィック原理を用いた量子もつれの研究"

第29回（平26年度）
立川 裕二（東京大学大学院理学系研究科准教授）"次元の異なる場の量子論の間に成り立つ対応関係の発見"

第30回（平27年度）
沙川 貴大（東京大学大学院工学系研究科准教授）"情報熱力学の構築"

063 南方熊楠賞

田辺市で後半生を送った博物学者・南方熊楠氏の没後50年を記念して，平成3年に創設された。博物学や民俗学の分野で優れた功績を上げた研究者に贈られる。

【主催者】田辺市，南方熊楠邸保存顕彰会

【選考委員】（第27回）自然科学の部選考委員会（委員長：加藤雅啓）

【賞・賞金】人文科学の部（1件）：トロフィーと賞金100万円，自然科学の部（1件）：トロフィーと賞金100万円，特別賞人文科学の部（1件）：トロフィーと賞金50万円，特別賞自然科学の部（1件）：トロフィーと賞金50万円

【URL】http://www.minakata.org/cnts/syou/

第1回（平3年）

◇人文科学の部
　ルーシュ,バーバラ(コロンビア大学教授・中世日本研究所長)"中世日本文学や「奈良絵本」などに関する研究に対して"
◇自然科学の部
　神谷 宣郎(国立基礎生物学研究所名誉教授)"粘菌を用いた細胞運動の研究に対して"
◇特別賞人文科学の部
　長谷川 興蔵(八坂書房参与)"「南方熊楠日記」などの編集や校訂に対して"
◇特別賞自然科学の部
　小林 義雄(小林菌類研究所長)"「南方熊楠菌類彩色図譜百選」刊行への貢献"

第2回(平4年)
◇人文科学の部
　谷川 健一(民俗学者)"「地名を守る会」「日本地名研究所」創設など"

第3回(平5年)
◇自然科学の部
　椿 啓介(筑波大学名誉教授)"菌類の分類学,生態学の分野での多大な貢献"

第4回(平6年)
◇人文科学の部
　国分 直一(梅光女学院大学教授)"東アジア・環南海の民族文化研究"

第5回(平7年)
◇自然科学の部
　吉良 龍夫(大阪市立大学名誉教授)"水圏生態学の研究"
◇人文の部
　鶴見 和子(上智大学名誉教授)"南方熊楠研究の功績"

第6回(平8年)
◇自然科学の部
　竹内 郁夫(京都大学名誉教授)"細胞性粘菌を用いた発生生物学研究"

第7回(平9年)
◇人文の部
　川添 登(郡山女子大学教授)"都山市民を対象にした新しい民俗学の分野として「生活学」を提唱,体系化した功績"
●特別賞
　ブラッカー,カーメン(元・ケンブリッジ大学教授)"海外での南方熊楠紹介に大きく貢献"

第8回(平10年)
◇自然科学の部
　四手井 綱英(京都大学農学部教授,森林生態学者)"森林植生分布や里山林の起源,森林での水と養分の循環や動物の役割などの研究"

第9回(平11年)
◇人文の部
　加藤 九祚(国立民族学博物館名誉教授)"シベリアや中央アジアなどのユーラシア内陸部全域にわたるフィールドワークをおこない,歴史民族学の新しい分野を開拓した"

第10回(平12年)
◇人文の部
　上田 正昭(京都大学名誉教授)"日本古代史,文化をアジア的視野で研究"
◇自然科学の部
　日高 敏隆(滋賀県立大学長)"動物行動学の基礎を確立"

第11回(平13年)
◇自然科学の部
　青木 淳一(横浜国立大学教授)"ダニの研究,およびダニ研究を通しての環境評価や環境診断の基準の確立,日本土壌動物学の確立"
●功労賞
　樋口 源一郎(シネ・ドキュメント代表取締役)"日本における科学映画の第一人者"

第12回(平14年)
◇人文の部
　櫻井 徳太郎(元駒沢大学学長)"民間信仰の調査研究"
●特別賞
　神坂 次郎(作家)"評伝「縛られた巨人—南方熊楠の生涯」を出版し熊楠ブームのきっかけをつくった"

第13回(平15年)
◇自然科学の部
　本郷 次雄(滋賀大学名誉教授)"菌類,特に日本産担子菌門ハラタケ目の分類学的研究"
●特別賞

後藤 伸(故人)"南方熊楠の植物生態研究を再評価するとともに,残された標本資料の整理・研究にも貢献"
第14回(平16年)
　◇人文の部
　　佐々木 高明(元国立民族学博物館長)"東アジアや世界における日本文化の形成過程を研究。さまざまな民族の文化を比較する点が熊楠に通じる"
　◇特別賞
　　飯倉 照平(東京都立大名誉教授)"「南方熊楠全集」(平凡社刊)の校訂に携わった"
第15回(平17年)
　◇自然科学の部
　　柴岡 弘郎(大阪大学名誉教授)"植物の成長を制御する生理活性物質の発見など,植物生理学・細胞生物学の研究"
第16回(平18年)
　◇人文の部
　　岩田 慶治(文化人類学者,国立民族学博物館名誉教授)"タイなど東南アジアの稲作民族の調査から日本文化の南方渡来の視点を明確にした"
第17回(平19年)
　◇自然科学の部
　　伊藤 嘉昭(名古屋大学名誉教授)"生態学や社会生物学が胎動し始めた時代に,それらの学問をいちはやく取り入れ,先駆的な業績を公表し,それを一般に広く紹介した"
第18回(平20年)
　◇人文の部
　　伊藤 幹治(国立民族学博物館名誉教授)"日本の民俗文化を集中的に研究する民俗学と、世界の諸民族の社会や文化の比較研究を行う民族学の統合から新しい日本人・日本文化論を構築した"
第19回(平21年)
　◇自然科学の部
　　堀田 満(鹿児島大学名誉教授・鹿児島県立短期大学名誉教授)"サトイモ科の研究から始まり、数々の分類を手がけるとともに植物の分布形成過程を究明,人とイモの関係に関する民族植物学の視点からの論考など"
第20回(平22年)
　◇人文の部
　　山折 哲雄(国際日本文化研究センター名誉教授)"インドをはじめ、アジアや欧米の宗教思想史の研究を背景に,日本の民俗文化や日本人の心の問題を深く考察"
第21回(平23年)
　◇自然科学の部
　　河野 昭一 "「種生物学研究会」(のちに「種生物学会」に改称)を立ち上げ、数多くの研究者を育て上げるとともに、機関紙「種生物学研究」「Plant Species Biology」を刊行し、植物の種生物学の発展に大いに寄与した。また、日本の自然、特に中池見湿原の保護、各地の国有林における不法伐採の摘発と保護等に活躍している"
第22回(平24年)
　◇人文の部
　　森 浩一(故人)"考古学研究成果を社会に還元するために労力を惜しむべきではないと、調査研究の優れた業績だけではなく、執筆、講演、シンポジウムの企画立案など多彩な啓蒙活動や遺跡保存への働きかけなどの活躍による。"
第23回(平25年)
　◇自然科学の部
　　杉山 純多 "フィールドから分子にまで及ぶ幅広い研究を続け、菌類の多様な形態やその実体を明らかにし、菌類という生物の生き方の謎の解明に大きな前進をもたらした"
　◇特別賞
　　中瀬 喜陽 "今日のように進んだ熊楠研究の基礎をつくったパイオニアの一人であり、長年地元を対象にした地域文化の研究に力を傾注してきた。翁が残した書簡や日記等の膨大な資料を根気強く解読し、また翁を知る人への聞き取りを通して、熊楠研究に次々と新資料を加えた。氏はその成果を単に著作としてまとめるだけでなく、市民や研究者を対象に熊楠自筆資料の解読講座を開き、後進の指導

にも取り組んできた"

第24回（平26年）
◇人文の部
石毛 直道 "食文化研究のパイオニアで、「料理」を、歴史、習俗、暮らし、自然環境などを網羅した生活体系の一つの「食文化」として捉え、人類史的な視野での比較文明論の主要素であることを提示した"

第25回（平27年）
◇自然科学の部
井上 勲 "細胞生物学から分類学に及ぶ幅広い研究により、現代的な博物学ともいえる藻類学の分野を推進した"
◇特別賞
萩原 博光

第26回（平28年）
◇人文の部
中沢 新一（明治大学野生の科学研究所所長）"宗教学を足掛かりとして、人類学や民俗学のフィールドにも歩みを進め従来の学問の枠組みにとらわれない研究成果を実現。独自のアート感覚あふれるフィールドワークの手法を用いる「アースダイバー」は注目すべき取り組みである"

第27回（平29年）
◇自然科学の部
加藤 真（京都大学大学院人間・環境学研究科教授）"さまざまな生態系が多様な共生関係で成り立っていることを解明、生態系の保全に貢献"

064 吉田富三賞

福島県・浅川町出身の癌病理学者で癌研究所長・故吉田富三氏を記念し、平成4年に創設された。優れたがん研究者に授与してその功績を表彰し、もってがん研究の一層の振興をはかる。

【主催者】日本癌学会、浅川町（福島県）

【選考委員】宮園浩平、今井浩三、石川冬木、直江智樹、中釜斉、落合淳志

【選考方法】日本癌学会評議員ならびに名誉会員に推薦を依頼し、賞等選考委員会が検討を加えて数を絞り、日本癌学会理事会が選定した後、浅川町の吉田富三顕彰会の同意を得て、最終的に決定し、日本癌学会評議員会に報告する

【選考基準】基礎医学分野において優れた業績を挙げるとともに、日本癌学会の発展に貢献した研究者

【締切・発表】日本癌学会総会時に賞の授与と記念講演を行う

【賞・賞金】賞状、副賞100万円

【URL】http：//www.jca.gr.jp/

第1回（平4年）
杉村 隆（国立がんセンター名誉総長）"癌の発生並びに本体の解明に優れた業績を挙げ、また広く癌研究の発展に寄与した"

第2回（平5年）
菅野 晴夫（癌研究会癌研究所名誉所長）"ヒト癌の特性とその自然史の解明について優れた業績を挙げ、また広く癌研究の発展に寄与した"

第3回（平6年）
豊島 久真男（大阪府立成人病センター総長）"がんウイルスとがん遺伝子の研究において優れた業績を挙げ、また広く癌研究の発展に寄与した"

第4回(平7年)
　佐藤 春郎(東北大学名誉教授)"吉田肉腫・腹水肝癌を用いたがん細胞の生物学研究において優れた業績を挙げ、また広く癌研究の発展に寄与した"
第5回(平8年)
　伊東 信行(名古屋市立大学学長)"化学発癌研究、特に環境物質の発癌性同定の研究において優れた業績を挙げ、また広く癌研究の発展に寄与した"
第6回(平9年)
　橋本 嘉幸(佐々木研究所所長)"膀胱発癌の実験的研究及び免疫学、ことにモノクロナール抗体の医学・薬学への応用研究に於いて優れた業績を挙げ、また広く癌研究の発展に寄与した。"
第7回(平10年)
　黒木 登志夫(昭和大学腫瘍分子生物学研究所所長)"試験管内発癌研究及びシグナル伝達研究に於て多くの業績を挙げ、又、優れた著作により人々の癌研究への理解を深めた。"
第8回(平11年)
　吉田 光昭(萬有製薬つくば研究所所長)"成人T細胞白血病の原因ウイルスHTLV-1の研究に於て優れた業績を挙げ、又広く癌研究の発展に寄与した。"
第9回(平12年)
　小林 博(札幌がんセミナー理事長)"腫瘍病理学、特にがんの異物化研究において優れた業績を上げ、また、札幌がんセミナーの運営などを通して広くがん研究の発展に寄与した。"
第10回(平13年)
　関谷 剛男(医薬品副作用被害救済研究振興調査機構・研究顧問)"微細なDNA変異を簡便に検出するSSCP法の発明により広く癌研究の発展に寄与し、又機関誌JJCRの編集に多大な貢献をなした。"
第11回(平14年)
　中村 祐輔(東京大学医科学研究所ヒトゲノム解析センター教授)"APCやp53関連遺伝子など多数のがんに関わる遺伝子を発見してその機能を明らかにし、また、日本のゲノム科学の推進に多大なる貢献をなした。"
第12回(平15年)
　伊藤 嘉明(Institute of Molecular Cell Biology,Singapore)"胃癌の発生に関わる主要ながん抑制遺伝子RUNX3を発見した。この発見は国内外で高く評価されており、癌研究に多大なる貢献をなした。"
　大木 操(国立がんセンター研究所)"急性骨髄性白血病の染色体転座の解析によりAML1等を発見し、なかんずく、AML1が造血細胞の分化増殖に重要な役割を果たしていることを明らかにするなど造血器腫瘍分野に於いて輝かしい成果を上げた。"
第13回(平16年)
　鶴尾 隆(東京大学分子細胞生物学研究所教授)"長年に亘り抗癌剤耐性の研究を推し進めカルシウム拮抗剤等に多剤耐性克服作用を発見した。また、アポトーシス耐性の分野に於いても卓越した貢献をなし、耐性克服を中心とした分子標的治療法の国際的な研究と開発をリードしている。この発見は国内外で極めて高く評価されており、癌研究に多大なる貢献をなした"
第14回(平17年)
　澁谷 正史(東京大学医科学研究所教授)"藤波肉腫ウイルスのがん遺伝子v-fpsを初めて単離し、又、ヒト脳腫瘍におけるEGF受容体の質的異常を初めて明らかにするなど、癌研究全般で多くの優れた業績を挙げている。又、内皮細胞特異的な受容体キナーゼflt-1(VEGF受容体_1)を世界に先がけて単離し,VEGF受容体群のシグナルの特徴とその血管新生・転移・腹水形成における重要性を示した"
第15回(平18年)
　下遠野 邦忠(京都大学ウイルス研究所がんウイルス研究部門教授)"C型肝炎ウイルス感染による肝がん発症の予防に関する研究"

第16回（平19年）
　高橋 利忠（健康科学総合センターセンター長，愛知県がんセンター名誉総長）"がん免疫療法の基礎と応用に関する研究"

第17回（平20年）
　谷口 維紹（東京大学大学院 医学系研究科 免疫学 教授）"b型インターフェロンやIL-2の遺伝子を世界に先駆けて単離し，発癌や免疫の制御に深く関与しているサイトカインの実体とその作用機構に関する分子レベルの研究の端緒を切り拓いた。また，サイトカインの遺伝子発現とシグナル伝達の研究を大きく進展させ，特にIRF転写因子ファミリーの発見を通して発癌抑制や免疫制御等におけるそれらの多彩な機能を明らかにする先駆的な研究を推進した"

第18回（平21年）
　上田 龍三（名古屋市立大学 腫瘍免疫内科学 教授）"ケモカインレセプターであるCCR4が，難治性血液腫瘍である成人T細胞白血病リンパ腫（ATLL）等に強く発現しており，抗CCR4抗体の糖鎖を修飾することにより，強力な抗体依存性細胞障害活性と抗腫瘍効果が発現することを発見した。更に，がんに対する抗体療法としては本邦初となる，抗CCR4抗体を用いたCCR4陽性T細胞性腫瘍に対する臨床試験を展開することに成功した"

第19回（平22年）
　廣橋 説雄（慶應義塾大学 教授）"病理診断学を基盤にモノクローナル抗体や遺伝子解析など，最新の分子細胞科学的手法を用いてヒトがんの発生と浸潤・転移などの病態の解明に取り組み，肝がんの多段階・多中心発生の証明，ヒトがんにおける細胞間接着不活化の多様な機構の発見そして病理診断や血清診断に有用な腫瘍マーカーの開発など世界をリードする研究を進め，その成果が実際のがん臨床にも応用される顕著な業績を挙げた"

第20回（平23年）
　前田 浩（崇城大学薬学部/熊本大学名誉教授（医学））"微生物感染局所での宿主の応答としてキサンチンオキシダーゼやNADPH酸化酵素，さらにはNO合成酵素の活性化が起こり，スーパーオキサイドやNOなどラジカル分子が大量に生成し，細胞や核酸に傷害（変異など）を起こすことを初めて明らかにした。さらに，ネオカルチノスタチンの研究からスマンクスの創製という世界初の高分子型制癌剤を完成させ，高分子型薬剤が腫瘍局所の血管透過性の亢進により腫瘍部に選択的にデリバリーされることを見出した。その現象「EPR効果」は昨年は約8千件も引用されている"

第21回（平24年）
　長田 重一（京都大学大学院医学研究科 分子生体統御学講座分子生物学 教授）"ヒトの体内では毎日数10億の細胞が死滅する。この細胞死の過程はアポトーシスと命名されていたが，その分子機構，生理作用は長い間不明であった。長田重一氏はアポトーシスを引き起こすサイトカインを発見し，細胞死の分子機構を解明した。ついで，死細胞がマクロファージによって貪食・分解される分子機構を解析し，細胞死や死細胞貪食の異常が，がんや自己免疫疾患などの病気をもたらすことを見いだした"

第22回（平25年）
　清木 元治（高知大学医学部付属病院 次世代医療創造推進センター特任教授）"がん細胞が周囲組織に浸潤する際の鍵となる酵素・膜型マトリックスメタロプロテアーゼMT1-MMPを発見，MT1-MMPによるがん細胞表層での様々な基質タンパク質の切断による機能変換が，がんの増殖・浸潤・転移の制御に重要であることを明らかにした"

第23回（平26年）
　山本 雅（沖縄科学技術大学院大学教授）"世界に先駆けてがん遺伝子erbBの腫瘍形成能を明らかにし，その遺伝子配列を決定した"

第24回（平27年）
野田 哲生（公益財団法人がん研究会がん研究所所長）"先進的なマウス分子遺伝学手法を駆使し，多数のがん関連遺伝子の個体レベルでの機能を明らかにした。多くのヒト発がんモデルマウスの樹立に成功"

第25回（平28年）
秋山 徹（東京大学分子細胞生物学研究所教授）"EGF受容体ファミリーのもつチロシンキナーゼ活性が細胞癌化に必須の役割を果たしていることを明らかにし，癌の分子標的薬開発への道を示した"

065 若月賞

戦時中から長野県の農村で保健医療活動を実践し，農村医療の先駆者として知られる佐久総合病院長・若月俊一氏の名前をとって，元厚生省公衆衛生局長大谷藤郎氏らにより，平成4年に創設された。全国の保健医療分野で草の根的に活動されている方を顕彰するために制定された。

【主催者】農村保健振興基金
【選考委員】委員：井出孫六（作家），行天良雄（医事評論家），樋口恵子（評論家），宮本憲一（大阪市立大学名誉教授・元滋賀大学学長）
【選考方法】全国の地方有力新聞社46社に推薦を依頼
【賞・賞金】賞状及び副賞50万円（農村医学夏季大学講座で講演をしていただいた場合）

第1回（平4年）
浦野 シマ（わかまつ共同作業所所長）"我が国の精神科看護の基礎を築き，精神障害者に対する福祉活動の発展と回復者の社会復帰事業に尽力"
徳永 進（鳥取赤十字病院内科部長）"地域医療における末期医療問題，さらにハンセン氏病患者の隔離差別問題に取り組み，著書を通して社会に訴えた"
浜田 晋（浜田クリニック所長）"市井の医師として東京・下町の地域医療を実践，地域社会での精神科クリニック活動の先駆けをなした"

第2回（平5年）
安東 安子（元大阪府衛生部保健予防課らい予防事業専任担当官）"長年のらい療養所勤務の経験を生かし，大阪府のハンセン氏病患者と家族の医療・福祉・生活上の救済に尽力"
増田 進（岩手県沢内村・国保沢内病院長）"岩手県沢内村で，予防と治療の一体化，乳児や老人医療費の自己負担無料化など，村独自の保健医療体制を確立"

第3回（平6年）
金子 勇（長野県阿南町・和合診療所長兼富草僻地診療所長）"35年余にわたり，高齢化の進む過疎の山村の中で，一貫して僻地医療を実践し，その間，公衆衛生と医療の統一を目指し，粘り強い取組みを実践している"
天明 佳臣（神奈川県勤労者医療生活協同組合港町診療所長）"農村保健の視点で出稼ぎ労働者の健康破壊問題に取組み，さらに社会医学的な分析とともに外国人労働者の医療問題，出稼ぎ者の医療に先駆的役割を果たした"

第4回（平7年）
川島 みどり（埼玉県・健和会臨床看護学研究所長）"昭和40年東京看護学セミナーを結成し，以後，現場の看護婦や大学，短大，看護専門学校の教育と研究に力を注ぎ臨床的な看護学のレベルアップに功績を

残している"

竹熊 宜孝（熊本県・公立菊池養生園診療所長）"診療のかたわら、20年余にわたり、地域住民と一体になり命と土を守る運動、養生運動、有機農業の実践を展開し、年間1万数千人の人たちに「食といのち」の養生訓を説き続けている"

第5回（平8年）

早川 一光（京都府堀川病院顧問・総合人間研究所所長）"歴史と織りの町・京都西陣において、その地域の灯台・白峰診療所、堀川病院を拠点に、路地から路地へ、どぶ板をならして往診に徹した50年間であり、今日の住宅医療の先駆的役割を果たして来た"

時枝 俊江（東京都・記録映画監督）"佐久総合病院在宅ケア実行委員会の活動を記録した映画「病院はきらいだ」を完成、記録映画「農民とともに」制作実行委員会の依頼を受け、主に佐久総合病院を舞台にして農村医療50年の歴史を感動的に描き、さらに佐久総合病院付属小海町診療所を舞台に地域医療の現場をとらえた記録映画「地域をつむぐ」を完成させた"

第6回（平9年）

加藤 シヅエ（日本家族計画連盟会長、財団法人ジョイセフ（家族計画国際協力財団）会長）"18歳で結婚、夫の赴任先三池炭鉱で産児調節・家族計画運動を痛感し、生涯その運動を推進。また戦後初の女性国会議員として28年間、女性の権利と地位向上に大きな功績を残している"

増子 忠道（東京都・医療法人健愛会かもん宿診療所長、健和合グループ医療福祉企画室長）"昭和52年東京下町で在宅ケアを始めて20年、平成6年より「巡回型24時間在宅ケア事業」の推進責任者として事業を開始し、24時間在宅ケアでの先駆的役割を果たしている"

第7回（平10年）

岡上 和雄（医師・全国精神障害者家族会連合会保健福祉研究所長）"精神障害者の医療と社会復帰及びノーマライゼイションの推進に、先駆的で偉大な業績を残し、社会復帰・地域ケア・障害者本人の実測に則した研究調査等も各界から大きな評価を得ている"

宮沢 信雄（フリーアナウンサー）"NHKアナウンサーとして水俣病事件を取材中、被害者に同心、以来30年、裁判・潜在者発掘・認定制度・事件史編集編纂に関わり、著書「水俣病事件四十年」でさらに明らかにされている"

第8回（平11年）

デーケン、アルフォンス（上智大学文学部教授）"「死生学」という新しい概念を確立するとともに学問として定着させ、ライフ・ワークとして「死への準備教育」を積極的に展開し、日本における死に関する学問と教育の向上に寄与した"

関口 鉄夫（長野県廃棄物問題研究会調査・研究委員会委員長）"長野県下の産業廃棄物問題で行政の対応のあり方に厳しい提言を行い、住民と一緒になって問題解決に努力しながら全国ネットワークを組織し、地域住民の健康を守る運動を展開している"

第9回（平12年）

長池 博子（宮城県・産婦人科医、長池女性健康相談所長）"日本の敗戦後、街娼達の性病検査と治療の毎日で、爾来、女性の健康と男女差別とも絡めて、女性の地位向上に保健婦たちの教育を通し、悩む性の問題に女性たちを支えてきた"

川村 敏明（北海道・浦河赤十字病院精神神経科部長）"精神障害者の自立と生活手段確保のため、海産物の販売を主に、有限会社「べてるの家」を設立し、自立した生活を営むことを支援・指導し全国的評価を受けている"

第10回（平13年）

松浦 尊麿（兵庫県・五色町健康福祉総合センター所長兼国保五色診療所長）"20年前、五色町診療所において在宅ケアを開始し、(以来住民健康管理台帳による町ぐるみの総合検診、学童期成人予防事業

など)子供から高齢者に至るまで包括的な保健・医療・福祉の実践に取り組んできた。"

疋田 善平(高知県・佐賀町総合保健センター長,国保拳の川診療所長)"30年余にわたり,へき地医療のあるべき姿を求めPPC(全住民の年齢健康状態に応じてお世話する医療)を行ってきた。またどう生きどんな死を迎えるのか,心満ち足りて最後まで住みなれた家で,という課題に今なお取り組んでいる。"

高橋 功(元アフリカガボン国,ランバレネ・シュワイツァー)"アフリカで感染症や風土病などの診療に従事していたシュワイツアー博士の仕事を支えた。また住民の保健・医療活動,特にハンセン病棟の担当医として寝食を忘れてながきにわたり尽力した。"

第11回(平14年)

中村 哲(PMS〈ペシャワール会・医療サービス〉院長,ペシャワール会現地代表)"ペシャワールに渡り,ハンセン病の根絶活動と難民治療に取り組み,80年代半ば以降は,医療活動をアフガニスタンにも広げ,山岳地帯の無医地区に診療所を設置した。"

宮崎 和加子(全国訪問看護事業協会理事,特定医療法人健和会訪問看護ステーション統括所長)"地域看護,訪問看護の活動に従事し,日本のこの分野における先鞭をつけた。日本で最も早く訪問看護ステーションを設立し,全国から集まる訪問看護師たちの教育・指導に務めた。"

山崎 倫子(日本女医会名誉会長,武蔵野市立北町高齢者センター所長)"戦後荒廃した日本の地域保健・公衆衛生の発展に大きく寄与した。日本女医会会長や国連総会政府代表,日本国内ユネスコ委員などを歴任し,国際的にも活躍。その後,現代のグループホームのパイロット的施設を夫と共に開設。"

第12回(平15年)

額田 勲(兵庫県・倫生会みどり病院理事長,神戸生命倫理研究会代表)

松下 拡(長野県・教育者,飯田女子短期大学専攻科非常勤講師)

熊谷 勝子(長野県・保健師,飯田女子短期大学専攻科非常勤講師)

第13回(平16年)

田中 とも江(東京都・「市民の立場からのオムツ減らし研究学会」理事長,拘束廃止研究所所長,厚生労働省身体拘束ゼロマニュアル委員,福島県身体拘束ゼロ作戦推進会議委員,東京都身体拘束ゼロ作戦推進会議委員,有料老人ホーム抑制廃止委員,東北福祉大学非常勤講師)

吉岡 充(東京都・充会上川病院理事長,介護老人保健施設太郎施設長,NPO全国抑制廃止研究会会長,厚生労働省身体拘束ゼロ作戦推進会議委員,東京都介護保険を育む会委員など)

黒岩 卓夫(新潟県・萌気会理事長,桐鈴会理事長,NPO「在宅ケアを支える診療所・市民全国ネットワーク」会長,地域医療研究会世話人,医療の心を考える会代表)

第14回(平17年)

原田 正純(熊本学園大学社会福祉学部教授)

宮嶋 真一郎(共働学舎代表)

第15回(平18年)

川人 博(過労死弁護団全国連絡会幹事長)

徳永 瑞子(長崎大学医学部保健学科教授)

第16回(平19年)

本田 徹(SHARE=国際保健協力市民の会・代表理事)

第17回(平20年)

藤島 一郎(静岡県・浜松リハビリテーション病院 院長)"それぞれに異なる嚥下障害に対しての訓練(リハビリテーション的)を確立するとともに,その実践的な治療に取り組み,患者のQOLの向上に大きく貢献している。また,多数の著書やビデオ,講演を通して嚥下障害の理解と訓練,ケア方法の普及活動を全国的に展開している"

外口 玉子(東京都・社会福祉法人 かがやき会 理事長・地域ケア福祉研究所所長)

"20年余にわたり精神障害者が地域で暮らし続けていくための"拠点づくり"にとりくんできた。「地域ケア福祉センター」を立ち上げ、「社会福祉法人かがやき会」を設立、当事者の要請に呼応しながら、生活の場、働く場、相談の場、交流の場づくりと、制度や領域を越えた協働のしくみづくりを行っている"

第18回（平21年）

湯浅 誠（東京都・NPO法人 自立生活サポートセンターもやい 事務局長）"90年代より野宿者（ホームレス）支援に携わる。「ネットカフェ難民」問題を数年前から指摘し火付け役となるほか、貧困者を食い物にする「貧困ビジネス」を告発するなど、現代日本の貧困問題を現場から訴えつづける"

村上 智彦（北海道・医療法人財団夕張希望の杜 理事長）"一貫して予防医療と地域包括ケアの実践に取り組んでいる。夕張市で医療法人財団「夕張希望の杜」を設立、市立病院を継ぐ診療所として夕張医療センターを開業し、地域医療の再生を進めている。財政再建団体となった夕張市において、医療や福祉を軸として雇用創出や産業活性化を図り、地域再生に寄与している"

第19回（平22年）

池田 陽子（JAあづみ 総務開発事業部福祉課）"「助け合いネットワークあんしん」を組織、有償住宅サービスと元気高齢者の生きがい活動を行う。さらに、「生き活き塾」の立ち上げ、農業支援の場としての直売所開設、「菜の花プロジェクト」の取り組みなど多彩な活動を展開。地域住民が安心して暮らせる地域づくりに貢献し、JA組合員組織の活性化とともに地域住民参加型の組織活動を創出している"

第20回（平23年）

飯島 裕一（信濃毎日新聞社編集委員）"1994年に始まった「信毎健康フォーラム」の企画を担当し、一般の方々を対象に、関心の高いテーマを取り上げ、講演やパネルディスカッションを通じて日常生活に役立つ健康知識を分かりやすく提供する。また、認知症介護家族の孤立や、施設、医療、地域の現状などを追った社会面連載「笑顔のままで―認知症・長寿社会」は、2010年度日本新聞協会賞を受賞"

第21回（平24年）

バルア、スマナ（WHO世界ハンセン病対策プログラムチームリーダー）"フィリピン大学医学部レイテ校での実習と、村に入っての暮らしや健康状態を体で覚える実地教育を繰り返し10年かけて助産師、看護師、医師の資格を取る。再び来日し東京大学医学部大学院国際保健学を研究しながら、国内外の医学部や看護大学、NGOで講演活動を展開し、地域医療の大切さを説く。現在WHOの医務官としてアジア太平洋37ヶ国のハンセン病を軸に地域医療を指導している"

第22回（平25年）

今野 義雄（医療法人坂上健友会常務理事）"1990年国立療養所長寿園が廃止後、地元住民とともに地域の医療を守るため、医療法人坂上健友会大戸診療所の開設に尽力"

第23回（平26年）

カレッド、レシャード（レシャード医院長（静岡県島田市））"静岡県島田市にレシャード医院、高齢者福祉施設を開設、在宅医療や福祉に精力的に取り組んでいる。また、故国アフガニスタンの復興に向けて2002年にNGO「カレーズの会」を設立、現地で診療所や学校を建設、難民医療・教育に献身的な支援を続ける"

第24回（平27年）

古川 和子（中皮腫・アスベスト疾患・患者と家族の会会長）"夫をアスベスト関連肺がんで亡くした経験をアスベスト被害の患者や家族の支援に生かすとともに、潜在的被害者に向けた呼びかけを続けている"

高見沢 佳秀（元八千穂村衛生指導員）"宮沢賢治の精神を受け継ぎ、旧八千穂村の

衛生指導員の保健活動に際して,家庭や地域の日常的な問題に着目。自らシナリオを作成,演出も担当。この30年に37本のシナリオを生みだし,地域の健康リーダーとして村民の健康意識の向上に大きな影響を与えた"

第25回(平28年)

旭 俊臣(医療法人社団弥生会 旭神経内科リハビリテーション病院) "30年近くにわたって松戸市の小金原団地を中心に医療から介護,日常生活という一連のあり方を作り上げてきた。認知症問題に取り組み,介護と医療の一元化に努力している"

佐藤 元美(一関市国保藤沢病院) "「地域の医療の確立」という自治医科大学の建学の精神と,「忘己利他(もうこりた)」を病院理念に掲げ,藤沢地域の住民の命・健康・福祉を永年守り続けている"

美術

066 あさご芸術の森大賞展

　朝来市(旧朝来町)が、町出身の文化勲章受章者淀井敏夫の功績を讃え、「次世代を拓く、夢とロマン」をテーマに、「あさご芸術の森美術館―淀井敏夫記念館―」がコレクションするにふさわしい作品を募集するもの。平成14年創設。合併後の平成17年からは、同市生野町生まれの画家、青山熊治、白瀧幾之介、和田三造も併せて讃える公募展として、立体・平面のビエンナーレとして実施していた。平成23年、全10回をもって発展的解消された が、平成24年「あさごアートコンペティション」として継続されている。

【主催者】朝来市、あさご芸術の森美術館

【選考委員】酒井忠康(美術評論家)、山脇一夫(同)、金澤毅(同)、横尾忠則(美術家)、織作峰子(写真家)、新宮晋(彫刻家)、植松奎二(同)など

【選考方法】公募

【選考基準】〈平面〉〔資格〕不問(国籍、経歴、年齢)。〔作品規定〕(1)応募者本人が平成21年1月以降に制作し所有する未発表の立体作品(ただし、個展、卒業制作展、学校展で発表したものは未発表とする)で、立体やCG、映像作品は不可。(2)素材不問。ただし、壁面に展示可能なもの。(3)作品は50号以上100号以内。(4)作品の凹凸は壁面から10cm以内。(5)作品重量30kg以内。(6)作品保護のために額装する場合は、幅5cm以内の額縁、仮額等をつけること。(ガラス使用不可)〈立体〉〔資格〕国籍、経歴、年齢等不問。グループ可。〔作品規定〕(1)応募者本人が制作し所有する未発表の立体作品(ただし、個展、卒業制作展、学校展で発表したものは未発表とする)で、平成21年1月以降に制作されたもの。(2)素材不問。ただし、展示可能なもの。(3)作品を構成する単体の大きさ幅1.2m以内、奥行0.8m以内、高さ2.0m以内で重量が300kg以内で、組み合わせても、作品設置の底面積が幅1.8m以内、奥行1.8m以内、高さ3.0m以内のスペースに展示可能な作品。〔出品点数〕制限なし。〔出品料〕1点8000円(2点以上の場合は1点につき4000円)

【締切・発表】第9回の場合、平成22年8月31日締切。展覧会は平成22年10月23日～11月30日(予定)、あさご芸術の森美術館にて開催

【賞・賞金】あさご芸術の森大賞(1点):賞金200万円、買上賞。あさご芸術の森準大賞(1点):賞金100万円、買上賞。優秀賞(3点):賞金10万円。入選(25点以内):1万円

【URL】http://www.city.asago.hyogo.jp/asagomuseum/

第1回(平14年)
　◇大賞
　　六田 貴之(埼玉県)「赤の男」
　◇準大賞
　　三宅 一樹(神奈川県)「素脚詞III」
　◇優秀賞
　　塩月 寿籃(大分県)「誕生の瞬間」
　　波多野 泉(沖縄県)「lion's eyes―O氏の肖像」
　　宮崎 甲(東京都)「居住」
第2回(平15年)
　◇大賞

杉山 雅之　「断崖のヤブカラシ」
◇準大賞
　林 佐和子　「夜―空の深さ」
◇優秀賞
　吉田 直　「Nightショーの無い夜」
　藤本 イサム　「私は私―思考するカタツムリ―少し先へ」
　大阪 一成　「野歩の冠」
第3回（平16年）
◇大賞
　波多野 泉　「鼓あるいは盤（追想）」
◇準大賞
　鎌田 仁　「"ご乗車をご希望の方は、係りのものまでお申し出ください。また、以下の方のご乗車を固くお断りします。・自転車に乗ることができない方。・靴下が白い方。・昨日、夕暮れの町の中で君を見かけた方。・あまり興味の無い方。・体重が500グラムを超える方。"」
◇優秀賞
　西村 正徳　「トキのカタチ」
　早川 榮二　「MA」
　青野 正　「空白への遊覧飛行」
第4回（平17年）
◇大賞
　松岡 圭介　「a potential form」
◇準大賞
　密 祐快　「棺2005」
◇優秀賞
　村上 力　「ブランクーシ」
　竹鶴 寿男　「望郷」
　前田 千絵子　「眼を閉じて見ていた」
第5回（平18年）
◇大賞
　松永 賢　「生活」
◇準大賞
　杉本 晋一　「重力都市9R-2」
◇優秀賞
　斎藤 千明　「薔薇になった兎」
　飯島 花奈　「アロエ」
　内藤 範子　「止水」
第6回（平19年）
◇大賞
　田邊 茉子　「cycle」
◇準大賞
　竹田 正美　「ゆうやけこやけ、残された山」
◇優秀賞
　村上 力　「イサム・ノグチ」
　山﨑 哲郎　「Metamorphosis―開かれた立方体」
　密 祐快　「種の棺」
第7回（平20年）
◇大賞
　西明寺 末一　「森の幻想華」
◇準大賞
　内藤 絹子　「祈りの言葉2008.6」
◇優秀賞
　大畑 幸恵　「マダラダマⅠ」
　山枡 紳二郎　「続・たまねぎ日記42」
　呉本 俊松　「誰も私をみていない」
第8回（平21年）
◇大賞
　佐々木 昌夫　「アンチノミーの灰」
◇準大賞
　村上 力　「閻魔―ピカソ」
◇優秀賞
　楠田 信吾　「STONE-TREE in COSMIC」
　新野 恭平　「月影」
　田邊 茉子　「游」
第9回（平22年）
◇大賞
　石田 克　「ユラユラ」（平面）
◇準大賞
　伏井 晋平　「自由に」（平面）
第10回（平23年）
◇大賞
　平田 隆宏　「暗夜の光1」（立体）
◇準大賞
　川上 勉　「境界の身体」（立体）

067 飯田市藤本四八写真文化賞

　飯田市出身の写真家・藤本四八は，平成7年自身の撮影した作品をすべて飯田市に寄贈

067 飯田市藤本四八写真文化賞　　　美術

した。平成9年の飯田市制60周年にあたり,藤本が日本の写真芸術向上に果たした貢献と,これからの日本の写真芸術の発展に寄与する事業として賞を制定した。飯田市の目指す都市像である「住み続けたいまち,住んでみたいまち飯田 人も自然も輝く—文化経済自立都市—」から「環境・文化」をテーマとしている。隔年開催。第10回をもって終了した。

【主催者】飯田市,飯田市教育委員会

【選考委員】(第10回)田沼武能(写真家,日本写真家協会会長),福島義雄(写真編集者,京都造形芸術大学通信教育学部講師),内山節(哲学者,立教大学大学院教授),水谷章人(写真家(飯田市出身),日本スポーツプレス協会会員),伊澤宏爾(飯田市教育長),滝沢具幸(飯田市美術博物館館長,武蔵野美術大学名誉教授)

【選考方法】〔推薦の部〕推薦の部は,プロ写真家を対象とし,選考委員によって選ばれる。〔公募の部〕プロ・アマを問わず公募とし,応募作品の中から選考委員が選考

【選考基準】〔推薦の部〕日本のプロ写真家を対象とし,永年にわたり,日本の写真芸術の向上と発展に寄与した写真家,あるいは優れた写真芸術作品を発表するなど業績の顕著な写真家を対象とする。〔公募の部〕(1) 10枚で構成された組写真を1点とする。応募点数の制限はない。出品料は1作品につき3000円,2作品目からは2000円。(2) 応募対象者は国籍を問わない。またプロ・アマを問わない

【締切・発表】(第10回)応募締切は平成28年1月31日,3月中に審査結果を応募者全員に直接連絡,授賞式は5月14日

【賞・賞金】〔推薦の部〕藤本四八写真文化賞：賞金100万円・賞状。〔公募の部〕藤本四八写真賞：賞金20万円・賞状

【URL】http://www.iida-museum.org

第1回(平10年)
　◇推薦の部
　　●写真文化賞
　　　芳賀 日出男(写真家)「日本の民俗」
　◇公募の部
　　●写真文化賞
　　　宮島 功「水、緑、そして人間」
　　●奨励賞
　　　南島 孝「終の情景」
第2回(平12年)
　◇推薦の部
　　●写真文化賞
　　　小松 健一(写真家)「雲上の神々」
　◇公募の部
　　●写真文化賞
　　　南島 孝「遠の情景」
　　●奨励賞
　　　飯田 弘道「森の詞」
第3回(平14年)
　◇推薦の部
　　●写真文化賞
　　　水谷 章人(写真家)"芸術的なスポーツ写真を発表しつづけ,日本の写真業界に貢献"
　◇公募の部
　　●写真文化賞
　　　田頭 とみい「沖縄・2000」
　　●奨励賞
　　　南島 絵里子(写真家)「とどまる花たち」
第4回(平16年)
　◇推薦の部
　　●写真文化賞
　　　三好 和義「巡る楽園・四国八十八ヶ所から高野山へ」
　◇公募の部
　　●写真文化賞
　　　南島 絵里子「隔たりのリズム」
　　●奨励賞
　　　寒川 真由美「じいちゃんの田んぼ—讃岐高松—」
第5回(平18年)

◇推薦の部
- 写真文化賞
  野町 和嘉 「地球巡礼」

◇公募の部
- 写真文化賞
  若尾 秀次 「ある女子高生の学校生活」
- 奨励賞
  和田 直樹 「標高1,500mの水」

第6回（平20年）
◇推薦の部
- 写真文化賞
  竹内 敏信 「天地聲聞」ほか

◇公募の部
- 写真賞
  大橋 紀雄 「僧貌」
- 市民奨励賞
  大原 税子 「体温（ぬくもり）」

第7回（平22年）
◇推薦の部
- 写真文化賞
  井上 博道 「稲淵 菜の花」ほか

◇公募の部
- 写真賞
  岡田 勤 「Nature-mind―命の瞬き―」
- 市民奨励賞
  筒井 政美 「いやんばいで」

第8回（平24年）
◇推薦の部
- 写真文化賞
  桜井 秀 「ノスタルジックな道－ルート66-」「American West-西へ向かう－」

◇公募の部
- 写真賞
  秦 達夫 「あらびるでな」
- 市民奨励賞
  小島 洋志 「限界的な集落」

第9回（平26年）
◇推薦の部
- 写真文化賞
  齋藤 康一

◇公募の部
- 写真賞
  佐藤 信一 「田んぼ」

第10回（平28年）
◇推薦の部
- 写真文化賞
  南川 三治郎 「アトリエの巨匠・100人」「イコンの道」「聖地 伊勢へ」

◇公募の部
- 写真賞
  平元 盛親 「狐の棲む里.雑・草.花.木.虫…命のおはなし」

068 いわてマンガ大賞

　岩手県をテーマにしたオリジナル作品を募集。漫画を活用した地域振興を目指す岩手県と盛岡情報ビジネス専門学校が主催。漫画を通して岩手県を全国に知ってもらうことを目的としている。上位入賞者の作品をまとめた冊子を漫画雑誌編集部に送付するなど，岩手県として若手漫画家の将来の後押しもしていく。また，第1回の大賞受賞作は岩手ゆかりの漫画家描き下ろしの作品と共に「コミックいわて」に掲載され全国発売された。

【主催者】岩手県, 盛岡情報ビジネス専門学校

【選考委員】一次審査：盛岡情報ビジネス専門学校教員, 非常勤講師など 二次審査：漫画編集者, 書店員, 漫画家など

【選考方法】漫画雑誌編集者, 書店関係者などで組織する審査委員が審査

【選考基準】プロ・アマ, 年齢, 居住地不問。共作も可。岩手をテーマにしたオリジナルの漫画作品

【締切・発表】（第6回）応募期間：平成28年6月1日〜9月30日。結果発表：同年11月HPにて

【賞・賞金】（第6回）大賞（1名）：10万円・「コミックいわてWEB」とマンガ単行本に掲載（予定）。優秀賞（3名）：5万円 特別賞（5名）図書カード5千円
【URL】http：//iwatemangagp.com/

第1回（平22年）
　◇いわてマンガ大賞
　　くどう よしと 「イーハトーブを歩く人」
　◇優秀賞
　　安原 智子 「神の舞」
　　橋野 カナ 「さくらさく」
第2回（平23年）
　◇大賞
　　路真 行方 「CHANGE面」
　◇優秀賞
　　omi「アレゴリカル・キャット 宮沢賢治『猫の事務所』より」
　　じっく 「今昔『ホッ』とライン」
　　空木 由子 「イーハトーヴな人々」
第3回（平24年）
　◇大賞
　　空木 由子 「桜の木の下で」
　◇優秀賞
　　宙 一秀 「たんじゅんなつやすみ。」
　　江川 大輔 「赤鬼と青鬼+アルファ」
　　COЯVIA 「神怪絵師」

第4回（平25年）
　◇大賞
　　江川 大輔 「氷の宴」
　◇優秀賞
　　クドウ 「いわて物語」
　　大野 将磨 「ガリガリ娘運命の出会い」
　　瀬名 桃子 「ミルクの香りに包まれて」
第5回（平26年）
　◇大賞
　　ナリタカ 「自称河童と迷子少年」
　◇優秀賞
　　サトーショータ 「スターフォレスト」
　　山崎 巡 「くじらすむまち」
　　COЯVIA「折爪DoDeN」
第6回（平27年）
　◇大賞
　　仲村 すひの 「僕と狐の鬼退治」
　◇優秀賞
　　蓮 まこと 「おくないさま」
　　ロッキー 「おにわらし」
　　たつみや かなこ 「珈琲ミルクと龍の水」

069 宇和島パールデザインコンテスト

　愛媛県宇和島市において真珠養殖は主要な産業であり、美しい自然と風土に恵まれた宇和海で育まれる宇和島真珠は、質・量ともに日本有数である。この宇和島真珠と、「真珠のまち 宇和島」を広く国内外にPRすると同時に、宇和島真珠オリジナルブランドの確立を図るため、平成19年に創設。

【主催者】宇和島地域ブランド化推進事業実行委員会
【選考委員】（第10回）髙橋まき子、中島史子、野口英明、福島保信
【選考方法】公募
【選考基準】〔資格〕国内在住者であれば、国籍、性別、年齢、プロ、アマ不問。〔対象〕各部門とも、和珠（日本産アコヤ養殖真珠）1つ以上の使用を想定した作品（補助的に南洋真珠、淡水真珠などを組み合わせるのは可）。宇和島で養殖される真珠の標準的な大きさは6.5〜9mm。〔部門〕1.ジュエリー部門A・B（A.パールと貴金属、貴石の組み合わせ。B.パールと異素材との自由な組み合わせ。）2.オン ザ テーブル・自由部門（上記ジュエリー以外の作品）〔応募規定〕デザイン画はA4サイズ。デザイン画には、現物の大きさがわかるよう、作品の縦・横・高さと使用する真珠の大きさを記載する

美術　　　　　　　　　　　　　　　　　　　　069 宇和島パールデザインコンテスト

【締切・発表】9月末締切り，一次審査（非公開）10月中旬，二次審査（公開）翌年2月
【賞・賞金】最優秀賞：副賞30万円，各部門賞：副賞5万円，入賞：相当数
【URL】https://www.city.uwajima.ehime.jp/site/pearl-design-contest/

第1回（平19年）
◇最優秀賞
　岩渕 史世　「RING PEARL」
◇部門賞
● 第1部門
　大野 かよ　「オレンジペンダント」
● 第2部門
　緑川 裕子　「pearl drops」
　福澤 郁文　「レターパール」
● 第3部門
　松浦 裕三　「Design of HABIT 習慣のデザイン」
　河野 未来　「Japanese pearl」

第2回（平20年）
◇最優秀賞
　渡部 克己　「Lighting pearl system」
◇部門賞
● 第1部門A
　中山 理代　「天までのぼれ!!」
　永田 洋一郎　「水珠（みずたま）」
● 第1部門B
　濱名 ヒロミ　「ブローチ兼ペンダント」
● 第2部門
　竹西 辰人　「Ears Pearl」
　川本 忠　「フルーツソーサー」
● 第3部門
　松 めぐみ　「ケイ鯛ストラップ」

第3回（平21年）
◇最優秀賞
　平山 由香利　「Plant」
◇部門賞
● 第1部門A
　山下 太　「たこリング」
　大石 直樹　「Second DesignWabi」
● 第1部門B
　瀬川 敏之　「夜の動物」
● 第3部門
　工藤 真生　「sawaru」

第4回（平22年）
◇最優秀賞
　該当なし
◇優秀賞
　斎藤 紗織　「ひとしずく」
　佐藤 慶子　「宇和海に沈む夕日」
◇部門賞
● 第1部門A
　山田 嘉和　「tune」
● 第1部門B
　萩原 享　「真珠のささやき」

第5回（平23年）
◇最優秀賞
　翁 由花　「美しさの素粒子」
◇部門賞
● 第1部門A
　數見 美香　「人魚の初恋」
● 第2部門
　熊坂 文　「和・わ・輪」

第6回（平24年）
◇最優秀賞
　鈴木 彩加　「Voler」
◇部門賞
● 第1部門A
　松 めぐみ　「母なる海」
● 第2部門
　田中 薫　「森のドンジャラ ホイ」

第7回（平25年）
◇最優秀賞
　上田 浩行　「パールグラス」
◇部門賞
● 第1部門A
　糸瀬 早紀　「Amanda」
● 第1部門B
　田中 純子　「みかんの花」

第8回（平26年）
◇最優秀賞
　キサリオ　「『MESSAGE』〜キミに届け〜」
◇部門賞
● 第1部門A
　荻久保 万作　「真珠の夢」

西村 大記 「流れ」
第9回（平27年）
◇最優秀賞
　坂東 公美子 「みかんの故郷」
◇部門賞
● 第1部門B
　キサリオ 「actress～アナタの視線を釘付けに～」
　森 圭 「Pearl in the Lover」
● 第2部門
　堀 みどり 「三目並べ」
第10回（平28年）
◇最優秀賞
　岩水 舞 「柳」
◇部門賞
● 第1部門A
　ヨウ ジャユー 「石座ではない」
● 第2部門
　永津 みどり 「慶」

070 円空大賞

立体造形，絵画，映像等の分野で，円空を連想させるようなめざましい活躍をしている芸術家を顕彰することにより，岐阜県の芸術文化，地域文化を振興し，「ふるさとの誇り」「心の豊かさ」が実感できる地域社会の創造を図ることを目的として，平成11年に創設。

【主催者】岐阜県

【選考委員】（第8回）委員長：梅原猛（国際日本文化研究センター顧問），副委員長：辻惟雄（東京大学名誉教授，多摩美術大学名誉教授，MIHOMUSEUM館長），委員：榎本徹（岐阜県現代陶芸美術館長），木幡和枝（アートプロデューサー，東京藝術大学美術学部先端芸術学科教授），今野由梨（円空研究家，ダイヤルサービス社社長），新宮晋（造形作家），長谷川公茂（円空学会顧問），パトリシア・フィスター（国際日本文化研究センター教授），日比野克彦（アーティスト，東京藝術大学美術学部先端芸術表現科教授），山本容子（銅版画家），ヤン・ファン・アルフェン（ニューヨークルービン美術館ディレクター）

【選考方法】推薦

【選考基準】〔対象〕立体造形，絵画，映像等の分野で，めざましい活躍をし顕著な業績をおさめている者を対象とし，国籍や年齢は問わない。(活動や成果物の発表年，制作年は問わない)なお，原則として円空賞のうち1名は，岐阜県出身者あるいは岐阜県に在住する者を対象とする。また，1名は外国人を選考することとする。〔選考基準〕円空大賞は，世界の造形作家の活動のなかから，その活動や作品が，人々の心を癒しやすらぎを与え，円空を連想させるようなめざましい業績をあげるとともに，芸術文化の振興に寄与する者（彫刻など立体造形を主に，工芸，絵画，映像，その他の視覚芸術も含む）に対して，与えられるものとする。具体的には，次のいくつかを備えたもの。(1)風土性と国際性 世界各地域の風土の土着性に根ざしながら，それゆえに国際的にアピールできるもの。(2)自然とのかかわり 自然との交流を創作の契機としたもの。(3)伝統性と現代性 伝統性と現代性を兼ね備えたもの。(4)在野性と民衆性 地域の民衆と交流し，彼らに慰めを与えるヒューマンな性格。(5)身体性 知的，頭脳的であるよりむしろ身体性に根ざした素朴で率直な表現。(6)素材と伝達媒体 木，布，紙，石，金属，土，水，コンクリート，プラスチックなどの素材を生かした造型，コンピューターのような電子媒体を用い，上記(1)～(5)のいくつかに合致する表現。(7)上記(1)～(6)のような視点を持つ研究，評論

【締切・発表】（第8回）平成27年6月発表，授賞式は平成28年2月5日，円空大賞展は2月5日

【賞・賞金】 円空大賞(1名)：賞金300万円, 円空賞(4名)：賞金100万円
【URL】 http://www.pref.gifu.lg.jp/kyoiku/bunka/bunka-geijutsu/11146/enku/index_9839.html

～3月13日に開催

第1回（平11年）
◇円空大賞
　西村 公朝
◇円空賞
　江口 週
　筧 忠治
　鈴木 実
　ベイリー, ウォルター
◇知事賞
　山田 光
◇特別賞
　ブリーディー, リー

第2回（平13年）
◇円空大賞
　加藤 昭男
◇円空賞
　久世 建二
　小清水 漸
　朱 銘
　戸谷 成雄
　ヘリ・ドノ
◇知事賞
　天野 裕夫

第3回（平15年）
◇円空大賞
　三浦 景生
◇円空賞
　菊畑 茂久馬
　アルカン, ニコラ
　ふじい 忠一
　堀尾 幸男
　前田 常作
◇知事賞
　関谷 義道

第4回（平17年）
◇円空大賞
　新宮 晋
◇円空賞
　秋山 陽
　伊藤 慶二
　カセル, アクセル
　野田 雄一

第5回（平19年）
◇円空大賞
　李 禹煥
◇円空賞
　遠藤 利克
　浜田 知明
　藤森 照信
　横尾 忠則

第6回（平24年）
◇円空大賞
　KRAJCBERG,Frans（彫刻家）
◇円空賞
　高山 登（美術家・造形作家）
　田中 泯（ダンサー）
　流 政之（彫刻家）
　林 武史（彫刻家）

第7回（平26年）
◇円空大賞
　加藤 委（陶芸家）
◇円空賞
　齋藤 隆（画家）
　田辺 小竹（竹工芸作家）
　藤田 昭子（彫刻家）
　Norshteyn,Yuriy（アニメーション作家（ロシア））

第8回（平28年）
◇円空大賞
　中谷 芙二子（霧の彫刻家）
◇円空賞
　淺野 健一（彫刻家）
　大巻 伸嗣（現代美術作家）
　西野 陽一（画家）
　ノロ燐（造形画家）

071 大分アジア彫刻展

大分県朝地町出身の彫塑家・朝倉文夫を顕彰するため,若手彫刻家の登竜門として創設された。国内,アジアの彫刻界にあたらしい風を吹き込む展覧会を開催している。

【主催者】大分県,朝地町,大分アジア彫刻展実行委員会

【選考委員】(第13回)澄川喜一(日本芸術院会員・彫刻家),酒井忠康(世田谷美術館館長・美術評論家),安永幸一(前福岡アジア美術館顧問),合田習一(前大分県美術協会会長),深井隆(東京藝術大学教授・彫刻家),金善姫(韓国大邱美術館館長)

【選考方法】公募

【選考基準】(第13回)〔資格〕日本国内(国籍不問)及びアジアの国と地域に居住している平成27年4月1日現在50歳未満の者。グループ制作も可。〔応募規定〕1人1点とし,未発表のもの。グループ制作も1グループ1点。〔作品規定〕タテ・ヨコ・高さの長さの合計が150cm以内(台座含む)の完成作品。ただし,1辺の最長は70cm以内。作品の材質は問わないが輸送及び展示に耐えられ,自立する構造であること。〔出品料〕日本国内からの応募5000円,日本国外からの応募無料

【締切・発表】第13回の申込締切は平成27年12月21日。展覧会は平成28年10月8日～11月27日大分県豊後大野市朝地町「朝倉文夫記念文化ホール」で開催

【賞・賞金】大賞(1点):賞金200万円。優秀賞(6点):賞金50万円。豊後大野賞(1点):賞金5万円

【URL】http://www.bungo-ohno.jp/categories/shisetsu/asakura/

第1回(平5年)
　◇大賞
　　崔 召東(韓国)「Civilization of language」
　◇準大賞
　　梶野 敬介(愛知県立芸術大学)「器」
　◇優秀賞
　　車 柱万(韓国)「1965 AUTUMN」
　　児玉 士洋 「水の大地」
　　水田 勢二 「未知なる世界への響」
　　田辺 朗 「星の光芒」
　◇奨励賞
　　小川 誠(大分)「VIHARA-holiday(聖なる日)」
第2回(平7年)
　◇大賞
　　アブドーラ,ラムラン(マレーシア)「GROWTH」
　◇準大賞
　　金 聖姫(韓国)「MUSEUM(MUSEUM-PIECE)」
　◇優秀賞
　　浅野 卓司(愛知県)「大地の詩」
　　鎌田 恵務(福岡県)「暁」
　　宮地 豊(東京都)「大気の中に」
　　岡村 光哲(埼玉県)「ウェーブ」
　◇奨励賞
　　土屋 金哉(大分県)「海と空をつなぐもの」
第3回(平9年)
　◇大賞
　　戸田 裕介(埼玉県)「人間は神話を捨て去ることが出来るのか」
　◇準大賞
　　ビン・アワン,イドリス(Bin Awang, Idris)(マレーシア)「POINTED SKY」
　◇優秀賞
　　今溝 訓(岐阜県)「集積」
　　楢原 北悠(富山県)「WORK・『凍』」
　　キム・ヨンボン(Kim Yeon Bong)(韓国)「THE GLOW OF SUNSET」
　　ララリオ,ダン(Raralio,Dan)(フィリピン)「MENTAL BLOCK」

第4回（平10年）
　末田 龍介（大分県）「宇宙通信使─遙かな星の声を聴け」
　真板 雅文（神奈川県）「竹の波動─朝地」
　松本 秋則（東京都）「風の演奏会」
　梁 朱蕙（韓国）「CATCHING TIME AND ERASING SPACE」
　ジュンイー（JUNYEE）（フィリピン）「IF RAIN YOU ARE, I'LL BATHE THE EARTH WITH YOU」
第5回（平12年）
　◇大賞
　　オ・セムン（Oh Se-Moon）（韓国）「Gate」
　◇準大賞
　　矢田 秀人（大阪府）「Pipe-Line」
　◇優秀賞
　　上山 原吾（埼玉県）「FUTURE」
　　高嶋 直人（福岡県）「文明の柱」
　　陳 卓明（中国）「海恋」
　◇奨励賞
　　工藤 明美（大分県）「風のベッド」
第6回（平14年）
　◇大賞
　　上条 文穂（沖縄県）「土のおもし」
　◇準大賞
　　アブドル・ムルタリブ・ムサ（Abudul Multhalib Musa）（マレーシア）「A Tale of Two Boundaries」
　◇優秀賞
　　平石 厚史，森 貴也，藤田 収哉，川井 明子，岡崎 きよみ，田中 沙和（大分県）「夢の跡」
　　西村 正徳（兵庫県）「SUPPORTER」
　　楊 志強（中国）「敞開的門」
　◇奨励賞
　　浅野 徳三（大分県）「力体」
第7回（平16年）
　◇大賞
　　崔 一（韓国）「顔・モンゴル人の後裔」
　◇優秀賞
　　浅野 徳三（大分県）「力鉄6」
　　宮永 甲太郎（京都府）「今、ここで」
　　アリヤ・キッチャロエンウィワット（タイ）「THE STORY OF HUMAN WITH BIRD」
　　佐々木 昌夫（滋賀県）「鉄を噛む」
　◇奨励賞
　　サバコ（大分県）「ライマンαの森にて」
　◇あさじ賞
　　根岸 創（東京都）「ヒイラギ」
第8回（平18年）
　◇大賞
　　澤田 志功（埼玉県）「Lunar Plant」
　◇優秀賞
　　アリヤ・キッチャロエンウィワット（タイ）「DARK WATER」
　　董 書兵（中国）「悟 Enlightenment」
　　阿比留 生吾（茨城県）「大地の種子」
　　里 佳孝（千葉県）「Ground」
　◇奨励賞
　　長田 堅二郎（東京都）「凪」
　◇豊後大野賞
　　小野寺 直彦（東京都）「祝祭」
第9回（平20年）
　◇大賞
　　阿比留 生吾（茨城県）「Reflection」
　◇優秀賞
　　大井 秀規（山口県）「Gravitation」
　　ロナルド・ヴェンチュラ（フィリピン）「ZOO KEEPER」
　　佐藤 一明（北海道）「灼熱ストーブ『鎮火』」
　　金 相均（韓国）「The Artificial Paradise 2007」
　◇奨励賞
　　ピラニ・モヨ（大分県）「おばあちゃんとまご」
　◇豊後大野賞
　　イ・ユンソク（韓国）「懐（ふところ）- Hug」
第10回（平22年）
　◇大賞
　　西村 浩幸（神奈川県）「風と石榴・casa armenia」
　◇優秀賞
　　福長 香織（沖縄県）「life」
　　里 佳孝（千葉県）「大地を引くもの」
　　佐藤 百合子（神奈川県）「『ルールさえ守っていれば、幸せになれるって、聞いたんです』」

072 鹿沼市立川上澄生美術館木版画大賞

森 貴也（大分県）「回帰」
◇学生部門 OA新作家賞
　後藤 友里（埼玉県）「『ワタシタチイキモノタチ』」
◇学生部門 奨励賞
　石原 慶子（静岡県）「かたち－くろ」
　西村 大喜（兵庫県）「いのちの花」
◇豊後大野賞
　青木 邦眞（埼玉県）「土からの収穫」
第11回（平24年）
◇大賞
　森 貴也（大分県）「境界」
◇優秀賞
　DONPRASRI,Surachai（タイ）「THE DICE」
　福長 香織（沖縄県）「深く澄んだとき」
　佐々木 昌夫（滋賀県）「意味の穴 2」
　藤原 彩人（東京都）「空合い」
　長谷川 双葉（神奈川県）「板6枚」
　AMSOMKID,Chatchawan（タイ）「Eat」
◇豊後大野賞
　長田 堅二郎（東京都）「derivation」
第12回（平26年）
◇大賞
　長田 堅二郎（東京都）「derivation～microcosm～」
◇優秀賞
　NARDI Ssn.（インドネシア）「NO SPACE TO PLAY」
　SINRAPARATSAMEE,Punyisa（タイ）「Object and Memory」
　張 強（愛知県）「動物先生」
　BINDHANI,Sunil（インド）「IT Baby」
　佐藤 一明（北海道）「灼熱ストーブ『鎮火』」
　金村 孝之（大分県）「切り出された大地～空洞説～」
◇豊後大野賞
　大橋 重臣（大分県）「infinity 01」
第13回（平28年）
◇大賞
　下平 知明（愛知県）「夜」
◇優秀賞
　NINLABON,Chaiyan（タイ）「Migrant worker」
　四方 謙一（東京都）「胎芽」
　池田 浩樹（大分県）「光の中で」
　孫 鵬（中国）「梵高先生（ヴァン・ゴッホさん）」
　宮地 豊（東京都）「細い空気」
　小俣 英彦（山梨県）「身体の縁－cell-」
◇豊後大野賞
　増野 智紀（京都府）「素材から生まれる形」

072 鹿沼市立川上澄生美術館木版画大賞

　大正から昭和にかけて創作版画の分野で活躍した木版画家・川上澄生氏の生誕百年を記念して平成7年に創設された。公立美術館としては初めての木版画を対象とした賞であり、木版画の未来を開く優れた作家を見出すことを目的としている。第11回から年齢制限を加え、より若い作家の発掘を目指している。第16回より年齢制限撤廃。

【主催者】鹿沼市，鹿沼市教育委員会

【選考委員】（第23回）磯見輝夫（版画家），小林敬生（版画家），都築千重子（東京国立近代美術館主任研究員），三木哲夫（兵庫陶芸美術館館長），河野実（鹿沼市立川上澄生美術館館長）

【選考方法】公募

【選考基準】（第23回）〔資格〕国籍・年齢不問。日本国内からの応募に限る。〔作品規定〕木版画または木版を主たる版材とした作品と審査委員会が認めた作品で，平成28年以降に制作された未発表作品。〔応募規定〕作品は額装されていること。前面のガラス入りは不可，アクリルまたは硬質塩化ビニール板に限る。額の外寸120cm×120cm，厚

さ10cm以内。1人1点
【締切・発表】第23回の場合, 応募受付は平成29年2月14日〜19日。発表・授賞式は3月11日。展覧会は3月12日〜26日鹿沼市文化活動交流館ギャラリーで開催
【賞・賞金】大賞(1点)：賞金50万円。準大賞(1点)：賞金20万円。川上澄生特別賞(1点)：賞金20万円。奨励賞：賞金5万円
【URL】http://kawakamisumio-bijutsukan.jp/

第1回(平7年)
  ◇大賞
    田中 陽子 「あなたなしでは生きられない」
  ◇準大賞
    高久 茂 「スカーフ」
    鈴木 修一 「A LOVE SUPREME」
    林 美紀子 「ひそむもの」
    古谷 博子 「冬の音」
    大沢 秀直 「机上からの眺め—(地底)」
第2回(平8年)
  ◇大賞
    丸山 浩司(東京都)「地中の花95-E(進化)」
  ◇準大賞
    鈴木 修一(静岡県)「A LOVE SUPREME 96-5」
    広田 徹(神奈川県)「ピアノ」
    鈴木 敦子(千葉県)「失くして, 気付いたこと」
    兵頭 浩ノ章(愛媛県)「地震予報機V」
    大沢 秀直(東京都)「産む翁」
第3回(平9年)
  ◇大賞
    紺野 正博 「天からの誘いII」
  ◇準大賞
    松下 サトル
    真鍋 アントン
    張 珂
第4回(平10年)
  ◇大賞
    中野 智晴 「動物達の見る夢は…」
  ◇準大賞
    林 明日子
    佐藤 克教
    斉藤 保雄
第5回(平11年)
  ◇大賞

    佐藤 克教 「囲われた1日」
  ◇準大賞
    山本 光留
    竹崎 勝代
    牧野 浩紀
第6回(平12年)
  ◇大賞
    竹崎 勝代 「明るく晴れわたった日に」
  ◇準大賞
    原 和雄
    時田 也寸子
    安井 丸男
第7回(平13年)
  ◇大賞
    王 雁 「秋之実」
  ◇準大賞
    瀬尾 孝子
    岩渕 欣治
    渡辺 秀樹
第8回(平14年)
  ◇大賞
    渡辺 秀樹 「浮世グラフ02-1」
  ◇準大賞
    浅利 歩
    三田 宏行
    藤井 哲
第9回(平15年)
  ◇大賞
    李 佳芬 「出前」
  ◇準大賞
    河村 亜紀
    加藤 昭次
    久保田 結
第10回(平16年)
  ◇大賞
    齋藤 千明 「双の行く地—2004-I」
  ◇準大賞

磯上 尚江　「影おくり～那覇から首里へ～」
　　久後 育大　「色の中で揺れる線」
　　大野 経典　「寝忘観」
第11回（平17年）
　◇大賞
　　木村 佳奈子　「ネリヤカナヤⅡ」
　◇準大賞
　　久後 育大　「色の中で揺れる線」
　　太田 隆明　「記念日―2004.5.15―」
　　中西 静香　「夜道で一人」
第12回（平18年）
　◇大賞
　　柿沼 朋実　「MOMOKO」
　◇準大賞
　　城山 萌々　「流々と」
　　大塚 貴之　「産まれる」
　　橋本 節　「夢＋自由＝勇気」
第13回（平19年）
　◇大賞
　　斉藤 里香　「Oratorio of wind」
　◇準大賞
　　関口 潮　「流転‐1」
　　三瓶 光夫　「Funny days-crooked sky―ソレデモオヨギツヅケル」
　　中原 早紀子　「とかげ と ちゃばたけ」
第14回（平20年）
　◇大賞
　　千葉 さなえ　「ある日、道の真ん中で」
　◇準大賞
　　西村 光展　「水路に沿う道」
　　中島 奈津子　「anemos」
　　遠藤 美香　「かたまり」
　◇シニア部門準大賞
　　伊藤 渉　「望郷」
第15回（平21年）
　◇大賞
　　廣瀬 理紗　「Diary ―静思―」
　◇準大賞
　　柴田 源太　「ぴいちくぱあちく」
　　石崎 未来　「雪空」
　　伊藤 亜矢美　「いつものおざぶチャン」
第16回（平22年）
　◇大賞
　　小林 文香　「透明な音楽」
　◇準大賞
　　石崎 未来　「あかねさす」

　　二階 武宏　「出現」
　　藤井 哲　「一途な夜」
第17回（平23年）
　◇大賞
　　渡邊 加奈子　「paper girl」
　◇準大賞
　　竹内 秀実　「花もり」
　◇新人賞
　　大島 瑠璃子　「游々」
　◇川上澄生特別賞
　　政森 暁美　「樹心」
第18回（平24年）
　◇大賞
　　李 元淑　「和」
　◇準大賞
　　泉 菜々子　「その先の行方」
　◇新人賞
　　金 姫眞　「Rainy day」
　◇川上澄生特別賞
　　瀧本 友里子　「Glory hole」
第19回（平25年）
　◇大賞
　　西山 瑠依　「静寂をなぞる」
　◇準大賞
　　熊崎 阿樹子　「嬰‐4」
　◇新人賞
　　北村 早紀　「Give me My name #6」
　◇川上澄生特別賞
　　梅津 秀行　「ハレとケ」
第20回（平26年）
　◇大賞
　　遠藤 美香　「新聞」
　◇準大賞
　　川村 紗耶佳　「recollect」
　◇新人賞
　　松﨑 寿実　「Thinking Rye（考える麦）」
　◇川上澄生特別賞
　　狗田 和志　「慾動 -敢然‐」
第21回（平27年）
　◇大賞
　　こだま みわこ　「森の中」
　◇準大賞
　　神山 千晶　「町の消える日、ここで待つ」
　◇新人賞
　　岸 由紀子　「駅前、公衆電話」

美術

◇川上澄生特別賞
　戸田 喜守 「石の花」
第22回（平28年）
◇大賞
　栗田 ふみか 「お風呂44」
◇準大賞
　加藤 貴義 「Adventure at closet 16-09」
◇新人賞
　岡田 育美 「夜をあつめる」
◇川上澄生特別賞
　若月 陽子 「草むら・考（アレチノギク）」

073 京都デザイン賞

京都の伝統と文化を守りながら，新たなデザイン手法を用いて，新しい京都のデザインの創出を図る作品を募集。

【主催者】京都デザイン協会

【選考委員】審査委員長：奈良磐雄（京都デザイン協会理事長），第1分野：久谷政樹（グラフィックデザイナー・京都造形芸術大学名誉教授），第2分野：滝口洋子（京都市立芸術大学教授），第3分野：村田智明（ハーズ実験デザイン研究所代表取締役・京都造形芸術大学大学院SDI所長プロダクトデザイン学科教授），第4分野：新井清一（建築家・京都精華大学教授），全部門共通：中島信也（東北新社取締役・CMディレクター），京都デザイン協会正会員

【選考方法】公募

【選考基準】〔部門〕A 提案部門：製品化・実用化することを前提としたもの。B 作品および製品部門：既に製品化・実用化されているものに限る。表現分野は以下（AB部門共通）第1分野 グラフィックデザイン・ポスター・ブック・パンフレット・写真・イラストレーション・パッケージデザイン，第2分野 ファッションデザイン・テキスタイルデザイン・キモノ，第3分野 プロダクトデザイン・クラフト・雑貨デザイン，第4分野 建築・ランドスケープ・インテリアデザイン・ディスプレイ。C 課題部門：製品化・実用化することを前提としたもの。〔出品料〕A部門：1点3000円。B部門：1点5000円，第4分野のみ1点10000円。C部門：1点3000円

【締切・発表】（平成28年）応募締切は平成28年9月30日，審査結果発表は10月中旬，展覧会は11月3日～6日，表彰式は11月6日

【賞・賞金】京都デザイン大賞（1点）：賞状及びクリスタルトロフィー，京都府知事賞（1点）：賞状，京都市長賞（1点）：賞状，京都商工会議所会頭賞（1点）：賞状，京都新聞賞（1点）：賞状，伏見の清酒・都鶴賞（1点）賞状と賞金3万円，京とうふ藤野賞（1点）：賞状と賞金3万円，尚雅堂 京文具賞（1点）：賞状と賞金3万円，学生賞（画箋堂賞）（1点）：賞状と画箋堂にて使用できる3万円分の商品券

【URL】http://www.kyoto-design.net/

（平21年）
◇大賞
　河井 敏明（一級建築士事務所河井事務所）
　「四条木製ビル/第15長谷ビル」
◇A部門
●京都市長賞
　小笠原 陽子 「京の通りボン」
●京都商工会議所会頭賞
　松原 出 「京の香り箱『祇園』」
◇B部門
●京都府知事賞

073 京都デザイン賞　　　　　　　　　　　　　　美術

　松栄堂　「ひとたき香炉　こづつ」
● 京都市長賞
　古関　俊輔，高松　樹（古関建築設計事務所）「嶋田プレシジョン本社屋」
● 京都商工会議所会頭賞
　高岡　「おじゃみスツール」
◇学生賞
　京都造形芸術大学粟田プロジェクト　「180年ぶりに復活！（ねぶたのルーツ）粟田大燈呂」
（平22年）
◇大賞
　米澤　研二，今井　充彦（日建スペースデザイン）「KRP9号館」
◇京都府知事賞
　董　衍（京都嵯峨芸術大学）「還・return」
　井上　昌彦（L.V.M.計画一級建築事務所）「小さく広い家」
◇京都市長賞
　SOWA, Hal (Ph.D.)「garden-nano ver.3.0k」
　丸二　「karakami kit」
◇商工会議所会頭賞
　太田　道夫　「季箱」
　川並鉄工　「刻鈑（こくはん）」
◇学生賞
　京都造形芸術大学　「MEAT×Grass」
（平23年）
◇大賞
　七條鮨定　「京のおうなりさんとうなおこわの詰め合わせ」
◇京都府知事賞
　魚谷　繁礼，正岡　みわ子，池井　健　「京都型住宅モデル（京都まちなかこだわり住宅）」
　西陣・田中伝　「風とおる『サマージャケット』」
◇京都市長賞
　松栄堂　「インセンスホルダー　トゥイザーズ」
　関本　徹生（京都造形芸術大学・プロジェクト代表）「ものづくりルネッサンス〈職人マップ〉」
◇商工会議所会頭賞
　miso，小西　啓睦　「Paper Table」

　赤木　隆（日建設計），日野　智之（日建スペースデザイン）「龍谷大学　龍谷ミュージアム」
◇学生賞
　小仲　紀恵（京都嵯峨芸術大学）「万華京」
（平24年）
◇大賞
　森田　昌宏，足立　裕己（竹中工務店）「黄檗山萬福寺第二文華殿」
◇京都府知事賞
　宗井　優（Lab.502）「点字紙のブックカバー」
　野崎　文子（KIMONO文）「絹衣（きぬころも）」
◇京都市長賞
　長坂　大，Mega　「上賀茂の家」
　岩城製作所　「azuby」
◇商工会議所会頭賞
　王冠化学工業所　「京色パステル」
　矢部　直輝（イン・エクスデザイン）「暗灯夜」
◇学生賞
　加藤　健司，京兼　史泰，坂上　優（芝浦工業大学大学院）「浸透する水景「みぞ」の大小により生まれる水と共に生きる風景、育まれる文化」
（平25年）
◇大賞
　田中　勝三（セントラルフルーツ），荒井　康昭（鹿島建設）「京都八百一本館」
◇京都府知事賞
　曽和　治好，カレガリ，ジューリオ，田畑　了，飯田　章乃　「デスクトップ・ガーデン・プロジェクト」
◇京都市長賞
　吉川　喜洋子（離世）「祝、角樽　版画紙箱」
◇商工会議所会頭賞
　山田　文男（美山粋仙庵）「美山町特産ブランド酒『和く輪く京美山』」
◇京都新聞賞
　アーキヴィジョン，広谷スタジオ　「レイモンド向日保育園」
◇学生賞
　藤田　久仁香（京都嵯峨芸術大学短期大学部）「京風証憑『古都書』」

(平26年)
◇大賞
　石川 雅英（アーキテクツオフィス），津田 榮一（S&T FIVE STAGE），木戸 貴博，小林 浩明（竹中工務店），森 正史，山口 昭彦，神田 恵（三井デザインテック）「三井ガーデンホテル 京都新町 別邸」
◇京都府知事賞
　京洛工芸 「Guild Japan Kyoto『一品・MASAKI』Series」
◇京都市長賞
　アップル・ワイズ 「古都呼吸石けん」
◇商工会議所会頭賞
　藤田 久仁香（京都嵯峨芸術大学短期大学部）「伏見の清酒」
◇京都新聞賞
　曽和 治好，髙木 光司，平井 幸輝（宮津・竹の学校 手ぼうきデザインチーム）「宮津・竹の学校 手ぼうきキットとデザインブルーム」
◇伏見酒造組合賞
　らぼっと・わーくす 「京都の清酒」
◇学生賞
　渡邉 祐美子（創造社デザイン専門学校）「米（マイ）Little Kyoto」

(平27年)
◇大賞
　松本 伸洋，藤原 浩士，鈴木 星穂（竹中工務店）「京都銀行西七条支店」
◇京都府知事賞
　魚谷 繁礼 「西都教会」
◇京都市長賞
　宍粟住建 「清香庵 Seiko-an/二畳組立式現代茶室」
◇商工会議所会頭賞
　増田 悠菜（京都嵯峨芸術大学短期大学部）「紙風煎茶」
◇京都新聞賞
　クリスタルローズ 「食用絵柄金箔『KOTOBUKI』」
◇伏見酒造組合賞
　土井 智宏（トライアード）
◇京とうふ藤野賞
　松浦 隆浩 「京とうふ―京美人―」
◇学生賞
　井上 みちる（京都精華大学）「Kyoto Nijo Hotel」

(平28年)
◇大賞
　片桐 和也，犬塚 聡敬（Katagiri Architecture + Design）「紙庵 Shi-An」
◇京都府知事賞
　竹浪 祐介（京都市産業技術研究所 デザインチーム）「京都の伝統工芸で『食べる楽しみ』を叶える、感性価値の高い機能性介護食器」
◇京都市長賞
　魚谷繁礼建築研究所，LINK UP 「御所西の宿群」
◇商工会議所会頭賞
　川嶋 秀樹 「me-mo 彫」
◇京都新聞賞
　有田 博，宮澤 芳文，吉田 直弘（竹中工務店）「数研出版関西本社ビル」
◇伏見の清酒・都鶴賞
　坂口 遥（京都嵯峨芸術大学短期大学部）「伏見の清酒『都鶴』」
◇京とうふ藤野賞
　坂口 遥（京都嵯峨芸術大学短期大学部）「京とうふ藤野『Sweefu』」
◇京の和文具賞
　Visual Voice，河関 摩里子，大澤 ゆめみ，守谷 直紀 「京都の心を添えて、もっと気軽に贈り物『京のまごころのし』」
◇学生賞
　高田 有莉咲（京都嵯峨芸術大学短期大学部）「和紙おり」

074 吉備川上漫画グランプリ

「マンガ文化の町づくり」をすすめていた岡山県の旧・川上町（現・高梁市川上町）は，

074 吉備川上漫画グランプリ　　　　　　　　　　　　　　　　　　　　　　　　　美術

同地出身で名誉町民（市民）でもある漫画家の富永一朗氏を主宰に迎え、平成3年より「吉備川上漫画グランプリ」を開始した。アマチュア向けの1〜2コマで描かれたマンガのコンテストで、平成22年まで20回開催された。吉備川上ふれあい漫画美術館では歴代大賞を展示している。

【主催者】高梁市（旧・川上町）

【選考委員】富永一朗。その他の主な審査員：出光永、多田ヒロシ、山田清香、平井一雄、南一平

【選考基準】アマチュア、未発表の作品に限る。各回ごとに設定されたテーマに沿った1〜2コマのマンガ。〔部門〕ジュニア部門（中学生以下）、一般部門

【賞・賞金】大賞：賞金50万円。優秀賞（富永一朗賞）20万円。審査員賞：5万円。佳作：3万円。シルバー賞（65歳以上）：1万円。高梁市民賞（川上町民賞）：1万円

【URL】http://www.kawakami.city.takahashi.okayama.jp/manga/grand/index.html

第1回（平3年度）テーマ「山と人」
◇大賞
　丸山 健 「無題」
◇優秀賞
● ジュニア部門
　安倍 達也 「だれかアデランスを」
● 一般部門
　曽川 大 「挫折」
◇審査員特別賞
　大原 美恵 「釣人と山男の怒り」
◇佳作
● ジュニア部門
　金平 靖子 「忙しい人の登山体験」
　加藤 恵 「人の山」
　亀石 佐知子 「〔無題〕」
　藤田 有佳子 「山のぼり」
　安東 伸夫 「〔無題〕」
● 一般部門
　京久 晶則 「枯山水」
　鈴木 逸郎 「蘇生」
　仙波 佐知雄 「けもの道」
　沢田 俊子 「〔無題〕」
　安邊 和徳 「ヤマセミ」
第2回（平4年度）テーマ「風」
◇大賞
　山本 秀太郎 「花吹雪」
◇優秀賞
● ジュニア部門
　定家 亜由子 「風のいたずら」
● 一般部門
　濱 日吉 「〔無題〕」
◇審査員特別賞
● ジュニア部門
　一円 周平 「風」
● 一般部門
　則永 修 「うちわ」
◇佳作
● ジュニア部門
　芦田 竜太郎 「風に乗ってうかぶノアのはこぶね（？）でも人間はのせてもらえない」
　吉塚 加代子 「風」
　加戸 小百合 「木の葉にのって」
　川上 晶美 「〔無題〕」
　大澤 ゆきの 「〔無題〕」
● 一般部門
　西山 研二 「春一番」
　高橋 幸雄 「Dream Balloon」
　柳沢 雄二 「〔無題〕」
　杜方 徹夫 「〔無題〕」
　中島 智弘 「台風一過」
第3回（平5年度）テーマ「道」
◇大賞
　三輪 佳乃子 「ぐるぐる道」
◇優秀賞
● ジュニア部門
　北村 夏林 「いいかげんにしてよっ！」
● 一般部門
　結柴 法子 「人生のわかれ道」
◇審査員特別賞

- ジュニア部門
  - 高橋 慶 「がんばれ!!もぐらぐみ」
- 一般部門
  - 古本 常志夫 「旅立ち」
◇佳作
- ジュニア部門
  - 泉森 健志 「うーん険しい」
  - 吉田 雅也 「近未来無差別マラソン」
  - 湯浅 良介 「むかしの今」
  - 芦田 竜太郎 「夜の道(ぼくの見た夢)」
  - 川上 直樹 「〔無題〕」
- 一般部門
  - キクチ マサフミ 「いきどまり」
  - 仙波 佐知雄 「壁」
  - 石坂 芳樹 「応急処置」
  - 横山 直之 「参道のCD」
  - 重成 正雄 「お先にどうぞ」
◇シルバー賞
  - 新家谷 栄次 「におい」
  - 水野 政男 「修行への道」
  - 辻 市衛 「ポールだのみの雪の道」
  - 滝沢 聡 「歩道橋」
  - 中村 秀男 「阪神タイガースファンの道」
  - 西原 友市 「道草」
  - 杉原 勉 「人の一生」
  - 吉岡 麻江 「霊界の道はまだ険し―現代社会で正しく悔いの無い生き方をしませう」
  - 三村 悦公 「渋滞」
  - 一瀬 のぼる 「魔の道」

第4回(平6年度) テーマ「飛・跳・とぶ・翔」
◇大賞
  - 北村 夏林 「とんでるんだよ」
◇優秀賞
- ジュニア部門
  - 高橋 愛 「赤かて白かて」
- 一般部門
  - 西野 恵次郎 「ほたる」
◇審査員特別賞
- ジュニア部門
  - 山元 和美 「〔無題〕」
- 一般部門
  - なだち えんと 「いざ、ゴング」
◇佳作
- ジュニア部門
  - 角川 正善 「お先に失礼」
  - 高橋 賢 「風に乗れ!」
  - 北村 木歩 「ぞうのふんしゃ」
  - 谷本 勝 「飛べ飛べ飛行機」
  - 浅野 奈美 「夢のジェットコースター」
- 一般部門
  - 秋葉 二三一 「とぶ」
  - 内田 正春 「新種…」
  - キクチ マサフミ 「〔無題〕」
  - 森谷 実 「パラシュートごっこ」
  - 松田 輝雄 「〔無題〕」
◇シルバー賞
  - 三村 悦公 「流星の年輪と共に」
  - 野口 五百里 「〔無題〕」
  - 高田 源一 「イルカ・ショー」
  - 須藤 雅雄 「あれから半世紀」
  - 伊草 英男 「スーパーカー跳ぶ」
  - 辻 市衛 「ぼくあれにのりたい」
  - 袖野 勇夫 「渡り鳥」
  - 滝沢 聰 「超飛翔距離」
  - 吉岡 麻江 「空をとぶ努力と訓練」
  - 大江 清 「特訓の成果」
  - 金井 清春 「ウオッチング(最近空中を泳ぐのがいるんだ)」
  - 青木 百生 「ヒューズが飛んだ!(働き過ぎ)」
  - 中村 秀男 「農薬散布のゴルフ場建設反対」

第5回(平7年度) テーマ「旅」
◇大賞
  - 西田 淑子 「不倫旅行」
◇優秀賞
- ジュニア部門
  - 藤川 今日子 「郷愁(ノスタルジー)」
- 一般部門
  - 重成 正雄 「修繕中」
◇審査員特別賞
- ジュニア部門
  - 西井 恵美 「空のたび」
- 一般部門
  - 松田 輝雄 「いろは旅かるた」
◇佳作
- ジュニア部門
  - 村松 千恵子 「船旅」
  - 片寄 貴之 「木の下ってどんなかな」
  - 西田 真琴 「シロクマの旅」
  - 谷本 勝 「先生あのね」
  - 中西 恵 「ピヨピヨ!!旅のはじまりだ」

- 一般部門
  - 南川 和之 「露天風呂」
  - 鵜飼 智洋 「いらっしゃいませ」
  - 永田 暢也 「老夫婦の楽しい旅」
  - 藤原 通人 「息子よどこへ…」
  - 鈴村 繁實 「旅先」
- ◇シルバー賞
  - 一瀬 のぼる 「旅好きだった」
  - 野口 五百里 「出会い」
  - 大江 清 「無題」
  - 滝沢 聰 「団体さんのおかえり」
  - 袖野 勇夫 「北へ南への旅」
  - 楠本 大伍 「1人旅で孫がきた」
  - 吉岡 麻江 「ナメクジの嫁捜しの旅幸福を祈る旅」
  - 金井 清春 「バードツアー参加」
  - 石川 昭次 「遅いなあ」
  - 辻 市衛 「つばめの長旅(あと少しだ頑張れ!)」

第6回(平8年度) テーマ「水」
- ◇大賞
  - 永田 暢也 「作品」
- ◇優秀賞
  - ●ジュニア部門
    - 定家 亜由子 「オアシス」
  - ●一般部門
    - 宇佐見 摂夫 「無題」
- ◇審査員特別賞
  - ●ジュニア部門
    - 大林 建太 「みずオバケの逆襲」
  - ●一般部門
    - 松田 輝男 「百人一水」
- ◇佳作
  - ●ジュニア部門
    - 中野 真里子 「ひっぱりだこマシーン(水中クリーン)」
    - 田中 洋子 「えっ!?」
    - 片山 和哉 「ゾウさんの大ふん水」
    - 北村 夏林 「おみやげだよ」
    - 高木 祐樹 「なみだの海のものがたり」
  - ●一般部門
    - 村松 昌明 「あーうるおったーっ」
    - 濱 日吉 「岡山のダムにて」
    - 田渕 恵美子 「無題」
    - 藤原 通人 「おらが町のシンボル」
    - なだち えんと 「救助」
- ◇シルバー賞
  - 吉岡 麻江 「水を大切に朝露に濡れた草木を思い浮かべ」
  - 柏木 康武 「末期の水」
  - 都竹 重二 「水入り大一番」
  - 池中 武雄 「いわし雲だぁー」
  - 野口 五百里 「お山を守れ!!」
  - 金井 清春 「朝顔にカラン取られてボトル買う」
  - 高田 源一 「おもいやり」
  - 遠藤 真也 「水がかれたら又こられよ!」
  - 石川 昭次 「有料水路」
  - 菅 節也 「オヤツの時間ですよ!」

第7回(平9年度) テーマ「ペット」
- ◇大賞
  - 渡辺 キミヲ 「一緒におべんとう」
- ◇優秀賞
  - ●ジュニア部門
    - 板谷 和郎 「のれる気がして」
  - ●一般部門
    - 田中 ヨシハル 「高齢化時代である」
- ◇審査員特別賞
  - ●ジュニア部門
    - 東森 理恵 「いつもいっしょだよ」
  - ●一般部門
    - 中西 貴子, 清水 はるか 「OUT OF DANGER」
- ◇佳作
  - ●ジュニア部門
    - 菱川 諒 「りゅうとさんぽ」
    - 古内 えみ 「パロサウルスとあそんだよ」
    - 平井 有理 「昔のペット」
    - 三輪 真子 「きれいに洗いましょ!!」
    - 髙木 弘 「ペット」
  - ●一般部門
    - 吉田 大志郎 「惨歩」
    - 小野 博功 「散歩」
    - 牛木 秀祐 「散歩」
    - 磯村 弘 「喪主」
    - 重成 正雄 「探してます」
- ◇シルバー賞
  - 一瀬 のぼる 「よし、よし」
  - 遠藤 真也 「コウモリお宅」
  - 石川 昭次 「散歩」

滝沢 聰　「高いたかーい」
　　池山 達　「間違えるな 後の人やぞ」
　　野口 五百里　「俺が亭主だ!!」
　　菅 節也　「ペット誕生」
　　細川 正二郎　「私の好み」
　　宇佐見 摂夫　「山寺の和尚さんは…」
　　伊達 邦子　「無題」
第8回（平10年度）テーマ「スポーツ」
　◇大賞
　　岡林 郁生　「ジョギング」
　◇優秀賞
　●ジュニア部門
　　髙木 祐樹　「玉入れ、鳥も玉入れ」
　●一般部門
　　渡辺 キミヲ　「バンジージャンプ表彰式」
　◇審査員特別賞
　●ジュニア部門
　　青木 友亮　「無題」
　●一般部門
　　中原 静子　「『体育の日』の翌日」
　◇佳作
　●ジュニア部門
　　谷川 智美　「かえるがピョーン」
　　福島 玲奈　「海の運動会、玉入れだ」
　　井上 奈巳子　「カニのリレー」
　　中西 恵　「ナイスシュート!!」
　　髙木 弘　「ばけもんマラソン」
　●一般部門
　　木下 義信　「ママさんランナー」
　　みどり しんた　「昔、湘南ボーイだったんだって！」
　　滝沢 聰　「人手不足」
　　定家 亜亜子　「ベテランには勝てない」
　　豊増 秀男　「綱引き 願望・北方領土返還」
　◇シルバー賞
　　松田 輝男　「夏期特講」
　　吉岡 麻江　「モグラのスポーツ」
　　三村 悦公　「『バレー』強力メンバー一チーム」
　　石川 昭次　「ホームラン『アーメン!!』」
　　柏木 康武　「反則？」
　　宮堀 武四郎　「ともに喜びと涙と…!!」
　　磯村 弘　「オネガイシマス」
　　内田 政春　「運動不足」
　　月原 保　「こだま」
　　菅 節也　「激戦」

第9回（平11年度）テーマ「食べる」
　◇大賞
　　小林 尚武　「遭難者」
　◇優秀賞
　●ジュニア部門
　　谷川 智美　「おいしそう」
　●一般部門
　　辰巳 優　「老いたライオン」
　◇審査員特別賞
　●ジュニア部門
　　山口 綾香　「おいしいもん食べる」
　●一般部門
　　松田 輝男　「いろはかるた ―食べる編―」
　◇佳作
　●ジュニア部門
　　永野 淑能　「あ〜。いい気持ち」
　　前野 ジョナサン 和志　「無題」
　　岩井 亮馬　「りんご食べよう」
　　小野 見奈子　「太陽せんたく物をまもれ！」
　　庄司 亮　「無題」
　●一般部門
　　渡辺 キミヲ　「今夜の食事にキメタ!!」
　　横山 信夫　「おひるどき」
　　ユンキホン　「食べ物の等級」
　　中原 静子　「買う時代?!」
　　藤原 通人　「バーチャル（仮想）レストラン」
　◇シルバー賞
　　宇佐見 摂夫　「食欲が先」
　　石川 昭次　「喰われる!!」
　　中尾 忠明　「刀剣家」
　　滝沢 聰　「（大気汚染）ここも霞がまずくなった―」
　　菅 節也　「ランチ・タイム」
　　八木 みちお　「見栄っぱり」
　　渡邉 楠恵　「魚屋のおじさん」
　　岡崎 シゲ　「食べたいなあー」
　　池山 達　「父ちゃんどないして食べるのん」
　　都竹 重二　「ゴッツオーサン」
第10回（平12年度）テーマ「おじいちゃん・おばあちゃん」
　◇大賞
　　中原 静子　「似たもの夫婦」
　◇優秀賞
　●ジュニア部門

福島 杏奈 「おばあちゃんのひたいでしわレース」
● 一般部門
永田 暢也 「負けたらダメ！」
◇審査員特別賞
● ジュニア部門
谷川 友香 「無題」
● 一般部門
中尾 忠明 「いく ひさしく…」
◇佳作
● ジュニア部門
西井 恵美 「無題」
横沢 優貴 「めがね」
石川 奈津美 「みんなでのんびり」
浜中 麻理子 「おじいちゃんとまほうのきゅうす」
藤原 由布子 「愛しのルームランナー」
● 一般部門
中原 ミキオ 「糟糠の妻と（やっぱりこれが一番良いナ）」
南川 和之 「手抜き」
石坂 芳樹 「ダンディズム」
キクチ マサフミ 「介護ちゃん人形」
秋重 殉二 「賞味期限切れ」
◇シルバー賞
藤原 通人 「じじばば踊り」
三村 悦公 「ジジババすいすい『宇宙遊泳感』の夢心地」
池山 達 「かくれ里」
都竹 重二 「ハッピーバースデー（あと何本ですか？）」
宇佐見 摂夫 「あいあむシルバー」
花田 功 「ホームの満室」
遠藤 真也 「おじいちゃんと縁のうすかった 再、再婚の私！」
渡邉 楠恵 「無題」
内田 政春 「長寿」
藤波 喜競 「生き字引」

第11回（平13年度）テーマ「おしゃれ」
　◇大賞
　　永田 陽菜 「おしゃれしてお買い物」
　◇優秀賞（富永一朗賞）
　　大原 舞子 「おしゃれどうぶつえん」
　　板垣 昭助 「無題」
　◇特別賞（川上町長賞）

赤木 小百合 「あぜん…」
◇審査員賞（出光永賞）
千村 マサル 「マニヤ」
◇審査員賞（多田ヒロシ賞）
田中 由香利 「基本は髪から」
◇審査員賞（山田清香賞）
永田 暢也 「ダメ！ 婆さんに悪いから」
◇審査員賞（平井一雄賞）
南川 和之 「指輪」
◇審査員賞（南一平賞）
森川 祥文 「おしゃれなクジラ」
◇佳作
● ジュニア部門
大原 良太 「山の勝負」
高木 祐樹 「家族のおしゃれ」
西田 味加 「へんしんしようかな」
● 一般部門
中川 将幸 「あちゃ～!!」
藤原 通人 「おしゃれ構造改革」
宮村 正治 「スター選手」
◇シルバー賞
鈴木 逸郎 「未来」
中尾 忠明 「新型」
菅 節也 「菊の花の季節」
黒田 富士雄 「進化!!」
磯村 弘 「水玉ブーム」

第12回（平14年）テーマ「石」
　◇大賞
　　森 雅春 「黒はいや」
　◇優秀賞（富永一朗賞）
　　森川 美幸 「石頭」
　◇審査員賞（出光永賞）
　　永野 誉玲 「おもいいえ」
　◇審査員賞（多田ヒロシ賞）
　　後藤 薫 「ぼくのコレクション！」
　◇審査員賞（山田清香賞）
　　三村 悦公 「住めば都？ 夫婦石」
　◇審査員賞（平井一雄賞）
　　相馬 美智男 「元利一括返済するぞ!!」
　◇審査員賞（南一平賞）
　　佐藤 佳織 「石のすいかわり」
　◇佳作
　●〔ジュニア部門〕
　　酒木 恵 「あなたにおくるもの」
　　佐々木 優 「アリが気に入った大きな石」
　●〔一般部門〕

中尾 忠明 「石橋をたたいて渡る」
藤原 通人 「三代目」
◇シルバー賞
　宮村 正治 「石庭」
　南川 和之 「主婦 石だけ乗せるのもったいない！」
　宇佐見 セツ夫 「長城ドロボー」
　霜村 英靖 「今年は落石が多いナ…」
　吉永 文治 「究極のバンジー」
◇川上町民賞
　鈴村 繁實 「石仏」
　赤木 啓子 「石太郎」
　丹治 耕平 「石のハートは、くだけない。」
　高木 祐樹 「化石になると年とる？」
第13回（平15年）テーマ「ともだち」
　岡林 郁生 「同窓会」
◇優秀賞（富永一朗賞）
　山口 綾香 「カンガルーなあったかいともだち」
◇審査員賞（出光永賞）
　森本 有香 「くじらも歯が命」
◇審査員賞（多田ヒロシ賞）
　山田 弘 「邂逅（かいこう）」
◇審査員賞（山田清香賞）
　鈴村 繁實 「会食（かいしょく）」
◇審査員賞（平井一雄賞）
　廣瀬 昭典 「飲み友達」
◇審査員賞（南一平賞）
　田村 英和 「えんりょすんなってば…」
◇佳作
● ジュニア部門
　永野 淑能 「ついてこないで～」
　明田 有加里 「友達…？」
● 一般部門
　後藤 薫 「答えはこれだよ」
　仁志 寛人 「似たものどうし」
◇シルバー賞
　藤原 通人 「ひとりぼたもっち」
　髙木 宏 「竹馬（ちくば）の友」
　宇佐見 セツ夫 「皆んな、何処へ逝った」
　梶原 公夫 「ともだち」
　霜村 英靖 「喧嘩友達」
◇川上町民賞
　吉岡 麻江 「ともだちにおたより出している所」

池田 香澄 「ずーといっしょ」
谷川 智美 「もうすぐ会えるね」
中西 由紀 「My friend」
第14回（平16年）テーマ「まつり」
◇大賞
　花田 衛 「ワッショイ、ワッショイ！」
◇優秀賞（富永一朗賞）
　都竹 重二 「ワッショイ.ワッショイ」
◇審査員賞（出光永賞）
　南川 和之 「嫁」
◇審査員賞（多田ヒロシ賞）
　山田 弘 「あとの祭り」
◇審査員賞（山田清香賞）
　赤沢 裕子 「メリー七夕まつり」
◇審査員賞（平井一雄賞）
　玄馬 佳奈 「ひなまつり」
◇審査員賞（南一平賞）
　吉岡 麻江 「お祭り」
◇佳作
● ジュニア部門
　名越 琢真 「たいこだ～い」
　髙木 理世 「田うえだわっしょい、たいこでおいわい」
● 一般部門
　板垣 昭助 「担いだり担がれたりワッショイ」
　中原 ミキオ 「野の音楽祭」
◇シルバー賞
　黒田 富士雄 「農業祭」
　大塚 のぶよし 「花火」※他34点
　斉藤 五男 「合併はしたけれど‥‥」
　藤原 伸顕 「大太鼓」
　住吉 和敏 「ふるさと」
◇川上町民賞
　藤原 通人 「岡山・マンガ絵ぶた祭り」
　鈴村 智広 「食ってやる」
　武田 ちなみ 「ハロウィンの夜で…。」
　宮本 直輝 「まん画グランプリ、ゲットだぜ！」
第15回（平17年）テーマ「チャレンジ」
◇大賞
　野中 福雄 「月に向って打て」
◇優秀賞（富永一朗賞）
　榊原 太朗 「挑戦」
◇審査員賞（出光永賞）

074 吉備川上漫画グランプリ　　　　　　　　　　　　　　　　　　　　美術

　　加藤 量章　「位置について～ よ～い！」
◇審査員賞(多田ヒロシ賞)
　　大澤 華子　「滝のしゅ行でラッキー」
◇審査員賞(山田清香賞)
　　山本 郁子　「チャレンジ」
◇審査員賞(平井一雄賞)
　　髙木 理世　「新記録へむけてジャーンプ」
◇審査員賞(南一平賞)
　　日向 泰基　「蛇(じゃあ)切るぞー！」
◇佳作
●ジュニア部門
　　黒川 裕子　「無題」
　　田中 樹里　「生まれたてのカエルの初飛行」
●一般部門
　　宮堀 武四郎　「楽しく挑む」
　　朝比奈 泉　「バレないように…」
◇シルバー賞
　　宇佐見 セツ夫　「プロよりうわ手」
　　髙橋 隆三　「チャレンジ」
　　霜村 英靖　「組閣─改革へのチャレンジ─」
　　吉永 文治　「毎朝がチャレンジ！」
　　中原 ミキオ　「負けず嫌い」
◇高梁市民賞
　　三村 悦公　「「八十八歳」で初挑戦。」
　　大和 幸子　「きらいな野菜にチャレンジ ドン！」
　　平本 早惠　「なんでも食べよう！」
　　赤木 啓子　「初めての山のぼり」
第16回(平18年) テーマ「お宝」
◇大賞
　　佐藤 忠史　「センセイ、鑑定を…」
◇優秀賞(富永一朗賞)
　　石橋 弘泰　「究極のコレクション」
◇審査員賞(出光永賞)
　　中村 稔　「スター誕生」
◇審査員賞(多田ヒロシ賞)
　　花田 功　「城主さま お宝の虫ぼし」
◇審査員賞(平井一雄賞)
　　小田 高博　「母親にとっての宝」
◇審査員賞(南一平賞)
　　徳田 栄基　「玉手箱のケムリの効き目」
◇佳作
●ジュニア部門
　　永野 誉玲　「お宝出土！」
　　山下 ひかる　「無題」
●一般部門
　　花田 衛　「釣自慢」
　　清水 秀昭　「それぞれのお宝」
◇シルバー賞
　　髙木 富恵　「とらさん」
　　遠藤 真也　「お宝遺産あみだくじ」
　　松田 テルオ　「俺のお宝(耐震検査)」
　　横山 信夫　「伝家の名刀「こりゃぼっこう切れるでェ」」
　　髙木 宏　「新地上絵、お宝のありか」
◇高梁市民賞
　　三村 悦公　「吾が精神(こころ)が宝。」
　　鈴村 繁實　「「小は宝」いやねえ‥‥！」
　　西田 洋文　「宝船今、昔(七福神と未来の子どもたち)」
　　児玉 千佳　「子宝～今も手の中で～」
第17回(平19年) テーマ「踊る」
◇大賞
　　関 としお　「タイム・スリップ」
◇優秀賞(富永一朗賞)
　　花田 衛　「いたずらキツネ君ありがとう」
◇審査員賞(出光永賞)
　　小田 高博　「まぼろし」
◇審査員賞(多田ヒロシ賞)
　　三島 君太郎　「ヘビ使いたちのダンスパーティー」
◇審査員賞(平井一雄賞)
　　三村 諒　「さるのおどり」
◇審査員賞(南一平賞)
　　水田 日和　「無題」
◇佳作
●ジュニア部門
　　坂本 早加　「ブタのDANCE！」
　　髙木 悠司　「母の手のひらで踊らされているボク」
●一般部門
　　加藤 桂　「人質」
　　川上 通夫　「ご同業の方かしら」
◇シルバー賞
　　野崎 乗　「飛び入り」
　　肥后 真二　「昨夜のつづき アラ エッ サッサー」
　　岡林 郁生　「思い出」
　　鬼頭 克治　「温暖化『リズム感が出てきたナ』」
　　大塚 正昭　「スルメの踊り」

◇高梁市民賞
　児玉 義昭　「『おんどり』一番」
　山本 美貴　「月夜の楽しみ」
　西林 由花　「ひとりより…」
　神近 匠　「踊る恐竜」
第18回（平20年）テーマ「昔むかし」
 ◇大賞
　久永 和季　「おくどさん」
 ◇優秀賞（富永一朗賞）
　元石 弘子　「200年経てば‥‥」
 ◇審査員賞（出光永賞）
　髙木 宏　「昔も今も」
 ◇審査員賞（多田ヒロシ賞）
　有定 久雄　「昔むかし」
 ◇審査員賞（平井一雄賞）
　野中 福雄　「ここらは昔、海だったんだよ」
 ◇審査員賞（南一平賞）
　タムラ 良　「団塊の兆し」
 ◇佳作
 ●ジュニア部門
　永野 誉玲　「石器時代」
 ●一般部門
　相澤 拓　「追いうち」
 ◇シルバー賞
　藤原 通人　「語りべ「む・か・し…の・お…」」
　岡林 郁生　「なんだこれは！」
　花田 衞　「怖いの‥‥ベストワン！」
　中原 静子　「マタニティマーク」
 ◇高梁市民賞
　中田 里沙　「大奥渡り廊下の乱…？」
　岡田 成美　「むかしむかし」
　山本 茂利　「無題」
　松本 侑也　「戦国時代」
第19回（平21年）テーマ「のぼる（上る・登る・昇る）」
 ◇大賞
　長嶺 和足　「頑張れ、郵便屋さん」
 ◇優秀賞（富永一朗賞）
　山本 一身　「遡上」
 ◇審査員賞（出光永賞）
　風瀬 一人　「登頂」
 ◇審査員賞（多田ヒロシ賞）
　重成 正雄　「今度はずいぶん高くにいらしたもんじゃ」
 ◇審査員賞（南一平賞）
　山室 弘一　「少数派の悲哀「え〜っ!!こんなとこまで…!?」」
 ◇佳作
 ●ジュニア部門
　宮本 玲依　「ありゃー」
 ●一般部門
　岩本 しんじ　「早く のぼれぇ!!」
　板垣 昭助　「花嫁アタック」
 ◇シルバー賞
　野崎 乗　「一期一会」
　豊増 秀男　「雷命救助!!」
　藤波 喜競　「業績上昇中」
　中根 哲彦　「楽しい運動会「本日の目玉、棒倒しです！」」
 ◇高梁市民賞
　藤原 通人　「ホームにて」
　西田 洋文　「楽な富士登山…水面の富士にボートで登ったつもり」
　神近 匠　「登る・上る。みんな のぼる」
　川上 姫奈　「ピンチ」
第20回（平22年）テーマ「エコ（ECO）〜住みよい地球に〜」
 ◇大賞
　重成 正雄　「伝えたい こと」
 ◇優秀賞（富永一朗賞）
　元石 恵理奈　「暑いよ〜！ も〜限界！ 何とかして〜」
 ◇審査員賞
　斉藤 五男　「0円でいいよ」
　中原 静子　「エコ クッキングだでや」
　辰田 智子　「冷やせ！ 地球。」
 ◇佳作
 ●ジュニア部門
　山本 恵　「eco」
 ●一般部門
　辰巳 優　「残暑」
 ◇シルバー賞
　豊増 秀男　「地球温暖化」
　黒田 富士雄　「なくせ！ CO_2」
　藤原 通人　「我が家のコエ元年」
　山室 弘一　「30XX年氷山全溶解「ここは俺達ファミリーの縄張りだ!!出てけ!!」」
 ◇高梁市民賞
　吉岡 麻江　「デンキケシテエコしよう」

075 熊谷守一大賞展　　　　　　　　　　　　　　　　　　　　　　　美術

木村 尚紀　「店長おすすめ！ 究極のエコカー。」
西平 愛　「風と共に‥‥」
山下 夏生　「エコ シュレッダー」

---

075 熊谷守一大賞展

岐阜県中津川市（付知町）が郷土の画家・熊谷守一画伯の偉業を讃えて創設。第11回からビエンナーレとなり，3年に1度の開催となる。

【主催者】中津川市，中津川市教育委員会

【選考委員】（第11回）熊谷榧（画家，豊島区立熊谷守一美術館館長），佐々木豊（画家），古川秀昭（画家，前岐阜県美術館館長），村田眞宏（豊田市美術館館長）

【選考方法】公募

【選考基準】〔対象〕ここ2年以内に制作され，公募展などで未発表の絵画。テーマは「自然へのまなざし」〔資格〕16歳以上，経歴，国籍不問。〔応募規格〕S50号まで。重量20kg以内。〔応募制限〕1人2点以内。〔出品料〕一般：1点5000円，2点8000円。学生：1点3000円，2点5000円

【締切・発表】（第11回）平成28年7月23日応募締切，審査結果は9月中旬に全応募者宛に直接通知

【賞・賞金】大賞（1点）：賞金100万円（主催者に帰属）。優秀賞（2点）：賞金50万円（主催者に帰属）。奨励賞（数点）：賞金5万円

【URL】http://www.city.nakatsugawa.gifu.jp

第1回（平9年）
　◇大賞
　　中嶋 祥子　「（古代）神々の地・サンクチュアリI」
　◇優秀賞
　　末田 勝　「Pool I」
　　興津 真紀子　「pure in blue」
第2回（平10年）
　◇大賞
　　金森 宰司　「ライフ『小さな世界』」
　◇優秀賞
　　飯岡 京子　「夕食時、月をながめて」
　　山下 哲郎　「Woodcut H10-02」
第3回（平11年）
　◇大賞
　　渡辺 早苗　「Day I」
　◇優秀賞
　　伊藤 隆　「神威岬」
　　山田 純嗣　「卓上#95」
第4回（平13年）
　◇大賞
　　松本 善造　「朝日村」
　◇優秀賞
　　岸本 知鶴子　「サッシの町（南イタリア）」
　　熊谷 誠　「道2001-09（01）」
第5回（平15年）
　◇大賞
　　阿波波 克旨　「春」
　◇優秀賞
　　深海 武範　「野球少女」
　　羽田 美奈　「シャワー」
第6回（平17年）
　◇大賞
　　田中 千明　「急な流れ」
　◇優秀賞
　　近藤 久美子　「ながれ II」
　　伊藤 雅史　「何処まで来たのか」
第7回（平19年）
　◇大賞
　　西明寺 末一　「幻想華A」

◇優秀賞
　星野 健二　「山笑う」
　大友 良江　「おそうじ虫」
第8回（平21年）
◇大賞
　大塩 紗永　「It is Beauteous morning calm and free-At landing II」
◇優秀賞
　小倉 信一　「夏の残照」
　山根 俊夫　「緑連天I」
第9回（平23年）
◇大賞
　細川 貴恵　「water&lemon」
◇優秀賞
　丸藤 真智子　「原色の月」
　田中 正　「船長」
第10回（平25年）
◇大賞
　三井 淑香　「真夜中」
◇優秀賞
　鈴木 貴子　「平和な日々」
　森 博子　「いきるものたち（刻）」
第11回（平28年）
◇大賞
　池上 武男　「土力（どりょく）の蓄積」
◇優秀賞
　福島 典子　「未来へ託す」
　大浦 孝子　「予期せぬ出来ごと」

076 工芸都市高岡クラフトコンペ

　国内でも有数の工芸都市として重要な役割を果たしている高岡市が，産業工芸情報の発信地となるべく，全国の造形家・クリエーター・クラフトマン等に協力を呼び掛け，工芸全般の交流を深めながら新しい産業工芸の動きを誘発する核として開催するもの。昭和61年より開始された。

【主催者】工芸都市高岡クラフトコンペ実行委員会

【選考委員】（平成28年）審査委員長：大治将典（手工業デザイナー），安藤雅信（陶作家・百草廊主），岡本昌子（日本クラフトデザイン協会理事長），下尾和彦・下尾さおり（ユニット家具作家），高川昭良（高岡市デザイン・工芸センター所長），高橋俊宏（エイ出版社DiscoverJapan統括編集長），中原慎一郎（プロデューサー・ランドスケーププロダクツ代表），野田雄一（富山ガラス工房館長）

【選考方法】公募

【選考基準】〔資格〕不問〔要件〕未発表，または過去1年以内に発売・発表済みのもの（他のコンペ・見本市・メディア等で発表された作品も申込可）。〔作品規定〕素材，用途不問。実生活上の用途を持ったもの。〔部門〕ファクトリークラフト部門：要反復制作，コンテンポラリークラフト部門：反復制作できなくても可。〔出品料〕一般：10000円，学生：5000円，2種以降3000円

【締切・発表】平成28年の場合，申込締切は7月10日必着，7月16日〜18日搬入，7月21日・22日審査，結果は直接通知。展覧会は9月22日〜26日大和高岡店で開催

【賞・賞金】ファクトリークラフトグランプリ（1点）：賞金80万円。コンテンポラリークラフトグランプリ（1点）：賞金80万円。優秀賞（各部門1点）：賞金30万円。奨励賞（5点）：賞金10万円。メタル奨励賞（1点）：賞金10万円。漆奨励賞（1点）：賞金10万円。金屋町楽市賞（1点）：展示販売サポート提供（1年間）。地域特別賞（高岡商工会議所創立120周年記念賞）（1点）：賞金30万円

【URL】http://www.ccis-toyama.or.jp/takaoka/craft/

(昭61年)
◇グランプリ
　町田 俊一（岩手県）「パーティーの器」（漆器）
◇金賞
　家住 利男（東京都）「花器ブロックグラス」（ガラス）
　尾形 良一（兵庫県）「花器」（陶器）
◇銀賞
　高光 俊信（熊本県）「仕切りのある花器」（ガラス）
　斉藤 能（富山県）「盛鉢」（木工）
(昭62年)
◇グランプリ
　林 久雄（山形県）「ビルディング」（照明）
◇金賞
　高光 俊信（熊本県）「花器」（ガラス）
　吉田 淳子（茨城県）「トワイライト」（タペストリー）
◇銀賞
　佐々木 米蔵（岩手県）「組小鉢」（木工）
　辻 義宣（石川県）「祝盃」（漆器）
(昭63年)
◇グランプリ
　小野山 和代（大阪府）「しかくな△」（タペストリー）
◇金賞
　青木 聖（兵庫県）「長角盛皿」（金属）
　津幡 知子（石川県）「RING」（布）
◇銀賞
　畠山 耕治（富山県）「果実器」（金属）
　今 照芳（青森県）「漆プレート」（漆器）
(平1年)
◇グランプリ
　岩舘 隆（岩手県）「入子ボール」（漆器）
◇金賞
　相川 繁隆（富山県）「錐」（金属）
　永井 康夫（東京都）「蓋物」（漆器）
◇銀賞
　久津輪 勝男（福岡県）「木の器」（木工）
　新宮 克美（京都府）「月夜に…」（陶器）
◇特別賞
　リンク（富山県）「YOUシリーズ」（金属）

(平2年)
◇グランプリ
　青木 聖（兵庫県）「箱」（金属）
◇金賞
　増井 洋子（石川県）「キャンドル・スティック」（陶器）
　小林 伸好（青森県）「歪んだ箱」（漆器）
◇銀賞
　光本 岳士（東京都）「鉄盛器」（金属）
　田尻 誠（愛知県）「NABE」（陶器）
(平3年)
◇グランプリ
　相川 繁隆（富山県）「蒼沱」（金属）
◇金賞
　黒田 昌吾（富山県）「朱塗合子」（漆器）
◇銀賞
　三枝 しずよ（東京都）「CIRCUS」（ガラス）
　丹野 則雄（北海道）「HASHI CASE」（木工）
(平4年)
◇グランプリ
　西川 雅典（北海道）「月の器」（漆器）
◇金賞
　郡司 雅人（栃木県）「ボウル皿」（陶器）
◇銀賞
　臼杵 春芳（京都府）「欅拭漆そり皿」（漆器）
　佐藤 好孝（埼玉県）「南極物語…氷山」（金属）
(平5年)
◇グランプリ
　嶋田 数男（富山県）「網目プレート」（木工）
◇金賞
　佐々木 要（北海道）「コロポックルのうつわ」（木工）
◇銀賞
　川北 弘明（熊本県）「手まり・こてまり・山ぼうし」（照明）
(平6年)
◇グランプリ

臼杵 春芳（京都府）「そりのある木の花器」（漆器）
◇金賞
　吉田 幸央（石川県）「彩色金彩組鉢」（陶器）
◇銀賞
　ニューズ・インターナショナル（富山県）「トーミョー（灯明）」（金属）
　安倍 耕治（香川県）「たまり」（漆器）
（平7年）
◇グランプリ
　藤戸 琢也（岡山県）「Feet」（家具）
◇金賞
　吉川 満（北海道）「クールボール」（ガラス）
◇銀賞
　黒田 昌吾（富山県）「溜塗盛器」（漆器）
　金子 透（山形県）「銀椀」（金属）
（平8年）
◇グランプリ
　羽生 野亜（福島県）「酒卓十五」（木工）
（平8年）
◇金賞
　樋口 裕重子（富山県）「水のうつわ」（金属）
◇銀賞
　上坂 一夫（福井県）「ブルーフィールド」（タペストリー）
　中島 信男（大分県）「器」（木工）
（平9年）
◇グランプリ
　金子 透（山形県）「花器」（金属）
◇金賞
　黒田 昌吾（富山県）「朱塗胴張卓上膳」（漆器）
◇銀賞
　すみ 和晴（奈良県）「おたまじゃくし」（漆器）
◇高岡市長賞
　畑 勝日佐（富山県）「にじいろのパーティ皿」（漆器）
◇高岡商工会議所会頭賞
　郡 妙子（富山県）「印肉の箱」（金属）
（平10年）
◇グランプリ
　下尾 和彦（富山県）「うもれぎ」（木工）
◇金賞
　小松 弘道（東京都）「栓塗分け板膳お茶のひとときの器」（木工）
◇銀賞
　吉川 満（北海道）「イエローボール」（ガラス）
◇高岡市長賞
　石井 克己（富山県）「掛花入れ」（金属）
◇高岡商工会議所会頭賞
　守 弘勝（富山県）「杉のころのSARA朱と黒」（漆器）
（平12年）
◇グランプリ
　太田 真人（東京都）「a peel of light」（照明）
◇金賞
　黒田 昌吾（富山県）「九寸丸盆・尺二丸盆」（漆器）
◇銀賞
　岬 正樹（富山県）「あたたかい雨」（ガラス）
◇メタルクラフト賞
　古地 敏彦（大阪府）「A・T-box」
◇漆クラフト賞
　内藤 絹子（富山県）「器」
（平13年）
◇グランプリ
　下尾 和彦（富山県）「MODERN」（家具）
◇金賞
　高光 俊信（熊本県）「裏のない器」（金属）
◇銀賞
　林郷 亨（岩手県）「フリーカップ」（木工）
◇メタルクラフト賞
　炭谷 政孝（富山県）「パーティープレート＆トレー」
◇漆クラフト賞
　佐々木 暢子　「黒のボール」
（平14年）
◇グランプリ
　該当者なし
◇金賞
　成田 聡子（愛知県）「動物の箱」（木工）
　高橋 誠一（富山県）「漆塗耳かき」（漆器）
　村田 佳彦（石川県）「まめうつわ」（漆器）

◇銀賞
　下尾 さおり（富山県）「飾台」（木工）
　三木 悦子（岡山県）「ripple」（陶器）
　竹田 安嵯代（京都府）「形あるものへ」（テキスタイル）
◇メタルクラフト賞
　石川 恵美子（富山県）「Milky Way」
◇漆クラフト賞
　内島 正雄（富山県）「KARUI椀」
（平15年）
◇グランプリ
　松野 章弘 「unity」
◇金賞
　笹浦 裕一朗 「どん」
◇銀賞
　青木 良太 「Luxury Bowl」
◇メタルクラフト賞
　下山 普行 「オーナメント」
◇漆クラフト賞
　村田 佳彦 「みのるうつわ」
◇芦原太郎賞
　児島 宏嘉 「ユニバーサルデザイン教育素材」
◇内田繁賞
　藤田 幸治 「CD収納棚」
◇小松研治賞
　長谷川 敬雅 「Modan shoji」
◇清水文夫賞
　所 宏樹 「談をとる器」
◇平沢豊賞
　田屋 道子 「ru.ru.ru」
◇山田節子賞
　小杉 かん子 「虫碗」
（平16年）
◇グランプリ
　岩清水 久生 「焼肌磨きの酒器たち」
◇優秀賞
　隼瀬 大輔 「杢文様花器」
　東野 光男 「Passo・Zig-Zag I・II」
◇テーマ賞（花を生ける）
　下山 普行 「白の器」
　斉藤 慎二 「紙パックと漆の掛花入」
◇奨励賞
　加藤 七生 「アトリエ」
　鷲塚 貴紀 「river」

　津田 敬一 「wood cup」
　小林 京和 「"INFIORATA" brooch series」
　津田 清和 「銀筒」
◇伊藤隆道賞
　松野 章弘 「unity-II」
◇内田繁賞
　田村 彰悟 「小波光」
◇小泉誠賞
　谷口 照知 「涼」
◇鈴木真知子賞
　折井 宏司 「Low table」
◇前田一樹賞
　越智 香住 「Danish egg」
◇山田節子賞
　谷口 龍人 「一器多用皿」
（平17年）
◇グランプリ
　青木 良太 「Bijoux」
◇優秀賞
　飯田 賀奈子 「入れ子リング」
　小沼 智靖 「一人膳」
◇テーマ賞（花を生かすフォルム）
　木瀬 浩詞 「銅の絞り」
　八木 茂樹 「KAKIJIKU」
◇奨励賞
　杉江 智 「さざなみ」
　鄭 継深 「虹のうつわ」
　藤本 節子 「ナグネ―佇望」
　永井 里依 「乾漆蓋物」
　田中 美佐 「やわらかな雨」
◇安次富隆賞
　本保 実，石浦 広行 「ゆらりん」
◇伊藤隆道賞
　田上 知之介 「r-lamp」
◇内田繁賞
　加藤 恒太郎 「カフェオレボール」
◇今田龍二賞
　広瀬 由利子 「水引照明 雪つり」
◇丸谷芳正賞
　瀬口 観司 「杉の花器」
◇山田節子賞
　日馬 史恵 「たわわ」
（平18年）
◇グランプリ
　青山 幸雄 「回天」

◇優秀賞
　中島 俊市郎　「TangledThread series1-6」
　谷口 天平　「遊木 スープ皿・カップセット」
◇メタルマテリアル賞
　西川 美穂　「ぱり・つるり」
◇漆マテリアル賞
　素庵　「朱溜暈し塗り漆鉢」
◇奨励賞
　永井 里依　「乾漆食器セット」
　黒田 昌吾　「長角盆」
　李 慶美　「茶楽」
　小島 尚　「5人はピッチャー」
　藤井 哲信　「コンビネーション」
◇伊東順二賞
　立浪 大樹　「伸びやか」
◇岡崎エミ賞
　伊藤 達美　「浮葉」
◇荻野克彦賞
　宮内 知子　「なすつぼ」
◇小泉誠賞
　翠庵　「うたかたの箱」
◇後藤陽次郎賞
　吉田 ひとみ　「red bowl・和」
◇鄭秀和賞
　隅 良子　「グラデーション」
◇町田俊一賞
　髙橋 まゆ　「ゆらゆら」
◇蠟山昌一特別賞
　土平 栄一　「茶注―KAKU―」
　黒川 大介　「ちびぐらす」
　沼田 真琴　「Colors」
　石原 亮太　「Spicy Box～香箱～」
　石浦 広行　「メロディー」
（平19年）
　◇グランプリ
　　信耕 正明　「砂泥皿・羊の群」
　◇優秀賞
　　藤田 幸治　「Tangram Oju」
　　佐々木 伸佳　「cube」
　◇メタルマテリアル賞
　　堀 紀幸　「ALUMI PLATE」
　◇漆マテリアル賞
　　川鍋 幸弘　「漆刻（しっこく）」
　◇奨励賞

　　石原 亮太　「Seaside Garden」
　　小久保 光将　「BRONZE VESSELS」
　　笹島 友紀子　「火跡」
　　松本 圭嗣　「久遠」
　　若杉 聖子　「Congratulations！」
　◇特別賞
　　多田 聡志　「stripes」
　　藤田 善啓　「Road」
　　吉岡 悟　「○と□」
（平20年）
　◇グランプリ
　　福永 浩太　「白樺の酒器」
　◇優秀賞
　　金子 まゆみ　「Glass Seed」
　　西川 聡　「銀黒色注器2008」
　◇メタルマテリアル賞
　　小山 泰之　「ORIGANE」
　◇漆マテリアル賞
　　木瀬 浩詞　「銅の点跡」
　◇奨励賞
　　佐々木 伸佳　「二色の器」
　　中村 有希　「日のうつわ」
　　naft（ナガエ）「鉄のボウル」
　　野口 健　「pond」
　　吉村 くるみ　「Kamiki」
　◇特別賞
　　遠藤 素子　「かざぐるま」
　　木下 富雄　「汁椀」
　　髙田 賢三　「冷木―Reiboku―」
（平21年）
　◇グランプリ
　　野口 健　「coil vessel」
　◇優秀賞
　　田中 美佐　「静かな空」
　◇メタルマテリアル賞
　　成瀬 好徳　「possible」
　◇漆マテリアル賞
　　谷口 天平　「ゆ～んらり皿セット」
　◇奨励賞
　　西 あゆみ　「和スイーツ」
　　松本 宜子　「黄金」
　　木瀬 浩詞　「銅の折跡」
　　飯尾 豊　「&n.200/&n.260」
　　立野 純平　「ZABUTON」
　　藤崎 均　「タオル掛け」

(平22年)
◇グランプリ(ファクトリークラフト)
　丹野 雅景　「one push ケース "押型シリーズ"」
◇優秀賞(ファクトリークラフト)
　藤﨑 均　「月」
◇優秀賞(コンテンポラリークラフト)
　影山 誠　「妨げられない眠り」
　堀 紀幸　「BLUE BOWL」
◇高岡マテリアル賞
　高岡伝統伝統産業青年会×クリエイ党　「カナメ」
　高橋 誠一　「楕円の黒いわたの漆皿」
◇奨励賞
　甕林 舞美　「Soap bubbles」
　須藤 泰孝　「シャボン瓶」
　松野 栄治　「Silent air glass」
　藤野 征一郎　「箔の板」
◇生活者が選ぶ消費者賞
　藤田 幸治　「AKARIの塔」
　小柳津 周子　「scene」
　川島 宏司　「動放」
　梶原 朋子　「a jewel glass」
(平23年)
◇グランプリ(ファクトリークラフト)
　TRipole(代表：淺野太郎)「和く和くぎ」
◇グランプリ(コンテンポラリークラフト)
　成瀬 好徳　「波紋様」
◇優秀賞(ファクトリークラフト)
　髙田 晴之　「銀杏鉢」
◇優秀賞(コンテンポラリークラフト)
　藤掛 幸智　「Vestiges」
◇高岡マテリアル賞
　澤田 健勝　「ステンレスの器」
◇奨励賞
　岡崎 達也　「reversi」
　立野 純平　「GOLOW-ZA (ゴローザ)」
　安井 未星　「輪-紐襟巻き」
◇生活者が選ぶ消費者賞
　川村 友美　「prosit！」
　村山 佳代子　「山脈」
　藤田 真理　「木々たちのおくりもの～ハコ～」
　三原 愛子　「YAN-YA！」
(平24年)

◇グランプリ(コンテンポラリークラフト)
　大桃 沙織　「種種」
◇グランプリ(ファクトリークラフト)
　道具×安井未星×尾崎迅　「マネキン～hiraku～」
◇優秀賞(ファクトリークラフト)
　藤﨑 均(studio fujino)「組子箱」
◇優秀賞(コンテンポラリークラフト)
　右嶋 恵理　「Cube」
◇奨励賞
　藤居 正康　「奏樹(層樹)」
　宮下 香代　「モビール 星々と月狐」
　牧野 広大　「inenami」
　岡崎 達也　「float」
　盛永 省治　「重」
(平25年)
◇グランプリ(コンテンポラリークラフト)
　松永 圭太　「蛻」
◇グランプリ(ファクトリークラフト)
　篠宮 敏明　「華」
◇優秀賞(コンテンポラリークラフト)
　西山 徹　「links」
◇優秀賞(コンテンポラリークラフト)
　牧野 広大　「禮」
◇奨励賞
　伊藤 悦子　「パイプの割れ」
　クリエイ党　「ice chime」
　新 啓太郎　「彫り小皿」
　中根 和広　「スタッキングスツール」
　堀 紀幸　「漣」
(平26年)
◇グランプリ(ファクトリークラフト)
　加藤 清志　「ペットマグネット」
◇グランプリ(コンテンポラリークラフト)
　該当無し
◇優秀賞(ファクトリークラフト)
　榎本 千冬　「渦」
　澤田 万里子　「鋳銅ばなな花入れ」
◇優秀賞(コンテンポラリークラフト)
　斉藤 寿美子　「かろやかなワイヤー容器」
◇奨励賞
　安井 萌、松原 千明　「MASU」
　池田 詩織　「OYATU PLATE」
　加生 亨　「実々かき」
　酒井 航　「WOOD KNIVES」
　林 康之　「氷室」

美術

URE×SHUN 「MCG 酒器揃え」
(平27年)
◇グランプリ(ファクトリークラフト)
　坂本 茂 「dorayaki-stool」
◇グランプリ(コンテンポラリークラフト)
　宮尾 洋輔 「花入れ－浮遊－」
◇優秀賞(ファクトリークラフト)
　小島 有香子 「Labyrinth」
　原田 和明 「へそで茶を沸かす」
◇奨励賞
　清野 隆志,湊 哲一,奥田 芳久 「star piece「TOT」」
　釋永 維 「veil」
　下出 翔太 「三次面継ぎの器」
　岡崎 達也 「dice」
　松尾 一朝 「ハニカム小箱」
◇審査員特別奨励賞
　NPO法人FLAGS 「グラデーション」
(平28年)
◇グランプリ(ファクトリークラフト)
　望月未来×高岡漆器 「QUILT」
◇グランプリ(コンテンポラリークラフト)
　佐々木 伸佳 「硝子石」

◇優秀賞(ファクトリークラフト)
　withTARO「アルコールランプ HON-NYO/DEN-EN」
◇優秀賞(コンテンポラリークラフト)
　樋口 奎人 「内包空間－茶碗－/－抹茶碗－」
◇奨励賞
　金城 貴史 「ジャム匙」
　クリエイ党 「ひらり,」
　クリエイ党 「かさなり」
　秦 慎太郎 「hang storage」
　南 容子 「ストライプⅠ」
◇メタル奨励賞
　森田 節子 「plants-tsuru」
◇漆奨励賞
　森田 志宝 「rinkaku」
◇地域特別賞(高岡商工会議所創立120周年記念)
　青木 有理子 「水の輪」
◇金屋町楽市賞
　片山 悟子 「ひかりのいれものLighthouse」
　吉田 絵里子 「氷滴－みずたまりの詩－」
　渡辺 秀晴 「kuru-co」

077 酒田市土門拳文化賞

　郷土出身の世界的な写真家・土門拳は,戦前,戦後を通じ,写真界に多大な功績を残した。酒田市は,土門拳記念館開館10周年を機に,写真文化・写真芸術の振興及び奨励に寄与することを目的として,平成6年「酒田市土門拳文化賞」を創設した。

【主催者】酒田市

【選考委員】(第23回)江成常夫(写真家),大西みつぐ(写真家),藤森武(写真家,公益財団法人土門拳記念館理事)

【選考方法】公募

【選考基準】〔資格〕国内に居住するアマチュア写真愛好家。〔作品規定〕銀塩写真,デジタル写真いずれでも可。ただし,デジタル加工・合成など処理したものは不可。モノクロ,カラー写真を問わず,作品は1テーマ10枚以上30枚以内で構成される組写真を1点とする。応募点数の制限はなし。サイズは,六切り又はA4から四切り(ワイド可)まで(1枚のプリントに1カット)。台紙付き又は,ファイリングした写真は不可

【締切・発表】(第23回)応募締切は平成28年12月16日必着,発表は平成29年2月上旬に直接通知

【賞・賞金】酒田市土門拳文化賞(1点):賞金50万円。奨励賞(3点)

077 酒田市土門拳文化賞　　　　　　　　　　　　　　　　美　術

【URL】http://www.domonken-kinenkan.jp/

第1回（平6年度）
　◇大賞
　　鹿野 晴男　「都市近郊水田」
　◇奨励賞
　　大木 貞吉　「人間模様」
　　金井 道子　「高度成長と其の狭間の中で」
　　佐藤 広志　「1994年、夏。」
第2回（平7年度）
　◇大賞
　　門脇 徹　「ムラの断片景」
　◇奨励賞
　　大洞 東平　「銃を持たされた農民たち」
　　宮島 功　「雑木林」
　　黒瀬輝 智志　「ヒロシマ・スケッチ」
　　中村 邦夫　「三春に生きる」
第3回（平8年度）
　◇大賞
　　むろはし くにえ　「花の金曜日」
　◇奨励賞
　　阿美 信夫　「銅山の町足尾」
　　津田 美佐子　「段原再開発に向けて」
　　前田 一朗　「視感都市」
第4回（平9年度）
　◇大賞
　　新地 ヒサアキ　「ソルジェ、十八歳」
　◇奨励賞
　　桜井 智子　「しあわせの日々」
　　三井 俊樹　「晴（ハル）という名の心」
　　辰本 実　「命厳」
第5回（平10年度）
　◇大賞
　　武田 孝巳　「新宿・カオスの断章」
　◇奨励賞
　　太田 昭生　「魂の島・大島～らい予防法廃止後の今～」
　　黒崎 晴生　「閉ざされた海～諫早湾干潟～」
第6回（平11年度）
　◇大賞
　　戸矢 洋栄　「妖精の詩―普遍的リアリズムを追い求めて―」
　　中谷 晴男　「輪廻転生―シヴァ神のみもとに―」
　◇奨励賞
　　池田 勲　「きたぐにの四季」
　　多々良 栄里　「松下君の山田錦」
第7回（平12年度）
　◇大賞
　　寺崎 知水　「生きる」
　◇奨励賞
　　高木 サダ子　「知床・羅臼」
　　南島 孝　「遠（オン）の断章」
　　飯野 高拓　「想い出の通り道」
第8回（平13年度）
　◇大賞
　　山頭 範之　「October7―アフガニスタンの歌―」
　◇奨励賞
　　板垣 徳市　「20世紀繁栄の礎（庄内に僅かに残る炭山・鉱山の面影）」
　　田村 睦夫　「人生（あゆみ）と心象」
　　大西 正昭　「まなざしの向こうに」
第9回（平14年度）
　◇大賞
　　高木 サダ子　「高木家の肖像 そして一年が流れて」
　◇奨励賞
　　白畑 晋　「砂丘地に生きる」
　　長 洋弘　「コーランの国から」
　　福田 雅宏　「諫早干拓―再生への道標」
第10回（平15年度）
　　平井 純（東京都青梅市）「『哀愁の町』～西新宿5丁目界隈～」（モノクロ・30枚組）
　◇奨励賞
　　矢萩 和幸　「ユウキとたくや」
　　坂巻 ちず子　「考え悩んで」
　　大渕 正義　「Face to Face」
第11回（平16年度）
　　立飼 秀之（三重県松阪市）「ゴミ捨て場に生きる子供たち」（モノクロ・30枚組）
　◇奨励賞
　　永冨 雪子　「なんでもないことのように」
　　松波 康男　「エチオピアのこどもたち」
　　柴田 秀一郎　「『標』～バス停～」
第12回（平17年度）
　　山下 昭　「ゆめの腕（かいな）に」

◇奨励賞
　松本 鶴子 「黒森歌舞伎の記録」
　阿部 千佳子 「種子（しゅし）の時間（とき）」
　東 ひろみ 「ルーマニアン・ラプソディ」
第13回（平18年度）
　世入 育緒 「甘い地獄」
◇奨励賞
　荒 多恵子 「胸神（muna kami）―乳がんになった日から―」
　佐藤 昭夫 「私のまちのあるとき」
　鎌田 勉 「つながり～西メボンの子どもたち～」
第14回（平19年度）
　奥田 彰人 「HAPPY PEOPLE」
◇奨励賞
　髙塚 陽一 「路上の賢人」
　田村 淳一郎 「昭和の農村」
　青島 千恵子 「光る音：Ⅳデリー編（インド）」
第15回（平20年度）
　姫崎 由美 「gifted―誰かが誰かを思うこと―」
◇奨励賞
　劉 晗峰 「旅順の中の日本 1905年－1945年」
　德平 尚彦 「限界都市」
　氏家 国浩 「慈悲の花」
第16回（平21年度）
　三栖 幸生 「時景―ときけい―」
◇奨励賞
　堀江 柾夫 「海と里の記憶（日本海沿岸と山里の暮らし）」
　八木 正司 「文楽伝承 岐阜・真桑文楽」
　木村 靖也 「消え去る まち」
第17回（平22年度）
　市川 恵美 「うらうへ」
◇奨励賞
　久保 正彦 「その先に見えるもの」
　石津 武史 「一片（ひとかけら）の鱗（うろこ）〈漂着の街〉」
第18回（平23年度）
　髙橋 ぎいち 「芦川―高齢・過疎の集落で―文明社会における芦川住民の精神性」
◇奨励賞
　木村 ハル 「裏庭」
　保科 宗玄 「京島空間」
　秋山 武雄 「昭和三十年代、瞼、閉じれば東京セピア」
第19回（平24年度）
　小林 勝利 「仁淀川遡行」
◇奨励賞
　大角 勝 「濡れる空蟬」
　佐藤 一旭 「復興の進まぬ故郷を憂う」
　鈴木 純平 「コスモス 母のまなざし」
第20回（平25年度）
　山本 眞弓 「風の民」
◇奨励賞
　森島 輝雄 「運河彷徨」
　中村 明弘 「風光るとき」
　内山 真衣子 「北京ロマンチカ」
第21回（平26年度）
　坂巻 ちず子 「ファールボール」
◇奨励賞
　奥田 恭子 「バングラデシュに生きる」
　鈴木 渉 「鎮魂そして再生への祈り―福島、大地の祭り」
　宮本 遼 「幻影」
第22回（平27年度）
　芦田 英次 「『野生魂』―最後の記録―」
◇奨励賞
　和田 マサ子 「声がきこえる」
　齋藤 和男 「老老の記（ろうろうのき）」
　海老名 和雄 「産土（うぶすな）と震災」
第23回（平28年度）
　ストラーン 久美子 「横須賀ブルー ペルリ164年目の再上陸を想起する」
◇奨励賞
　高田 啓一 「現在（いま）を生きる」
　上出 優之利 「モノクロのブルース」
　岡田 治 「お良さん」

078 写真の町 東川賞

写真文化への貢献と育成及び東川町民の文化意識の醸成と高揚を目的とし、これからの時代をつくる優れた写真作品及び作家に贈られる賞。昭和60年から毎年開催。

【主催者】写真の町 東川町

【選考委員】浅葉克己（アートディレクター）、上野修（写真評論家）、北野謙（写真家）、楠本亜紀（写真評論家・キュレーター）、中村征夫（写真家）、丹羽晴美（学芸員・写真論（東京都））、平野啓一郎（作家）、光田由里（美術評論家）

【選考方法】ノミネーターによる推薦

【選考基準】〔対象〕海外作家賞は、発表年度を問わずその年の対象となる地域に国籍を有し、又は出生、在住する写真家。国内作家賞及び新人作家賞は、発表年度を過去3年間まで遡り、写真史上、あるいは写真表現上、未来に意味を残せる作品。特別作家賞は、北海道にゆかりのある（在住・出身・テーマ・被写体など）作家で発表年度は問わない。飛彈野数右衛門賞は、長年にわたり地域の人・自然・文化などを撮り続けた作家で発表年度は問わない

【締切・発表】発表は5月、授賞式は7月下旬または8月上旬

【賞・賞金】海外作家賞：賞金100万円、国内作家賞：賞金100万円、新人作家賞：賞金50万円、特別作家賞：賞金50万円、飛彈野数右衛門賞：賞金50万円

【URL】http://www.photo-town.jp/

第1回（昭60年）
◇海外作家賞
スタンフェルド, ジョール（ニューヨーク）"自然と人間社会の周辺をとらえた一連のカラー作品に対して"
◇国内作家賞
須田 一政（東京）"作品「日常の断片」と一連の作家活動に対して"
田原 桂一（パリ）"写真集「世紀末建築」に対して"
◇特別賞
志賀 芳彦（北海道上川町）"写真集「大雪」に対して"

第2回（昭61年）
◇海外作家賞
クレルグ, ルシアン（アルル）"一連のヌード作品, アル国際写真フェスティバル、ワークショップ活動など写真への貢献、功労に対して"
◇国内作家賞
篠山 紀信（東京）"一連の「シノラマ」作品（とくにソウル・東京）に対して"
◇新人作家賞
林 隆喜（東京）"写真集「ZOO」に対して"
◇特別賞
関口 哲也（北海道帯広市）"一連の風景写真作品及び作家発表活動に対して"

第3回（昭62年）
◇海外作家賞
マイヤーウィッツ, ジョール（ニューヨーク）"写真集「ケープライト」「セントルイス アンド ジアーチ」他作家活動に対して"
◇国内作家賞
奈良原 一高（東京）"写真集「ヴェネツィアの光」に対して"
◇新人作家賞
今 道子（鎌倉）"写真集「イート」に対して"
◇特別賞
神部 弘二（北海道滝川市）"写真集「自然・花そして空知川」および長年のアマ

チュア作家活動に対して"
第4回(昭63年)
◇海外作家賞
　ボルツ,ルイス(カリフォルニア)"写真集「サン・クェンティン・ポイント」他作家活動に対して"
◇国内作家賞
　植田 正治(米子市)"写真集「砂丘」他作家活動に対して"
◇新人作家賞
　伊奈 英次(川崎市)"写真集「ゾーン」に対して"
◇特別賞
　竹田津 実(北海道小清水町)"写真集「跳ベキタキツネ」「チロンヌップの詩」他作家活動に対して"
第5回(平1年)
◇海外作家賞
　石 少華(北京市)"写真集「石少華作品選」並びに中国写真界を育成された功労に対して"
◇国内作家賞
　渡部 雄吉(東京)"写真集「神楽」に対して"
◇新人作家賞
　築田 純(所沢市)"写真集「スポーツシアター」に対して"
◇特別賞
　佐藤 雅英(北海道札幌市)"写真集「Boys,be ambitious! 北海道大学旧恵迪寮写真集」に対して"
第6回(平2年)
◇海外作家賞
　イトィルビーデ,グラシェラ(メキシコ)"写真集「ジュチタンの女たち」に対して"
◇国内作家賞
　村井 修(東京)"写真集「石の記憶」に対して"
◇新人作家賞
　佐藤 時啓(東京)"写真集「呼吸の陰影」に対して"
◇特別賞
　操上 和美(東京)"写真作家,広告写真家としての活動に対して"
第7回(平3年)
◇海外作家賞
　サウデク,ヤン(チェコスロバキア)
◇国内作家賞
　荒木 経惟
◇新人作家賞
　蓑田 貴子
◇特別賞
　掛川 源一郎
第8回(平4年)
◇海外作家賞
　バルビエリ,オリーボ(イタリア)"古い都市の夜の光景を撮影した一連の作品に対して"
◇国内作家賞
　橋口 譲二(東京)"写真集「BERLIN」に対して"
◇新人作家賞
　古屋 誠一(オーストリア在住)
◇特別賞
　深瀬 昌久(東京)
第9回(平5年)
◇海外作家賞
　ヤン,ウイリアム(オーストラリア)"写真集「スターティング・アゲイン」に対して"
◇国内作家賞
　高梨 豊"写真展「初国」並びに写真集「都の貌」等一連の東京シリーズに対して"
◇新人作家賞
　猪瀬 光"写真展「猪瀬光INOSE Kou 1982-92」に対して"
◇特別賞
　清水 武男"写真集「北飛行」「遊飛行」に対して"
第10回(平6年)
◇国内作家賞
　新正 卓(東京都)"写真集「酉長の系譜」に対して"
◇海外作家賞
　カンポウ,ミッシェル(カナダ)"写真集「心のふるえ」に対して"
◇新人作家賞
　今森 光彦(滋賀県)"写真集「スカラベ」

に対して"
◇特別賞
　長倉 洋海（東京都）"写真集「マスード／愛しの大地アフガン」に対して"
第11回（平7年）
◇海外作家賞
　金 秀男（大韓民国）"写真集「韓国のクッ（巫祭）」（全20巻,1983-93）に対して"
◇国内作家賞
　杉本 博司 "一連の作家活動に対して"
◇新人作家賞
　瀬戸 正人 "写真展「Living Room,Tokyo 1989-1994」に対して"
◇特別賞
　林田 恒夫 "永年の写真作家活動に対して"
第12回（平8年）
◇海外作家賞
　シュルツェ，グンドゥラ（ドイツ連邦共和国）"一連の作家活動に対して"
◇国内作家賞
　川田 喜久治 "写真展「ラスト・コスモロジー」に対して"
◇新人作家賞
　松江 泰治 "一連の作家活動に対して"
◇特別賞
　中村 征夫 "写真集「カムイの海」に対して"
第13回（平9年）
◇海外作家賞
　コルヴィン，カラム（イギリス）"一連の作家活動に対して"
◇国内作家賞
　野町 和嘉 "写真集「SAHARA サハラ20年」に対して"
◇新人作家賞
　金村 修 "一連の作家活動に対して"
◇特別賞
　斎藤 亮一 "写真集「NOSTALGIA」に対して"
第14回（平10年）
◇海外作家賞
　ヘルナンデス，アンソニー（アメリカ）"写真集「Landscapes for the Homeless」他一連の作家活動に対して"
◇国内作家賞
　菅 洋志 "写真集「ミャンマー黄金」他一連の作家活動に対して"
◇新人作家賞
　細川 剛 "写真集「森案内」に対して"
◇特別賞
　津山 正順 "写真集「檜山民俗建築照相譜」及び「檜山社寺建築照相譜」に対して"
第15回（平11年）
◇海外作家賞
　エディンガー，クラウディオ（ブラジル）"写真集「CARNAVAL（カルナバル）」に対して"
◇国内作家賞
　石内 都 "写真集「1・9・4・7」から写真展「SCARS」にいたる一連の作家活動に対して"
◇新人作家賞
　やなぎ みわ "一連の作家活動に対して"
◇特別賞
　高田 邦彦 "写真展「結晶―雪―」「雪洞」に対して"
第16回（平12年）
◇海外作家賞
　マドウス，チェマ（スペイン）"写真集「オブジェ」にいたる一連の作家活動に対して"
◇国内作家賞
　畠山 直哉 "作品「アンダーグランド」にいたる一連の作家活動に対して"
◇新人作家賞
　野村 恵子 "写真集「ディープ・サウス」に対して"
◇特別賞
　窪田 正克 "写真集「知床」「ヒグマ」にいたる一連の作家活動に対して"
第17回（平13年）
◇海外作家賞
　グランツ，アンドリュース（ラトビア共和国）"『Latvia, Changing and Unchanging Reality／ラトビア・移ろいとたたずみ』に対して"
◇国内作家賞
　細江 英公 "一連の作家活動に対して"
◇新人作家賞
　オノデラ ユキ "一連の作家活動に対して"

美術　　　　　　　　　　　　　　　　　　　　　078 写真の町 東川賞

◇特別賞
　飛弾野 数右衛門 "写真展『昭和の東川』他, 永年の作家活動に対して"

第18回（平14年）
◇海外作家賞
　ズワックマン, エドウィン（オランダ）"シリーズ「ファサード」に至る一連の作家活動に対して"
◇国内作家賞
　森村 泰昌 "作品展「私の中のフリーダ／森村泰昌のセルフポートレイト」に至る一連の作家活動に対して"
◇新人作家賞
　尾仲 浩二 "シリーズ「背高あわだち草」から写真集「ヒステリックファイブ」に至る一連の作家活動に対して"
◇特別賞
　風間 健介 "夕張炭鉱遺跡にかかわる一連の作品に対して"

第19回（平15年）
◇海外作家賞
　ティリム, ガイ（南アフリカ共和国）"写真集「Departure」に対して"
◇国内作家賞
　斎藤 亮一 "写真集「Lost China」に対して"
◇新人作家賞
　糸崎 公朗 "「フォトモ」他一連の作家活動に対して"
◇特別賞
　吉田 ルイ子 "写真集「華齢な女たち」に対して"

第20回（平16年）
◇海外作家賞
　ダガタ, アントワーヌ（フランス）"写真集「インソムニア」に対して"
◇国内作家賞
　中川 幸夫 "自選作品集「魔の山」に対して"
◇特別賞
　倉沢 栄一 "「日本の海大百科」に対して"
◇新人作家賞
　藤部 明子 "米国の古いホテルに長期滞在する人々の暮しの密着取材に対して"

第21回（平17年）
◇海外作家賞
　金 寧万（韓国）"写真集「激動20年」に対して"
◇国内作家賞
　小山 穂太郎 "写真展「ファントム」に至る一連の作家活動に対して"
◇新人作家賞
　小檜山 賢二 "写真展「昆虫：ミクロ・リアリズム」に対して"
◇特別賞
　鈴木 涼子 "一連の作家活動に対して"

第22回（平18年）
◇海外作家賞
　シェス, ケタキ（インド）"作品「ボンベイMix」に対して"
◇国内作家賞
　鈴木 理策 "作品「KUMANO」「SAKURA」「Mont Sainte Victoire」に対して"
◇新人作家賞
　安楽寺 えみ "1998-2005年に制作された自家版写真集と作品に対して"
◇特別賞
　綿谷 修 "作品「Agenda」「昼顔」に対して"

第23回（平19年）
◇海外作家賞
　マニット・スリワニチプーン（タイ）"シリーズ「ピンク・マン」「ブラック＆ホワイト・バンコク」「イン・ユア・フェイス」等の作品制作に対して"
◇国内作家賞
　杉浦 邦恵 "フォトグラムによる一連の作品制作に対して"
◇新人作家賞
　今岡 昌子 "「リ・バース」「天山南路」の作品制作に対して"
◇特別賞
　山田 博之 "「ロマンス」「残雪」の作品制作に対して"

第24回（平20年）
◇海外作家賞
　ミッテルドルフ, クラウス（ブラジル）"「THE LAST CRY」1998,「INTROVISION」2006作品制作に対し

て"
- ◇国内作家賞
  楢橋 朝子 "「half awake and half asleep in the water」作品制作に対して"
- ◇新人作家賞
  澤田 知子 "「ID400」以降の一連の作品制作に対して"
- ◇特別賞
  小畑 雄嗣 "「二月」(Wintertale)作品制作に対して"

第25回（平21年）
- ◇海外作家賞
  フェラン, アン（オーストラリア）"一連の作家活動に対して"
- ◇国内作家賞
  柴田 敏雄 "写真展「ランドスケープ」及び一連の作家活動に対して"
- ◇新人作家賞
  石川 直樹 "「New Dimension」以降の一連の作品制作に対して"
- ◇特別賞
  露口 啓二 "北海道のアイヌ地名をテーマとした一連の作品制作に対して"

第26回（平22年）
- ◇海外作家賞
  陳 敬寶（台湾）"一連の作家活動に対して"
- ◇国内作家賞
  北島 敬三 "一連の作家活動に対して"
- ◇新人作家賞
  中川 オサム・ジェームス "「バンタ：中川治ジェームス展覧会」(佐喜眞美術館)、写真展「Banta：沁みついた記憶」(銀座ニコンサロン)に対して"
- ◇特別作家賞
  萩原 義弘 "写真集「snowy」(冬青社)及び夕張定点観測の作品に対し"
- ◇飛驒野数右衛門賞
  小島 一郎 "青森を拠点とした一連の作家活動に対して"

第27回（平23年）
- ◇海外作家賞
  ドレスラー, ピーター（オーストリア）"一連の作家活動に対して"
- ◇国内作家賞
  オノデラ ユキ "一連の作家活動に対して"
- ◇新人作家賞
  北野 謙 "「our face」プロジェクト及び写真集「溶游する都市」(MEM)に対して"
- ◇特別作家賞
  奥田 實 "作品集「生命樹」(新樹社)に対して"
- ◇飛驒野数右衛門賞
  百々 俊二 "写真集「大阪」(青幻社)及び長年の地域における写真教育への貢献に対して"

第28回（平24年）
- ◇海外作家賞
  アシュジュ, アリフ・アシュジュ（トルコ共和国）"イスタンブールを撮影した一連の写真制作に対して"
- ◇国内作家賞
  松江 泰治 "一連の作家活動に対して"
- ◇新人作家賞
  志賀 理江子 "宮城県名取市での活動及び一連の作家活動に対して"
- ◇特別作家賞
  宇井 眞紀子 "写真展・写真集「アイヌ、風の肖像」(新泉社)及びアイヌ民族を取材した一連の作家活動に対して"
- ◇飛驒野数右衛門賞
  南 良和 "郷土の秩父を長年にわたり撮影し続けてきた活動に対して"

第29回（平25年）
- ◇海外作家賞
  ミンストレル・キュイク・チン・チェー（マレーシア）"作品プロジェクト「Mer.rily Mer.rily Mer.rily Mer.rily」にいたる一連の作家活動に対して"
- ◇国内作家賞
  川内 倫子 "「照度 あめつち 影を見る」展(東京都写真美術館)及び一連の作家活動に対して"
- ◇新人作家賞
  初沢 亜利 "写真集『隣人。38度線の北』(徳間書店)及び『True Feelings-爪痕の真情。2011.3.12～2012.3.11』(三栄書房)に対して"
- ◇特別作家賞
  中藤 毅彦 "写真集・写真展『Sakuan,

美術　　　　　　　　　　　　　　　　　　　　　　　　　　　　079 信州伊那高遠の四季展

　Matapaan - Hokkaido』(Zen Photo Gallery)に対して"
◇飛彈野数右衛門賞
　山田 實 "『山田實写真集 故郷は戦場だった』(未来社),写真展「山田實展 人と時の往来―写真でつづるオキナワ」(沖縄県立博物館・美術館)及び郷土の沖縄を長年にわたり撮影し続けてきた活動に対して"

第30回（平26年）
◇海外作家賞
　プラーネン,ヨルマ（フィンランド）"「Icy Prospects」他,一連の作家活動に対して"
◇国内作家賞
　野口 里佳 "写真展「光は未来に届く」(Izu Photo Museum)及び一連の作家活動に対して"
◇新人作家賞
　石塚 元太良 "写真集『Pipeline Iceland/Alaska』(euphoria FACTORY/講談社)に対して"
◇特別作家賞
　酒井 広司 "「偶景」シリーズに至る北海道を撮影した一連の作品に対して"
◇飛彈野数右衛門賞
　増山 たづ子 "ダムに沈む徳山村を撮影した一連の活動に対して"

第31回（平27年）
◇海外作家賞
　ノーブル,アン（ニュージーランド）"写真集『The Last Road』(Clouds)他,一連の作家活動に対して"

◇国内作家賞
　佐藤 時啓 "写真展「光―呼吸」(東京都写真美術館)及び一連の作家活動に対して"
◇新人作家賞
　春木 麻衣子 "写真展「みることについての展開図」(TARO NASU)に至る一連の作家活動に対して"
◇特別作家賞
　吉村 和敏 "写真集『CEMENT』(ノストロ・ボスコ)に対して"
◇飛彈野数右衛門賞
　福島 菊次郎 "郷土の瀬戸内を出発点とし,広島の原爆問題を皮切りに,戦後日本の問題を一貫して撮り続けた活動に対して"

第32回（平28年）
◇海外作家賞
　ムニョス,オスカー（コロンビア）"展覧会「Protographs」(Jeu de paume,パリ他)及び一連の作家活動に対して"
◇国内作家賞
　広川 泰士 "写真集『BABEL-ORDINARY LANDSCAPES-』(赤々舎)及び一連の作家活動に対して"
◇新人作家賞
　池田 葉子 "写真集『Monkey Puzzle』(Nazraeli Press)に対して"
◇特別作家賞
　ケンナ,マイケル "北海道を撮影した一連の写真に対して"
◇飛彈野数右衛門賞
　池本 喜巳 "「近世店屋考」シリーズなど,鳥取を中心とした山陰地方の風物を長年撮影し続けてきた功績に対して"

---

079 信州伊那高遠の四季展

　長野県・高遠町の自然の美しさを全国の画家や美術愛好家に描いてもらい,展覧会を催すことによって地域の活性化をはかるため創設。市町村合併に伴い,主催者が伊那市に変更。第4回より,伊那市の景色・行事・祭り・風俗など伊那,高遠,長谷をテーマにしたものを募集。第7回は休止,再開未定。

【主催者】伊那市,信州伊那高遠の四季展実行委員会

【選考委員】（第6回）寺坂公雄（日本藝術院会員・日展顧問・光風会理事長）,塗師祥一郎

郷土・地域文化の賞事典　233

080 菅楯彦大賞　　　　　　　　　　　　　　　　　　　美術

（日本藝術院会員・日展顧問・日洋会理事長），大沼映夫（国画会委員・東京藝術大学名誉教授・文星芸術大学副学長），福井爽人（日本美術院理事・東京藝術大学名誉教授）

【選考方法】日本画，洋画全国公募

【選考基準】〔対象〕過去2年間に制作された未発表作品。〔資格〕作品搬入時満15歳以上。中学生不可。〔応募規定〕事前に所定の応募要項を電話またはハガキで事務局に請求。作品サイズは10～20号（Sは15号まで）。応募点数1人2点以内。出品料1点5000円（高校生3000円），2点8000円（高校生5000円）

【締切・発表】（第6回）平成27年6月29日申込締切，10月10日～25日展覧会

【賞・賞金】金賞(1点)：賞金100万円(買上賞)。銀賞(1点)：賞金50万円(買上賞)。銅賞(3点)：賞金10万円

【URL】http://www.inacity.jp

第1回（平12年）
◇日本画部門
　高崎 昇平
◇洋画部門
　吉田 正
第2回（平15年）
◇日本画部門
　川又 慶子　「春の光―2」
◇洋画部門
　竹内 勝行　「いつも始まり（時）」
第3回（平18年）
◇日本画部門金賞
　山岡 節子　「雪残る」
◇洋画部門金賞
　伊藤 恒良　「押出待春」
第4回（平21年）
◇信州伊那高遠大賞（金賞）
　森本 千穂　「凛」

第5回（平24年）
◇信州伊那高遠大賞（金賞）
　山本 達治　「杖突街道を南へ」
◇伊那市長賞（銀賞）
　吉川 紀久代　「夜陰」
◇信州高遠美術館賞（銅賞）
　大澤 勝弘　「終着」
　五味 仁　「伊那市駅周辺風景」
　船本 達也　「夕立後の藤沢川沿い集落」
第6回（平27年）
◇信州伊那高遠大賞（金賞）
　高山 博行　「灯明（はせの民話）」
◇伊那市長賞（銀賞）
　伊藤 悦男　「城下町」
◇信州高遠美術館賞（銅賞）
　齊藤 信一郎　「春の風景」
　樋口 幸子　「花園」
　山川 浩次郎　「老木の桜」

080 菅楯彦大賞

昭和63年に創設した「菅楯彦大賞」は，「倉吉：緑の彫刻賞」「前田寛治大賞」とともに倉吉市が開催してきた美術賞の一つ。浪速風俗画をライフワークとした菅楯彦の顕彰を目的とし，現代における暮らしの情景をテーマに設定している。

【主催者】倉吉市，倉吉博物館

【選考委員】（第9回）菊屋吉生，草薙奈津子，瀧悌三，土屋禮一，中野嘉之

【選考方法】審査委員が指定した推薦委員による指名応募。市民賞は入館者の人気投票

【選考基準】〔資格〕年齢不問，前回佳作受賞者をシードとする〔作品規定〕趣旨及び

基本理念を反映した日本画作品50〜100号。1人1点
【締切・発表】 第9回の場合，発表は平成28年7月中旬直接通知及び新聞雑誌に掲載。展覧会は9月10日〜10月10日，倉吉博物館
【賞・賞金】 大賞(1点)：賞金150万円。市民賞(1点)：賞金100万円。佳作賞(4点)：次回へのシード権，百花堂賞(1点)：賞金100万円(佳作より選出)
【URL】 http：//www1.city.kurayoshi.lg.jp/hakubutsu/

第1回(平1年)
　◇大賞
　　松生 歩(無所属)「やはらかく降りてくるもの」
　◇準大賞・市民賞
　　森田 りえ子(無所属)「粧」
　◇佳作賞
　　岡村 桂三郎(無所属)「盲目と鼓動」
　　末永 敏明(無所属)「旅人の心と三つの神器」
　　柳沢 正人(無所属)「Today」
第2回(平5年)
　◇大賞
　　柳沢 正人(無所属)「刻をみつめて」
　◇準大賞
　　百々 俊雅(日展，金沢美工大教授)「街に…」
　◇市民賞
　　安田 育代(無所属)「新生」
　◇佳作賞
　　仲島 昭広(日展)「日々」
　　尾崎 千頭(日展)「絵の掛けられた室内にて」
　　末永 敏明(無所属)「起死回生」
第3回(平8年)
　◇大賞
　　仲島 昭広(日展)「流れ行く刻」
　◇準大賞
　　広瀬 きよみ(日展)「プログレス―街に～」
　◇市民賞
　　木村 圭吾(無所属)「風の囁き」
　◇佳作賞
　　高橋 俊子(院展)「チンドン稼業」
　　近藤 昭代(創画会)「1995.晴れ間」
　　北田 克己(院展)「かげろふ 夏」
第4回(平11年)
　◇大賞
　　岸本 章(日展会友)「鮫と少年」
　◇準大賞
　　関田 比佐子(創画会所属)「サーカス」
　◇佳作賞
　　有元 容子　「15歳」
　　北田 克己(日本美術院特待)「週末の午餐」
　　三上 友子(日展所属)「枯蓮」
　◇市民賞
　　荻原 季実子　「夕月夜」
第5回(平14年)
　◇大賞
　　平山 英樹(創画会所属)「楽園残夏」
　◇準大賞
　　松崎 十朗(日展会友)「暗い日」
　◇佳作賞
　　秋野 亜衣(創画会所属)「花火」
　　村松 詩絵(創画会所属)「Street」
　　山本 俊夫　「路上制作者」
　◇市民賞
　　北田 克己(日本美術院特待，広島市立大学助教授)「午後のロッジア」
第6回(平17年)
　◇大賞
　　西田 眞人(日展会員，青塔社，NEXT会員)「彩」
　◇佳作賞・百花堂賞
　　安田 敦夫(日展)「きくめ」
　◇佳作賞
　　来野 あぢさ　「或る日」
　　菅原 さちよ　「西行の来た道」
　　吉田 多最　「沢庵漬ける頃」
　◇市民賞
　　竹原 城文　「送る」
第7回(平20年)
　◇大賞
　　岩田 壮平(日展会友)「花泥棒」

◇佳作賞一席・百花堂賞
　亀山 祐介（日展会友・出品委嘱）「ララバイ」
◇佳作賞二席
　吉田 多最 「古鎮日日」
◇佳作賞三席・市民賞
　髙島 圭史（日本美術院院友）「きいろいひと」
◇佳作賞四席
　熊澤 未来子 「回転寿司」
第8回（平24年）
◇大賞
　松谷 千夏子 「View」
◇佳作賞・百花堂賞
　池永 康晟 「うつふせて泣いたるきみは未だ夏果の微匂ひ・樹子（なつこ）」
◇佳作賞
　古澤 洋子 「未来へ続く暮らし」
　熊澤 未来子 「反逆ジ」
　佐藤 はる香 「それぞれの時間」
第9回（平28年）
◇大賞
　熊澤 未来子 「世界食紀行」
◇佳作賞・百花堂賞
　能島 浜江 「チュウリップの幻術」
◇佳作賞
　村山 春菜 「銀座2016」
　山浦 めぐみ 「Living」

081 雪舟の里総社 墨彩画公募展

総社市赤浜生まれの画聖・雪舟を顕彰し、墨に彩を加えて描く墨彩画の公募展を平成8年に創設。隔年で開催。

【主催者】総社市文化振興財団
【選考委員】上村淳之, 竹内浩一, 中野嘉之, 福井爽人, 守安收
【選考方法】公募
【選考基準】〔資格〕応募時に18歳以上の人。経験・国籍不問。〔作品規定〕墨彩画で未発表の作品（平面作品），テーマは自由。作品本体がF100号以内。仮表装か仮縁（アルミ・スチール・木。幅7センチ以内）をしていること。ガラスやアクリルは付けない。〔応募規定〕1人2点以内。〔出品料〕1点の場合5000円, 2点の場合8000円
【締切・発表】（第8回）応募締切は平成22年5月28日、展覧会は平成22年10月～12月に国民宿舎サンロード吉備路，天満屋岡山店，加計美術館，総社市スポーツセンター特設会場（国民文化祭・おかやま2010日本画展と同時開催）で開催
【賞・賞金】雪舟大賞（1点）：賞金300万円, 審査員長賞（平山郁夫賞）（1点）：賞金200万円, 特選（3点）：賞金100万円, 奨励賞（5点）：賞金20万円, 入選（45点）：記念品

第1回（平8年）
◇雪舟大賞
　井原 木古（智義）「松風」
◇平山郁夫賞（審査員長賞）
　世良 墨山人（正）「古里の山（冬）」
◇特選
　王 盛烈 「舊屋」
　中野 俊子 「残夏」
　青木 夢流人（伸一）「サンサーラ」
第2回（平10年）
◇雪舟大賞
　竹森 裕 「木蔭」
◇平山郁夫賞（審査員長賞）
　野々内 宏 「コンドル」
◇特選
　三村 伸絵 「月光浴」
　和田 ひとえ 「向日」
　藤井 智美 「梅檀の川辺」
第3回（平12年）
◇雪舟大賞

美術　　　　　　　　　　　　　　　　　　　　　　　　　　　　　　　　　　*082* 武井武雄記念日本童画大賞

　　加来 万周　「煌煌」
◇平山郁夫賞（審査員長賞）
　　武部 英子　「いわしI」
◇特選
　　小山 美和子　「聖域」
第4回（平14年）
◇雪舟大賞
　　牧野 環　「臨界」
◇平山郁夫賞（審査員長賞）
　　豊田 征男　「井泉」
◇特選
　　藤井 智美　「残照」
　　中山 直美　「唐辛子」
　　長谷川 雅也　「澄ます」
第5回（平16年）
◇雪舟大賞
　　桜井 敬史　「暮れゆく」
◇平山郁夫賞（審査員長賞）
　　羽生 輝　「北辺（団欒）」
◇特選
　　岡部 隆志　「根」
　　樋田 礼子　「黒き雨」
　　飯間 智美　「静なるきらめき」
第6回（平18年）
◇雪舟大賞

　　山本 真一　「黄昏」
◇平山郁夫賞（審査員長賞）
　　倪玫 玲　「働く人」
◇特選
　　藤田 哲也　「春風届く」
　　小田 賢　「凍れる池」
　　坂元 洋介　「霹靂」
第7回（平20年）
◇雪舟大賞
　　長原 勲　「site.N」
◇平山郁夫賞（審査員長賞）
　　真鍋 修　「みつばちの羽音」
◇特選
　　池田 真理子　「大切なひと」
　　宇髙 健太郎　「雨の音」
　　池庄司 淳　「湖辺西風」
第8回（平22年）
◇雪舟大賞
　　宇髙 健太郎　「枯蓮」
◇平山郁夫賞（審査員長賞）
　　髙間 貴美子　「音が聴こえる」
◇特選
　　よねだ はるひこ　「雲烟」
　　河村 篤　「連」
　　藤井 聡子　「煌々」

082 武井武雄記念日本童画大賞

　　「童画」を生み出した武井武雄（岡谷市出身）は，大正から昭和の児童文化興隆期の優れたリーダーで，子どものために生涯にわたって素晴らしい作品を創り続けた。岡谷市及び武井作品を所蔵するイルフ童画館では，武井の「童画」の精神を継承発展させ，さらに21世紀における新しい児童文化の創造を目指して実施している。平成11年度より開始され，隔年開催。第9回から「タブロー部門」，「絵本部門」，「こども部門」で実施する。

【主催者】岡谷市，イルフ童画館，(公財)おかや文化振興事業団

【選考委員】（第9回）〔タブロー部門〕根岸芳郎（画家），村井美樹（女優），山岸吉郎（イルフ童画館館長）。〔絵本部門〕黒井健（絵本作家），竹迫祐子（安曇野ちひろ美術館副館長），木村美幸（フレーベル館取締役）。〔こども部門〕イルフ童画館

【選考方法】公募

【選考基準】（第9回）〔資格〕《タブロー部門/絵本部門》高校生以上，プロ，アマチュア問わず。《こども部門》小学生および中学生。〔作品規定〕《タブロー部門》平面で紙を主体（イラストボードは可）とし，パネル，ガラス，ダンボール，木枠付キャンバス等は不可。CG可。用紙はA2判（420×594mm），縦横不問，余白なし。作品の厚さは，台紙を含め5mm以下。額装不要。《絵本部門》表紙+23ページ（表紙+タイトルページ（扉）1ペー

ジ+本文11見開き)、表紙+31ページ(表紙+タイトルページ(扉)1ページ+本文15見開き)、原画及びダミー本1部を提出。原画はB3以内、縦横不問。ダミー絵本の大きさ形自由。原画はページ式クリアファイルに入れ提出、原画に文字はいれないこと。ダミー絵本は文字を入れて作成すること。《こども部門》4枚の絵でできた絵本(表紙、見返し、奥付は自由)。原画及びダミー本1部を提出。原画はB3以内、縦横不問。ダミー絵本の大きさ形自由。原画はページ式クリアファイルに入れ提出。

【締切・発表】第9回締切は平成29年12月1日必着、入賞者には審査会当日本人に直接電話連絡後、文章で詳細を通知

【賞・賞金】(第9回)《タブロー部門》大賞1点(賞状、賞金50万円、記念品)、優秀賞(信毎賞)1点(賞状、賞金20万円、記念品)、審査員特別賞3点(賞状、賞金5万円、記念品)、入選 数点(賞状、記念品)、《絵本部門》大賞(フレーベル館賞)1点(賞状、賞金50万円、フレーベル館より出版、記念品)、優秀賞1点(賞状、賞金20万円、記念品)、審査員特別賞3点(賞状、賞金5万円、記念品)、入選 数点(賞状、記念品)。《こども部門》イルフ賞1点(賞状、図書券2万円、記念品)、ラムラム賞1点(賞状、図書券1万円、記念品)、赤ノッポ青ノッポ賞 数点(賞状、図書券2千円、記念品)

【URL】http://www.ilf.jp

第1回(平11年度)
◇日本童画大賞
　井上 華恵 「ぼくのちいさなともだち」
◇最優秀賞(信毎賞)
　西村 敏雄 「11月のサーカス」
◇優秀賞
　藤村 法子 「静かな夜」
◇審査員特別賞
　三好 克美 「大道芸人と鳥」
　田中 修一 「森の動物たち1」
　佐々木 愛 「サーカス」
　坂本 真彩 「眠り」
　たかはし びわ 「宇宙を旅する一団」
第2回(平13年度)
◇日本童画大賞
　松島 英樹 「本当に生きてるの?」
◇最優秀賞(信毎賞)
　伊藤 あおい 「幸せなひととき」
◇優秀賞
　住田 裕見 「ゆきのこんばんは」
◇審査員特別賞
　津金 愛子 「まあるい月とぼく」
　平島 毅 「山に聞いたユーヤケの夢」
　うさ 「ひと休み」
　戸川 幸一郎 「子供の時間」
第3回(平15年度)
◇日本童画大賞
　羽部 ちひろ 「あやとり」
◇最優秀賞(信毎賞)
　山田 千佳 「ここだよ」
◇優秀賞
　南 ひろみ 「てるてるぼうず」
◇審査員特別賞
　伊藤 亜矢美 「さかなっサンのひととき」
　沖山 宣晴 「みんなトマーティオ」
　鮫島 正行 「まだまだつづく」
　中村 緑里 「窓」
　藤原 加奈子 「ぐるぐるつらなる」
第4回(平17年度)
◇日本童画大賞
　いの とみか 「夕暮れ」
◇最優秀賞(信毎賞)
　橋本 佳奈 「くいしんぼうさん」
◇優秀賞
　田嶋 健 「ほたるぎ(おとがながれる)」
◇審査員特別賞
　秋山 睦 「帰り道」
　小川 惠美子 「うちにひめるよろこび」
　川本 久美子 「かみきり」
　鈴木 昭人 「月夜のさんぽ」
　宮澤 ナツ 「タベキレナイヨー」
第5回(平19年度)
◇日本童画大賞
　マスダカルシ 「ここにいるよ」

◇最優秀賞（信毎賞）
みほし「大きな木」
◇優秀賞
中村 眞美子「真夜中の行進」
◇審査員特別賞
東野 真衣「ポケットのポケっと」
かえで「長い髪のピアニスト」
鈴木 奈津子「いのししがサイを飛び越える」

第6回（平21年度）
◇日本童画大賞
金澤 恵美（和歌山県）「とり」
◇最優秀賞（信毎賞）
むらた ゆり（長野県）「おとりひき」
◇優秀賞
安 みち（愛知県）「ゆめたびびと リリ」
◇審査員特別賞
髙橋 キョウシロウ（東京都）「びびとぱふ ―はねをなくしたぞう―」
ヒコサカ ノリコ（香川県）「ひとりのこ」
万木 章（東京都）「ちいさいおっさん」
野澤 勇（栃木県）「はじめのいっぽ」

第7回（平23年度）
◇一般の部
●日本童画大賞
竹与井 かこ（石川県）「トイレさん」
●優秀賞（信毎賞）
蟹沢 民恵（長野県諏訪市）「ともだち」
●準優秀賞
ザ・キャビンカンパニー（大分県）「ボンボとヤージュ ―あついあつい島の冒険―」
●審査員特別賞
太田 智之（千葉県）「夜のとおり道」
赤井 彩子（東京都）「うっとりした よる」
まき あきら（東京都）「かもつれっしゃ とおる」
猿童 マーチ（東京都）「だいじなものを いれるのよ」
ミズノ マサミ（愛知県）「びっくり シーソー」
◇こどもの部
●イルフ賞
西條 樹（小6・長野県岡谷市）「雪だるま」
●ラムラム賞
加藤 峻（小6・長野県岡谷市）「マッチ競走」
●赤ノッポ青ノッポ賞
長野 実乃里（中3・長野県茅野市）「ひとりぼっちのよる」
岡村 結梨（小6・長野県岡谷市）「空の上で」
宮坂 陽太（小6・長野県岡谷市）「でんしゃでゴー」
原 千恵（中3・長野県岡谷市）「にげろっ!!」
宮坂 歩実（小5・長野県岡谷市）「この世の始まり」

第8回（平25年度）
◇一般の部
●日本童画大賞
サトウ ヒデコ（神奈川県）「なんかちょうだい」
●優秀賞（信毎賞）
しろうず さき（福岡県）「ぬいぐるみにまちがわれたくまくん」
●準優秀賞（諏訪しんきん賞）
おおた ともゆき（千葉県）「青空のそこ」
●生誕120年特別賞（八十二銀行賞）
髙橋 キョウシロウ（東京都）「星座になったネコ」
●審査員特別賞
園田 源二郎（滋賀県）「たからもの」
あしでら さやか（東京都）「たーきんとつきみそう」
吉村 実（東京都）「くまのゴーゴ」
佐藤 裕一郎, 工藤 有為子（埼玉県）「すいふしましま」
桜木 ゆみこ（千葉県）「おとうさんの/せなかはらっぱ」
◇こどもの部
●イルフ賞
宮澤 ななせ（小6・長野県諏訪市）「ギザギザのくさ」
●ラムラム賞
飯島 陽太（小3・長野県諏訪市）「友じょう」
●赤ノッポ青ノッポ賞
鮎澤 駿（中3・長野県岡谷市）「春夏秋冬」
田中 卓也（小3・長野県諏訪市）「かさをわすれたら」
込山 駿（小3・長野県諏訪市）「カメヤマ

のたたかい」
川﨑 陸（小4・長野県岡谷市）「このばめんでうったぞサヨナラホームラン」

野口 芽以（小2・東京都八王子市）「ココアちゃんのおさんぽ」

083 中原悌二郎賞

我が国の近代彫刻史に不滅の足跡を残した旭川ゆかりの彫刻家・中原悌二郎の偉業を顕彰し、あわせて現代日本彫刻界の振興に寄与することを目的として昭和45年に創設された。毎年授賞を行ってきたが、平成15年（第33回）より隔年開催,21年（第36回）からは本賞のみの選考となる。

【主催者】旭川市,旭川市教育委員会
【選考委員】植松奎二（彫刻家）,酒井忠康（美術評論家）,佐藤友哉（美術評論家）,澄川喜一（彫刻家）,建畠晢（美術評論家）
【選考方法】推薦
【選考基準】〔対象〕前々年度4月1日から前年度3月末日の2年間に日本国内で発表された日本人作家の作品
【締切・発表】隔年5月に決定,7月に発表
【賞・賞金】中原悌二郎賞；賞金100万円
【URL】http://www.city.asahikawa.hokkaido.jp/kurashi/329/348/358/index.html

第1回（昭45年）
　木内 克 「婦人誕生」〔ブロンズ〕
第2回（昭46年）
　西 常雄 「藤原義江像」〔ブロンズ〕
第3回（昭47年）
◇中原悌二郎賞
　舟越 保武 「原の城」〔ブロンズ〕
◇優秀賞
　湯原 和夫 「門」〔ステンレス〕
　細川 宗英 「道元」〔ブロンズ〕
第4回（昭48年）
◇中原悌二郎賞
　高橋 清 「人No.13」〔石〕
◇優秀賞
　篠田 守男 「テンションとコンプレッション414+415」〔アルミニウム〕
　一色 邦彦 「ひびき」〔ブロンズ〕
第5回（昭49年）
◇中原悌二郎賞
　柳原 義達 「道標・鳩」〔ブロンズ〕
◇優秀賞

　加藤 昭男 「月に飛ぶ」〔ブロンズ〕
　木村 賢太郎 「ひそかな笑い」
第6回（昭50年）
◇中原悌二郎賞
　佐藤 忠良 「カンカン帽」〔ブロンズ〕
◇優秀賞
　清水 九兵衛 「AFFINITY」〔アルミニウム合金〕
　土谷 武 「虫」〔鉄〕
第7回（昭51年）
◇中原悌二郎賞
　吉田 芳夫 「白道」〔ブロンズ〕
◇優秀賞
　田中 信太郎 「ディスタンスシリーズ四つのアール」〔鉄〕
　掛井 五郎 「バンザイ・ヒル」〔ブロンズ〕
第8回（昭52年）
◇中原悌二郎賞
　該当者なし
◇優秀賞
　江口 週 「漂流と原型'77-M-2」〔木〕

福岡 道雄 「九頭竜ダム」〔ポリエステル〕
　　小田 襄 「円柱と方形の要素」〔ステンレス〕
第9回(昭53年)
　◇中原悌二郎賞
　　流 政之 「かくれた恋」〔石〕
　◇優秀賞
　　若林 奮 「100粒の雨滴 III」〔銅,真鍮〕
　　山本 正道 「秋」〔ブロンズ〕
第10回(昭54年)
　◇中原悌二郎賞
　　桜井 祐一 「レダ」〔ブロンズ〕
　◇優秀賞
　　田中 薫 「ピタゴラスの鳥」〔プラスティック,モーター,歯車〕
　　五十嵐 晴夫 「メビウスの立方体」〔白・黒御影石〕
第11回(昭55年)
　◇中原悌二郎賞
　　寒川 典美 「ほかい人」〔テラコッタ〕
　◇優秀賞
　　澄川 喜一 「そりとそぎのあるかたち」〔木〕
　　小清水 漸 「レリーフ'80-4」〔木〕
第12回(昭56年)
　◇中原悌二郎賞
　　建畠 覚造 「CLOUD-4」〔ジュラルミン〕
　◇優秀賞
　　清水 良治 「孤影」〔ブロンズ〕
　　最上 寿之 「ドコマデイッテモボクガイル」〔米松〕
第13回(昭57年)
　◇中原悌二郎賞
　　千野 茂 「皐月」〔ブロンズ〕
　◇優秀賞
　　朝倉 響子 「ニケ/NIKE」〔ブロンズ〕
第14回(昭58年)
　◇中原悌二郎賞
　　山口 牧生 「15°」〔黒御影石〕
　◇優秀賞
　　雨宮 敬子 「生成」〔ブロンズ〕
第15回(昭59年)
　◇中原悌二郎賞
　　向井 良吉 「GARONNEの旅から」〔白銅〕
　◇優秀賞

　　城田 孝一郎 「十字路の女」〔木〕
第16回(昭60年)
　◇中原悌二郎賞
　　鈴木 実 「家族の肖像 II」〔アラスカ檜〕
　◇優秀賞
　　空 充秋 「地」〔白御影石〕
第17回(昭61年)
　◇中原悌二郎賞
　　岩野 勇三 「なほ」〔ブロンズ〕
　◇優秀賞
　　池田 宗弘 「一番近くの巨人に突っこんだ」〔真鍮〕
第18回(昭62年)
　◇中原悌二郎賞
　　大成 浩 「風の塔」〔御影石〕
　◇優秀賞
　　笹戸 千津子 「若き立像'86」〔ブロンズ〕
第19回(昭63年)
　◇中原悌二郎賞
　　空 充秋 「生きる」〔青木石〕
　◇優秀賞
　　深井 隆 「逃れゆく思念」〔楠,金箔〕
第20回(平1年)
　◇中原悌二郎賞
　　池田 宗弘 「見果てぬ夢・門出」〔真鍮・鉄〕
　◇優秀賞
　　三木 俊治 「行列」〔ブロンズ〕
第21回(平2年)
　◇中原悌二郎賞
　　土谷 武(日本大学芸術学部彫刻学科教授)「植物空間」〔木・スチール〕
　◇優秀賞
　　中井 延也(多摩美術大学彫刻科教授)「溶」〔大理石〕
第22回(平3年)
　◇中原悌二郎賞
　　井上 武吉 「my sky hole 91‐b」〔ステンレス・スチール・御影石〕
　◇優秀賞
　　橋本 裕臣(和光大学芸術学科教授)「丘の上のかたち」〔テラコッタ〕
第23回(平4年)
　◇中原悌二郎賞
　　掛井 五郎(新制作協会会員)「立つ」〔ブロンズ〕

◇優秀賞
　石井　厚生（行動美術協会会員）「時空・61」〔トラバーチン〕
第24回（平5年）
◇中原悌二郎賞
　江口　週　「繋がれたアーチ」〔樟〕
◇優秀賞
　湯村　光（行動美術協会会員）「起源」〔黒御影石〕
第25回（平6年）
◇中原悌二郎賞
　加藤　昭男（武蔵野美術大学教授）「何処へ」〔ブロンズ〕
◇優秀賞
　高岡　典男　「SUMMIT」〔黒御影石〕
第26回（平7年）
◇中原悌二郎賞
　保田　春彦　「聚落を囲う壁Ⅰ」〔鉄〕
◇優秀賞
　舟越　桂　「唐突な山」〔楠・大理石〕
第27回（平8年）
◇中原悌二郎賞
　若林　奮　「Daisy Ⅲ‐2」〔スチール・石こう〕
◇優秀賞
　岡本　敦生　「地殻─鼓動」〔白御影石・マイクロプロセッサ・太陽電池・LED〕
第28回（平9年）
◇中原悌二郎賞
　下田　治　「かみつくめす犬」
◇優秀賞
　植松　奎二　「3つのかたち─垂・傾」
第29回（平10年）
◇中原悌二郎賞
　清水　九兵衛　「PACK-A」
◇優秀賞
　内田　晴之　「重力空間─赤」

第30回（平11年）
◇中原悌二郎賞
　吾妻　兼治郎　「YU-847」
◇優秀賞
　西　雅秋　「Innocence—Wedge」
第31回（平12年）
◇中原悌二郎賞
　山本　正道　「Versilia '99」
◇優秀賞
　井田　勝己　「月に向かって進め」
第32回（平13年）
◇中原悌二郎賞
　広井　力　「海の風」
◇優秀賞
　西野　康造　「空の記憶」
第33回（平15年）
◇中原悌二郎賞
　舟越　桂　「水の山」
◇優秀賞
　青木　野枝　「玉鋼─Ⅲ」
第34回（平17年）
◇中原悌二郎賞
　該当なし
◇優秀賞
　寺田　栄　「石走る」
　古郡　弘　「あり！　あか！　おう！」
　保井　智貴　「untitled」
第35回（平19年）
　鈴木　久雄　「距離・Irish Sky」
◇優秀賞
　今村　源　「ダイブⅡ」
第36回（平21年）
　大平　實　「Casa（家）」
第37回（平23年）
　小泉　俊己　「水脈（図法－1）」
第38回（平25年）
　植松　奎二　「截接－軸・経度・緯度」
第39回（平27年）
　戸谷　成雄　「漢詩的」

084　奈良県万葉日本画大賞展

「万葉集」に取材した日本画を公募し、万葉文化の普及をはかるとともに、優れた作品を顕彰して日本画家の育成をはかり、日本画壇の活性化と発展に寄与することをめざし、平成14年度に創設された。第5回（平成22年度）をもって終了した。

【主催者】奈良県,奈良県立万葉文化館,(財)奈良県万葉文化振興財団
【選考委員】(第5回)今井珠泉,田淵俊夫,福本達雄,牧進,米谷清和
【選考方法】公募
【選考基準】〔資格〕日本国内在住者。〔作品規定〕本人が制作した未発表の日本画で,万葉集の和歌1首または数首に取材した作品に限る。大きさは50号以上100号以内。額(ガラス付は不可,アクリル板付は可)を必ず付ける。〔応募規定〕1人1点。〔出品料〕5000円
【締切・発表】(第5回)応募期間は平成22年10月15日～11月14日。展覧会は平成23年3月10日～4月24日
【賞・賞金】万葉日本画大賞(1点):賞状と賞金300万円,準大賞(2点):賞状と賞金100万円,奨励賞(2点),賞状と記念品,入選(約30点):賞状と記念品。大賞・準大賞は賞金をもって奈良県買上とする
【URL】http://www.manyo.jp/

第1回(平14年度)
◇大賞
　大矢 真嗣 「隠沼」
◇準大賞
　大矢 真弓 「秋色」
　木下 めいこ 「白」
◇奨励賞
　髙橋 雅美 「霞立つ」
　豊田 征男 「夜泊」
第2回(平16年度)
◇大賞
　古屋 雅子 「緑薫」
◇準大賞
　田島 諒子 「草深百合」
　長谷川 喜久 「アサヨヒ」
◇奨励賞
　大瀧 隆夫 「伝心」
　髙橋 雅美 「大和三山」
第3回(平18年度)
◇大賞
　久米 伴香 「明日香野」
◇準大賞
　奥村 佳世子 「早花咲月」
　野々内 宏 「鷺」
◇奨励賞
　高幣 佳代 「但馬皇女」
　山岸 伊佐子 「難波津」
第4回(平20年度)
◇大賞
　綿引 はるな 「葦の池(あしのいけ)」
◇準大賞
　熱田 守 「をさぎ(兎)」
　福岡 正臣 「鵜(う)」
◇奨励賞
　奥村 佳世子 「朱音秋日(あかねしゅうじつ)」
　長田 佳子 「想星(そうせい)」
第5回(平22年度)
◇大賞
　野々内 宏 「蓮苑」
◇準大賞
　内海 福溥 「夕波」
　齋藤 勝正 「彩花」
◇奨励賞
　朝倉 美彌子 「想」
　岡野 陽一 「風が」
　安田 敦夫 「遷移」

085 にいがたマンガ大賞

新潟県は多くの著名なマンガ家の出身地であり,またマンガ同人誌即売会「ガタケット」

085 にいがたマンガ大賞　　美術

が好評開催されていることから、マンガ文化を応援することを目的につくられた。「マンガ王国にいがた」をアピールすることにも一役買っている。

【主催者】にいがたマンガ大賞実行委員会

【選考委員】（第20回）最終審査：魔夜峰央（マンガ家）　第二次審査：小野淳平（株式会社集英社別冊マーガレット副編集長）ほか　第一次審査：鈴木いこ（マンガ家）ほか

【選考方法】第一次審査、第二次審査、最終審査

【選考基準】〔資格〕プロ・アマ不問　〔作品規定〕未投稿のオリジナル作品に限る（同人誌に掲載のものは可）　〔応募制限〕1人各部門5点まで

【締切・発表】（第20回）受付期間：平成29年8月11日～9月19日必着、発表：12月下旬予定（市報にいがた・ホームページにて）

【賞・賞金】（第20回）〔にいがたマンガ大賞〕（1名　※一般、高校生、中学生部門への応募者から選出）：賞金30万円。〔こどもにいがたマンガ大賞〕（1名　小学生部門より選出）：図書カード2万円分。〔一般部門〕ストーリーマンガの部・最優秀作品賞（1名）：5万円。優秀作品賞（1名）：1万円。入選・準入選　〔コママンガの部〕最優秀作品賞（1名）5万円。優秀作品賞（1名）1万円。入選・準入選　〔高校生部門〕最優秀作品賞（1名）：図書カード2万円分。優秀作品賞（1名）：図書カード1万円分。入選・準入選　〔中学生部門〕最優秀作品賞（1名）：図書カード1万円分。優秀作品賞（1名）：図書カード5千円分。入選・準入選　〔小学生部門〕最優秀作品賞（1名）：図書カード5千円分。優秀作品賞（1名）：図書カード3千円分。入選・準入選　〔コミックイラスト部門〕（幼児・小学生のみ）最優秀作品賞（1名）：図書カード5千円分。優秀作品賞（1名）：図書カード3千円分。入選・準入選

【URL】http://award.manganime-niigata.jp/index.html

第1回（平10年）
◇にいがたマンガ大賞
　本間 陽子　「月の子」
◇こどもにいがたマンガ大賞
　古俣 あやね　「毎日がハッピー」
◇一般部門・ストーリーマンガの部
●最優秀作品賞
　大江 清　「望郷軽機兵」
●佳作
　早川 紀秋　「異物」
●入選
　小山 良夫　「アフリカ ストーリー」
●入選
　さいが あきこ　「カニザ来襲」
●審査員長賞選
　仲元 治　「青年よ大志を持て」
●新潟市長賞
　林 紘子　「過去から未来へのプレゼント」
◇一般部門・コママンガの部
●最優秀作品賞
　南川 和之　「ベテラン」
●佳作
　すぎやま しげゆき　「イメージトレーニング」
●入選
　あいざわ ひらく　「お動物 四字語辞典」
◇テーマ部門（テーマ「日本酒」）
●テーマ部門賞
　小林 秀雄　「露見…先生はお見通し」
　葵 泰摩　「酒浸りの正義」
　池田 紘一郎　「日本酒物語」
●審査員長賞
　仲元 治　「『戦友の墓』日本の酒だよ」
●話題賞
　森本 修　「とうさんのカレンダー」
◇小学生部門
●佳作
　佐藤 絵里子　「TA・TA・KA・I（たたかい）」
●入選

真嶋 みゆき 「びのぼの森のビノハムニャンピ」
第2回（平11年）
◇にいがたマンガ大賞
　　高山 裕樹 「雪町」
◇こどもにいがたマンガ大賞
　　まじま みゆき 「びのぼの森のビノハムちょこぴ」
◇一般部門・ストーリーマンガの部
● 最優秀作品賞
　　井上 孝夫 「冬の挿話」
● 佳作
　　小山 良夫 「大人の時間、子供の時間」
● 審査員特別賞
　　白石 恭子 「LIFE」
◇一般部門・コママンガの部
● 最優秀作品賞
　　HALL 「さかさまの家」
● 佳作
　　神原 るり 「かおるちゃん」
◇テーマ部門（テーマ「世紀末」）
● 最優秀作品賞
　　古俣 あやね 「努力の結晶」
● 佳作
　　天澤 琉花 「How About "世紀末"」
◇小学生部門
● 最優秀作品賞
　　佐藤 絵里子 「オタカラノヤマ」
● 佳作
　　剣坂 理緒 「アリスが来た日」
第3回（平12年）
◇にいがたマンガ大賞
　　蓮見 凛 「四月の風」
◇こどもにいがたマンガ大賞
　　暁 灰猫 「銀の足跡」
◇一般部門・ストーリーマンガの部
● 最優秀作品賞/水島新司賞
　　鈴木 有布子 「月がない」
● 佳作
　　九十九 マナ 「Who am I？」
◇一般部門・コママンガの部
● 最優秀作品賞/魔夜峰央賞
　　小山 良夫 「今日もお江戸は日本晴れ！」
● 佳作
　　相澤 拓 「実はとても悲惨な星の王子さま」

◇中学・高校生部門
● 最優秀作品賞/水島新司賞
　　草子 鞠 「眠らない夢」
● 佳作
　　白石 恭子 「Take it easy」
◇テーマ部門（テーマ「にいがた」）
● 最優秀作品賞
　　本田 杉子 「あの海の色」
● 佳作
　　徳永 久志 「汐風（しおかぜ）」
● 審査員特別賞
　　梅沢 秀 「ユキガフルマチ」
◇小学生部門
● 最優秀作品賞
　　ぱくぴーこ 「びのぼの森のビノハムピーコ」
● 佳作
　　竜田 大輝 「ティラノ日記」
第4回（平13年）
◇にいがたマンガ大賞
　　麻生 弥 「於母影草紙 おもかげぞうし」
◇こどもにいがたマンガ大賞
　　さや 「ドラゴンの世界」
◇一般部門・ストーリーマンガの部
● 最優秀作品賞/水島新司賞
　　鈴木 有布子 「夜明けまえ」
● 佳作
　　田中 裕介 「そこは地雷源。」
　　TATSUKI 「COCOON」
　　山上 超夢 「田原洋子 鈴木アユム」
◇一般部門・コママンガの部
● 最優秀作品賞/魔夜峰央賞
　　相澤 拓 「やさいまんが」
● 佳作
　　田中 裕介 「そこは地雷源。」
◇中学・高校生部門
● 最優秀作品賞
　　高橋 加奈 「あなたへの月」
● 佳作
　　最上 真理恵 「アンケート」
● 審査員特別賞
　　湯ノ熊 うい 「発明!?タイムマシン！」
　　金子 理沙 「グッバイ」
◇テーマ部門（テーマ「にいがた」）
● 最優秀作品賞

もみ あげる 「2055(NIIMARU.GO！GO！)」
- 佳作
  エグチ タカユキ 「万代橋であいましょう。」
◇小学生部門
- 最優秀作品賞
  森野 ミズキ 「占い名人ダリー君」
- 佳作
  小日向 瞳 「トマトだらけ」

第5回（平14年）
◇にいがたマンガ大賞
  エグチ タカユキ 「万代橋であいましょう。」
◇こどもにいがたマンガ大賞
  平田 栄美 「myまざぁ」
◇一般部門・ストーリーマンガの部
- 最優秀作品賞
  秋津 銀 「楽園の私」
- 佳作
  田中 裕介 「微妙戦隊アバウトマン」
- 審査員特別賞
  しれなば あづみ 「I JUST GO」
◇一般部門・コママンガの部
- 最優秀作品賞
  井上 孝夫 「日本パラダイス句集」
- 佳作
  蓮賀 まさとき 「羅城門の鬼」
- 審査員特別賞
  いわはま よりと 「ナキヒトトキ～もしくは手紙と犬と未亡人～」
◇中学・高校生部門
- 最優秀作品賞
  ハヤシ ヒロコ 「背中合わせのネバーランド」
- 佳作
  豊岡 彩夏 「Noppo♡♡」
- 水島新司賞
  うり 「りとるびじたー」
◇小学生部門
- 最優秀作品賞
  森野 楓 「カッパってアリ」
- 佳作/魔夜峰央賞
  萩田 諭 「2年1組驚きの学校生活」
◇コミックイラスト部門―小学校高学年クラス
- 最優秀作品賞
  吉澤 遥香 「彼岸花 ～ひがんばな～」
- 佳作
  青木 裕美 「自然の中で…」
  清水 琴友 「野良蝙蝠。」
  望月 緋霞 「夕日にとけて飛んでいきたい」
◇コミックイラスト部門―小学校中学年クラス
- 佳作
  竹本 朱花 「スウィートガール☆」
◇コミックイラスト部門―幼児・小学校低学年クラス
  入賞作なし

第6回（平15年）
◇にいがたマンガ大賞
  天吹 云泉 「青春交差点」
◇こどもにいがたマンガ大賞
  月桜 葵 「キヲクノ カケラ」
◇一般部門・ストーリーマンガの部
- 最優秀作品賞
  三月 やよい 「なごみ二畳敷」
- 優秀作品賞
  時任 奏 「Dog Road」
- 水島新司賞
  金田一 彩 「蔓殊沙華の詩」
◇一般部門・コママンガの部
- 優秀作品賞
  田中 裕介 「WONDERING WALKER」
- 最優秀作品賞
  新木場 たつみ 「ゆっくんは ごきげんナナメ」
- 奨励賞
  いわはま・よりと 「キャクショクナッシング！」
◇中学・高校生部門
- 最優秀作品賞
  蒼院 紗羅 「悲しい悪魔 優しい悪魔」
- 優秀作品賞/魔夜峰央賞
  吉本 マスメ 「ハートについて考えてみる」
- 奨励賞
  今井 美どり 「かりそめ」
- 審査員特別賞
  平松 誠 「ダンテの跡継ぎ」
◇小学生部門

- 最優秀作品賞
  おかもと みさと 「HAPPY♡クローバー」
- 優秀作品賞
  曼珠沙華 「贈りもの―プレゼント―」
- 審査員特別賞
  不幸の手紙棒クン 「初心者印―ショシンシャマーク―」
◇コミックイラスト部門
- 最優秀作品賞
  山村 萌子 「空の上のパラダイス」
- 優秀作品賞
  水月 ほ〜し 「蒼い空・薄明の月」

第7回（平16年）
◇にいがたマンガ大賞
  原 天保 「BOY OF ISOLATED ISLAND Quilo」
◇こどもにいがたマンガ大賞
  トッポノッポ 「夏の思い出〜永遠の君へ〜」
◇一般部門・ストーリーマンガの部
- 最優秀作品賞
  エグチ タカユキ 「キミノキオク」
- 優秀作品賞
  のもと ゆきお 「ハミチャンQ（惨め編）」
- 審査員特別賞
  米山 毅 「SHE IS SHEEP HIDE」
- 実行委員会特別賞
  鈴影 ささゆき 「フューチャープレビュー！」
◇一般部門・コママンガの部
- 最優秀作品賞
  柳原 満月 「それいけ！ タオルさん」
- 優秀作品賞
  雑賀 明子 「つるかめ探偵事務所」
- 奨励賞
  キクチ マサフミ 「温泉ブーム」
◇中学・高校生部門
- 最優秀作品賞
  あかつき 灰猫 「瓦落多哀歌」
- 優秀作品賞
  坂井 愛 「君を忘れず」
- 奨励賞
  梅田 千代子 「Lovely★Melancholy」
- 水島新司賞
  因幡 祐香 「RESET!!」

- 審査員特別賞
  藤原 きゅう 「まよひごのはなし」
- 実行委員会特別賞
  今井 美どり 「一球」
  榎本 かのこ 「じどうはんばいきとかえるとあたし」
◇小学生部門
- 最優秀作品賞/魔夜峰央賞
  おかもと みさと 「友情組曲『トモダチ』」
- 優秀作品賞
  手塚 麻有子 「パックンくんの海の日のまき」
◇コミックイラスト部門
- 最優秀作品賞
  高橋 亜弓 「ハローウィンの夜 まじょの幸せ」
- 優秀作品賞
  清水 みなみ 「まる・まる・まるチャン！」

第8回（平17年）
◇にいがたマンガ大賞
  夜霍 赤春 「葬列と苺の日」
◇こどもにいがたマンガ大賞
  新島 舞子 「僕達の夏休み」
◇一般部門・ストーリーマンガの部
- 最優秀作品賞/水島新司賞
  CK 「バグ！」
- 優秀作品賞
  おだ えつお 「ありがとう」
- 実行委員会特別賞
  武石 なぎさ 「めりくり」
◇一般部門・コママンガの部
- 最優秀作品賞
  坂本 しげる 「ばんぱ君とちんどん屋」
- 優秀作品賞
  ごま 「ボクのきもち」
- 奨励賞
  驢馬 「菌所迷惑」
◇中学・高校生部門
- 最優秀作品賞
  古川 佑美 「雨のちアメのち雨のちアメ」
- 優秀作品賞
  煉獄 団十郎。 「Friends Friends. Beautiful Human Error.」
- 奨励賞/水島新司賞
  魚晴 「フィフティーン」

- 魔夜峰央賞
  くつひも むすぶ 「RPG小沢」
- 実行委員会特別賞
  白木 ゆり 「サボテンと歌」
  淀川 啞栗鼠 「正しく無くても愛しく在れ」
◇小学生部門
- 最優秀作品賞
  弥城 なつき 「君へ。」
- 優秀作品賞
  川島 知也 「れんぞく強盗犯を捕まえろ！」
- 実行委員会特別賞
  阿部 夏実 「イモリです。」
◇コミックイラスト部門
- 最優秀作品賞
  椿 「こっそりおてつだい」
- 優秀作品賞
  タナカ サワコ 「Candy・Cat」

第9回（平18年）
◇にいがたマンガ大賞
  久津紐 むすぶ 「アオイトリ」
◇こどもにいがたマンガ大賞
  夢路 「ROBOT」
◇一般部門・ストーリーマンガの部
- 最優秀作品賞
  西塔 恵 「春のなまえ」
- 優秀作品賞
  愛 「Paradise」
- 奨励賞
  吉元 ますめ 「非常口 EXIT」
- 実行委員会特別賞
  まどろみ枕 「くるまとうさぎ」
- 審査員特別賞
  宇田川 ゆに 「フロックス・セレナーデ」
  いずみ 寿 「その男、用務員につき。」
◇一般部門・コママンガの部
- 最優秀作品賞
  武石 なぎさ 「宝野男子高校 こんなカンジで描いてみました!!」
- 優秀作品賞
  すみ 「ひとり暮らし」
- 奨励賞
  南川 和之 「やがて消滅だ、はずそう」
◇中学・高校生部門
- 最優秀作品賞/魔夜峰央賞
  まっち 「ネガティブさん」
- 優秀作品賞

  川村 麻美 「マルナツ」
- 実行委員会特別賞
  くわわ 「LOST DEVIL」
  巳屋本 ナンナ 「パプー」
◇小学生部門
- 最優秀作品賞
  阿部 夏実 「楽しくするための法則」
- 優秀作品賞
  齋藤 万里 「プリンセスパニック ～パーティは大さわぎ～」
◇コミックイラスト部門
- 最優秀作品賞
  いな かぼち 「波打ち際」
- 優秀作品賞/水島新司賞
  萌葱 「Flower ドロップ」

第10回（平19年）
◇にいがたマンガ大賞
  本寄 直助 「逃げる男と追う女」
◇こどもにいがたマンガ大賞
  水瀬 蒼 「鈴の音如き 漆黒の空」
◇一般部門・ストーリーマンガの部
- 最優秀作品賞/水島新司賞
  木村 由美 「8歳の軌跡」
- 優秀作品賞
  山 あらた 「ツノ男」
- 実行委員会特別賞
  大河 静 「ホワイト アイズ」
  横山 隆 「悪魔っ子夜想曲」
- 審査員特別賞
  高橋 勝伸 「求人情報誌」
◇一般部門・コママンガの部
- 最優秀作品賞
  さらみ 「sweet パパ」
- 優秀作品賞
  本多 勝成 「ぼんのーとあんらくの日々」
- 奨励賞
  驢馬 「政令の守り人」
◇中学・高校生部門
- 最優秀作品賞
  渡辺 ゆり 「夏の日」
- 優秀作品賞/魔夜峰央賞
  新島 舞子 「明日に吹く風」
- 奨励賞
  因幡 祐香 「TRUTH」
- 実行委員会特別賞

近藤 愛　「溶けろ」
桐生 葵　「スターリングポイント」
- 審査員特別賞
チョコレート　「The back alley」
山下 豊武奈　「不正戦役」
馬場 裕美　「1年生くだもの」

◇小学生部門
- 最優秀作品賞
前山 みなも　「マシュマロな気持ち」
- 優秀作品賞
黒蜜 きなこ　「空になる」

◇コミックイラスト部門
- 最優秀作品賞
氏田 美月　「悪魔は私？」
- 優秀作品賞
若月 真紀　「音」
- 審査員特別賞
野沢 友理　「すぐそばにある光」
ラポン　「雨雪」

第11回（平20年）
◇にいがたマンガ大賞
芦谷 あばよ　「平成ゴッホ」
◇こどもにいがたマンガ大賞
吉本 有希　「パニックミラー」
◇一般部門・ストーリーマンガの部
- 最優秀作品賞
まっつ　「ヴィジュアルさん」
- 優秀作品賞
横山 隆　「おっさんクエスト」
- 奨励賞
木村 由美　「キラキラ☆」
- 審査員特別賞
吉元 ますめ　「君はそのメロディ」
玉木 歩　「鶴野山」
- 実行委員会特別賞
貴しま あずさ　「歩く。」
池田 友季美　「世界ランク☆チェッカー」
◇一般部門・コママンガの部
- 最優秀作品賞
羽藤 ナツ　「えのころぐさ」
- 優秀作品賞
高元 海奈絵　「日常茶飯事」
- 審査員特別賞
因幡 うにゃ　「恋だよ！ 恋!!」
居酒屋まつもと　「笑ってください。」
◇中学・高校生部門

- 最優秀作品賞/水島新司賞
更科 祥　「某公園の一夜。」
- 優秀作品賞
淀川 アリス　「すきこそものの！」
- 奨励賞
伊藤 玲　「uuU！ うぉぉたあ」
新島 舞子　「夏の如く暑きもの」
- 審査員特別賞
柾木 花耶　「Is this LOVE？」
斎藤 柊　「水神様」
- 実行委員会特別賞
柿野　「性悪と呪い」
遊貴　「先生」

◇小学生部門
- 最優秀作品賞
紅水晶　「一輪の花」
- 優秀作品賞/魔夜峰央賞
なす もみじ　「ちびっこねこのちびたん」

◇コミックイラスト部門
- 最優秀作品賞
星山 日和　「次はどこいく？」
- 優秀作品賞
目黒 愛実　「花」
- 審査員特別賞
芽衣　「風を切って…」
- 実行委員会特別賞
空豆　「空の世界」
- 入選/水島新司特別賞
コッコちゃん　「ミンナ ミテル」

第12回（平21年）
◇にいがたマンガ大賞
まっつ　「ゴスロリさん」
◇こどもにいがたマンガ大賞
天沢 日菜　「3ポイント」
◇一般部門・ストーリーマンガの部
- 最優秀作品賞/魔夜峰央賞
藤宮 史　「パラソルの微風」
- 優秀作品賞
更科 えみ　「ひとりのためのプラネタリウム」
- 審査員特別賞
北原 万紀子　「ティル・ナ・ノーグ ―幸福の島―」
田森 ノラ　「タイトル・ロール」
◇一般部門・コママンガの部

- 最優秀作品賞
  吉田 小波 「エイリアン母さん」
- 優秀作品賞
  蔵前 星児 「かめらまんたろう」
- 奨励賞
  ザンギエフ てつびん 「有限会社ザンギエフ」
- 審査員特別賞
  maimi 「しほりさ日記」
  迷 「チャミする？」

◇中学・高校生部門
- 最優秀作品賞/魔夜峰央賞
  きじとら 「swim with my own fin」
- 優秀作品賞
  赤井 さおり 「朝焼け」
- 奨励賞
  楠 イチ 「モノクロmemories」
- 実行委員会特別賞
  八郎 「そういうトコロが」
  ぴの 「Love Doll」
  田中 結女 「幸せさがし」

◇小学生部門
- 最優秀作品賞
  黒魚 「こっちの世界とあっちの世界」
- 優秀作品賞
  飯田 安季 「おたすけヒーロー」
- 審査員特別賞
  優佳 「ウソから始まる恋」
- 実行委員会特別賞
  ちひろ 「ルナさんの笑わないひみつ」
  本間 梨予 「思い出の笑顔」

◇コミックイラスト部門
- 最優秀作品賞
  高橋 空吾 「赤い橋」
- 優秀作品賞
  高橋 唯 「SMILE」
- 実行委員会特別賞
  siori 「雨あがり」
  ナイン 「おいおい、バレてるぞ」
- 審査員特別賞
  星 匡朗 「ぼくらの町」

第13回（平22年）
　◇にいがたマンガ大賞
　　柾木 花耶 「NON STOP！」
　◇こどもにいがたマンガ大賞
　　種村 花音 「LITTLE kiss」

◇一般部門・ストーリーマンガの部
- 最優秀作品賞
  日下 ヨル 「ホンジツは青天なり！」
- 優秀作品賞
  ふくおか たつろう 「オニトンボ」
- 奨励賞
  タカ3 「水道屋のオシゴト」

◇一般部門・コママンガの部
- 最優秀作品賞
  いざかや まつもと 「なんでやねん!!」
- 優秀作品賞
  たなか ごめす 「ムゲンドロップス」
- 奨励賞
  四季 千尋 「たまごちゃん」
- 審査員特別賞
  仁科 真弓 「俺とひつじと就活戦線」
- 実行委員員特別賞
  茶丸 「番長とオレ」

◇中学・高校生部門
- 最優秀作品賞/魔夜峰央賞
  佐藤 紅 「晴れのち雨音」
- 優秀作品賞
  高鳥 みい 「MKKW！」
- 審査員特別賞
  森河 依 「誰かが引っ越して来たようです。」
  益田 万里香 「コイナンギ」
  凛 「伝えたい」
- 実行委員会特別賞
  土田 日禾 「はなのあるくらし」
  葵 日向 「一位の姫とタラシの僕」

◇小学生部門
- 最優秀作品賞
  chihiro 「スクール×ゴースト！」
- 優秀作品賞
  中島 フミト 「ぼくと博士」
- 審査員特別賞
  矢部 駿 「サヴァイブ イン ザ シークレット アイランド」
  浦澤 美里 「大切なモノ。」

◇コミックイラスト部門
- 最優秀作品賞
  高橋 唯 「Flower」
- 優秀作品賞
  chihiro 「仲間」

- 審査員特別賞
  大森 進平 「海賊船を乗っ取る！」
  SIORI「ひだまり」

第14回（平23年）
◇にいがたマンガ大賞
　更科 えみ 「カツアゲ夫人」
◇こどもにいがたマンガ大賞
　本野 シオリ 「永遠のきずな」
◇一般部門・ストーリーマンガの部
- 最優秀作品賞
  日下 ヨル 「23才の夏休み」
- 優秀作品賞
  岡田 佳也 「セールス悪魔」
- 審査員特別賞
  木村 桂子 「クモとカイコガ」
  齋藤 さくら 「MILK」
- 実行委員会特別賞
  木村 由美 「Belle ile」

◇一般部門・コママンガの部
- 最優秀作品賞
  羽藤 ナツ 「シンコンサン」
- 魔夜峰央賞/優秀作品賞
  戸松 かさね 「タイ研へようこそ！」
- 奨励賞
  蔵前 星児 「ダバダバハネムーン」

◇高校生部門
- 最優秀作品賞
  原田 のぎ 「向こう行き」
- 優秀作品賞
  金谷 秀 「求愛ダンス」
- 奨励賞
  由乃 「少女探偵MTR〜桜の木の下の穴の謎〜」
- 審査員特別賞
  藍星 光流 「お口チャック」

◇中学生部門
- 最優秀作品賞
  落合 N 「As high as」
- 優秀作品賞
  888「Origin」
- 奨励賞
  里 「one season.」
- 審査員特別賞
  置鮎 瑠美 「公園にて変な人と」
  じんとにっく ハル 「オレのカタツムリ。」

- 実行委員会特別賞
  佐東 新 「とけるスパイ」

◇小学生部門
- 最優秀作品賞
  中山 実咲 「リトル・CAT海賊団 〜おかしの国の大バトル〜」
- 優秀作品賞
  渡辺 かほ 「サクラと桜」
- 審査員特別賞
  前島 友菜 「私の本当の友達」
- 実行委員会特別賞
  オムざいる 「clover」

◇コミックイラスト部門
- 最優秀作品賞
  本野 シオリ 「この手をのばし、月に願いを」
- 優秀作品賞
  ステーキ 「おかしもりだくさん！」
- 審査員特別賞
  佐藤 優彩 「ウキウキわくわくタコぼうし」
- 実行委員会特別賞
  はたの にこ 「天空エンジェル」

第15回（平24年）
◇にいがたマンガ大賞
　富浦 千弥 「バイタルサイン」
◇こどもにいがたマンガ大賞
　小滝 かれん 「スマイルダンス」
◇一般部門・ストーリーマンガの部
- 最優秀作品賞
  羽藤 ナツ 「シスターコンプレックス」
- 優秀作品賞
  天木 杏 「ウミモリ」
- 審査員特別賞
  朔，香津宮 裕介（原案）「ビニールガール」
  平良 一樹 「お口の恋人」
- 実行委員会特別賞
  秋津 銀 「向こう側にそれはある。」
  おぐら 「われもっこ」

◇一般部門 コママンガの部
- 最優秀作品賞・魔夜峰央賞
  四季 千尋 「先生、顔がありません」
- 優秀作品賞
  笹友 「おひとりさまとおねこさま」
- 奨励賞
  森ノ夕夜 「むじな!!」
- 審査員特別賞

めごちも 「半福」
◇高校生部門
- 最優秀作品賞
 MIDORI「笑×笑旋風！ キュート☆ダイナマイト」
- 優秀作品賞
 佐藤 紅 「欲望解決班 望月」
- 奨励賞
 ユノ 「スローター」
- 審査員特別賞
 阿部 匡平 「神の試練」
 落合 直樹 「明花」
- 実行委員会特別賞
 齋藤 周平 「優しい悪魔と小さな人間」
◇中学生部門
- 最優秀作品賞
 天尾 「図書室と恋の病」
- 優秀作品賞
 佐藤 花奈子 「Science fiction」
- 奨励賞
 888「Regret days」
- 審査員特別賞
 冨嶋 さくら 「Heart less」
- 実行委員会特別賞
 佐東 新 「はみがきこな三日間」
◇小学生部門
- 最優秀作品賞・魔夜峰央賞
 モモトイツキ 「ハエたいじ」
- 優秀作品賞
 中山 実咲 「おかしなおかしな 白雪物語り！」
- 審査員特別賞
 マンゴーパイン 「PERFECT！」
 ユメ 「doppel」
◇コミックイラスト部門
- 最優秀作品賞
 中山 実咲 「Sweet pop」
- 優秀作品賞
 NOA♪ 「Fuura-自然を愛する少女－」
- 審査員特別賞
 ひなまる 「森の思い出」
- 実行委員会特別賞
 あにまっくサン 「ともだち」
 栗賀 敦裕 「ブラック ファイヤー」

第16回（平25年）

◇にいがたマンガ大賞
 梅玉 りえ 「とわずがたり」
◇こどもにいがたマンガ大賞
 清野 美穂 「笑顔で楽しむが勝ち」
◇一般部門・ストーリーマンガの部
- 最優秀作品賞
 momo「ストーリー」
- 優秀作品賞
 藍風 あすか 「C：LOVE：R」
- 審査員特別賞
 胡弓 かなた 「一郎」
 モトチンコ 「性欲世界」
- 実行委員会特別賞
 ずんだもち 「青春コンプレックス」
 アベシヨ 「かえりたい祖母」
◇一般部門 コママンガの部
- 最優秀作品賞・魔夜峰央賞
 高鳥 みい 「にゃんだふぉー」
- 優秀作品賞
 樹 守 「ちるちるみちる」
- 奨励賞
 岡部 真依 「短編集 男が憎くて仕方ない」
- 審査員特別賞
 高梨 雷霧 「カオス日記」
- 実行委員会特別賞
 和多二 人則 「ぐだぐだ描き娘」
 古賀 真由美 「イタ山 イタ子さん」
◇高校生部門
- 最優秀作品賞
 齋藤 周平 「ゲーム」
- 優秀作品賞
 りょおみ 「くらげのほね」
- 奨励賞
 神無月 なな 「シークレットラヴァー」
- 奨励賞
 羽賀 週 「TROUBLE MAKER」
- 審査員特別賞
 落合 直樹 「野球少女」
- 審査員特別賞
 みかこ 「DAYS」
- 実行委員会特別賞
 二ノ宮 「Change!!」
◇中学生部門
- 最優秀作品賞
 るち 「ふたりメシ」

- 優秀作品賞
  夏帆 「さあ、お勉強の時間です。」
- 奨励賞
  0.7「15年後また！」
- 審査員特別賞
  天尾 「一方通行」
- 審査員特別賞
  中山 実咲 「学園ダンジョン！」
- 実行委員会特別賞
  佐東 新 「将来の夢は金魚です」
  村山 美咲 「Love Lesson！」

◇小学生部門
- 最優秀作品賞
  彩原 鈴莎 「弱虫な僕と幼なじみの君」
- 優秀作品賞
  荒木 遥 「記憶の片すみに」
- 審査員特別賞
  小滝 かれん 「シャイニー」
- 審査員特別賞
  佐井倉 七夢 「かわるタメのキーワード」
- 実行委員会特別賞
  のこのっくす 「超能力日記」
  ほかほかリンゴ 「フレンドシップ」
  後藤 向日葵 「HAPPYゴースト」

◇コミックイラスト部門
- 最優秀作品賞
  中島 福太郎 「ムーンライトシャドー」
- 優秀作品賞
  清野 美穂 「ニジイロ☆インク」
- 審査員特別賞
  ほかほかリンゴ 「ピース」
- 実行委員会特別賞
  いとう ゆうき 「グレイドきょうりゅうガイドン」
  いとう だいき 「黒いロボット」

第17回（平26年）
◇にいがたマンガ大賞
  落合 直樹 「Colorful」
◇こどもにいがたマンガ大賞
  木村 麻里子 「JEWELRYS」
◇一般部門・ストーリーマンガの部
- 最優秀作品賞
  ユッケ 「歩道橋のおねえさん」
- 優秀作品賞
  ヒロ 「化かし者」
- 奨励賞
  小林 皓輔 「熊はやっていない！」
- 審査員特別賞
  ありこ 「BLACK WOLF」
- 実行委員会特別賞
  矢崎 景子 「優しさの痕」

◇一般部門 コママンガの部
- 最優秀作品賞
  さかずき 「蛇口の湯水さん」
- 優秀作品賞
  necoco「PASTA HERO」
- 奨励賞
  花田 衛 「案山子の若殿」
- 審査員特別賞
  笹友 「アラフォー迷走中」
- 実行委員会特別賞
  みと 「にいがた神様ちゃんねる」

◇高校生部門
- 最優秀作品賞・魔夜峰央賞
  蛍原 寿吉 「万の星を」
- 優秀作品賞
  野生野 猫 「二つの骸」
- 審査員特別賞
  だに丸 「異戯呼座承ります」
- 実行委員会特別賞
  こね 「そらをおしえて」
  ZAWA「山神と少年」

◇中学生部門
- 最優秀作品賞
  石山 竜 「11,22」
- 優秀作品賞
  中山 実咲 「あなたがいるから」
- 奨励賞
  宮崎 遥 「模倣少年」
- 審査員特別賞
  小滝 かれん 「私のトビラ」
- 実行委員会特別賞
  森本 佳奈 「きっさキャロットへようこそ」

◇小学生部門
- 最優秀作品賞
  土方 リコ 「スペースラブ」
- 優秀作品賞
  坪内 美樹 「天使と悪魔」
- 審査員特別賞
  のし 「今日、私の家にタヌキ？ が届きました。」
- 実行委員会特別賞

鈴木 亜彌 「弱くないんで!!」
木谷 樹 「モンスタースクール」
上田 萌杏 「夢色スマイル！」
◇コミックイラスト部門
● 最優秀作品賞・魔夜峰央賞
　Ryoto「2階建ての木の家を造る子ども
　たち」
● 優秀作品賞
　NOA♪ 「Schiuma fairy」
● 審査員特別賞
　レイミア 「平凡ヲ連レユク」
● 実行委員会特別賞
　ウパ花子 「みんなご飯だよ。」
　小倉 芳風 「ティケラノドン」
　えりりぼん 「フェアリー☆ナイト」
第18回（平27年）
◇にいがたマンガ大賞
　うさとる 「ハイスピード・クラッシュ!!」
◇こどもにいがたマンガ大賞
　新芽 衣織 「病室のひまわり」
◇一般部門・ストーリーマンガの部
● 最優秀作品賞
　ナカノナガメ 「キャラメルマキアート」
● 優秀作品賞
　秋津 銀 「臨終サービスの「月」」
● 審査員特別賞
　ありこ 「アガシオン サモナー」
● 実行委員会特別賞
　みと 「ボクときぃと草薙龍」
◇一般部門 コママンガの部
● 最優秀作品賞・魔夜峰央賞
　necoco「B級勇者」
● 優秀作品賞
　風瀬 一人 「おともだち戦隊チビレン
　ジャー」
● 奨励賞
　田屋 紀和 「新潟版 なじらねゴルフ会」
● 審査員特別賞
　二階堂 正宏 「コシツカリ温泉商店街」
　さとう かよこ 「ドーナツ会議をしない
　かい？」
● 実行委員会特別賞
　いざかや まつもと 「大阪カルボナーラ」
◇高校生部門
● 最優秀作品賞
　蛍原 寿吉 「2000分の1」
● 優秀作品賞
　スルメ 「優しい悪魔」
● 奨励賞
　田木 あやね 「放課後寄り道日記」
● 審査員特別賞
　浦澤 美里 「ニアリーイコール」
　柳 真 「夕飛」
　冨嶋 奏 「厚底靴とシンデレラ」
● 実行委員会特別賞
　吉野 ヨノメ 「幻想かぐや」
　星川 そら 「めぐりめぐって」
◇中学生部門
● 最優秀作品賞
　みっ子 「てぃんくる あなたが「すき」」
● 優秀作品賞
　ミサンガ 「True Sky」
● 奨励賞
　小滝 かれん 「ここから一歩」
● 審査員特別賞
　高 子棋 「キミだけ」
　坪内 美樹 「Jewelry Princess」
● 実行委員会特別賞
　somme「男そう少女の執事喫茶」
◇小学生部門
● 最優秀作品賞
　砂糖 みさ 「まや台国!?」
● 優秀作品賞
　三國 結衣 「Change！ ～委員長 変わり
　ます！～」
● 審査員特別賞
　本間 大翔 「アンノーンウォッチ」
◇コミックイラスト部門
● 最優秀作品賞
　小倉 芳風 「アンコフィアナックス」
● 優秀作品賞
　渡邊 なの子 「シンデレラ・マジック」
● 審査員特別賞
　えりりぼん 「月夜のサイクリング」
　りょうた 「クイニア一族」
　なつ 「にんぎょひめとうみ」
● 実行委員会特別賞
　山際 みちる 「ヒトリボッチ」
　くるみ 「ふうじんとえんぴつようかいえ
　んぴんとなすようかいなっすん」

りほ 「おんなのこ」
第19回(平28年)
◇にいがたマンガ大賞
　今田 彩夏 「終末日記」
◇こどもにいがたマンガ大賞
　松岡 真白 「いつまでも」
◇一般部門・ストーリーマンガの部
●最優秀作品賞
　唄多子 「はらへるへらは」
●優秀作品賞
　穂村 月宏 「徒花劇場」
●審査員特別賞
　ありこ 「プリンセス⇔ナイト」
●実行委員会特別賞
　朱成 「サヨナラ、地球」
◇一般部門 コママンガの部
●最優秀作品賞・魔夜峰央賞
　酒井 愛弓 「母と猫たち」
●優秀作品賞
　宮崎 健二 「ドンドンとジューシーマン」
●奨励賞
　葵 日向 「ネガティブ彼氏！」
●審査員特別賞
　さかずき 「標識非常識」
◇高校生部門
●最優秀作品賞
　カリブー 「魔法使いに砂糖菓子」
●優秀作品賞
　るち 「GLAENZEN」
●奨励賞
　山田 亜美 「消雪パイプ」
●審査員特別賞
　前尾 「或る世界の終わりの話」
　新発田 奏 「初花。」
　ヒゲイカ 「トリ部長とボク」
●実行委員会特別賞

星川 そら 「魔法のいっぽ」
辻 飛鳥 「幽かな記憶」
くねづ 「ヒーロー少女」
◇中学生部門
●最優秀作品賞
　国分 彩名 「ワンス・モア人生」
●優秀作品賞
　今井 にこ 「友達以上？」
●奨励賞
　坪内 美樹 「僕と君との七日間」
●審査員特別賞
　渡辺 柚。「星ノ木」
　佐川 雄飛 「十五歳の幸福論」
●実行委員会特別賞
　古源 風和 「天使とバイキン」
◇小学生部門
●最優秀作品賞
　三國 結衣 「Bright!!〜きらめくモノクロ〜」
●優秀作品賞
　百桃 カロン 「レインボー・チェンジ!!」
●審査員特別賞
　ポポポポーン 「執事ですが…」
　本間 大翔 「カウントダウン」
◇コミックイラスト部門
●最優秀作品賞
　ミク 「フェアリーランド」
●優秀作品賞
　りと 「ふたりのきんぎょひめ」
●審査員特別賞
　NC 「雨のちPOP」
　本間 大翔 「Earth Hold」
　ゆうしろう 「えんそく」
●実行委員会特別賞
　小倉 芳風 「世界神」

086 日本童画の父 川上四郎記念『越後湯沢全国童画展』

　童画家の故・川上四郎氏の偉業を顕彰し、永く功績を伝えるために平成9年に創設。
　【主催者】越後湯沢全国童画展実行委員会,湯沢町,湯沢町教育委員会
　【選考委員】豊口協(前長岡造形大学理事長)、田村実(元福音館書店絵本編集長)、小松修(画家・現代童画会常任委員)

086 日本童画の父 川上四郎記念『越後湯沢全国童画展』　　美 術

> 【選考方法】公募
> 【選考基準】〔対象〕童画。〔資格〕高校生以上。〔作品規定〕F10号サイズ（53センチ×45.5センチ）に限る。画材自由。額装不要。〔応募規定〕作品は未発表のものに限る。1人2点まで。〔出品料〕1点2000円,2点3000円
> 【締切・発表】（第21回）応募締切は平成29年1月20日、発表は2月中旬,作品展は3月4日～13日湯沢町公民館ホールにて開催
> 【賞・賞金】大賞（1点）：賞金50万円,最優秀賞（1点）：賞金25万円,優秀賞（1点）,賞金10万円,奨励賞（3点）：賞金5万円,佳作（5点）：賞金2万円（いずれも買上賞）
> 【URL】http://www.town.yuzawa.lg.jp/kosodate/gakusyuu/dougaten/index.html

第1回（平9年）
◇川上四郎記念大賞
　澤崎 美和子 「雪路」
◇最優秀賞
　長谷川 一夫 「四季の詩」
◇優秀賞
　井出 三太 「天までとどけ」
第2回（平10年）
◇川上四郎記念大賞
　小林 純子 「雨ノ中」
◇最優秀賞
　猪爪 彦一 「ボール遊び」
◇優秀賞
　池田 勝彦 「秋のファンタジー」
第3回（平11年）
◇川上四郎記念大賞
　武田 由紀 「旅の途中」
◇最優秀賞
　平田 千晶 「夢のかたち」
◇優秀賞
　齋 正機 「ツチイロノクラノシタデ」
第4回（平12年）
◇川上四郎記念大賞
　片岡 美男 「明日」
◇最優秀賞
　櫻井 幸雄 「神々のアトラクション」
◇優秀賞
　鴻野 雅子 「里の子」
第5回（平13年）
◇川上四郎記念大賞
　五味 仁 「大銀杏の下」
◇最優秀賞
　大島 康紀 「春の里」
◇優秀賞
　今泉 真治 「more・・・」
第6回（平14年）
◇川上四郎記念大賞
　井上 正造 「通り雨（シー）」
◇最優秀賞
　小向得 ちのぶ 「より道」
◇優秀賞
　阿毛 香絵 「森のお食事会」
第7回（平15年）
◇川上四郎記念大賞
　大迫 古蓮 「今日は穏やかね」「ほんとに」
◇最優秀賞
　鈴木 悠子 「花の回りで」
◇優秀賞
　田中 伸 「ワスレモノ」
第8回（平16年）
◇川上四郎記念大賞
　鈴木 眞 「おうちはどこ？」
◇最優秀賞
　正親 里紗 「願い」
◇優秀賞
　齋藤 薫 「雨の日」
第9回（平17年）
◇川上四郎記念大賞
　町田 須美恵 「あっ雪だ」
◇最優秀賞
　長谷川 直也 「そろそろ行こうかな」
◇優秀賞
　いせ あらた 「土蔵に集う住人たち」
第10回（平18年）
◇川上四郎記念大賞
　小向得 ちのぶ 「ひき語り」
◇最優秀賞

美術

西海 宏美 「座す河童」
◇優秀賞
　小川 利雄 「雨の日の記憶—お兄ちゃん、バス来たよ！」
第11回（平19年）
◇川上四郎記念大賞
　尾崎 要 「うれしい日」
◇最優秀賞
　門松 正春 「むかし語り」
◇優秀賞
　井出 三太 「夏の引き出し」
第12回（平20年）
◇川上四郎記念大賞
　小川 利雄 「発車のベルが鳴っている。」
◇最優秀賞
　二代目喜一郎 「ただいま！」
◇優秀賞
　光平 洋子 「街のメリーゴーランド」
第13回（平21年）
◇川上四郎記念大賞
　山本 敦子 「楽しくつくろ」
◇最優秀賞
　鳥居 雄三 「汽車が来た」
◇優秀賞
　垣内 誠一 「元気でね」
第14回（平22年）
◇川上四郎記念大賞
　塩見 アイ子 「おおきながようし」
◇最優秀賞
　千葉 弘太郎 「冬休み」
◇優秀賞
　高畑 宏治 「山並み天使たち」
第15回（平23年）
◇川上四郎記念大賞
　松浦 充人（三重県）「寒中げいこ」
◇最優秀賞
　内山 泰介（新潟県）「じいちゃん，ハイ，どうぞ」
◇優秀賞
　斉藤 たみ子（静岡県）「空のずっと向こうまで」
第16回（平24年）
◇川上四郎記念大賞
　石井 佳代子（愛知県）「龍華の雅」
◇最優秀賞
　小向得 ちのぶ（兵庫県）「海に願いを－夢」
◇優秀賞
　岡田 豊子（福岡県）「街中にて」
第17回（平25年）
◇川上四郎記念大賞
　井出 三太（東京都）「転校生」
◇最優秀賞
　中村 勇人（大阪府）「お兄ちゃん，ごはん。」
◇優秀賞
　宮沢 さとみ（神奈川県）「ウミウシの曲芸」
第18回（平26年）
◇川上四郎記念大賞
　森 美恵（神奈川県）「じゃんけんの行方」
◇最優秀賞
　郡司 智至（福島県）「百蝶繚乱」
◇優秀賞
　尾白 かおる（兵庫県）「ヒトヨダケのあそびば」
第19回（平27年）
◇川上四郎記念大賞
　内山 泰介（新潟県三条市）「オープニング」
◇最優秀賞
　山北 敏比幸（三重県）「コスモス畑でかくれんぼ」
◇優秀賞
　中村 勇人（大阪府）「木に学ぼう」
第20回（平28年）
◇川上四郎記念大賞
　野間 祥子（東京都）「はじめてうそをついた日」
◇最優秀賞
　粕加屋 伊ク代（東京都）「百子ひな車」
◇優秀賞
　北村 依緒（京都府）「約束の場所」

---

087 林忠彦賞

　林忠彦の生地である周南市では，二科会写真部を創設し，アマチュア写真家の資質の向

上のためにも終生尽力した林の長年にわたる業績をたたえ、写真文化の向上発展のために平成3年に創設した。さらに第18回より、これまでの経験をもとに、対象をプロ作家にまで広げ、時代と共に歩む写真を撮り続けた林忠彦の精神を継承し、それを乗り越え未来を切り開く写真家の発掘を目指す賞へと拡大した。

【主催者】周南市文化振興財団(周南市美術博物館)

【選考委員】(第26回・平29年)大石芳野、笠原美智子、河野和典、細江英公、有田順一

【選考方法】公募・推薦

【選考基準】〔対象〕例年1月1日〜12月31日の写真展、写真集、カメラ雑誌、いずれかの表現媒体で、すでに発表された作品。〔資格〕国内居住のアマチュア・プロ写真家、新しい写真表現を目指す人。写歴、所属団体など不問。〔応募規定〕応募作品には、住所、氏名、電話番号、略歴を明記したうえ、撮影や取材の主旨を400字以内にまとめて同封する。カラー、モノクロは不問。写真展は、展示作品を六ッ切から四ッ切までのプリント(インクジェットプリントも可)、枚数は35〜70枚程度にまとめて応募。写真集はその書籍を応募

【締切・発表】12月31日必着、発表は3月上旬の予定で受賞者に通知、各報道機関に発表

【賞・賞金】賞金100万円、ブロンズ像。受賞作品は林忠彦コレクションとして周南市が永久に保管

【URL】http://hayashi-award.com

第1回(平4年)
　後藤 正治 「西域〜シルクロード」(写真集)
第2回(平5年)
　捧 武 「田園の微笑」(写真集)
第3回(平6年)
　木村 仲久 「静岡の民家」(写真集)
　田崎 力 「たかちほ」(写真集)
第4回(平7年)
　長 洋弘 「帰らなかった日本兵」(フォトドキュメント)
第5回(平8年)
　岡田 満 「追いつめられたブナ原生林の輝き」
第6回(平9年)
　井上 冬彦 「サバンナが輝く瞬間」(写真集)
第7回(平10年)
　井上 暖 「ぼくは、父さんのようになりたい」(写真展)
第8回(平11年)
　清水 公代 「天空の民」(写真集)
第9回(平12年)
　渡里 彰造 「Personal View視線の範囲」(写真集)
第10回(平13年)
　竹林 喜由 「塩の道—秋葉街道」(写真集)
第11回(平14年)
　角田 和夫 「ニューヨーク地下鉄ストーリー」(写真展)
第12回(平15年)
　石川 博雄 「静かな時への誘惑」(写真展)
第13回(平16年)
　飯田 樹 「海を見ていた—房総の海岸物語」(写真集)
第14回(平17年)
　中条 均紀 「古志の里II」(写真集・写真展)
第15回(平18年)
　田中 弘子 「繭(まゆ)の輝き」
第16回(平19年)
　後藤 俊夫 "写真集「黄土高原の村/満蒙開拓の村」"
第17回(平20年)
　小林 勝 "写真集「長崎フォトランダム—長崎ば撮ってさらき、半世紀—」"
第18回(平21年)

大西 成明 "写真集・写真展「ロマンティック・リハビリテーション～夢みる力・20の物語～」"
第19回（平22年）
　小栗 昌子 "写真集・写真展・雑誌掲載「トオヌップ」"
第20回（平23年）
　山内 道雄　「基隆」（写真集・写真展・雑誌掲載）
第21回（平24年）
　佐藤 信太郎　「東京｜天空樹 Risen in the East」（写真集）
第22回（平25年）
　小林 紀晴　「遠くから来た舟」（写真展）
第23回（平26年）
　笹岡 啓子　「Remembrance」（写真冊子）
第24回（平27年）
　中藤 毅彦　「STREET RAMBLER」（写真集）
第25回（平28年）
　船尾 修　「フィリピン残留日本人」（写真集）
第26回（平29年）
　有元 伸也　「TOKYO CIRCULATION」（写真集・写真展）

088 飛騨高山臥龍桜日本画大賞展

岐阜県高山市一之宮町にある国の天然記念物で樹齢1100年の桜の大樹・臥龍桜（がりゅうざくら）にちなみ，日本画の美を通した地域文化の振興と，従来の会派等の枠を超え，未来を担う創造力あふれる作家の発掘を目的として創設された。第27回より毎年開催から3年に一度の開催に変更。

【主催者】高山市

【選考委員】（第26回）尾崎正明（美術評論家），滝沢具幸（創画会理事），西田俊英（院展同人・評議員），伊藤嘉晃（院展特待）

【選考方法】公募

【選考基準】〔資格〕国内在住〔作品規定〕日本画（画題は自由）。30号～50号。額装の幅7cm以内〔応募規定〕出品点数の制限なし。〔出品料〕1点6000円

【締切・発表】第26回の場合，申込期間は平成27年5月11日～6月8日，搬入は6月18日～23日。7月中旬に入選発表。展覧会は8月8日～22日高山市民文化会館で開催。次回開催は平成30年度

【賞・賞金】大賞（1点）：賞金100万円。優秀賞（1点）：賞金50万円。奨励賞（5点）：5万円

【URL】http://www.city.takayama.lg.jp/kurashi/1000021/1000118/1007255/index.html

第1回（平2年）
◇大賞
　木村 友彦（岐阜市北島）「里」
◇優秀賞
　木田 有紀（岐阜市）「龍魂」
第2回（平3年）
◇大賞
　榊間 弘勝（東京都）「エイプリルフール」（連載）

◇優秀賞
　加川 智子（奈良県）「花のもとにて」
　服部 憲幸（愛知県）「秋暮るる」
第3回（平4年）
◇大賞
　大西 守博（京都府）「今の夜」
◇優秀賞
　大野 真鬼（埼玉県）「誕生」

辻 まゆみ（石川県）「ひとりの花の夜」
第4回（平5年）
　◇大賞
　　袴田 規知代（静岡県）「ひとりで」
　◇優秀賞
　　野部 真優美（岐阜県）「刻（こく）」
　　横山 雪子（京都府）「記憶の中へ」
　◇佳作賞
　　森 和彦（神奈川県）「テラス」
　　川本 治（兵庫県）「姉妹」
　　酒井 隆（京都府）「秋韻」
第5回（平6年）
　◇大賞
　　平岡 栄二（東京都）「黙視」
　◇優秀賞
　　大野 麻子（神奈川県）「公園」
　　谷川 義美（神奈川県）「緑の家族」
　◇佳作賞
　　野部 真優美（岐阜県）「刻（こく）」
　　太田 圭（茨城県）「遠い夏」
　　小島 綾子（岐阜県）「刻（とき）」
第6回（平7年）
　◇大賞
　　吉岡 順一（埼玉県）「混在する刻（とき）」
　　「微（かす）かな気配」
　◇優秀賞
　　日紫喜 芳美（愛知県）「再会」
　　青山 美子（神奈川県）「海中記」
　◇佳作賞
　　伊藤 教子（兵庫県）「家」
　　永井 学（三重県）「蜜柑（みかん）がなる街（まち）」
　　穂苅 春雄（新潟県）「生地蔵（いきじぞう）」
第7回（平8年）
　◇大賞
　　倉元 敏見（石川県）「女（おんな）」
　◇優秀賞
　　林 森次（岐阜県）「朝」
　　張 堅（京都府）「秋の記憶」
　◇佳作賞
　　府玻 綾子（石川県）「MIMI O SUMASU」
　　宮原 和香（富山県）「追想」
　　石原 貴暉（京都府）「ひととき」
第8回（平9年）
　◇大賞
　　保泉 充 「微睡む」

◇優秀賞
　　野部 真優美 「刻―みのり―」
　　太田 明栄 「路地裏（裏ぬけみち）」
第9回（平10年）
　◇大賞
　　吉田 千恵 「彼方へ」
　◇優秀賞
　　岩崎 裕子 「昨日（きのう）」
　　菅原 健彦 「神代桜」
　　金城 智恵美 「少年兵と銀蠅」
第10回（平11年）
　◇大賞
　　岩崎 裕子 「底音」
　◇優秀賞
　　渡辺 恭子 「MY PLAYSTATION」
　　清水 智和 「休日―あたたかい日―」
　　金子 朋樹 「狂想曲」
第11回（平12年）
　◇大賞
　　三浦 愛子 「回廊」
　◇優秀賞
　　加来 万周 「春愁」
　　長谷川 雅也 「喑喑」
　　森 和彦 「風・満ちる時」
第12回（平13年）
　◇大賞
　　真鍋 修 「冬の日・赤い服」
　◇優秀賞
　　日暮 謙一 「水のいろ」
　　吉田 みゆき 「海」
　　神谷 由美 「日々」
第13回（平14年）
　◇大賞
　　坂本 円 「ある晴れた日に」
　◇優秀賞
　　小林 隆之 「残照の刻（街）」
　　青木 秀明 「砂時計」
　　佐藤 裕一郎 「law」
第14回（平15年）
　◇大賞
　　長谷川 雅也 「汎渉」
　◇優秀賞
　　加藤 良造 「山行図」
　　野田 夕希 「陽射し」
第15回（平16年）
　◇大賞

松村 ちひろ（東京都）「淘汰」
◇優秀賞
　　林 真（愛知県）「明日」
　　伊東 正次（東京都）「老樹岩の如くなりても、可憐な花を咲かせ給う」

第16回（平17年）
◇大賞
　　林 真（愛知県）「黙」
◇優秀賞
　　廣瀬 佐紀子（東京都）「しなやかな道」
　　浦上 義昭（新潟県）「船溜」

第17回（平18年）
◇大賞
　　豊嶋 曜（山形県）「家族の糸」
◇優秀賞
　　佐藤 はる香（神奈川県）「出発口」
　　須田 千恵（山形県）「記憶のかけら」

第18回（平19年）
◇大賞
　　森 敦子（神奈川県）「オムニバス」
◇優秀賞
　　稲田 峻（兵庫県）「宙〜ノコサレタカタチ」
　　山内 まどか（愛媛県）「楽園のできごと」

第19回（平20年）
◇大賞
　　青木 明日香（神奈川県）「朝、向かう道」
◇優秀賞
　　尾坪 大輔（山形県）「Stayer」
　　坂本 藍子（東京都）「幻影」

第20回（平21年）
◇大賞
　　山口 裕子（山形県）「君をのせて」
◇優秀賞
　　石崎 誠和（石川県）「Zuccaの服を脱ぐ」
　　梶岡 百江（京都府）「遠い日」

第21回（平22年）
◇大賞
　　谷口 なな江 「くもりのち○△□」
◇優秀賞
　　内海 福溥 「鳥の歌」
　　柳沢 優子 「性－さが－」

第22回（平23年）
◇大賞
　　松平 莉奈 「ひと」
◇優秀賞
　　潘 星道 「跳」
　　野角 孝一 「一週間とウソ」

第23回（平24年）
◇大賞
　　櫻井 伸浩 「叢の鳥」
◇優秀賞
　　赤松 美希 「うつろう」
　　三鑰 彩音 「birth」

第24回（平25年）
◇大賞
　　貝塚 茜 「あまいあいまい」「アマノジャク」
◇優秀賞
　　木田 菜摘 「はるいろの樹」
　　内海 福溥 「鳥の歌」

第25回（平26年）
◇大賞
　　竹原 美也子 「わたしの家族」
◇優秀賞
　　吉田 侑加 「吹く先に」
　　本田 郁實 「オーディションを受ける椅子」

第26回（平27年）
◇大賞
　　大庭 孝文 「無意味の実景」
◇優秀賞
　　加藤 覚 「雨あがり」

089 飛驒高山国際現代木版画トリエンナーレ

　飛驒高山の木版画は、「飛驒版画」と呼ばれ，伝統的な技法を継承しつつ，独自の表現の創造に取り組んでいる。飛驒高山国際現代木版画トリエンナーレは，素材を生かした新たな技法の発想と表現の創造を国内外に広く募るものである。第10回から国際公募展として実施，隔年開催から3年毎の開催に変更する。

【主催者】高山市

089 飛騨高山国際現代木版画トリエンナーレ　　美術

【選考委員】外国人審査員が参加
【選考基準】（第10回）〔資格〕不問。〔作品規格〕シート（紙）縦90センチメートル以内、横90センチメートル以内。額装は不要。〔出品料〕第2次審査から1点につき2000円
【締切・発表】第10回の場合、応募期間：平成28年10月1日～31日、搬入期限：平成29年3月31日、展覧会：平成29年6月に高山市民文化会館で開催
【賞・賞金】大賞（1点）：賞金50万円。準大賞（1点）：賞金30万円。優秀賞（1点）：賞金20万円。奨励賞（5点）：賞金5万円。飛騨版画賞（1点）：賞金5万円。協賛賞（6点）：賞金3万円
【URL】http://www.city.takayama.lg.jp/kurashi/1000021/1000118/1006776/

第1回（平11年）
　◇大賞
　　金 兌赫　「Imperfection Space 0107」
　◇準大賞
　　芦馬 孝　「WINTER III」
　◇優秀賞
　　大下 百華　「Od・ys・sey—for the mind」
第2回（平13年）
　◇大賞
　　森田 力　「庭―地―」
　◇準大賞
　　鈴木 秀治　「地創痕」
　◇優秀賞
　　斉藤 里香　「inertia」
第3回（平15年）
　◇大賞
　　鈴木 吐志哉　「カブシマ Big bird」
　◇準大賞
　　朱 星泰　「illusion（Liverty）」
　◇優秀賞
　　金 暲秀　「日常の風景（考える机）」
第4回（平17年）
　◇大賞
　　本村 佳奈子　「ネリヤカナヤ～彼方へ」
　◇準大賞
　　宮﨑 泰彦　「アマリリスに夜が来る」
　◇優秀賞
　　鈴木 敏靖　「作品・（陽―1）」
第5回（平19年）
　◇大賞
　　茂木 正幸　「山に帰る車窓から A」
　◇準大賞
　　キラン, ハサン　「"Arayis"捜す」
　◇優秀賞
　　中島 奈津子　「lamp shade」
第6回（平21年）
　◇大賞
　　鈴木 敏靖　「穹 2008-A」
　◇準大賞
　　鹿嶋 裕一　「小山ヶ丘公園」
　◇優秀賞
　　渡邊 加奈子　「X」
第7回（平23年）
　◇大賞
　　フデ　「大地のリズム」
　◇準大賞
　　井上 厚　「LIFE WITH A DOG（A）」
　◇優秀賞
　　石崎 未来　「みちゆき」
第8回（平25年）
　◇大賞
　　渡邊 加奈子　「Grand Child」
　◇準大賞
　　小澤 久　「冬風景のさけび」
　◇優秀賞
　　大門 孝藏　「四季讃々」
第9回（平27年）
　◇大賞
　　南舘 麻美子　「炎狼と水滴」
　◇準大賞
　　棚橋 荘七　「早春」
　◇優秀賞
　　石橋 佑一郎　「microscope-some symbols 01-」

090 平櫛田中賞

彫刻家・平櫛田中の百寿を記念し,我が国の彫刻界の振興を目的として設立された。第10回までは毎年,11回以降は隔年授賞。

【主催者】井原市

【選考委員】江口週,海老塚耕一,鍵岡正謹,酒井忠康,三田晴夫,渋沢和彦,澄川喜一,長谷川三郎,深井隆,水沢勉,峯田敏郎,山縣壽夫

【選考方法】選考委員の推薦による

【選考基準】〔対象〕過去2年間に発表された作品または業績を上げた彫刻家

【締切・発表】例年,発表は1月下旬〜3月下旬報道機関・美術館等に通知。7月下旬〜8月上旬に贈呈式及び個展が東京日本橋・髙島屋で開かれ,受賞記念展は井原市立田中美術館で秋に1ヶ月半程度開催

【賞・賞金】賞金100万円と副賞(市長賞)

【URL】http://www.city.ibara.okayama.jp/denchu_museum/index.html

第1回(昭47年)
　淀井 敏夫
第2回(昭48年)
　堀川 恭
第3回(昭49年)
　江口 週 惑星(かじられた日)
第4回(昭50年)
　最上 寿之 コテンパン
第5回(昭51年)
　山本 正道 追憶
第6回(昭52年)
　小畠 広志 涼炎
第7回(昭53年)
　鈴木 実
第8回(昭54年)
　澄川 喜一 そりのあるかたち−Ⅰ
第9回(昭55年)
　土谷 武 蜻蛉と向い風
第10回(昭56年)
　小清水 漸 レリーフ80-3
第11回(昭58年)
　脇田 愛二郎 cosmic volume 3-2
第12回(昭60年)
　城田 孝一郎 砂上の女
第13回(昭62年)
　米林 雄一 微空音−Ⅰ
第14回(平1年)
　深井 隆 逃れゆく思念
第15回(平3年)
　海老塚 耕一 「連関作用—水の窓より・夏S—90SE」
第16回(平5年)
　山懸 寿夫 「横たわる三角」
第17回(平7年)
　戸谷 成雄 「境界から」
第18回(平9年)
　舟越 桂 「肩で眠る月」
第19回(平11年)
　峯田 敏郎 "これまでの制作に対して"
第20回(平13年)
　三沢 厚彦
第21回(平15年)
　藪内 佐斗司 "ここ数年間の木彫彩色による制作に対して"
第22回(平17年)
　保田井 智之(東北芸術工科大学芸術学部教授)「質問者」(木,ブロンズ)
第23回(平19年)
　保田 春彦 "ここ数年間の木彫によるけんぶち絵本の里大賞制作に対して"
第24回(平21年)
　石松 豊秋 "ここ数年間の木彫による制作に対して"
第25回(平23年)

小谷 元彦
第26回（平25年）
　大平 實
第27回（平27年）

黒蕨 壯
第28回（平29年）
　安藤 榮作

---

091 ヒロシマ賞

美術の分野で人類の平和にもっとも貢献した作家の業績を顕彰することを通じて、広島市の芸術活動の高揚を図るとともに、「ヒロシマの心」を広く全世界にアピールし、人類の繁栄に寄与することを目的として、平成元年に創立された。3年に1度授賞。

【主催者】広島市、(公財)広島市文化財団

【選考委員】（第10回）逢坂恵理子（横浜美術館館長）、岡部あおみ（美術評論家、元武蔵野美術大学教授）、越智裕二郎（元広島県立美術館館長、西宮市大谷記念美術館館長）、櫻井友行（独立行政法人国際交流基金理事）、高階秀爾（大原美術館館長、公益財団法人西洋美術振興財団代表理事）、南條史生（森美術館館長）、深山英樹（広島商工会議所会頭、広島ガス代表取締役会長）、福永治（広島市現代美術館館長）、部谷京子（映画美術監督）、松井一實（広島市長）、南昌伸（公立大学法人広島市立大学芸術学部学部長）

【選考方法】推薦

【選考基準】〔資格〕国籍・年齢不問。〔対象〕現在、美術の分野（平面、立休、映像、デザイン、ファッション、建築等）において国際的に幅広く活動している個人あるいはグループでヒロシマ賞の主旨に該当すると認められるもの

【締切・発表】第10回の場合、発表は平成27年10月15日

【賞・賞金】ヒロシマ賞（1名または1グループ）：賞金500万円。朝日新聞社賞：記念品

【URL】https://www.hiroshima-moca.jp/

第1回（平1年）
　三宅 一生 "ファッションの世界を芸術の領域に引き寄せた功績及びファッション・デザインの分野において国際的な広がりを持つ活動に対して"
第2回（平4年）
　ラウシェンバーグ，ロバート（米国）"現代美術に多大な足跡を残し、「ラウシェンバーグ海外文化交流」プロジェクトなどの活動に対して"
第3回（平7年）
　ゴラブ，レオン（米国），スペロ，ナンシー（米国）"世界的な視野に立ち、美術の領域で反戦・フェミニズムそして人権問題等を訴え続けてきた作家夫妻の活動に対して"

第4回（平10年）
　ウディチコ，クシュシトフ "記念碑的建築物に社会的メッセージを込めた映像を投影するパブリック・プロジェクションで知られる"
第5回（平13年）
　リベスキンド，ダニエル "2001年ドイツ・ベルリンに開館したユダヤ博物館を設計"
第6回（平16年）
　ネシャット，シリン
第7回（平19年）
　蔡 國強
第8回（平22年）
　オノ・ヨーコ
第9回（平25年）

サルセド, ドリス	第10回(平27年) ハトゥム, モナ

092 本郷新記念札幌彫刻賞

　彫刻家・故本郷新の半世紀にわたる業績を記念し,昭和58年以降「本郷新賞」を実施してきたが,平成25年,30年の節目にリニューアルが検討され,本郷新の「私を乗り越えて若い芸術家がどんどん生まれてほしい」という想いを引き継ぎ,若手彫刻家の発掘の場とすることを目的とした「本郷新記念札幌彫刻賞」を新たに創設した。

【主催者】本郷新記念札幌彫刻美術館

【選考委員】(第2回)酒井忠康(世田谷美術館館長),建畠晢(多摩美術大学学長),植松奎二(彫刻家),阿部典英(美術家),佐藤友哉(札幌芸術の森美術館館長),寺嶋弘道(本郷新記念札幌彫刻美術館館長)

【選考方法】公募

【選考基準】(第2回)〔資格〕国内在住で,平成29年1月31日時点で50歳未満。国籍,個人,グループ不問。〔作品規格〕未発表の立体作品。高さ3m×幅4.5m×奥行き1.5m以内(台座の高さを含む)とし,重量は500kg/平方メートル以下。受賞作品は大通交流拠点地下広場に約3年間展示するため,危険性のないものとする。〔応募料〕10000円(1点につき)

【締切・発表】第2回の場合,申込締切は平成29年1月31日必着,発表6月,受賞式7月,展覧会は平成30年4月~6月(予定)本郷新記念札幌彫刻美術館で開催

【賞・賞金】賞金100万円,受賞記念展作品制作費50万円

【URL】http://www.hongoshin-smos.jp

第1回(平26年) 谷口 顕一郎　「凹みスタディ－琴似川 北	12条西20丁目」

093 本郷新賞

　彫刻家・故本郷新の半世紀にわたる業績を記念し,彫刻芸術の振興に寄与するため,昭和58年度に全国のパブリック・アートを対象とした「本郷新賞」を創設し,それ以来,隔年で15回にわたって本賞を実施してきた。平成25年,30年の節目に若手作家の育成のため,50歳未満の若い彫刻家を対象とする「本郷新記念札幌彫刻賞」に引き継いだ。

【主催者】本郷新記念札幌彫刻美術館

【選考委員】(第15回)國松明日香(彫刻家),酒井忠康(世田谷美術館館長),澄川喜一(彫刻家),建畠朔弥(彫刻家),山本正道(彫刻家)

【選考方法】推薦

【選考基準】〔対象〕過去2年間に日本全国のパブリックスペースとしての広場,公園,街路,公共建築物等に設置された彫刻で,作者の国籍は問わない。尚,作品は常時誰でも

094 前田寛治大賞

　　鑑賞できる場所に設置されていること
　【締切・発表】第15回の贈呈式は平成23年9月24日本郷新記念札幌彫刻美術館で開催
　【賞・賞金】賞状と賞金100万円
　【URL】http://www.hongoshin-smos.jp

第1回（昭58年度）
　金子 健二（新具象彫刻展会員），安倍 和子（新具象彫刻展会員），寺田 栄（無所属），栗原 俊明（無所属）"「風の又三郎群像」〔黒御影石 花巻市ギンドロ公園〕"
第2回（昭60年度）
　環境造形Q（小林 陸一郎，増田 正和，山口 牧生）"「水の広場」〔黒御影石 名古屋市名城公園彫刻の庭〕"
第3回（昭62年度）
　塚脇 淳（神戸大学教育学部美術科助手）"「地上より」〔コールテン鋼 三田市三輪城山1314城山公園〕"
第4回（平1年度）
　国松 明日香（無所属）"「捷」〔コールテン鋼 札幌市厚別公園〕"
第5回（平3年度）
　簔田 哲日児 「Commencement and Peace」（黒御影石 紀尾井町ビル前庭）
第6回（平5年度）
　渡辺 行夫 「風待ち」（白御影石 洞爺村浮見堂公園）
第7回（平7年度）
　真板 雅文 「連山夢想」
第8回（平9年度）
　豊福 知徳 「那の津往還」
第9回（平11年度）
　井上 武吉 「my sky hole97-2 水面への回廊、琵琶湖」
第10回（平13年度）
　澄川 喜一 「風門」
第11回（平15年度）
　土屋 公雄 「時の知層」
第12回（平17年度）
　石井 厚生 「時空・140-旅人-」
第13回（平19年度）
　前田 哲明 「煌樹」
第14回（平21年度）
　江口 週 「時を漕ぐ舟」
第15回（平23年度）
　西野 康造 「スノーリング」

094 前田寛治大賞

　大正末から昭和初期に独自な写実主義を実践した前田寛治を顕彰するために創設された。現代における写実主義絵画への取り組みを課題としている。
【主催者】倉吉市，倉吉博物館
【選考委員】（第9回）浅野徹，入江観，笠井誠一，宝木範義，瀧悌三
【選考方法】推薦。市民賞は入館者の人気投票
【選考基準】〔資格〕年齢45歳まで。〔対象〕趣旨及び基本理念を反映した平面作品で、油彩，テンペラ，フレスコで彩色された100号の作品。1人2点まで
【締切・発表】第8回の場合、平成22年7月6日搬入締切。発表は7月中旬直接通知及び新聞・雑誌に掲載。展覧会は8月18日〜8月24日日本橋髙島屋，9月4日〜10月3日倉吉博物館にて開催
【賞・賞金】大賞（1点）：賞金150万円。市民賞（1点）：賞金100万円。佳作賞（3点）：次

回のシード権
【URL】http://www1.city.kurayoshi.lg.jp/hakubutsu/

第1回（平1年）
　◇大賞
　　松原 政祐（行動美術）"「生きるものたち．誕生」〔油彩・画布〕"
　◇佳作賞
　　滝 純一（二紀会）"「過ぎる犬」〔油彩・画布〕"
　　田村 能里子（無所属）"「孤のとき」〔油彩・画布〕"
　　吉岡 正人（二紀会）"「夜明けの頃」〔油彩・テンペラ・画布〕"
　　小杉 小二郎（パリ在住，無所属）"「回想B」〔油彩・画布〕"
　◇市民賞
　　北 久美子（二紀会）"「風薫る」〔油彩・画布〕"
第2回（平4年）
　◇大賞
　　山本 明比古（無所属）「ガンジスの音船」（油彩・画布）
　◇準大賞
　　井上 秀樹　「村への道1」（油彩・画布）
　◇市民賞
　　鍋島 正一（新制作協会）「羊のいる風景」
　◇佳作賞
　　中井 英夫　「風景（記憶A）」（油彩・画布）
　　吉岡 正人　「沼人（水のつめたさ）」（油彩・画布）
　　川村 悦子　「異邦人1」（油彩・画布）
第3回（平7年）
　◇大賞
　　吉岡 正人（二紀会会員，埼玉大学教授）「幸せな一日」（油彩・テンペラ）
　◇準大賞
　　蛭田 均　「ARCH」
　◇市民賞
　　三沢 寛志（無所属）「うたかたの日々」
　◇佳作賞
　　大西 章夫　「季の実1」
　　樺山 祐和　「陽へ向かう鳥 月へ向かう魚」
　　中井 英夫　「Scene A」

第4回（平10年）
　◇大賞
　　高橋 雅史（独立美術協会会友）「跡」
　◇準大賞
　　加藤 英人　「口づけ（抱擁）」
　◇佳作賞
　　大畑 稔浩（白日会会員）「ある日の出来事」
　　蔡 国華（一線美術会所属）「Expression No.5」
　　安西 大　「飾られた絵画（青い風景）」
　◇市民賞
　　百瀬 智宏　「春の風の匂いI」
第5回（平13年）
　◇大賞
　　西房 浩二（光風会会員）「遠い記憶」
　◇準大賞
　　大畑 稔浩（白日会会員，現代写実絵画研究所同人）「漁のあと―陸に上った舟」
　◇佳作賞
　　伊庭 靖子　「untitled」
　　蔡 国華（一線美術会所属）「静思」
　　芳川 誠　「西陽」
　◇市民賞
　　安西 大　「花の咲く風景」
第6回（平16年）
　◇大賞
　　芳川 誠　「収穫」
　◇準大賞
　　小尾 修（白日会会員）「休息」
　◇佳作賞
　　井上 よう子　「天国に近い場所」
　　勝見 由香　「民族の不定義」
　　蔡 國華（日本美術家連盟会員）「旅人―Something News (II)」
　◇市民賞
　　諏訪 敦　「A little bit about her」
第7回（平19年）
　◇大賞
　　島村 信之（白日会会員）「潮騒」
　◇佳作賞一席
　　石黒 賢一郎　「ILENA」

◇佳作賞二席
　仏山 輝美(二紀会同人,筑波大学准教授)
　　「Eating Habits(III)」
◇佳作賞三席
　佐藤 真菜(行動美術協会会友)「紅椿」
◇市民賞
　藤原 秀一　「三段滝秋図」
第8回(平22年)
◇大賞
　山本 雄三　「2010年－七月のある朝」
◇佳作賞一席
　安彦 文平　「自然への感謝」
◇佳作賞二席
　津田 やよい　「Intervals-所在について I-」

◇佳作賞三席
　磯貝 知哉　「a vessel」
◇市民賞
　髙橋 和正　「PRIME TIME」
第9回(平26年)
◇大賞
　吉中 裕也　「Still Life(黄色い水差しのある静物)」
◇佳作賞一席/市民賞
　安彦 文平　「川辺のアーティチョーク」
◇佳作賞二席
　山田 真二　「Rosoy」
◇佳作賞三席
　森吉 健　「難破船」

095 前田青邨記念大賞

中津川市に生まれ、近代日本美術画壇の発展に大きな貢献を果たした前田青邨の功績を顕彰するとともに、日本画の創作活動を奨励するために創設した。

【主催者】中津川市,中津川市教育委員会

【選考委員】(第7回)上村淳之(日本画家・京都市立芸術大学名誉教授),宮廻正明(日本画家・東京藝術大学教授),古川秀昭(前岐阜県美術館館長),吉田俊英(前豊田市美術館館長)

【選考方法】公募

【選考基準】〔対象〕テーマは自由。本人制作の日本画で、ここ2年以内に制作され未発表作品に限る。〔資格〕日本国内在住者。〔応募規定〕大きさはS50号以内まで。重量20kg以内。額縁を付ける(板付の場合はアクリル板のみ可)。〔出品制限〕1人2点以内。〔出品料〕一般:1点5000円,2点8000円,学生:1点3000円,2点5000円

【締切・発表】(第7回)平成27年3月9日～27日申込み,5月30日～6月14日展示。審査結果は4月下旬に全応募者宛直接通知

【賞・賞金】青邨記念大賞(1点):賞金200万円。特別賞(1点):賞金100万円。優秀賞(1点):賞金50万円。奨励賞(5点):賞金各10万円

【URL】http://www.city.nakatsugawa.gifu.jp

第1回(平14年)
　◇青邨記念大賞
　　阿部 哲也(埼玉県)「家路」
　◇青邨記念特別賞
　　林 靖子(東京都)「幽遠の界」
　◇優秀賞
　　加藤 良造(神奈川県)「山水行」

　◇奨励賞
　　大矢 高弓(神奈川県)「黄金色の中」
　　高木 かおり(東京都)「咲く」
　　中野 一義(京都府)「緑風」
　　福永 加奈(大阪府)「森へ」
　　松木 秋佳(愛知県)「佇む」
第2回(平16年)

◇青邨記念大賞
　桜井 敬史（東京都）「樹影」
◇青邨記念特別賞
　大野木 恭子（広島県）「秋韻」
◇優秀賞
　朝倉 美弥子（埼玉県）「夜景」
◇奨励賞
　佐藤 哲也（東京都）
　高崎 昇平（東京都）
　高木 かおり（東京都）
　林 靖子（神奈川県）
　山本 真一（岐阜県）
第3回（平18年度）
◇青邨記念大賞
　大野木 恭子（広島県）「冬薔薇（ふゆそうび）」
◇青邨記念特別賞
　山田 道則（東京都）「みちしるべ」
◇優秀賞
　松浦 主税（愛知県）「真理の翼（しんりのつばさ）」
◇奨励賞
　荒木 恵信（石川県）「和音（ミラノ、サン、ロレソツォ、マッジョーレ協会）」
　斉藤 和（京都府）「雪の舞う」
　須藤 和之（群馬県）「千年の空」
　中野 一義（京都府）「緑の響」
　吉村 朝（千葉県）「天体航路」
第4回（平20年度）
◇青邨記念大賞
　広森 守（京都府）「風景の記憶」
◇青邨記念特別賞
　池田 真理子（茨城県）「やはらかなあなた」
◇優秀賞
　朝倉 美彌子（埼玉県）「夕刻」
◇奨励賞
　伊藤 良平（広島県）「跡」
　宇髙 健太郎（東京都）「雨音」
　藤井 聡子（神奈川県）「華姿」
　牧野 環（愛知県）「翼」

　水越 由起子（神奈川県）「慈眼」
第5回（平22年度）
◇青邨記念大賞
　桝田 吉行（兵庫県）「酒蔵の想い」
◇青邨記念特別賞
　宮下 真理子（東京都）「寄り道」
◇優秀賞
　永井 学（三重県）「きざす」
◇奨励賞
　岩谷 駿（茨城県）「メトロノーム」
　清水 恵利花（神奈川県）「春宵月下図」
　白田 誉主也（茨城県）「あまのじゃく」
　松井 茂樹（京都府）「心と心を重ねて」
　森下 麻子（愛知県）「ユメをみる」
第6回（平24年度）
◇青邨記念大賞
　酒井 克典（奈良県）「弥生の頃」
◇青邨記念特別賞
　水登 麻里子（広島県）「春」
◇優秀賞
　山田 美知男（秋田県）「春まで」
◇審査員特別奨励賞
　内海 福溥（京都府）「鳥の歌」
◇奨励賞
　青木 義幸（京都府）「飛び石に遊ぶ」
　是永 昭宏（広島県）「いのち－母子像－」
　土居 恒夫（高知県）「風ノヒカル」
　長原 勲（岡山県）「地ヲ這ウ」
第7回（平27年度）
◇青邨記念大賞
　池上 武男（長野県）「マオリHaka、軽快」
◇青邨記念特別賞
　松原 亜聖（東京都）「異国の果て」
◇優秀賞
　大田 実穂（京都府）「小さな訪問者」
◇奨励賞
　髙木 俊一（愛知県）「下栗の里」
　朝倉 美彌子（埼玉県）「異人館の午後」
　鷹濱 春奈（東京都）「風吹くその先へ」
　堤 春生（山梨県）「言霊」
　松木 秋佳（愛知県）「郊甸（こうてん）」

096 山口源大賞

沼津市ゆかりの版画家、山口源氏の業績を顕彰するとともに、版画を通して市民の芸術文化の向上をはかるために、昭和58年度に沼津市芸術文化振興基金を活用して創設。国内版画界において優れた業績を挙げた作家(作品)に授賞される。隔年開催。

【主催者】沼津市

【選考委員】(第17回)野田哲也(版画家、東京藝術大学名誉教授)、松山龍雄(「版画芸術」編集主幹、多摩美術大学特別講師)、本江邦夫(美術評論家、多摩美術大学教授)

【選考方法】推薦

【選考基準】選考年5月1日より過去2年以内に日本国内で発表された版画作品

【賞・賞金】大賞(1点):賞金100万円(作品は主催者に帰属)

【URL】http://www.city.numazu.shizuoka.jp/kurashi/kyoiku/kyoiku/bunka/yamaguchi/index.htm

(昭58年度)
　黒崎 彰　「黒の軌跡」
(昭60年度)
　中林 忠良　「転位83―地―III」
(昭62年度)
　吉田 穂高　「サンミゲル旧一番通り」
(平1年度)
　吉原 英雄　「二つの地平B」
(平3年度)
　日和崎 尊夫　「KALPA'89 REQUIEM」
(平5年度)
　野田 哲也　「日記 1992年2月17日」
(平7年度)
　井田 照一　「Sazare(A)―No.1」
(平9年度)
　加納 光於　「《Circle―波打つ眉をしずめよ》No.5」
(平11年度)

　李 禹煥　「照応98 3」
(平13年度)
　柳澤 紀子　「水邊の庭 V」
(平15年度)
　磯見 輝夫　「港・初めに・・・」
(平17年度)
　池田 良二　「円環する焔」
(平19年度)
　小林 敬生　「白い朝又は早暁―塔 05・03C―」
(平21年度)
　星野 美智子　「記憶する薔薇IV 探索の旅」
(平23年度)
　甕嘔　「Rainbow men & woman B」
(平25年度)
　深澤 幸雄　「僕の心を覗く僕」
(平27年度)
　天野 純治　「field of water #013055」

097 雪のデザイン賞

世界で初めて人工雪をつくることに成功し、「雪は天から送られた手紙である」という言葉を残した中谷宇吉郎。その出身地である加賀市による雪と氷をテーマにしたデザイン作品の公募展。平成12年に中谷宇吉郎生誕百年を記念して創設され、隔年で開催。

【主催者】加賀市、中谷宇吉郎雪の科学館

【選考委員】(第9回)川上元美(審査委員長)、川北良一、樋口敬二、古場田良郎、加賀市教

育長

【選考方法】公募

【選考基準】〔資格〕不問。〔対象〕雪や氷の形や現象をモチーフにした未発表のオリジナル作品。〔作品規定〕小物, 工芸作品, ポスター, オブジェ, 映像など搬送可能な現物作品。ただし写真や絵画だけのものや食品, 既に市場に流通している商品は除く。いずれも重量は10kg以内。立体固形物は, 縦, 横, 高さがそれぞれ50cm以内でパネル状のものや衣類などは, 一辺が150cm以内。折りたたんで展示してもよい場合は, 折りたたんだ状態で一辺が150cm以内。〔応募規定〕応募作品は3点(組)まで。作品を撮影したデジタル写真3カット以内をコピーしたCDとともに事務局まで提出。デジタル写真の画像形式はJPG, サイズは800×600pixel以上, 容量は1点1Mb以上。〔出品料〕1点2000円とし, 2点目から1000円

【締切・発表】(第9回)応募締切は平成29年3月31日, 表彰式は10月28日(予定)。入選作品展を10月26日〜平成30年2月13日に開催

【賞・賞金】金賞(1点):賞金50万円, 銀賞(1点):賞金20万円, 銅賞(1点):賞金10万円, 奨励賞(5点程度):賞金5万円, 佳作(若干)

【URL】http://kagashi-ss.co.jp/yuki-mus/

第1回(平12年)
◇金賞
　平井 覚 「ミクロコスモス・冬の一日」
◇銀賞
　清水 真由美 「Calado」
◇銅賞
　金津 沙矢香 「to clear」
第2回(平14年)
◇金賞
　鈴木 奈穂子 「冬のともしび」
◇銀賞
　今泉 美登里 「SNOW PRINT」
◇銅賞
　角谷 享 「氷彩(アクリル大棗)」
第3回(平16年)
◇金賞
　森 政子 「早春」
◇銀賞
　青木 幸生 「雪氷の花 2点」
◇銅賞
　今泉 美登里 「Early spring」
第4回(平19年)
◇金賞
　Ritere, Baiba 「CONNECTION」
◇銀賞
　田中 雅樹 「しもばしら」

◇銅賞
　北村 ひでき 「CRYSTAL CANDLE」
第5回(平21年)
◇金賞
　江口 功 「白磁抜釉彩鉢『雪層』」
◇ラネージュ賞
　ヒロネ アヤコ 「air snow」
◇銀賞
　山﨑 純子 「六花」
◇銅賞
　中出 武彦 「cracking plate」
第6回(平23年)
◇金賞
　山本 茜(京都府)「截金硝子『雪明り』」
◇ラネージュ賞
　針谷 崇之(石川県)「雪蒔絵オーナメント」
◇銀賞
　牧野 広大(山形県)「white field」
◇銅賞
　近藤 千愛(滋賀県)「snow grains」
第7回(平25年)
◇金賞
　米元 優曜(富山県)「Metamorphose」
◇ラネージュ賞
　石原 薫(大阪府)「夜の雪」
◇銀賞

097 雪のデザイン賞

　SouMa（島根県）「雪と氷のガーデン」
　◇銅賞
　　三宅 宏明，油井 美奈子（山口県）
　　「SNOW COLOR CHART*」
第8回（平27年）
　◇金賞
　　平 慎介（東京都）「霜柱」
　◇ラネージュ賞
　　横山 翔平（富山県）「In the silence」
　◇銀賞
　　落合 里麻（秋田県）「雪景色の箱」
　◇銅賞
　　釋永 維（石川県）「舞う」

音楽・芸能

098 浅草芸能大賞

大衆芸能の奨励と振興をはかり、あわせて台東区のイメージアップに資することを目的として、昭和59年に創設された。

【主催者】（公財）台東区芸術文化財団
【選考委員】委員長：鳥越文藏（演劇研究者・早稲田大学名誉教授）ほか8名
【選考方法】広く区民の中から公募した区民審査委員100名の推薦によって専門審査委員が決定
【選考基準】〔対象〕大衆芸能の分野で東京を中心に活動しているプロの芸能人の中から、過去の実績と活動状況を勘案して授与している。大賞：最も優れた業績をあげ活躍した者。奨励賞：他の範となるような研鑽・努力した者。新人賞：新人として将来を期待・嘱望される者
【締切・発表】原則として10月中に受賞者を決定,3月に授賞式
【賞・賞金】大賞：賞金100万円,賞状,奨励賞：賞金50万円,賞状,新人賞：賞金30万円,賞状
【URL】http://www.taitocity.net/taito/zaidan/

第1回（昭59年度）
◇大賞
　田谷 力三（オペラ歌手）
◇奨励賞
　海老一 染之助，海老一 染太郎（大神楽）
◇新人賞
　柳亭 小燕枝（落語家）
第2回（昭60年度）
◇大賞
　江戸家 猫八（物まね）
◇奨励賞
　内海 桂子，内海 好江（漫才師）
◇新人賞
　古今亭 志ん橋（落語家）
第3回（昭61年度）
◇大賞
　浅香 光代（女優）
◇奨励賞
　東 八郎（コメディアン）
◇新人賞
　柳家 小里ん（落語家）
第4回（昭62年度）
◇大賞
　益田 喜頓（俳優）
◇奨励賞
　宝井 馬琴（講談師）
◇新人賞
　小堺 一機（タレント）
第5回（昭63年度）
◇大賞
　渥美 清（俳優）
◇奨励賞
　関 敬六（コメディアン）
◇新人賞
　林家 こぶ平（落語家）
第6回（平1年度）
◇大賞
　柳家 小さん（落語家）
◇奨励賞

毒蝮 三太夫（タレント）
◇新人賞
　ウッチャン・ナンチャン（コメディアン）
第7回（平2年度）
◇大賞
　内海 桂子，内海 好江（漫才師）
◇奨励賞
　中村 勘九郎（5世）（歌舞伎俳優）
◇新人賞
　コロッケ（タレント）
第8回（平3年度）
◇大賞
　伊東 四朗（タレント）
◇奨励賞
　坂東 八十助（歌舞伎俳優）
◇新人賞
　林家 ペー（漫談家）
第9回（平4年度）
◇大賞
　三遊亭 円歌（3世）（落語家）
◇奨励賞
　ポール牧（喜劇役者）
◇新人賞
　中村 橋之助（歌舞伎俳優）
第10回（平5年度）
◇大賞
　古今亭 志ん朝（落語家）
◇奨励賞
　沢 竜二（演劇役者）
◇新人賞
　三遊亭 小円歌（漫談家）
◇特別賞
　松鶴家 千代若，松鶴家 千代菊（漫才師）
第11回（平6年度）
◇大賞
　萩本 欽一（タレント）
◇奨励賞
　三浦 布美子（女優）
◇新人賞
　柳家 さん喬（落語家）
第12回（平7年度）
◇大賞
　水谷 八重子（2世）（女優）
◇奨励賞
　天海 祐希（宝塚女優）
◇新人賞
　国本 武春（浪曲師）
第13回（平8年度）
◇大賞
　春風亭 小朝（落語家）
◇奨励賞
　あした 順子，あした ひろし（漫才師）
◇新人賞
　尾上 菊之助（5世）（歌舞伎俳優）
第14回（平9年度）
◇大賞
　ビートたけし（タレント）
◇奨励賞
　ボナ植木，パルト小石（奇術師）
◇新人賞
　春風亭 昇太（落語家）
第15回（平10年度）
◇大賞
　森 光子（女優）
◇奨励賞
　片岡 鶴太郎（タレント）
◇新人賞
　爆笑問題（漫才師）
第16回（平11年度）
◇大賞
　中村 勘九郎（5世）（歌舞伎俳優）
◇奨励賞
　金原亭 馬生（落語家）
◇新人賞
　いっこく堂（腹話術師）
第17回（平12年度）
◇大賞
　島田 正吾（俳優）
◇奨励賞
　昭和 のいる，昭和 こいる（漫才師）
◇新人賞
　氷川 きよし（歌手）
第18回（平13年度）
◇大賞
　市川 猿之助（3世）（歌舞伎俳優）
◇奨励賞
　柳家 権太楼（3世）（落語家）
◇新人賞
　大和 悠河（宝塚女優）
第19回（平14年度）
◇大賞
　永 六輔（放送作家）

◇奨励賞
　木の実 ナナ（女優）
◇新人賞
　林家 いっ平（落語家）
第20回（平15年度）
　◇大賞
　　桂 歌丸（落語家）
　◇奨励賞
　　松井 誠（俳優）
　◇新人賞
　　中村 獅童（歌舞伎俳優）
第21回（平16年度）
　◇大賞
　　松平 健（俳優）
　◇奨励賞
　　綾小路 きみまろ（漫談家）
　◇新人賞
　　マギー審司（手品師）
第22回（平17年度）
　◇大賞
　　島倉 千代子（歌手）
　◇奨励賞
　　林家 正蔵（落語家）
　◇新人賞
　　橘 大五郎（俳優）
第23回（平18年度）
　◇大賞
　　三遊亭 円楽（落語家）
　◇奨励賞
　　市川 亀治郎（歌舞伎俳優）
　◇新人賞
　　ロケット団（漫才師）
第24回（平19年度）
　◇大賞
　　松本 幸四郎（9世）（歌舞伎俳優）
　◇奨励賞
　　マギー司郎（マジック漫談師）
　◇新人賞
　　上戸 彩（女優）
第25回（平20年度）
　◇大賞
　　西田 敏行（俳優）
　◇奨励賞
　　なぎら 健壱（シンガーソングライター）
　◇新人賞
　　早乙女 太一（大衆演劇）

第26回（平21年度）
　◇大賞
　　吉永 小百合（女優）
　◇奨励賞
　　中村 勘太郎（歌舞伎俳優）
　◇新人賞
　　ナイツ（漫才師）
第27回（平22年度）
　◇大賞
　　市川 団十郎（12世）（歌舞伎俳優）
　◇奨励賞
　　坂本 冬美（歌手）
　◇新人賞
　　Wコロン（漫才師）
第28回（平23年度）
　◇大賞
　　北大路 欣也（俳優）
　◇奨励賞
　　東 貴博（タレント）
　◇新人賞
　　芦田 愛菜（女優）
第29回（平24年度）
　◇大賞
　　高橋 英樹（俳優）
　◇奨励賞
　　米倉 涼子（女優）
　◇新人賞
　　古今亭 文菊（落語家）
第30回（平25年度）
　◇大賞
　　水谷 豊（俳優）
　　春風亭 一朝（落語家）
　◇新人賞
　　剛力 彩芽（女優）
第31回（平26年度）
　◇大賞
　　中村 吉右衛門（歌舞伎俳優）
　◇奨励賞
　　柳家 さん喬（落語家）
　◇新人賞
　　能年 玲奈（女優）
第32回（平27年度）
　◇大賞
　　黒柳 徹子（女優）
　◇奨励賞
　　市川 染五郎（歌舞伎俳優）

◇新人賞
　春風亭 一之輔（落語家）
第33回（平28年度）
　◇大賞
　　加山 雄三（俳優）

◇奨励賞
　ナイツ（漫才師）
◇新人賞
　尾上 松也（歌舞伎俳優）

---

099 泉鏡花記念金沢戯曲大賞

　平成9年に25周年を迎えた「泉鏡花文学賞」を記念して創設。5年ごとに行われる金沢泉鏡花フェスティバルで上演するため作品募集を行い，金沢市の新しい文化の振興と活性化を図るとともに，新しい金沢のイメージの発信を目的とする。

【主催者】金沢市

【選考委員】（第4回）五木寛之，唐十郎，ふじたあさや

【選考方法】公募

【選考基準】〔資格〕国籍，プロ・アマ不問。〔対象〕泉鏡花の作品に基づくか，泉鏡花の人物に関する戯曲，金沢を舞台とした戯曲とし，時代設定，形式などの内容は自由。日本語による未発表作品に限り，上演することを前提とする。〔原稿〕400字詰め原稿用紙150枚程度。（上演時間にして約90分程度）

【締切・発表】（第5回）平成27年11月30日締切，平成29年11月上演。5年ごとの募集

【賞・賞金】大賞（1編）：賞金100万円および受賞作品の上演，佳作（2編）：賞金10万円，奨励賞（数点）：賞金5万円

【URL】http://www4.city.kanazawa.lg.jp/11020/bungaku/gikyoku/gikyoku.html

---

第1回（平9年）
　◇大賞
　　浅野 公蔵（岐阜市）「雪うさぎ」
第2回（平14年）
　◇大賞
　　重 庄太郎（沖縄県）「草迷宮II」
第3回（平19年）
　◇大賞
　　大谷 護 「おりづる」
第4回（平24年）
　◇大賞
　　中空 よおい 「囮（おとり）」

◇優秀賞
　中澤 日菜子 「春昼遊戯」
◇佳作
　川津 羊太郎 「白霧狂ひつ，闇裂きつ。」
　宮武 侚史 「さくら心中」
第5回（平29年）
　◇大賞
　　佐々木 透（劇作家・演出家）「世界はあなたの物」
　◇佳作
　　辻本 久美子 「カナリアは歌わず」
　　堀越 眞 「はなのかんばせ」

---

100 江藤俊哉ヴァイオリンコンクール

　小平市が音楽文化の振興を図るにあたり，小平市在住のヴァイオリニスト江藤俊哉氏の音楽理念のもとに，豊かな才能を秘めた若き音楽家を数多く発見・発掘し，世界への飛

100 江藤俊哉ヴァイオリンコンクール

翔の場を提供することにより,音楽文化の普及と向上に寄与することを目的として創設された。第11回(平成20年)をもって終了。

【主催者】小平市,小平市文化振興財団

【選考委員】(第10回)名誉審査員長：江藤俊哉,審査員長：岩井宏之,江藤アンジェラ,田中千香士,堀米ゆず子,山岡耕作,渡部基一

【選考基準】〔対象〕ジュニア・アーティスト部門：12～16歳,ヤング・アーティスト部門：17～26歳。国籍不問

【締切・発表】(第10回)平成18年7月9日MDによる第1次予選,7月29日ジュニア,31日ヤングの第2次予選,8月6日ルネこだいら中ホールにて本選。各部門の第1～3位受賞者は19年8月5日の「第10回江藤俊哉ヴァイオリンコンクール受賞者演奏会」に出演

【賞・賞金】ジュニア・アーティスト部門1位：奨学金20万円,2位：10万円,3位：5万円,ヤング・アーティスト部門1位：賞金50万円,2位：賞金30万円,3位：賞金15万円

第1回(平8年)
◇ジュニア部門
- 第1位
  上原 美喜子(女子学院高校)
- 第2位
  矢津 将也(所沢市立北野中学)
- 第3位
  小池 彩織(晃華学園高校)

◇ヤング部門
- 第1位
  大鹿 由希(桐朋学園大学研究科)
- 第2位
  髙橋 和歌(桐朋学園大学)
- 第3位
  吉田 恭子(桐朋学園大学卒業生)

第2回(平9年)
◇ジュニア部門
- 第1位
  矢野 玲子
- 第2位
  飯島 忠亮
- 第3位
  城代 さや香

◇ヤング部門
- 第1位
  上野 真理
- 第2位
  頴川 晴子
- 第3位
  磯 祥男

第3回(平10年)
◇ジュニア部門
- 第1位
  松岡 麻衣子
- 第2位
  中村 ゆか里
- 第3位
  山本 翔平

◇ヤング部門
- 第1位
  甲斐 史子
- 第2位
  宮崎 万里
- 第3位
  工藤 真菜

第4回(平11年)
◇ジュニア部門
- 第1位
  高橋 真史
- 第2位
  松崎 千鶴
- 第3位
  大村 真央

◇ヤング部門
- 第1位
  松井 利世子
- 第2位
  小熊 佐絵子
- 第3位
  角張 あゆ

第5回（平12年）
　◇ジュニア部門
　●第1位
　　原 麻理子
　●第2位
　　青木 恵音
　●第3位
　　藤崎 美乃
　◇ヤング部門
　●第1位
　　飯島 忠亮
　●第2位
　　川口 静華
　●第3位
　　黒田 裕理
第6回（平13年）
　◇ジュニア部門
　●第1位
　　長尾 春花
　●第2位
　　川又 明日香
　●第3位
　　蜷川 絋子
　◇ヤング部門
　●第1位
　　小形 真奈美
　●第2位
　　森本 舞
　●第3位
　　漆原 直美
第7回（平14年）
　◇ジュニア部門
　●第1位
　　米田 有花
　●第2位
　　山田 麻実
　●第3位
　　千田 奈緒子
　◇ヤング部門
　●第1位
　　由良 浩明
　●第2位
　　工藤 真菜
　●第3位
　　三宅 政弘
第8回（平15年）
　◇ジュニア部門
　●第1位
　　対馬 佳祐
　●第2位
　　加藤 小百合
　●第3位
　　城 達哉
　◇ヤング部門
　●第1位
　　上原 美喜子
　●第2位
　　相本 朋子
　●第3位
　　岸田 晶子
第9回（平16年）
　◇ジュニア部門
　●第1位
　　伊東 真奈
　●第2位
　　森岡 ゆりあ
　●第3位
　　常田 俊太郎
　◇ヤング部門
　●第1位
　　印田 千裕
　●第2位
　　中村 真紀子
　●第3位
　　大村 真央
第10回（平18年）
　◇ジュニア部門
　●第1位
　　外薗 彩香
　●第2位
　　岩木 亜悠子
　●第3位
　　松原 まり
　　鹿島 綾
　◇ヤング部門
　●第1位
　　千田 奈緒子
　●第2位
　　泉 沙織
　●第3位
　　対馬 佳祐
第11回（平20年）
　◇ジュニア部門

音楽・芸能

- 第1位
  尾張 拓登
- 第2位
  杉谷 悠
- 第3位
  荒井 優利奈
◇ヤング部門

- 第1位
  尾池 亜美
- 第2位
  対馬 佳祐
- 第3位
  会田 莉凡

101 沖縄市戯曲大賞

　戯曲を全国的に公募することにより,沖縄市を広く県内外にアピールするとともに市内をはじめ,県下の文学界に話題を提供し,より多くの戯曲作家の輩出に寄与する。また入賞作品を舞台化し,演劇活動の場を提供することにより,舞台演出家,俳優などの舞台芸術関係に大きな刺激をもたらし,沖縄市を舞台芸術の発信地とすることを目的とする。第12回(平成20年)をもって終了。

【主催者】沖縄市,沖縄市文化協会

【選考方法】公募

【選考基準】〔資格〕不問。〔対象〕場所,時代背景,フィクション・ノンフィクションは問わず,日本語によるオリジナル未発表作品。〔原稿〕400字詰原稿用紙70枚〜100枚程度。2枚以内のあらすじを添付,表紙にタイトル,枚数,氏名,年齢,住所,電話番号を明記

【賞・賞金】大賞：賞状と賞金50万円,佳作：賞状と賞金15万円

第1回(平9年度)
　◇大賞
　　大城 貞俊(県立開邦高校教諭)「山のサバニ」
　◇佳作
　　上田 真弓 「ホエタマカイの夜」
第2回(平10年度)
　◇大賞
　　重 庄太郎 「流星群の夜」
　◇佳作
　　名護 宏英(詩人)「プロンプター」
第3回(平11年度)
　◇大賞
　　上里 和美(歯科医師)「カフェ・ライカム」
　◇佳作
　　鈴木 次郎 「南の島のアリス」
第4回(平12年度)
　◇大賞
　　中里 友豪(詩人)「越境者」
　◇佳作
　　屋良 美枝子(県立公文書館臨仕)「バースデイ行進曲」
第5回(平13年度)
　◇大賞
　　又吉 博美(公務員)「太陽のマニマニ」
　◇佳作
　　南原 あい(戯曲作家)「受き取い清らさ」
第6回(平14年度)
　◇大賞
　　伊地知 ナナコ(劇作家・演出家)「上等番長」
　◇佳作
　　武田 浩(作家)「光らない蛍」
第7回(平15年度)
　◇大賞
　　友寄 総市浪(高校生)「オキナワニフルユキ」
　◇佳作

山脇 立嗣（劇団所属）「空みつけた」
第8回（平16年度）
　◇大賞
　　国吉 真治（沖縄県読谷村）「沖縄村立いやし隊」
　◇佳作
　　宮里 政充（沖縄県那覇市）「ベートーベンによろしく」
第9回（平17年度）
　◇大賞
　　上原 利彦（沖縄県本部町）「ぼくらはみんな生きている」
　◇佳作
　　宮原 邦夫（沖縄県那覇市）「雲の墓標」
第10回（平18年度）

　◇大賞
　　野上 卓（神奈川県）「私はなぜアンネ・フランクリンを告発したのか」
　◇佳作
　　池神 泰三（東京都）「ステンレス・ライフ」
第11回（平19年度）
　◇大賞
　　山脇 立嗣（京都府京都市）「白雨至りて」
　◇佳作
　　當山 忠（沖縄県沖縄市）「ユクイ石」
第12回（平20年度）
　◇大賞
　　吉村 健二（埼玉県狭山市）「はい、チーズ！」
　◇佳作
　　真謝 稔（沖縄県那覇市）「漂流の民」

102 菊池寛ドラマ賞

　高松市出身の作家・菊池寛氏の功績と名誉を永久に讃えるため、全国から演劇作品を公募し優れた作品を選び、演劇界の活性化に寄与することを目的に創設された。平成9年終了。

【主催者】高松市、文芸春秋

【選考委員】野口達二、山田太一、井上ひさし、福田逸、大山勝美

【選考方法】公募

【選考基準】〔資格〕国籍不問。〔対象〕題材は自由。新歌舞伎、新派、現代劇の戯曲、テレビドラマのシナリオなど。但し、未発表のものに限る。〔原稿〕400字詰原稿用紙で50枚～100枚。3枚程度の梗概を添付

【締切・発表】第7回は平成8年7月1日から9年6月30日まで募集、発表は10月入賞者に直接通知および「別冊文芸春秋」12月発売号誌上に掲載、12月贈呈式

【賞・賞金】入選作（1篇）：正賞100万円、副賞時計、佳作（3篇以内）：正賞各50万円、副賞時計、受賞作品の上演権、放送権、および出版権は、発表の日から1年間、主催者側に帰属

第1回（平4年）
　　棚橋 順子　「願わくは」
　◇奨励賞
　　木庭 久美子　「カサブランカ」
　　関口 多景士　「意地無情」
　◇佳作
　　冬木 諒平　「PHOTO・1945」
　　一ノ木 風子　「花結勝男節塩梅」
　　ぜんとう ひろよ　「墓場で花見」

　　椎名 初美　「親の教育は誰がする？」
第2回（平5年）
　　荒馬 間　「水汲（く）み女」
　◇佳作
　　麻青 夏海　「地上げ前」
　　吉田 公平　「秋月葛葉裏留賀書」（新歌舞伎）
第3回（平6年）

野口 卓 「風の民」(現代劇)
◇佳作
　岩本 宣明 「新聞記者」(現代劇)
　野口 泰久 「平蜘蛛」(歌舞伎)
　千葉 多喜子 「ピトルギの鈴」(シナリオ)
第4回(平7年)
　鷹政 満伸 「撫子(なでしこ)」
◇佳作
　三国 洋子 「沖明かり」
　石川 勝利 「風炎」
第5回(平7年)
　該当作なし

第6回(平8年)
　中村 守己 「八木山峠」
◇佳作
　大竹 章義 「祖父帰る」
　江馬 道夫 「桐の花影」
第7回(平9年)
　該当作なし
◇佳作
　雨野 士郎 「貧福ぶへん譚」
　松本 朋子 「雲の絵本」
　米村 憲治 「安政の遠足異聞」

103 古関裕而記念音楽賞

　昭和を代表する作曲家・故古関裕而氏の偉業を記念し,永く氏の功績を後世に伝達するために制定された。より優れた新しい歌唱楽曲を創作し世に送り出すことによって,日本の音楽文化の振興に寄与することを目的とする。毎回テーマを決め,手紙を募集する。選ばれた10編をもとに作詞家,作曲家が歌唱楽曲を創作し,著名な歌手が歌唱する。平成3年度から3年に1度開催。6年,9年,12年の計4回にわたって実施された。平成13年度以降は記念音楽祭を中心に開催。

【主催者】福島市古関裕而音楽賞実行委員会,福島市,福島市教育委員会
【選考委員】(第4回)天野祐吉(コラムニスト),大林宣彦(映画監督),中村メイコ(女優),江国香織(作家),立花和夫(実行委員会副委員長),渡辺富志夫(古関裕而記念館長),井原達夫(NHK福島放送局長)
【選考方法】公募
【賞・賞金】金賞,銀賞,銅賞：賞状,トロフィー,副賞。入選(7名)：副賞

第1回(平3年度)
◇古関裕而音楽賞
● 金賞
　鈴木 正宏〔タイトル〕,山上 路夫〔作詞〕,中村 八大〔作曲〕,松崎 しげる〔歌唱〕 「ぼく達はこの星で出会った」
● 銀賞
　菅野 正憲〔タイトル〕,たか たかし〔作詞〕,杉本 真人〔作曲〕,さとう 宗幸〔歌唱〕 「雪うさぎ 春うらら」
● 銅賞
　小野寺 布美〔タイトル〕,湯川 れい子〔作詞〕,小田 裕一郎〔作曲〕,尾崎 紀世彦〔歌唱〕 「地球(ほし)に抱(いだ)かれて」

◇アマチュアソングコンテスト
● 最優秀賞
　星 あきまさ〔作詞・作曲〕 「はだしのままで」
● 優秀賞
　小熊 りか〔作詞〕,大場 幹浩〔作曲〕 「Sail For Blue」
　原 泰子〔作詞〕,珊瑚 宣俊〔作曲〕 「この星 緑に輝く限り」
● 奨励賞
　和泉 陸郎〔作詞〕,遠藤 三雄〔作曲〕 「エメラルドの輝きを永遠に」
　大谷 美保〔作詞・作曲〕 「私の公園で」

渡辺 昌明〔作詞・作曲〕 「SWEET LITTLE DARLING」
山中 弘子〔作詞〕,石垣 正行〔作曲〕 「21世紀へのメッセージ」
青木 恒〔作詞・作曲〕 「風、光る」
友永 博志〔作詞・作曲〕 「恋人たちの季節(とき)」
◇審査員賞
富田 そのこ〔作詞・作曲〕 「Moving' Fly」

第2回(平6年度)
◇古関裕而音楽賞
● 金賞
田代 宏〔タイトル〕,荒木 とよひさ〔作詞〕,鈴木 邦彦〔作曲〕,由紀 さおり〔歌唱〕 「天文カラットの星から―赤い星 青い星」
● 銀賞
上 紀男〔タイトル〕,たか たかし〔作詞〕,市川 昭介〔作曲〕,伍代 夏子〔歌唱〕 「この指とまれ いくつもの夢」
● 銅賞
岩崎 末喜〔タイトル〕,小椋 佳〔作詞・作曲〕,坂本 冬美〔歌唱〕 「あしたあえるよね」
◇アマチュアソングコンテスト
● 最優秀賞
菅原 春美〔作詞・作曲〕 「ミルキー・ウェイ銀河旅行」
● 優秀賞
青木 政憲〔作詞・作曲〕 「空のキャンバス」
菱田 博俊〔作詞・作曲〕 「風の招待状」
● 奨励賞
三保 理〔作詞〕,潮田 滋彦〔作曲〕 「僕らの地図」

稲葉 雅彦〔作詞・作曲〕 「明日(あした)へ」
山田 光昭〔作詞・作曲〕 「地球人にならないかい?」
青木 恒〔作詞・作曲〕 「Fruity Flavor」
大西 知子〔作詞・作曲〕 「夢の番人」
若松 かつこ〔作詞〕,岩上 峰山〔作曲〕 「土の華」
大西 雲馬〔作詞〕,新山 芳美〔作曲〕 「マジック・ボックス」

第3回(平9年度)
◇金賞
いで はく〔作詞〕,さとう 宗幸〔作曲〕,川村 栄二〔編曲〕,さとう 宗幸〔歌唱〕 「欅伝説」
◇銀賞
たか たかし〔作詞〕,弦 哲也〔作曲〕,桜庭 伸幸〔編曲〕,今 陽子〔歌唱〕 「ぼくの右手」
◇銅賞
喜多条 忠〔作詞〕,美樹 克彦〔作曲〕,金子 剛〔編曲〕,上条 恒彦〔歌唱〕 「がんばれ!タイムカプセル」

第4回(平12年度)
◇金賞
たか たかし〔作詞〕,宮川 泰〔作曲〕,上柴 はじめ〔編曲〕,上条 恒彦〔歌唱〕 「こんにちは~地球はひとつ」
◇銀賞
山上 路夫〔作詞〕,藤 竜之介〔作曲〕,丸山 雅仁〔編曲〕,八代 亜紀〔歌唱〕 「10年後の3年2組」
◇銅賞
芥川 澄夫〔作詞〕,白鳥 英美子〔作曲〕,萩田 光雄〔編曲〕,白鳥 英美子〔歌唱〕 「YAKUSOKU―父に送る手紙―」

104 仙台劇のまち戯曲賞

仙台開府四百年を記念し、これまで実施してきた舞台芸術振興事業「劇都(ドラマティック・シティ)仙台」の新たなステップとして平成13年に創設。地域の観客と演劇人とが、感動を深く共有しあうことのできるまちの実現を期待し、プロデュース公演での上演を前提として隔年で募集を行う。最終選考で、一般の観客も参加し、「公開戯曲リーディング」

音楽・芸能

もあわせて実施する。第5回以降,休止。

【主催者】仙台市,(公財)仙台市市民文化事業団

【選考委員】(第4回)飯島早苗(劇作家),石川裕人(劇作家・演出家),高瀬久男(演出家),平田オリザ(劇作家・演出家),宮田慶子(演出家)

【選考方法】公募

【選考基準】(第4回)〔対象〕演劇の戯曲。〔資格〕問わない。〔応募規定〕日本語による新作戯曲で未発表未上演の作品。応募作品の数に制限はない。400字詰め原稿用紙(縦書・A4サイズ)で200枚以内。ワープロ原稿の場合は縦書・A4サイズにて,400字詰め換算枚数を明記のこと。基本的に変則的な書式は認めない。読みづらい漢字にはルビを記入すること。他の戯曲,小説,映画などから引用した場合は,引用部分に作品名を明記する。「作品のあらすじ」を1000字以内にまとめ,応募作品に添付(「作品のあらすじ」のほか「作品の意図・背景」を800字以内で添付することも可)

【締切・発表】(第4回)平成20年5月16日締切(当日消印有効),平成21年3月22日公開リーディングと最終選考・発表

【賞・賞金】大賞(1作品):賞金200万円(初演の上演料・税を含む)。佳作(2作品程度):賞金5万円。大賞受賞作品は,公益財団法人仙台市市民文化事業団と仙台市の主催公演として初演する予定。初演に係る上演権,放送権,その他,公開・出版に関する権利は主催者である公益財団法人仙台市市民文化事業団と仙台市に帰属する。また上演にあたりドラマドクターの指導を得て加除・変更を行うことがある

第1回(平13年度)
◇大賞
　キタモト マサヤ(京都市)「闇光る」
◇佳作
　千葉 研之(仙台市)「たま,ゆらら」
　平塚 直隆(名古屋市)「職人の森」

第2回(平15年度)
◇大賞
　柴 幸男(練馬区)「ドドミノ」
◇佳作
　丸尾 聡(川崎市)「飯縄おろし」
　岳本 あゆ美(川崎市)「レゾナンス―共振―」

第3回(平17年度)
◇大賞
　中澤 日菜子(調布市)「ミチユキ→キサラギ」
◇佳作
　神品 正子(港区)「七年目の夏」
　平塚 直隆(名古屋市)「自転車英雄」

第4回(平20年)
◇大賞
　平塚 直隆(愛知県名古屋市)「はだか道」
◇佳作
　笠島 清剛(福井県鯖江市)「送別会」
　金池 晴香(大阪府大阪市)「方舟・ARK」

105 せんだい短編戯曲賞

　年齢,経験を問わず,次代の演劇を担う人材を応援し続ける戯曲賞となることを目指し,平成25年に創設。「上演時間おおむね60分以内の短編戯曲であること」「日本各地の制作者・プロデューサーが選考すること」「最終候補の10作品程度がまとめられ冊子になること」が大きなポイントである。仙台から始まるこの戯曲賞が,多くの出会いが生み,日本の演劇を支えて変えていくような「場」になることを願うものである。

> 【主催者】(公財)仙台市市民文化事業団,仙台市
> 【選考委員】(第5回)相内唯史(大阪,インディペンデントシアター),木元太郎(東京,こまばアゴラ劇場),斎藤ちず(札幌,生活支援型文化施設コンカリーニョ),平松隆之(名古屋,うりんこ劇場),山本清文(新居浜,あかがねミュージアム)
> 【選考方法】公募
> 【選考基準】〔対象〕(第5回)平成27(2015)年3月11日以降に書かれ,上演時間おおむね60分を上限とする戯曲で,かつ著作権・上演権・出版権が応募者本人にあるもの〔資格〕問わない〔応募条件〕日本語による新作戯曲。一人一作品。既発表,既上演の作品でも可。但し,同時期の他の賞との重複応募,過去に他の賞で入選歴のある作品は不可。400字詰め原稿用紙に換算の際,おおむね100枚以内。他の戯曲,小説,映画などから引用した場合は,その作品名および引用箇所を明記する
> 【締切・発表】(第5回)平成29年3月31日締切(当日消印有効),6月下旬最終候補作品の発表,9月下旬大賞作品発表。9月仙台市内で大賞作品のリーディング公演を開催。また,最終候補作品(大賞作品含む)は,すべて1冊の戯曲集として出版される
> 【賞・賞金】大賞:賞金総額50万円(受賞作品が複数の場合は,選考委員が選考した結果に応じて賞金額が決定する)。最終候補作品(大賞作品含む)の上演権及び出版権は最終候補作品の発表から2年間,公益財団法人仙台市市民文化事業団に帰属する
> 【URL】http://www.gekito.jp/

第1回(平25年)
◇大賞
　横山 拓也(大阪府)「人の気も知らないで」
　綾門 優季(東京都)「止まらない子供たちが轢かれてゆく」

第2回(平26年)
◇大賞
　川津 羊太郎(熊本県)「街に浮遊する信号器」

　西 史夏(兵庫県)「ナイト・ウィズ・キャバレット」

第3回(平27年)
◇大賞
　綾門 優季(東京都)「不眠普及」

第4回(平28年)
◇大賞
　柳生 二千翔(東京都)「ささやきの彼方」
　藤井 颯太郎(滋賀県)「ミルユメコリオ」

106 宝塚ミュージカル・コンクール

　「歌劇のまち・宝塚」という特性を活かし,新進ミュージカル劇団に「宝塚バウホール」での公演機会を提供して若手芸術家の育成を図るとともに,ミュージカル鑑賞者を拡充することを目的とする。第3回より今後の活躍が期待される個人等を表彰する「内海重典特別賞」を創設。平成15年より休止。

> 【主催者】宝塚市,(財)宝塚市文化振興財団
> 【選考委員】(第7回)委員長:横沢英雄(前宝塚歌劇団理事,演出家),有賀祝(音楽評論家),河内厚郎(演劇評論家,「関西文学」編集長),酒井澄夫(宝塚歌劇団理事,演出家),ジム・クラーク(振付・演出家),藪下哲司(スポーツニッポン大阪本社文化部),吉崎憲治(宝塚歌劇団理事,作曲家)

音楽・芸能　　　　　　　　　　　　　　　　　　　　　　　　106 宝塚ミュージカル・コンクール

【選考方法】公募
【選考基準】〔資格〕出演者が小学生以上で構成された30人以内の団体。〔対象〕80分以内のオリジナル作品。脚色作品,初演・再演を問わない
【締切・発表】例年,申込期間は9月1日～30日頃,入賞劇団発表は10月下旬頃。3賞発表は入賞公演の際に行う
【賞・賞金】金賞：賞状と賞金30万円及び協賛副賞,銀賞：賞状と賞金20万円及び協賛副賞,銅賞：賞状と賞金10万円,内海重典特別賞：ブロンズ

第1回（平7年）
　さくらさくカンパニー（代表・佐藤明子）（広島市）「オドロパルスの夜に」
　星すばるジャズダンススタジオ（代表・西川真理子）（西宮市）「サンタに願いを…」
　カンパニー リズム オブ ライフ CAMPANY RHYTHM OF LIFE（代表・佐竹毅）（尼崎市）「LIFE」
第2回（平8年）
　◇金賞
　　ミクル劇団（大阪府）「パートタイムハイスクール」
　◇銀賞
　　劇団チルドレン・ワークショップ（兵庫県）「天使チチと悪魔っ子ダダ」
　◇銅賞
　　スタジオシャイニング（兵庫県）「光の中で—光太郎の夢」
第3回（平9年）
　◇金賞
　　劇団プチミュージカル（香川県）「あの夏の日のホオズキの…」
　◇銀賞
　　星すばるジャズダンススタジオ（京都府）「スーベニア」
　◇銅賞
　　ミュージカルカンパニーウエスト（大阪府）「宇宙から来たマイゴ」
　◇内海重典特別賞
　　白川 恵介（劇団プチミュージカル），小笠原 紫織〔ほか12名〕
第4回（平10年）
　◇金賞
　　新オペラ座（大阪府）「LAMENTO」
　◇銀賞
　　東近江創作ミュージカル劇団クレムス（滋賀県）「Legend 湖（うみ）の伝説」
　◇銅賞
　　三重アクターズ養成所（三重県）「海 蒼い黄昏の中で…」
　◇内海重典特別賞
　　御崎 恵〔音楽・作曲・総指揮〕（新オペラ座）
第5回（平11年）
　◇金賞
　　下関市民ミュージカルの会（山口県）「ミュージカル・ジパング」
　◇銀賞
　　ミュージカルランドじゃめ・びゅ（三重県）「しあわせですか」
　◇銅賞
　　ミュージカルカンパニー クレムス（滋賀県）「湖（うみ）の未来伝説」
　◇内海重典特別賞
　　松井 由〔脚本・演出・音楽・出演〕（ミュージカルランドじゃめ・びゅ）
第6回（平12年）
　◇金賞
　　企画集団ミュー（三重県）「Oh！ My God」
　◇銀賞
　　星すばるジャズダンススタジオ（京都府）「ジョシュア～翼ひろげて」
　◇銅賞
　　ミュージカルスクールWITH（徳島県）「21世紀へのマーチ～RADETZKY for New Century」
　◇内海重典特別賞
　　星 すばる（星すばるジャズダンススタジ

オ），西川 マリア〔振付〕

第7回（平13年）
　◇金賞
　　ミュージカル♪カンパニーR.O.D（兵庫県）「DEAR ANNE…」
　◇銀賞
　　星すばるジャズダンススタジオ（京都府）「今夜12時星ヶ丘遊園地」
　◇銅賞
　　九州アクターズクラブ（福岡県）「SISTER ACT～ペンギンたちのうた」
　◇内海重典特別賞
　　恒川 祐美（星すばるジャズダンススタジオ）"脚本・演出・ホッシー君役に対して"

第8回（平14年）
　◇金賞
　　ミュージカルランドじゃめ・ぴゅ（三重県）「DICE」
　◇銀賞
　　劇団プチミュージカル（香川県）「セルロイドの樹の下で」
　◇銅賞
　　ミュージカルカンパニーウエスト（大阪府）「Let's Sing Together」
　◇内海重典特別賞
　　蓮井 良之（劇団プチミュージカル）"「セルロイドの樹の下で」時男役"

107 近松門左衛門賞

　劇作家・近松門左衛門とゆかりが深く、「近松のまち・あまがさき」をキーワードにした文化事業を展開している尼崎市が創設。近松の功績を顕彰するとともに、次代の演劇界を担う優れた劇作家を世に紹介し、新たな演劇作品の発掘、劇作家の育成を目的として、戯曲を全国から募集する。受賞作品は上演を行う予定。

　【主催者】（公財）尼崎市総合文化センター、尼崎市
　【選考委員】（第6回）岩松了（劇作家・演出家・俳優），深津篤史（劇作家・演出家），松岡和子（翻訳家・演劇評論家），水落潔（演劇評論家）
　【選考方法】公募
　【選考基準】〔対象〕近松作品が発揮した演劇の力強さ、深さ、それを生んだ人間把握の新鮮さとの現代的連関を感じさせる作品。〔資格〕一切不問。〔応募規定〕日本語によるオリジナルの未発表、未上演の作品に限る（脚色は不可）。〔原稿〕400字詰め原稿用紙（縦書、A4サイズ）で、150枚以内。パソコン原稿の場合は、A4サイズに20字×20行（縦書）で150枚以内。「作品の概要、あらすじ」を800字以内にまとめて、応募作品に添付。作品原稿1部のみに「作品名、枚数、氏名（ペンネームがあればカッコ書き）、住所、電話番号、年齢」を明記し、そのコピー2部には、作品名のみ記入（計3部）。原稿をとじ、本文には左下にページ番号をいれる
　【締切・発表】（第6回）平成25年7月1日締切（当日消印有効），平成26年2月発表
　【賞・賞金】受賞作（1篇）：正賞及び副賞200万円（ただし、副賞には出版権料、上演権料、放送権料、税を含む）
　【URL】http://www.archaic.or.jp/chikamatsu/shou/index.html

第1回（平13年）
　◇近松賞
　　該当者なし

　◇優秀賞
　　菱田 信也（兵庫県）「いつも煙が目にしみる」

宮森 さつき（東京都）「十六夜―いざよい」
第2回（平15年）
◇近松賞
　保戸田 時子（東京都）「元禄光琳模様」
第3回（平17年）
◇近松賞
　該当作なし
◇優秀賞
　泉 寛介（兵庫県三田市）「竹よ」
　保木本 佳子（大阪市）「女（め）かくし」
第4回（平19年度）
◇近松賞

　角 ひろみ（岡山県）「螢の光」
第5回（平21年度）
◇近松賞
　該当作品なし
◇優秀賞
　該当作品なし
第6回（平25年度）
◇近松賞
　上原 裕美　「砂壁の部屋」
◇優秀賞
　該当作品なし

108　「地方の時代賞」映像コンクール

　新しい文明としての「地方の時代」を切り拓き、映像を通して自立した地域文化の発展を考えるため、昭和56年に創設された。「地方の時代」の精神を描いたテレビ映像作品に贈られる。平成13年で終了。

- 【主催者】地方の時代映像祭実行委員会, 川崎市, 神奈川県
- 【選考委員】（第21回）委員長・吉田喜重（映画監督）, 大石芳野（写真家）, 境真理子（日本科学未来館）, 広瀬量平（作曲家）, 藤岡伸一郎（関西大学教授）, 吉岡忍（ノンフィクション作家）
- 【選考方法】公募
- 【選考基準】(1) 放送局部門：〔資格〕テレビ局。〔応募規定〕ドキュメンタリー, 報道番組を対象とする。第21回の場合, 平成12年7月4日から13年7月3日までに放送されたテレビ番組を各テレビ局1本。参加料10,000円。(2) 自治体・CATV局部門：〔資格〕自治体, CATV局。〔応募規定〕60分以内の広報, 地域活性化等をめざす番組を対象とする。第21回の場合, 平成12年4月1日から13年7月3日までに制作された作品。放送されたテレビ番組であることを問わない。各自治体・CATV局1本。参加料無料
- 【締切・発表】平成13年の申込期間は平成13年6月3日～7月3日, 発表は8月下旬～9月上旬。9月下旬,「地方の時代」映像祭の会場で表彰
- 【賞・賞金】大賞（1点）：100万円, 放送局部門優秀賞（数点）各30万円, 同特別賞（数点）各30万円, 自治体・CATV局部門優秀賞（1点）, 同奨励賞（数点）

第1回（昭56年）
◇大賞
　青森放送　「下北能舞伝承」
◇草の根市民賞
　毎日放送　「新・アリランのうた～'80・冬・猪飼野」
◇地域づくり賞
　関西テレビ放送　「'81国際障害者年によせて ともに生きる―2人の中学生」
◇新しい自治体賞
　高知放送　「ドキュメント 窪川原発の審判」
◇特別賞
　NHK帯広　「ひびけ！ われらの第九交響曲」
　日本海テレビ放送　「てっぽんかっぽんの咲く分校」

富山テレビ放送 「停年 交響曲（シンフォニー）」
NHK松山 「えひめ教養講座"人間正岡子規"月給40円〜墓銘碑に込めたもの」
RKB毎日放送 「遠賀川（おんがかわ）のうた」
北海道放送 「『崩壊』〜岩沢靖の栄光と失墜」
東京放送 「赤ちゃんは訴える〜ベビーホテル考」

第2回（昭57年）
◇大賞
北海道放送 「地底の葬列」〔55分〕
東海テレビ 「わが故郷（ふるさと）は消えても…」〔50分〕
◇優秀賞
● 草の根市民賞
毎日放送 「昭和の女たち・忠魂碑」〔47分〕
● 地域づくり賞
富山テレビ放送 「ある決断」〔45分〕
● 地域交流賞
四国放送 「バンドーの64年〜蘇った第九」〔50分〕
◇特別賞
熊本放送 「ある青年教師の死」〔32分〕
テレビ山口 「かるたの青春〜ろう教育への挑戦」〔50分〕
北日本放送 「公害は死んだのか・小松みよの30年」〔40分〕
千葉ガーデンタウン有線放送局 「南総の修験者を追って―街の歴史家・沖本さんの場合」〔36分〕
● 平和賞
NHK広島 「これがヒロシマだ〜原爆の絵アメリカをゆく」〔50分〕
● 自治体奨励賞
川越市 「蔵づくり―まちづくりの明日を問う」〔30分〕

第3回（昭58年）
◇大賞
山陽放送 「もうひとつの橋」〔47分〕
◇優秀賞
● 草の根市民賞
RKB毎日放送 「ルイズ・その名は」〔56分〕
● 文化の創造賞
NHK名古屋 「奥飛騨白川郷〜合掌屋根をふく」〔49分〕
● 地域づくり賞
NHK仙台 「仙台砂漠からの報告〜問われるスパイクタイヤ」〔49分〕
● 新しい自治体賞
毎日放送 「汚職に怒りを〜堺市・倫理条例をめぐって」〔47分〕
● 地域交流賞
中国放送 「ノーモア ニュークス〜アメリカにみる核意識」〔55分〕
テレビ新広島 「広島と沖縄の心を結ぶ―オペラはだしのゲン」〔24分〕
◇特別賞
関西テレビ放送 「天神崎の人たち〜ある自然保護運動の事情」〔75分〕
NHK沖縄 「沈黙の洞窟（がま）〜伊江島38年目の収骨」〔45分〕
唐津ケーブルテレビ 「うにをとる母」〔30分〕
● 平和賞
NHK広島 「きみはヒロシマをみたか〜広島原爆資料館」〔78分〕
◇自治体部門賞
川越市 「川越'82〜新しい連帯の輪を求めて」〔45分〕

第4回（昭59年）
◇優秀賞
● 特別賞
山形放送 「翔べ加無号」〔45分〕
テレビ長崎 「悲しみのあがりはいつ？〜長崎の隠れキリシタン」〔59分〕
山口放送 「限りある命のために〜油症患者の16年」〔40分〕
日本海テレビ 「てっぽんかっぽんの詩〜大分分校の春」〔45分〕
● 特別賞・平和賞
NHK放送総局 「いくさ世（ゆ）の画譜〜丸木位里・俀おきなわを描く」〔47分〕
● 文化の創造賞
富山テレビ 「おもちゃとふたりの夢」〔30分〕
● 草の根市民賞
毎日放送 「倫理条例の全体像〜堺市の1

年」〔75分〕
　　●地域づくり賞
　　　NHK名古屋　「桜紀行～名金線もう一つの旅」〔29分〕
　　●新しい自治体賞
　　　山陽放送　「甘柿, 渋柿, 苫田ダム前夜」〔60分〕
　　◇自治体部門賞
　　　甲府市　「残そうふるさと文化～黒平の能三番」〔30分〕
　　　高知市　「テレビ明るいまち～脳性マヒ文恵の暑い夏」〔30分〕
第5回（昭60年）
　　◇大賞
　　　NHK広島　「絆～高校生とヒロシマ」
　　◇放送局部門
　　●文化の創造賞
　　　北海道テレビ　「ロウ管はうたった～オペレッタと子供たちの115日」
　　●草の根市民賞
　　　毎日放送　「一本の指から～韓国人高校生の指紋押捺」
　　●地域づくり賞
　　　富山テレビ　「ザ・サバイバル～技術革新の嵐の中で」
　　●地域交流賞
　　　RKB毎日放送　「Oh！ わがライン川」
　　●新しい自治体賞
　　　NHK編集センター, NHK横浜放送局　「首都圏 トップ交代～逗子市役所で今, 何が…」
　　◇特別賞
　　　NHK大阪　「差別からの解放～胸張ってふるさとを」
　　●特別賞・平和賞
　　　テレビ西日本　「石に刻む～もうひとつの沖縄戦」
　　　広島テレビ　「シリーズ夏炎第1部『ヒロシマへ』」
　　◇自治体部門
　　●優秀賞
　　　下市町　「吉野杉箸白書～岐路に立つ地場産業」
　　　高知市　「その時, 老人は買った～高知市でのSF商法」

　　●特別賞
　　　茨城県　「伝統は生きている～日立風流物」
　　　京都市　「もう1つの祇園祭～鯉里タペストリーの謎」
　　　横須賀市　「はばたけ市民オーケストラ」
第6回（昭61年）
　　◇大賞
　　　北海道放送　「核と過疎～幌延町の選択」〔46分〕
　　◇放送局部門
　　●草の根市民賞
　　　毎日放送　「平和の40年・関千枝子さんのヒロシマ」〔55分〕
　　●特別賞
　　　NHK大阪　「トモコの小さな声～ユージン・スミスが水俣で見たもの」〔45分〕
　　　NHK函館　「そして山は荒廃した～山林切り売り商法を追う」〔45分〕
　　　NHK金沢　「のぞみ5歳～手さぐりの子育て日記」〔45分〕
　　　NHK仙台　「天寿まっとうせず～東北・山陰二つの村からの報告」〔45分〕
　　　南海放送　「しんぼう～死をみすえて・川口武久」〔54分〕
　　●特別賞・平和賞
　　　テレビ西日本, テレビ長崎　「かよこ桜の咲く日」〔60分〕
　　　NHK長崎　「黒い雨～広島・長崎 原爆の謎」
　　◇自治体部門
　　●優秀賞
　　　豊中市　「差別戒名への旅」〔30分〕
　　　千葉ガーデンタウン有線テレビ　「栄光は君らの手で」〔42分〕
　　●奨励賞
　　　藤沢市　「いま, 私たちの歌声が響く」〔15分〕
　　　北海道　「君は故郷が好きか～今, 一村一品運動は」〔54分〕
　　　静岡県　「沸きたつ町に触れ太鼓～大相撲川根場所」〔30分〕
　　　茨城県　「みんなで手をつなぎ」〔12分〕
第7回（昭62年）
　　◇大賞
　　　NHK放送総局　「蒲田・町工場物語」

〔45分〕
◇放送局部門
 ●特別賞
  毎日放送 「映像80 我が名は朴実」〔60分〕
  山口放送 「生きて生きて19年～カネミ油症事件」〔50分〕
  九州朝日放送 「五平太流転～高島礦閉山の記録」〔55分〕
  仙台放送 「われら了解せず～捕鯨船第31純友丸」〔54分〕
  読売テレビ 「絆あれば～ある痴呆専門病院」〔60分〕
  信越放送 「素足の花嫁たち～ある国際結婚」〔46分〕
 ●草の根市民賞
  石川テレビ 「ここに家族あり」〔53分〕
 ●地域づくり賞
  鹿児島テレビ 「桜島からの警告～火山灰有害説を追う」〔48分〕
◇自治体部門
 ●優秀賞
  熊本県 「石橋のふるさと～肥後の石工を訪ねて」〔16分〕
  井原放送〔CATV〕 「次代への継承～中国地方の子守唄」〔26分〕
 ●奨励賞
  京都市 「京人形の魅力」〔27分〕
  北九州市 「聞き語り庶民史～ごんぞう物語」〔15分〕
第8回（昭63年）
 ◇大賞
  NHK大阪 「風よ陽よ墓標に～人間解放と宗教の課題」〔60分〕
 ◇放送局部門
 ●優秀賞
  琉球放送 「遅すぎた聖断～検証・沖縄戦への道」〔40分〕
  札幌テレビ 「母さんが死んだ・生活保護の周辺」〔40分〕
  NHK名古屋 「泊まり続ける老人たち～"24時間銭湯"の余生」〔45分〕
  北海道放送 「負債の構造～ある農民の死」〔52分〕
  山口放送 「祖国へのはるかな旅～中国残留婦人の帰国」〔86分〕
  九州朝日放送 「閉ざされた海～再入国不許可の帰国」〔59分〕
  毎日放送 「映像80 破壊の後～肝苦りさや沖縄へ」〔55分〕
 ●平和賞
  熊本県民テレビ 「生きてそして訴えて～水俣からベト君ドク君へ」〔40分〕
 ◇自治体部門
 ●優秀賞
  京都市 「60年の証言」〔25分〕
 ●奨励賞
  藤野町 「ふじの～美しき自然とともに」〔21分〕
  長崎県 「南蛮船の道…大航海時代の長崎県」〔28分〕
  豊中市 「失われた風景への旅」〔40分〕
  大阪府 「輝く明日へ…この想いとどけ」〔30分〕
  北海道 「21世紀をひらく新千歳空港」〔50分〕
第9回（平1年）
 ◇大賞
  長崎放送 「市長の発言」〔32分〕
 ◇放送局部門
 ●平和賞
  中京テレビ 「チエと空襲～平成元年の『銃後』」〔81分〕
 ●優秀賞
  青森放送 「はずれの末えいたち」〔48分〕
  札幌テレビ 「国鉄は精算されたか～検証・分割民営化から2年」〔50分〕
  熊本県民テレビ 「公害は今も（1）水俣最後の闘い」〔26分〕
  北海道テレビ 「40枚の卒業証書～小さな学校の大きな挑戦・北星余市高3年D組の330人」〔74分〕
  NHK大阪 「ドキュメント冤罪/誤判は防げるのか～英米司法からの報告」〔59分〕
  テレビ西日本 「ああ鶴よ―ノモンハン50年の証言」〔63分〕
  NHK札幌 「アリュートの少年～玉砕の島アッツ・もうひとつの戦争」〔44分〕
  岩手放送 「志願兵たちの昭和～最後の兵隊先生」〔45分〕
 ◇自治体・CATV局部門

- 優秀賞
  - 井原放送　「未来に向けた地域交流」〔29分〕
- 奨励賞
  - 秦野市　「あなたの知恵と実践できれいな川に」〔22分〕
  - 豊島区　「国際化って何だ」〔26分〕
  - 西九州共聴（別名＝テレビ佐世保）「戦後44年 浦頭は今…」〔30分〕
  - 北九州市　「ララ先生大好き！ ビルマからきた保母さん」〔15分〕

第10回（平2年）

◇放送局部門

- 大賞
  - 石川テレビ放送　「天狗のすむ山」
  - 広島テレビ放送　「核汚染の原野 ソ連核実験場―セミパラチンスクはいま」
  - 九州朝日放送　「大地の絆―強制連行の48年」
  - NHK金沢放送局　「原発立地はこうして進む―奥能登・土地攻防戦」
- 優秀賞
  - 熊本県民テレビ　「水俣の魚は食べられるか？」
  - NHK東京放送センター　「戦犯たちの告白―撫順・太原戦犯管理所・1062人の手記」
  - NHK岡山放送局　「33年目の選択―ダムと闘い続けた町」
  - NHK福岡放送局　「オキナワ・狂気の戦場―海兵隊員スレッジの報告」
  - NHK福島放送局　「村の夢はさめた―福島・国営農地開発の誤算」
  - 山口放送　「凍上に生きて」
- 審査委員会推賞
  - 信越放送　「信州教育―遙かなる碑」
  - 読売テレビ放送　「2つの名前を持って―在日三世のニッポン」
  - 日本海テレビジョン　「老いて…今―みずほの里からのメッセージ」

◇自治体・CATV局部門

- 優秀賞
  - 長野県，長野放送　「小さな学び舎の春―天竜村・福島小」
- 奨励賞
  - 武雄テレビ　「隆雄さんに春が来た―若木の畜産青年たち」
- 特別賞（市民出演賞）
  - 富永 房枝 長野市広報番組「ふうちゃんと仲間たち―障害詩人の周辺」

第11回（平3年）

◇放送局部門

- 大賞
  - 山陽放送　「豊かの島のゴミ騒動」
  - 秋田放送　「風の骨―45年目の中国人強制連行事件」
  - 中京テレビ放送　「脳死―救命確率ゼロの時」
- 平和賞
  - 信越放送　「裁きのはてに―BC級戦犯・遺された者たちの今」
- 水特別賞
  - 長野放送　「よみがえれ諏訪湖―西独の成功例に学ぶ」
- 優秀賞
  - NHK長崎放送局　「原爆は聞こえなかった」
  - 長崎放送　「市民の選択」
  - 山形放送　「ある戦犯の謝罪」
  - 毎日放送　「全員無罪」
- 審査委員会推賞
  - 北海道放送　「イフンケ―都会砂漠の子守唄」
  - テレビ岩手　「圧力の裏側で―アメリカからの報告」
  - 宮崎放送　「生きとうございます」
  - 東海テレビ　「はたらいて はたらいて」
  - 岡山放送　「カリフォルニア一世の遺言」
  - NHK松江放送局　「日清戦争従軍カメラマン」
  - 山陽放送　「豊かの島のゴミ騒動」のカメラ
  - 秋田放送　「風の骨」の音響効果
  - NHK長崎放送局　「原爆は聞こえなかった」の手話グループ

◇自治体・CATV局部門

- 優秀賞
  - ケーブル北九州　「さよなら山瀬分校」
- 奨励賞
  - 国府町有線テレビ　「激走150km―飛騨ウルトラトライアル」
  - 北九州市　「文楽一人旅」
  - 広島市　「行動する障害者―ある障害者の

一日」
松山市 「深刻化するごみ問題」
第12回（平4年）
　◇大賞
　　毎日放送 「伝える言葉―大阪府立柴島
　　　（くにじま）高校」（49分）
　◇放送教育部門
　　●優秀賞
　　　九州朝日放送 「汚辱の証言―朝鮮人従軍
　　　　慰安婦の戦後」（49分）
　　　山陽放送 「おっちゃんの裁判―身振り手
　　　　振りの11年」（45分）
　　　山口放送 「大地は知っている―中国へ残
　　　　された婦人たち」（80分）
　　　福岡放送 「我是政治難民（わたしはせいじ
　　　　なんみん）―中国人女性の叫び」（50分）
　　　NHK福井放送局 「ゆれる名水の町―大野
　　　　市地下水論争」（28分）
　　　NHK熊本放送局 「写真の中の水俣―胎児
　　　　性患者・6000枚に軌跡」（45分）
　　　NHK新潟放送局 「50年目の真実―佐渡金
　　　　山"強制連行"の傷あと」（44分）
　　　朝日放送 「生きがい空き缶号―車イスか
　　　　らのメッセージ」（47分）
　　●審査委員会推賞
　　　NHK広島放送局 「安住の500床―中国山
　　　　地・老人病院の日々」（59分）
　　　中京テレビ放送 「マリーサの場合」
　　　NHK東京放送センター 「あなたの声がき
　　　　きたい―"植物人間"生還へのチャレン
　　　　ジ」（59分）
　◇自治体・CATV局部門
　　●優秀賞
　　　該当作なし
　　●奨励賞
　　　高松市 「『たかまつ風土記』男木島の春―
　　　　潮のかおり海の男たち」（14分）
　　　北海道 「オオムラサキ飛んで―北海道の
　　　　自然はいま」（54分）
　　●特別賞
　　　浜野 幸子（神奈川県）「さっちゃんの夢ふ
　　　　くらんだ―社会福祉施設で生まれた人形
　　　　劇」（17分）
第13回（平5年）
　◇大賞

広島テレビ放送 「プルトニウム元年、ヒ
　ロシマから～日本が核大国になる…!?」
　（50分）
◇放送局部門
　●優秀賞
　　富山テレビ放送 「涙と怒りの果て―イ病
　　　とこの国のかたち」（57分）
　　NHK金沢放送局 「能登"原子の火"が燃
　　　える―検証・志賀原発の25年」（28分）
　　NHK奈良センター 「虜囚の人々―秀吉・
　　　文禄慶長の役」（44分）
　　石川テレビ 「能登の海風だより」（62分）
　　九州朝日放送 「恨の大地―樺太朝鮮人虐
　　　殺の検証」（86分）
　　NHK沖縄センター 「壕は語る―沖縄・埋
　　　もれた傷痕」（28分）
　　長崎放送 「消えた特別立法―普賢岳災害
　　　から2年」（54分）
　　山形放送 「略奪―ある伍長の"えん罪"」
　　　（25分）
　●審査委員会推賞
　　NHK宮崎放送局 「忘れないで お父さん
　　　の国アフリカから来た少年」（44分）
　　福岡放送 「遙かなり さまよえるカンボジ
　　　ア」（49分）
　　山口放送 「怨みの海峡―元従軍慰安婦た
　　　ちの50年」（55分）
　　北日本放送 「娘、陽子へ…―事件被害者
　　　と人権」（26分）
　　東北放送 「フィリピーナの贈り物―おお
　　　くら村の国際結婚」（46分）
　　信越放送 「いのちの水際をささえて―新
　　　生病院の試み」（45分）
◇自治体・CATV局部門
　●優秀賞
　　長野県山形村農村情報センター 「若者が
　　　夏に燃えた」（24分）
　●奨励賞
　　ケーブルステーション北九州 「洞海湾物
　　　語」（35分）
　　大阪市教育委員会 「或る卒業式から」（41
　　　分）
　　足立区 「おーい！ アダッチー」（30分）
　●特別賞

静岡市 「ステージ―静岡市こどもミュージカルに出演の子供たち」(28分)
第14回(平6年)
◇大賞
　テレビ長崎 「母の肖像―アメリカ人ツヨシの戦後」(48分)
◇放送局部門
● 優秀賞
　日本放送協会報道部 「それでも大地に生きる―揺れる村からの往復書簡」(49分)
　NHK大阪放送局 「瞳先生と仲間たち―ある人権教育の記録」(45分)
　山陽放送 「三たび殺された―ゴミの島の1200日」(54分)
　NHK鳥取放送局 「土からの警告―鳥取・廃棄農薬ルポ」(44分)
　中京テレビ放送 「おりえの小さな願い」(61分)
　毎日放送 「映像90・十津川村の戦争」(50分)
　読売テレビ放送 「薬・癒されなかった事実―医療過誤の構図パート3」(50分)
　NHK松山放送局 「良司君, 旅立ち―全盲大学生, 18年の記録」(55分)
● 審査委員会推賞
　信越放送 「祖国よ答えて―中国残留婦人怒りの帰国」(45分)
　テレビ岩手, 青森放送, 日本テレビ放送網 「場当たり農政の果てに―危機に立つコメ自給」(50分)
　岩手放送 「風の爪跡―検証, 北上山系開発」(44分)
　東海テレビ放送 「春, いくたび」(63分)
◇自治体・CATV局部門
● 優秀賞
　ケーブルステーション北九州 「想いの道それぞれに―日本リーグをめざした男たち」(45分)
● 奨励賞
　長野県 「生命の灯を抱いて―こども病院物語」(29分)
　神奈川県 「アカテガニの谷―三浦半島小網代の谷」(20分)
第15回(平7年)
◇大賞
　新潟放送 「原発に映る民主主義―巻町民25年目の選択」(54分)
◇放送局部門
● 優秀賞
　毎日放送 映像90「村の反乱・もうダムはいらん」〔59分〕
　NHK松江放送局 「心を開いて 笑顔を見せて―痴呆症とともに生きる」(44分)
　NHK大阪 「阪神大震災・被災者の20日間―長田区鷹取商店街」(49分)
　岩手放送 「山の声届かず」(43分)
　NHK和歌山放送局 「働きたい―福祉工場ピネルの仲間たち」(30分)
　NHK福井放送局 「青空が見たい―難病と生きる少年と家族の日々」(44分)
● 審査委員会推賞
　NHK大分放送局 「どうなる患者送迎バス―大分」(15分)
　テレビ岩手 「アジアが支える飽食ニッポン」(51分)
　NHK富山放送局 「ダムを土砂から救え―黒部川"排砂実験"の報告」(28分)
◇自治体・CATV局部門
● 優秀賞
　岩手県東和町 「町民手作りドラマ 牛とコスモス」(57分)
● 奨励賞
　墨田区 「ワ・タ・シの家族が生まれた日―国際結婚・ある家族の肖像」(30分)
第16回(平8年)
◇大賞
　NHK北九州 「『お父さんの鬚は痛かった』～最後の回天特攻隊員の手記より」
◇放送局部門
● 優秀賞
　山形放送 「届け!!クマタカの叫び」
　NHK広島 「五十年目の声～離郷被爆者の戦後」
　NHK横浜 「国籍条項なぜ撤廃か～川崎市・人事課8か月の記録」
　NHK熊本 「苦渋の決断～水俣病40年目の政治決着」
　NHK富山 「カドミウム汚染田農家の苦悩」
● 審査委員会推賞

大分放送 「命・私の命～ある血友病患者の訴え」
熊本県民テレビ 「水俣は終わらん」
◇自治体・CATV局部門
● 優秀賞
該当作なし
● 奨励賞
生活協同組合唐津ケーブルテレビジョン 「一枚のファックスから～小学生たちの島おこし」
川崎市 「明日へ語りつぐ平和～子ども平和映像祭への挑戦」
新潟県東蒲原郡津川町 「狐火伝説の町 津川」
● 特別賞
永野 寿代 "熊本県制作の「輝きたい～ノーマライゼーションの明日へ」の出演"

第17回（平9年）
◇大賞
NHK盛岡放送局 「ドキュメントにっぽん『米はドンドン作ればいい～岩手・東和町長の挑戦』」
◇放送局部門
● 優秀賞
愛媛放送 「面河村騒動記・50年目の民主主義」
山陽放送 「泣き寝入りさせまへん―弁護士・中坊公平」
長崎放送 「南京と長崎のはざまで」
札幌テレビ放送 「天使の矛盾―さまよえる准看護婦」
新潟放送 「続・原発に映る民主主義―そして民意は示された」
◇自治体・CATV局部門
● 優秀賞
宮古テレビ 「ツカサダーからの便り―琉球弧・祈りの汕」

第18回（平10年）
◇放送局部門
● 優秀賞
KBC九州朝日放送 「癒着のリスト～追跡 自民党パーティー券問題」
愛媛放送 「ふるさと創生…観音郷の夢を見た」
新潟テレビ21 「政治家辞めていただきます…～巻町の公約とリコール」
東海テレビ 「民意のゆくえ～産廃をめぐる御嵩（みたけ）町民の選択」
北日本放送 「第12回民教協スペシャル 12歳が描いた20世紀～ある小学校に残された1万枚の絵」
新潟放送 「構図は変わるのか～検証・公共事業削減」
● 審査委員会推賞
山陽放送 「じいちゃんになってしまう～おっちゃんの裁判18年」
NHK札幌 「NHKスペシャル なぜ巨大ホテルは破産したのか～拓銀・不良債権の構図」
石川テレビ放送 「いのち輝いて～富樫小・金森学級の2年間」
◇自治体・CATV局部門
● 優秀賞
広島シティケーブルテレビ 「それゆけ祭り仕掛け人～広島県旭商店街アイビータウン祭り」
● 奨励賞
長野県教育委員会 「分校の灯は消えず～ある学校統合の行方」
下松ケーブルテレビ 「炎になった夜 1945年夏～証言と米軍資料が語るくだまつ空襲」

第19回（平11年）
◇大賞
日本海テレビジョン放送 「クラウディアからの手紙」
◇放送局部門
● 優秀賞
山陽放送 「ゴミの島から民主主義」
北海道放送 「学校とは何か？ ツッパリ・中退・不登校と格闘した10年」
長崎放送 「ゆるすまじ～山口仙二 その生の記録」
NHK函館 「北海道スペシャル 劉連仁・54年目の証言～中国人強制連行と戦後補償」
NHK前橋 「ベトナム難民を支えて～17年目の"あかつきの村"」
NHK長崎 「三人姉妹～長崎・被爆53年目

- 審査委員会推賞
  南日本放送 「電撃黒潮隊 ダイオキシン元年〜小さな町の大きな挑戦」
  毎日放送 「映像90『ふつうのままで〜ある障害者夫婦の日常』」
◇自治体・CATV局部門
- 優秀賞
  東京都墨田区 「心の旅」
- 奨励賞
  広島シティケーブルテレビ 「また楽しからずや〜高齢化社会に生きる」
  長野県 「縁組みおまかせください—結婚行政は村を救うか」
  香川県長尾町CATVネットワーク 「さわやかさん 私たちからのメッセージ〜高松東高校放送部」

第20回（平12年）
◇大賞
  南海放送 「こ・わ・れ・る〜小児病棟1年の報告」
◇放送局部門
- 優秀賞
  信越放送 「SBCスペシャル さまようゴミ〜ある不法投棄からの検証」
  山陽放送 「生涯被告〜身ぶり手ぶりの裁判20年」
  NHK長野 「にんげんドキュメント 畳の上で死にたい」
  熊本放送 「第14回民教協スペシャル 記者たちの水俣病」
  毎日放送 「映像90 残された人々〜在日韓国人軍属の戦後補償」
- 審査委員会推賞
  四国放送 「私の上に残る雪は〜吉野川住民投票の軌跡」
  NHK首都圏放送センター 「列島スペシャル お仕事がんばります〜自閉症からの自立」
  北日本放送 「ドキュメント 未来への記憶〜巨大ダムは何を残したか」
  山陰中央テレビジョン放送 「走れ！ ミスポンタ〜日本一小さな競馬場の青春」
◇自治体・CATV局部門
- 優秀賞
  北九州市 「サタデー北九州〜共に学ぶ喜び 青春学校」
- 奨励賞
  下松ケーブルテレビ 「きずな〜戦没画学生 絵画からの叫び」

第21回（平13年）
◇大賞
  NHK福岡 「NHKスペシャル『ハンセン病 隔離はこうして続けられた』」
  新潟放送 「原発のムラ・刈羽の反乱〜ラピカ事件とプルサーマル住民投票」
◇放送局部門
- 優秀賞
  読売テレビ放送 「ドキュメント'01 SPM〜命を懸けた、21世紀の約束」
  テレビ西日本 「ムグンファの歌が聞こえる〜福岡 在日コリアンの旅路」
  山陰中央テレビジョン放送 「おじいちゃんがくれた私〜17歳理絵ちゃんの看護日記」
  東海テレビ放送 「国際団地」
- 審査委員会推賞
  日本海テレビジョン放送 「ビスターレ ゆっくりと〜17歳の少女とネパールの日本人」
  札幌テレビ放送 「写真が語る5年目の真実〜豊浜トンネル崩落」
  NHK番組制作局 「NHKスペシャル リゾート町長試練の冬〜第3セクター見えざる不良債権」
◇自治体・CATV局部門
- 優秀賞
  下松ケーブルテレビ 「学校を変える〜教頭先生奮闘記」
- 奨励賞
  山形県白鷹町 「山形県指定無形文化財 深山和紙」
  長野県 「森林はみんなの宝物」

109 坪内逍遙大賞

　日本近代文学・文化の先駆者で、新しい国劇の樹立をめざした坪内逍遙の功績をたたえるとともに、市民文化の向上をはかるため、生誕地の美濃加茂市の市制40周年を記念して、平成6年に創設された。第10回目までは毎年、第11回目からは隔年で実施。更に平成19年4月に早稲田大学と「文化交流に関する協定」を締結したことにより、同大賞を美濃加茂市と早稲田大学がそれぞれ隔年で実施することになった。

【主催者】美濃加茂市
【選考委員】委員長：岡室美奈子、伊藤洋、菊池明、篠田正浩、竹本幹夫、坪内ミキ子、美濃加茂市教育長
【選考方法】非公募
【選考基準】〔対象〕演劇に関する活動・著作のうち、坪内逍遙の功績を再認識させるような優秀なもの（さかのぼっての成果も含む）。全国を対象とし、個人・団体は不問。〔対象分野〕演劇に関する脚本、演技、演出、制作、舞台美術、その他の舞台活動、研究・評論
【締切・発表】坪内逍遙生誕日の5月22日に発表、授賞式は未定
【賞・賞金】賞状と賞金100万円、逍遙レリーフ楯
【URL】http://www.forest.minokamo.gifu.jp/

第1回（平6年）
　中村 歌右衛門（6世）"5世の父の芸統を受け継いで「桐一葉」の淀君など逍遙作品のヒロイン役を数多く演じた功績"
第2回（平7年）
　島田 正吾（俳優）"師の沢田正二郎の意志を継ぎ、劇団・新国劇を発展させた。坪内逍遙の目指した新しい国劇の創造の道を歩み続けた業績が顕著で、日本の演劇界の向上に大きく寄与した"
第3回（平8年）
　加藤 道子（女優）"女性の声優の草分けとして活動、ラジオドラマの芸術性を高め、その世界を確立"
第4回（平9年）
　劇団前進座　"民衆本位の演劇活動を実践し続けている功績"
第5回（平10年）
　野村 万作（狂言師）"日本の演劇文化の振興にもたらした功績"
第6回（平11年）
　小沢 昭一（俳優）"大衆に目を向けた間口の広い活動をし、自らも大衆芸能を研究して学問的な光を当てた"
第7回（平12年）
　仲代 達矢（俳優）"数多くの舞台や映画に出演するほか、俳優養成塾「無名塾」を主宰し今年で開設25年を迎える"
第8回（平13年）
　中村 雀右衛門（4世）（歌舞伎俳優）"新鮮さと古風さを併せ持つ舞台は、濃厚かつ品格に富み、らん熟した芸は女形として現代歌舞伎界の最高峰"
第9回（平14年）
　水谷 八重子（2世）（女優）"「佃の渡し」「深川不動」「瀧の白糸」など新派の舞台で活躍する一方、映画やテレビドラマ、音楽（ジャズ）、朗読に積極的に取り組み、多くのヒット作を生み出した"
第10回（平15年）
　松本 幸四郎（9世）（歌舞伎俳優）"歌舞伎の舞台のみならず、現代劇やミュージカルでも活躍し、ミュージカル「ラ・マンチャの男」やシェークスピアの舞台は海外でも高い評価を得た。また、創作演劇企画集団「シアターナインス」・歌舞伎

企画集団「梨苑座」を設立, 演劇の新たな可能性にも挑戦する"

第11回（平18年）
　観世　栄夫（能楽師）"古典能・復曲・創作能など分野や国境を越えて能に取り組み, 能界に常に新風を拭き込んだ。一方, 演劇・オペラ・歌舞伎・舞踊の演出の他俳優としても活躍した"

第12回（平20年）
　中村　吉右衛門（2世）（歌舞伎俳優）"義太夫狂言の立役の第一人者として活躍するとともに, 歌舞伎の新作にも意欲的にとりくむ"

第13回（平22年）
　片岡　仁左衛門（15世）（歌舞伎俳優）"現代の歌舞伎を代表する立役俳優の一人で, 上方歌舞伎の継承者としても人気・実力ともに高く評価されているほか, テレビドラマでの時代劇や朗読, 映画への出演など幅広い活躍で, 多くの人々を魅了する"

第14回（平24年）
　花柳　壽輔（4世）（日本舞踊家）"四世宗家家元。古典の要素を活かしつつ, 常に新しい舞台表現をめざして活躍。海外公演も多数出演。後進の指導を熱心に行うとともに, 日本舞踊の各流派を超えた幅広い活動に尽力している"

第15回（平26年）
　吉永　小百合（女優）"女優として日本映画界で永く活躍。日本を代表する芸術・文化の領域のみならず, 地道に朗読を続けるなど, 日本の文化の向上を目指して多彩な活動を行なっている"

第16回（平28年）
　渡辺　美佐子（女優）"長年にわたり演劇・映画・テレビの世界において, 多彩な演技で魅了する女優として活躍。ライフワークとして28年間演じた一人芝居『化粧 二幕』（作・井上ひさし）をはじめ, 常に新しい上演を試みている"

110 徳川夢声市民賞

　活動写真の弁士として大活躍した益田市出身の徳川夢声を顕彰し, 益田市民有志が創設。話芸に優れた功績を挙げている県内外の個人や団体を対象とし, 受賞者と益田市の関係を密接にし地域文化の振興などにつなげること, 日本語の乱れが危惧される中, 夢声が技を磨き続けた「語る」という行為の重要性を再認識してもらうことを目的とする。平成22年第10回を以て終了。

【主催者】徳川夢声市民賞実行委員会
【選考委員】同賞選考委員会
【選考方法】推薦
【選考基準】〔対象〕落語家や漫才師, 浪曲家, DJ, アナウンサーなど。プロ, アマは問わない
【賞・賞金】正賞：雪舟焼の花生け, 副賞：賞金30万円

第1回（平13年）
　小沢　昭一 "29年続くTBSラジオのトーク番組「小沢昭一の小沢昭一的こころ」に代表されるように, 日本語の美しい響きやつやを大切にし, 話芸をひとつの文化にまで高めたことが評価された"

第2回（平14年）
　中村　メイコ（女優）"「七色の声」と呼ばれる声を使い分け, 美しい日本語を大切にした語りが評価された"

第3回(平15年)
　加賀美 幸子(アナウンサー)
第4回(平16年)
　永 六輔
第5回(平17年)
　山川 静夫(アナウンサー)
第6回(平18年)
　浜村 淳(タレント)

第7回(平19年)
　宇田川 清江(アナウンサー)
第8回(平20年)
　平野 啓子(アナウンサー)
第9回(平21年)
　山根 基世(アナウンサー)
第10回(平22年)
　横尾 正明(アナウンサー)

111 函館港イルミナシオン映画祭シナリオ大賞

　日本映画の若い才能を育てながら、ゆくゆくは函館から映画を発信していこうと、函館育ちの歌手・あがた森魚氏らが呼びかけて、平成7年から開かれている函館山ロープウェイ映画祭の一環として創設。平成11年「函館山ロープウェイ映画祭シナリオ大賞」から「函館港イルミナシオン映画祭シナリオ大賞」に賞名変更。

【主催者】函館港イルミナシオン映画祭実行委員会
【選考委員】(第21回)荒俣宏(作家)、大森一樹(映画監督)、河井信哉(プロデューサー)
【選考方法】公募
【選考基準】(第21回)〔資格〕プロ・アマ不問、共同脚本可、〔対象〕函館(及びその近郊を含む)をテーマに映画化することを想定したもので、時代背景(現在・過去・未来)、フィクション、ノンフィクション問わず、オリジナル(原作を脚色したものは不可)で未発表のものに限る。〔原稿〕20字×20字を1ページとし、75枚から100枚を厳守(表紙・あらすじ・登場人物表は本文の枚数に含まない)。原稿の表紙には、タイトル名・枚数・筆者名、次のページに人物表、続いて800字程度のあらすじをつけること
【締切・発表】(第21回)平成29年7月20日締切、同年映画祭会場にて授賞式
【賞・賞金】グランプリ(函館市長賞)(1名):賞金100万円、準グランプリ(1名):賞金10万円
【URL】http://hakodate-illumina.com/scenarioaward

第1回(平8年)
　◇グランプリ
　　本村 拓哉(東京都)「函館異聞 暗殺者啄木」
　◇準グランプリ
　　高橋 学(札幌市)「銀色さがし」
第2回(平9年)
　◇グランプリ
　　成田 匡希(札幌市)「ママチャリ・ライダー」
　◇準グランプリ
　　今井 有希子 「彼の選んだ街」

第3回(平10年)
　◇グランプリ
　　千葉 新太郎 「ポケットティッシュブルース」
　◇準グランプリ
　　今井 雅子 「昭和73年7月3日」
　　千田 聖美 「白いボール」
　◇じんのひろあき特別賞
　　田森 潤也 「DICKEY BOY」
第4回(平11年)
　◇グランプリ
　　中川 広子 「ホーリー・ハニー・プレイ」

◇準グランプリ
　今井 雅子　「ぱこだて人」
　戌井 昭人　「アルミの煙」
第5回(平12年)
◇グランプリ
　鵜野 幸恵　「オー・ド・ヴィ」
◇準グランプリ
　田中 森恵　「帽子とりんご」
　清水 卓二　「Mailman」
◇特別賞
　宮沢 あけみ　「とうめいな刻」
第6回(平14年)
◇長編部門
●グランプリ
　大見 全　「狼少女」
●準グランプリ
　富田 正子　「クモノイト」
　小野寺 史宜　「月の下のまち」
●飯田譲治賞
　高橋 しげ子　「黄昏のタンゴ」
◇短編部門
●グランプリ
　島崎 友樹　「RUN-ing」
●準グランプリ
　一法師 誠　「自転少年」
●川本三郎賞
　栗原 裕光　「巡査と夏服」
第7回(平15年)
◇長編部門
●グランプリ
　該当作なし
●準グランプリ
　青木 万央　「JACK！」
　宮戸 聡　「お天気ガール」
◇短編部門
●グランプリ
　森田 剛行　「ノーパンツ・ガールズ」
●準グランプリ
　杉田 愉　「空の私と私の空」
第8回(平16年)
◇長編部門
●グランプリ
　栗原 裕光　「あたしが産卵する日」
●佳作
　まなべ ゆきこ　「A/PART」
◇短編部門

●グランプリ
　中島 直俊　「タタズムヒト」
◇佳作
　斉木 和明　「オーバードライブ」
第9回(平17年)
◇グランプリ
　該当者なし
◇優秀賞
　三浦 健志　「Losstime Summer」
　松本 憲幸　「最果てのビッグエンド」
第10回(平18年)
◇グランプリ
　湯浅 弘章　「花」
◇優秀賞
　織田 高広　「念力」
　鹿目 けい子　「TEEN」
◇審査員特別賞
　宮本 亮　「犬井繁子 松尾慎之助」
　半田 蒼遼　「中島亭幽霊ホテル」
　倉内 加代子　「fly and fly」
　斉藤 清貴　「貧の女神」
第11回(平19年)
◇グランプリ
　藤村 享平　「引きこもる女たち」
◇準グランプリ
　石村 えりこ　「灯火」
　半田 蒼遼　「ぱとろん」
◇審査員特別賞
　村橋 明郎　「函館・弥生坂」
第12回(平20年)
◇グランプリ
　大山 淳子　「通夜女(つやめ)」
◇準グランプリ
　灯向 亮　「春の柩」
◇審査員特別賞
　猪原 健太　「エンマムシは腐乱死体の夢を見るか？」
　永井 利明　「期間限定彼女」
　杉原 由美子　「銀の降る森 金の降る川」
第13回(平21年)
◇函館市長賞
　小林 和代　「川霧の街」
　土橋 章宏　「スマイリング」
◇準グランプリ
　下小城 愛紀　「ベンジョ虫さん」
第14回(平22年)

◇函館市長賞
　渡邊 由香 「わたしは尿道」
◇準グランプリ
　中村 公彦 「指先に咲いた花」
◇審査員奨励賞
　澤田 サンダー 「暗闇の中に光る」
第15回（平23年）
◇函館市長賞
　園田 新 「リアル・ファミリー」
　山崎 佐保子 「あんぽんたんとイカレポンチキ」
◇準グランプリ
　石原 理恵子 「なつかしや」
◇審査員特別賞（加藤正人賞）
　水木 節子 「紅梅」
第16回（平24年）
◇函館市長賞
　斉藤 清貴 「嘘つき兄さん」
　蟹元 依子 「チチプリン」
◇審査員奨励賞
　田森 潤也 「ダーレンスキーの奇跡の夜」
第17回（平25年）
◇函館市長賞

　いとう 菜のは 「函館珈琲」
　太田野 歩 「たこ」
◇審査員奨励賞
　村口 知巳 「マリーパソコン相談所」
第18回（平26年）
◇函館市長賞
　室岡 ヨシミコ 「白孔雀 白い花嫁 白い米」
◇準グランプリ
　成田 匡希 「サンセット理髪店」
第19回（平27年）
◇函館市長賞
　よしお よしたか 「時子」
◇準グランプリ
　太田 野歩 「ブリキのジープ」
◇審査員奨励賞
　上原 正志 「函館黄金遁走曲」
　大坪 哲郎，溝田 美幸 「パートレスラー」
第20回（平28年）
◇函館市長賞
　難波 典子 「駆けろ！ 駆けろ！ 駆けろ！」
◇準グランプリ
　日登美 杏 「函館ラブ・ストーリーズ」
◇審査員奨励賞
　赤羽 健太郎 「知花とクロミの誠実な冒険」

112 藤沢オペラコンクール

　オペラ歌手をめざす新進声楽家の中から卓越した才能を発見し，楽壇への登場を促すことによって，藤沢市民オペラに代表される藤沢市の音楽文化を一層発展させるとともに，我が国オペラ界の活性化に寄与することを目的とするコンクール。

【主催者】藤沢市，藤沢市教育委員会，(公財)藤沢市みらい創造財団

【選考委員】(第9回)審査委員長：岩井宏之(音楽評論家)，審査委員：岩崎由紀子(声楽家)，栗林義信(声楽家)，腰越満美(声楽家)，白石敬子(声楽家)，中村健(声楽家)，丹羽正明(音楽評論家)，松本美和子(声楽家)，三善清達(音楽評論家)

【選考方法】公募

【選考基準】〔資格〕国籍不問。申込締切日現在満35歳以下の者。ただし，本コンクール第1位入賞者は除く

【締切・発表】(第9回)申込期間は平成25年1月8日～30日，第一次予選は3月8日～10日，第二次予選は3月12・13日，本選は3月16日に開催

【賞・賞金】第1位：表彰状，賞金100万円，記念演奏会出演と福永賞（表彰状，賞金20万円）。第2位：表彰状，賞金50万円と記念演奏会出演。第3位：表彰状，賞金30万円と記念演奏会出演。奨励賞（若干名）：表彰状，賞金各10万円と記念演奏会出演。入選（若

音楽・芸能　　　　　　　　　　　　　　　　　　　　　112 藤沢オペラコンクール

干名）：表彰状と記念品
【URL】http://f-mirai.jp/

第1回（平4年）
◇第1位・福永陽一郎賞
　菅 英三子（ソプラノ，ウィーン国立音楽大学卒）
◇第2位
　岩井 理花（ソプラノ，東京芸術大学大学院修了）
◇第3位
　日紫喜 恵美（ソプラノ，京都市立芸術大学大学院修了）
◇奨励賞
　栗林 朋子（メゾ・ソプラノ，東京芸術大学大学院修了）
　志村 文彦（バス・バリトン，武蔵野音楽大学大学院修了）
　吉田 美保（ソプラノ，東京音楽大学卒）
第2回（平7年）
◇第1位・福永陽一郎賞
　針生 美智子（ソプラノ，札幌大谷短期大学専攻科修了）
◇第2位
　小森 輝彦（バリトン，東京芸術大学大学院修了）
◇第3位
　佐藤 美枝子（ソプラノ，武蔵野音楽大学卒）
◇奨励賞
　中島 豊子（メゾ・ソプラノ，東京音楽大学研究科修了）
　井上 幸一（テノール，東京芸術大学大学院修了）
　谷川 佳幸（テノール，東京芸術大学大学院修了）
第3回（平9年）
◇第1位・福永陽一郎賞
　林 正子（ソプラノ）
◇第2位
　清水 良一（バリトン）
◇第3位
　三津山 和代（メゾ・ソプラノ）
◇奨励賞
　牧野 真由美（メゾ・ソプラノ）

　西 啓子（アルト）
　悦田 比呂子（ソプラノ）
第4回（平11年）
◇第1位・福永陽一郎賞
　半田 美和子（ソプラノ）
◇第2位
　竹中 ゆり（ソプラノ）
◇第3位
　甲斐 栄次郎（バリトン）
◇奨励賞
　増田 のり子（ソプラノ）
　ジョン・ヌーゾー（＝ジョン・健・ヌッツォ）（テノール）
　斉藤 紀子（ソプラノ）
第5回（平14年）
◇第1位・福永陽一郎賞
　清水 知子（ソプラノ）
◇第2位
　成田 博之（バリトン）
◇第3位
　宋 元哲（テノール）
◇奨励賞
　李 恩敬（ソプラノ）
　町 英和（バリトン）
　山本 香代（ソプラノ）
第6回（平17年）
◇第1位・福永陽一郎賞
　日比野 幸（ソプラノ）
◇第2位
　丹藤 亜希子（ソプラノ）
◇第3位
　田島 千愛（ソプラノ）
◇奨励賞
　中村 恵理（ソプラノ）
　野宮 淳子（ソプラノ）
　和泉 純子（ソプラノ）
第7回（平20年）
◇第1位・福永陽一郎賞
　初鹿野 剛（バリトン）
◇第2位
　友清 崇（バリトン）

◇第3位
　藤岡 弦太(バリトン)
◇奨励賞
　大沼 徹(バリトン)
　中島 郁子(メゾ・ソプラノ)
　岡田 尚之(テノール)
第8回(平22年)
◇第1位・福永陽一郎賞
　谷原 めぐみ(ソプラノ)
◇第2位
　小泉 詠子(メゾ・ソプラノ)
◇第3位
　松浦 麗(メゾ・ソプラノ)
◇奨励賞
　三宅 理恵(ソプラノ)
　田崎 尚美(ソプラノ)
　金原 聡子(ソプラノ)
第9回(平25年)
◇第1位
　小林 大祐(バリトン)
◇第2位
　伊藤 晴(ソプラノ)
◇第3位
　吉村 華織(ソプラノ)
◇奨励賞
　狩野 賢一(バリトン)
　三戸 大久(バリトン)
　杉山 由紀(ソプラノ)

113 三木露風賞・新しい童謡コンクール

童謡「赤とんぼ」の作詩者・三木露風の生誕地たつの市で,次代をになう子どもたちの豊かな情操や感性をはぐくみ,童謡の振興と世代を超えて歌い継がれる新しい童謡の創造を目指して,昭和60年に設立された。

【主催者】(公財)童謡の里龍野文化振興財団,日本童謡まつり実行委員会,兵庫県たつの市,たつの市教育委員会,(一社)日本童謡協会,(一社)龍野青年会議所

【選考委員】(第33回)湯山昭(作曲家,日本童謡協会会長),宮中雲子(詩人,日本童謡協会副会長),こわせ・たまみ(詩人,日本童謡協会),佐藤雅子(詩人,日本童謡協会理事),武鹿悦子(詩人,日本童謡協会),伊藤幹翁(作曲家,日本童謡協会常任理事),甲賀一宏(作曲家,日本童謡協会理事・事務局長),栗原一(たつの市長,童謡の里龍野文化振興財団理事長),段克史(龍野青年会議所理事長)

【選考方法】公募

【選考基準】〔資格〕プロ・アマ,国籍不問。〔対象〕このコンクールのために創作されたオリジナル詩。〔応募規定〕400字詰め原稿用紙(A4版)に詩を縦書きにする。1人3編以内

【締切・発表】(第33回)平成29年7月1日応募締切,9月下旬までに発表。10月22日に入賞詩発表会

【賞・賞金】(第33回)最優秀(1編):盾と賞金50万円,優秀(1編):盾と賞金20万円,佳作(3編):盾と賞金3万円,(一社)龍野青年会議所理事長賞(1編):盾と賞金5万円,三木露風新しい童謡コンクール30回記念特別賞(日本童謡まつり実行委員会賞)(1編):盾と賞金5万円,たつの赤とんぼライオンズクラブ賞(1編):盾と賞金3万円,赤とんぼの里奨励賞(若干編):賞状と図書券1万円,努力賞(高校生以下,若干編):賞状と図書券

【URL】http://www.tatsuno-cityhall.jp/abh/

第1回(昭60年度)
◇最優秀賞

小西 欣一〔詩・曲〕 「手紙を出したよおばあちゃん」
　◇優秀賞
　　小春 久一郎〔詩〕，矢田部 宏〔曲〕 「ぼくはおばけ」
第2回（昭61年度）
　◇最優秀賞
　　倉沢 徹雄〔詩・曲〕 「ぼくのかみひこうき」
　◇優秀賞
　　門倉 訣〔詩〕，高平 つぐゆき〔曲〕 「風」
第3回（昭62年度）
　◇最優秀賞
　　大村 和恵〔詩・曲〕 「おおきなぞうさん」
第4回（昭63年度）
　◇最優秀賞
　　小元 幹子〔詩・曲〕 「雨だれの子もりうた」
第5回（平1年度）
　◇最優秀賞
　　門倉 訣〔詩〕，山口 栄〔曲〕 「雨あがり」
第6回（平2年）
　◇最優秀賞
　　浜田 淳子〔詩・曲〕 「かなしみよ さよなら」
第7回（平3年）
　◇最優秀賞
　　池本 孝子〔詩・曲〕 「絵日記」
第8回（平4年）
　◇最優秀賞
　　佐々木 寿信〔詩〕，杉田 志保子〔曲〕 「なつの終り」
第9回（平5年度）
　◇優秀賞
　　浜田 淳子〔詩・曲〕 「あったかいね」
　　石原 一輝〔詩・曲〕 「おまいり」
第10回（平6年度）
　◇作詩の部最優秀賞
　　祐成 智美 「ポスト」
　◇作曲の部優秀賞
　　伊藤 幹翁 「きりん」
　　白川 雅樹 「雨はあしながおじさん」
第11回（平7年度）
　◇作詩の部最優秀賞
　　金井 秀雄 「あかちゃんおねむ」
　◇作曲の部優秀賞
　　鈴木 美紀 「かぜのあかちゃん」
　　曽根 紀子 「春になったら」
第12回（平8年度）
　◇最優秀作品
　　藤原 美幸 「おーい空、おーい海」
　◇優秀作品
　　竹沢 小静 「せみのとおせんぼ」
　　大竹 典子 「入道雲」
第13回（平9年度）
　◇最優秀作品
　　大竹 典子 「ペンギン島のペンギンさん」
　◇優秀作品
　　竹崎 美恵子 「海のふしぎ」
第14回（平10年度）
　◇最優秀作品
　　小林 香理 「かげとわたし」
　◇優秀作品
　　竹崎 美恵子 「おでかけですか あかとんぼ」
第15回（平11年度）
　◇最優秀作品
　　小室 志をり 「ぼくとみかづきさん」
　◇優秀作品
　　土田 史都子 「おしゃれトンボ」
第16回（平12年度）
　◇最優秀作品
　　小室 志をり 「かあさんのアルバム」
　◇優秀作品
　　土屋 浩子 「かわったことば」
第17回（平13年度）
　◇最優秀作品
　　高橋 友夫 「わすれない」
　◇優秀作品
　　朝山 ひでこ 「母っていう字」
第18回（平14年）
　◇最優秀作品
　　大村 領〔詩〕，大中 恩〔曲〕 「どないしょ」
　◇優秀作品
　　菊池 順子〔詩〕，湯山 昭〔曲〕 「さよならのじかん」
　◇佳作
　　朝山 ひでこ〔詩〕，小森 昭宏〔曲〕 「おうちのポスト」
第19回（平15年）

◇最優秀作品
　田口　栄一〔詩〕，湯山　昭〔曲〕　「ママのあみもの」
◇優秀作品
　村山　二永〔詩〕，小林　秀雄〔曲〕　「私のおばあちゃん」
◇日本童謡まつり実行委員会賞
　内海　萌〔詩〕，若松　正司〔曲〕　「あじさい」

第20回（平16年）
◇最優秀作品
　佐々木　寿信〔詩〕，湯山　昭〔曲〕　「きりんさん」
◇優秀作品
　菊池　順子〔詩〕，伊藤　幹翁〔曲〕　「はにわを見た」
◇第20回記念特別賞
　宝山　かおる〔詩〕，甲賀　一宏〔曲〕　「おかあさん　トントンして」

第21回（平17年）
◇最優秀作品
　萩原　奈苗〔詩〕，若松　歓〔曲〕　「おうちでみつけたどうぶつたち」
◇優秀作品
　二瓶　みち子〔詩〕，平野　淳一〔曲〕　「おにぎりとおむすび」
◇新たつの市誕生記念特別賞
　田口　靖子〔詩〕，朝岡　真木子〔曲〕　「かたたたき」

第22回（平18年）
◇最優秀作品
　池田　泰子〔詩〕，湯山　昭〔曲〕　「木の根っこ」
◇優秀作品
　坂井　貴美子〔詩〕，白川　雅樹〔曲〕　「あまのじゃく」
◇（社）龍野青年会議所理事長賞作品
　山根　真奈美〔詩〕，若松　正司〔曲〕　「おばあちゃん」

第23回（平19年）
◇最優秀作品
　朝山　ひでこ〔詩〕，甲賀　一宏〔曲〕　「すごいぞ夏やさい」
◇優秀作品
　神部　恒〔詩〕，湯山　昭〔曲〕　「ゆきのんのんこもりうた」

◇（社）龍野青年会議所理事長賞
　萩原　奈苗〔詩〕　「ごぼうのいきかた」
◇日本童謡まつり実行委員会賞
　坂井　貴美子〔詩〕　「とけちゃったらどうしよう」
◇赤とんぼ誕生80年記念特別賞
　金澤　美佳〔詩〕，伊藤　幹翁〔曲〕　「かわいいてんとう虫」

第24回（平20年）
◇最優秀作品
　川端　真由美〔詩〕，上　明子〔曲〕　「ばあちゃんのあじさい」
◇優秀作品
　田中　昭子〔詩〕，氏家　晋也〔曲〕　「なまず」
◇（社）龍野青年会議所理事長賞
　船越　浩明〔詩〕，湯山　昭〔曲〕　「小さな服」
◇日本童謡まつり実行委員会賞
　小山　治郎〔詩〕　「かみさまっているのかな」

第25回（平21年）
◇最優秀作品
　船越　浩明〔詩〕，湯山　昭〔曲〕　「むちゅう」
◇優秀作品
　中川　良貴〔詩〕，甲賀　一宏〔曲〕　「バスが大好き」
◇三木露風生誕120周年記念特別賞
　福島　貴咲〔詩〕，伊藤　幹翁〔曲〕　「赤い花咲いた」
◇（社）龍野青年会議所理事長賞
　竹内　尽〔詩〕　「ぼくは自転車」
◇日本童謡まつり実行委員会賞
　田中　聖二〔詩〕　「かなしかったよ」
◇たつの赤とんぼライオンズクラブ賞
　浄徳　十羽〔詩〕　「とかげ」

第26回（平22年）
◇最優秀作品
　東尾　緯子〔詩〕，湯山　昭〔曲〕　「あらら」
◇優秀作品
　中下　重美〔詩〕，山本　純ノ介〔曲〕　「がっこうのかいだん」

第27回（平23年）
◇最優秀作品
　内海　翔汰〔詩〕，甲賀　一宏〔曲〕　「だんごむし」
◇優秀作品

小林 加奈〔詩〕，湯山 昭〔曲〕 「こんぺいとうの ものがたり」
第28回（平24年）
　◇最優秀作品
　　阪本 繭子〔詩〕，湯山 昭〔曲〕 「さくらの ゆうびん」
　◇優秀作品
　　森本 旺輔〔詩〕，佐藤 亘弘〔曲〕 「せきがえ」
第29回（平25年）
　◇最優秀作品
　　二瓶 みち子〔詩〕，湯山 昭〔曲〕 「おばあちゃんの ひとつまみ」
　◇優秀作品
　　奥田 大智〔詩〕，伊藤 幹翁〔曲〕 「ぼくの金魚」
第30回（平26年）
　◇最優秀作品
　　冨岡 紀子〔詩〕，湯山 昭〔曲〕 「かりんとう」
　◇優秀作品
　　小坂井 宥佳〔詩〕，神坂 真理子〔曲〕 「ねたふり」
第31回（平27年）
　◇最優秀作品
　　宮田 貫司〔詩〕，湯山 昭〔曲〕 「ちっちゃな手」
　◇優秀作品
　　海老原 さち子〔詩〕，出田 敬三〔曲〕 「おかあさんのいねむり」
第32回（平28年）
　◇最優秀作品
　　中村 智恵子〔詩〕，早川 史郎〔曲〕 「しゃしんやさんの ショーウィンドゥ」
　◇優秀作品
　　的場 優〔詩〕，湯山 昭〔曲〕 「りんちゃんは すごいんだ」

文 学

114 芦屋国際俳句祭

21世紀のキーワード「自然と人間との共生」を俳句を通し追求して行きたいと考え,虚子記念文学館を拠点とし芦屋市が日本国内外から俳句を募集し,虚子を顕彰していくもの。文化復興イベントとして平成10年に開催された「芦屋国際俳句フェスタ」を受け,平成12年から開催されている。

【主催者】芦屋国際俳句祭実行委員会(芦屋市・芦屋市教育委員会・(社)日本伝統俳句協会・(財)虚子記念文学館)

【選考委員】(第3回)有馬朗人(「天為」主宰),稲畑汀子((社)日本伝統俳句協会会長・「ホトトギス」主宰),川崎展宏(朝日俳壇選者・「貂」代表),深見けん二(「花鳥来」主宰・「ホトトギス」同人),星野恒彦(国際俳句交流協会副会長)(外国人の部),稲畑廣太郎((社)日本伝統俳句協会理事・「ホトトギス」編集長)(青少年の部),坊城俊樹((社)日本伝統俳句協会事務局長・「ホトトギス」同人)(青少年の部),山田弘子(国際俳句交流協会理事・「円虹」主宰)(青少年の部)

【選考基準】〔対象〕未発表の俳句。一般の部,青少年の部(18歳未満),外国人の部(日本語または英語)の3部門。一般の部は2句1組で応募,投句料1000円。青少年・外国人の部は無料。一般の部は郵送受付のみ,他の2部門は郵送の他インターネットでも応募可

【締切・発表】平成15年9月1日～11月30日募集,平成16年2月15日新聞紙上・芦屋市広報他で発表

【賞・賞金】高濱虚子顕彰俳句大賞,文部科学大臣奨励賞,朝日新聞社賞,芦屋市長賞他。各賞に賞状

【URL】http://www.kyoshi.or.jp

第1回(平12年)
◇一般の部
- 高浜虚子顕彰俳句大賞
  多田羅 初美(大阪府)
- 文部大臣奨励賞
  佐土井 智津子(大阪府)
- 高浜虚子俳句奨励賞
  中村 芳子(兵庫県)
  平 俊一(岡山県)
  佐保 美千子(香川県)
- 芦屋国際俳句大賞
  大久保 白村(埼玉県)
- 芦屋国際俳句奨励賞
  渡部 志登美(愛媛県)
  星野 八郎(新潟県)
- 国際俳句芦屋市長賞
  南 稔(兵庫県)
- 審査委員奨励賞
  黒田 千賀子(兵庫県)
  小川 広一(新潟県)
  井上 秀治(大阪府)
  石本 美儀(滋賀県)
  工藤 彦十郎(岐阜県)
◇青少年の部
- 高浜虚子俳句奨励賞
  谷 まり絵
- 芦屋国際俳句大賞
  富山 昌彦

- 芦屋国際俳句奨励賞
  本田 裕人
  平光 良至
- 国際俳句芦屋市長賞
  川満 智
◇外国人の部
- 高浜虚子俳句奨励賞
  Marianne Bluger (Canada)
- 芦屋国際俳句奨励賞
  Dragon J. Ristić (Yugoslavia)
  Boris Nazansky (Croatia)
- 芦屋国際俳句大賞
  Lynn Austin (New Zealand)
- 国際俳句芦屋市長賞
  Ernest J. Berry (New Zealand)

第2回（平13年）
◇一般の部
- 高浜虚子顕彰俳句大賞
  馬見塚 吾空 (福岡県)
- 文部科学大臣奨励賞
  上﨑 暮潮 (徳島県)
- 高浜虚子俳句奨励賞
  水野 久美子 (愛知県)
  木村 享史 (東京都)
- 芦屋国際俳句大賞
  田中 利則 (山口県)
- 芦屋国際俳句奨励賞
  河野 美奇 (東京都)
- 芦屋市長賞
  稲田 真月 (香川県)
- 朝日新聞社賞
  渡辺 萩風 (大阪府)
- 芦屋ライオンズクラブ賞
  田上 眞知子 (富山県)
◇青少年の部
- 芦屋国際俳句大賞
  奥田 真行
- 芦屋国際俳句奨励賞
  長坂 麻美
- 芦屋市長賞
  杉浦 亜衣
- 朝日新聞社賞
  竹末 志穂
- 芦屋ライオンズクラブ賞
  藤本 倫正

◇海外の部
- 高浜虚子俳句奨励賞
  Darko Plažanin (Croatia)
- 芦屋国際俳句大賞
  Štefanija Bezjak (Croatia)
- 芦屋国際俳句奨励賞
  Rosonshi (Paul Faust) (日本)
- 芦屋市長賞
  Radivoje Rale Damjanovic (Yugoslavia)
- 朝日新聞社賞
  Marshall Hryciuk (Canada)
- 芦屋ライオンズクラブ賞
  David Cobb (U.K.)

第3回（平16年）
◇一般の部
- 高浜虚子顕彰俳句大賞
  浅利 恵子 (秋田県)
- 文部科学大臣奨励賞
  渡辺 善舟 (群馬県)
- 高浜虚子俳句奨励賞
  椋 誠一朗 (鳥取県)
  渡辺 萩風 (神奈川県)
- 芦屋国際俳句大賞
  椎野 たか子 (徳島県)
- 芦屋市長賞
  長谷川 朝子 (兵庫県)
- 朝日新聞社賞
  中谷 明子 (兵庫県)
◇青少年の部
- 芦屋国際俳句大賞
  岸田 和久 (山崎幼稚園)
- 芦屋国際俳句奨励賞
  古川 さゆり
- 芦屋市長賞
  沢 まなみ
- 朝日新聞社賞
  白戸 智志
◇海外の部
- 高浜虚子俳句奨励賞
  Slobodan Joksimovic (Serbia and Montenegro)
- 芦屋国際俳句大賞
  Beverley George (Australia)
- 芦屋国際俳句奨励賞
  Fay Aoyagi (U.S.A.)

- 芦屋市長賞
  Dan Brady (U.S.A.)
- 朝日新聞社賞
  James Kirkup (Principality of Andorra)

第4回 (平18年)
◇一般の部
- 高浜虚子顕彰俳句大賞
  河野 美奇 (東京都)
- 文部科学大臣奨励賞
  高岡 啓子 (アメリカ)
- 高浜虚子俳句奨励賞
  高橋 千雁 (大阪府)
- 芦屋国際俳句大賞
  井上 芙美子 (兵庫県)
- 芦屋国際俳句奨励賞
  古賀 昭子 (福岡県)
- 芦屋市長賞
  井田 すみ子 (大阪府)
- 朝日新聞社賞
  大谷 千華 (兵庫県)
◇青少年の部
- 高浜虚子俳句奨励賞
  おくむら きみか (松茂保育園)
- 芦屋国際俳句大賞
  松山 愛未
- 芦屋国際俳句奨励賞
  柚木 奎亮
- 芦屋市長賞
  香川 翔兵 (洛南高校)
- 朝日新聞社賞
  宇山 譲二
◇海外の部
- 高浜虚子俳句賞
  David Cobb (U.K.)
- 芦屋国際俳句大賞
  TITO (Stephen Gill) ((Living in) Japan)
- 芦屋国際俳句賞
  John Ower (U.S.A.)
- 芦屋市長賞
  Marie Summers (U.S.A.)
- 朝日新聞社賞
  Eduard Tara (Romania)

115 伊豆文学賞

「文学のふるさと」として名高い伊豆・東部地域をはじめとする静岡県の様々な魅力を,文学を通じて全国に発信することを目的とし,「伊豆の踊子」や「しろばんば」に続く新たな文学や人材を見出すため平成9年に創設された。第14回からは新たに「メッセージ部門」が設けられた。

【主催者】静岡県,静岡県教育委員会,伊豆文学フェスティバル実行委員会

【選考委員】(第21回)〔小説・随筆・紀行文部門〕三木卓,村松友視,嵐山光三郎,太田治子。〔メッセージ部門〕村松友視,清水眞砂子,中村直美

【選考方法】公募

【選考基準】〔小説・随筆・紀行文部門〕伊豆をはじめとする静岡県の風土や地名,行事,人物,歴史などを題材にした小説,随筆,紀行文。(400字詰原稿用紙を基準に)(1)小説30枚〜80枚程度,(2)随筆20枚〜40枚程度,(3)紀行文20枚〜40枚程度。〔メッセージ部門〕静岡県内の美しい風景や名所旧跡などを題材にして感じたことや大切に想っていることを伝える文章。400字詰原稿用紙3枚〜5枚以内

【締切・発表】(第21回)〔小説・随筆・紀行文部門〕平成29年10月2日,〔メッセージ部門〕平成29年9月15日締切,平成30年1月下旬発表

【賞・賞金】〔小説・随筆・紀行文部門〕最優秀賞 (1編) 表彰状,賞金100万円,優秀賞 (1編) 表彰状,賞金20万円,佳作 (2編) 表彰状,賞金5万円。〔メッセージ部門〕最優秀賞

(1編）表彰状，賞金5万円，優秀賞（5編）表彰状，賞金1万円
【URL】http://www.izufes.net/IzuFes/

第1回（平9年）
　◇最優秀賞
　　池田 陽一　「紙谷橋」
　◇優秀賞
　　浅尾 大輔　「ボンネットバス」
　　蕗谷 龍生　「万三郎の方が高い」
　◇佳作
　　小西 政司　「最後の竹細工」
　　敦賀 敏　「錦ヶ浦の一本松」
第2回（平10年）
　◇最優秀用
　　椛守 遼　「星への道」
　◇優秀賞
　　安土 肇　「咸臨丸の船匠」
　　山手 二郎　「伊豆縄地マリア観音」
　◇佳作
　　吉野 まひる　「ロビンソン」
　　園部 凱夫　「石段」
第3回（平11年）
　◇最優秀賞
　　会田 晃司　「軍曹とダイアナ」
　◇優秀賞
　　山上 藤悟　「豆州測量始末」
　　石川 たかし　「清流のほとり」
　◇佳作
　　山下 悦夫　「海の祈り」
　　柏木 節子　「裏見の滝」
　◇審査委員特別推薦
　　高田英明　「水の鼓動を訪ねて—「伊豆の踊子」へのアプローチ」
第4回（平12年）
　◇最優秀賞
　　島永 嘉子　「海の光」
　◇優秀賞
　　西原 健次　「姫沙羅」
　　前田 健太郎　「ボットル落とし屋の六さん」
　◇佳作
　　漆畑 稔　「東浦往還」
　　夏崎 涼　「やまゆりの花に託して」
第5回（平13年）
　◇最優秀賞
　　石川 たかし　「竹とんぼの坂道」
　◇優秀賞
　　長山 志信　「ドリスの特別な日」
　　宮司 孝男　「海を渡る風」
　◇佳作
　　条田 念　「占い坂」
　　伊藤 義行　「わさびの味」
第6回（平14年）
　◇最優秀賞
　　長田 恵子　「夏の終わり」
　◇優秀賞
　　鈴木 ゆき江　「百音（もね）の序曲」
　　山本 恵一郎　「黒鼻ホテルの小さなロビー」
　◇佳作
　　中村 豊　「蜆（しじみ）の唄」
　　櫻井 寛治　「伊豆の仁寛（にんかん）」
第7回（平15年）
　◇最優秀賞
　　倉本 園子　「ボタン」
　◇優秀賞
　　志賀 幸一　「四十年目の夏に」
　　弓場 剛　「白い帆は光と陰をはらみて」
　◇佳作
　　遊部 香　「彫り目」
　　瀧 千賀子　「鬼子母神」
第8回（平16年）
　◇最優秀賞
　　萩 真沙子　「月ヶ瀬（小説）」
　◇優秀賞
　　志賀 幸一　「曲師（小説）」
　　鎌田 雪里　「ヴォーリズ野の石畳（小説）」
　◇佳作
　　杜村 眞理子　「母子草（小説）」
　　川﨑 正敏　「埴輪の指跡（小説）」
　◇特別賞
　　伊藤 正則　「若山牧水の山ざくらと歌と酒（紀行文）」
第9回（平17年）
　◇最優秀賞
　　西村 美佳孝　「奈緒（小説）」
　◇優秀賞

片桐 泰志 「風待ち(小説)」
佐藤 和哉 「初照(小説)」
◇佳作
松下 早穂 「アイゴー・アミーゴ(小説)」
坂東 亜里 「中居の生活(随筆)」
第10回(平18年)
◇最優秀賞
賛子 貴之 「ぼくらの自由(小説)」
◇優秀賞
松下 曜子 「瀧をやぶる(小説)」
木部 博巳 「ほら貝の音(小説)」
◇佳作
杉山 早苗 「伊豆の俳人 萩原麦草(随筆)」
冨岡 美子 「輝く木(小説)」
第11回(平19年)
◇最優秀賞
蒔田 淳一 「釣聖(小説)」
◇優秀賞
水野 次郎 「海師の子(小説)」
中川 将幸 「餌食(小説)」
◇佳作
阪野 陽花 「野に死に真似の遊びして(小説)」
伊野里 健 「水湧き出づる町で(小説)」
第12回(平20年)
◇最優秀賞
山手 一郎 「いなさ参ろう(小説)」
◇優秀賞
阪野 陽花 「そこはいつも青空(小説)」
石井 隆義 「鱛と子供ら(随筆)」
◇佳作
真帆 沁 「白い枇杷(小説)」
李 絳 「トンネルを抜けて(紀行文)」
第13回(平21年)
◇最優秀賞
土橋 章宏 「海煙(小説)」
◇優秀賞
根室 総一 「タバコわらしべ(小説)」
冨岡 美子 「守り氷(小説)」
◇佳作
萩原 由男 「駿府替女、花(小説)」
龍造寺 信 「三島宿(小説)」
第14回(平22年)
◇小説・随筆・紀行文部門
●最優秀賞
前山 博茂 「はよう寝んか 明日が来るぞ(小説)」
●優秀賞
宇和 靜樹 「空を飛ぶ男(小説)」
●佳作
松山 幸民 「鬼夢(小説)」
南津 泰三 「河童の夏唄(小説)」
◇メッセージ部門
●最優秀賞
秋永 幸宏 「レアイズム」
●優秀賞
鈴木 めい 「高天神の町」
鈴木 美春 「ある日の出来事」
細谷 幸子 「友情と伊豆」
日向川 伊緒 「懐ひろ〜い」
藤岡 正敏 「おだっくいの国、シゾーカに行かざあ」
●特別賞<学校奨励賞>
静岡県立御殿場南高校 "応募数最多(53通)"
第15回(平23年)
◇小説・随筆・紀行文部門
●最優秀賞
植松 邦文 「敬太とかわうそ(小説)」
●優秀賞
阪野 陽花 「花の棲家(小説)」
●佳作
白鳥 和也 「YAMABUKI(小説)」
木夏 真一郎(榎本真一)「伊豆堀越御所異聞(小説)」
◇メッセージ部門
●最優秀賞
藤巻 元彦 「新幹線の車窓から」
●優秀賞
宮司 孝男 「遠い裾野」
服部 静子 「懐かしい町 伊東」
中川 洋子 「連れあって札所めぐり」
古川 紀 「惚れてしまった沼津さんへ」
増田 瑞穂 「湖西連峰の山寺跡」
●メッセージ特別賞 個人<学校奨励賞>
若林 優稀 「弓ヶ浜での思い出」
●メッセージ特別賞 団体<学校奨励賞>
静岡県立御殿場高等学校 "応募多数"
静岡県立御殿場南高等学校 "応募多数"
第16回(平24年)
◇小説・随筆・紀行文部門

- 最優秀賞
  - 鴻野 元希 「ばあば新茶マラソンをとぶ（小説）」
- 優秀賞
  - 岩本 和博 「十一月の夏みかん（小説）」
- 佳作
  - 風霧 みぞれ（筆名）「うみしみ（小説）」
  - 斎藤 久 「「与平の日記」を歩く（紀行文）」

◇メッセージ部門
- 最優秀賞
  - 増田 瑞穂 「浜名湖一周の旅」
- 優秀賞
  - 海野 葵 「藤枝大祭」
  - 志賀 幸一 「天城峠」
  - 川村 均 「伊豆は巨樹王国」
  - 宮司 孝男 「湖西焼き物考」
  - 清水 きよし（筆名）「やがて静かに海は終わる」

◇メッセージ特別賞＜学校奨励賞＞
  - 静岡県立御殿場高等学校 "応募多数"

第17回（平25年）
◇小説・随筆・紀行文部門
- 最優秀賞
  - 小長谷 建夫 「前を歩く人＝坦庵公との一日＝（小説）」
- 優秀賞
  - 大塚 清司 「野づらは星あかり（小説）」
- 佳作
  - 畠 ゆかり 「宝永写真館（小説）」
  - 増登 春行（筆名）「興国寺城遺聞－康景出奔－（小説）」

◇メッセージ部門
- 最優秀賞
  - 長谷川 穂 「三島 夏まつり」
- 優秀賞
  - 鈴木 敬盛 「情けが溶ける最強湧水都市・三島」
  - 宮司 孝男 「遠州大念仏の夜」
  - 渡会 三郎（筆名）「父の日の金目鯛」
  - 菅沼 美代子 「伊豆行き松川湖下車の旅」
  - 游 美媛 「伊豆は第三の故郷」
- メッセージ特別賞＜学校奨励賞＞
  - 静岡県立御殿場高校 "応募多数"

第18回（平26年）
◇小説・随筆・紀行文部門
- 最優秀賞
  - 鈴木 清美 「まつりのあと（小説）」
- 優秀賞
  - 熊崎 洋 「銀鱗の背に乗って（小説）」
- 佳作
  - 倉持 れい子 「あぜ道（小説）」
  - 醍醐 亮（筆名）「赤富士の浜（小説）」

◇メッセージ部門
- 最優秀賞
  - 藤森 ますみ 「「赤電」に乗って」
- 優秀賞
  - 渡会 三郎（筆名）「四十一年目の富士山」
  - 中川 洋子 「Mさんの鮎」
  - 栗田 すみ子 「朝の野菜直売所」
  - 宮司 孝男 「雨の中の如来」
  - 安藤 知明 「緑のプリン」
- メッセージ特別賞＜特別奨励賞＞
  - 荒川 百花 「あやめ祭の発見」
- 学校奨励賞
  - 伊東市立南中学校 "応募多数"

第19回（平27年）
◇小説・随筆・紀行文部門
- 最優秀賞
  - 今村 翔吾 「蹴れ、彦五郎（小説）」
- 優秀賞
  - 奥田 裕介 「さあ、つぎはどの森を歩こうか（紀行文）」
- 佳作
  - 橋本 顕光 「ブタの足あと（随筆）」
  - 齊藤 勝（齊藤洋大）「恋飛脚遠州往来（小説）」

◇メッセージ部門
- 最優秀賞
  - 太田 智子 「熊野の長藤」
- 優秀賞
  - 中川 洋子 「風待港の盆踊り」
  - 西森 涼 「これが私の夢の地図」
  - 仲野 鈴代 「鹿ん舞の里」
  - 土屋 望海 「柿田川を見つめて」
  - 宮司 孝男 「「英魂」の碑」
- メッセージ部門特別賞＜学校奨励賞＞
  - 静岡県立御殿場高校 "応募多数"

第20回（平28年）
◇小説・随筆・紀行文部門
- 最優秀賞
  - 中尾 千恵子（中尾ちゑこ）「熱海残照（小

説）」
- 優秀賞
  - 瀬戸 敬司 「炭焼きの少年（小説）」
- 佳作
  - 杉山 早苗 「白粉花（小説）」
  - 佃 弘行（弘之）「杣人の森（小説）」
◇メッセージ部門
- 最優秀賞
  - 宮司 孝男 「桶ヶ谷沼の夜明け」
- 優秀賞
  - 鈴木 敬盛 「沼津と深海魚」
  - 井村 たづ子 「秋、蓬莱橋から」
  - 眞野 ＊ 「奥駿河湾」
  - 清水 広六 「降雪、浜名湖」
  - 岡野 ＊ 「Treasure island」
- メッセージ部門特別賞＜学校奨励賞＞
  - 沼津市立沼津高等学校 "応募多数"

116 泉鏡花文学賞

泉鏡花生誕100年を記念し昭和48年に制定。近代日本の文芸に偉大な貢献をなした泉鏡花の功績をたたえ、あわせて鏡花文学をはぐくんだ金沢の風土と伝統を広く人々に認識していただき、文芸を通じ豊かな地域文化の開花を期待するものである。

【主催者】金沢市

【選考委員】（第44回）五木寛之，村松友視，金井美恵子，嵐山光三郎，山田詠美

【選考方法】非公募。ただし，全国の文芸関係者（作家，出版社，新聞社等）に候補作品の推薦を依頼

【選考基準】〔対象〕8月1日を基準日とし，前1年間（前年8月1日から当年7月31日まで）に，単行本として刊行された文芸作品の中から，ロマンの香り高い作品を選考

【締切・発表】（第44回）10月プレス発表，授賞式11月

【賞・賞金】正賞「八稜鏡」と副賞100万円

【URL】http://www4.city.kanazawa.lg.jp/11020/bungaku/kyouka/

第1回（昭48年）
　森内 俊雄 「翔ぶ影」〔角川書店〕
　半村 良 「産霊山秘録」〔早川書房〕
第2回（昭49年）
　中井 英夫 「悪夢の骨牌」〔平凡社〕
第3回（昭50年）
　森 茉莉 「甘い蜜の部屋」〔新潮社〕
第4回（昭51年）
　高橋 たか子 「誘惑者」〔講談社〕
第5回（昭52年）
　色川 武大 「怪しい来客簿」〔話の特集〕
　津島 佑子 「草の臥所」〔講談社〕
第6回（昭53年）
　唐 十郎 「海星・河童」〔大和書房〕
第7回（昭54年）
　金井 美恵子 「プラトン的恋愛」〔講談社〕

　眉村 卓 「消滅の光輪」〔早川書房〕
第8回（昭55年）
　森 万紀子 「雪女」〔新潮社〕
　清水 邦夫 「わが魂は輝く水なり」〔講談社〕
第9回（昭56年）
　渋沢 龍彦 「唐草物語」〔河出書房新社〕
　筒井 康隆 「虚人たち」〔中央公論社〕
第10回（昭57年）
　日野 啓三 「抱擁」〔集英社〕
第11回（昭58年）
　三枝 和子 「鬼どもの夜は深い」〔新潮社〕
　小桧山 博 「光る女」〔集英社〕
第12回（昭59年）
　赤江 瀑 「海峡」「八雲が殺した」〔白水社，文芸春秋〕

第13回（昭60年）
　宮脇 俊三　「殺意の風景」
第14回（昭61年）
　増田 みず子　「シングル・セル」
第15回（昭62年）
　倉橋 由美子　「アマノン国往還記」
　朝稲 日出夫　「シュージの放浪」
第16回（昭63年）
　泡坂 妻夫　「折鶴」〔文芸春秋〕
　吉本 ばなな　「キッチン」〔福武書店〕
第17回（平1年）
　石和 鷹　「野分酒場」〔福武書店〕
　北原 亜以子　「深川澪通り木戸番小屋」〔講談社〕
第18回（平2年）
　日影 丈吉　「泥汽車」〔白水社〕
第19回（平3年）
　有為 エンジェル　「踊ろう，マヤ」〔講談社〕
第20回（平4年）
　島田 雅彦　「彼岸先生」〔福武書店〕
　鷺沢 萠　「駆ける少年」〔文芸春秋〕
第21回（平5年）
　山本 道子　「喪服の子」〔講談社〕
第22回（平6年）
　該当者なし
第23回（平7年）
　辻 章　「夢の方位」〔河出書房新社〕
第24回（平8年）
　柳 美里　「フルハウス」〔文芸春秋〕
　山田 詠美　「アニマル・ロジック」〔新潮社〕
第25回（平9年）
　京極 夏彦　「嗤う伊右衛門」〔中央公論社〕
　村松 友視　「鎌倉のおばさん」〔新潮社〕
第26回（平10年）
　田辺 聖子　「道頓堀の雨に別れて以来なり」〔中央公論社〕
第27回（平11年）
　吉田 知子　「箱の夫」〔中央公論新社〕
　種村 季弘　「種村季弘のネオ・ラビリントス 幻想のエロス」〔河出書房新社〕
第28回（平12年）
　多和田 葉子　「ヒナギクのお茶の場合」〔新潮社〕
第29回（平13年）

　久世 光彦　「蕭々館日録」〔中央公論新社〕
　笙野 頼子　「幽界森娘異聞」〔講談社〕
第30回（平14年）
　野坂 昭如　"「文壇」（文芸春秋）およびそれに至る文業"
第31回（平15年）
　丸谷 才一　「輝く日の宮」〔講談社〕
　桐野 夏生　「グロテスク」〔文芸春秋〕
第32回（平16年）
　小川 洋子　「ブラフマンの埋葬」〔講談社〕
第33回（平17年）
　寮 美千子　「楽園の鳥 カルカッタ幻想曲」〔講談社〕
第34回（平18年度）
　嵐山 光三郎　「悪党芭蕉」〔新潮社〕
第35回（平19年度）
　立松 和平　「道元禅師」〔東京書籍〕
◇特別賞
　大鷹 不二雄　「鏡花恋唄」〔新人物往来社〕
第36回（平20年度）
　南木 佳士　「草すべりその他の短編」〔文藝春秋〕
　横尾 忠則　「ぶるうらんど」〔文藝春秋〕
第37回（平21年度）
　千早 茜　「魚神」
第38回（平22年度）
　篠田 正浩　「河原者ノススメ 死穢と修羅の記憶」
第39回（平23年度）
　夢枕 獏　「大江戸釣客伝（上・下）」
　瀬戸内 寂聴　「風景」
第40回（平24年度）
　角田 光代　「かなたの子」
第41回（平25年度）
　磯﨑 憲一郎　「往古来今」
第42回（平26年度）
　中島 京子　「妻が椎茸だったころ」〔講談社〕
　小池 昌代　「たまもの」〔講談社〕
第43回（平27年度）
　長野 まゆみ　「冥途あり」〔講談社〕
　篠原 勝之　「骨風」〔文藝春秋〕
第44回（平28年度）
　川上 弘美　「大きな鳥にさらわれないよう」〔講談社〕

117 市川手児奈文学賞

　市川は〈葛飾の真間の手児奈〉が万葉集に詠まれて以来、文学的土壌の豊かなところである。現代に至るまで、小説に、俳句に、短歌に、さらには川柳にと、市川を舞台とした作品が多く残されている。こうした市川の文芸風土への関心を全国にアピールするために、〈市川を詠む〉をテーマとした〈短歌・俳句・川柳〉を全国から募集する。第16回より詩部門が加わる。

【主催者】市川手児奈文学賞実行委員会、市川市

【選考委員】（第17回）短歌：清水麻利子（花實同人），俳句：能村研三（沖主宰），川柳：南澤たかを（川柳新潮社同人），詩：淵上熊太郎（詩人）

【選考方法】公募。（第17回）募集期間：7月14日～10月1日

【選考基準】〔対象〕短歌・俳句・川柳・詩の4部門。〔応募テーマ〕「市川を詠む」市川の自然，文化，祭，史跡や建物，市川ゆかりの人物などを題材とする。〔応募方法〕各部門につき1人5点の未発表作品。複数部門への応募可。所定の用紙，またははがき，はがき大の用紙に，作品1点を楷書で記入し，氏名・年齢・住所を明記して送付のこと。一般の部と子どもの部（中学生以下）がある

【締切・発表】（第17回）平成28年10月1日締切（当日消印有効）。平成29年1月発表

【賞・賞金】大賞（各部門1点）：賞状，賞金5万円，秀逸（各部門1点）：賞状，賞金1万円，佳作（各部門3点）：賞状，賞金5千円，大賞・秀逸・佳作と，入選作品を各部門から100点ずつ選び，作品集『市川を詠む〔市川百歌百句〕』に掲載。また，子どもの部の優秀作品も作品集に掲載する

【URL】http://www.city.ichikawa.lg.jp/cul01/1511000028.html

第1回（平12年）
　◇短歌大賞
　　神馬 せつを（石川県）
　◇俳句大賞
　　吉田 明（北海道）
　◇川柳大賞
　　筑間 武男（千葉県）
第2回（平13年）
　◇短歌大賞
　　増田 啓子（千葉県）
　◇俳句大賞
　　荒井 千佐代（長崎県）
　◇川柳大賞
　　春日 美恵子（千葉県）
第3回（平14年）
　◇短歌大賞
　　石井 久美子（千葉県）
　◇俳句大賞
　　矢沼 冬星（埼玉県）
　◇川柳大賞
　　祥 まゆ美（千葉県）
第4回（平15年）
　◇短歌大賞
　　岡本 邦夫（石川県）
　◇俳句大賞
　　遠藤 真砂明（千葉県）
　◇川柳大賞
　　山本 桂馬（東京都）
第5回（平16年）
　◇短歌
　　山口 光代（千葉県松戸市）
　◇俳句
　　千田 敬（市川市塩浜）
　◇川柳
　　吉村 金一（佐賀県鹿島市）
第6回（平17年）
　◇短歌
　　岩田 かほる（市川市行徳駅前）

◇俳句
　柴﨑 英子（市川市八幡）
◇川柳
　竹の内 一人（千葉県富山町）
第7回（平18年）
◇短歌
　関口 眞砂子（市川市曽谷）
◇俳句
　佐々木 よし子（千葉県浦安市）
◇川柳
　山下 寛治（市川市中国分）
第8回（平19年）
◇短歌
　内田 令子（東京都墨田区）
◇俳句
　柴田 歌子（市川市菅野）
◇川柳
　小田中 準一（市川市奉免町）
第9回（平20年）
◇短歌
　福永 繁雄（市川市東菅野）
◇俳句
　増島 淳隆（東京都葛飾区）
◇川柳
　原 光生（市川市入船）
第10回（平21年）
◇短歌
　吉村 紀子
◇俳句
　松嶋 雄昭
◇川柳
　祥 まゆ美
第11回（平22年）
◇短歌
　上田野 出
◇俳句
　安藤 しおん
◇川柳
　中原 政人
第12回（平23年）
◇短歌
　佐々木 恵子
◇俳句
　宮島 宏子
◇川柳
　南澤 孝男
第13回（平24年）
◇短歌
　長谷川 祐次
◇俳句
　渡辺 輝子
◇川柳
　江口 信子
第14回（平25年）
◇短歌
　土橋 いそ子
◇俳句
　石川 笙児
◇川柳
　山﨑 蓉子
第15回（平26年）
◇短歌
　中原 政人
◇俳句
　三枝 青雲
◇川柳
　木内 紫幽
第16回（平27年）
◇短歌
　山本 明
◇俳句
　峰崎 成規
◇川柳
　柴田 歌子
◇詩
　猪狩 明子
第17回（平28年）
◇短歌
　奥井 あき
◇俳句
　石崎 和夫
◇川柳
　神林 洋右
◇詩
　青野川 青

118 伊東静雄賞

長崎県諫早市市制50周年を記念し、郷土出身の叙情詩人・伊東静雄氏にちなんで平成2年3月に創設された。

【主催者】諫早市、伊東静雄顕彰委員会

【選考委員】〔一次選者〕平野宏(詩人)、田中俊廣(詩人・活水女子大学文学部教授)、〔最終選者〕井川博年(詩人)、以倉紘平(詩人・日本現代詩人会会長)

【選考方法】公募

【選考基準】〔対象〕未発表の現代詩。一人一篇のみ。〔原稿〕400字詰原稿用紙を使用2枚以内

【締切・発表】毎年8月末日締切、11月発表

【賞・賞金】1席(1編)：賞金50万円(1席がない場合は、2篇奨励賞を選出、賞金各25万円)

第1回(平2年)
　本多 寿 「海の馬」
第2回(平3年)
　該当作なし
　◇奨励賞
　角田 清文 「トラック環礁」
　堀内 統義 「八月の象形文字」
　福田 尚美 「父のちち」
第3回(平4年)
　新井 章夫 「水郷」
第4回(平5年)
　該当作なし
　◇奨励賞
　柳生 じゅん子 「静かな時間」
　甫守 哲治 「積み石の唄」
　池 崇一 「胡蝶飛ぶ」
第5回(平6年)
　貝原 昭 「日の哀しみ」
第6回(平7年)
　該当作なし
　◇奨励賞
　遠藤 昭己 「水の誘惑」
　帆足 みゆき 「冬の匣」
　森 一歩 「骨壺」
第7回(平8年)
　遠藤 昭己 「異郷のセレナーデ」
第8回(平9年)
　該当作なし
　◇奨励賞
　寺下 昌子 「峠の魚」
　浦川 ミヨ子 「酸漿」
　城 千枝 「羊歯の化石と学徒兵」
第9回(平10年)
　松本 知沙 「八重桜」
第10回(平11年)
　小林 陽子 「焼く」
第11回(平12年)
　該当作なし
　◇奨励賞
　羽田 敬二 「立亡」
　門田 照子 「火炎忌」
　福 明子 「渇夏」
第12回(平13年)
　帆足 みゆき 「虫を搗(つ)く」
第13回(平14年)
　該当作なし
　◇奨励賞
　小町 よしこ 「赤とんぼ」
　谷本 州子 「綾取り」
　中山 直子 「ガラスの中の花」
第14回(平15年)
　村尾 イミ子 「サラサバテイラ」
第15回(平16年)
　真下 宏子 「天の渚」
第16回(平17年)
　彦坂 まり 「夏の駅」
第17回(平18年)
　斉藤 礼子 「文字」

第18回(平19年)
　◇奨励賞
　　おおむら たかじ 「青紙…豊之助の馬」
　　下川 敬明 「サーフィン―水平線の彼方へ　ヘラクレイトスと共に」
第19回(平20年)
　　原 利代子 「桜は黙って」
第20回(平21年度)
　　該当作なし
　◇奨励賞
　　頼 圭二郎 「白い夏の散歩」
　　池谷 敦子 「しんしんと山桃の実は落ち」
第21回(平22年度)
　　該当作なし
　◇奨励賞
　　在間 洋子 「宴」
　　新垣 汎子 「六・七日の尋ね人」
第22回(平23年度)

　　西村 泰則 「黒揚羽(くろあげは)」
第23回(平24年度)
　　該当作なし
　◇奨励賞
　　和井田 勢津 「南ばん漬けの作り方」
　　飽浦 敏 「おもろの産土」
第24回(平25年度)
　　谷元 益男 「滑車」
第25回(平26年度)
　　該当作なし
　◇奨励賞
　　八重樫 克羅 「しのたまご」
　　いわた としこ 「水の位置」
第26回(平27年度)
　　藤山 増昭 「四月の雨」
第27回(平28年度)
　◇奨励賞
　　渡会 克男 「ガッコのセンセ」
　　宮 せつ湖 「雪の葬列」

119 伊藤整文学賞

　詩人・作家・評論家として先鋭的な作品を発表した伊藤整の没後20年を契機に,氏の業績を顕彰するため,氏とゆかりの深い小樽市内の有志の手によって平成2年2月に創設された。第25回をもって終了。

【主催者】伊藤整文学賞の会,小樽市,北海道新聞社

【選考委員】(第24回)黒井千次,菅野昭正,松山巖,増田みず子

【選考方法】非公募。新聞社,出版社,同会が選んだ作家,評論家の推薦によって選出する

【選考基準】〔対象〕4月1日を基準日として前1年間に発表された文学作品(小説,評論)で,原則として日本語で書かれたものとする

【締切・発表】3月末日推薦締切,5月発表

【賞・賞金】正賞ブロンズ像と副賞50万円

【URL】http://www.akara.net/itousei/

第1回(平2年)
　◇小説
　　大江 健三郎 「人生の親戚」〔新潮社〕
　◇評論
　　秋山 駿 「人生の検証」〔新潮社〕
第2回(平3年)
　◇小説

　　三浦 哲郎 「みちづれ」〔新潮社〕
　◇評論
　　佐木 隆三 「身分帳」〔講談社〕
第3回(平4年)
　◇小説
　　日野 啓三 「断崖の年」〔中央公論社〕
　◇評論

119 伊藤整文学賞

　　川村 二郎 「アレゴリーの織物」〔講談社〕
第4回（平5年）
　◇小説
　　上西 晴治 「十勝平野」上下〔筑摩書房〕
　◇評論
　　該当作なし
第5回（平6年）
　◇小説
　　小川 国夫 「悲しみの港」〔朝日新聞社〕
　◇評論
　　池沢 夏樹 「楽しい終末」〔文芸春秋〕
第6回（平7年）
　◇小説
　　津島 佑子 「風よ、空駆ける風よ」〔文藝春秋〕
　◇評論
　　桶谷 秀昭 「伊藤整」〔新潮社〕
第7回（平8年）
　◇小説
　　松山 巌 「闇のなかの石」〔文藝春秋〕
　◇評論
　　柄谷 行人 「坂口安吾と中上健次」〔太田出版〕
第8回（平9年）
　◇小説
　　石和 鷹 「地獄は一定すみかぞかし」〔新潮社〕
　◇評論
　　井口 時男 「柳田国男と近代文学」〔講談社〕
第9回（平10年）
　◇小説
　　受賞辞退
　◇評論
　　加藤 典洋 「敗戦後論」〔講談社〕
第10回（平11年）
　◇小説
　　河野 多恵子 「後日の話」〔文藝春秋〕
　◇評論
　　多田 道太郎 「変身放火論」〔講談社〕
第11回（平12年）
　◇小説
　　川上 弘美 「溺れる」〔文藝春秋〕
　◇評論
　　四方田 犬彦 「モロッコ流謫」〔新潮社〕

第12回（平13年）
　◇小説
　　増田 みず子 「月夜見」〔講談社〕
　◇評論
　　中沢 新一 「フィロソフィア・ヤポニカ」〔集英社〕
第13回（平14年）
　◇小説
　　高橋 源一郎 「日本文学盛衰史」〔講談社〕
　◇評論
　　三浦 雅士 「青春の終焉」〔講談社〕
第14回（平15年）
　◇小説
　　多和田 葉子 「容疑者の夜行列車」〔青土社〕
　◇評論
　　該当作なし
第15回（平16年）
　◇小説
　　阿部 和重 「シンセミア」〔朝日新聞社〕
　◇評論
　　川村 湊 「補陀落 観音信仰への旅」〔作品社〕
第16回（平17年）
　◇小説部門
　　笙野 頼子 「金毘羅」〔集英社〕
　◇評論部門
　　富岡 多恵子 「西鶴の感情」〔講談社〕
第17回（平18年）
　◇小説部門
　　島田 雅彦 「退廃姉妹」〔文藝春秋〕
　◇評論部門
　　川西 政明 「武田泰淳伝」〔講談社〕
第18回（平19年）
　◇小説部門
　　青来 有一 「爆心」〔文藝春秋〕
　◇評論部門
　　出口 裕弘（東京都）「坂口安吾 百歳の異端児」〔新潮社〕
第19回（平20年）
　◇小説部門
　　荻野 アンナ 「蟹と彼と私」〔集英社〕
第19回（平20年）
　◇小説部門
　　荻野 アンナ（横浜市）「蟹と彼と私」〔集英社〕

◇評論部門
　穂村 弘(東京都, 歌人)「短歌の友人」〔河出書房新社〕
第20回(平21年)
◇小説部門
　リービ 英雄 「仮の水」〔講談社〕
◇評論部門
　安藤 礼二 「光の曼陀羅 日本文学論」〔講談社〕
第21回(平22年)
◇小説部門
　受賞作品なし
◇評論部門
　高橋 英夫 「母なるもの―近代文学と音楽の場所」〔文藝春秋〕
　宮沢 章夫 「時間のかかる読書」〔河出書房新社〕
第22回(平23年)
◇小説部門
　角田 光代 「ツリーハウス」〔文藝春秋〕
　宮内 勝典 「魔王の愛」〔新潮社〕
◇評論部門
　受賞作品なし
第23回(平24年)
◇小説部門
　堀江 敏幸 「なずな」〔集英社〕
◇評論部門
　川本 三郎 「白秋望景」〔新書社〕
第24回(平25年)
◇小説部門
　三木 卓 「K」〔講談社〕
　辻原 登 「冬の旅」〔集英社〕
◇評論部門
　受賞作品なし
第25回(平26年)
◇小説部門
　佐伯 一麦 「渡良瀬」〔岩波書店〕
◇評論部門
　黒川 創 「国境 完全版」〔河出書房新社〕

120 いろは文学賞

　埼玉県志木市市制20周年を記念して平成2年に創設された。名称は"いろは"の持つ「物事のはじめ・基本」という意味と志木市の水利を開いた「いろは樋」に由来する。優れた児童文学の創作作品を全国から募集し発表することにより, 次代を担う子どもたちに夢と希望と創造力を育み, 青少年の健全育成と児童文学の振興, さらには地域文化の発展に寄与することを目的とする。のち終了。

【主催者】志木市, 志木市教育委員会
【選考委員】神戸淳吉, 木村幸治, 瀬尾七重, 高橋宏幸, 福島のりよ, 光瀬龍, 吉田比砂子
【選考方法】公募
【選考基準】〔対象〕児童文学に関する未発表のオリジナル作品。〔資格〕年令, 性別, 職業, 国籍は問わずただし職業作家は除く。〔原稿〕400字詰原稿用紙30枚程度
【締切・発表】毎年4月1日～7月31日募集, 発表は10月上旬。大賞作品は「月刊児童文芸」(1月号)に掲載される。また受賞作品集「いろは文学」を刊行
【賞・賞金】大賞(1編):賞金100万円と記念品, 佳作(2編):賞金10万円と記念品

第1回(平2年度)
　藤本 たか子(兵庫県宝塚市)「うぐいすとブルドーザー」
◇佳作
　鈴木 幸子(埼玉県越谷市)「羽のある猫の話」
　亀井 睦美(東京都目黒区)「やまんばばんば」
第2回(平3年度)
　高木 聖子(埼玉県朝霞市)「いろはがっぱ」

121 浦和スポーツ文学賞

◇佳作
　森 夏子(鹿児島県鹿島村)「たぬき」
　安藤 弘章(東京都板橋区)「健太くんと時計」
第3回(平4年度)
　新沢 滋子(東京都)「パイはじょうずに焼けるのに」
◇佳作
　冨永 水紀(京都府)「心の絵の具」
第4回(平5年度)
　木元 貴子(青森県弘前市)「ブミブミ ぼくらの合い言葉」
◇佳作
　浦上 有子(水戸市)「さみしくなるね」
第5回(平6年度)
◇大賞
　伊藤 致雄 「四郎様のからくり小箱」
◇佳作
　ながまつ ようこ 「羅漢さん、500人、ひっこし大作戦」
第6回(平7年度)
◇大賞
　円堂 紗也 「ねこの三四郎」
◇佳作
　きむら けん 「ねえちゃんのチンチン電車」
　宗谷 つとむ 「森のラーメン屋さん」
第7回(平8年度)
◇大賞
　畔蒜 敏子 「手紙」
◇佳作
　辻 真弓 「バアチャンは同級生」
　笹川 奎治 「火の見やぐら」

第8回(平9年度)
◇大賞
　きむら けん 「走れ、走れ、ツトムのブルートレイン」
◇佳作
　犬竹 典子 「樹の記憶」
　小林 功治 「おしゃべり地蔵」
第9回(平10年度)
◇大賞
　山崎 恒裕 「ぼくの積み木」
◇佳作
　国方 学 「デビルじいさん」
　藤田 圭一 「ほうが一本」
第10回(平11年度)
◇大賞
　安藤 はるえ 「エルにエールの花束を。」
◇佳作
　横手 恵子 「がんばれ飼育委員」
　貝塚 靖子 「五郎とすすきの原の金色ギツネ」
第11回(平12年度)
◇大賞
　小島 洋子 「アッちゃんのすてきな場所」
◇佳作
　ふるいえ ちえこ 「ケンタロウの贈り物」
　幸田 美佐子 「アミーゴ(ともだち)」
第12回(平13年度)
◇大賞
　清野 倭文子 「花のかおり」
◇佳作
　川村 マミ 「ちむぐくる」
　横手 恵子 「ぼくらのバトンゾーン」

121 浦和スポーツ文学賞

　浦和市(現・さいたま市)の都市イメージの一つである"スポーツ"を題材とした文芸作品を全国から公募する。入賞作品は「SPORTS STORIES」として刊行し、スポーツの感動を活字で伝えるとともに、「スポーツ文学」の発展を図るため隔年で公募した。平成13年5月にさいたま市となり「さいたま市スポーツ文学賞」へと移行。

【主催者】浦和市,浦和市教育委員会
【選考委員】伊藤桂一,大谷羊太郎,長部日出雄,桂英澄,関川夏央,吉永みち子
【選考方法】公募
【選考基準】〔対象〕スポーツを題材とした未発表のオリジナル作品。ノンフィクショ

ン、小説等ジャンル不問。〔原稿〕郵送による場合、400字詰原稿用紙50枚以上100枚以内(ワープロ原稿可)。応募原稿は2部送付(コピー原稿でも可)。原稿の表紙には、題名、氏名、性別、職業、住所、電話番号、簡単な経歴を明記。400字詰原稿用紙2枚程度のあらすじを2部添付。ペンネーム使用の場合は本名も明記。選考結果通知のために、住所、氏名を記入し、80円切手を貼付した返信用封筒を必ず原稿と一緒に送付。原稿は、必ず右肩をとじて送る。ワープロ原稿は400字詰原稿用紙換算枚数を明記。インターネットメールによる応募の場合、400字詰原稿用紙換算で50枚以上100枚以内。応募作品はテキストデータで1部送付。原稿の頭には、題名、氏名、性別、職業、住所、電話番号、簡単な経歴、インターネットメールアドレスを明記。400字詰原稿用紙換算で2枚程度のあらすじを添付。ペンネーム使用の場合は本名も明記。原稿は400字詰原稿用紙換算枚数を明記。〔資格〕プロ、アマ、年齢、性別、職業、国籍不問。何点でも応募可

【締切・発表】平成12年2月29日締切(当日消印有効)、平成12年7月発表、応募者に通知(インターネットメールによる応募者には、インターネットメールで通知)

【賞・賞金】大賞(1名):賞金100万円、賞状、記念品、優秀賞(2名):賞金50万円、賞状、記念品、佳作(2名):賞金30万円、賞状、記念品、入賞作品の著作権は、浦和市に帰属

第1回(平6年)
◇小説
● 大賞
羽場 颯樹 「白の広がり」
● 佳作
北出 尚(専門学校事務職員)「ピンチ代走」
◇ノンフィクション(大賞)
治武 美加(格闘家)「最強を求めて」
◇ノンフィクション(佳作)
久住山 晃一(会社員)「準々決勝」

第2回(平7年)
◇大賞
嶋 あやし(教員)「家族の球歴」
◇優秀賞
西原 健次(会社員)「山頂の激走」
米田 治(会社員)「ケン」
◇佳作
橋本 憲範(自由業)「とべ! ブタッカー」
黒田 六郎(公務員)「小さな鉄人クリスマス」

第3回(平9年)
◇大賞
椋元 浩水 「真夏の夢」
◇優秀賞
国吉 史郎 「トーマス」
袴田 里帆 「たった一つの的がみえる」
◇佳作
甲斐 英輔(会社員)「風の扉」
井上 友孝(会社員)「二十九歳の挑戦」

第4回(平11,12年)
◇大賞
長山 志信 「その土地を照らす光」
◇優秀賞
森 泰生 「リアルノーサイド―八人のサムライ―」
山田 たかし 「幼なじみ」
◇佳作
椚守 遼 「瑠璃色の夜明け」
五ノ池 迅 「二対一」

122 岡山県「内田百閒文学賞」

岡山生まれの名文筆家内田百閒氏の生誕100年を記念して、平成2年6月に創設された。文化の振興を図るとともに、岡山を多くの人々に知っていただくため、岡山にゆかりのある文学作品を全国から募集する。

122 岡山県「内田百閒文学賞」

【主催者】岡山県,(公財)岡山県郷土文化財団
【選考委員】小川洋子(作家),平松洋子(エッセイスト),松浦寿輝(作家・詩人)
【選考方法】公募
【選考基準】〔対象〕岡山が舞台となる作品や,岡山県出身の人物・自然・文化・風土・物産などを題材とした随筆及び短編小説。評伝・紀行文・戯曲を含む。〔原稿〕縦書き400字詰原稿用紙20〜50枚の範囲
【締切・発表】(第13回)平成28年5月31日(当日消印有効),12月中に受賞者に通知
【賞・賞金】最優秀賞(1編):賞金100万円,優秀賞(3編):賞各30万円。最優秀賞及び優秀賞作品は(株)作品社から刊行する予定。入賞作品の著作権は岡山県に,出版権は(公財)岡山県郷土文化財団にそれぞれ帰属する
【URL】http://www.o-bunka.or.jp/

第1回(平2・3年度)
◇短編部門
● 最優秀作
　草川 八重子 「黄色いコスモス」
● 優秀作
　宇江 誠 「木山捷平さんと備中」
● 佳作
　島崎 聖子 「楷の木のように」
　内田 幸子 「備中高松城水攻異聞」
◇長編部門
● 最優秀賞
　森下 陽 「丘の雑草(あらくさ)たち」
第2回(平4・5年度)
◇最優秀賞
　磨家 信一 「赤い勲章」
◇佳作
　畠山 憲司(フリーライター)「村の器」
　江川 さい子 「ハンカチ落とし」
第3回(平6・7年度)
◇長編小説部門
● 最優秀賞
　該当作なし
● 優秀賞
　黒藪 次男 「教師」
　秋元 秋日子 「木馬に宛てた7通の手紙―国吉康雄外伝」
◇随筆部門
● 最優秀賞
　四方木 四五六 「鬼若」
● 優秀賞
　該当作なし

第4回(平8・9年度)
◇長編小説部門
● 最優秀賞
　該当作なし
● 優秀賞
　粟谷川 虹 「備中の二人」
　岡本 昌枝 「菫花抄・解説編」
◇随筆部門
● 最優秀賞
　長谷部 文孝 「山椒魚の故郷」
● 優秀賞
　陶 次郎 「平成の錬金術士たらむ」
　高橋 治 「天狗の面」
第5回(平10・11年度)
◇長編小説部門
● 最優秀賞
　黛 信彦 「残照龍ノ口」
◇随筆部門
● 最優秀賞
　藤原 師仁 「おばあちゃんの愛犬」
● 優秀賞
　川口 澄子 「花吹雪」
　長沼 都 「猫男―西東三鬼随想」
第6回(平12・13年度)
◇長編小説部門
● 最優秀賞
　黒藪 次男 「墳墓」
◇随筆部門
● 最優秀賞
　吉谷 省三 「牛追い」
● 優秀賞

山成 せつこ 「岡山ばら寿司はいかが？」
備仲 臣道 「メロンとお好み焼き」
第7回（平14・15年度）
◇長編小説部門
 ● 最優秀賞
　栗谷川 虹 「茅原の瓜―小説 関藤藤陰伝・青年時代―」
◇随筆部門
 ● 最優秀賞
　片山 ひとみ 「トントコ飯」
 ● 優秀賞
　風越 みなと 「ユーモアの正体―内田百閒の場合―」
　日置 卓也 「柴錬さん」
第8回（平16・17年度）
◇長編小説部門
 ● 最優秀賞
　早瀬 馨 「まだ、いま回復期なのに」
◇随筆部門
 ● 最優秀賞
　山野 優花 「わたしの『クラシッキ』」
 ● 優秀賞
　田中 迪夫 「またたちかえる城の下」
　高津 寿美恵 「塩ふく大地」
第9回（平18・19年度）
◇長編小説部門
 ● 最優秀賞
　榊原 隆介 「おおづちメモリアル」
◇随筆部門
 ● 最優秀賞
　山本 森平 「ひらけ、胡麻」

● 優秀賞
　山之内 朗子 「しゃもじの家族」
　久保 よしの 「番台さん」
　井関 古都路 「青色草紙」
第10回（平21・22年度）
◇最優秀賞
　浅沼 郁男 「猿尾の記憶」
◇優秀賞
　小薗 ミサオ 「くるり用水のかめんた」
　吉野 栄 「物原を踏みて」
　畔地 里美 「震える水」
第11回（平23・24年度）
　岩朝 清美 「平野の鳥」
◇優秀賞
　木下 訓成 「セピア色のインク」
　三ツ木 茂 「伯備線の女―断腸亭異聞」
第12回（平25・26年度）
◇最優秀賞
　三ツ木 茂 「漱石の忘れもん」
◇優秀賞
　里海 瓢一 「夕凪から」
　畔地 里美 「硬い水」
　小田 由紀子 「字隠し」
第13回（平27・28年度）
◇最優秀賞
　畔地 里美 「プラット」
◇優秀賞
　伊藤 大輔 「桃の寺（もものてら）」
　小浦 裕子 「夏眠線（かみんせん）」
　馬場 友紀 「大正受験事情（たいしょうじゅけんじじょう）」

123 奥の細道文学賞

「おくのほそ道」紀行300年にちなんで、国際化時代にも対応した「奥の細道国際シンポジウム」を開催して以来、奥の細道とのゆかりを大切にしたまちづくりを進めてきた草加市が、市制施行35周年を記念して平成4年に創設。第7回（平成25年）から「ドナルド・キーン賞」を創設。

【主催者】草加市

【選考委員】（第8回）堀切実（国文学者），長谷川櫂（俳人），黒田杏子（俳人・エッセイスト）

【選考方法】公募

【選考基準】〔対象〕奥の細道文学賞は、奥の細道の旅，さらには広く日本の旅を対象とし

> た紀行文，評論及び随筆作品。ドナルド・キーン賞は，奥の細道や芭蕉，その他近世の代表的な俳人・作品の評論・論文。ともに未発表の創作作品及び，所定の期間内に刊行又は発表される作品に限る。日本語作品（翻訳作品可）。〔資格〕不問。〔原稿〕400字詰め原稿用紙35枚前後
>
> 【締切・発表】（第8回）平成27年12月31日締切（当日消印有効），発表は平成28年11月応募者全員に通知
>
> 【賞・賞金】奥の細道文学賞，ドナルド・キーン賞各1編（正賞：賞状及び芭蕉翁像，副賞：賞金50万円）他
>
> 【URL】 http://www.city.soka.saitama.jp/index.html

第1回（平5年度）
　清水 候鳥（長雄）「「利根川図志」吟行」
◇優秀賞
　三嶋 忠　「風に誘われ…」
　江連 晴生（剛）「「夜色楼台雪万家図」巡礼」
第2回（平8年）
　本田 成親　「佐分利谷の奇遇」
◇優秀賞
　太田 かほり　「あなたなる不器男の郷・放哉の海を訪ねて」
　久高 幸子　「「空ぞ忘れぬ」〈わたしの式子内親王抄〉」
◇佳作
　奥村 せいち　「紀行「お伊勢まいり」」
　徳岡 弘之　「芭蕉―その旅と詩」
　荻野 進一　「古代さきたま紀行」
　原田 治　「辺鄙を求めて」
第3回（平10年）
　山田 たかし　「有明物語」
◇優秀賞
　大屋 研一　「愛山渓」
　該当なし
◇佳作
　山之内 朗子　「鎮魂の旅の歌」
　松本 黎子　「私の旅 墓のある風景」
　矢沢 昭郎　「「吉備の国原」に古代ロマンを訪ねて」
　山口 仁奈子　「旅の途上で」
第4回（平13年）
◇奥の細道文学賞
　矢野 晶子　「つばなの旅路」〔紀行文〕
◇優秀賞
　平野 ゆき子　「あけびの里」（紀行文

　高野 文生　「闇に出会う旅」（随筆）
◇佳作
　千原 昭彦　「古武士のような建物たち」（随筆）
　黒澤 彦治　「月山への遠い道」（紀行文）
　清水 ひさ子　「そぞろ神の木偶廻し」（紀行文）
　大舘 勝治　「心の蟬」（紀行文）
第5回（平16年）
◇奥の細道文学賞
　清水 ひさ子　「春帰家」（随筆）
◇優秀賞
　大舘 勝治　「旅の花嫁」（随筆）
　仲馬 達司　「『終の住処』考」（紀行文）
◇佳作
　七尾 一央　「南蛮の陽」（随筆）
　久野 陽子　「イセのマトヤのヒヨリヤマ」（随筆）
　風越 みなと　「輝ける貧しき旅に」（紀行文）
　本多 美也子　「塩原まで」（紀行文）
第6回（平20年）
◇奥野細道文学賞
　星野 透　「父母との細道」
◇優秀賞
　長谷川 知水　「千住宿から」
　岩崎 まさえ　「笹の葉」
◇佳作
　宗像 哲夫　「小さな三十五年目の旅」
　杉本 員博　「山寺や石にしみつく蟬の声」
　松丸 春生　「芭蕉の声を求めて―おくのほそ道の旅への旅」
第7回（平25年）
◇奥の細道文学賞

宗像 哲夫 「阿武隈から津軽へ」
- 優秀賞
  風越 みなと 「行きかふ年」
  森本 多岐子 「『奥の細道』蘇生と創作の旅」
◇ドナルド・キーン賞
  該当作なし
- 奨励賞
  金田 房子 「西行・兼好の伝説と芭蕉の画賛句」
  山形 彩美 「三宅嘯山の芭蕉神聖化批判─『葎亭画讃集』『芭蕉翁讃』をめぐって」

第8回（平29年）
◇奥の細道文学賞
  風越 みなと "父を追う旅"
- 優秀賞
  平野 由希子 「故郷への旅」
  林 昌子 「戸隠・善光寺への誘い」
◇ドナルド・キーン賞
  該当作なし
- 優秀賞
  高野 公一 「芭蕉の『天地』……雲の峰は幾つ崩れたか」

124 織田作之助賞

西鶴，近松以来の伝統を有する大阪において，さらに新しい文学の展開を念願し，大阪府下の文芸団体，有識者が相寄り設立した大阪文学振興会（代表・杉山平一）が昭和58年10月26日に，大阪が生んだ作家，織田作之助の生誕満70年を記念して創設した。平成22年織田作之助賞（既刊の単行本）と織田作之助青春賞（公募）の二本立てとなる。平成26年に装いを新たにし，青春賞に付随して中学・高校生を主とした18歳までの賞・U-18賞を新設し，三本立てとなった。

【主催者】織田作之助賞実行委員会

【選考委員】（第33回）＜大賞＞河田悌一（中国文学者），高村薫（作家），田中和生（評論家），辻原登（作家），湯川豊（評論家）。＜青春賞＞柏木治（関西大学教授），堂垣園江（作家），吉村萬壱（作家）

【選考方法】公募（青春賞のみ）

【選考基準】〔対象〕＜大賞＞（第33回）平27年11月1日～平28年10月31日に刊行された新鋭・気鋭の作家の単行本を対象にする。ジャンルは小説に限り，題材・内容・作品舞台などは自由。作品の推薦は，推薦委員と大阪文学振興会会員に推薦用紙を送って受付ける。＜青春賞・U-18賞＞未発表の短編小説。舞台，題材など内容・ジャンルは自由。400字詰め原稿用紙30枚以内（電子データは20字×20行を1枚として換算）。〔資格〕＜青春賞＞24歳以下（平成28年8月31日時点）。＜U-18賞＞18歳以下（平成29年4月1日時点）

【締切・発表】平成28年10月31日推薦締切，12月中旬に新聞紙上などで発表。＜青春賞・U-18賞＞いずれも平成28年8月31日（当日消印有効）。＜青春賞＞受賞作品は『三田文學』（三田文学会）に掲載，＜U-18賞＞受賞作品は『文學回廊』（大阪文学振興会）に掲載

【賞・賞金】＜大賞＞（1点）100万円。＜青春賞＞（1編）30万円，＜U-18賞＞（1編）図書カード5万円分

【URL】http://odasaku.com/odasakunosuke.html

第1回（昭59年） 該当作なし

第2回（昭60年）
　　中条 孝子　「どれあい」
第3回（昭61年）
　　福岡 さだお　「犬の戦場」
第4回（昭62年）
　　長谷川 憲司　「浪速怒り寿司」
第5回（昭63年）
　　田中 香津子　「気流」
第6回（平1年）
　　合田 圭希　「にわとり翔んだ」
第7回（平2年）
　　笠原 靖　「夏の終り」
第8回（平3年）
　　鈴木 誠司　「常ならぬ者の棲む」
第9回（平4年）
　　柏木 春彦　「切腹」
第10回（平5年）
　　大西 功　「ストルイピン特急―越境者杉本良吉の旅路」
第11回（平6年）
　　該当作なし
第12回（平7年）
　　植松 二郎　「春陽のベリーロール」
第13回（平8年）
　　該当作なし
第14回（平9年）
　　小林 長太郎　「夢の乳房（にゅうぼう）」
第15回（平10年）
　　上川 龍次　「ネームレス・デイズ」
第16回（平11年）
　　水木 亮　「祝祭」
第17回（平12年）
　　該当作なし
第18回（平13年）
　　小森 隆司　「押し入れ」
第19回（平14年）
　　三田 華　「芝居茶屋」
第20回（平15年）
　　該当作なし
　◇佳作
　　上原 徹　「ひまわりの彼方へ」
第21回（平16年）
　　該当作なし
　◇佳作
　　横井 和彦　「六道珍皇寺」
第22回（平17年）

松嶋 ちえ　「眠れぬ川」
第23回（平18年）
　◇大賞
　　柴崎 友香　「その街の今は」〔新潮社〕
　　庄野 至　「足立さんの古い革鞄」〔編集工房ノア〕
　◇青春賞
　　該当作なし
　●佳作
　　久野 智裕
　　土谷 三奈
第24回（平19年）
　◇大賞
　　西 加奈子　「通天閣」〔筑摩書房〕
　　小玉 武　「『洋酒天国』とその時代」〔筑摩書房〕
　◇青春賞
　　緒野 雅裕　「天梯（てんてい）」
　●佳作
　　宮 規子
第25回（平20年）
　◇大賞
　　玉岡 かおる　「お家さん」〔上・下〕〔新潮社〕
　◇青春賞
　　小笠原 由記　「Innocent Summer」
　●佳作
　　深山 あいこ　「ユメノシマ」
第26回（平21年）
　◇大賞
　　中丸 美繪　「オーケストラ、それは我なり―朝比奈隆 四つの試練」〔文藝春秋〕
　◇青春賞
　　島谷 明　「マニシェの林檎」
　●佳作
　　木田 肇　「換気扇」
第27回（平22年）
　◇大賞
　　金原 ひとみ　「TRIP TRAP トリップ・トラップ」〔角川書店〕
　◇青春賞
　　香川 みわ　「おっさん」
　●佳作
　　森田 弘輝　「逃げるやもりと追うやもり」
第28回（平23年）

◇大賞
　津村 記久子 「ワーカーズ・ダイジェスト」〔集英社〕
◇青春賞
　柊 「コンシャス・デイズ」
● 佳作
　中野 沙羅 「フリーク」
第29回（平24年）
◇大賞
　いしい しんじ 「ある一日」〔新潮社〕
◇青春賞
　滝沢 浩平 「ふたりだけの記憶」
● 佳作
　未来谷 今芥 「アイランド2012」
第30回（平25年）
◇大賞
　小山田 浩子 「工場」〔新潮社〕
◇青春賞
　藤原 侑貴 「通りゃんせ」
● 佳作
　岡田 美津穂 「橋の下と僕のナイフ」
第31回（平26年）
◇大賞
　朝井 まかて 「阿蘭陀西鶴」〔講談社〕
　藤谷 治 「世界でいちばん美しい」〔小学館〕
◇青春賞
　柳澤 大悟 「ジンジャーガム」
◇U-18賞
　中原 らいひ 「池から帰るふたり」
第32回（平27年）
◇大賞
　堂垣 園江 「浪華古本屋騒動記」〔講談社〕
　三浦 しをん 「あの家に暮らす四人の女」〔中央公論新社〕
◇青春賞
　犬浦 香魚子 「はきだめ」
◇U-18賞
　烏月 にひる 「パチンコ玉はUFO、ブルーのビー玉は地球」
第33回（平28年）
◇大賞
　崔 実 「ジニのパズル」〔講談社〕
◇青春賞
　中野 美月 「海をわたる」
◇U-18賞
　浅田 紗希 「思い出屋と私」

125 北区内田康夫ミステリー文学賞

　北区は，大正から昭和にかけて文豪たちが住み，田端地区に文化芸術家村が誕生した。この地域で文化人の交流が盛んに行われ，各人が数々の名作を生み出した。こうした歴史や土壌を背景に，北区の知名度・文化的イメージをより高めるため，作家で北区アンバサダー（大使）の内田康夫氏の協力を得て平成14年創設。自治体が主催する文学賞は数多くあるが，ミステリーに限定したものは，この文学賞が初めての試み。

【主催者】北区，北区文化振興財団

【選考委員】内田康夫（名誉選考委員），山前譲（推理小説研究家），北区長，北区文化振興財団理事長，ミステリー関連出版社の編集者ほか

【選考方法】公募

【選考基準】〔対象〕年齢，性別，職業，国籍は問わない。ミステリー作品の短編小説で，日本語で書かれた自作未発表の作品に限る。北区の地名・人物・歴史などを入れ込んだ作品を歓迎するが，選考の基準には影響しない。〔応募規定〕手書き原稿の場合は，400字詰原稿用紙で40枚以上80枚以内。ワープロ原稿の場合は，32字×40行（A4用紙に横置きに縦書きで印字）で12.5枚以上25枚以内。表紙には，題名，枚数，氏名，ペンネーム，年齢，郵便番号，住所，電話番号，職業を明記する。表紙の次に800字程度のあらすじを付し，次いで本編を添えてから右肩を綴じ，本編にページ番号をふり郵送する

北区内田康夫ミステリー文学賞

【締切・発表】（第16回）平成29年9月29日必着，平成30年3月発表（予定）
【賞・賞金】大賞：賞金100万円 副賞記念品，特別賞：賞金10万円 副賞記念品，大賞作品は，月刊誌「ジェイ・ノベル」に掲載
【URL】http://www.city.kita.tokyo.jp/koho/kuse/koho/kiss/bungaku.html

第1回（平15年）
　◇大賞
　　汐見 薫 「黒い服の未亡人」
　◇区長賞
　　福岡 青河 「冬霞（ふゆがすみ）」
　◇佳作
　　田中 昭雄 「星降夜（ほしふるよる）」
第2回（平16年）
　◇大賞
　　清水 雅世 「夢見の噺」
　◇区長賞
　　跡部 蛮 「江戸切絵図の記憶」
　◇区民賞
　　永沢 透 「朝の幽霊」
第3回（平17年）
　◇大賞
　　山下 欣宏 「ドリーム・アレイの錬金術師」
　◇区長賞
　　蒲原 文郎 「祐花とじゃじゃまるの夏」
　◇審査員特別賞
　　山内 美樹子 「十六夜華泥棒（いざよいはなどろぼう）」
第4回（平18年）
　◇大賞
　　井水 伶 「師団坂・六〇」
　◇区長賞（特別賞）
　　高田 郁 「志乃の桜」
　◇浅見光彦賞（特別賞）
　　井上 凛 「オルゴールメリーの残像」
第5回（平19年）
　◇大賞
　　田端 六六 「天狗のいたずら」
　◇区長賞（特別賞）
　　櫻田 しのぶ 「あるアーティストの死」
　◇浅見光彦賞（特別賞）
　　古澤 健太郎 「市役所のテーミス」
第6回（平20年）
　◇大賞
　　やまき 美里 「金鶏郷に死出虫は嗤う」
　◇区長賞（特別賞）
　　小堺 美夏子 「若木春照の悩み～ゲーテの小径殺人事件～」
　◇浅見光彦賞（特別賞）
　　岩間 光介 「雨降る季節に」
第7回（平21年）
　◇大賞
　　岩間 光介 「幻の愛妻」
　◇区長賞（特別賞）
　　和喰 博司 「休眠打破」
第8回（平22年）
　◇大賞
　　松田 幸緒 「完璧なママ」
　◇区長賞（特別賞）
　　井上 博 「神隠しの町」
　◇審査員特別賞（特別賞）
　　吹雪 ゆう 「御用雪氷異聞」
第9回（平23年）
　◇大賞
　　安堂 虎夫 「神隠し 異聞『王子路考（おうじろこう）』」
　◇浅見光彦賞（特別賞）
　　門倉 暁 「話、聞きます」
　◇特別賞
　　島村 潤一郎 「誕生」
第10回（平24年）
　◇大賞
　　山下 歩 「凶音窟」
　◇審査員特別賞（特別賞）
　　滝川 野枝 「とうとうたらり たらりらたらり」
　◇区長賞
　　宮田 隆 「花見の仇討」
第11回（平25年）
　◇大賞
　　高橋 正樹 「最後のヘルパー」
　◇区長賞（特別賞）
　　米田 京 「ブラインドi・諦めない気持ち」
　◇審査員特別賞（特別賞）

伊東 雅之 「チェイン」
第12回（平26年）
　◇大賞
　　立木 十八 「友情が見つからない」
　◇区長賞（特別賞）
　　加賀美 桃志郎 「ロスト・チルドレン」
　◇審査員特別賞（特別賞）
　　門倉 暁 「サークル」
第13回（平27年）
　◇大賞
　　南大沢 健 「二番札」
　◇区長賞（特別賞）
　　稲羽 白菟 「きつねのよめいり」
第14回（平28年）
　◇大賞
　　島村 潤一郎 「小さな木の実」
　◇区長賞（特別賞）
　　宮城 徳子 「未完の自分史―遺棄した死体はそのままで」
　◇審査員特別賞（特別賞）
　　嶋守 恵之 「情報協力」
第15回（平29年）
　◇大賞
　　的場 郁賢 「蜃気楼の如く」
　◇区長賞（特別賞）
　　床品 美帆 「赤羽猫の怪」
　◇審査員特別賞（特別賞）
　　野上 健司 「遠い約束」

126 木山捷平短編小説賞

　体験や身辺に材を取り,洒脱な表現で没後も根強い愛読者を持つ笠岡市出身の小説家木山捷平の業績を顕彰すると共に,文学の振興及び豊かな芸術文化の高揚を図ることを目的とし,新人の未発表作品を対象に,広く全国に向けて募集する。

【主催者】笠岡市,笠岡市教育委員会,(財)笠岡市文化・スポーツ振興財団
【選考委員】（第13回）川村湊（文芸評論家）,佐伯一麦（作家・第1回木山捷平文学賞受賞）
【選考方法】公募
【選考基準】〔対象〕短編小説。未発表の新人の新作。一人1編。〔原稿〕A4サイズの400字詰め縦書原稿用紙50枚以内。パソコン・ワープロ原稿可。その場合は30字×40行（縦書き）でA4用紙に印刷し,400字を1枚として枚数換算する
【締切・発表】（第13回）平成29年9月22日締切,平成30年1月発表,3月表彰式
【賞・賞金】正賞：賞状,副賞：賞金50万円
【URL】http://www.city.kasaoka.okayama.jp/soshiki/28/bungakusensyo.html

第1回（平17年度）
　　牛山 喜美子 「最終バス」
第2回（平18年度）
　　木下 訓成 「マルジャーナの知恵」
第3回（平19年度）
　　紺野 真美子 「背中の傷」
第4回（平20年度）
　　福田 敬 「池」
第5回（平21年度）
　　大野 俊郎 「チヨ丸」
第6回（平22年度）
　　福井 幸江 「回路猫」
第7回（平23年度）
　　吉野 光久 「異土」
第8回（平24年度）
　　太田 貴子 「雨あがりの奇跡」
第9回（平25年度）
　　西島 恭子 「高那ケ辻」
第10回（平26年度）
　　真野 光一 「本宮鉄工所」
第11回（平27年度）
　　金子 由実 「お茶の時間」

127 木山捷平文学賞

第12回（平28年度）
　高橋 達矢 「極楽風呂」

---

127 木山捷平文学賞

　庶民的な視点から、飄逸でユーモアがあり、滋味あふれる独自な文学世界を創造し、日本文学史上に特異な地位を占める笠岡市出身の作家木山捷平の優れた業績を顕彰するとともに、文学の振興及び芸術文化の高揚を図るため、平成8年4月に創設。第9回で終了した。

【主催者】笠岡市、笠岡市教育委員会、(財)笠岡市文化・スポーツ振興財団
【選考委員】三浦哲郎、秋山駿、川村湊
【選考方法】全国主要新聞社、出版社、作家による推薦
【選考基準】〔対象〕前年12月1日～当該年11月30日までに、全国各地で単行本として刊行された小説
【締切・発表】例年2月発表。3月贈呈式
【賞・賞金】正賞として賞状及び記念品、副賞（賞金100万円）

第1回（平9年）
　佐伯 一麦（作家）「遠き山に日は落ちて」〔集英社〕
第2回（平10年）
　岡松 和夫 「峠の棲家」〔新潮社〕
第3回（平11年）
　柳 美里（作家）「ゴールドラッシュ」〔新潮社〕
第4回（平12年）
　目取真 俊（詩人,作家）「魂込め」〔朝日新聞社〕
第5回（平13年）
　佐藤 洋二郎（作家）「イギリス山」〔集英社〕
第6回（平14年）
　平出 隆 「猫の客」〔河出書房新社〕
第7回（平15年）
　小檜山 博（作家）「光る大雪」〔講談社〕
第8回（平16年）
　堀江 敏幸（作家）「雪沼とその周辺」〔新潮社〕
第9回（平17年）
　松浦 寿輝（詩人,作家）「あやめ 鰈 ひかがみ」〔講談社〕

---

128 草枕文学賞

　夏目漱石が熊本県を訪れてから100年が経つのを記念し、熊本にちなんだ漱石の作品等をふまえ、熊本の歴史、風土をイメージさせる作品を募集する。公募は漱石在熊期間の4年間に限定し、隔年で第2回まで開催して作品募集を終了する予定だったが、継続を望む声があったため、第3回まで実施。

【主催者】熊本県「草枕文学賞」実行委員会
【選考委員】（第3回）井上ひさし、半藤一利、出久根達郎、奥泉光、光岡明、永畑道子
【選考方法】公募
【選考基準】〔対象〕紀行文、小説、エッセイ、日本語で書いた未発表作品。〔資格〕不問。

〔原稿〕400字詰原稿用紙30〜50枚程度。ワープロ原稿可。表紙に題名,住所,氏名(ペンネームは本名も),生年月日,電話番号,略歴を明記。原稿は右端をとじ,折らずに送付

【締切・発表】(第3回)平成14年11月30日締切,「文芸春秋」平成15年2月号に発表

【賞・賞金】優秀賞(1編):正賞肥後象嵌,副賞賞金100万円,入賞(5編程度):正賞肥後象嵌,副賞賞金30万円,受賞者はペアで熊本市で催される表彰式に招待

第1回(平9年)
　吉井 恵璃子 「神様に一番近い場所」
◇入選
　島田 淳子 「碧の子宮」
　西国 葡 「紙屋の良介」
　四季 さとる 「民宿猫岳」
　山本 直哉 「酔眼」
　岩森 道子 「噴水のむこうの風景」
第2回(平11年)
◇優秀賞
　木野 和子(千葉県)「下ん浜」
◇入賞
　島田 淳子(奈良県)「花連」
　大滝 典雄(熊本県)「端辺原野(草原を越え生きた人々)」

　朝西 真沙(東京都)「私都」
　中村 豊(静岡県)「遙かなる山のレクイエム」
第3回(平14年)
◇優秀賞
　原口 啓一郎(埼玉県)「ミヤマカラスアゲハ」
◇入賞
　山田 敦心(福岡県)「キンコブの夢」
　島田 淳子(奈良県)「おてもやんをつくった女」
　岩森 道子(福岡県)「伊都国・幻の鯉」
　沢村 文子(熊本県)「雨間」
　初川 渉足(東京都)「末草寺縁起」
　宮崎 真由美(熊本県)「鬼書きの夜」

129 けんぶち絵本の里大賞

　剣淵町をこころ豊かな絵本の里として全国に紹介するため,また町づくりの活動として町民及び絵本の館来館者の選定による賞を企画・実施することにより出版社及び絵本関係者の関心を高め,「絵本の里けんぶち」の理解と協力をより深めていただく事を目的とし,併せて絵本の出版等児童文化の発展に寄与することを主旨とする。

【主催者】けんぶち絵本の里づくり実行委員会

【選考方法】大賞候補作として出版社・作家から応募(前年度出版絵本)された作品を投票実施期間中に「剣淵町絵本の館」に展示し,来館者の投票数で決定する

【選考基準】〔対象〕前年度(前年4月1日〜当年3月31日)において,国内の出版社から発行された絵本で「絵本の里大賞」に応募された作品とする。〔資格〕プロ・アマ,国籍等不問

【締切・発表】(第27回)応募期間は平成29年6月1日から20日まで,投票期間は8月1日から9月30日まで,10月上旬に受賞者に通知,新聞紙上等で発表

【賞・賞金】絵本の里大賞(1点):賞金50万円,副賞剣淵産農産物3年分(50万円相当),記念品,びばからす賞(3点):賞金10万円,副賞剣淵特産品3年分(6万円相当),記念品,アルパカ賞【特別賞】(1点):賞金5万円,副賞剣淵農産物2万円相当,記念品

129 けんぷち絵本の里大賞

【URL】http://www.ehon-yakata.com/

第1回（平3年度）
　水野 二郎〔絵〕，林原 玉枝〔文〕 「おばあさんのスープ」〔女子パウロ会〕
◇びばからす賞
　みやざき ひろかず 「ワニくんとかわいい木」〔ブロックローン出版〕
　舟崎 克彦〔作〕，小沢 摩純〔絵〕 「おやすみなさいサンタクロース」〔理論社〕
　森山 京〔作〕，土田 義晴〔絵〕 「おばあさんのメリークリスマス」〔国土社〕
　森山 京〔作〕，木村 裕一〔作・絵〕 「いろいろおばけ」〔ポプラ社〕

第2回（平4年度）
　いもと ようこ 「ぼくはきみがすき」〔至光社〕
◇びばからす賞
　武田 美穂 「となりのせきのますだくん」〔ポプラ社〕
　宮沢 賢治〔原作〕，方緒 良〔絵〕 「雪わたり」〔三起商行〕
　みやざき ひろかず 「ワニくんのながーいよる」〔ブックローン出版〕
　五味 太郎 「さる・るるる one more」〔絵本館〕

第3回（平5年度）
　バード，マルカム〔作・絵〕，岡部 史〔訳〕 「魔女図鑑～魔女になるための11のレッスン」〔金の星社〕
◇びばからす賞
　木曽 秀夫 「ひとくちばくり」〔文渓堂〕
　津田 直美 「犬の生活」〔河合楽器製作所出版事業部〕
　みやざき ひろかず 「ワニくんのえにっき」〔ブックローン出版〕
　バドワース，ニック〔作〕，はやし まみ〔訳〕 「ゆきのふるよる」〔金の星社〕

第4回（平6年度）
　千住 博 「星のふる夜に」〔冨山房〕
◇びばからす賞
　山崎 陽子〔文〕，いもと ようこ〔絵〕 「うさぎのぴこぴこ」〔至光社〕
　ねじめ 正一〔文〕，荒井 良二〔絵〕 「ひゃくえんだま」〔鈴木出版〕
　大垣 友紀恵 「空とぶクジラ」〔汐文社〕
　長野 ヒデ子 「おかあさんがおかあさんになった日」〔童心社〕

第5回（平7年度）
　松田 素子〔文〕，石倉 欣二〔絵〕 「おばあちゃんがいるといいのにな」〔ポプラ社〕
◇びばからす賞
　ふくだ すぐる 「ちゅ」〔岩崎書店〕
　みやにし たつや 「うんこ」〔鈴木出版〕
　いわむら かずお 「14ひきのこもりうた」〔童心社〕
　薫 くみこ〔文〕，さとう ゆうこ〔絵〕 「ゆきの日のさがしもの」〔ポプラ社〕

第6回（平8年度）
　星川 ヒロ子 「ぼくたちのコンニャク先生」〔小学館〕
◇びばからす賞
　ふりや かよこ 「おばあちゃんのしまで」〔文研出版〕
　星野 道夫 「ナヌークの贈りもの」〔小学館〕
　長沢 靖〔文〕，児玉 辰春〔絵〕 「まっ黒なおべんとう」〔新日本出版〕

第7回（平9年度）
　葉 祥明 「イルカの星」〔佼成出版社〕
◇びばからす賞
　宮西 達也 「おとうさんはウルトラマン」〔学習研究社〕
　木村 裕一 「きょうりゅうだあ！」〔小学館〕
　浜田 広介〔文〕，いもと ようこ〔絵〕 「たぬきのちょうちん」〔白泉社〕

第8回（平10年度）
　宮西 達也 「帰ってきたおとうさんはウルトラマン」〔学習研究社〕
◇びばからす賞
　ラッセン，クリスチャン・R.〔絵・文〕，小梨 直〔翻訳〕 「海の宝もの」〔小学館〕
　葉 祥明〔絵・文〕，ニノミヤ，リッキー〔訳〕 「森が海をつくる」〔自由国民社〕
　かこ さとし〔文〕，いもと ようこ〔絵〕

「きつねのきんた」〔白泉社〕
第9回(平11年度)
　菊田 まりこ 「いつでも会える」〔学習研究社〕
　◇びばからす賞
　　デイビス,ジェニファー〔作〕,コーネル,ローラ〔絵〕 「あなたが生まれるまで」〔小学館〕
　　井上 夕香,葉 祥明 「星空のシロ」〔国土社〕
　　いとう ひろし 「くもくん」〔ポプラ社〕
第10回(平12年度)
　みやにし たつや〔作・絵〕 「パパはウルトラセブン」〔学習研究社〕
　◇びばからす賞
　　つちだ のぶこ〔作・絵〕 「でこちゃん」〔PHP研究所〕
　　いもと ようこ〔作・絵〕 「とんとんとんのこもりうた」〔講談社〕
　　フィスター,マーカス〔作〕,谷川 俊太郎〔訳〕 「にじいろのさかなとおおくじら」〔講談社〕
第11回(平13年)
　◇絵本の里大賞
　　武田 美穂〔作・絵〕 「すみっこおばけ」〔ポプラ社〕
　◇びばからす賞
　　福田 岩緒〔作・絵〕 「おにいちゃんだから」〔文研出版〕
　　田村 みえ〔作・絵〕 「キミに会いにきたよ」〔学習研究社〕
　　大塚 敦子〔作・絵〕 「さよなら エルマおばあさん」〔小学館〕
第12回(平14年)
　◇絵本の里大賞
　　なかや みわ〔作・絵〕 「くれよんのくろくん」〔童心社〕
　◇びばからす賞
　　メルベイユ,クリスチャン〔文〕,ゴフィン,ジョス〔絵〕,乙武 洋匡〔訳〕 「かっくん どうしてぼくだけしかくいの?」〔講談社〕
　　柴田 愛子〔作〕,伊藤 秀男〔絵〕 「けんかのきもち」〔ポプラ社〕

　　田村 みえ〔作・絵〕 「えがおのむこうで」〔学習研究社〕
第13回(平15年)
　◇絵本の里大賞
　　宮西 達也〔作・絵〕 「おまえうまそうだな」〔ポプラ社〕
　◇びばからす賞
　　上野 修一〔作・絵〕 「まる」〔ふきのとう文庫〕
　　中川 ひろたか〔作〕,大島 妙子〔絵〕 「歯がぬけた」〔PHP研究所〕
　　田村 みえ〔作・絵〕 「キミといっしょに」〔学習研究社〕
第14回(平16年)
　◇絵本の里大賞
　　内田 麟太郎〔文〕,長谷川 義史〔絵〕 「かあちゃんかいじゅう」〔ひかりのくに〕
　◇びばからす賞
　　田村 みえ〔文・絵〕 「げんきですか?」〔学習研究社〕
　　どうまえ あやこ〔文〕,いしぐろ のりこ〔絵〕 「三本足のロッキー」〔碧天舎〕
　　田村 みえ〔文・絵〕 「あしたも晴れるよ」〔学習研究社〕
　　宮西 達也〔文・絵〕 「パパはウルトラセブン みんなのおうち」〔学習研究社〕
　　トロンダイム,ルイス〔文・絵〕 「Mister O(ミスター・オー)」〔講談社〕
第15回(平17年)
　◇絵本の里大賞
　　真珠 まりこ〔文・絵〕 「もったいないばあさん」〔講談社〕
　◇びばからす賞
　　ひだの かな代〔文・絵〕 「ねこがさかなをすきになったわけ」〔新風舎〕
　　いとう えみこ〔文〕,伊藤 泰寛〔絵〕 「うちにあかちゃんがうまれるの」〔ポプラ社〕
　　いもと ようこ〔文・絵〕 「つきのよるに」〔岩崎書店〕
第16回(平18年)
　◇絵本の里大賞
　　真珠 まりこ〔文・絵〕 「もったいないばあさんがくるよ!」〔講談社〕

◇びばからす賞
　西本 鶏介〔文〕，長谷川 義史〔絵〕　「おじいちゃんのごくらくごくらく」〔鈴木出版〕
　堀川 真〔文・絵〕　「北海道わくわく地図えほん」〔北海道新聞社〕
　豊島 加純〔文〕，グレイニエツ，マイケル〔絵〕，こやま 峰子〔訳〕　「いのちのいろえんぴつ」〔教育画劇〕

第17回（平19年）
◇絵本の里大賞
　長谷川 義史〔文・絵〕　「おへそのあな」〔BL出版〕
◇びばからす賞
　長谷川 義史〔文・絵〕　「いいから いいから」〔絵本館〕
　ひだの かな代〔文・絵〕　「りんごりんごろりんごろりん」〔新風舎〕
　安江 リエ〔文〕，池谷 陽子〔絵〕　「つきよのさんぽ」〔福音館書店〕

第18回（平20年）
◇絵本の里大賞
　真珠 まりこ〔文・絵〕　「もったいないばあさんもったいないことしてないかい？」〔講談社〕
◇びばからす賞
　長谷川 義史〔文・絵〕　「いいから いいから（2）」〔絵本館〕
　こんの ひとみ〔文〕，いもと ようこ〔絵〕　「いつもいっしょに」〔金の星社〕
　長谷川 義史〔文・絵〕　「ぼくがラーメンたべてるとき」〔教育画劇〕

第19回（平21年）
◇絵本の里大賞
　長谷川 義史〔作〕　「いいからいいから（3）」〔絵本館〕
◇びばからす賞
　あべ 弘士〔作〕　「エゾオオカミ物語」〔講談社〕
　宮西 達也〔作・絵〕　「あいしてくれてありがとう」〔ポプラ社〕
　長谷川 義史〔作〕　「てんごくのおとうちゃん」〔講談社〕

第20回（平22年）
◇絵本の里大賞
　宮西 達也〔作・絵〕　「ちゅーちゅー」〔鈴木出版〕
◇びばからす賞
　真珠 まりこ〔作〕　「もったいないばあさんのいただきます」〔講談社〕
　サトシン〔文〕，西村 敏雄〔絵〕　「うんこ！」〔文溪堂〕
　なかや みわ〔作・絵〕　「くろくんとなぞのおばけ」〔童心社〕

第21回（平23年）
◇絵本の里大賞
　宮西 達也〔作・絵〕　「シニガミさん」〔えほんの杜〕
◇びばからす賞
　長谷川 義史〔作〕　「いいからいいから（4）」〔絵本館〕
　小菅 正夫〔文〕，堀川 真〔絵〕　「いのちのいれもの」〔サンマーク出版〕
　苅田 澄子〔作〕，西村 繁男〔絵〕　「じごくのラーメンや」〔教育画劇〕
　今西 乃子〔文〕，浜田 一男〔写真〕　「小さないのち」〔金の星社〕
◇アルパカ賞
　かさい まり〔文〕，よしなが こうたく〔絵〕　「ばあちゃんのおなか」〔教育画劇〕

第22回（平24年）
◇絵本の里大賞
　国森 康弘〔写真・文〕　「恋ちゃんのはじめての看取り」〔農山漁村文化協会〕
◇びばからす賞
　長谷川 義史〔作〕　「まわるおすし」〔ブロンズ新社〕
　にしもと よう〔ぶん〕，黒井 健〔え〕　「うまれてきてくれてありがとう」〔童心社〕
　長谷川 義史〔作・絵〕　「ようちえんいやや」〔童心社〕
◇アルパカ賞
　のぶみ〔さく〕　「ぼく，仮面ライダーになる！フォーゼ編」〔講談社〕

第23回（平25年）
◇絵本の里大賞
　ドリアン助川〔作〕，あべ 弘士〔絵〕　「クロコダイルとイルカ」〔『じんじん』製作

委員会〕
◇びばからす賞
　くすのき しげのり〔作〕，たるいし まこ〔絵〕　「メガネをかけたら」〔小学館〕
　本橋 成一〔写真・文〕　「うちは精肉店」〔農山漁村文化協会〕
　長谷川 義史〔作〕　「おかあちゃんがつくったる」〔講談社〕
◇アルパカ賞
　村山 純子〔著〕　「さわるめいろ」〔小学館〕
第24回（平26年）
◇絵本の里大賞
　tupera tupera〔作〕　「パンダ銭湯」〔絵本館〕
◇びばからす賞
　今西 乃子〔文〕，加納 果林〔絵〕　「きみがおしえてくれた。」〔新日本出版社〕
　みやにし たつや〔作・絵〕　「おかあさんだいすきだよ」〔金の星社〕
　うさ〔さく・え〕　「ぼくは 海になった」〔くもん出版〕
◇アルパカ賞
　有田 奈央〔作・絵〕　「おっぱいちゃん」〔ポプラ社〕
第25回（平27年）
◇絵本の里大賞
　真珠 まりこ〔作・絵〕　「もったいないばあさんのてんごくとじごくのはなし」

〔講談社〕
◇びばからす賞
　安里 有生〔詩〕，長谷川 義史〔画〕　「へいわってすてきだね」〔ブロンズ新社〕
　宮西 達也〔作・絵〕　「トラネコとクロネコ」〔鈴木出版〕
　谷川 俊太郎〔詩〕，塚本 やすし〔絵〕　「しんでくれた」〔佼成出版社〕
◇アルパカ賞
　わたなべ ちなつ〔さく〕　「ふしぎなにじ」〔福音館書店〕
第26回（平28年）
◇絵本の里大賞
　ヨシタケ シンスケ〔作〕　「もうぬげない」〔ブロンズ新社〕
◇びばからす賞
　北海道日本ハムファイターズ選手会〔さく〕，堀川 真〔え〕　「もりのやきゅうちーむ ふぁいたーず」〔北海道新聞社〕
　武 信吾・千恵・はな〔原作〕，魚戸 おさむ〔文・絵〕　「はなちゃんのみそ汁」〔講談社〕
　のぶみ〔さく〕　「ママがおばけになっちゃった！」〔講談社〕
◇アルパカ賞
　松本 春野〔文・絵〕，岩國 哲人〔原作〕　「おばあさんの しんぶん」〔講談社〕

130 小諸・藤村文学賞

　明治32年木村熊二の招きで英語と国語の教師として赴任した藤村は，38年上京するまでの6年間余を小諸で過ごした。小諸市と深い関係のある島崎藤村の誕生120年没後50年を記念して，平成4年に創設。

【主催者】小諸市，小諸市教育委員会

【選考委員】（第23回）山口泉（作家），河合桃子（編集者），新井正彦（文学研究者・江戸川大学教授），江尻潔（詩人・美術館学芸員）

【選考方法】公募

【選考基準】〔対象〕随筆，エッセイ（題材自由）。中・高校生は日常生活を題材に自分の考えを綴ったエッセイ。未発表作品に限る。〔原稿〕一般の部は400字詰めで10枚程度（上限11枚），高校生の部・中学生の部はそれぞれ5枚程度（上限6枚）。上限枚数は厳守のこと

【締切・発表】(第23回)中学・高校の部：平成28年11月30日, 一般の部：平成29年1月31日 (当日消印有効), 7月本人に通知, 表彰式は8月21日 (藤村忌前日)

【賞・賞金】賞状と賞金 (中高生には図書カード) を贈呈。〔一般の部〕最優秀賞 (1名)：30万円, 優秀賞 (2名)：10万円, 佳作 (若干名)：2万円, 〔高校生の部〕最優秀賞 (1名)：10万円, 優秀賞 (2名)：5万円, 佳作 (若干名)：1万円, 〔中学生の部〕最優秀賞 (1名)：5万円, 優秀賞 (2名)：3万円, 佳作 (若干名)：1万円

【URL】http://www.city.komoro.lg.jp/category/bunya/rekishi-bunka/bunkakatsudou/komoro-fujimura-bungaku-syou/

第1回 (平4年)
　◇一般の部
　　浜田 亘代 「潮の音」
第2回 (平6年)
　◇一般の部
　　片山 郷子 「柿の木」
第3回 (平8年)
　◇一般の部
　　松岡 香 「もう一つの家・家族」
第4回 (平9年)
　◇一般の部
　　キッフェル 恵美子 「素足で大地を踏みしめて」
第5回 (平10年度)
　◇一般の部
　●最優秀賞
　　坂口 公代 (長野県) 「老人とハモニカ」
　●優秀賞
　　田中 房夫 (栃木県) 「蛙公」
　　峯村 隆 (長野県) 「ハラプク・ヒレ助・ユラリの物語」
　◇高校生の部
　●最優秀賞
　　丸林 愛 (埼玉県) 「屋根のある家」
　●優秀賞
　　村瀬 由衣 (愛媛県) 「ちょっと変わった私の友達」
　◇中学生の部
　●最優秀賞
　　新納 里子 (長野県) 「夏の思い出」
　●優秀賞
　　該当作なし
第6回 (平11年度)
　◇一般の部
　●最優秀賞
　　水上 洪一 (静岡県) 「幻の牧水かるた」
　●優秀賞
　　金井 雅之 (埼玉県) 「それぞれの七年」
　　宮代 健 (千葉県) 「アヒルを飼う」
　◇高校生の部
　●最優秀賞
　　長田 ゆう子 (宮城県) 「『さだちゃん』と呼ぶ日々」
　●優秀賞
　　上條 千秋 (長野県) 「紙風船」
　◇中学生の部
　●最優秀賞
　　佐藤 翔 (長野県) 「メダカは目高」
　●優秀賞
　　小林 有里菜 (長野県) 「祖父の贈り物」
　　中谷 由衣 (長野県) 「私の大切なもの」
第7回 (平12年度)
　◇一般の部
　●最優秀賞
　　石川 瑞枝 (大阪府) 「散華」
　●優秀賞
　　山下 奈美 (静岡県) 「ファミリー」
　　影山 信輝 (東京都) 「妻、紫陽花をきる」
　◇高校生の部
　●最優秀賞
　　田内 大平 (神奈川県) 「蟬」
　●優秀賞
　　片岡 純子 (千葉県) 「夜の足音」
　　大津 侑子 (東京都) 「オセロ日記」
　◇中学生の部
　●最優秀賞
　　川上 香織 (長野県) 「私の宝物」
　●優秀賞
　　柳原 陽子 (新潟県) 「うるめ」
　　小泉 藍香 (長野県) 「大切なもの それ

は命」
第8回（平13年度）
◇一般の部
- 最優秀賞
  牛山 喜美子（神奈川県）「華火」
- 優秀賞
  田子 雅子（千葉県）「冬富士」
  杉山 由枝（茨城県）「おんぶ」
- 特別賞
  富岡 次子（東京都）再会、白壁の詩とともに
◇高校生の部
- 最優秀賞
  堀田 有未（埼玉県）「金色の目」
- 優秀賞
  梁 湛旭（千葉県）「銭湯で」
  久保 健太郎（東京都）「青い車」
◇中学生の部
- 最優秀賞
  小泉 茉莉（長野県）「父のカレンダー」
- 優秀賞
  須藤 舞子（東京都）「十五歳ってオバン？」
  宮澤 恒太（長野県）「トランペットとぼく」

第9回（平14年度）
◇一般の部
- 最優秀賞
  倉持 れい子（東京都）「物干し台は天文台」
- 優秀賞
  風越 みなと（広島県）「小屋の灯り」
  柿本 稔（福岡県）「『野菊の墓』追想」
◇高校生の部
- 最優秀賞
  小木 亜津子（茨城県）「私の看護師物語」
- 優秀賞
  寺尾 麻実（神奈川県）「水の音を聞く」
  須藤 舞子（東京都）「ロックな親父」
◇中学生の部
- 最優秀賞
  古藤 有理（東京都）「『何気に』使っている『微妙な』ことば」
- 優秀賞
  坪田 瑶（大阪府）「家族の意味」
  丸山 順子（長野県）「いちょうの木を見て」

第10回（平15年度）
◇一般の部
- 最優秀賞
  久松 由理（高知県高知市）「父の花道」
- 優秀賞
  本間 米子（愛知県犬山市）「鰹節を削るとき」
  近藤 健（東京都練馬区）「昆布干しの夏」
◇高校生の部
- 最優秀賞
  韓 旭（愛媛県）「私を知る旅」
- 優秀賞
  林 紫乃（茨城県）「夢の蕾」
  清水 泰雄（東京都）「猫」
◇中学生の部
- 最優秀賞
  加山 惠理（愛知県）「中華料理屋の灯り」
- 優秀賞
  尾野 亜裕美（北海道）「ふとしたことで」

第11回（平16年度）
◇一般の部
- 最優秀賞
  松浦 勝子（福岡県筑紫野市）「約束」
- 優秀賞
  蛇澤 美鈴（岩手県紫波郡）「森になった男」
  村松 靖彦（長野県小諸市）「ハッピー・デイズ！」
◇高校生の部
- 最優秀賞
  仁井井 麻衣（東京都）「消せない記憶から」
- 優秀賞
  四戸 亜里沙（青森県）「ごりちゃんはスーパーマン」
  高井 里沙（群馬県）「少しだけ……」
◇中学生の部
- 最優秀賞
  本田 しおん（東京都）「鰯家族」
- 優秀賞
  椿 由美（神奈川県）「インコ」
  片山 彩花（兵庫県）「私の小さな家族」

第12回（平17年度）
◇一般の部
- 最優秀賞
  金田 貴子（三重県伊勢市）「決意」
- 優秀賞
  江尻 純子（東京都中央区）「父の通信」
  黒澤 絵美（茨城県取手市）「いつか見た青空」

◇高校生の部
- 最優秀賞
  滝川 ゆず(東京都)「三十一文字の世界」
  糸数 沙恵(宮崎県)「弟」
  君和田 未来(東京都)「ひとつ屋根の下」
◇中学生の部
- 最優秀賞
  新美 千尋(東京都)「ベッド」
- 優秀賞
  青木 瑞歩(長野県)「押してくれたのは誰だ」
  長合 誠也(三重県)「農作業から学ぶ」

第13回(平18年度)
◇一般の部
- 最優秀賞
  武仲 浩美(新潟県新潟市)「九十三歳差の友情」
- 優秀賞
  青山 治(長野県千曲市)「氷の鏡」
  洗平 信子(東京都目黒区)「家族待合室」
◇高校生の部
- 最優秀賞
  豊田 裕美(京都府京都市)「道を尋ねる」
- 優秀賞
  笛田 満里奈(鹿児島県鹿児島市)「戦跡をたどる」
  山崎 春香(長野県御代田町)「森のくまさんに寄せて」
◇中学生の部
- 最優秀賞
  平山 裕未花(愛知県春日井市)「かがやく命・明日へ」
- 優秀賞
  小林 沙貴(大阪府茨木市)「電車名人のススメ」
  橋本 紗季(兵庫県西宮市)「『知りたい』という好奇心」

第14回(平19年度)
◇一般の部
- 最優秀賞
  中川 晶子(東京都小平市)「爪」
- 優秀賞
  小山 隆司(神奈川県横浜市)「はんだがつないだ幸せ」
  関根 靖子(新潟県新潟市)「ウルトラマンの末息子」
◇高校生の部
- 最優秀賞
  馬場 宏樹(埼玉県飯能市)「世界」
- 優秀賞
  北山 綾真(大阪府大阪市)「ムク」
  依田 みずき(長野県小諸市)「偉大なじじ」
◇中学生の部
- 最優秀賞
  上田 博友(山梨県甲府市)「カナカナ蟬の声を聞きながら」
- 優秀賞
  中村 周平(長野県駒ヶ根市)「人間とつばめの絆」
  飯森 七重(長野県長野市)「私の夏」

第15回(平20年度)
◇一般の部
- 最優秀賞
  飯島 もとめ(長野県長野市)「老いて」
- 優秀賞
  北村 大次(福岡県宗像市)「親父の味」
  野見山 潔子(宮崎県都城市)「タンスの中のブラウス」
- 佳作
  堀田 正子(愛知県豊田市)「九歳の養豚家」
  豊岡 靖子(京都府長岡京市)「草を引いた日」
  高橋 正美(埼玉県さいたま市)「見沼草子」
  真帆 沁(神奈川県横浜市)「死と再生の雪景色」
  桜井 優花(大阪府箕面市)「薫風」
◇高校生の部
- 最優秀賞
  石田 夏月(兵庫県三田市)「薄明りの月」
- 優秀賞
  金 悠天(大阪府大阪市)「自転車」
  山中 佳織(奈良県奈良市)「夕暮れの空と帰り道」
- 佳作
  高宮 紗綾(茨城県桜川市)「携帯電話とコミュニケーション」
  中山 翠(神奈川県川崎市)「変わる世界」
  金子 瞳(愛媛県松山市)「なくてはならない存在の人に」
◇中学生の部

- 最優秀賞
  - 川瀬 彩（長野県小諸市）「浅科のおじいちゃん」
- 優秀賞
  - 川村 祥子（東京都港区）「サイクリング」
  - 白水 玖望（長野県飯田市）「夢へ向かって」
- 佳作
  - 一ノ瀬 祥（東京都小平市）「十四と十六の夏」
  - 滝川 沙也佳（東京都中野区）「小さなことへの意識」
  - 早川 史織（長野県松本市）「選挙カーちゃん」

第16回（平21年度）
◇一般の部
- 最優秀賞
  - 内村 和（長野県小諸市）「大雪の贈り物」
- 優秀賞
  - 大野 かほる（兵庫県川西市）「父の牛」
  - 中島 晶子（鹿児島県霧島市）「故郷の証明」
- 佳作
  - 高山 恵利子（群馬県前橋市）「家族ごっこ」
  - 浦田 久美子（富山県滑川市）「手紙」
  - 田原 芳広（大阪府豊中市）「母颯爽」
  - 武藤 蓑子（東京都多摩市）「妹」

◇高校生の部
- 最優秀賞
  - 白鳥 由莉（福岡県柳川市）「忘れない」
- 優秀賞
  - 岡部 達美（東京都千代田区）「お年寄りと話そう」
  - 黒瀬 加那子（岡山県倉敷市）「あの笑顔がもう一度見たい！」
- 佳作
  - 本田 しおん（東京都武蔵野市）「雨の日のマニフェスト」
  - 田熊 亮介（神奈川県横浜市）「もしも、僕が女の子だったら」
  - 滝川 沙也佳（東京都新宿区）「コミュニケーションとは―in台湾」
  - 島田 瞳（茨城県桜川市）「短歌の鼓動」

◇中学生の部
- 最優秀賞
  - 大橋 成美（長野県長野市）「四季それぞれのうちの庭」

- 優秀賞
  - 佐藤 朱音（長野県塩尻市）「輝き続けるいのち」
  - 後藤 のはら（秋田県横手市）「藤村先生へ」
- 佳作
  - 長房 勇之介（新潟県妙高市）「お気に入りのもの」
  - 内山 みどり（東京都青梅市）「感じるままに」
  - 副島 雄太（大分県大分市）「さんしろう」
  - 前田 美乃里（東京都墨田区）「ごっつんちゃん」
  - 松並 百合愛（大阪府池田市）「思い出の人形」

第17回（平22年度）
◇一般の部
- 最優秀賞
  - 松本 愛郎（和歌山県和歌山市）「あの道はあまりにも遠すぎて」
- 優秀賞
  - 大西 功（千葉県佐倉市）「心に降り積もる雪」
  - 岩上 巌（千葉県市原市）「だらだら坂」
- 佳作
  - 飯塚 洋子（群馬県渋川市）「助手席の人」
  - 冨岡 洋子（長野県小諸市）「挑戦」
  - 松山 良子（神奈川県横浜市）「とやま柿」
  - 本田 しおん（東京都武蔵野市）「モチベーション」
  - 林 久美子（長野県岡谷市）「思い出のかけは」

◇高校生の部
- 最優秀賞
  - 櫨本 万里野（山口県光市）「私と母と大阪弁」
- 優秀賞
  - 萩尾 健司（愛媛県四国中央市）「僕とじいちゃんときつねうどん」
  - 伊東 詩織（愛知県豊橋市）「この宝物を胸に」
- 佳作
  - 永井 友理（兵庫県西宮市）「「命」を話し合う」
  - 岡部 達美（東京都渋谷区）「ことば」
  - 長友 未来（宮崎県日向市）「幸せの波紋」

◇中学生の部
- 最優秀賞
  橋本 珠衣(大阪府大阪市)「チンチン電車道中記」
- 優秀賞
  尾西 英(三重県津市)「金ちゃんとの思い出」
  カテザ・ニャーシャ(長野県諏訪郡富士見町)「日本とジンバブエの違いから感じること」
- 佳作
  鬼頭 あゆみ(三重県津市)「ベランダ菜園」
  澤田 颯(長野県岡谷市)「しばらくお待ちください」
  西山 由華(三重県津市)「鈴虫に教えられたこと」
  甲州 たかね(山梨県甲府市)「メロディ」
  森田 宙花(神奈川県横浜市)「お日様のにおい」

第18回(平23年度)
◇一般の部
- 最優秀賞
  森水 陽一郎(千葉県いすみ市)「五日間のお遍路」
- 優秀賞
  中田 澄江(山梨県南アルプス市)「大きな『コレ』と小さな母」
  高橋 由紀雄(北海道赤平市)「四十二回目のひな飾り」
- 佳作
  森 千恵子(福岡県福岡市)「サダさん」
  三浦 豊(神奈川県鎌倉市)「窓口のお客」
  笠原 さき子(愛知県豊田市)「木ささぎ」
  結那 禮子(宮城県仙台市)「『椰子の実』と私」
  松浦 勝二(福岡県筑紫野市)「冬のトマト」
◇高校生の部
- 最優秀賞
  由井 夏子(長野県南佐久郡川上村)「レタス農家に生まれて」
- 優秀賞
  佐藤 明日香(群馬県安中市)「母の背中」
  関澤 昌(東京都世田谷区)「十年目」
- 佳作
  浜川 沙彩(山口県岩国市)「一期一会」

伊藤 恵(東京都稲城市)「ある夏の日の出会い」
麓 日菜子(神奈川県横浜市)「その名は」
十川 和樹(徳島県阿波市)「命」
木村 依音(福井県福井市)「福島へ『おすそわけ』」

◇中学生の部
- 最優秀賞
  幸村 愛果(神奈川県茅ヶ崎市)「食べられたメダカと食べた金魚」
- 優秀賞
  村田 真吾(神奈川県横浜市)「一反のたんぼの力」
  西山 由華(三重県津市)「パートナー」
- 佳作
  小梢 みなみ(静岡県浜松市)「しおあじ」
  成沢 自由(千葉県柏市)「消えたシュークリーム」
  平野 真悠(兵庫県西宮市)「夜空が教えてくれたこと」
  カテザ・ニャーシャ(長野県諏訪郡富士見町)「蹴球女子」
  吉田 知広(神奈川県三浦市)「祖母から学ぶ生きるためのエコ」

第19回(平24年度)
◇一般の部
- 最優秀賞
  中村 美技子(長野県長野市)「三途の川縁で」
- 優秀賞
  国方 勲(大阪府枚方市)「わが母の記」
  福田 茂(福岡県福岡市)「八十歳の引っ越し、八十歳のロマン」
- 佳作賞
  柴野 裕治(新潟県柏崎市)「ばあちゃんのがまぐち」
  後藤 康介(兵庫県神戸市)「湯気のむこう」
  松川 千鶴子(兵庫県尼崎市)「生き抜いた」
  高山 恵利子(群馬県前橋市)「椿油の香り」
  西園 多佳子(栃木県宇都宮市)「サーカスの少年」
◇高校生の部
- 最優秀賞
  新屋 和花(東京都小平市)「大切なもの」
- 優秀賞

小野寺 玲華（宮城県塩竈市）「母の鏡台」
後藤 のはら（秋田県横手市）「ハハと私」
- 佳作賞
  前田 優香（長野県松本市）「輝いたとき」
  大村 秀（静岡県静岡市）「双子」
  土切 さつき（東京都足立区）「私が成長できる町」
  図師 沙也佳（鹿児島県鹿児島市）「日本の心」
  須原 健太（東京都世田谷区）「おじさんとダービー」
◇中学生の部
- 最優秀賞
  堀内 祐輔（山梨県甲府市男）「老後の祖父母の安全で快適な生活」
- 優秀賞
  宮原 さくら（東京都杉並区）「私のご飯茶碗」
  小田 真愛（山口県光市）「私、反抗期卒業します」
- 佳作賞
  小坂 由香子（宮城県本吉郡南三陸町）「ウーパールーパーと父」
  曽根 レイ（長野県下伊那郡泰阜村）「東日本大震災から得たこと」
  吉田 陽（大阪府泉南郡田尻町）「おっちゃん」
  山田 京子（山口県光市）「おばあちゃんのトネリコ」
  木村 和樹（宮城県仙台市）「木の乱」

第20回（平25年度）
◇一般の部
- 最優秀賞
  柴野 裕治 「ひばり」
- 優秀賞
  小林 孝俊 「櫓太鼓」
  武藤 蓑子 「牛飼いの長靴」
- 佳作賞
  荒田 正信 「一期一会の人生」
  塩谷 靖子 「月は東に日は西に」
  小出 雪香 「小児がんサバイバー記」
  佐藤 隆定 「はじまりに山門あり」
  川村 均 「函南原生林」
◇高校生の部
- 最優秀賞

荻野 晴 「私にしかできないこと」
- 優秀賞
  桑子 麗以佳 「夏の名前」
  齋藤 雅也 「お金をかせぐということ」
- 佳作賞
  菅野 紫帆子 「内緒話」
  伊集院 美奈 「みんなそろって」
  川口 有里花 「お国言葉は不思議がいっぱい」
  堀内 祐輔 「前へ」
◇中学生の部
- 最優秀賞
  田中 ひかる 「私と屋代線」
- 優秀賞
  宇田川 未森 「アントンは遠吠えをする」
  後藤 ゆうひ 「ゴーシュがチェロを弾いたのは」
- 佳作賞
  川野 永遠 「生きる力」
  福永 葵 「夜の散歩」
  小田 真愛 「笑いじわをつないで」
  佐野 遥太 「魚料理」
  鈴木 美彩 「優雅なる眠り姫」

第21回（平26年度）
◇一般の部
- 最優秀賞
  砂田 実法 「メゾン・ド・ヌルーパス」
- 優秀賞
  高森 美由紀 「シールのお店」
  野尻 敏夫 「九歳の夏を忘れない」
- 佳作賞
  片平 千代子 「私の終活」
  中山 江梨子 「葡萄の実がなる頃」
  戸澤 三二子 「みんなで歌おうよ」
  寺岡 壽子 「トクコナラ」
  川原 隆 「サンタクロースは誰あれ？」
◇高校生の部
- 最優秀賞
  関本 真希 「私の体と気持ち」
- 優秀賞
  大野 水季 「星を見て」
  酒井 美佳 「写真よりも大切なもの」
- 佳作賞
  カーン星 「絶やさぬ情熱」
  岩崎 若葉 「おじいちゃんの日記」
  小野 なるみ 「祖父のように」

131 さいたま市スポーツ文学賞

伊藤 瑠那 「風鈴」
◇中学生の部
● 最優秀賞
　大石 宏太 「雨が降るまで」
● 優秀賞
　田近 日奈子 「カラスのホリー」
　高原 菜月 「味噌汁」
● 佳作賞
　波多野 早紀 「私と従妹と「ねこみち」と」
　上田 早規 「壁ぴょん」
　竹倉 日奈 「聞こえることの大切さ」
　宮嶋 桃子 「祖父からのメッセージ」
　大内 郁乃 「西の空の風景」

第22回（平27年度）
◇一般の部
● 最優秀賞
　長田 あいゆ 「母のパーマネント」
● 優秀賞
　寺島 みちこ 「野良に立つ」
　川井 康之 「青い鳥に会いに」
● 佳作賞
　臼木 巍 「夜学生という生き方」
　中 他見男 「あの時のバナナ」
　無翼 「質屋の餞別」
　森 千恵子 「典雅な姉妹」

大沼 達子 「古の道標が教えてくれること」
◇高校生の部
● 最優秀賞
　野村 和未 「父」
● 優秀賞
　中嶋 萌賀 「私にとっての「幸せ」」
　井上 佳奈 「母と」
● 佳作賞
　栄 大樹 「祖母が教えてくれる事」
　井上 和奏 「見守る」
　小林 真子 「選択」
　舟田 華夏 「通学路の風景」
　上妻 知佳 「気付いた幸せ」
◇中学生の部
● 最優秀賞
　田中 ゆめの 「戦争のない世界へ」
● 優秀賞
　筧 さくら 「私の魔法」
　高井 彪向 「足跡」
● 佳作賞
　多田 一穂 「片手に取った方位磁石」
　松橋 英 「幸せを運ぶ燕尾服」
　宮本 慈 「仮面の下は」
　島立 理帆 「いってらっしゃい」
　阿部 加暖 「変わっていくモノ」

131 さいたま市スポーツ文学賞

　スポーツと文化芸術活動が盛んというさいたま市のイメージを生かし、スポーツ文学という新たなジャンルの発展を目的として、スポーツを題材とした文芸作品を2部門で全国から公募。受賞作品集「SPORTS STORIES」の刊行をし、隔年で行い、全国に発信していたが、第5回（平成21・22年度）をもって終了。

【主催者】さいたま市、さいたま市教育委員会
【選考委員】（第5回）〔スポーツ文学賞〕磯貝勝太郎、伊藤桂一、大谷羊太郎、タケカワユキヒデ、増田明美〔スポーツエッセイ賞〕森孝慈、ヨーコ・ゼッターランド、義田貴士
【選考方法】公募
【選考基準】〔資格〕不問。一人何点でも応募可。〔対象〕スポーツを題材とした未発表のオリジナル作品。ジャンルは不問。〔応募規程〕スポーツ文学賞：400字詰め原稿用紙50枚以上100枚以内に日本語で書かれた作品。原稿用紙2枚程度のあらすじを添付。スポーツエッセイ賞：400字詰め原稿用紙10枚以上20枚以内に日本語で書かれた作品。いずれも、ワープロ原稿も可（400字詰め原稿用紙換算枚数を明記のこと）。郵送による応募の場合は、応募原稿（あらすじも）を2部（コピーも可）送付、電子メールによる応募の場合は、テキストデータを1部送信。〔その他〕入賞作品の著作権はさい

> たま市に帰属し,応募作品は返却しない
>
> 【締切・発表】(第5回)平成22年3月1日締切(当日消印有効),平成22年7月下旬発表,応募者に通知
>
> 【賞・賞金】〔スポーツ文学賞〕大賞(1名):100万円,優秀賞(2名):50万円,佳作(2名):30万円 のほか賞状,記念品,〔スポーツエッセイ賞〕エッセイ賞(1名):30万円,優秀賞(1名):10万円,佳作(2名):5万円 のほか賞状,記念品

第1回(平13,14年)
◇大賞
　前田 恵実子 「サハラマラソン 沈没日記」
◇優秀賞
　風野 涼一 僕たちは季節を知る
　塚原 桂子 「願いの叶う日のために」
◇佳作
　工藤 哲 「走れ、コウちゃん」
　村松 滋 「テイク・ファイブ」

第2回(平15・16年度)
◇スポーツ文学賞
●大賞
　遊部 香(千葉県)「帰郷」
●優秀賞
　杉山 高志(埼玉県)「マイルの履歴書」
　井藤 祥子(愛知県)「ポジション」
●佳作
　竹内 次郎(山梨県)「熱犬」
　小川 栄(千葉県)「ラブ・フォーティ」

第3回(平17・18年度)
◇スポーツ文学賞
●大賞
　及川 彩子(米国・ニューヨーク)「伴に走る」
●優秀賞
　岩崎 重樹(静岡県)「夜の運動会」
　小川 栄(千葉県)「二十番目の選手」
●佳作
　遊座 守(東京都)「走ること・抱きしめること」
　太田 実(群馬県)「風」
◇スポーツエッセイ賞
●エッセイ賞
　小笠原 健(愛知県)「小笠原流武士道」
●優秀賞
　西原 健次(東京都)「還暦のフルマラソン」
●佳作
　菅野 みさ子(埼玉県)「されど校内マラソン大会」
　大下 圭介(山梨県)「キャッチボールやろう」

第4回(平19・20年度)
◇スポーツ文学賞
●大賞
　藤井 仁司(京都府)「オガンバチ」
●優秀賞
　小川 栄(千葉県)「タイ・ブレーク」
　遊座 守(東京都)「世界の一隅」
●佳作
　太田 実(群馬県)「カムイエクウチカウシ山残照」
　北代 司(大阪府)「チューブ・ライディングの長い夜」
◇スポーツエッセイ賞
●エッセイ賞
　小田 由季子(岡山県)「暴走じいちゃん―野球編」
●優秀賞
　中島 由美子(新潟県)「スズメの微笑み 〜バレーボールと歩んだ道〜」
●佳作
　佐中 恭子(埼玉県)「父と卓球」
　大谷 房子(岐阜県)「レッツエンジョイ乗馬!」

第5回(平21・22年度)
◇スポーツ文学賞
●大賞
　風野 涼一 「神様のくれたタイムアウト」
●優秀賞
　蒔田 俊史 「キミと風」
　藤井 仁司 「夢追い人」
●佳作
　大角 哲寛 「親父の夢」
　小林 清華 「すってんころりん溝の上」

◇スポーツエッセイ賞
- エッセイ賞
  板橋 栄子 「オロダンナの花」
- 優秀賞

藤田 哲夫 「手作りのグラブ」
- 佳作
  白石 恵子 「走る」
  畑田 智明 「劒岳へ」

132 齋藤茂吉短歌文学賞

　山形県出身の歌人・齋藤茂吉の功績を記念し平成元年に創設された。短歌の分野において優れた業績をあげた者に齋藤茂吉短歌文学賞を贈り、その功績を顕彰する。併せて山形県の文化発信地としてのイメージアップを図る。

【主催者】山形県,齋藤茂吉短歌文学賞運営委員会
【選考委員】三枝昂之,小池光,永田和宏,馬場あき子
【選考方法】非公募
【選考基準】〔対象〕毎年1月から12月までに発行された歌集,歌論,歌人研究など
【締切・発表】贈呈式は齋藤茂吉記念全国大会当日(齋藤茂吉生誕日5月14日に最も近い日曜日)
【賞・賞金】賞状及び副賞50万円
【URL】http://www.pref.yamagata.jp/bunkyo/bunka/mokichi/7020073mokititannkatop.html

第1回(平1年)
　岡井 隆 「親和力」〔砂子屋書房〕
第2回(平2年)
　本林 勝夫(共立女子大学名誉教授)「斎藤茂吉の研究―その生と表現」〔桜楓社〕
第3回(平3年)
　塚本 邦雄(歌人,近畿大学文芸学部教授)「黄金律」〔花曜社〕
第4回(平4年)
　前 登志夫(歌人)「鳥獣虫魚(ちょうじゅうちゅうぎょ)」〔小沢書店〕
第5回(平5年)
　斎藤 史 「秋天瑠璃(しゅうてんるり)」〔不識書院〕
第6回(平6年)
　近藤 芳美 「希求」〔砂子屋書房〕
第7回(平7年)
　小暮 政次 「暫紅新集」〔短歌新聞社〕
第8回(平8年)
　馬場 あき子 「飛種」〔短歌研究社〕
第9回(平9年)
　吉田 漱 「『白き山』全注釈」〔短歌新聞社〕
第10回(平10年)
　佐佐木 幸綱 「呑牛」〔本阿弥書店〕
第11回(平11年)
　伊藤 博 「萬葉集釋注」〔全11巻,集英社〕
第12回(平12年)
　森岡 貞香 「夏至」〔砂子屋書房〕
第13回(平13年)
　竹山 広 「竹山広全歌集」〔雁書館・ながらみ書房〕
第14回(平14年)
　藤岡 武雄 「書簡にみる斎藤茂吉」〔短歌新聞社〕
第15回(平15年)
　清水 房雄 「獨孤意尚吟」〔不識書院〕
第16回(平16年)
　小池 光 「滴滴集」(歌集)
第17回(平17年)
　三枝 昂之 「昭和短歌の精神史」〔短歌史研究〕
第18回(平18年)

花山 多佳子 「木香薔薇」〔砂子屋書房〕
第19回（平19年）
　永田 和宏（京都大教授）「後の日々」〔角川書店〕
第20回（平20年）
　河野 裕子 「母系」〔青磁社〕
第21回（平21年）
　伊藤 一彦 「月の夜声」〔本阿弥書店〕
第22回（平22年）
　品田 悦一 「斎藤茂吉―あかあかと一本の道とほりたり」〔ミネルヴァ書房〕
第23回（平23年）
　篠 弘 「残すべき歌論―二十世紀の短歌論」〔角川書店〕
第24回（平24年）
　秋葉 四郎 「茂吉 幻の歌集『萬軍』―戦争と齋藤茂吉」〔岩波書店〕
第25回（平25年）
　栗木 京子 「水仙の章」〔砂子屋書房〕
第26回（平26年）
　小島 ゆかり 「泥と青葉」〔青磁社〕
第27回（平27年）
　柏崎 驍二 「北窓集」〔短歌研究社〕
第28回（平28年）
　橋本 喜典 「行きて帰る」〔短歌研究社〕

133 堺自由都市文学賞

　堺市制100周年を記念して昭和63年に制定した賞。堺市が,文学の振興を通じて都市文化の高揚をはかろうとするものである。第18回（平成18年度）より,堺市文学賞「自由都市文学賞」から「堺自由都市文学賞」に名称変更した。第22回（平成22年度）をもって終了。

【主催者】 堺市,（公財）堺市文化振興財団

【選考委員】 （第22回）藤本義一,眉村卓,難波利三

【選考方法】 公募（全国及び海外）

【選考基準】 〔資格〕新人及びこれに準ずる者。日本語で書いた未発表の作品。二重送稿は不可。1人1作品とする。受賞作の著作権は堺市に帰属する。〔対象〕小説,主題は「都市小説」。ただし,都市は「堺」に限定しない。題材自由。〔原稿〕400字詰原稿用紙50～100枚程度。ワープロ使用の場合は原稿用紙を用いず,横長A4判の用紙に縦書きで1ページ30字×30行,文字サイズは13ポイント程度,用紙の上下余白はそれぞれ3cm程度,左余白は3cm,右余白は4cm程度とし,必ず通し番号（中央部分）をつけ,400字詰換算枚数を明記,原稿の冒頭に800字程度の梗概を添付。右綴じ,表紙に題名,住所,氏名（筆名の場合は本名も）,年齢,職業,電話番号及びこれまでの受賞の有無と受賞名を必ず明記すること。なお,氏名（筆名）にはふり仮名を附すこと

【締切・発表】 （第22回）平成22年1月15日締切（当日消印有効）,7月発表

【賞・賞金】 入賞（1点）：副賞100万円と記念品,読売新聞大阪本社賞：30万円,佳作（2点）：副賞30万円と記念品,読売新聞大阪本社賞10万円

第1回（平1年）
　谷川 みのる 「真夜中のニワトリ」
　◇佳作
　柳谷 千恵子 「猫はいません」
　武宮 閣之 「ホモ・ビカレンス創世記」
　務古 一郎 「環濠の内で」
第2回（平2年）
　直江 謙継（兵庫県城崎郡日高町）「暗闇の光」
　◇佳作
　吉岡 健（神奈川県泰野市）「ワンルームの砂」
　尾川 裕子（大阪府八尾市）「積もる雪」

◇奨励賞
　文野 広輝（東京都足立区）「濃紺のさよなら」
第3回（平3年）
　二鬼 薫子（大阪府河内長野市）「一桁の前線」
　小木曽 左今次（東京都新宿区）「心を解く」
◇佳作
　北村 周一（堺市）「一滴の藍」
第4回（平4年）
　川口 明子（神戸市）「港湾都市」
◇佳作
　北村 周一（堺市）「犬の気焔」
　瀬垣 維（京都市）「くじらになりたい」
第5回（平5年）
　三咲 光郎（大阪府泉南郡）「大正暮色」
　篠 貴一郎（大阪市）「風一勝負の日々」
◇佳作
　該当作なし
第6回（平6年）
　国吉 史郎（大阪府寝屋川市）「オキナワ、夏のはじまり」
　丹波 元（兵庫県川西市）「死出の鐔」
第7回（平7年）
◇入賞
　岡田 京子（神奈川県鎌倉市）「まんげつ」
◇佳作
　阿久津 光市（福島県東白川郡）「都忘れ」
　田畑 茂（京都府京都市）「路地」
第8回（平8年）
　風野 旅人（東京都杉並区）「ピレネーの城」
◇佳作
　小田 真紀恵（神奈川県横浜市）「マイ・ガール」
　石井 孝一（大阪市八尾市）「玉手橋」
第9回（平9年）
　大西 功（千葉県佐倉市）「乾いた花―越境者・杉本良吉の妻」
◇佳作
　そえだ ひろ（東京都新宿区）「ビー玉」
　宗像 弘之（大阪府守口市）「ケタオチ」
第10回（平10年）
　平野 稜子（京都府京都市）「花」
◇佳作
● 1席
　小西 京子（大阪府寝屋川市）「あべ川」
● 2席
　恵木 永（兵庫県伊丹市）「五郎と十郎」
第11回（平11年）
　平井 杏子（神奈川県相模原市）「対岸の町」
◇佳作
　奥村 理英（東京都小平市）「川に抱かれて」
　田畑 茂（京都府京都市）「凍蛍」
第12回（平12年）
　小林 義彦（千葉県松戸市）「日月山水図屏風異聞」
◇佳作
　三宅 克俊（埼玉県川越市）「草原を走る都」
　王 遍浬（新潟県新潟市）「人柱」
第13回（平13年）
　田畑 茂（京都府宇治市）「マイ・ハウス」
◇佳作
　植松 二郎（神奈川県藤沢市）「埋み火」
　西原 健次（東京都葛飾区）「獄の海」
第14回（平14年）
　福岡 さだお（奈良県磯城郡）「父の場所」
◇佳作
　雨神 音矢（兵庫県神戸市）「浅草人間縦覧所」
第15回（平15年）
　鮫島 秀夫（鹿児島県鹿屋市）「ソロモンの夏」
◇佳作
　源 高志（静岡県伊東市）「トラブル街三丁目」
　小柳 義則（佐賀県小城郡）「ハングリー・ブルー」
第16回（平16年）
　松村 哲秀（奈良県生駒郡斑鳩町）「弥勒が天から降りてきた日」
◇佳作
　八月 万里子（東京都調布市）「十三詣（じゅうさんまい）り」
　召田 喜和子（東京都世田谷区）「万事ご吹聴」
◇堺市長特別賞
　林 量三（堺市）「遼陽の夕立」
第17回（平17年）
　出口 正二（和歌山県和歌山市）「恙（つつが）虫」

◇佳作
　星野　泰斗（大阪府岸和田市）「俺の春」
　花井　美紀（愛知県名古屋市）「天満の坂道」
◇堺市長特別賞
　天楓　一日（堺市）「ココロのうた」
第18回（平18年度）
◇入賞
　下川　博（東京都杉並区）「閉店まで」
◇佳作
　畔地　里美（石川県加賀市）「やつし屋の明り」
　伊藤　光子（堺市）「白い部屋」
第19回（平19年度）
◇入賞
　住　太陽（堺市）「他人の垢」
◇佳作
　徳永　博之（神奈川県藤沢市）「ぬんない」
　齊藤　洋大（愛知県春日井市）「天使の取り分」
◇堺市長特別賞
　有本　隆敏（堺市）「友」
第20回（平20年度）
◇入賞

　黒崎　良乃（神奈川県横浜市）「もう一度の青い空」
◇佳作
　津川　有香子（堺市）「ほな、またね、メール、するからね」
　塚越　淑行（栃木県足利市）「理髪店の女」
◇堺市長特別賞
　田中　律子（堺市）「裏街」
第21回（平21年度）
◇入賞
　小川　栄　「聞きます屋・聡介」
◇佳作
　松田　幸緒　「最後のともだち」
　白井　靖之　「律子の簪」
第22回（平22年度）
◇入賞
　星野　泰司　「俺は死事人」
◇佳作
　片岡　真　「桜咲荘」
　船越　和太流　「伊津子の切符売り」
◇堺市長特別賞
　松川　明彦　「うたかたのうた」

134　酒折連歌賞

　山梨県甲府市にある酒折宮が連歌発祥の地とされていることにちなみ、多くの人が連歌に興味・関心と創作意欲をもち、現在は衰微している連歌をよみがえらせ普及させて、文学の振興、文化の創造に資するために、平成10年に創設した。

【主催者】山梨学院大学、酒折連歌賞実行委員会

【選考委員】（第19回）宇多喜代子、三枝昂之、今野寿美、井上康明、もりまりこ、辻村深月

【選考方法】公募

【選考基準】提示された問いの片歌一〜五の中から一句を選び、答えの片歌を五・七・七でつくって応募・すべてに応募しても差し支えない。また、応募句数に制限はない。応募資格は不問

【締切・発表】（第19回）〔応募期間〕平成29年4月1日〜平成29年9月30日

【賞・賞金】文部科学大臣賞（大賞受賞者）、山梨県知事賞、山梨県教育委員会教育長賞、甲府市長賞、入選、奨励賞、特別賞（高校生以下）、山梨県教育委員会教育委員長賞（アルテア賞最優秀受賞者）、アルテア賞　アルテア賞は斬新で若々しく、将来楽しみな才能を見出すことを狙いとしている

134 酒折連歌賞

【URL】http://www.sakaorirenga.gr.jp/

第1回(平12年)
　◇大賞
　　松浜 夢香(北海道)
　◇佳作
　　山本 栄子(山梨県)
　　寺田 冴夕水(神奈川県)
　　高野 英子(アメリカ)
　◇入選
　　山本 とし子(山梨県)
　　金子 信吉(山梨県)
　　茨木 早苗(京都府)
　　中村 仁美(東京都)
　　岩井 未希(山梨県)
　　天野 翔(神奈川県)
　　天辰 芳徳(石川県)
第2回(平13年)
　◇大賞
　　竹内 睦夫(長野県)
　◇佳作
　　松浜 夢香(北海道)
　　内藤 麻衣子(山梨県)
　　伊藤 紘美(愛知県)
　◇アルテア賞最優秀
　　馬場 ダイ(東京都)
　◇アルテア賞
　　仲村 涼子(沖縄県)
　　林 勇男(熊本県)
　　斉藤 亜希子(山梨県)
　　畑田 脩(山梨県)
　　六路木 里司(兵庫県)
　　深澤 英司(山梨県)
　　高山 千暁(山梨県)
　　矢野 莉亜(奈良県)
　　笠井 佑起(山梨県)
　◇入選
　　河田 政雄(島根県)
　　西村 嘉彦(福岡県)
　　土田 宏美(愛知県)
　　木下 千聡(秋田県)
　　青 陽子(愛知県)
　　竹内 睦夫(長野県)
　　加藤 親夫(埼玉県)
　　本木 和彦(茨城県)

　　堀口 富男(茨城県)
　　原 陽子(島根県)
第3回(平14年)
　◇大賞
　　井須 はるよ(大阪府)
　◇佳作
　　藤 なおみ(神奈川県)
　　宮坂 翔子(山梨県)
　　取兜 甲児(石川県)
　◇アルテア賞最優秀
　　萩原 朝子(静岡県)
　◇アルテア賞
　　キヌコ・エガース(デンマーク)
　　成田 實(青森県)
　　宮川 治佳(福井県)
　　宮坂 翔子(山梨県)
　　山口 尚哉(北海道)
　　望月 佐也佳(山梨県)
　　西永 耕(山梨県)
　　水井 秀雄(千葉県)
　　鈴木 敏充(埼玉県)
　◇入選
　　丸茂 春菜(山梨県)
　　木村 美香(東京都)
　　小林 友香(山梨県)
　　加藤 順子(山梨県)
　　早川 真由(山梨県)
　　滝瀬 麻希(山梨県)
　　堀内 澄子(山梨県)
　　川瀬 伊津子(埼玉県)
　　田中 正俊(群馬県)
　　山下 奈美(静岡県)
第4回(平15年)
　◇大賞
　　山下 奈美(静岡県)
　◇佳作
　　斉藤 まち子(千葉県)
　　河西 京祐(山梨県)
　　須永 由紀子(神奈川県)
　◇アルテア賞最優秀
　　森田 優子(鹿児島県)
　◇アルテア賞
　　東 香奈(和歌山県)

久保田 俊介（山梨県）
佐藤 秀貴（山梨県）
大塚 美都（山梨家）
正寳 愛子（福岡県）
小野 由美子（茨城県）
杉村 幸雄（鹿児島県）
佐藤 章子（山梨県）
松崎 加代（福岡県）
◇入選
　萩原 朝子（静岡県）
　茶郷 葉子（東京都）
　正寳 愛子（福岡県）
　矢野 千恵子（千葉県）
　羽生 朝子（茨城県）
　多田 有花（兵庫県）
　安井 華奈子（山梨県）
　矢吹 泰子（栃木県）
　福田 正彦（神奈川県）
　川口 一朗（東京都）
第5回（平16年）
◇大賞
　髙橋 雄三（福島県）
◇佳作
　中野 千秋（群馬県）
　山本 四雄（大阪府）
　松井 更（神奈川県）
◇アルテア賞最優秀
　佐藤 彩香（山梨県）
◇アルテア賞
　渡辺 真樹子（山梨県）
　横山 麻里子（富山県）
　橋立 英樹（新潟県）
　村上 智香（神奈川県）
　伊藤 小百合（神奈川県）
　山本 弥祐（福岡県）
　青山 英梨香（山梨県）
　久木元 絵理（東京都）
　富川 正輝（東京都）
第6回（平17年）
◇大賞
　遼川 るか（神奈川県）
◇佳作
　宮川 治佳（福井県）
　室井 睦美（山梨県）
　松林 新一（山梨県）
◇アルテア賞最優秀
　名取 隼希（山梨県）
◇アルテア賞
　原田 渚（神奈川県）
　蜂谷 惇起（岡山県）
　天川 央士（鹿児島県）
　岡部 佑妃子（山梨県）
　佐藤 紗也佳（北海道）
　吉田 奈未（静岡県）
　浅利 奈穂（山梨県）
　梶原 由加里（山梨県）
　根本 若奈（神奈川県）
第7回（平18年）
◇大賞・文部科学大臣賞
　藤沢 美由紀（埼玉県）
◇佳作
　今井 洋子（広島県）
　坂内 敦子（福島県）
　水谷 あづさ（奈良県）
◇アルテア賞最優秀
　加藤 龍哉（山梨県）
◇アルテア賞
　鈴木 敬太（静岡県）
　渡邉 ひとみ（大分県）
　桜庭 芙美佳（千葉県）
　藤木 春華（千葉県）
　羽田 麻美（千葉県）
　斎藤 友紀子（山梨県）
　大塚 幸絵（秋田県）
　今泉 静香（群馬県）
　酒井 菜穂子（大阪府）
第8回（平19年）
◇大賞・文部科学大臣奨励賞
　島津 あいり（愛知県）
◇佳作
　仁平井 麻衣（東京都）
　平井 玲子（山梨県）
　大原 薫（神奈川県）
◇アルテア賞最優秀
　前田 三菜津（京都府）
◇アルテア賞
　加藤 理花（福井県）
　海野 千秋（茨城県）
　白石 温子（北海道）
　桐谷 聖香（大阪府）
　小島 みすず（東京都）
　志賀 秋花（東京都）

飯田 麻依(東京都)
伊部 隆太(福井県)
イズミタ ハルカ(東京都)
第9回(平20年)
◇大賞・文部科学大臣奨励賞
　村上 京子(東京都)
◇佳作
　小林 未紅(静岡県)
　津島 綾子(山梨県)
　金本 かず子(山梨県)
◇アルテア賞最優秀
　藤原 拓磨(静岡県)
◇アルテア賞
　漆原 成美(山梨県)
　初芝 彩(東京都)
　田邉 真利絵(東京都)
　深澤 建己(山梨県)
　松野 友香(京都府)
　白川 有理沙(山梨県)
　窪田 あゆみ(福井県)
　森本 津弓(山梨県)
　石戸谷 祐希(青森県)
第10回(平20年)
◇大賞・文部科学大臣賞
　大江 豊(愛知県)
◇佳作
　弓野 広貴(千葉県)
　堀江 真純(東京都)
　玉利 明子(山梨県)
◇アルテア賞最優秀
　石橋 沙也佳(兵庫県)
第11回(平21年)
◇大賞・文部科学大臣賞
　佐藤 八重子(山梨県)
◇佳作
　遠山 久美子(山梨県)
　大和田 百合子(千葉県)
　藤倉 清光(岩手県)
◇アルテア賞最優秀
　石川 直樹(東京都)
第12回(平22年)
◇大賞・文部科学大臣賞
　谷口 ありさ(神奈川県)
◇山梨県知事賞
　小笠原 久枝(東京都)
◇山梨県教育委員会教育長賞
　逢坂 久美子(青森県)
◇甲府市長賞
　金巻 未来(山梨県)
◇アルテア賞最優秀
　佐藤 寛乃(宮城県)
第13回(平23年)
◇大賞・文部科学大臣賞
　宍戸 あけみ(宮城県)
◇山梨県知事賞
　松本 一美(東京都)
◇山梨県教育委員会教育長賞
　石川 明(北海道)
◇甲府市長賞
　仲川 暁実(埼玉県)
◇アルテア賞最優秀・山梨県教育委員会教育
　委員長賞
　梶山 未来(茨城県)
第14回(平24年)
◇大賞・文部科学大臣賞
　水谷 あづさ(奈良県)
◇山梨県知事賞
　坂内 敦子(福島県)
◇山梨県教育委員会教育長賞
　永松 果林(山梨県)
◇甲府市長賞
　朝山 ひでこ(神奈川県)
◇アルテア賞最優秀・山梨県教育委員会教育
　委員長賞
　渡辺 雄大(東京都)
第15回(平25年)
◇大賞・文部科学大臣賞
　大原 健三(東京都)
◇山梨県知事賞
　山本 町子(兵庫県)
◇山梨県教育委員会教育長賞
　水野 真由美(神奈川県)
◇甲府市長賞
　勝俣 麗奈(山梨県)
◇アルテア賞最優秀・山梨県教育委員会教育
　委員長賞
　風間 彩花(埼玉県)
第16回(平26年)
◇大賞・文部科学大臣賞
　渋谷 史恵(宮城県)
◇山梨県知事賞

文 学

　　三枝 新（山梨県）
◇山梨県教育委員会教育長賞
　　山本 高聖（山梨県）
◇甲府市長賞
　　永澤 優岸（神奈川県）
◇アルテア賞大賞・文部科学大臣賞
　　安藤 智貴（山梨県）
第17回（平27年）
◇大賞・文部科学大臣賞
　　今村 光臣（山梨県）
◇山梨県知事賞
　　伊賀崎 美千代（福岡県）
◇山梨県教育委員会教育長賞
　　秋山 恵里（山梨県）
◇甲府市長賞
　　今田 紗江（徳島県）
◇アルテア賞大賞・文部科学大臣賞
　　水野 真奈香（静岡県）
第18回（平28年）
◇大賞・文部科学大臣賞
　　佐藤 せつ（千葉県）
◇山梨県知事賞
　　小林 美成子（静岡県）
◇山梨県教育委員会教育長賞
　　小金 奈緒美（埼玉県）
◇甲府市長賞
　　高幣 美佐子（東京都）
◇アルテア賞大賞・文部科学大臣賞
　　池田 彩乃（中華人民共和国）

135 白鳥省吾賞

　宮城県築館町（現・栗原市）出身の詩人・白鳥省吾の功績を顕彰するため創設。「自然」「人間愛」のいずれかをテーマとした詩を募集し，自由詩の優れた作品に贈る。

【主催者】栗原市，白鳥省吾記念館

【選考委員】中村不二夫，原田勇男，佐々木洋一，三浦明博，渡辺通子

【選考方法】公募

【選考基準】〔対象〕「自然，人間愛」のいずれかをテーマとした詩。未発表のオリジナル作品（同人誌などに発表したものは不可）。形式は自由。〔資格〕国籍，年齢，プロ・アマなど一切不問。〔応募規定〕1人2点以内。400字詰め（B4）の原稿用紙2枚以内，縦書き。「詩」の後に別葉で郵便番号，住所，氏名（ペンネームの場合は本名も列記。ふりがなを付ける），年齢（中学生以下は学校名，学年も明記），性別，職業，電話番号を必ず記入。郵送または持参のこと（メール・FAXは不可）。要項請求は80円切手添付の返信用封筒を同封のこと

【締切・発表】（第18回）平成28年7月1日〜10月31日まで募集。平成29年2月26日表彰式

【賞・賞金】〔一般の部〕最優秀（1編）：賞金20万円，優秀〔2編〕：各10万円，〔小中学生の部〕最優秀賞（1編）：奨学金10万円，優秀（2編）：奨学金各5万円，特別賞（3編）：奨学金各3万円。副賞あり

【URL】http://www.kuriharacity.jp/index.cfm/12,0,64,html

第1回（平12年）
◇一般の部
● 最優秀
　　麦田 穣（徳島県徳島市）「南極の赤とんぼ」
● 優秀
　　井手 ひとみ（岐阜県北方町）「柿の木」
　　千田 さおり 「転嫁」
◇小中学生の部
● 最優秀
　　平塚 和正 「おやじ」
● 優秀

鈴木 理代　「蟬」
白鳥 みさき　「がんのかぞく」
◇特別賞
　平岡 真実　「おとうさん」
　気仙 ゆりか　「水枕」
　阿部 翔平　「とべなかったチュン」
第2回（平13年）
　◇一般の部
　●最優秀
　　浅野 政枝（札幌市北区）「赤い川」
　●優秀
　　今 久和（東京都練馬区）「「Bunkamura紀
　　　行 エドワード・ホッパー「真昼」」」
　　佐藤 光幸（秋田県湯沢市）「遭難」
　◇小中学生の部
　●最優秀
　　佐藤 晴香　「大かいじゅうがやってきた」
　●優秀
　　泉 正彦　「冬の匂い」
　　菅原 健太郎　「夜」
　●特別賞
　　渡辺 英基　「会話」
　　佐々木 孝保　「一回目のつり」
　　鈴木 孝枝　「見てられない」
第3回（平14年）
　◇一般の部
　●最優秀賞
　　川井 豊子（岡山県倉敷市）「バイラは十
　　　二歳」
　●優秀賞
　　藤森 重紀（東京都町田市）「再会の挨拶」
　　勝又 攻（静岡県御殿場市）「訪問者」
　●審査員推薦作品
　　安原 輝彦（埼玉県北本市）「病院待合室
　　　にて」
　◇小中学生の部
　●最優秀賞
　　須藤 隆成　「いねこき」
　●優秀賞
　　遠藤 竣　「見つけるぞ！ イチハサマ・エ
　　　ンドウ・ザウルス」
　　橘立 佳央理　「『ほたるのダンス』『さなぎ
　　　のゆめ』」
　●特別賞
　　熊谷 絵梨香　「口ごたえ」

佐藤 司　「神楽」
仁平井 麻衣　「人にやさしかったころ」
◇奨励賞
　善本 彩　「八月二十九日・神を見た日」
第4回（平15年）
　◇一般の部
　●最優秀賞
　　根木 実（和歌山市）「お日様（ひいさん）
　　　の唄」
　●優秀賞
　　島田 奈都子（長野市）「租界の町で」
　　越後 千代（滋賀県大津市）「招待状」
　◇小中学生の部
　●最優秀賞
　　遠藤 竣　「ぜったいはなさない」
　●優秀賞
　　熊谷 徳治　「こうびトンボ」
　　高井 俊宏　「涙」
　●特別賞
　　鈴木 杏奈　「ママのおとまり」
　　原田 佳奈　「お正月」
　　原田 潤　「魚つり」
　◇奨励賞
　　阿部 優希実　「おかあさん」
第5回（平16年）
　◇一般の部
　●最優秀賞
　　安原 輝彦（埼玉県北本市）「午後の客」
　●優秀賞
　　橘爪 幸子（大阪府池田市）「梅干し」
　　松﨑 智則（熊本県水俣市）「手紙」
　◇小・中学生の部
　●最優秀賞
　　小岩 巧　「すごいしゅん間」
　●優秀賞
　　坂井 百合奈　「表札の中の家族」
　　森田 有理恵　「ああ、ざんねん」
　●特別賞
　　石川 翔太　「ドリルロボットがやってきた」
　　尾崎 怜　「おじいちゃんへ」
　　綱田 康平　「こづかい」
　◇奨励賞
　　尾形 花菜子　「おぢちゃんが教えてくれた
　　　こと」
　　金成町立津久毛小学校
第6回（平17年）

◇一般の部
- 最優秀賞
  おぎ ぜんた(ケニア・ナイロビ)「象の分骨」
- 優秀賞
  吉田 薫(大阪府大阪市)「あいはら整骨院」
  後藤 順(岐阜県岐阜市)「帰郷」
◇小・中学生の部
- 最優秀賞
  鈴木 隆真 「ポジションはどこだ」
- 優秀賞
  岩野 将人 「じいちゃんさみしくないですか」
  岡崎 佑哉 「まちへおりていく小さな山みち」
- 特別賞
  坂井 泰法 「ありのなつバテ」
  相馬 沙織 「守りたい」
  伊藤 真大 「兄貴」
- 奨励賞
  佐々木 亮太 「セミは太陽がすきなんだよ」
  阿部 佑哉 「海」

第7回(平18年)
◇一般の部
- 最優秀賞
  上田 由美子(広島県広島市)「一枚のハガキ」
- 優秀賞
  詩村 あかね(埼玉県越谷市)「鉄路」
  藤木 泉(東京都台東区)「谷間の鳥たち」
◇小・中学生の部
- 最優秀賞
  坂井 泰法 「ほしがき大ばあちゃん」
- 優秀賞
  朝比奈 楓 「かみなり」
  菅原 力 「あさもや」
- 特別賞
  鈴木 悠朔 「かえるのなみだ」
  岡崎 佑哉 「とかげ」
  阿部 優希実 「バイクに乗ったおかあライダー」

第8回(平19年)
◇一般の部
- 最優秀賞
  エドワード・ユーダイ(米国バージニア州アーリントン)「しましまに濡れて」
- 優秀賞
  酒井 加奈(千葉県市川市)「サンクチュアリ」
  狩野 彰一(神奈川県横浜市)「だぁ、だぁ、だぁ」
- 審査員奨励賞
  手塚 亜純(静岡県沼津市)「その手で再び」
◇小・中学生の部
- 最優秀賞
  菅原 沙恵 「一の字のすき間から」
- 優秀賞
  山口 果南 「妹が立って走った」
  菅原 一真 「あわてんぼうにんじゃガエル」
- 特別賞
  佐々木 亮太 「お父さん、まかせて」
  高橋 秋斗 「とんだ救助隊」
  草橋 佑大 「ばーちゃんのうめぼし」
- 審査員奨励賞
  浅野 マリ 「ねこと私と夢と」
  鈴木 美咲 「早くみんなと」

第9回(平20年)
◇一般の部
- 最優秀賞
  中下 重美(兵庫県三田市)「木の肌」
- 優秀賞
  吉村 金一(佐賀県鹿島市)「道標のように」
  原 亮(東京都台東区)「ぼくたちの和音」
- 審査員奨励賞
  佐藤 理沙(宮城県栗原市)「変わらない姉妹愛」
  伊藤 杏奈(宮城県栗原市)「かえりみち」
◇小・中学生の部
- 最優秀賞
  大澤 友加 「我家の鋳掛屋さん」
- 優秀賞
  後藤 香澄 「今日はさみしくないね」
  熊谷 絵美里 「牛しの歯〜」
- 特別賞
  坂井 泰法 「雪の朝」
  佐々木 茜 「はち」
  鈴木 杜生子 「きょうふのやまヒル」

第10回(平21年)
◇一般(高校生以上)の部
- 最優秀賞

大澤 榮(北海道恵庭市)「漁川にて」
- 優秀賞
  高橋 泰子(宮城県加美郡)「ハッタギ追い」
  門馬 貴子(福島県南相馬市)「馬鹿親父」
- 審査員奨励賞
  菅原 文子(宮城県栗原市)「人間愛」
  大城 ゆり 「私のルーツ」
◇小・中学生の部
- 最優秀賞
  菅原 力 「地の底から」
- 優秀賞
  岡崎 佑哉 「夜の旅立ち」
  大谷 加玲 「指定席」
- 特別賞
  後藤 香澄 「空が笑った」
  髙橋 歩夢 「とくいになったヘチマ」
  髙橋 渉 「だっこく」

第11回(平22年)
◇一般(高校生以上)の部
- 最優秀賞
  川野 圭子(広島県呉市)「セルジャント・ナムーラ」
- 優秀賞
  吉田 薫(大阪府大阪市)「ヘルパー」
  橋本 詩音(東京都久留米市・学生)「さらば」
- 審査員奨励賞
  藤原 瑞基(岩手県紫波町・高校2年)「冬の喧嘩」
◇小・中学生の部
- 最優秀賞
  鈴木 裕哉 「お母さんツバメ」
- 優秀賞
  鈴木 智博 「メロウド漁をする父」
  菅原 蓮 「びっきのたいぐん」
- 特別賞
  菅原 泰輝 「たいしたもんだ」
  白鳥 咲由莉 「蜘蛛と私とあいつ」
- 審査員奨励賞
  菅原 徹也 「眠れない」
  宮下 自由 「あったかい手」

第12回(平23年)
◇一般(高校生以上)の部
- 最優秀賞
  上野 健夫(新潟県新潟市)「火を入れる」

- 優秀賞
  宇宿 一成(鹿児島県指宿市)「鮫」
  五藤 悦子(埼玉県越谷市)「うさぎ」
- 審査員奨励賞
  磯野 伸晃(東京都文京区・高校2年)「『セミ』の話」
◇小・中学生の部
- 最優秀賞
  佐藤 真悠 「看板」
- 優秀賞
  小野寺 紅葉 「もちをしょった日」
  大原 康介 「屋根にのぼって」
- 特別賞
  齋藤 美桜 「願い」
  後藤 のはら 「細胞」
  中村 瑠南 「お母さんがいっぱい」
- 審査員奨励賞
  坂井 敏法 「じいちゃんのひみつ」

第13回(平24年)
◇一般(高校生以上)の部
- 最優秀賞
  くりす たきじ(和歌山県和歌山市)「朝の日記 2011夏」
- 優秀賞
  根本 昌幸(福島県相馬市)「雨」
  髙藤 典子(三重県松阪市)「蘇芳」
- 審査員奨励賞
  平井 拓哉(宮城県仙台市・高校3年)「消失」
◇小・中学生の部
- 最優秀賞
  坂井 敏法 「こいのぼり」
- 優秀賞
  小野寺 日向 「蝉よ鳴け」
  翁 竜生 「『ハー』と『フー』」
- 特別賞
  梁川 和奏 「笑っている」
  高橋 昂大 「夏休みの研究」
- 審査員奨励賞
  加藤 佑理 「夕暮れの雑踏」

第14回(平25年)
◇一般(高校生以上)の部
- 最優秀賞
  五藤 悦子(埼玉県越谷市)「青いカナリア」
- 優秀賞

草野 理恵子（神奈川県横浜市）「よしよし‥‥」
花潜 幸（東京都東久留米市）「手首の白い花」
- 審査員奨励賞
  沼倉 順子（宮城県栗原市）「静思」
◇小・中学生の部
- 最優秀賞
  村上 恵璃華 「何だか、すまない」
- 優秀賞
  後藤 ゆうひ 「静かに暮らしていたのに」
  佐藤 大空 「後をついて行くと」
- 特別賞
  佐藤 佑香 「蟬」
  髙橋 怜央 「祖父」
  佐藤 健太 「雑草魂」

第15回（平26年）
◇一般（高校生以上）の部
- 最優秀賞
  草野 理恵子（神奈川県横浜市）「澄んだ瞳」
- 優秀賞
  千田 基嗣（宮城県気仙沼市）「船」
  中村 花木（群馬県前橋市）「春太郎」
- 審査員奨励賞
  朧哉（大阪府堺市）「キャンプの夜」
◇小・中学生の部
- 最優秀賞
  菅原 蓮 「父の図書カード」
- 優秀賞
  菅原 壮志 「にわとりが家にやってきた」
  若林 路佳 「愛について」
- 特別賞
  金森 悠夏 「反抗期」
  佐藤 修平 「「風の色は」」
  鈴木 杜生子 「私の家族は」
- 審査員奨励賞
  菅原 理史 「繰り返す毎日」

第16回（平27年）
◇一般（高校生以上）の部
- 最優秀賞
  花潜 幸（東京都東久留米市）「河、あなたに出会い離れるまで」
- 優秀賞
  石橋 真美（兵庫県川西市）「母になった日」
  里見 静江（埼玉県熊谷市）「畑の秋」

- 審査員奨励賞
  感王寺 美智子（宮城県気仙沼市）「きらめく海」
◇小・中学生の部
- 優秀賞
  金森 悠夏 「凶器」
  伊藤 圭佑 「夏の絵」
- 特別賞
  竹内 結哉 「おい、ゲンキ」
  高橋 未夢 「母、父、姉」
  菅原 結 「ねんどのへんしん」
- 審査員奨励賞
  水島 知周 「くっついたね」
  成瀬 瑠衣 「自転車」

第17回（平28年）
◇一般（高校生以上）の部
- 最優秀賞
  小野 光子（埼玉県越谷市）「自転車屋は世界を回す」
- 優秀賞
  石川 厚志（埼玉県比企郡小川町）「空中散歩」
  魚本 藤子（山口県下関市）「十万年」
- 審査員奨励賞
  小野 知世（福岡県久留米市）「秋の記憶」
◇小・中学生の部
- 最優秀賞
  佐藤 麗菜 「ふわふわのボール」
- 優秀賞
  加藤 彩花 「空への郵便」
  菅原 結 「にわの音楽会」
- 特別賞
  千田 仁南 「きゃほず」
  千田 菜瑠 「かにとり名人」
  木戸 真梨子 「海」
- 審査員奨励賞
  氏家 萌々菜 「呪文の言葉」
  香川 泰輝 「未来のぼくの子どもへ伝えたいこと」

第18回（平29年）
◇一般（高校生以上）の部
- 最優秀賞
  前田 新（福島県会津美里町）「北への回路」
- 優秀賞
  堀内 敦子（神奈川県川崎市）「白い帽子」

餅田 彩葉（沖縄県那覇市）「森の詩（もりのうた）」
◇小・中学生の部
- 最優秀賞
  水島 知周 「蒲」
- 優秀賞
  熊谷 友紀子 「海」

遠藤 登希 「君」
- 特別賞
  千葉 玲夕 「たのしいたいこ」
  齋藤 悠一郎 「さいしょのきおく」
  冨田 眞吏 「ノラネコ」
- 審査員奨励賞
  石野 美宙 「菊のごとく、生きてゆけ」
  横堀 就海 「紙の中」

136 ちよだ文学賞

千代田区の持つ文化的・歴史的な魅力をアピールするとともに，文学の担い手として新たな才能を発掘し，多くの人にとって文字や活字の大切さを考えるきっかけづくりとなるよう，平成18年度に創設。

【主催者】東京都千代田区

【選考委員】（第12回）逢坂剛（作家），唯川恵（作家），角田光代（作家）

【選考方法】公募

【選考基準】〔対象〕日本語で書かれた未発表小説。テーマ，ジャンルは不問。〔資格〕年齢，住所，職業は問わない。〔原稿〕A4サイズの用紙を横長に使用し，40字×40行の縦書きに印字し，30枚以内。手書き不可。表紙には以下を記入 小説のタイトル，氏名・ふりがな，ペンネーム・ふりがな，郵便番号，住所（千代田区在勤在学者はその旨明記），年齢，性別，職業，電話番号，メールアドレス，ちよだ文学賞を何で知ったか，600字程度のあらすじ

【締切・発表】（第12回）平成29年4月30日締切（当日消印有効），平成29年10月，入賞者に通知。最終選考の作品は本にして，区役所等で販売する

【賞・賞金】大賞（1編）：100万円

【URL】https://www.city.chiyoda.lg.jp/koho/bunka/bunka/bungaku/index.html

第1回（平18年）
◇大賞
　紫野 貴李（埼玉県狭山市）「櫻観音」
◇優秀賞
　中村 豊（東京都世田谷区）「桜散る」
　早瀬 徹（石川県能美市）「鞘師勘兵衛の義」
◇逢坂特別賞
　仁科 友里（東京都文京区）「桜を愛でる」
第2回（平19年）
◇大賞
　恵 茉美（スペイン・グラナダ）「レジェスの夜に」
◇優秀賞
　咲木 ようこ（静岡県沼津市）「山川さんは鳥を見た」
◇佳作
　早瀬 徹（石川県能美市）「獅子で勝負だ、菊三」
第3回（平20年）
◇大賞
　八木沢 里志 「森崎書店の日々」
◇優秀賞
　篠原 紀 「永青」
◇唯川恵特別賞
　遊座 理恵 「空見子の花束」
第4回（平21年）

137 坪田譲治文学賞

◇大賞
　滝 洸一郎 「ケニア夜間鉄道」
◇唯川恵特別賞
　松嶋 チエ 「化け猫音頭」
第5回（平22年）
◇大賞
　脇 真珠 「夏の宴」
◇優秀賞
　滝本 正和 「寝台特急事件」
第6回（平23年）
◇大賞
　鈴木 智之 「オッフェルトリウム」
第7回（平24年）
◇大賞
　工藤 健策 「神田伯山」
第8回（平25年）
◇優秀賞
　一ノ宮 慧 「つなわたり」
第9回（平26年）
◇大賞
　阿部 安治 「俎板橋からずっと」
◇千代田賞
　大沼 菜摘 「紅い夏みかん」
第10回（平27年）
◇大賞
　梅田 丘匝 「初音の日」
◇千代田賞
　樋口 鳳香 「ぬしのはなし」
第11回（平28年）
◇大賞
　愛内 紫音 「りんごの芽」
◇千代田賞
　増田 義雄 「橋わたり」

---

137 坪田譲治文学賞

　岡山市出身の小説家・児童文学作家である坪田譲治の業績を称えるとともに，市民の創作活動を奨励し，市民文化の向上に資することを目的として昭和59年に制定した賞である。

【主催者】岡山市，岡山市文学賞運営委員会

【選考委員】（第32回）阿川佐和子，五木寛之，川村湊，西本鶏介，森詠

【選考方法】推薦。全国各地から推薦された作品（自薦・他薦を問わない）について，予備選考委員により最終候補作品をしぼる

【選考基準】〔対象〕大人も子どもも共有できる世界を描いた優れた文学作品。前年9月1日から8月31日までの1年間の刊行物

【締切・発表】（第32回）平成29年2月26日贈呈式

【賞・賞金】正賞は賞状と賞牌，副賞は賞金100万円

【URL】http://www.city.okayama.jp/bungaku/

第1回（昭60年度）
　太田 治子 「心映えの記」〔中央公論社〕
第2回（昭61年度）
　今村 葦子 「ふたつの家のちえ子」〔評論社〕
第3回（昭62年度）
　丘 修三 「ぼくのお姉さん」〔偕成社〕
第4回（昭63年度）
　笹山 久三 「四万十川—あつよしの夏」〔河出書房新社〕
第5回（平1年度）
　有吉 玉青 「身がわり—母・有吉佐和子との日日」〔新潮社〕
第6回（平2年度）
　川重 茂子 「おどる牛」〔文研出版〕
第7回（平3年度）
　江國 香織 「こうばしい日々」〔あかね書房〕

第8回（平4年度）
　立松 和平 「卵洗い」〔講談社〕
第9回（平5年度）
　李 相琴 「半分のふるさと―私が日本にいたときのこと」〔福音館書店〕
第10回（平6年度）
　森 詠 「オサムの朝」〔集英社〕
第11回（平7年度）
　阿部 夏丸 「泣けない魚たち」〔ブロンズ新社〕
第12回（平8年度）
　渡辺 毅 「ぼくたちの〈日露〉戦争」〔邑書林〕
第13回（平9年度）
　角田 光代 「ぼくはきみのおにいさん」〔河出書房新社〕
第14回（平10年度）
　重松 清 「ナイフ」〔新潮社〕
第15回（平11年度）
　阿川 佐和子 「ウメ子」〔小学館〕
第16回（平12年度）
　上野 哲也 「ニライカナイの空で」〔講談社〕
第17回（平13年度）
　川上 健一 「翼はいつまでも」〔集英社〕
第18回（平14年度）
　いしい しんじ 「麦ふみクーツェ」〔理論社〕
第19回（平15年度）
　長谷川 摂子 「人形の旅立ち」〔福音館書店〕

第20回（平16年度）
　那須田 淳 「ペーターという名のオオカミ」〔小峰書店〕
第21回（平17年度）
　伊藤 たかみ 「ぎぶそん」〔ポプラ社〕
第22回（平18年度）
　関口 尚 「空をつかむまで」〔集英社〕
第23回（平19年度）
　椰月 美智子 「しずかな日々」〔講談社〕
第24回（平20年度）
　瀬尾 まいこ 「戸村飯店 青春100連発」〔理論社〕
第25回（平21年度）
　濱野 京子 「トーキョー・クロスロード」〔ポプラ社〕
第26回（平22年度）
　佐川 光晴 「おれのおばさん」〔集英社〕
第27回（平23年度）
　まはら 三桃 「鉄のしぶきがはねる」〔講談社〕
第28回（平24年度）
　中脇 初枝 「きみはいい子」〔ポプラ社〕
第29回（平25年度）
　朝井 リョウ 「世界地図の下書き」〔集英社〕
第30回（平26年度）
　長崎 夏海 「クリオネのしっぽ」〔講談社〕
第31回（平27年度）
　東 直子 「いとの森の家」〔ポプラ社〕
第32回（平28年度）
　岩城 けい 「Masato」〔集英社〕

138 富田砕花賞

　詩人富田砕花は，大正期の民衆詩派詩人として，ホイットマンの「草の葉」の訳詩者として知られている。大正9年以降芦屋に定住し，"兵庫県文化の父"ともよばれた。平成2年，砕花の生誕100年，芦屋市制50周年，教育委員会設置40周年を記念し，創設された。

【主催者】富田砕花顕彰会
【選考委員】鈴木漠，たかとう匡子，時里二郎
【選考方法】公募
【選考基準】〔対象〕詩集。〔資格〕前年7月から当該年6月末日までに発行された詩集。（但し，翻訳，アンソロジー，復刻及び遺稿集は除く）。〔応募期間〕5月1日から7月31日まで（必着）〔応募方法〕詩集2冊，応募票（郵便番号・住所，氏名（フリガナ）・ペンネー

文 学　　　　　　　　　　　　　　　　　　　　　　　　　　　*138* 富田砕花賞

　　ムもあれば併記, 連絡先 (電話番号・携帯電話可)) を送付
【締切・発表】 (第28回) 平成29年7月31日締切 (必着), 10月中旬に発表, 11月2日に贈呈式
【賞・賞金】 正賞賞状, 副賞50万円
【URL】 http://www.city.ashiya.lg.jp/gakushuu/saika.html

第1回 (平2年)
　長田 弘 「心の中にもっている問題」〔晶文社〕
第2回 (平3年)
　時里 二郎 「星痕を巡る七つの異文」〔書肆山田〕
第3回 (平4年)
　北畑 光男 「救沢 (すくいざわ) まで」〔土曜美術社〕
第4回 (平5年)
　大崎 二郎 「沖縄島」〔青帖社〕
第5回 (平6年)
　平林 敏彦 「磔刑の夏」〔思潮社〕
第6回 (平7年)
　西岡 寿美子 「へんろみちで」〔二人発行所〕
第7回 (平8年)
　深津 朝雄 「石の蔵」〔青樹社〕
第8回 (平9年)
　中塚 鞠子 「駱駝の園」〔思潮社〕
第9回 (平10年)
　広部 英一 「首宿」〔詩学社〕
第10回 (平11年)
　清岳 こう 「天南星の食卓から」〔土曜美術社出版販売〕
第11回 (平12年)
　川島 完 「ピエタの夜」〔紙鳶社〕
第12回 (平13年)
　山本 美代子 「西洋梨そのほか」〔編集工房ノア〕
第13回 (平14年)
　木津川 昭夫 「掌の上の小さい国」〔思潮社〕
第14回 (平15年)
　皆木 信昭 「ごんごの渕」〔書肆青樹社〕
第15回 (平16年)
　くにさだ きみ 「壁の目録」〔土曜美術社〕

第16回 (平17年)
　秋山 基夫 「家庭生活」〔思潮社〕
　川上 明日夫 「夕陽魂」〔思潮社〕
第17回 (平18年)
　苗村 吉昭 「オーブの河」〔編集工房ノア〕
　境 節 「薔薇のはなびら」〔思潮社〕
第18回 (平19年)
　秋川 久紫 「花泥棒は象に乗り」
　日笠 芙美子 「海と巻貝」
第19回 (平20年)
　中西 弘貴 「飲食＜おんじき＞」〔編集工房ノア〕
　松尾 静明 「地球の庭先で」〔三宝社〕
第20回 (平21年)
　金田 弘 「虎擲龍拏 (こてきりょうだ)」〔書肆山田〕
第21回 (平22年)
　閤田 真太郎 「十三番目の男」〔砂子屋書房〕
　永井 ますみ 「愛のかたち」〔土曜美術社出版販売〕
第22回 (平23年)
　司 茜 「塩っ辛街道」〔思潮社〕
　万亀 佳子 「夜の中の家族」〔花神社〕
第23回 (平24年)
　嶋岡 晨 「終点オクシモロン」〔洪水企画〕
　髙橋 冨美子 「子盗り」〔思潮社〕
第24回 (平25年)
　岩佐 なを 「海町」〔思潮社〕
　江口 節 「オルガン」〔編集工房ノア〕
第25回 (平26年)
　尾世川 正明 「フラクタルな回転運動と彼の信念」〔土曜美術社出版〕
第26回 (平27年)
　宮内 憲夫 「地球にカットバン」〔思潮社〕
第27回 (平28年)
　井上 嘉明 「宙吊り」〔詩誌「菱」の会〕

郷土・地域文化の賞事典　359

139 中城ふみ子賞

帯広を代表する歌人・中城ふみ子(大正11年11月25日～昭和29年8月3日)の功績を称えるとともに地域からの新たな文化の創造・発信を目的として、中城ふみ子の没後50年にあたる平成16年に創設し、隔年で実施。自らの「生きる」姿勢を短歌に託した力強い作品を募集する。

【主催者】中城ふみ子賞実行委員会、短歌研究社、帯広市、帯広市教育委員会

【選考委員】福島泰樹、梅内美華子、時田則雄

【選考方法】公募

【選考基準】〔対象〕自らの「生きる」姿勢を託した力強い短歌。未発表作品50首。〔原稿〕400字詰原稿用紙(B4)を使用し、タイトルをつけて原稿1部とコピー3部の計4部を提出する

【締切・発表】(第7回)平成28年4月30日締切(消印有効)、「短歌研究」8月号に作品発表

【賞・賞金】大賞(1名)賞状および副賞10万円、雑誌「短歌研究」8月号への掲載

【URL】https://www.lib-obihiro.jp/nakajyosyou.html

第1回(平16年)
　遠藤 由季　「真冬の漏斗」
第2回(平18年)
　小玉 春歌　「さよならの季節に」
第3回(平20年)
　田中 教子　「乳房雲」
第4回(平22年)
　葉月 詠　「月の河」
第5回(平24年)
　中畑 智江　「同じ白さで雪は降りくる」
第6回(平26年)
　蒼井 杏　「空壜ながし」
第7回(平28年)
　たむら ふみ乃　「ティーバッグの雨」

140 長塚節文学賞

常総市(旧・石下町)が生んだ明治の文人・長塚節を顕彰するとともに「節のふるさと常総」の文化を全国に発信していくために創設。

【主催者】常総市・節のふるさと文化づくり協議会

【選考委員】(第20回)〔短編小説部門〕高橋三千綱、堀江信男、成井惠子、〔短歌部門〕秋葉四郎、大島史洋、米川千嘉子、〔俳句部門〕今瀬剛一、青木啓泰、嶋田麻紀

【選考方法】公募

【選考基準】〔対象〕短編小説、短歌、俳句。未発表作品。〔原稿〕短編小説：原稿用紙21～50枚,1人1編、短歌：1人2首まで、俳句：1人2句まで。〔応募規定〕応募料1作品につき1000円、小中高校生は無料

【締切・発表】(第20回)募集期間：平成29年4月1日～平成29年9月4日

【賞・賞金】〔短編小説〕大賞(1点)：賞状と記念品、副賞20万円、〔短歌・俳句〕大賞(1点)：賞状と記念品

【URL】http://www.city.joso.lg.jp

第1回（平9年）
◇短編小説部門
- 大賞
  大庭 桂 「恋歌」
- 優秀賞
  田村 悦子 「里の女のユートピア」
◇短歌
- 大賞
  田村 康治
◇俳句
- 大賞
  佐藤 茂夫

第2回（平10年）
◇短編小説部門
- 大賞
  山岡 けいわ 「雪の歌」
- 優秀賞
  羽田野 良太 「ラストステージ」
  片岡 永 「火焔」
◇短歌
- 大賞
  青木 保
◇俳句
- 大賞
  柏村 四郎

第3回（平11年）
◇短編小説部門
- 大賞
  小河 洋子 「しずり雪」
- 優秀賞
  林 瀬津子 「遅刻貝の譜」
◇短歌部門
- 大賞
  神田 三亀男
◇俳句部門
- 大賞
  安藤 葉子

第4回（平12年）
◇短編小説部門
- 大賞
  山田 隆司 「かんでえらの日々」
◇短歌部門
- 大賞
  白田 敦子
◇俳句部門
- 大賞
  倉岡 智江

第5回（平13年）
◇短編小説部門
- 大賞
  田中 良彦 「泥海ニ還ラズ」
- 優秀賞
  佐藤 いずみ 「生きる」
  宮本 徹志 「けっくりさん」
◇短歌部門
- 大賞
  藤田 光義
◇俳句部門
- 大賞
  小林 静枝

第6回（平14年）
◇短編小説部門
- 大賞
  紺野 真美子 「彼誰時」
- 優秀賞
  鈴木 清隆 「ごぜ奇譚」
  諸藤 成信 「遠い歌声」
◇短歌部門
- 大賞
  宮崎 昭司
◇俳句部門
- 大賞
  野村 洋子

第7回（平15年）
◇短編小説部門
- 大賞
  内田 聖子 「紫蘇むらさきの」
- 優秀賞
  黒沢 絵美 「仙人のお守り」
  白石 久雄 「祖父の終い」
◇短歌部門
- 大賞
  木村 浩重
◇俳句部門
- 大賞
  石毛 惠美子

第8回（平16年）
　◇短編小説部門
　　松本 敬子　「幸せの翠」
　◇短歌部門
　　加藤 恵美子
　◇俳句部門
　　高橋 康子
第9回（平17年）
　◇短編小説部門
　　小松 未都　「幻」
　◇短歌部門
　　辻田 悦子
　◇俳句部門
　　古澤 道夫
第10回（平18年）
　◇短編小説部門
　　沙木 実里　「風の櫛」
　◇短歌部門
　　富山 富美子
　◇俳句部門
　　岩佐 聖子
第11回（平19年）
　◇短編小説部門
　　●大賞
　　　大野 俊郎　「しまんちゅ」
　　●優秀賞
　　　田谷 榮近　「胸痛む」
　　　岡部 達美　「勇敢な犬たち」
第11回（平19年）
　◇短歌部門
　　●大賞
　　　大河内 卓之
　　●優秀賞
　　　市川 勢子
　　　石井 久衣
　　　荻津 博子
　　　増田 政
　　　堀江 拓也
　◇俳句部門
　　●大賞
　　　吉江 正元
　　●優秀賞
　　　安藤 陽子
　　　井坂 道子
　　　塚田 三樹子
　　　熊谷 亜津

　　　石塚 さく
第12回（平21年）
　◇短編小説部門
　　冨岡 美子　「ヒマラヤ桜の下で」
　◇短歌部門
　　伊藤 孝恵　「里山の運動会は選手等を貸したり借りたり勝負はつかず」
　◇俳句部門
　　渡辺 平江　「柿をむく夕日の色を回しつつ」
第13回（平22年）
　◇短編小説部門
　　馬場 美里　「誓いの木」
　◇短歌部門
　　針谷 まさお　「きょう播くはジャックの登りし豆の種八十三歳まだ夢がある」
　◇俳句部門
　　井坂 道子　「新調の鎌の切れ味夏つばめ」
第14回（平23年）
　◇短編小説部門
　　斉藤 せち　「大部屋の源さん」
　◇短歌部門
　　政井 繁之　「再興のなりて限界集落に子供歌舞伎のお捻りが飛ぶ」
　◇俳句部門
　　野口 光江　「音立てて節の郷の落葉踏む」
第15回（平24年）
　◇短編小説部門
　　西林 久美子　「闇の音」
　◇短歌部門
　　小田倉 量平　「汲むにつれ湯気立ちのぼる井戸水に霜ごと摘みし青菜を浸す」
　◇俳句部門
　　安藤 陽子　「餅搗や湯気の中より父母の声」
第16回（平25年）
　◇短編小説部門
　　該当作なし
　◇短歌部門
　　黒羽 文男　「水張田に映れる宙を食みながら早苗はすんすん伸びてゆくなり」
　◇俳句部門
　　井坂 あさ　「田の神にどんと一本新走り」
第17回（平26年）
　◇短編小説部門
　　絹谷 朱美　「四重奏」
　◇短歌部門

深町 一夫 「卒業の歌声ひびく安達太良の空を越えゆく白鳥の群れ」
◇俳句部門
　石崎 雅男 「苗碓と根付き平らな村となる」
第18回(平27年)
◇短編小説部門
　内田 東良 「海からの便り」
◇短歌部門
　岩岡 正子 「豌豆のつるがくるりと伸び出して園芸部員の卒業せまる」
◇俳句部門
　添野 眞一 「節忌や竹林に風鳴りやまず」
第19回(平28年)
◇短編小説部門
　柿澤 正志 「震える手」
◇短歌部門
　山口 勝己 「決壊の濁流渦巻その先に収穫間近田の広がりぬ」
◇俳句部門
　野口 英二 「土に土撒いて浄める節の忌」

141 中原中也賞

山口市出身の詩人・中原中也の業績を顕彰するとともに,詩を通じた芸術文化意識の向上を目的とする。新鮮な感覚を備えた優れた現代詩の詩集に贈られ,新人賞的な性格をもつ。

【主催者】山口市

【選考委員】(第23回)荒川洋治,井坂洋子,佐々木幹郎,高橋源一郎,蜂飼耳

【選考方法】公募・推薦(新聞社,出版社,詩人等)

【選考基準】(第23回)〔対象〕平成28年12月1日から平成29年11月30日までに刊行された現代詩の詩集(奥付入りの印刷された詩集)。〔公募〕著者本人が同じ詩集3部を「中原中也記念館」へ送付する

【締切・発表】(第23回)平成29年12月10日締切(当日消印有効),選考会終了後,報道機関を通じて発表。4月29日(中原中也の生誕日)贈呈式,「ユリイカ」4月号,山口市および中原中也記念館ホームページに掲載予定

【賞・賞金】正賞中原中也ブロンズ像,副賞100万円

【URL】http://www.chuyakan.jp/

第1回(平8年)
　豊原 清明 「夜の人工の木」〔霧工房〕
第2回(平9年)
　長谷部 奈美江 「もしくは、リンドバーグの畑」〔思潮社〕
第3回(平10年)
　宋 敏鎬 「ブルックリン」〔青土社〕
第4回(平11年)
　和合 亮一 「AFTER」〔思潮社〕
第5回(平12年)
　蜂飼 耳 「いまにもうるおっていく陣地」〔紫陽社〕
第6回(平13年)
　アーサー・ビナード 「釣り上げては」〔思潮社〕
第7回(平14年)
　日和 聡子 「びるま」〔私家版〕
第8回(平15年)
　中村 恵美 「火よ!」〔書肆山田〕
第9回(平16年)
　久谷 雄 「昼も夜も」〔ミッドナイト・プレス〕
第10回(平17年)
　三角 みづ紀 「オウバアキル」〔思潮社〕
第11回(平18年)
　水無田 気流 「音速平和 sonic peace」〔思

潮社〕
第12回（平19年）
　須藤 洋平 「みちのく鉄砲店」〔私家版〕
第13回（平20年）
　最果 タヒ 「グッドモーニング」〔思潮社〕
第14回（平21年）
　川上 未映子 「先端で、さすわ ささされるわ そらええわ」〔青土社〕
第15回（平22年）
　文月 悠光 「適切な世界の適切ならざる私」〔思潮社〕
第16回（平23年）

辺見 庸 「生首」〔毎日新聞社〕
第17回（平24年）
　暁方 ミセイ 「ウイルスちゃん」〔思潮社〕
第18回（平25年）
　細田 傳造 「谷間の百合」〔書肆山田〕
第19回（平26年）
　大崎 清夏 「指差すことができない」
第20回（平27年）
　岡本 啓 「グラフィティ」〔思潮社〕
第21回（平28年）
　カニエ・ナハ 「用意された食卓」〔私家版〕
第22回（平29年）
　野崎 有以 「長崎まで」〔思潮社〕

142 中山義秀文学賞

　平成5年白河市（旧大信村）に設立された「中山義秀記念文学館」の開館を記念して創設。中山義秀氏の文化遺産をさらに蒐集展示し、文学愛好者の研究に役立て、更に文学を語る機会と場の提供、市の文化の向上、人づくりに寄与することを目的とする。平成10年・11年は白河地方が集中豪雨で大きな被害を受けたため中止された。平成12年より復活。

【主催者】中山義秀顕彰会

【選考委員】（第22回）高橋義夫、竹田真砂子、中村彰彦、清原康正

【選考方法】公募、第9回より公開選考

【選考基準】〔対象〕歴史時代小説。4月～翌年3月31日までに刊行された本

【締切・発表】（第22回）平成25年6月8日締切、平成25年11月9日公開選考会で決定

【賞・賞金】正賞：賞状、副賞：賞金50万円、白河産米コシヒカリを第16回から3俵（180キロ）

【URL】http://www.city.shirakawa.fukushima.jp/

第1回（平5年）
　中村 彰彦 「五左衛門坂の敵討」〔新人物往来社〕
第2回（平6年）
　堀 和久 「長い道程〔みちのり〕」〔講談社〕
第3回（平7年）
　大島 昌宏 「罪なくして斬らる―小栗上野介」〔新潮社〕
第4回（平8年）
　佐江 衆一 「江戸職人綺譚」〔新潮社〕
第5回（平9年）
　高橋 直樹 「鎌倉擾乱」〔文藝春秋〕

第6回（平12年）
　飯嶋 和一 「始祖鳥記」〔小学館〕
第7回（平13年）
　宇江佐 真理 「余寒の雪」〔実業之日本社〕
第8回（平14年）
　杉本 章子 「おすず―信太郎人情始末帖」〔文藝春秋〕
第9回（平15年）
　竹田 真砂子 「白春」〔集英社〕
第10回（平16年）
　乙川 優三郎 「武家用心集」〔集英社〕
第11回（平17年）

安部 龍太郎 「天馬、翔ける」〔新潮社〕
第12回（平18年）
　　　池永 陽 「雲を斬る」〔講談社〕
第13回（平19年）
　　　火坂 雅志 「天地人」〔日本放送出版協会〕
第14回（平20年）
　　　岩井 三四二 「清佑、ただいま在庄」〔集英社〕
第15回（平21年度）
　　　植松 三十里 「彫残二人」〔中央公論新社〕
第16回（平22年度）
　　　上田 秀人 「孤闘 立花宗茂」〔中央公論新社〕

第17回（平23年度）
　　　澤田 瞳子 「孤鷹の天」〔徳間書店〕
第18回（平24年度）
　　　西條 奈加 「涅槃の雪」〔光文社〕
第19回（平25年度）
　　　天野 純希 「破天の剣」〔角川春樹事務所〕
第20回（平26年度）
　　　伊東 潤 「峠越え」〔講談社〕
第21回（平27年度）
　　　風野 真知雄 「沙羅沙羅越え」〔KADOKAWA〕
第22回（平28年度）
　　　朝井 まかて 「眩（くらら）」〔新潮社〕

143 NARA万葉世界賞

世界に誇り得る文化遺産である「万葉集」に関する学術・文化の分野において，顕著な業績・功績をあげた者を広く世界から顕彰する。もって，世界における「万葉集」研究等のさらなる推進を図り，日本文化の再発見と新たな文化創造に貢献することを目的とし，奈良県が主催し，外務省，文部科学省が後援する。

【主催者】奈良県

【選考委員】（第5回）ドナルド・キーン（コロンビア大学名誉教授，日本文学研究者），五木寛之（作家），遠山敦子（（財）新国立劇場運営財団顧問，元文部科学大臣），中西進（奈良県立万葉文化館名誉館長，日本文学研究者）

【選考方法】国内外の学識経験者などからの推薦（他薦）による公募

【選考基準】〔対象〕世界において，万葉集研究に顕著な業績をあげた者。世界において，万葉集に関連する古代文化研究に顕著な業績をあげた者。万葉文化の国際的な展開，普及に多大な功績のあった者。国籍・居住地は問わない

【締切・発表】（第5回）平成29年9月発表，同年11月 贈呈式・記念行事（予定）

【賞・賞金】受賞（1名）：賞状，賞牌及び副賞100万円

【URL】http://www.manyo.jp/

第1回（平20年）
　　　ジェニ・ワキサカ（ブラジル・サンパウロ大学元教授）"ブラジルでの万葉集研究の第一人者で，ラテン系文明圏の日本文化研究として業績が高く評価された"
第2回（平22年）
　　　王 暁平（天津師範大学文学院教授・国際中国文学研究センター長）"蓄積された中国古典文学の研究を基盤として「万葉集」を中心とした日本古代詩歌との比較研究し，多くの著作によって中国人に和歌の魅力や日本古代文化の粋を伝え，さらには後進研究者の育成にも尽力した"
第3回（平24年）
　　　クランストン，エドウィン・A.（アメリカ・ハーバード大学日本文学教授）"「万葉集」の詩歌を英訳し，英語圏の研究者をはじめ，日本語を知らない一般読者に

「万葉集」の魅力を広く知らしめた"集」の全訳を行い、現在もチェコ共和国およびカナダにおける日本文学研究の第一人者として活躍"

第4回（平26年）
リーマン, アントニー V.（トロント大学名誉教授）"チェコ語ではじめて「万葉

144 新美南吉童話賞

半田市出身の童話作家・新美南吉の顕彰及びふるさと半田PRのために創設。平成25年度（第25回）は，半田市教育委員会と新美南吉生誕100年記念事業実行委員会の主催で，新美南吉生誕100年記念「幻の童話」部門を特別に設けた。第27回から新美南吉オマージュ部門を新設。

【主催者】半田市教育委員会

【選考委員】（第29回）浜たかや（児童文学者），酒井晶代（児童文学研究者），富安陽子（童話作家），藤田のぼる（児童文学評論家），知多管内小中学校教諭ほか

【選考方法】公募

【選考基準】〔対象〕自由創作部門：テーマ自由。一般の部（高校生以上）：400字詰原稿用紙7枚以内，中学生の部：同5枚以内，小学生高学年の部（4年生以上）：同5枚以内，小学生低学年の部：同3枚以内。新美南吉オマージュ部門（小学生～一般）：新美南吉に通じるテーマで童話を創作。同7枚以内。縦書きでHB以上の鉛筆か，黒インクまたはボールペン使用。パソコンの場合は，1枚に20字×20行で印刷。作品には表紙（どんな用紙でも可）をつけ，部門名，題名，郵便番号，住所，氏名（学生の場合は保護者名も），年齢（学生の場合は学校名・学年），電話番号（携帯電話可）を明記

【締切・発表】（第29回）平成29年6月1日～9月15日締切（当日消印有効・海外から発送したものは当日必着），11月下旬発表（HP・入選者のみ連絡）

【賞・賞金】〔自由創作・新美南吉オマージュ部門共通〕最優秀賞（1編）：賞金50万円，〔自由創作部門〕優秀賞（一般の部門2編，中学生・小学生高学年・小学生低学年の部各1編）：一般・賞金5万円，その他・賞品3万円，特別賞（一般の部門3編，中学生1編）：一般・賞金3万円，中学生・賞品2万円。佳作：一般・賞品2万円，その他・賞品1万円。〔新美南吉オマージュ部門〕大賞：賞金10万円，優秀賞：賞金5万円，特別賞：賞金3万円。入選作品の著作権は，いずれも半田市教育委員会に帰属

【URL】http://www.nankichi.gr.jp/

第1回（平1年）
◇最優秀賞
　吉田 達子　「カエルじぞう」
◇一般の部
●優秀賞
　武田 てる子　「金色のペンダント」
　谷本 聡　「あいちゃんのウインク星」
●特別賞
　山下 雅子　「ゆうくんがいてよかったね」
　渡辺 好子　「病気になったおばあちゃん」
　横田 有紀子　「おかあちゃんのべんと」
◇児童生徒の部
●優秀賞
　中根 裕希子　「ナキチャンマンの変身」
　佐藤 容子　「石の力」
　衛藤 美奈子　「赤いリボンの町とむぎわらほうしのお山」
●特別賞

加賀谷 勇典 「くまときつねとさかな」
第2回（平2年）
　◇最優秀賞
　　笹川 奎治（千葉県船橋市）「おとうさんのつくえ」
　◇一般の部
　　●優秀賞
　　　原田 雅江（愛知県豊橋市）「トン・トン・まえ」
　　●特別賞
　　　森本 寿枝（愛知県豊橋市）「カエルのまつり」
　　　小笠原 由実（愛知県西尾市）「きつねの初めての友達」
　◇児童生徒の部
　　●特別賞
　　　関 麻里子　「お母さんの宝物」
　　　幅 千里　「青い列車」
　　　土屋 栄子　「ワニの一生」
第3回（平3年）
　◇最優秀賞
　　笹森 美保子（青森県青森市）「ポコ太くんゆうびんです」
　◇一般の部
　　●優秀賞
　　　長谷川 たえ子（愛知県海部郡大治町）「ご用聞き五郎さん」
　◇小学生高学年の部
　　●優秀賞
　　　吉岡 杏那（愛知県半田市）「とらになった女の子」
　◇小学生低学年の部
　　●優秀賞
　　　岡戸 優（埼玉県入間市）「パトロール犬チビ」
　　●特別賞
　　　村田 好章（滋賀県草津市）「救急車は風に吹かれて」
　　　大橋 由佳（東京都八王子市）「ともちゃんにお気に入り」
　　　畑 雅明（広島県広島市）「森のレポーター」
　　　鈴木 里奈（愛知県半田市）「洋服ダンスの中の国」
　　　立川 瑠衣（愛知県知多郡東浦町）「ルンといっしょにあそぼ」

第4回（平4年）
　◇最優秀賞（文部大臣奨励賞）
　　羽月 由起子（愛知県大府市）「かいぬしもとむ」
　◇一般の部
　　●優秀賞
　　　東島 賀代子（長野県長野市）「かばのおしり」
　　●特別賞
　　　渡辺 仁美（兵庫県神戸市）「ゆびわうさぎ」
　　　高田 裕子（東京都目黒区）「恋をしたバイオリン」
　　　斎藤 至子（愛知県半田市）「夏まつり」
　　　迫田 宏子（愛知県名古屋市）「せみの子しん吉」
　　　沢田 俊子（大阪府堺市）「大きなくつした小さなくつした」
　　　水野 きみ（愛知県名古屋市）「かあちゃんのにおい」
　◇中学生の部
　　●優秀賞
　　　榊原 亜依　「さか上がり」
　◇小学生高学年の部
　　●優秀賞
　　　橘川 春奈　「公園でのおばあさん」
　　●特別賞
　　　綿田 千花　「青い貝の思い出」
　◇小学生低学年の部
　　●優秀賞
　　　水谷 文宣　「たのしい森のなかまたち」
　　●特別賞
　　　杉森 美香　「たこといかとくらげの話」
第5回（平5年）
　◇最優秀賞（文部大臣奨励賞）
　　清水 礼子（愛知県名古屋市）「宿題屋」
　◇一般の部
　　●優秀賞
　　　河合 道子（岡山県岡山市）「浜茶屋の青い風鈴」
　　●特別賞
　　　加藤 敏博（福島県会津若松市）「橋」
　　　高島 宏美（奈良県奈良市）「いたずら地蔵」
　　　畠山 あえか（京都府京都市）「夢屋」
　　　長谷部 奈美江（山口県下関市）「ぼくのストーブ」

藤田 直樹（東京都江戸川区）「元気うさぎ」
◇中学生の部
 ●優秀賞
  小川 知宏 「きんかんレストラン」
 ●特別賞
  小林 みずほ 「やまんばひとりぼっち」
◇小学生高学年の部
 ●優秀賞
  国分 綾子 「なめくじとかたつむり」
 ●特別賞
  名村 麻紗子 「りさちゃんと松の木」
  稲垣 意地子 「不思議なマグカップ」
◇小学生低学年の部
 ●優秀賞
  鯉江 直子 「なおこちゃんのおとなのは」
  鯉江 康弘 「きょうはなに色」
第6回（平6年）
 ◇最優秀賞（文部大臣奨励賞）
  土手 康之（宮崎県宮崎市）「ネコの手かします」
 ◇一般の部
  ●優秀賞
   横山 てる子（宮城県仙台市）「トウエモン」
  ●特別賞
   村上 ときみ（福島県会津若松市）「お祭りの夜に」
   小西 るり子（奈良県奈良市）「アクア・メロディ」
 ◇中学生の部
  ●優秀賞
   寺尾 紅美（京都府京都府）「はらぺこ金魚」
  ●特別賞
   桑原 由美子（山口県下関市）「空に落ちる日 地球の童話」
 ◇小学生高学年の部
  ●優秀賞
   水谷 文宣（東京都江戸川区）「愛の消しゴム」
  ●特別賞
   国分 綾子（岐阜県揖斐郡）「かえるのお母さん」
 ◇小学生低学年の部
  ●優秀賞
   小川 峯正（山形県山形市）「ぼく、じてんしゃにのれたよ」

 ●特別賞
  宮下 響子（愛知県名古屋市）「金の助は泳げない!?」
第7回（平7年）
 ◇最優秀賞（文部大臣奨励賞）
  福原 薫（愛知県知多郡東浦町）「花しょうぶ」
 ◇一般の部
  ●優秀賞（半田市長賞）
   土ケ内 照子（東京都渋谷区）「タッペイがゆく」
  ●特別賞（中埜酢店賞）
   沢田 俊子（大阪府堺市）「おいで野原へ」
  ●特別賞（七番組賞）
   竹中 博美（兵庫県姫路市）「おしゃべりな傘」
  ●特別賞（中部電力賞）
   遠藤 律子（岡山県岡山市）「二匹のかたつむり」
 ◇中学生の部
  ●優秀賞（半田青年会議所賞）
   伊藤 史篤 「贈り物」
  ●特別賞（伊東賞）
   岩田 美子 「紅」
 ◇小学生高学年の部
  ●優秀賞（新美南吉記念館賞）
   延島 みお 「海からの招待状」
  ●特別賞（中埜酒造賞）
   角谷 陽子 「花たちの競争」
 ◇小学生低学年の部
  ●優秀賞（中日新聞社賞）
   高部 友暁 「ニワトリのコケは転校生」
第8回（平8年）
 ◇最優秀賞（文部大臣奨励賞）
  橋谷 桂子（福井県福井市）「みーんなみんなドクドクドックン」
 ◇一般の部
  ●優秀賞（半田市長賞）
   朝比奈 蓉子（福岡県福岡市）「真夜中のプール」
  ●特別賞（中埜酢店賞）
   武政 博（高知県高岡郡中土佐町）「ミカドアゲハ蝶のいる町」
  ●特別賞（中部電力賞）
   原田 規子（長野県塩尻市）「いもうとの

くつ」
◇中学生の部
- 優秀賞(半田青年会議所賞)
  三浦 真佳 「ひまわり」
- 特別賞(伊東賞)
  間瀬 絵理奈 「お月様のプレゼント」
◇小学生高学年の部
- 優秀賞(ごんぎつねの会賞)
  桐谷 昌樹 「ちっちゃないのち」
- 特別賞(中埜酒造賞)
  茶谷 恵美子 「ちょうちょからの贈り物」
◇小学生低学年の部
- 優秀賞(中日新聞社賞)
  平川 詩織 「星のかけら」

第9回(平9年)
◇最優秀賞(文部大臣奨励賞)
  成瀬 武史(神奈川県横須賀市)「ホライチのがま口」
◇一般の部
- 優秀賞(半田市長賞)
  宮下 明浩(大阪府大阪市)「囚人の木」
- 特別賞(中埜酢店賞)
  高柳 寛一(静岡県富士市)「ネズミの二郎」
◇中学生の部
- 優秀賞(新美南吉顕彰会賞)
  青木 優美 「はばたけ 青空へ!!」
- 優秀賞(半田青年会議所賞)
  神戸 明子 「ヤナギのかんむり」
- 特別賞(中部電力賞)
  三浦 真佳 「春」
◇小学生高学年の部
- 優秀賞(ごんぎつねの会賞)
  中村 友美 「金色の羽」
- 特別賞(伊東賞)
  松尾 拓実 「さぼりん」
◇小学生低学年の部
- 優秀賞(中日新聞社賞)
  井上 稚菜 「ふしぎなかっぱいけ」
- 特別賞(中埜酒造賞)
  品川 浩太郎 「ありのたからもの」

第10回(平10年)
◇最優秀賞(文部大臣奨励賞)
  ほり ゆきこ(ペンネーム)(福井県鯖江市)「大好き、忘れんぼう先生」
◇一般の部
- 優秀賞(半田市長賞)
  三枝 寛子(兵庫県宝塚市)「すずらん写真館」
- 特別賞(中埜酢店賞)
  森本 ひさえ(千葉県船橋市)「いそがなくっちゃ、いそがなくっちゃ」
- 特別賞(中部電力賞)
  中尾 三十里(ペンネーム)(大阪府寝屋川市)「ナルミサウルス」
◇中学生の部
- 優秀賞(新美南吉顕彰会賞)
  谷川 聖 「スイカの冒険」
- 優秀賞(半田青年会議所賞)
  伊藤 君佳 「母の声―心を開いて」
- 特別賞(伊東賞)
  小川 由有 「小さなSL」
◇小学生高学年の部
- 優秀賞(ごんぎつねの会賞)
  該当作なし
- 特別賞(中埜酒造賞)
  松尾 拓実 「でか太郎」
◇小学生低学年の部
- 優秀賞(中日新聞社賞)
  水野 円香 「月をわっちゃった」

第11回(平11年)
◇最優秀賞(文部大臣奨励賞)
  田苗 恵(北海道札幌市)「杏っ子ものがたり ～夏」
◇一般の部
- 優秀賞(半田市長賞)
  なつの 由紀(神奈川県横浜市)「ジュン君の朝日」
- 特別賞(ミツカン賞)
  美月 レイ(大阪府大阪市)「町のへそ」
- 特別賞(中部電力株式会社賞)
  上 紀男(東京都三鷹市)「ケンちゃんのお仕事」
- 特別賞(伊東合資会社賞)
  金沢 秀城(東京都目黒区)「芽生え」
◇中学生の部
- 優秀賞(社団法人半田青年会議所賞)
  竹内 尚俊(愛知県知多郡阿久比町)「大仏の子」
- 優秀賞(新美南吉顕彰会賞)
  村木 智子(愛知県半田市)「続 手ぶくろを買いに」

- 特別賞（中埜酒造株式会社賞）
  加藤 愛（愛知県北設楽郡設楽町）「海の星の物語」
◇小学生高学年の部
- 優秀賞（ごんぎつねの会賞）
  松尾 拓実（愛知県東海市）「リモコン」
◇小学生低学年の部
- 優秀賞（中日新聞社賞）
  横田 みなみ（愛知県知多郡美浜町）「ひいおじいちゃんの黒電話」

第12回（平12年）
◇最優秀賞（文部大臣奨励賞）
  該当作なし
◇一般の部
- 優秀賞（半田市長賞）
  大槻 哲郎 「めじるしの石」
- 特別賞（中部電力株式会社賞）
  森 夏子 「悲しみがなくなるコース」
- 特別賞（中埜酒造株式会社賞）
  田原 明美 「洗えないあらいぐま」
- 特別賞（ミツカン賞）
  伊藤 紀代 「ひょんの笛」
◇中学生の部
- 優秀賞（新美南吉顕彰会賞）
  竹内 尚俊 「かあちゃん」
- 優秀賞（社団法人半田青年会議所賞）
  榊原 和美 「メール・メッセージ」
◇小学生高学年の部
- 優秀賞（ごんぎつねの会賞）
  吉田 萌 「おばあちゃんのセーター」
◇小学生低学年の部
- 優秀賞（中日新聞社賞）
  宮地 璃子 「きもちをつたえたかったモルモット」

第13回（平13年）
◇最優秀賞（文部科学大臣奨励賞）
  梅津 敏昭（東京都小金井市）「かいじゅうがやってきた」
◇一般の部
- 優秀賞（半田市長賞）
  石古 美穂子（大阪府寝屋川市）「線香花火」
- 特別賞（中部電力株式会社賞）
  寺尾 幸子（香川県高松市）「キツネとたんこぶ」
- 特別賞（中埜酒造株式会社賞）
  駒井 洋子（岩手県岩手郡玉山村）「ひのき森」
- 特別賞（ミツカン賞）
  樫 田鶴子（千葉県流山市）「アマヤドリの森」
◇中学生の部
- 優秀賞（新美南吉顕彰会賞）
  田中 綾乃（福岡県福岡市）「神様がくれたお耳」
- 優秀賞（社団法人半田青年会議所賞）
  岩橋 さやか（愛知県半田市）「王様の木」
- 特別賞（知多信用金庫賞）
  宮寺 結花（埼玉県坂戸市）「さかさまてるてる」
◇小学生高学年の部
- 優秀賞（ごんぎつねの会賞）
  宮内 真理（埼玉県さいたま市）「おるすばん」
◇小学生低学年の部
- 優秀賞（中日新聞社賞）
  大曽根 彩乃（岐阜県可児市）「春の原っぱ」

第14回（平14年）
◇最優秀賞（文部科学大臣奨励賞）
  丸毛 昭二郎（岐阜県岐阜市）「イチタのペラペラ」
◇一般の部
- 優秀賞（半田市長賞）
  いとう さえみ（神奈川県鎌倉市）「水曜日のカラス」
- 特別賞（中部電力株式会社賞）
  山野 大輔（大阪府堺市）「夏の思い出は…コロネ!?」
- 特別賞（ミツカン賞）
  岩田 えりこ（愛知県豊橋市）「タイム・ラグ」
- 特別賞（知多信用金庫賞）
  河合 真平（愛知県名古屋市）「とうもろこし」
◇中学生の部
- 優秀賞（社団法人半田青年会議所賞）
  石川 紀実（愛知県半田市）「竹トンボ」
- 特別賞（新美南吉顕彰会賞）
  山岡 亜由美（大分県大分市）「ぼくがベルを鳴らすとき」
◇小学生高学年の部

- 優秀賞（ごんぎつねの会賞）
  井上 瑞基（愛知県半田市）「たろうのおにぎり」
◇小学生低学年の部
- 優秀賞（中日新聞社賞）
  福井 雅人（愛知県名古屋市）「ボールうさぎ」

第15回（平15年）
◇最優秀賞（文部科学大臣奨励賞）
  七海 冨久子（筆名）（神奈川県横浜市）「くまあります」
◇一般の部
- 優秀賞（半田市長賞）
  中野 由貴（兵庫県芦屋市）「月とオーケストラ」
- 特別賞（中部電力株式会社賞）
  三原 道子（筆名）（埼玉県桶川市）「びしょぬれのライオン」
- 特別賞（ミツカン賞）
  季巳 明代（筆名）（鹿児島県出水市）「居酒屋『ひょうたん』」
- 特別賞（知多信用金庫賞）
  高畠 ひろき（愛知県春日井市）「あしたはなにいろ」
◇中学生の部
- 優秀賞（社団法人半田青年会議所賞）
  山内 真央（愛知県半田市）「おばあさんの染物屋さん」
- 特別賞（新美南吉顕彰会賞）
  野田 拓弥（愛知県知多郡美浜町）「魔法の黄色いグローブ」
◇小学生高学年の部
- 優秀賞（ごんぎつねの会賞）
  菊池 俊匠（東京都江戸川区）「おつきさまいなくなる」
◇小学生低学年の部
- 優秀賞（中日新聞社賞）
  和田 夏実（群馬県高崎市）「せんぷうきくん」

第16回（平16年）
◇最優秀賞（文部科学大臣奨励賞）
  松永 あやみ（熊本県熊本市）「ママからのプレゼント」
◇一般の部
- 優秀賞（半田市長賞）
  桜木 夢（千葉県習志野市）「おじいさんのこうもり傘」
- 特別賞（中部電力株式会社賞）
  平澤 めぐみ（愛知県半田市）「花束になった木」
- 特別賞（ミツカン賞）
  森本 多恵子（大阪府豊中市）「やぎがかえってきた」
- 特別賞（知多信用金庫賞）
  菊池 紀子（東京都杉並区）「狐雪（こゆき）」
◇中学生の部
- 優秀賞（社団法人半田青年会議所賞）
  井上 稚菜（愛知県半田市）「おべんとう」
- 特別賞（新美南吉顕彰会賞）
  榊間 涼子（岐阜県加茂郡白川町）「雨」
◇小学生高学年の部
- 優秀賞（ごんぎつねの会賞）
  外山 愛美（愛知県知多郡美浜町）「不思議な歌」
◇小学生低学年の部
- 優秀賞（中日新聞社賞）
  森 優希（愛知県名古屋市）「がんばれ！トマトン」

第17回（平17年）
◇最優秀賞（文部科学大臣奨励賞）
  山本 成美（島根県出雲市）「万蔵山温泉へごしょうたい」
◇一般の部
- 優秀賞（半田市長賞）
  近藤 貴美代（愛知県名古屋市）「耕ちゃんとじいちゃんの風船」
- 特別賞（中部電力株式会社賞）
  小川 美篤（東京都狛江市）「松の湯の妖怪たち」
- 特別賞（ミツカン賞）
  村上 ときみ（神奈川県川崎市）「がんこ者のそば屋」
- 特別賞（知多信用金庫賞）
  新田 恵実子（徳島県徳島市）「一パーセントフクロウ」
◇中学生の部
- 優秀賞（社団法人半田青年会議所賞）
  水野 由梨（愛知県半田市）「ひとりぼっちの子だぬき」

- 特別賞（新美南吉顕彰会賞）
  松田 美穂（愛知県半田市）「座敷童子と遊んだ日」
- ◇小学生高学年の部
- 優秀賞（ごんぎつねの会賞）
  近藤 彩映（愛知県知多郡東浦町）「木は見ていた。」
- ◇小学生低学年の部
- 優秀賞（中日新聞社賞）
  高橋 里佳（愛知県半田市）「まいごのたまちゃん」

第18回（平18年）
- ◇最優秀賞（文部科学大臣奨励賞）
  水野 良恵（埼玉県幸手市）「毛糸のおでかけ」
- ◇一般の部
- 優秀賞（半田市長賞）
  新井 肇（東京都板橋区）「たんぽぽネズミ」
- 特別賞（中部電力株式会社賞）
  中尾 美佐子（長崎県長崎市）「カヨばあさんのふしぎなくつ」
- 特別賞（ミツカン賞）
  田邉 和代（兵庫県神戸市）「石の卵」
- 特別賞（知多信用金庫賞）
  せき あゆみ（千葉県勝浦市）「はるさんの手紙」
- ◇中学生の部
- 優秀賞（社団法人半田青年会議所賞）
  水野 由基（愛知県半田市）「色えんぴつをひろって」
- 特別賞（新美南吉顕彰会賞）
  天野 澪（京都府京都市）「ふしぎなまんげきょう」
- ◇小学生高学年の部
- 優秀賞（ごんぎつねの会賞）
  藤原 淳寛（千葉県我孫子市）「連れてってよ」
- ◇小学生低学年の部
- 優秀賞（中日新聞社賞）
  水谷 天音（京都府京都市）「ひらがなむらのようせい」

第19回（平19年）
- ◇最優秀賞（文部科学大臣奨励賞）
  粂 綾（神奈川県藤沢市）「しゃべるばけつ」
- ◇一般の部
- 優秀賞（半田市長賞）
  西山 香子（新潟県新潟市）「お降りの方は」
- 特別賞（ミツカン賞）
  エース（愛知県東海市）「背中かき屋の太郎さん」
- 特別賞（知多信用金庫賞）
  川嶋 里子（滋賀県長浜市）「だだ・だだ・だー」
- 特別賞（中部電力株式会社賞）
  森田 文（埼玉県日高市）「マタノゾキ」
- ◇中学生の部
- 優秀賞（社団法人半田青年会議所賞）
  井上 瑞基（愛知県半田市）「おばあちゃん×1/5＝私」
- 特別賞（新美南吉顕彰会賞）
  北村 光（東京都東久留米市）「温泉のワニ」
- ◇小学生高学年の部
- 優秀賞（ごんぎつねの会賞）
  治山 桃子（岡山県岡山市）「地上に花が咲いたわけ」
- ◇小学生低学年の部
- 優秀賞（中日新聞社賞）
  水谷 天音（京都府京都市）「にわとりのクックさんとお空のたまご」

第20回（平20年）
- ◇最優秀賞（文部科学大臣奨励賞）
  とだ かずき（京都府京都市）「かげつなぎ」
- ◇一般の部
- 優秀賞（半田市長賞）
  黒田 みこ（大阪府豊中市）「しましま」
- 特別賞（ミツカン賞）
  栗本 大夢（岐阜県岐阜市）「干柿と交換しておくれ」
- 特別賞（知多信用金庫賞）
  伴 和久（東京都渋谷区）「風鈴坂」
- 特別賞（中部電力株式会社賞）
  南河 潤吉（東京都日野市）「消えた鳥かご」
- ◇中学生の部
- 優秀賞（社団法人半田青年会議所賞）
  藤井 巳菜海（愛知県常滑市）「ねこのおだんごやさん」
- 特別賞（新美南吉顕彰会賞）
  塩田 典子（愛知県知多郡美浜町）「満月の夜に」
- ◇小学生高学年の部

- 優秀賞（ごんぎつねの会賞）
  奥山 絵梨香（東京都品川区）「サンタクロースの国のペペ」
◇小学生低学年の部
- 優秀賞（中日新聞社賞）
  柿林 杏耶（愛知県名古屋市）「おふろってきもちいい」
◇その他の部
- 第20回記念賞
  木村 明美（青森県十和田市）「じょうろのチョロ吉」

第21回（平21年）
◇最優秀賞（文部科学大臣賞）
  住吉 玲子（静岡県浜松市）「つじこぞう」
◇一般の部
- 優秀賞（半田市長賞）
  廣田 晃士（京都府京都市）「ホクロの世界」
- 特別賞（ミツカン賞）
  河野 ちえこ（愛知県大府市）「ポスト」
- 特別賞（知多信用金庫賞）
  川口 秀子（東京都西東京市）「しごとが見つかっためざまし時計」
- 特別賞（中部電力株式会社賞）
  島前 苓（三重県志摩市）「狐のラジオ」
- 佳作
  吉田 敬子（新潟県糸魚川市）「約束のシンの森」
  瀬戸 美佳（静岡県御殿場市）「おばぁの村の一本桜」
◇中学生の部
- 優秀賞（社団法人半田青年会議所賞）
  浅井 ひなの（愛知県半田市）「窓」
- 特別賞（新美南吉顕彰会賞）
  原田 鈴香（愛知県豊川市）「キツネの探し屋」
- 佳作
  小林 志鳳（山口県長門市）「ビー玉で空を飛んだコイ」
◇小学生高学年の部
- 優秀賞（ごんぎつねの会賞）
  帆足 星海（広島県尾道市）「星のおはじき」
- 佳作
  川合 里穂（愛知県半田市）「おいぼれドア」
  榎並 慶子（愛知県名古屋市）「黒竜家の秘密」
  帆足 日菜待（広島県尾道市）「ガラスのキリン」
◇小学生低学年の部
- 優秀賞（中日新聞社賞）
  榊原 すずか（愛知県半田市）「四本の歯ブラシさん」
- 佳作
  加藤 祐那（愛知県安城市）「ピンクのぼうし」
  柿林 杏耶（愛知県名古屋市）「おふろってきもちいい スポンジちゃん大ピンチ」

第22回（平22年）
◇最優秀賞（文部科学大臣賞）
  浅井 ひなの（愛知県半田市）「帰り道」
◇一般の部
- 優秀賞（半田市長賞）
  森本 ひさえ（千葉県船橋市）「がんばれ、タスカル！」
- 特別賞（ミツカン賞）
  草野 昭子（福岡県粕屋郡）「一つの願い」
- 特別賞（知多信用金庫賞）
  稲垣 房子（神奈川県横浜市）「まほうの窓」
- 特別賞（中部電力株式会社賞）
  木村 和子（埼玉県春日部市）「ホクロプラネタリウム」
- 佳作
  佐野 由美子（三重県鈴鹿市）「風の落とし物」
◇中学生の部
- 優秀賞（社団法人半田青年会議所賞）
  澤田 耕輔（愛知県常滑市）「雨」
- 特別賞（新美南吉顕彰会賞）
  松本 彩（神奈川県川崎市）「エレベーターの向日葵」
- 佳作
  山口 朱音（愛知県名古屋市）「狐の学校」
  吉元 樹広（福岡県北九州市）「あるオオカミのおはなし」
◇小学生高学年の部
- 優秀賞（ごんぎつねの会賞）
  筒井 健太（愛知県半田市）「お天気の神様」
- 佳作
  榊原 すずか（愛知県半田市）「パパとわたしのボロ学校」
  杉浦 友香（愛知県岡崎市）「ピアノのよう

せい」
石川 まこ(愛知県半田市)「せいなちゃんとモグ」
◇小学生低学年の部
● 優秀賞(中日新聞社賞)
石川 司(愛知県安城市)「池のカメと川のカメ」
● 佳作
加藤 真彩(愛知県半田市)「カブリンとの夏の思い出」

第23回(平23年)
◇最優秀賞(文部科学大臣賞)
神山 真湖(大阪府大阪市)「光る風、吹いた」
◇一般の部
● 優秀賞(半田市長賞)
福島 聡(埼玉県川越市)「おとかっぴ」
● 特別賞(ミツカン賞)
中山 忍(滋賀県大津市)「ケータイの行方」
● 特別賞(知多信用金庫賞)
柴 敦子(茨城県龍ヶ崎市)「春一番のツツジ」
● 特別賞(中部電力株式会社賞)
油屋 順子(宮崎県宮崎市)「雨傘の物語」
● 佳作
館山 智子(福島県いわき市)「透明なお化け」
青山 由紀子(大阪府高槻市)「てん」
◇中学生の部
● 優秀賞(社団法人半田青年会議所賞)
坂野 桃子(愛知県常滑市)「トベラ」
● 特別賞(新美南吉顕彰会賞)
横田 さくら(愛知県美浜町)「ハリウッドからの贈り物」
● 佳作
神戸 はるか(愛知県知多市)「時間屋」
戸嶌 奈々聖(愛知県半田市)「ライオンの涙」
◇小学生高学年の部
● 優秀賞(ごんぎつねの会賞)
筒井 健太(愛知県半田市)「お天気デビル」
● 佳作
飯塚 友恵(愛知県安城市)「のりまき・おいなりの戦い」
豊川 遼馬(神奈川県川崎市)「大きな海の小さないわし」
◇小学生低学年の部
● 優秀賞(中日新聞社賞)
加藤 真彩(愛知県半田市)「長ぐつの右足くん」
● 佳作
横井 稜(愛知県半田市)「ママれっしゃ」
奥野 希美(大阪府大阪市)「たんぽぽのぼうけん」

第24回(平24年)
◇最優秀賞(文部科学大臣賞)
秋野 りゅう(鹿児島県西之表市)ビンに詰めた「ありがとう」
◇一般の部
● 優秀賞(愛知県教育委員会賞)
つちや はるみ(東京都渋谷区)「あなたのそばで」
● 優秀賞(半田市長賞)
ほたん きょうすけ(愛知県春日井市)「黒ネコ新聞」
● 特別賞(ミツカン賞)
松岡 裕子(奈良県奈良市)「手伝ってね、お父さん」
● 特別賞(知多信用金庫賞)
永田 裕美(愛知県名古屋市)「ドングリと森のなかま」
● 特別賞(中部電力株式会社賞)
春間 美幸(神奈川県横浜市)「ベランダ応援団」
● 佳作
樋口 正博(福岡県八女市)「宝くらべ」
細川 みき(愛知県瀬戸市)「星を探すおおかみ」
◇中学生の部
● 優秀賞(社団法人半田青年会議所賞)
林 侑輝(愛知県半田市)「金星人と僕」
● 特別賞(新美南吉顕彰会賞)
成田 弘樹(愛知県大府市)「古道具の神様」
● 佳作
間瀬 輝(愛知県半田市)「みどりちゃん」
加藤 輝(愛知県大府市)「十円玉の旅」
◇小学生高学年の部
● 優秀賞(ごんぎつねの会賞)
榊原 すずか(愛知県半田市)「夕焼け虹の約束」

- 佳作
  - 大橋 裕生（愛知県半田市）「キノコとおじさん」
  - 杉田 紘基（愛知県半田市）「凶・吉 兄弟物語」
- ◇小学生低学年の部
  - ●優秀賞（中日新聞社賞）
    - 北村 奈央実（愛知県名古屋市）「神さまの子ども」
  - ●佳作
    - 大橋 遼士（愛知県大府市）「ちびやま にじを みる」

第25回（平25年）
- ◇最優秀賞（文部科学大臣賞）
  - 街野 海（兵庫県神戸市）「風船のあつまる場所」
- ◇一般の部
  - ●優秀賞（愛知県教育委員会賞）
    - 山本 早苗（福岡県久留米市）「あばれんぼうのホースくん」
  - ●優秀賞（半田市長賞）
    - 坂口 みちよ（大阪府高槻市）「さくらの丘」
  - ●特別賞（ミツカン賞）
    - 鈴木 ゆき江（静岡県磐田市）「花帆の一ばんすきなお話」
  - ●特別賞（知多信用金庫賞）
    - 林 沙織（福井県小浜市）「すてきな贈り物」
  - ●佳作
    - 鳥居 真知子（兵庫県神戸市）「赤い三輪車」
- ◇中学生の部
  - ●優秀賞（公益社団法人半田青年会議所賞）
    - 山口 拓登（愛知県半田市）「ぼくはマル」
  - ●特別賞（新美南吉顕彰会賞）
    - 鳥居 沙帆（愛知県大府市）「まほうのえんぴつ」
  - ●佳作
    - 近藤 萌花（愛知県半田市）「てんとう虫の悩み」
- ◇小学生高学年の部
  - ●優秀賞（ごんぎつねの会賞）
    - 池邑 燦（愛知県名古屋市）「ユウヤと雨」
  - ●佳作
    - 澤田 紗知（愛知県半田市）「小さな小さなレストラン」
- ◇小学生低学年の部
  - ●優秀賞（中日新聞社賞）
    - 倉田 叶望（愛知県常滑市）「海のおはなし」
  - ●佳作
    - 松葉 侑子（大阪府枚方市）「ぼくは大君の目ざまし時計」
- ◇「幻の童話」部門（新美南吉生誕100年記念）
  - ●大賞（新美南吉生誕100年記念事業実行委員会賞）
    - 神山 真湖（大阪府大阪市）「泣いて笑って、笑って泣いて」
- ◇「幻の童話」部門（一般）
  - ●優秀賞
    - スギサト リキ（山梨県甲府市）「魂の行き先」
  - ●特別賞（中部電力株式会社賞）
    - 新井 爽月（神奈川県横浜市）「コウちゃんとふしぎな歌」
  - ●特別賞（新美南吉記念館賞）
    - なつの 夕里（東京都目黒区）「真夜中の列車」
- ◇「幻の童話」部門（小中学生）
  - ●優秀賞
    - 平井 南帆（愛知県大府市）「取り戻した笑顔」

第26回（平26年）
- ◇最優秀賞（文部科学大臣賞）
  - しいな さいち（山梨県西八代郡市川三郷町）「つるっと神社」
- ◇一般の部
  - ●優秀賞（愛知県教育委員会賞）
    - 高森 美由紀（青森県三戸郡三戸町）「きせつ売ります こよみ屋」
  - ●優秀賞（半田市長賞）
    - 有賀 佐知子（神奈川県横浜市）「迷ってないよ」
  - ●特別賞（ミツカン賞）
    - 入来 和彦（奈良県橿原市）「裏町の顔役猫ダンナ」
  - ●特別賞（知多信用金庫賞）
    - 高見 ゆかり（東京都足立区）レジぶくろん
  - ●特別賞（中部電力株式会社賞）
    - 坂柳 沙也香（愛知県豊橋市）「貝がら電話」
  - ●佳作
    - 野城 裕子（栃木県小山市）「歌のおくり

もの」
　　大和田 佳世(東京都杉並区)「はじめての
　　　たからもの」
◇中学生の部
● 優秀賞(公益社団法人半田青年会議所賞)
　　深谷 知歩(愛知県大府市)「家族の人形」
● 特別賞(新美南吉顕彰会賞)
　　松本 舞(愛知県常滑市)「お母さんさがし」
● 佳作
　　佐藤 もも(愛知県知多市)「光太君のえんぴつ」
　　三船 滉季(愛知県半田市)「みっちゃんのハンカチ」
◇小学生高学年の部
● 優秀賞(ごんぎつねの会賞)
　　有賀 ゆう(京都府京都市)「命の水」
● 佳作
　　井戸 結菜(岐阜県関市)「えんぴつ君」
◇小学生低学年の部
● 優秀賞(中日新聞社賞)
　　金澤 佳音(愛知県大府市)「くまくんのお手紙」
● 佳作
　　山口 明笑(愛知県半田市)「緑のうさぎ」
　　深谷 亮太(愛知県知多郡武豊町)「あらしのような夏休み」
第27回(平27年)
◇最優秀賞(文部科学大臣賞)
　　桐谷 あきひこ(長野県)「森の図書館」
◇一般の部
● 優秀賞(愛知県教育委員会賞)
　　木村 亜里(福岡県)「一平さんの祝い相撲」
● 優秀賞(半田市長賞)
　　まつざわ くみ(神奈川県)「おばあさんとちびのろうそく」
● 特別賞(ミツカン賞)
　　竹内 佐永子(刈谷市)「笹の舟」
● 特別賞(知多信用金庫賞)
　　仁枝 安子(名古屋市)「花ちゃんのおいのり」
● 特別賞(中部電力株式会社賞)
　　鈴木 ゆき江(静岡県)「花ちらし」
◇中学生の部
● 優秀賞(公益社団法人半田青年会議所賞)
　　鈴木 真帆(美浜町)「おいで野原へ」

● 特別賞(新美南吉顕彰会賞)
　　田中 花実(半田市)「ここは、心のかけら店。」
● 佳作
　　石川 りの(半田市)「わたしと風と」
　　宮川 惟愛(南知多町)「坂のてっぺんで」
◇小学生高学年の部
● 優秀賞(審査員奨励賞)
　　山口 笑愛(半田市)「見はり番のふくろう」
● 佳作
　　石川 昊汰(あま市)「ありがとうの花」
◇小学生低学年の部
● 優秀賞(中日新聞社賞)
　　深谷 亮太(武豊町)「変身―ネコの巻―」
● 佳作
　　西薗 心愛(半田市)「ごんぎつねの雪だるま」
　　竹内 愛結(半田市)「ふしぎな宝物」
　　太田 遥子(名古屋市)「ぬいぐるみのはるみの大ぼうけん」
◇新美南吉オマージュ部門
● 大賞(半田市教育委員会賞)
　　山岡 純子(茨城県)「うそつき観光ガイド」
● 優秀賞
　　酒井 絵理香(刈谷市)「迷惑な恩返し」
● 特別賞
　　冨岡 ゆう(東京都)「パジャマのボタンをかけ違えると」
● 佳作
　　茶畑 よしこ(新潟県)「茶畑さんと山の子ども」
第28回(平28年)
◇最優秀賞(文部科学大臣賞)
　　街野 優森(兵庫県神戸市)「書き足し和尚」
◇一般の部
● 優秀賞(愛知県教育委員会賞)
　　やまち かずひろ(神奈川県横浜市)「悲しい妖精」
● 優秀賞(半田市長賞)
　　飛田 泉(愛知県名古屋市)「ダンゴムシの夢」
● 特別賞(ミツカン賞)
　　吉村 健二(埼玉県狭山市)「ゆきちゃんが古い鍵を拾って」
● 特別賞(知多信用金庫賞)

まつざわ くみ（神奈川県横浜市）「旅する わたしの窓」
- 特別賞（中部電力株式会社賞）
  森本 多恵子（大阪府豊中市）「おかしな注文」
- 佳作
  秋元 多可子（大阪府豊中市）「おさんぽ おつきさま」

◇中学生の部
- 優秀賞（公益社団法人半田青年会議所賞）
  近藤 沙紀（兵庫県西宮市）「小さなリスのお話」
- 特別賞（新美南吉顕彰会賞）
  佐藤 もも（愛知県知多市）「永遠の旅」
- 佳作
  片岡 夏紀（愛知県知多市）「雲の巣」
  天草 萌々（愛知県半田市）「筆箱の中」

◇小学生高学年の部
- 優秀賞（審査員奨励賞）
  宮田 晃瑠（愛知県岡崎市）「大切な友達」
- 佳作
  山口 笑愛（愛知県半田市）「「ありがとう」を鳴らす」
  山口 明笑（愛知県半田市）「不思議な大木」

◇小学生低学年の部
- 優秀賞（中日新聞社賞）
  高木 美月（愛知県半田市）「ミミのレンジでチン♪」
- 佳作
  羽土 いづみ（愛知県半田市）「へびいちご」
  島 遼介（愛知県名古屋市）「アルバー王の速いものさがし」

◇新美南吉オマージュ部門
- 大賞（半田市教育委員会賞）
  鳥谷 朋衛（千葉県千葉市）「逃した良いこと（手袋を買いに）」
- 優秀賞（半田市議会議長賞）
  中村 紗也（愛知県安城市）「ふわふわなきもち（手袋を買いに）」
- 特別賞（半田信用金庫賞）
  実村 文（東京都文京区）「ほたるのランプ（木の祭）」

145 萩原朔太郎賞

萩原朔太郎をはじめ，大正から昭和を経て現在に至るまで日本詩壇において活躍する多くの詩人を輩出してきた前橋市が，平成4年に市制施行100周年を記念して創設。日本近代詩史に多大な貢献をした萩原朔太郎の業績を永く顕彰し，日本文化発展に寄与するとともに，市民文化の向上を図ることを目的とする。

【主催者】前橋市，萩原朔太郎賞の会

【選考委員】佐々木幹郎（詩人），建畠晢（詩人，美術評論家），松浦寿輝（詩人，小説家，東京大学名誉教授），三浦雅士（文芸評論家），吉増剛造（詩人）

【選考方法】非公募。予備選考を行う「推薦委員会」を開催し候補作品を選び，本選考を行う「選考委員会」の開催を経て受賞作品を決定する

【選考基準】〔対象〕現代詩。前年8月1日から当該年7月31日までに発表された作品

【締切・発表】毎年11月頃，文芸誌「新潮」に掲載。萩原朔太郎の生誕日11月1日の直前の土日に贈呈式を開催

【賞・賞金】正賞：萩原朔太郎像（ブロンズ像），副賞：100万円

【URL】http://www.city.maebashi.gunma.jp/kurashi/230/

第1回（平5年）
　谷川 俊太郎　「世間知ラズ」

第2回（平6年）
　清水 哲男　「夕陽に赤い帆」

第3回（平7年）
　吉原 幸子 「発光」〔思潮社〕
第4回（平8年）
　辻 征夫 「俳諧辻詩集」
第5回（平9年）
　渋沢 孝輔 「行き方知れず抄」〔思潮社〕
第6回（平10年）
　財部 鳥子 「烏有の人」
第7回（平11年）
　安藤 元雄 「めぐりの歌」〔思潮社〕
第8回（平12年）
　江代 充 「梢にて」〔書肆山田〕
第9回（平13年）
　町田 康 「土間の四十八滝」
第10回（平14年）
　入沢 康夫 「遐い宴楽（とほいうたげ）」
　〔書肆山田〕
第11回（平15年）
　四元 康祐 「噤（つぐ）みの午後」〔思潮社〕
第12回（平16年）
　平田 俊子 「詩七日（しなのか）」
第13回（平17年）
　荒川 洋治 「心理」
第14回（平18年）
　松本 圭二 「アストロノート」
第15回（平19年）
　伊藤 比呂美 「とげ抜き 新巣鴨地蔵縁起」
第16回（平20年）
　鈴木 志郎康 「声の生地」
第17回（平21年）
　松浦 寿輝 「吃水都市」
第18回（平22年）
　小池 昌代 「コルカタ」
第19回（平23年）
　福間 健二 「青い家」
第20回（平24年）
　佐々木 幹郎 「明日」
第21回（平25年）
　建畠 哲 「死語のレッスン」
第22回（平26年）
　三角 みづ紀 「隣人のいない部屋」
第23回（平27年）
　川田 絢音 「雁の世」
第24回（平28年）
　日和 聡子 「砂文」

146 原阿佐緒賞

　宮城県宮床町（現・大和町宮床）生まれの歌人・原阿佐緒の生家を整備して開館した，原阿佐緒記念館の10周年を記念して制定。優れた短歌作品に贈られる。

【主催者】 宮城県大和町，大和町教育委員会

【選考委員】 （第18回）小池光，秋山佐和子，戸板佐和子

【選考方法】 公募

【選考基準】 〔応募規定〕未発表短歌1人2首まで。〔出詠料〕1000円（但し，中学生・高校生は無料）

【締切・発表】 （第18回）平成29年1月31日締切（当日消印有効），平成29年5月下旬に入選者に通知。表彰式：平成29年6月17日

【賞・賞金】 〔一般の部〕原阿佐緒賞（1点）：賞状，記念品，副賞10万円，優秀賞（5点）：賞状，記念品，〔青少年の部〕特別賞，奨励賞：賞状，記念品

【URL】 http://www.haraasao.jp/museum/prize.html

第1回（平12年）
　阪根 まさの（京都府福知山市）「障害の人らの仕上ぐる注連飾り清やかに藁の匂ひ立つなり」

◇優秀賞
　伊東　静江（宮城県富谷町）
　野島　光世（静岡県浜松市）
　大道寺　陽子（仙台市）
　小山田　信子（十和田市）
　河村　みゆ樹（東京都大田区）
第2回（平13年）
　大井　康江（仙台市）「麻痺の手に絵を描きゐし姉なりき遺作の紅バラ色褪せてきぬ」
◇優秀賞
　佐藤　公男（宮城県）
　澤田　榮（京都府）
　中村　孝子（広島県）
　和佐田　稔（群馬県）
　佐藤　三代（宮城県）
第3回（平14年）
　戎野　ゆき子（宮城県）「車イスに座りしままの母なれど「北国の春」にリズムとりたり」
◇優秀賞
　片岡　昭雄（愛知県）
　酒井　タマ子（福島県）
　奥平　とみえ（長崎県）
　山嶺　豊（佐賀県）
第4回（平15年）
　久米　新吉（青森県）「深き井戸の中のぞくがに見入りぬ病院ベットのわが初孫を」
　奥　芳雄（石川県）
　森元　輝彦（山口県）
　高橋　春子（茨城県）
　大石　聡美（福岡県）
　加藤　太江子（宮城県）
第5回（平16年）
　鈴木　蝶次（宮城県）「卒寿すぎ逝きたる母の骨拾う苦労の欠けらに言葉かけつつ」
第6回（平17年）
　大宮　源一（宮城県）「テロのイラク津波のインド洋も渡り来し月かと思ふ晧晧と光る」
第7回（平18年）
　髙橋　美枝子（宮城県）「二胡の音にかきみださるる思いあり弓にはげしく来る嫉妬心」
第8回（平19年）
　木村　とみ子（宮城県仙台市）「母を抱き共に湯槽にひたりたり小さくなりし体ささえて」
◇優秀賞
　大和　昭彦（宮城県石巻市）
　今野　金哉（福島県福島市）
　田中　雅子（青森県弘前市）
　小佐野　豊子（静岡県裾野市）
　粕谷　征三（千葉県館山市）
第9回（平20年）
　畠山　みな子（宮城県）「船形はわかき山らしドキドキと脈打つように清水湧き出ず」
◇優秀賞
　佐藤　三代（宮城県）
　髙橋　美枝子（宮城県）
　八木田　順峰（青森県）
　早川　満（宮城県）
　大友　ときえ（宮城県）
第10回（平21年）
　大和　昭彦（宮城県）「秘密基地のごとくに門扉開かれて集団下校の児ら出でてくる」
第11回（平22年）
　髙橋　美枝子（宮城県）「死ぬほどの恋ひとつありと言いおればかなた天より哄笑聞こゆ」
第12回（平23年）
　旭　千代（千葉県）「亡き夫のパジャマで編みし布草履素足に履きてシーツ干しをり」
第13回（平24年）
　佐藤　三代（宮城県）「ちぎりし如防潮堤の津波の跡曝れたるままに又雪が来る」
第14回（平25年）
　尾形　八重子（宮城県）「つばくろのひなのごとくに我が母は我れのスプーンに口を開けをり」
第15回（平26年）
　北辺　史郎（宮城県）「大波に果てし人らのたましひの薄日と遊ぶすすき穂の先」
第16回（平27年）
　島　悦子（福島県）「朝の日に等身大のわが影の映る豚舎のカーテンを上ぐ」
第17回（平28年）

高橋 義仁（宮城県）「鍬やめて鋤（すき）ぐ
　わ買はむ「全壊」の庭の茅（ちがや）の
　　　　　　　　　　　白根掘るため」

147 晩翠賞

仙台が生んだ詩人・土井晩翠を顕彰するため昭和35年に創設された。毎年優れた詩的業績を示した詩人に贈られる。50回（平成21年）をもって休止。

【主催者】土井晩翠顕彰会, 仙台文学館
【選考委員】（第50回）粟津則雄, 安藤元雄, 三浦雅士
【選考方法】公募
【選考基準】〔対象〕前年6月1日から本年5月31日までに刊行された詩集。全詩集, アンソロジー, 訳詩集, 外国語による詩集は除く
【締切・発表】（第50回）平成21年7月25日締切（当日消印有効）, 9月中旬発表, 10月18日贈呈式
【賞・賞金】賞状, 土井晩翠レリーフ（柳原義達氏制作）, 賞金100万円

第1回（昭35年）
　鎌田 喜八 「エスキス」
第2回（昭36年）
　粒来 哲蔵 「舌のある風景」
第3回（昭37年）
　斎藤 庸一 「雪のはての火」
第4回（昭38年）
　寒河江 真之助 「鞭を持たない馭者」
第5回（昭39年）
　吉田 慶治 「あおいの記憶」
第6回（昭40年）
　中村 俊亮 「愛なしで」
第7回（昭41年）
　宝 譲 「冬の雨」他3編
第8回（昭42年）
　村上 昭夫 「動物哀歌」
第9回（昭43年）
　前原 正治 「作品, 緑の微笑」他5編
第10回（昭44年）
　岩泉 晶夫 「遠い馬」
第11回（昭45年）
　高橋 兼吉 「真珠婚」
第12回（昭46年）
　中 寒二 「尻取遊び」
第13回（昭47年）
　及川 均 「及川均詩集」
第14回（昭48年）
　沢野 紀美子 「冬の桜」
　北森 彩子 「城へゆく道」
第15回（昭49年）
　佐藤 秀昭 「毛越寺二十日夜祭」
第16回（昭50年）
　高木 秋尾 「けもの水」
第17回（昭51年）
　相田 謙三 「あおざめた鬼の翳」
　泉谷 明 「濡れて路上いつまでもしぶき」
第18回（昭52年）
　香川 弘夫 「わが津軽街道」
第19回（昭53年）
　庄司 直人 「庄司直人詩集」
第20回（昭54年）
　藤原 美幸 「普遍街夕焼け通りでする立ちばなし」
第21回（昭55年）
　吉岡 良一 「暴風前夜」
第22回（昭56年）
　佐々木 洋一 「星々」
第23回（昭57年）
　小笠原 茂介 「みちのくのこいのうた」
第24回（昭58年）
　有我 祥吉 「クレヨンの屑」

第25回（昭59年）
　　尾花 仙朔　「縮図」
第26回（昭60年）
　　菊地 貞三　「ここに薔薇あらば」
第27回（昭61年）
　　糸屋 鎌吉　「尺骨」
第28回（昭62年）
　　内川 吉男　「メルカトル図法」
第29回（昭63年）
　　加藤 文男　「労使関係論」
第30回（平1年）
　　大坪 孝二（岩手県）
　　堀江 沙オリ（秋田県）
第31回（平2年）
　　小山内 弘海（青森県）
　　斎藤 忠男（秋田県）
第32回（平3年）
　　木村 迪夫（山形県）
第33回（平4年）
　　関 富士子（福島県）
　　宮 静枝（岩手県）
第34回（平5年）
　　千葉 香織（宮城県）
第35回（平6年）
　　清水 哲男（詩人）「夕陽に赤い帆」〔思潮社〕
第36回（平7年）
　　徳岡 久生　「私語辞典」〔思潮社〕
第37回（平8年）
　　時里 二郎　「ジパング」〔思潮社〕
第38回（平9年）
　　黒部 節子　「北向きの家」〔夢人館〕
第39回（平10年）
　　平田 俊子　「ターミナル」〔思潮社〕
第40回（平11年）
　　藤井 貞和　「『静かの海』石、その韻（ひび）き」〔思潮社〕
　　安水 稔和　「生きているということ」〔編集工房ノア〕
第41回（平12年）
　　豊原 清明　「朝と昼のてんまつ」〔編集工房ノア〕
第42回（平13年）
　　松本 邦吉　「発熱頌」〔書肆山田〕
第43回（平14年）
　　吉田 文憲　「原子野」〔砂子屋書房〕
第44回（平15年）
　　白石 かずこ　「浮遊する母、都市」〔書肆山田〕
第45回（平16年）
　　山崎 るり子　「風ぼうぼうぼう」〔思潮社〕
第46回（平17年）
　　高岡 修　「犀（さい）」〔思潮社〕
第47回（平18年）
　　和合 亮一　「地球頭脳詩篇」〔思潮社〕
第48回（平19年）
　　新井 豊美　「草花丘陵」〔思潮社〕
第49回（平20年）
　　水無田 気流　「Z境（ぜっきょう）」〔思潮社〕
第50回（平21年）
　　斎藤 恵子　「無月となのはな」〔思潮社〕

148 ふくい風花随筆文学賞

　福井県出身の芥川賞作家津村節子氏の随筆集『風花の街から』の「風花（かざはな）」を冠した文学賞。文学愛好者の創作活動を奨励し、文学の振興と発展を図ることを目的とする。仁愛女子短期大学が平成7年に開学30周年を記念して開室した「津村節子文学室」の活動の一環として、平成9年度に第1回目を実施。第6回からは、「風花随筆文学賞」実行委員会が仁愛女子短期大学からその事業を引き継ぐ。平成23年度には、「風花随筆文学賞」から「ふくい風花随筆文学賞」に名称変更した。

【主催者】「ふくい風花随筆文学賞」実行委員会

【選考委員】（第20回）津村節子（特別審査委員長）、泉志穂、大河晴美、中島美千代、増永迪男、向井清和

【選考方法】公募

【選考基準】〔対象〕随筆（<自由部門>人とのふれあい、見たこと聞いたこと、またはそれについて考えたこと、旅の思い出など自由。<テーマ部門>「二十歳」をテーマに考えたこと）。〔資格〕高校生以上。〔原稿〕A4判400字詰原稿用紙3～5枚。作品は日本語で書かれた自作、未発表のもの。新聞、雑誌、同人雑誌、インターネット上などに既に発表したもの、他の文学賞に応募したものは不可。ワープロ可。〔応募料〕無料

【締切・発表】（第20回）平成28年10月31日締切（消印有効）、平成29年3月上旬ごろ発表（入賞者に直接通知し、福井新聞紙上で発表する）

【賞・賞金】〔一般の部〕最優秀賞：1名30万円、優秀賞：若干名5万円、U30賞：1名5万円、テーマ部門賞：1名5万円〔高校生の部〕最優秀賞：1名10万円（図書カード）、優秀賞：若干名3万円（図書カード）、テーマ部門賞：1名3万円（図書カード）、佳作：若干名5千円（図書カード）、奨励賞：20名程度3千円（図書カード）。入賞作品の諸権利は、主催者側に帰属する

【URL】http://www.pref.fukui.lg.jp/doc/syoubun/kazahana.html

第1回（平9年）
　◇一般の部
　●最優秀賞
　　中村 綾子　「母の子宮」
　●優秀賞
　　片山 ひとみ　「約束の時効」
　　船波 幸雄　「ぼくちゃん」
　　迫田 勝恵　「化粧直し」
　　上山 トモ子　「母」
　◇高校生の部
　●最優秀賞
　　若栗 ひとみ　「私だけの出発」
　●優秀賞
　　成田 すず　「猫娘」
　　倉田 真理子　「子守りのこと」
　　中屋 望　「理系選択」
第2回（平10年）
　◇一般の部
　●最優秀賞
　　喜田 久美子　「化粧」
　●優秀賞
　　高野 麻詩子　「アメリカの祖母たち」
　　井須 はるよ　「しゅちんの帯」
　　杉谷 芳子　「遠距離電話」
　　古瀬 陽子　「微風」
　◇高校生の部
　●最優秀賞
　　成田 すず　「歌を聴かせてね」
　●優秀賞
　　上田 晴子　「『愛しい』から」
　　海木 茜　「運命のウサギ」
　　塩野 伯枝　「命」
　　西村 美恵子　「今を生きる」
　　益本 光章　「SANPATSUYA」
第3回（平11年度）
　◇一般の部
　●最優秀賞・福井県知事賞
　　滝本 順子　「さくらもち」
　●優秀賞・福井新聞社賞
　　朴 真理子　「鶏龍山の男」
　●優秀賞
　　志摩 末男　「心の風物詩」
　　高柳 和子　「老樟の下で」
　　中村 薫　「灰色の国で見たちいさいもの」
　　森 合音　「特技」
　◇高校生の部
　●最優秀賞・福井県教育委員会賞
　　小藤 真紗子　「一緒に生きて行こうの」
　●優秀賞・福井新聞社賞
　　池田 麻侑美　「水田の清少納言」
　●優秀賞
　　滝田 良美　「煌きを忘れない」
　　豆原 啓介　「振り返りながら」
第4回（平12年度）
　◇一般の部
　●最優秀賞・福井県知事賞
　　山下 奈美　「晴れた空から」

- 優秀賞・福井新聞社賞
  山中 れい子 「弔いの焼き芋」
- 優秀賞
  大瀧 直子 「応援歌」
  菅野 倶子 「花鋏」
  永吉 喜恵子 「記念写真」
  渕田 美佐子 「秋色のゼッケン」
◇高校生の部
- 最優秀賞・福井県教育委員会賞
  水上 貴洋 「言い切れない気持ち」
- 優秀賞・福井新聞社賞
  杉浦 彰子 「天使の涙と歌声と」
  小林 愛 「手と手」
  高城 望 「我が愛すべき弟について」

第5回（平13年度）
◇一般の部
- 最優秀賞・福井県知事賞
  有本 庸夫 「木槿（むくげ）」
- 優秀賞・福井新聞社賞
  池田 智恵美 「父と鈴虫」
- 優秀賞
  青木 せい子 「プロの仕事」
  向井 成子 「伊吹おろしがやってくると」
◇高校生の部
- 最優秀賞・福井県教育委員会賞
  井上 宏人 「あの木の香りをかげば」
- 優秀賞・福井新聞社賞
  城地 大祐 「てっせん」
- 優秀賞
  笠原 亜紀 「うちのお母さん」
  酒井 麻貴 「祖父の健康法」
  朴 沙羅 「化け物について」

第6回（平14年度）
◇一般の部
- 最優秀賞・福井県知事賞
  水木 亮 「こころとこころをつなぐもの」
- 優秀賞・福井新聞社賞
  岩越 義正 「蒸し芋と緑先生」
- 優秀賞・仁愛女子短期大学賞
  江﨑 恵美子 「笑顔の天使」
- 優秀賞・げんでんふれあい福井財団賞
  野波 成恵 「敦賀・金ヶ崎から」
- 優秀賞
  今野 和子 「カバキコマチグモとの出会い」
  印南 房吉 「魚は泳ぐ」
◇高校生の部

- 最優秀賞・福井県教育委員会賞
  坪川 沙穂梨 「ありがとう」
- 優秀賞・福井新聞社賞
  日向 夏海 「ふれあい、一期一会」
- 優秀賞・仁愛女子短期大学賞
  成沢 未来 「I校長先生への手紙」
- 優秀賞・げんでんふれあい福井財団賞
  田﨑 舞 「おばあちゃんへ」
- 優秀賞
  綾部 真紀 「未熟な旅」
  山田 小夏 「水のない池」

第7回（平15年度）
◇一般の部
- 最優秀賞・福井県知事賞
  小堀 彰夫 「月」
- 優秀賞・福井新聞社賞
  藤井 正男 「二通の督促状」
- 優秀賞・仁愛女子短期大学賞
  鈴木 美紀 「もうしわけなし」
- 優秀賞・げんでんふれあい福井財団賞
  畠山 かなこ 「負けるもんか！」
- 優秀賞
  帰来 冨士子 「男どうし」
  谷門 展法 「ご迷惑をおかけします」
◇高校生の部
- 最優秀賞・福井県教育委員会賞
  田中 綾乃 「いつでもそれが大事」
- 優秀賞・福井新聞社賞
  鈴木 梢 「帰り道」
- 優秀賞・仁愛女子短期大学賞
  伊藤 香織 「ふれあいを通して」
- 優秀賞・げんでんふれあい福井財団賞
  道下 愛恵 「ありがとう」
- 優秀賞
  佐々木 麻梨奈 「涙の価値」

第8回（平16年度）
◇一般の部
- 最優秀賞・福井県知事賞
  本間 素登（北海道）「円山八十八ヶ所」
- 優秀賞・福井新聞社賞
  西川 聡（福井県）「初めてのお小遣い」
- 優秀賞・仁愛女子短期大学賞
  新海 紀佐子（岩手県）「面影」
- 優秀賞・げんでんふれあい福井財団賞
  小島 瑞恵（福井県）「銭湯の牛乳」
- 優秀賞

石神 悦子(千葉県)「風のような」
鈴木 治雄(神奈川県)「二枚の百円玉」
◇高校生の部
● 最優秀賞・福井県教育委員会賞
　竹内 幹恵 「祖父の秘密」
● 優秀賞・福井新聞社賞
　田中 綾乃 「"勝負する"ということ」
● 優秀賞・仁愛女子短期大学賞
　矢代 くるみ 「B神父様」
● 優秀賞・げんでんふれあい福井財団賞
　牛房 翔子 「じいちゃんの自転車にのってきた木」
● 優秀賞
　金森 由朗 「独り」
　前田 愛美 「無戦世代」

第9回(平17年度)
◇一般の部
● 最優秀賞・福井県知事賞
　川田 恵理子 「初めてもらった満点！」
● 優秀賞・福井新聞社賞
　山本 貞子 「竹人」
● 優秀賞・仁愛女子短期大学賞
　山根 幸子 「口紅」
● 優秀賞・げんでんふれあい福井財団賞
　山岸 麻美 「お兄ちゃん」
● 優秀賞
　松尾 文雄 「純錦の握り飯」
◇高校生の部
● 最優秀賞・福井県教育委員会賞
　安井 佐和子 「日々を積み重ねて」
● 優秀賞・福井新聞社賞
　山元 梢 「野良猫ラヴレター」
● 優秀賞・仁愛女子短期大学賞
　栗田 愛弓 「妹」
● 優秀賞・げんでんふれあい福井財団賞
　大橋 茉莉奈 「家族のこれから」
● 優秀賞
　伊藤 舞 「魔法の香り」
　合田 優 「道草、寄り道、冒険の始まり」

第10回(平18年度)
◇一般の部
● 最優秀賞・福井県知事賞
　高橋 光行 「貝殻の家」
● 優秀賞・福井新聞社賞
　藤井 仁司 「おおきに」
● 優秀賞・仁愛女子短期大学賞

与田 久美子 「走れ島鉄」
● 優秀賞・げんでんふれあい福井財団賞
　土肥 春夫 「生きる」
● 優秀賞
　井上 壽 「二人三脚」
　城山 記井子 「夏の日の思い出」
◇高校生の部
● 最優秀賞・福井県教育委員会賞
　野島 亜悠 「プラットホームに残った人」
● 優秀賞・福井新聞社賞
　小川 知恵 「十年前の手紙」
● 優秀賞・仁愛女子短期大学賞
　八杉 美紗子 「心からの笑顔」
● 優秀賞・げんでんふれあい福井財団賞
　田畑 芙美子 「夏のできごと」
● 優秀賞
　木原 瑞希 「絆」
　佐々木 ちぐさ 「ピンポン イズ マイ ライフ」

第11回(平19年度)
◇一般の部
● 最優秀賞・福井県知事賞
　岩切 寿美 「45年目の約束」
● 優秀賞・福井新聞社賞
　佐藤 幸枝 「浮いてこい」
● 優秀賞・仁愛女子短期大学賞
　印南 房吉 「ガンバって、ガンバって…」
● 優秀賞・げんでんふれあい福井財団賞
　羽生 たまき 「化石の涙」
● 優秀賞
　岡部 かずみ 「水の風景」
　浜詰 涼子 「たまご焼き記念日」
◇高校生の部
● 最優秀賞・福井県教育委員会賞
　鷲田 早紀 「光、求めて」
● 優秀賞・福井新聞社賞
　牧野 聡子 「弟」
● 優秀賞・仁愛女子短期大学賞
　永坂 佳緒里 「消火器は家族の絆を救う」
● 優秀賞・げんでんふれあい福井財団賞
　東 秀樹 「一年前の入学祝」
● 優秀賞
　梶田 琴理 「二度の春」
　佐野 利恵 「高台」

第12回(平20年度)
◇一般の部

- 最優秀賞・福井県知事賞
  木村 恭子 「こいのぼり」
- 優秀賞・福井新聞社賞
  中田 澄江 「残された時間は限られていようとも」
- 優秀賞・仁愛女子短期大学賞
  永田 祐子 「旅立ちの場所」
- 優秀賞・げんでんふれあい福井財団賞
  渡利 與一郎 「最後の志願兵」
- 優秀賞
  中村 妙子 「自然のままに」
  大堂 洋子 「父からの電話」

◇高校生の部
- 最優秀賞・福井県教育委員会賞
  黒坂 穂波 「おじいちゃんと私の帰り道」
- 優秀賞・福井新聞社賞
  岡部 憲和 「友」
- 優秀賞・仁愛女子短期大学賞
  田中 美有紀 「『後悔先に立たず』と言う事」
- 優秀賞・げんでんふれあい福井財団賞
  石橋 あすか 「頑張れや。」
- 優秀賞
  牧野 良成 「空端色のジャム」
  荒木 沙都子 「平和を生きる私達」

第13回（平21年度）
◇一般の部
- 最優秀賞・福井県知事賞
  宮本 晃子 「オムライス」
- 優秀賞・福井新聞社賞
  中村 祥子 「無い、もないから」
- 優秀賞・仁愛女子短期大学賞
  日沼 よしみ 「「おばすて」へ」
- 優秀賞・げんでんふれあい福井財団賞
  宮西 祐里 「心をつなぐローカル線」
- 優秀賞
  高橋 正美 「ツキヌキニンドウ」

◇高校生の部
- 最優秀賞・福井県教育委員会賞
  小澤 郁美 「バスと私」
- 優秀賞・福井新聞社賞
  八橋 萌 「聞こえないアスリートを目指して」
- 優秀賞・仁愛女子短期大学賞
  保坂 美季 「ユ・ガンスンに導かれて」
- 優秀賞・げんでんふれあい福井財団賞
  吉田 里沙 「空色を知る」
- 優秀賞
  前川 幹 「十六歳の僕の生きる」
  永田 美穂 「希望の箱」

第14回（平22年度）
◇一般の部
- 最優秀賞・福井県知事賞
  蛯沢 博行 「父・吉五郎の洗濯機」
- 優秀賞・福井新聞社賞
  植松 二郎 「ちぎれ雲」
- 優秀賞・仁愛女子短期大学賞
  藤本 美智子 「赤いカンナの花の下に」
- 優秀賞・げんでんふれあい福井財団賞
  大川 進 「代役」
- 優秀賞
  与田 久美子 「息子の恩返し」
  孫 美幸 「中学生になった母」

◇高校生の部
- 最優秀賞・福井県教育委員会賞
  髙田 千種 「風鎮」
- 優秀賞・福井新聞社賞
  谷口 友布稀 「水色の浴衣」
- 優秀賞・仁愛女子短期大学賞
  山本 真央 「桜さく」
- 優秀賞・げんでんふれあい福井財団賞
  内海 玲奈 「グミとチョコレート越しに」
- 優秀賞
  長尾 有紗 「生まれたという奇跡」
  十川 和樹 「花火」

第15回（平23年度）
◇一般の部
- 最優秀賞・福井県知事賞
  中田 朋樹 「忘れがたき人々」
- 優秀賞・げんでんふれあい福井財団賞
  大城 未沙央 「モハメッドの卒業」
- 優秀賞・福井新聞社賞
  原 和義 「川筋の生徒たち」
- 優秀賞・仁愛女子短期大学賞
  家森 澄子 「小さな秘め事」
- 優秀賞
  今野 紀昭 「おたふく面」
  泉 直樹 「窯焚き」

◇高校生の部
- 最優秀賞・福井県教育委員会賞
  竹内 浩輔 「ひかり」

- 優秀賞・げんでんふれあい福井財団賞
  田上 慶一 「川での出会い」
- 優秀賞・福井新聞社賞
  平澤 佳奈 「大晦日に」
- 優秀賞・仁愛女子短期大学賞
  小林 なつみ 「マラソン」
- 優秀賞
  寺阪 明莉 「例外な私」
  加地 理沙 「帰り途」

第16回（平24年度）
  ◇一般の部
- 最優秀賞・福井県知事賞
  和井田 勢津 「風呂敷包み」
- 優秀賞・げんでんふれあい福井財団賞
  藤田 智恵子
- 優秀賞・福井新聞社賞
  遠藤 薫 「遠い・・・旅立ちの日」
- 優秀賞・福井仁愛学園賞
  土居 義彦 「花は咲く」
- 優秀賞
  錦糸帖 始 「にぎりめし」
  菊池 和徳 「ハルさんの鳩サブレ」
  ◇高校生の部
- 最優秀賞・福井県知事賞
  加藤 玲佳 「祖母と書道」
- 優秀賞・げんでんふれあい福井財団賞
  河合 慎之介 「"いってらっしゃい"の力」
- 優秀賞・福井新聞社賞
  片桐 聡子 「通心技術」
- 優秀賞・福井仁愛学園賞
  山田 憧子 「祖父」
- 優秀賞
  米川 稜也 「感謝の言葉」

第17回（平25年度）
  ◇一般の部
- 最優秀賞・福井県知事賞
  高山 恵利子 「父の杉」
- 優秀賞・げんでんふれあい福井財団賞
  河野 真知子 「ホタルのくつ」
- 優秀賞・福井新聞社賞
  近藤 幹夫 「父の万能薬」
- 優秀賞・福井仁愛学園賞
  千々岩 拓郎 「鉄心がつなぐ」
- 優秀賞・実行委員会賞
  大野 かほる 「父の豆乳」
- 優秀賞・実行委員会賞
  川上 由起 「ミスターゴルバチョフの奇跡」
  ◇高校生の部
- 最優秀賞・福井県知事賞
  成沢 希望 「子守唄」
- 優秀賞・げんでんふれあい福井財団賞
  三上 操 「祖母のマフラー」
- 優秀賞・福井新聞社賞
  砂川 城二 「二つの国籍を持つ僕」
- 優秀賞・福井仁愛学園賞
  濵田 実桜 「気持ちで聴かせる音楽」
- 優秀賞・実行委員会賞
  重根 梨花 「私の心のふるさと」
- 優秀賞・実行委員会賞
  山田 紗冬 「祖父からのメッセージ」

第18回（平26年度）
  ◇一般の部
- 最優秀賞・福井県知事賞
  南川 亜樹子 「マフラーの香り」
- 優秀賞・げんでんふれあい福井財団賞
  打浪 紘一 「愛しのはずれ歌」
- 優秀賞・福井新聞社賞
  飯田 みゆき 「初恋の味」
- 優秀賞・福井仁愛学園賞
  高森 美由紀 「お手っちゃん」
- 優秀賞・U30賞
  宇野 陽香 「あたたかな雪」
- 優秀賞・実行委員会賞
  佐藤 隆定 「足音を聞きながら」
  ◇高校生の部
- 最優秀賞・福井県知事賞
  笠松 彩夏 「菜飯」
- 優秀賞・げんでんふれあい福井財団賞
  向野 一夏 「だいすき」
- 優秀賞・福井新聞社賞
  三浦 理恵子 「神様のプレゼントとそれに伴う味の変化」
- 優秀賞・福井仁愛学園賞
  敦賀 ゆい 「再入学」
- 優秀賞・実行委員会賞
  山内 野乃子 「命を迎える」
  吉田 遥香 「蜜柑」

第19回（平27年度）
  ◇一般の部
- 最優秀賞・福井県知事賞
  清水 せき子 「義兄の遺品」
- 優秀賞・げんでんふれあい福井財団賞

文学　　　　　　　　　　　　　　　　　　　　　　　　　　　　149 富士正晴全国同人雑誌賞

　　臼木 巍　「残されていた千円札」
- 優秀賞・福井新聞社賞
　　森川 詩歌　「昭和のイクメン」
- 優秀賞・福井仁愛学園賞
　　奥畑 信子　「冬の邂逅」
- 優秀賞・実行委員会賞
　　岡本 十四郎　「あの日のホタル」
- 優秀賞・U30賞
　　尾形 祥子　「握手」

◇高校生の部
- 最優秀賞・福井県知事賞
　　白崎 歳華　「父との架け橋」
- 優秀賞・げんでんふれあい福井財団賞
　　川上 早紀　「数分の記憶」
- 優秀賞・福井新聞社賞
　　高橋 由季乃　「小さなお母さん」
- 優秀賞・福井仁愛学園賞
　　水上 佳理奈　「裏表紙をめくれば」
- 優秀賞・実行委員会賞
　　山本 拓弥　「変な口ぐせ」
　　佐々木 唯奈　「しーちゃんのお寿司」

第20回（平28年度）
◇一般の部
- 最優秀賞・福井県知事賞
　　渡辺 惠子　「豆腐と三日月様」
- 優秀賞・げんでんふれあい福井財団賞
　　奥村 美枝　「凍み雪の日」
- 優秀賞・福井新聞社賞
　　佐々木 晋　「もらい乳と山羊肉スープ」
- 優秀賞・福井仁愛学園賞
　　古垣内 求　「源太みかん」
- 優秀賞・テーマ部門賞
　　有馬 達也　「変わっていくもの」
- 優秀賞・U30賞
　　秋山 瑞葉　「柿ばあとの約束」

◇高校生の部
- 最優秀賞・福井県知事賞
　　河合 萌恵子　「届け、空に。」
- 優秀賞・げんでんふれあい福井財団賞
　　藤村 瑞希　「好きということ」
- 優秀賞・福井新聞社賞
　　村居 なるみ　「カウンター席」
- 優秀賞・福井仁愛学園賞
　　友田 竜将　「僕と先祖を結ぶ小指」
- 優秀賞・テーマ部門賞
　　豊田 悠衣　「二十歳」
- 優秀賞・実行委員会賞
　　前田 悠陽　「クリスマスイブの憂鬱」

149 富士正晴全国同人雑誌賞

　戦後関西を代表する同人誌「VIKING」を創刊した小説家の故・富士正晴氏の生誕の地，徳島県山城町が，各地の同人誌を対象に創設。同人誌だけを対象にした全国規模の賞は初めてで，3年に1回授賞する。

【主催者】富士正晴全国同人雑誌賞実行委員会，三好市，三好市教育委員会

【選考委員】津本陽（作家），勝又浩（法政大学名誉教授），吉村萬壱（作家）

【選考方法】公募。徳島ペンクラブによる一次選考，選考委員による二次選考

【選考基準】〔対象〕小説，随筆を中心とした内容で，継続発行されている同人雑誌。自薦，他薦どちらでも可

【締切・発表】（第6回）平成28年7月31日締切（消印有効），10月上旬発表

【賞・賞金】大賞（1誌）：賞金30万円，特別賞（2誌）：賞金各10万円。受賞誌の代表者1名に授賞式会場までの1泊2日の費用を支給

【URL】http://www.miyoshi.ed.jp/bunya/fujimasaharu/

第1回（平13年）　　　　　　　　　　　　　◇大賞

「小説家」(東京都)
◇特別賞
　「北狄」(青森県)
　「讃岐文学」(香川県)
第2回(平16年)
◇大賞
　「北陸文学」(石川県)
◇特別賞
　「別冊関学文藝」(兵庫県)
　「クレーン」(群馬県)
第3回(平19年)
◇大賞
　「法螺(ほら)」(大阪府枚方市)
◇特別賞
　「中部ぺん」(愛知県名古屋市)
　「じゅん文学」(愛知県名古屋市)
第4回(平22年度)
◇大賞

　「九州文学」(福岡県中間市)
◇特別賞
　「札幌文学」(北海道札幌市)
　「文学街」(東京都杉並区)
　「飛行船」(徳島県徳島市)
第5回(平25年度)
◇大賞
　「蒼空」(高知県高知市)
◇特別賞
　「文芸中部」(愛知県東海市)
　「弦」(愛知県名古屋市)
　「姫路文学」(兵庫県姫路市)
第6回(平28年度)
◇大賞
　「群系」(東京都)
◇特別賞
　「水路」(神奈川県)
　「文芸中部」(愛知県)

150 舟橋聖一文学賞

　彦根市民が豊かな心を育み、彦根市に香り高い文化を築くため、舟橋聖一文学賞を制定し、彦根市名誉市民である舟橋聖一文学の世界に通ずる優れた文芸作品に対し、賞を授与する。平成19年, 彦根市民の象徴である彦根城天守が完成してからちょうど400年という節目の年に創設した。

【主催者】彦根市

【選考委員】(第10回)秋山駿(文芸評論家)、佐藤洋二郎(作家)、藤沢周(作家)、増田みず子(作家)

【選考方法】非公募

【選考基準】〔対象〕作品の種別は小説で、6月1日を基準日とし、概ね同日前一年間に刊行された単行本であること

【締切・発表】11月中旬、報道関係に発表

【賞・賞金】正賞は賞状および額入り舟橋聖一胸像、副賞は金50万円

【URL】http://www.city.hikone.shiga.jp/soshiki/3-3-0-0-0_3.html

第1回(平19年)
　北方 謙三 「独り群せず」〔文藝春秋〕
第2回(平20年)
　荒山 徹 「柳生大戦争」〔講談社〕
第3回(平21年)
　ねじめ 正一 「商人」〔集英社〕
第4回(平22年)
　冲方 丁 「天地明察」〔角川書店〕
第5回(平23年)
　夢枕 獏 「大江戸釣客伝 上・下」〔講談社〕
第6回(平24年)
　東郷 隆 「本朝甲冑奇談」〔文藝春秋〕
第7回(平25年)

典厩 五郎 「NAGASAKI 夢の王国」〔毎日新聞社〕
第8回(平26年)
　谷 甲州 「加賀開港始末」〔中央公論新社〕

第9回(平27年)
　木下 昌輝 「宇喜多の捨て嫁」〔文藝春秋〕
第10回(平28年)
　山本 音也 「本懐に候」〔小学館〕

151 文の京文芸賞

文京区ゆかりの文人である森鷗外の生誕140周年,樋口一葉の生誕130周年を記念して平成14年創設。ジャンルを問わず全国規模で文芸作品を公募し,最優秀作品は文京区内に本社のある講談社の文芸雑誌に掲載,もしくは単行本として出版される。平成22年,第4回をもって休止。

【主催者】文の京文芸賞実行委員会,文京区,文京区教育委員会
【選考委員】(第4回)奥本大三郎,加賀乙彦,沼野充義
【選考方法】公募
【選考基準】〔応募規定〕400字詰め原稿用紙30枚以上300枚以下。未発表の自作であれば,ジャンル,プロ・アマの別,住所,年齢は問わない
【締切・発表】(第4回)平成21年4月30日締切,9月上旬発表,平成22年2月授賞式
【賞・賞金】最優秀作(1編):賞金100万円及び副賞,単行本として出版される

第1回(平15年発表)
　◇最優秀作
　　風森 さわ 「切岸まで」
　◇優秀作(佳作)
　　永井 恵理子 「ねんねこライダー」
第2回(平17年発表)
　◇最優秀作
　　大城 貞俊 「アトムたちの空」
第3回(平19年発表)
　◇最優秀作
　　下鳥 潤子 「わすれないよ 波の音」
第4回(平21年発表)
　竹本 喜美子 「甕の鈴虫」

152 坊っちゃん文学賞

松山市制100周年を記念して,夏目漱石の「坊っちゃん」にちなんで賞を創設,新しいタイプの小説を全国から募集する。若手作家の登龍門となるように全国水準の文学賞を目指すことにより,松山の文化的イメージを形成・強化する。第15回より「ショートショート部門」を新設。

【主催者】松山市,坊っちゃん文学賞実行委員会
【選考委員】(第15回)〔小説部門〕椎名誠,早坂暁,中沢新一,高橋源一郎,〔ショートショート部門〕田丸雅智,ウェス・じゃん=まーく,神野紗希,水鏡なお
【選考方法】公募
【選考基準】〔対象〕「小説部門」斬新な作風の青春文学小説。未発表のオリジナル作品。「ショートショート部門」"青春"をテーマにしたショートショート(アイデアと,それ

を活かした結末のある小説)。日本語で書かれ,未発表で筆者自身のオリジナル作品。
〔資格〕年齢,性別,職業,国籍不問。〔原稿〕「小説部門」400字詰原稿用紙換算で80枚以上100枚以下の作品を無地A4判の紙に1枚につき30字×40行・縦書きで印字。ワープロ,パソコン原稿。あらすじ(30字×20〜30行程度)を付記。「ショートショート部門」400字詰原稿用紙換算で15枚以下

【締切・発表】(第15回)平成29年6月30日締切(当日消印有効),発表は11月,受賞者に直接通知。大賞受賞作品は「Hanako」誌上に掲載

【賞・賞金】「小説部門」大賞(1点):200万円,佳作(2点):50万円,「ショートショート部門」大賞20万円,佳作5万円,子規・漱石特別賞5万円。受賞作品の著作権は松山市に帰属

【URL】http://www.bocchan.matsuyama.ehime.jp/

第1回(平1年)
　月本 裕 「今日もクジラは元気だよ」
　鳥羽 耕史 「テクノデリック・ブルー」
　原 尚彦 「シェイク」
第2回(平3年)
　中脇 初枝 「魚のように」
◇佳作
　竹森 茂裕 「ある登校拒否児の午後」
　四十雀 亮 「鳥人の儀礼」
第3回(平5年)
　巌谷 藍水 「ノスタルジア」
　光山 明美 「土曜日の夜 The Heart of Saturday night」
第4回(平7年)
◇大賞
　敷村 良子 「がんばっていきまっしょい」
◇佳作
　鳴沢 恵 「夏の日」
　河野 敬子 「父のラブレター」
第5回(平9年)
◇大賞
　吉増 茂雄 「映写機カタカタ」
◇佳作
　武石 貞文 「温故堂の二階から」
　加藤 唱子 「ランニング・シャドウ」
第6回(平11年)
◇大賞
　長屋 潤 「マジックドラゴン」
◇佳作
　桜井 ひかり 「ゆうぐれ」
　岡田 京子 「ゆれる甲板」
第7回(平13年)

◇大賞
　鬼丸 智彦 「富士川」
　瀬尾 まいこ 「卵の緒」
第8回(平15年)
◇大賞
　浅井 柑 「三度目の正直」
◇佳作
　岩下 啓亮 「二重奏」
　時田 慎也 「激痛ロード・グラフィティー」
第9回(平17年)
◇大賞
　大沼 紀子 「ゆくとし くるとし」
◇佳作
　高橋 亮光 「坂の下の蜘蛛」
　無茶雲 「明日へ帰れ」
第10回(平19年)
◇大賞
　甘木 つゆこ 「タロウの鉗子」(改題:「はさんではさんで」)
◇佳作
　こみこ みこ 「君が咲く場所」
　吉乃 かのん 「ともだちごっこ」
第11回(平21年)
◇大賞
　ふじくわ 綾 「右手左手、左手右手」
　村崎 えん 「なれない」
◇佳作
　該当作なし
第12回(平23年)
◇大賞
　真枝 志保 「桃と灰色」
◇佳作

遊部 香 「星々」
白崎 由宇 「チチノチ」
第13回（平25年）
◇大賞
桐 りんご 「キラキラハシル」
◇佳作
相川 英輔 「日曜日の翌日はいつも」

仲村 萌々子 「赤いろ黄信号」
第14回（平26年）
◇大賞
卯月 イツカ 「名もない花なんてものはない」
◇佳作
吉田 勉 「ひかり駆ける」

153 正岡子規国際俳句賞

俳句という文化を愛媛から世界に発信することを目指して創設。歴史的及び国際的な観点から，世界的詩歌としての俳句（俳句的な精神を有する世界のあらゆる詩型を含む）の発展に貢献した人に賞を贈る。隔年開催。

【主催者】愛媛県文化振興財団，愛媛県，松山市

【選考基準】〔資格〕国籍，言語を問わない

【締切・発表】大賞：賞金500万円

【賞・賞金】平成12年8月発表，9月10日授賞式

【URL】http://www.ecf.or.jp

第1回（平12年）
◇大賞
イヴ・ボンヌフォア（フランス）"俳句に対して深い理解と見識を持ち，それを自らの詩作に用いているほか，評論集「赤い雲」で芭蕉論を展開"
◇国際俳句賞
李 芒（中国）"中国和歌俳句研究会会長などを務め，俳句の研究，紹介，翻訳に携わってきた"
バート・メゾッテン（ベルギー）"句集を持つ俳人で，フランドル俳句センターの創設，雑誌の刊行などを手がけた"
ロバート・スピース（米国）"雑誌「Modern Haiku」の編集長で，句集もある"
◇国際俳句EIJS特別賞
佐藤 和夫（早稲田大名誉教授，俳誌「風」同人）"評論や翻訳，実際の交流事業を通じて，日本の俳句を海外に，海外俳句を日本に紹介し，双方向的な懸け橋となってきた"

第2回（平14年）
◇国際俳句賞
Cor van den Heuvel（アメリカ俳句協会元会長）"「俳句選集（The Haiku Anthology）」を編集するなど，英語圏諸国における俳句の普及と理解の深化に大きく貢献"
Satya Bhushan Verm（ジャワハッラール・ネール大学名誉教授，インド）"俳句をヒンディ語に翻訳するほか，俳句とインドの詩との比較研究，俳句雑誌の刊行や俳句クラブの創設などを通じて，インドにおける俳句の普及と理解の深化に大きく貢献"
◇国際俳句EIJS特別賞
和田 茂樹（愛媛大学名誉教授，松山市立子規記念博物館前館長）"「子規全集」編集や子規記念博物館の設立，俳句を軸にした資料探索など，子規の研究と顕彰に大きく貢献"
第3回（平16年）
◇大賞

ゲーリー・スナイダー(アメリカ)
◇国際俳句賞
　マスダ, ヒデカズ(ブラジル)
　黄 霊芝(台湾)
◇国際俳句EIJS特別賞
　筑紫 磐井(日本)
第4回(平20年)

◇大賞
　金子 兜太(日本)
◇国際俳句賞
　河原 枇杷男(日本)
◇スウェーデン賞
　内田 園生(日本)
　李 御寧(韓国)

154 マリン文学賞

鳥羽市をはじめとする日本各地の文芸活動の振興を図るとともに、文化を通じて得られる心豊かなぬくもりを地域に、全国に提供し、「国際観光都市」鳥羽市のイメージアップを目的としている。平成16年度(第10回)をもって終了。

【主催者】鳥羽市, 鳥羽市教育委員会
【選考委員】井沢元彦, 立松和平, 山崎洋子
【選考方法】公募
【選考基準】〔資格〕年齢, 性別, 職業, 国籍, プロ, アマ不問。ただし, 地方文学賞は三重県在住者, ジュニアマリン文学賞は19歳以下の者を対象とする。何点でも応募可。〔対象〕海をテーマまたは舞台にした小説。未発表のオリジナル作品。児童文学, 随筆, ノンフィクション, 戯曲, 俳句集的なものは除く。〔原稿〕400字詰原稿用紙30枚以上100枚以内
【締切・発表】(第10回)平成16年5月31日締切(当日消印有効), 平成16年10月発表
【賞・賞金】大賞(1名)：賞金100万円・副賞, 入選(2名)：賞金30万円・副賞,「地方文学賞」(1名)：賞金10万円・副賞, ジュニアマリン文学賞(2名)：賞金5万円

第1回(平2年)
　嘉野 さつき 「望郷」
◇入選
　阿部 幹 「潜士(かづき)の源造」
　久生 哲 「さよなら海ウサギ」
◇佳作
　森岡 泉 「散華(はなふる)之海」
　長谷 侑季 「ローズ・マリーン」
第2回(平3年)
　島貫 尚美 「退屈な植物の赫い溜息」
◇入選
　村上 靖子 「沖」
　菅原 康 「鬼籍の海」
◇佳作
　北村 周一 「凪のあとさき」
　篠島 周 「海鳥の翔ぶ日」
第3回(平4年)

　上甲 彰 「独行船(どっこうせん)」
◇入選
　平手 清恵 「アダンの海」
　菅原 康 「ホッチャレ焦れ唄」
◇佳作
　山下 悦夫 「灯台視察船羅州丸」
　伊良波 弥 「鮫釣り」
第4回(平5年)
　伊良子 序 「橋/サドンデス」
◇入選
　辻井 良 「海からの光」
　西久保 隆 「癌」
◇佳作
　太田 晶 「大連海員倶楽部 餐庁(れすとらん)」
　溝部 隆一郎 「興島(こしじま)」

◇地方文学賞
　松嶋 節 「そこに居るのは誰？」
　山本 輝久 「冬の海女」
第5回（平6年）
　政岡 風太郎 「流され者」
◇入選
　河村 孝次 「磯笛」
　増田 緑 「ステーション5」
◇佳作
　岩田 凖子 「情熱物語 江戸川乱歩と岩田準一」
　京田 純一 「1910」
◇地方文学賞
　木場 博 「潮溜のある光景」
第6回（平7・8年）
　佐枝 せつ子 「イッツ・ア・ロング・ストーリー」
◇入選
　北川 寿二 「水脈の渦潮」
　岡田 陽子 「白い便箋,ブルーのレター」
◇地方文学賞
　浜口 拓 「しんじゅ色のタクシーに乗って」
第7回（平9・10年）
　渡辺 芳明 「南氷洋に鯨を追って」
◇入選
　奥田 順市 「海と洋とカヌー」

　加藤 二良 「栄福丸按針録」
◇地方文学賞
　岡野 由美子 「マリン・ブルーな季節」
第8回（平11・12年）
　長山 志信 「琥珀（こはく）海岸」
◇入選
　堀田 明日香 「やわらかなみず」
　井上 貞義 「対馬島主宗義調」
◇地方文学賞
　上原 順子 「慶長の海」
第9回（平13・14年）
◇大賞
　小林 美保子 「磯笛」
◇入選
　召田 喜和子 「水主（かこ）たちの遺産」
　東道 清高 「鱗が緑色に輝く巨大魚」
◇地方文学賞
　山下 悦夫 「海の碑（いしぶみ）」
第10回（平16年度）
◇大賞
　中田 重顕 「観音浄土の海」
◇入選
　古嶋 和 「夜明けの非常階段」
　宇神 幸男 「悲将の島」
◇地方文学賞
　濱口 弥生 「虫喰い石」

155 丸山豊記念現代詩賞

　久留米市が生んだ詩人,丸山豊の功績を後世に伝えるため,平成3年度創設。作家の創作意欲を奨励するとともに,広く文学界の振興と,地域の芸術文化の普及向上に寄与することを目的とする。第25回（平成28年度）の開催をもって終了。

【主催者】丸山豊記念現代詩賞実行委員会

【選考委員】（第25回）野沢啓,木坂涼

【選考方法】非公募

【選考基準】〔対象〕発表の前年1年間（1月1日から12月31日まで）に国内で出版された現代詩に関する刊行物で奥付に発行日の記載のあるもの（自費出版も含む）

【締切・発表】3月下旬発表,5月中旬記念講演会

【賞・賞金】賞状と賞金100万円

【URL】http://www.ishibashi-bunka.jp/maruyama/

第1回（平4年）

谷川 俊太郎 「女に」
第2回（平5年）
　伊藤 信吉 「上州おたくら―私の方言詩集」
第3回（平6年）
　新川 和江，加島 祥造 「潮の庭から」
第4回（平7年）
　朝倉 勇 「鳥の歌」
第5回（平8年）
　みずかみ かずよ 「みずかみかずよ全詩集
　いのち」〔石風社〕
第6回（平9年）
　安水 稔和 「秋山抄」
第7回（平10年）
　相澤 史郎 「夷歌」
第8回（平11年）
　野田 寿子 「母の耳」〔土曜美術社出版
　販売〕
第9回（平12年）
　高良 留美子 「風の夜」〔思潮社〕
第10回（平13年）
　高橋 順子 「貧乏な椅子」〔花神社〕
第11回（平14年）
　まど・みちお 「うめぼしリモコン」〔理
　論社〕
第12回（平15年）
　金井 雄二 「今、ぼくが死んだら」〔思潮社〕
第13回（平16年）
　中上 哲夫（神奈川県）「エルヴィスが死ん
　だ日の夜」〔書肆山田〕
第14回（平17年）
　森崎 和江（福岡県）「ささ笛ひとつ」〔思
　潮社〕
第15回（平18年）
　西沢 杏子（東京都）「ズレる？」〔てら
　んく〕
第16回（平19年）
　井川 博年（東京都）「幸福」〔思潮社〕
第17回（平20年）
　古賀 忠昭（福岡県久留米市）「血のたらち
　ね」〔書肆山田〕
第18回（平21年）
　中本 道代 「花と死王」〔思潮社〕
第19回（平22年）
　文月 悠光 「適切な世界の適切ならざる
　私」〔思潮社〕
第20回（平23年）
　佐々木 安美 「新しい浮子 古い浮子」〔栗
　売社〕
第21回（平24年）
　市原 千佳子 「月しるべ」〔砂子屋書房〕
第22回（平25年）
　秋 亜綺羅 「透明海岸から鳥の島まで」
　〔思潮社〕
第23回（平26年）
　鈴木 志郎康 「ペチャブル詩人」〔書肆
　山田〕
第24回（平27年）
　若尾 儀武 「流れもせんで、在るだけの
　川」〔ふらんす堂〕
第25回（平28年）
　白井 明大 「生きようと生きるほうへ」
　〔思潮社〕

---

156 宮沢賢治賞・イーハトーブ賞

　花巻市のふるさと創生事業として、平成2年9月22日設立された。宮沢賢治の名において顕彰されるにふさわしい業績をあげた個人または団体を表彰する。

【主催者】花巻市

【選考方法】宮沢賢治学会イーハトーブセンター会員からの推薦に基づいて賞選考委員会が選考，理事会の承認を経て花巻市長に答申する

【選考基準】〔宮沢賢治賞〕研究、評論及び創作を行った個人又は団体で、概ね3年以内に発表されたもの。〔イーハトーブ賞〕実践的な活動を行った個人又は団体

【締切・発表】毎年5月末日締切、8月発表

【賞・賞金】本賞：賞状，正賞，副賞100万円，奨励賞：賞状，記念品，副賞30万円
【URL】http://www.kenji.gr.jp/prize.html

第1回（平3年）
◇宮沢賢治賞
　堀尾 青史 "「宮沢賢治年譜」などで賢治の人間像を詳細に浮き彫りにした功績に対して"
　柚木 沙弥郎 "版画集「宮沢賢治遠景」などで賢治作品を民芸調の画風で表現した功績に対して"
◇イーハトーブ賞
　該当者なし

第2回（平4年）
◇宮沢賢治賞
　小倉 豊文 "「雨ニモマケズ手帳」研究などの功績に対して"
● 奨励賞
　モリタ，エレーヌ（Morita, Hélène）"「銀河鉄道の夜」（'89年）と「雪渡り」（'91年）の仏訳に対して"
　ストロング，サラ・M．"論文「溶媒と沈殿―「春と修羅」第1集の世界」"
　対馬 美香 "宮沢賢治の絵画―萩原朔太郎「月に吠える」挿絵の投影"
◇イーハトーブ賞
　照井 謹二郎 "永年にわたる賢治精神の普及"
● 奨励賞
　岩手絵の会 "子どもたちによる賢治童話の再創造"

第3回（平5年）
◇宮沢賢治賞
　原 子朗 "「宮沢賢治語彙辞典」の編著をはじめとする業績，および多くの新人研究者の育成と，海外学術交流への寄与"
● 奨励賞
　「オペレッタ・注文の多い料理店」上演グループ（代表・仙道作三）"オペレッタ＜注文の多い料理店＞」のすぐれた上演とその成果"
◇イーハトーブ賞
　ほべつ銀河鉄道の里づくり委員会（代表・高橋政春）"賢治精神を求め・生かした地域づくり"
● 奨励賞
　宮沢賢治の会（代表・吉田六太郎）"故菊池暁輝氏創設以来の永年にわたる宮沢賢治精神の継承普及活動"
　吉田 昌男 "多くの分野にわたる宮沢賢治精神の普及活動"

第4回（平6年）
◇宮沢賢治賞
　森 荘已池（詩人）"著作「私たちの詩人宮沢賢治」など長年にわたって賢治研究を続ける"
◇イーハトーブ賞
　林 洋子（女優）"国内外で賢治作品の一人語り公演を千回以上にわたって行う"

第5回（平7年）
◇宮沢賢治賞
　該当なし
● 奨励賞
　中野 新治 「宮沢賢治・童話の読解」
◇イーハトーブ賞
　高木 仁三郎 "賢治科学思想の伝承と実践"
　ものがたり文化の会（代表・橋本順吉）"人体交響劇による賢治文学・思想の普及活動"
● 奨励賞
　花巻混声合唱団（代表・西村博）"昭和35年（1960年）以来の一貫した宮沢賢治作品の演奏活動"

第6回（平8年）
◇宮沢賢治賞
　斎藤 文一 "科学者の立場から，長年にわたり宮沢賢治の世界を解明"
　シャスティーン・ヴィデーウス "宮沢賢治童話全般にわたる英文による精密な研究の完成"
● 奨励賞
　鈴木 健司 「宮沢賢治 幻想空間の構造」
◇イーハトーブ賞
　田ケ谷 雅夫 "宮沢賢治の思想による障害

　　　　者福祉への40年余りに及ぶ献身的活動"
　　　松村 彦次郎 "多年にわたる宮沢賢治作品の一人芝居（舞台化）の活動"
第7回（平9年）
　◇宮沢賢治賞
　　　宇佐見 英治 「明るさの神秘」
　　　佐藤 泰正 「佐藤泰正著作集（6）宮沢賢治論」
　●奨励賞
　　　秋枝 美保 「宮沢賢治 北方への志向」
　　　西 成彦 「森のゲリラ 宮沢賢治」
　◇イーハトーブ賞
　　　牧野 財士 "1958年渡印以来、40年近く現地において農業指導のため、夫人ともども献身的な努力、苦労を重ねて来た業績"
　●奨励賞
　　　鈴木 實 "永年にわたる賢治精神の普及活動"
　　　ガブリエル・メランベルジェ 「宮沢賢治をフランス語で読む」
第8回（平10年）
　◇宮沢賢治賞
　　　該当なし
　●奨励賞
　　　多田 幸正 「賢治童話の方法」
　　　奥山 文幸 「宮沢賢治『春と修羅』論」
　　　齋藤 孝 「宮沢賢治という身体」
　◇イーハトーブ賞
　　　長岡 輝子 "永年にわたり宮沢賢治作品の朗読を通して広く一般に興味と感銘を与えたその活躍"
　　　山崎 善次郎 "永年にわたりみずから賢治精神を実践し賢治研究にも陰ながら貢献した地道な業績"
　●奨励賞
　　　該当なし
第9回（平11年）
　◇宮沢賢治賞
　　　入沢 康夫 "膨大な草稿から賢治の詩作過程を解明した"
　　　続橋 達雄 "近代児童文学界での賢治童話の位置付けを明らかにした"
　◇イーハトーブ賞
　　　井上 ひさし "劇作「イーハトーボの劇列車」で等身大の賢治像を浮き彫りにし

た"
　●奨励賞
　　　谷口 秀子 "賢治作品の朗読指導に尽力した"
　　　中村 伸一郎 "賢治の詩を合唱曲にして小中学生の音楽指導に努めた"
第10回（平12年）
　◇宮沢賢治賞
　　　佐藤 通雅 「宮沢賢治 東北砕石工場技師論」〔洋々社〕
　●奨励賞
　　　押野 武志 「宮沢賢治の美学」〔翰林書房〕
　◇イーハトーブ賞
　　　該当者なし
　●奨励賞
　　　花巻農高鹿踊り部
第11回（平13年）
　◇宮沢賢治賞
　　　天沢 退二郎 "「宮沢賢治の彼方へ」など長年にわたる賢治研究と、厳密な本文校訂"
　●奨励賞
　　　コリガンテイラー、カレン "「雪渡り」「よだかの星」の英訳"
　◇イーハトーブ賞
　　　増村 博
　　　菊池 裕
第12回（平14年）
　◇宮沢賢治賞
　　　松田 司郎 "賢治の深層世界を哲学・心理学的に考察。自ら現地を歩いた写真集の出版や、雑誌「ワルトラワラ」の主宰など多彩な活動を展開"
　●奨励賞
　　　近藤 晴彦 "短歌や心象スケッチなどを中原中也などの同時代詩と比較対照"
　　　ジョージ、プラット・アブハラム "インド西南部ケーララ州の公用語マラヤラム語で童話作品を翻訳"
　◇イーハトーブ賞
　　　オペラシアターこんにゃく座 "「シグナルとシグナレス」「セロ弾きのゴーシュ」などの童話をオペラで上演"
　●奨励賞
　　　佐藤 孝 "童話「なめとこ山の熊」に出てくるナメトコ山の所在地確認を始めとし

第13回（平15年）
◇宮沢賢治賞
　池沢 夏樹（作家）"評論「言葉の流星群」で，賢治作品の具体的検証に加え自身の感動体験を分析。明せきかつ平明な文章で新たな魅力を掘り起こし，学界に新風を巻き起こした"
　小林 敏也（画家）"「どんぐりと山猫」を皮切りに童話作品15点を絵本化。持続的に創作に携わるとともに，内容に応じた独創的な絵は賢治の魅力を十分に伝え，子どもに広く親しまれている"
◇イーハトーブ賞
　赤坂 憲雄（東北芸術工科大教授）"「東北学へ（全3巻）」をはじめとする著作で東北学を提唱。新たな東北観を形作り学問分野を開拓した研究活動は，賢治の郷土岩手から未来に向けた創作に重なり，評価に値する"

第14回（平16年）
◇宮沢賢治賞
　該当なし
●奨励賞
　小川 達雄
　山根 知子
　松澤 和宏
◇イーハトーブ賞
　中村 哲
　畠山 重篤
●奨励賞
　該当なし

第15回（平17年）
◇宮沢賢治賞
　奥田 弘
●奨励賞
　石黒 耀
◇イーハトーブ賞
　川村 光夫
●奨励賞
　花巻ユネスコ・ペ・セルクル

第16回（平18年）
◇宮沢賢治賞
　高橋 源一郎
●奨励賞
　岡澤 敏男
◇イーハトーブ賞
　内橋 克人
　服部 匡志
●奨励賞
　コーラスせきれい

第17回（平19年）
◇宮沢賢治賞
　菊池 忠二
●奨励賞
　加藤 碵一
　中村 三春
◇イーハトーブ賞
　該当なし
●奨励賞
　ウプレティ，ナンダ・プラサド
　御舩 道子（三朝温泉かじか蛙保存研究会）

第18回（平20年）
◇宮沢賢治賞
　パルバース，ロジャー
●奨励賞
　浜垣 誠司
◇イーハトーブ賞
　高嶋 由美子
●奨励賞
　長津 功三良
　鈴木 比佐雄
　山本 十四尾

第19回（平21年）
◇宮沢賢治賞
　吉本 隆明
●奨励賞
　岡村 民夫
◇イーハトーブ賞
　該当なし
●奨励賞
　桑島 法子

第20回（平22年）
◇宮沢賢治賞
　西田 良子
●奨励賞
　該当なし
◇イーハトーブ賞
　該当なし
●奨励賞
　花巻・賢治を読む会

劇団らあす
第21回（平23年）
◇宮沢賢治賞
　吉田 文憲
● 奨励賞
　信時 哲郎
◇イーハトーブ賞
　該当なし
● 奨励賞
　安斉 重夫
　川野目亭 南天
第22回（平24年）
◇宮沢賢治賞
　該当なし
● 奨励賞
　島田 隆輔
◇イーハトーブ賞
　むの たけじ
● 奨励賞
　該当なし
第23回（平25年）
◇宮沢賢治賞
　冨田 勲
● 奨励賞
　佐々木 ボグナ
　平澤 信一
◇イーハトーブ賞
　片田 敏孝
● 奨励賞

（一社）社会的包摂サポートセンター
第24回（平26年）
◇宮沢賢治賞
　藤城 清治
◇奨励賞
　大島 丈志
◇イーハトーブ賞
　三陸鉄道（株）
◇奨励賞
　KAGAYA
第25回（平27年）
◇宮沢賢治賞
　吉見 正信
● 奨励賞
　グレゴリー・ガリー
　秦野 一宏
◇イーハトーブ賞
　高畑 勲
● 奨励賞
　佐々木 格
第26回（平28年）
◇宮沢賢治賞
　該当者なし
● 奨励賞
　加藤 昌男
◇イーハトーブ賞
　司 修
● 奨励賞
　野口 田鶴子

157 三好達治賞

　大阪にゆかりがあり大きな業績を残した三好達治を顕彰し、併せてその年の最も優れた詩集を発表した詩人にこの賞を贈ることにより、文学界の人材育成と共に詩を通じて豊かな芸術文化の意識高揚を図ることを目的に平成17年度創設。

【主催者】大阪市

【選考委員】（第12回）委員長：以倉紘平、委員：池井昌樹、岩阪恵子、高橋順子

【選考方法】応募作及び推薦作（主催者が関係先に依頼）から、選考委員会において受賞作1点を選考する

【選考基準】〔対象〕美しく知的な日本語で綴られた詩集を発表した詩人。〔対象作品〕（第12回）発行日が平成27年12月1日から平成28年11月30日の詩集（奥付の発行年月日による）。ただし、翻訳・復刻・再版・遺稿集・全詩集・撰集・外国語による詩集は除く

【締切・発表】(第12回)平成28年12月1日締切,平成29年2月11日発表,3月24日贈呈式
【賞・賞金】1名(該当者がいない場合は贈呈しない):正賞・賞状,副賞・賞金100万円と福井県特産品
【URL】http://www.city.osaka.lg.jp/keizaisenryaku/page/0000009268.html

第1回(平18年)
　清水 哲男 「黄燐と投げ縄」〔書肆山田〕
第2回(平19年)
　伊藤 桂一 「ある年の年頭の所感」〔潮流社〕
第3回(平20年)
　田中 清光 「風景は絶頂をむかえ」〔思潮社〕
第4回(平20年度)
　池井 昌樹 「眠れる旅人」
第5回(平21年度)
　長田 弘 「世界はうつくしいと」
第6回(平22年度)
　粕谷 栄市 「遠い川」
第7回(平23年度)
　細見 和之 「家族の午後」
第8回(平24年度)
　高階 杞一 「いつか別れの日のために」
第9回(平25年度)
　藤田 晴央 「夕顔」
第10回(平26年度)
　高橋 順子 「海へ」
第11回(平27年度)
　谷川 俊太郎 「詩に就いて」
第12回(平28年度)
　大橋 政人 「まどさんへの質問」

158 椋鳩十児童文学賞

　鹿児島市が市制施行百周年を記念し,日本を代表する児童文学者椋鳩十氏の業績を永く顕彰するとともに,児童文学の発展に寄与するために平成2年に創設された。第24回(平成26年)をもって終了。

【主催者】鹿児島市,鹿児島市教育委員会
【選考委員】たかしよいち,那須正幹,西本鶏介,三木卓
【選考方法】作者自身の応募のほか,出版社・報道機関または一般からの推薦による
【選考基準】〔対象〕前年度1月～12月に出版された児童文学作品のうち新人の第2作目までの刊行本。〔資格〕詩,童謡,絵本,ノンフィクションを除く
【締切・発表】1月末日締切(消印有効),発表は4月(マスコミ発表)
【賞・賞金】正賞賞状・記念品,副賞賞金100万円
【URL】http://www.city.kagoshima.lg.jp/_1010/shimin/5kyouiku/5-3bunka/5-3-5bungakushou.html

第1回(平3年)
　石原 てるこ 「DOWNTOWN通信 友だち貸します」〔ポプラ社〕
　ひこ・田中 「お引越し」〔福武書店〕
第2回(平4年)
　森 絵都 「リズム」〔講談社〕
◇出版文化賞
　講談社 "「リズム」の出版に対して"
第3回(平5年)
　もとやま ゆうほ 「パパにあいたい日もあるさ」〔ポプラ社〕
第4回(平6年)

村山 早紀 「ちいさいえりちゃん」
第5回（平7年）
西崎 茂 「海にむかう少年」
第6回（平8年）
阿部 夏丸 「泣けない魚たち」
第7回（平9年）
坂元 純 「僕のフェラーリ」
第8回（平10年）
岡沢 ゆみ 「バイ・バイ―11歳の旅立ち」〔文渓堂〕
第9回（平11年）
風野 潮 「ビート・キッズ－Beat Kids」〔講談社〕
第10回（平12年）
みお ちづる 「ナシスの塔の物語」〔ポプラ社〕
第11回（平13年）
安東 みきえ 「天のシーソー」〔理論社〕
第12回（平14年）
河俣 規世佳 「おれんじ屋のきぬ子さん」〔あかね書房〕
第13回（平15年）
佐川 芳枝 「寿司屋の小太郎」〔ポプラ社〕
第14回（平16年）
長谷川 摂子 「人形の旅立ち」〔福音館書店〕
第15回（平17年）
やえがし なおこ 「雪の林」〔ポプラ社〕
第16回（平18年）
香坂 直 「走れ、セナ！」〔講談社〕
第17回（平19年）
藤江 じゅん 「冬の龍」〔福音館書店〕
第18回（平20年）
樫崎 茜 「ボクシング・デイ」〔講談社〕
第19回（平21年）
宮下 すずか 「ひらがな だいぼうけん」〔偕成社〕
第20回（平22年）
佐々木 ひとみ 「ぼくとあいつのラストラン」〔ポプラ社〕
第21回（平23年）
にしがき ようこ 「ピアチェーレ 風の歌声」〔小峰書店〕
第22回（平24年）
小浜 ユリ 「むこうがわ行きの切符」〔ポプラ社〕
第23回（平25年）
石井 和代 「山の子みや子」〔てらいんく〕
第24回（平26年）
有沢 佳映 「かさねちゃんにきいてみな」〔講談社〕

159 紫式部文学賞

　宇治市では、「源氏物語」最後の十帖の舞台となっていることから、源氏物語をテーマにしたまちづくりを推進している。その中核となるのが、市民のアイディアをもとに創設した「紫式部文学賞」である。伝統ある日本女性文学の継承と発展に寄与するとともに、市民文化の向上に資することを目的として実施している。

【主催者】宇治市、宇治市教育委員会

【選考委員】井波律子、川上弘美、鈴木貞美、竹西青嗣、村田喜代子

【選考方法】非公募（推薦）。全国の作家、文芸評論家、出版社、新聞社、市民推薦人から各々1点に限り推薦を受けた作品を、紫式部文学賞推薦委員会で数編に絞り、その後、紫式部文学賞選考委員会で受賞作品が選定され、市長が決定

【選考基準】〔対象〕小説、戯曲、評論、随筆、詩、歌句、翻訳およびノンフィクション等の文学作品（ただし、詩および歌句については、ある程度の作品を収録した「集」の体裁をとるものとする）〔要件〕作者が女性であること。前年1月1日から同年12月31日までに刊行された作品（単行本）であること。日本語の作品であること

【締切・発表】（第26回）平成28年8月4日発表, 平成28年11月20贈呈式
【賞・賞金】正賞（ブロンズ像）と副賞（賞金200万円）
【URL】http://www.city.uji.kyoto.jp/bungakushou/

第1回（平3年）
　石丸 晶子（東京経済大学教授）「式子内親王伝―面影びとは法然」〔朝日新聞社〕
第2回（平4年）
　江國 香織（小説家）「きらきらひかる」〔新潮社〕
第3回（平5年）
　石牟礼 道子（小説家）「十六夜橋」〔径書房〕
第4回（平6年）
　岩阪 恵子（作家）「淀川にちかい町から」〔講談社〕
第5回（平7年）
　吉本 ばなな（小説家）「アムリタ」〔ベネッセコーポレーション〕
第6回（平8年）
　田中 澄江（劇作家, 小説家）「夫の始末」〔講談社〕
第7回（平9年）
　村田 喜代子（小説家）「蟹女」〔文藝春秋〕
第8回（平10年）
　斎藤 史（歌人）「斎藤史全歌集 1928-1993」〔大和書房〕
第9回（平11年）
　川上 弘美（作家）「神様」〔中央公論〕
第10回（平12年）
　三枝 和子（作家）「薬子の京」〔講談社〕
第11回（平13年）
　富岡 多恵子（作家, 詩人）「釈迢空ノート」〔岩波書店〕
第12回（平14年）
　河野 裕子（歌人）「歩く」〔青磁社〕
第13回（平15年）
　大庭 みな子（作家）「浦安うた日記」〔作品社〕
第14回（平16年）
　俵 万智（歌人）「愛する源氏物語」〔文藝春秋〕
第15回（平17年）
　津島 佑子（作家）「ナラ・レポート」〔文藝春秋〕
第16回（平18年）
　梨木 香歩 「沼地のある森を抜けて」〔新潮社〕
第17回（平19年）
　馬場 あき子 「歌説話の世界」〔講談社〕
第18回（平20年）
　伊藤 比呂美 「とげ抜き 新巣鴨地蔵縁起」〔講談社〕
第19回（平21年）
　桐野 夏生 「女神記」〔角川書店〕
第20回（平22年）
　川上 未映子 「ヘヴン」〔講談社〕
第21回（平23年）
　多和田 葉子 「尼僧とキューピッドの弓」〔講談社〕
第22回（平24年）
　岩橋 邦枝 「評伝 野上彌生子―迷路を抜けて森へ」〔新潮社〕
第23回（平25年）
　赤坂 真理 「東京プリズン」〔河出書房新社〕
第24回（平26年）
　森 まゆみ 「『青鞜』の冒険 女が集まって雑誌をつくるということ」〔平凡社〕
第25回（平27年）
　佐藤 愛子 「晩鐘」〔文藝春秋〕
第26回（平28年）
　平田 俊子 「戯れ言の自由」〔思潮社〕

160 森林(もり)のまち童話大賞

浜松市は、天竜川や浜名湖などの自然、とりわけ広大で豊かな森林(もり)に恵まれている。次代を担う子どもたちにこうした森林(もり)の恵みと大切さを伝えていくため、全国から森林(もり)をテーマにした童話を募集する。

【主催者】浜松市

【選考委員】(第6回)あさのあつこ、角野栄子、薫くみこ、那須田淳、西本鶏介

【選考方法】公募

【選考基準】〔対象〕森林(もり)をテーマにした、オリジナル(未発表)の創作童話に限る。〔資格〕年齢、国籍、居住地は問わない。ただし、作品を商業出版したことのないアマチュアに限る。〔原稿〕B4版400字詰め原稿用紙に、日本語による縦書きで15枚以内。HB以上の濃い鉛筆か黒インクを使用。ワープロ・パソコン使用可

【締切・発表】(第6回)平成29年9月29日締切(当日消印有効)、平成30年3月中旬発表予定

【賞・賞金】大賞(1編):賞状+賞金50万円+記念品、審査員賞(5編):賞状+賞金10万円+記念品。佳作(数編):賞状+記念品(予定)。大賞作品は挿し絵をつけて出版する。審査員賞以上の入賞作品の出版に関する複製権及び所有権は、主催者に帰属する

【URL】http://www.city.hamamatsu.shizuoka.jp/tn-shinko/ward/tenryuku/index.html

第1回(平14年度)
　◇大賞
　　ほんだ みゆき　「竜つきの森」
　◇審査委員賞
　●立松和平賞
　　水谷 すま子　「森のホラホラミーヤ」
　●西本鶏介賞
　　慶野 寿子　「森の絵手紙」
　●角野栄子賞
　　中原 正夫　「栗の行列」
　●木暮正夫賞
　　酒井 知子　「スイカ」
　●清水真砂子賞
　　松本 周子　「泣くおじさん」
　◇佳作
　　伊藤 弘子　「広森北団地への旅」
　　一戸 徹　「森の盆踊り」
　　岡本 直美　「春はおおいそがし」
　　福尾 久美　「しいたけ森のおきゃくさま」
　　酒井 政美　「お引越し」
　　苅田 澄子　「森のかほり屋」
　◇市内奨励賞
　　熊野 佳奈　「ぐんちゃんのさざれいし」

第2回(平17年度)
　◇大賞
　　小川 美篤　「森にきた転校生です、よろしく」
　◇審査員賞
　●西本鶏介賞
　　宮澤 朝子　「ちゃっかりタクシー」
　●立松和平賞
　　甲斐 博　「オリガのお茶会」
　●角野栄子賞
　　鈴木 文孝　「やまんびこ」
　●木暮正夫賞
　　堀米 薫　「姫神山のトシ」
　●清水真砂子賞
　　河合 真平　「時間かかりますがよろしいでしょうか」
　◇佳作
　　鈴木 恵子　「神さまのしごと」
　　徳竹 雅子　「山びこやっちゃん」
　　山本 緑　「初めての遠足」
　　中崎 千枝　「杉から生まれたきだくん」

第3回(平21年)
　◇大賞

仲井 英之 「森のてんぐ屋さん」
◇審査員賞
● 西本鶏介賞
池ヶ谷 政男 「月夜の森に海が来る」
● 立松和平賞
津田 清 「大蚊虫は生き残った」
● 角野栄子賞
中崎 千枝 「夕風のてんぐ」
● 那須田淳賞
国府 久美子 「森っ小僧の林太郎」
● あさのあつこ賞
松岡 春樹 「ばあちゃんと天狗森」
◇佳作
内田 和花 「森の鯨」
庄司 千恵 「トウレプとカムイたち」
加藤 位知子 「まちにみどりを。ふしぎな森の種」
畠山 京子 「森の妖精」
日髙 博子 「やさしい風」
村田 美和 「ブッポゥソウ」
第4回（平24年）
◇大賞
石塚 由加里 「かさこそ森の気取りやキツネ」
◇審査員賞
● 西本鶏介賞
半田 嵩行 「大きな魚の森のなかで」
● 角野栄子賞
乾 初江 「ふしぎなショール」
● 那須田淳賞
飛田和 笑美 「まるさんの冒険ノート」

● あさのあつこ賞
木内 夏美 「チョウゲンボウがきた森」
● 薫くみこ賞
浅野 亜紀 「夜の森をあんない」
◇佳作
新貝 直人 「犬のせなかに森ができた」
松井 直子 「きみがいれば」
早本 聡子 「ようこそ太陽の咲く森へ」
鈴井 千佳代 「もりのかえる」
池谷 晶子 「森のひみつきち」
山道 暁恵 「コルコニの目は空の色」
第5回（平27年）
◇大賞
間瀬 海伽 「森のたね」
◇審査員賞
● あさのあつこ賞
さかもと もか 「そらいろのボタン」
● 角野栄子賞
藤山 新右衛門 「森のおばあさん」
● 薫くみこ賞
はしもと まさよ 「福耳の神とおぶさり神」
● 那須田淳賞
やまと そら 「おひさまどろぼう」
● 西本鶏介賞
大内 誠 「ポーとおじいさん」
◇佳作
久貝 利佐美 「みらいの森の少女ミルル」
鬼村 テコ 「森の盆踊りはチンドンで」
きとう ちる 「猫さがしの森」
野上 玲緒 「森林の絵かき」
磯部 まき 「森からのおくりもの」

161 やまなし文学賞

平成4年4月，山梨県にゆかりの深い樋口一葉の生誕120年を記念して制定された。山梨県の文学振興をはかり，日本の文化発展の一助として，小説と研究・評論の2部門を設ける。

【主催者】 やまなし文学賞実行委員会

【選考委員】 （第22回）小説部門：坂上弘，津島佑子，佐伯一麦，研究・評論部門：菅野昭正，高田衛，十川信介

【選考方法】 小説：公募，研究・評論：推薦（自薦・他薦を問わず）

【選考基準】 〔対象〕小説は未発表作品に限る。研究・評論は日本文学にかかわる著書または論文で，前年11月1日から当該年10月31日までに発表されたもの。〔原稿〕小説は400字詰原稿用紙80～120枚

やまなし文学賞

【締切・発表】 当該年11月末締切、翌年3月発表・表彰式

【賞・賞金】 〔小説部門〕やまなし文学賞（1編）賞金100万円、やまなし文学賞佳作（2編）：各30万円。やまなし文学賞・同賞佳作は山梨日日新聞紙上、及びウエブサイトに掲載。また、やまなし文学賞受賞作は、単行本として刊行。なお、受賞作の著作権は、選考結果発表の日から2年間、やまなし文学賞実行委員会に帰属。〔研究・評論部門〕やまなし文学賞（2編）賞金各50万円

【URL】 http://www.bungakukan.pref.yamanashi.jp/bungaku/bungaku.html

第1回（平4年度）
◇小説部門
　鬼内 仙次　「灯籠流し」
● 佳作
　笠井 佐智子　「鳳凰（フランボヤン）の花咲く街にて」
　藤谷 怜子　「諏訪久によろしく」
◇研究・評論部門
　牟礼 慶子　「鮎川信夫—路上のたましい」〔思潮社〕
　栗原 敦　「宮沢賢治 透明な軌道の上から」〔新宿書房〕

第2回（平5年度）
◇小説部門
　横山 充男　「帰郷」
● 佳作
　入江 和生　「冬の動物園」
　市原 千尋　「伝聖郎の鱗」
◇研究・評論部門
　谷川 恵一　「言葉のゆくえ—明治二十年代の文学」〔平凡社〕
　林 淑美　「中野重治—連続する転向」〔八木書店〕

第3回（平6年度）
◇小説部門
　李 優蘭　「川べりの家族」
● 佳作
　牛山 初美　「水のレクイエム」
◇研究・評論部門
　目崎 徳衛　「南城三余集私抄」〔小沢書店〕
　中島 国彦　「近代文学にみる感受性」〔筑摩書房〕

第4回（平7年度）
◇小説部門
　宝生 房子　「光の中へ消えた大おばあちゃん」

● 佳作
　難波田 節子　「居酒屋『やなぎ』」
◇研究・評論部門
　酒井 憲二　「甲陽軍艦大成」〔全4巻、汲古書院〕
　宮岸 泰治　「木下順二論」〔岩波書店〕

第5回（平8年度）
◇小説部門
　村野 温　「対馬—こころの島」
● 佳作
　依田 茂夫　「花嫁の父」
　藤田 千鶴　「思いでの家」
◇研究・評論部門
　菅野 昭正　「永井荷風巡歴」〔岩波書店〕
　細谷 博　「凡常の発見 漱石・谷崎・太宰」〔明治書院〕

第6回（平9年度）
◇小説部門
　田村 加寿子　「わたしの牧歌」
● 佳作
　大野 俊郎　「てぃんさぐぬ花」
　清津 郷子　「ガーデナーの家族」
◇研究・評論部門
　内田 道雄　「内田百閒—『冥途』の周辺」〔翰林書房〕
　関 礼子　「語る女たちの時代——一葉と明治女性表現」〔新曜社〕

第7回（平10年度）
◇小説部門
　大野 俊郎　「たびんちゅ」
● 佳作
　楠本 洋子　「小春日和」
　樋口 範子　「はんこ屋の女房」
◇研究・評論部門
　亀井 秀雄，松木 博　「朝天虹（ちょうてんにじ）ヲ吐ク 志賀重昂『在札幌農学校第

弐年期中日記』」〔北海道大学図書刊行会〕
　松下 裕 「評伝中野重治」〔筑摩書房〕
第8回（平11年度）
◇小説部門
　飯倉 章 「旅の果て」
●佳作
　荒川 玲子 「鏡餅」
　谷本 美弥子 「小春日和」
◇研究・評論部門
　高田 衛 「女と蛇—表徴の江戸文学誌」〔筑摩書房〕
　関口 安義 「芥川龍之介とその時代」〔筑摩書房〕
第9回（平12年度）
◇小説部門
　鬼丸 智彦 「桑の村」
●佳作
　山岸 昭枝 「雪と火の祭り」
　吉村 登 「木ニナル」
◇研究・評論部門
　伊藤 博之（故人）「西行・芭蕉の詩学」〔大修館書店〕
　相馬 庸郎 「深沢七郎 この面妖なる魅力」〔勉誠出版〕
第10回（平13年度）
◇小説部門
　横瀬 信子 「優しい雲」
●佳作
　根本 幸江 「抜け道」
　山田 たかし 「別れの谷」
◇研究・評論部門
　東郷 克美 「太宰治という物語」〔筑摩書房〕
　兵藤 裕己 「〈声〉の国民国家・日本」〔日本放送出版協会〕
第11回（平14年度）
◇小説部門
　該当作なし
●佳作
　吉田 文彦 「自転車」
　秋元 朔 「紙人形」
◇研究・評論部門
　清水 孝純 「笑いのユートピア『吾輩は猫である』の世界」〔翰林書房〕
　山崎 一穎 「森鷗外・歴史文学研究」〔おうふう〕
第12回（平15年度）
◇小説部門
　尾木沢 響子 「ミクゥさん」
●佳作
　秋元 朔 「父の外套」
　手塚 和美 「代書屋」
◇研究・評論部門
　オリガス,ジャン・ジャック 「物と眼 明治文学論集」〔岩波書店〕
　花崎 育代 「大岡昇平研究」〔双文社出版〕
第13回（平16年度）
◇小説部門
　冬野 良 「少年と父親」
●佳作
　米川 忠臣 「秋桜の迷路」
　深沢 晶子 「親友」
◇研究・評論部門
　勝又 浩（法政大学教授）「中島敦の遍歴」〔筑摩書房〕
　宗像 和重（早稲田大学教授）「投書家時代の森鷗外 草創期活字メディアを舞台に」〔岩波書店〕
第14回（平17年度）
◇小説部門
　深沢 勝彦 「六道橋」
●佳作
　吉澤 薫 「となりのピアニスト」
　宮川 顕二 「ハンザキ」
◇研究・評論部門
　三枝 昻之 「昭和短歌の精神史」
　坪井 秀人 「戦争の記憶をさかのぼる」
第15回（平18年度）
◇小説部門
　井岡 道子 「父のグッド・バイ」
●佳作
　もりお みずき 「湧水」
　白坂 愛 「珈琲牛乳」
◇研究・評論部門
　長谷川 郁夫 「美酒と革嚢 第一書房・長谷川巳之吉」〔河出書房新社〕
　瀬尾 育生 「戦争詩論 1910-1945」〔平凡社〕
第16回（平19年度）
◇小説部門

秋元 朔 「家族ごっこ」
● 佳作
早川 ゆい 「梨の木」
齊藤 洋大 「家に帰ろう」
◇研究・評論部門
高橋 英夫 「音楽が聞える―詩人たちの楽興のとき」〔筑摩書房〕
西田 耕三 「主人公の誕生 中世禅から近世小説へ」〔ぺりかん社〕
第17回（平20年度）
◇小説部門
柳原 隆 「日向の王子」
● 佳作
小川 栄 「密かな名人戦」
宇梶 紀夫 「けんちん汁」
◇研究・評論部門
関 肇 「新聞小説の時代―メディア・読者・メロドラマ」〔新曜社〕
松本 章男 「西行 その歌その生涯」〔平凡社〕
第18回（平21年度）
◇小説部門
大橋 紘子 「恩寵」
● 佳作
榊 初 「佇立する影」
冬川 文子 「額紫陽花の花」
◇研究・評論部門
揖斐 高 「近世文学の境界―個我と表現の変容」〔岩波書店〕
紅野 謙介 「検閲と文学 1920年代の攻防」〔河出書房新社〕
第19回（平22年度）
◇小説部門
宮野 晶 「真空管式」
● 佳作
井野 登志子 「風の行く先」
冬川 文子 「お魚にエサをあげてね」
◇研究・評論部門
戸松 泉 「複数のテクストへ 樋口一葉と草稿研究」〔翰林書房〕
齋藤 希史 「漢文スタイル」〔羽鳥書店〕
第20回（平23年度）
◇小説部門
朝田 武史 「祝人伝」
● 佳作

阪野 陽花 「嵐の前に」
齊藤 朋 「狐提灯」
◇研究・評論部門
藤田 真一 「蕪村余響 そののちいまだ年くれず」〔岩波書店〕
金子 幸代 「鷗外と近代劇」〔大東出版社〕
第21回（平24年度）
◇小説部門
美里 敏則 「探骨」
● 佳作
美杉 しげり 「瑠璃」
大城 貞俊 「別れてぃどいちゅる」
品田 悦一 「斎藤茂吉 異形の短歌」〔新潮社〕
◇研究・評論部門
安藤 宏 「近代小説の表現機構」〔岩波書店〕
鷺 只雄 「評伝 壷井栄」〔翰林書房〕
第22回（平25年度）
◇小説部門
池田 茂光 「山を祭る人々」〔山梨日日新聞社〕
◇研究・評論部門
高田 知波 「姓と性 近代文学における名前とジェンダー」〔翰林書房〕
齋藤 愼爾 「周五郎伝 虚空巡礼」〔白水社〕
第23回（平26年度）
◇小説部門
石黒 佐近 「山峡」〔山梨日日新聞社〕
◇研究・評論部門
奥 武則 「ジョン・レディ・ブラック―近代日本ジャーナリズムの先駆者」〔岩波書店〕
品田 悦一 「斎藤茂吉 異形の短歌」〔新潮社〕
第24回（平27年度）
◇小説部門
山本 淳子 「彩りの郷にて」〔山梨日日新聞社〕
◇研究・評論部門
高橋 修 「明治の翻訳ディスクール 坪内逍遙・森思軒・若松賤子」〔ひつじ書房〕
川平 敏文 「徒然草の十七世紀 近世文芸思潮の形成」〔岩波書店〕

文学

162 若山牧水賞

人間と自然への溢れる想いを歌い,日本の短歌史に偉大な足跡を残した国民的歌人「若山牧水」(宮崎県日向市東郷町出身)の業績を永く顕彰するために平成7年創設。短歌文学の分野で傑出した功績を挙げた者に賞を贈ることによって我が国の短歌文学の発展に寄与することを目的とする。

【主催者】宮崎県,宮崎県教育委員会,宮崎日日新聞社,延岡市,日向市

【選考委員】佐佐木幸綱,高野公彦,馬場あき子,伊藤一彦

【選考方法】全国の有力歌人にアンケートを行い,その結果を参考にして,選考委員の総意をもって決定

【選考基準】〔対象〕選考を決定する年の前年の10月1日から当年9月30日までに刊行された歌集及び若山牧水論の著者の中から,これまでの実績を参考にし,短歌文学の分野で傑出した功績を挙げた者

【締切・発表】10月中旬〜下旬頃発表,発表の翌年1月下旬から2月上旬頃に授賞式

【賞・賞金】正賞(賞状,記念品)及び副賞(賞金100万円)

【URL】http://www.bokusui.com/

第1回(平8年)
　高野 公彦(青山学院女子短期大学教授)「天泣(てんきふ)」(歌集)〔短歌研究社〕

第2回(平9年)
　佐佐木 幸綱(早稲田大学教授)「旅人」(歌集)〔ながらみ書房〕

第3回(平10年)
　永田 和宏(京都大学教授)「饗庭」(歌集)〔砂子屋書房〕

第4回(平11年)
　福島 泰樹(歌人)「茫漠山日誌」(歌集)〔洋々社〕

第5回(平12年)
　小高 賢 「本所両国」(歌集)〔雁書館〕
　小島 ゆかり 「希望」(歌集)〔雁書館〕

第6回(平13年)
　河野 裕子 「歩く」(歌集)〔青磁社〕

第7回(平14年)
　三枝 昂之 「農鳥」(歌集)〔ながらみ書房〕

第8回(平15年)
　栗木 京子(歌人)「夏のうしろ」(歌集)〔短歌研究社〕

第9回(平16年)
　米川 千嘉子 「滝と流星」(歌集)〔短歌研究社〕

第10回(平17年)
　水原 紫苑 「あかるたへ」(歌集)〔河出書房新社〕

第11回(平18年)
　坂井 修一 「アメリカ」(歌集)〔角川書店〕
　俵 万智 「プーさんの鼻」(歌集)〔文藝春秋〕

第12回(平19年)
　香川 ヒサ 「Perspective」(歌集)〔柊書房〕

第13回(平20年)
　日高 堯子 「睡蓮記」(歌集)〔短歌研究社〕

第14回(平21年)
　大島 史洋 「センサーの影」(歌集)〔ながらみ書房〕

第15回(平22年)
　島田 修三 「蓬歳断想録」(歌集)〔短歌研究社〕
　川野 里子 「王者の道」(歌集)〔角川書店〕

第16回(平23年)
　大下 一真 「月食」(歌集)〔砂子屋書房〕

第17回(平24年)
　大口 玲子 「トリサンナイタ」(歌集)〔角川書店〕

第18回(平25年)

郷土・地域文化の賞事典　407

晋樹 隆彦 「浸蝕」(歌集)〔本阿弥書店〕
第19回（平26年）
　　　大松 達知 「ゆりかごのうた」〔開発社〕
第20回（平27年）
　　　内藤 明 「虚空の橋」〔短歌研究社〕
第21回（平28年）
　　　吉川 宏志 「鳥の見しもの」〔本阿弥書店〕

受賞者名索引

受賞者名索引　あきし

【あ】

愛 ……………………… 248
あいあいねっと・フードバンク広島 …………… 29
愛内 紫音 ……………… 357
饕嘔 …………………… 270
藍風 あすか …………… 252
相川 英輔 ……………… 391
相川 繁隆 ……………… 220
相川 淳 ………………… 48
相澤 史郎 ……………… 394
あいざわ ひらく ……… 244
相澤 拓 …………… 217, 245
アイシン精機 ………… 24
會津十楽 ……………… 149
アイスタイル ………… 113
「会津嶺」 ………… 38, 40
会津若松市 …………… 110
会津若松商工会議所 … 56
会津若松中央生活学校 … 13
相田 謙三 ……………… 380
会田 晃司 ……………… 309
会田 誠 ………………… 33
藍田 正雄 ……………… 105
会田 莉凡 ……………… 279
英田上山棚田団 …… 70, 154
愛知芸術文化センター … 90
愛知県 ………………… 157
愛知県東海市 ………… 45
愛知県豊田市 ………… 44
愛知水と緑の公社 …… 176
アイヌ語地名研究会 … 7
アイヌ民族博物館 …… 5
あいの会松坂 ………… 60
藍星 光流 ……………… 251
相本 朋子 ……………… 278
あいや …………………… 119
アイランドシティ住宅開発企業連合体 ……… 109
アイリスオーヤマ …… 150
アウルコーポレーション ……………………… 150
青 陽子 ………………… 348
蒼井 杏 ………………… 360
葵 泰摩 ………………… 244
葵 日向 …………… 250, 255

青河自治振興会 ……… 31
青川フェニックス大学 … 20
青木 明日香 …………… 261
青木 恵音 ……………… 278
青木 聖 ………………… 220
青木 邦眞 ……………… 204
青木 淳一 ……………… 184
青木 新門 ……………… 96
青木 せい子 …………… 383
青木 保 ………………… 361
青木 とき ……………… 5
青木 友亮 ……………… 213
青木 野枝 ……………… 242
青木 秀明 ……………… 260
青木 英実 ……………… 9
青木 百生 ……………… 211
青木 万央 ……………… 299
青木 政憲 ……………… 282
青木 瑞歩 ……………… 338
青木 夢流人 …………… 236
青木 幸生 ……………… 271
青木 優美 ……………… 369
青木 裕美 ……………… 246
青木 有理子 …………… 225
青木 義幸 ……………… 269
青木 良太 ……………… 222
青木 恒 ………………… 282
青坂 満 ………………… 104
青嶋 昭男 ……………… 61
青嶋 節子 ……………… 61
青島 千恵子 …………… 227
「あおぞら」 ………… 41
青野 武市 ……………… 104
青野 正 ………………… 195
青野川 青 ……………… 315
あおば生活学校 ……… 30
青葉台さわやかネットワーク ………………… 26
青花紙生産者 ………… 103
青森おでんの会 ……… 140
青森県産業技術センター・弘前大学・ひろさき産学官連携フォーラム …… 168
青森県十和田市 ……… 143
青森県名川町観光振興課 ……………………… 67
青森県八戸市 ………… 143
青森ねぶた祭実行委員会 ……………………… 85
青森放送 …… 287, 290, 293

あおもり若者プロジェクトクリエイト ………… 32
青柳 正規 ……………… 139
青山 英梨香 …………… 349
青山 治 ………………… 338
青山 幸雄 ……………… 222
青山 由紀子 …………… 374
青山 美子 ……………… 260
青山 吉隆 ……………… 135
青山ハープ …………… 150
赤井 彩子 ……………… 239
赤井 さおり …………… 250
赤井地区コミュニティ推進協議会 …………… 12
赤江 瀑 ………………… 312
赤木 啓子 ………… 215, 216
赤木 小百合 …………… 214
赤木 隆 ………………… 208
赤城コマランド ……… 23
赤坂 憲雄 ……………… 397
赤坂 真理 ……………… 401
赤沢 裕子 ……………… 215
あかし玉子焼ひろめ隊 ………………… 142, 143
あかつき 灰猫 ………… 247
暁 灰猫 ………………… 245
赤てんの江木蒲鉾店 … 118
赤泊村 ………………… 19
あかねグループ ……… 13
赤羽 健太郎 …………… 300
赤羽 義章 ……………… 178
赤福 …………………… 150
赤松 美希 ……………… 261
赤目の里山を育てる会 … 21
東道 清高 ……………… 393
赤煉瓦倶楽部舞鶴 … 99, 108
阿川 佐和子 …………… 358
阿寒アイヌ工芸協同組合 ……………………… 7
阿寒アイヌ民族文化保存会 ……………………… 6
阿寒湖アイヌ協会 …… 6
阿寒湖まりも夏希灯 … 149
秋 亜綺羅 ……………… 394
アーキヴィジョン …… 208
秋枝 美保 ……………… 396
秋川 久紫 ……………… 359
秋川歌舞伎保存会 …… 104
秋重 殉二 ……………… 214
昭島市 ………………… 56

秋月 煌 …………… 97	阿久津 泰弘 ………… 182	旭 千代 …………… 379
秋田魁県北青年部会 …… 121	阿久根 優子 …… 136, 138	旭 俊臣 …………… 193
秋田県大館市 ………… 158	アグリス …………… 153	旭化成工業 ………… 111
秋田県小坂町 ………… 108	アクリフーズ夕張工場 … 151	旭川アイヌ語教室 ……… 5
秋田県国際交流をすすめる	アクロイド, ジョイス … 160	旭川市 ……………… 72
婦人の会 ………… 13, 50	暁方 ミセイ ………… 364	旭川市旭山動物園 … 34, 120
秋田県婦人会館生活学校	明田 有加里 ………… 215	旭川信用金庫 ………… 78
…………………………… 13	明野町国際交流をすすめる	旭川チカップニ・アイヌ民
秋田県横手市 ………… 143	会 ……………… 15, 17	族文化保存会 ………… 6
秋田県読売会 ………… 122	赤穂信用金庫 ………… 78	旭川地方道新会 ……… 122
秋田ことづくり ……… 158	あこがれ千町の会 …… 29	「朝日サリー」 ……… 128
秋田魁会県南ふきのとうの	阿漕浦友の会 ………… 19	あさひサンライズホール
会 ………………… 125	アーサー, クリス ……… 8	……………………… 88
秋田市竿燈会 …………… 85	浅井 柑 …………… 390	朝日新聞江東ブロック会
秋田市でデポジットをすす	浅井 ひなの ………… 373	……………………… 124
める会 ………………… 15	朝井 まかて …… 327, 365	朝日信用金庫 ………… 78
秋田中央生学校 ……… 17	朝井 リョウ ………… 358	あさひ砂の彫刻美術展2012
秋田伝承遊び研究会 …… 58	朝稲 日出夫 ………… 313	～笑顔をここから～ … 148
秋田内陸縦貫鉄道 ……… 57	浅尾 大輔 …………… 309	朝日町観光協会 ……… 45
秋田放送 …………… 291	麻青 夏海 …………… 280	朝比奈 泉 …………… 216
秋津 銀 …… 246, 251, 254	朝岡 真木子 ………… 304	朝比奈 楓 …………… 353
秋永 幸宏 …………… 310	浅賀 正治 …………… 52	朝比奈 蓉子 ………… 368
秋野 亜衣 …………… 235	浅香 光代 …………… 273	朝日放送 …………… 292
秋野 りゅう ………… 374	朝霞市コミュニティ協議会	あさひ若駒太鼓会 …… 19
秋葉 四郎 …………… 345	……………………… 23	浅間リサーチエクステンショ
秋葉 二三一 ………… 211	朝倉 勇 …………… 394	ンセンター ………… 169
秋葉神社祭礼練り保存会	朝倉 響子 …………… 241	浅見 洋 ……………… 9
…………………………… 103	朝倉 美彌子 …… 243, 269	浅見 泰司 …… 137, 138
秋葉まつり …………… 64	朝倉氏遺跡保存協会 …… 59	あざみ生活改善グループ
秋辺 今吉 ……………… 5, 7	朝来市文化会館 ……… 89	……………………… 14
秋辺 トヨ子 …………… 6	アサザ基金 …… 20, 171	朝山 ひでこ … 303, 304, 350
秋辺 美津子 …………… 6	浅田 紗希 …………… 327	浅利 歩 …………… 205
秋元 秋日子 ………… 322	浅田 武史 …………… 406	浅利 恵子 …………… 307
秋元 朔 ………… 405, 406	浅田 晃彦 …………… 47	浅利 悟 ……………… 14
秋元 多可子 ………… 377	安里 有生 …………… 335	浅利 奈穂 …………… 349
秋山 恵里 …………… 351	朝西 真沙 …………… 331	アジア学院 …………… 50
秋山 駿 ………… 166, 317	浅沼 郁男 …………… 323	アジア協会・アジア友の会
秋山 武雄 …………… 227	浅沼 良子 …………… 122	……………………… 49
秋山 徹 ……………… 189	浅野 亜紀 …………… 403	アジア湿地帯事務所 … 171
秋山 眞和 …………… 106	浅野 梅若 …………… 101	アジア女性センター …… 52
秋山 瑞葉 …………… 387	浅野 健一 …………… 201	アジア・太平洋こども会議
秋山 睦 ……………… 238	浅野 公蔵 …………… 276	イン福岡実行委員会 … 50
秋山 基夫 …………… 359	浅野 卓司 …………… 202	アジア民間交流ぐるーぶ
秋山 陽 ……………… 201	浅野 徳三 …………… 203	……………………… 171
アクアス …………… 117	浅野 奈美 …………… 211	足尾に緑を育てる会 …… 26
飽浦 敏 ……………… 317	浅野 政枝 …………… 352	足利EM普及探偵団 …… 20
アクション …………… 53	浅野 マリ …………… 353	足利市民会館 ………… 89
芥川 澄夫 …………… 282	浅の川園遊会 ………… 64	足利・名草ふるさと自然塾
芥見東自治会連合会 …… 29	朝日 ちさと …… 136, 138	運営協議会 ………… 44
阿久津 光市 ………… 346		芦澤 弘 ……………… 7

芦田 英次 …………… 227	足立 幸子 …………… 9	阿部 一夫 …………… 82
あした 順子 …………… 274	足達 健夫 …………… 134	安倍 和子 …………… 266
あした ひろし …………… 274	足立 裕己 …………… 208	阿部 和重 …………… 318
芦田 愛菜 …………… 275	阿達 義雄 …………… 46	安邊 和徳 …………… 210
芦田 竜太郎 …… 210, 211	あだち学習支援ボランティア「楽学の会」 …………… 24	阿部 加暖 …………… 342
芦谷 あばよ …………… 249		阿部 幹 …………… 392
明日の桑取を考える会 … 16	足立区 …………… 108, 292	阿部 匡平 …………… 252
あしでら さやか …………… 239	足立区まちづくり公社 … 108	安倍 耕治 …………… 221
あじ島冒険楽校 …… 27, 71	阿知波 克旨 …………… 218	阿部 翔平 …………… 352
芦品郡新市町上戸手町内会 …………… 16	厚木市 …………… 115	安部 信一郎 …………… 103
	厚木シロコロ・ホルモン探検隊 …………… 141	安倍 達也 …………… 210
芦野の里づくり委員会 … 13		阿部 千佳子 …………… 227
味の素 …………… 119	熱田 守 …………… 243	阿部 哲也 …………… 268
味の素ゼネラルフーヅ …………… 118, 120	あったか高知まんがフェア第13回全国高等学校漫画選手権大会 …………… 145	阿部 夏丸 …… 358, 400
芦馬 孝 …………… 262		阿部 夏実 …………… 248
芦屋川に魚を増やそう会 …………… 14	アップルランド南田温泉 …………… 151	あべ 弘士 …………… 334
アシュジュ, アリフ・アシュジュ …………… 232		阿部 宏史 …………… 135
	アップル・ワイズ …………… 209	阿部 雅明 …………… 134
あじ朗志組 …………… 28	渥美 清 …………… 273	阿部 昌雄 …………… 123
明日香の響保存会 …………… 104	アーティスティック・ムーブメント・イン・トヤマ2012 …………… 148	阿部 安治 …………… 357
足助ロマンの町づくり … 59		阿部 佑哉 …………… 353
アース・セレブレーション2007 …………… 146		阿部 優希実 …… 352, 353
	アーティスト・イン・レジデンス美濃・紙の芸術村実行委員会 …………… 51	阿部 良雄 …………… 165
アース・セレブレーション実行委員会 …… 50, 99		安部 由蔵 …………… 102
		安部 龍太郎 …………… 365
安土 肇 …………… 309	アテラーノ旭 …………… 30	安倍奥の会 …………… 31
アスネットねぎし推進委員会 …………… 22	アドプト・ア・ハイウェイ神山会議 …………… 19	阿部幸製菓 …………… 86
		アベシヨ …………… 252
東 香奈 …………… 348	跡部 蛮 …………… 328	網干 善教 …………… 46
吾妻 兼治郎 …………… 242	アトリエマーケットNPO …………… 20	天尾 …… 252, 253
東 貴博 …………… 275		あまか …………… 118
東 直子 …………… 358	穴吹町 …………… 16	天かける医療介護連携事業運営協議会 …………… 4
東 八郎 …………… 273	あにまっくサン …………… 252	
東 秀樹 …………… 384	あねさん工房 …………… 155	尼崎市 …………… 109
東 ひろみ …………… 227	アネッサクラブ …………… 22	尼崎信用金庫 …… 80, 82
あづま造形美術展 …………… 144	姉小路界隈を考える会 … 26	雨神 音矢 …………… 346
安住 恭子 …………… 167	アーバン・ハウス都市建築研究所 …………… 109	天川 央士 …………… 349
アスリック …………… 108		天木 杏 …………… 251
畔地 里美 …… 323, 347	安彦 文平 …………… 268	天草 萌々 …………… 377
畔道グループ食品加工組合 …………… 23	我孫子市 …………… 15	天草市 …………… 57
	アピチャプロップ, ヤワラク …………… 171	天草信用金庫 …………… 81
麻生 弥 …………… 245		天沢 退二郎 …………… 396
阿蘇グリーンストック … 171	「アピ・マガジン」 …………… 131	天沢 日菜 …………… 249
あそびの学校 …………… 19	阿比留 生吾 …………… 203	天澤 琉花 …………… 245
「遊んどこっ」 …… 128, 129	畔蒜 敏子 …………… 320	天辰 芳徳 …………… 348
あそぶっくの会 …………… 26	アブドーラ, ラムラン …………… 202	海士町 …………… 22
遊部 香 …… 309, 343, 391		天野 翔 …………… 348
	アブドル・ムルタリブ・ムサ …………… 203	天野 純治 …………… 270
愛宕寺町つくろう会 …… 107		雨野 士郎 …………… 281
	油屋 順子 …………… 374	天野 純希 …………… 365

天野 尚 ……………… 33	荒川 悠香 ……………… 69	アルカン, ニコラ ……… 201
天野 裕夫 …………… 201	荒川 百花 …………… 311	「アロハストリート」 …… 130
天野 澪 ……………… 372	荒川 洋治 …………… 378	阿波藍製造技術保存会 … 101
天の川実行委員会 …… 31	荒川 玲子 …………… 405	阿波おどり振興協会 …… 85
天吹 云泉 …………… 246	荒木 恵信 …………… 269	阿波こくふ街角博物館運営
天海 祐希 …………… 274	荒木 沙都子 ………… 385	委員会 ………………… 14
「奄美の情熱情報誌 ホライ	荒木 繁 ………………… 7	泡坂 妻夫 …………… 313
ゾン」 ………………… 41	荒木 とよひさ ……… 282	淡路人形会淡路人形座 … 62
あまわり浪漫の会 … 23, 99	荒木 経惟 …… 33, 42, 229	淡路人形協会 ………… 91
阿美 信夫 …………… 226	荒木 遥 ……………… 253	あわしま堂 …………… 152
網小医院 ……………… 23	新倉 俊一 …………… 166	淡路屋 ………………… 156
あみだ池大黒 ……… 119	嵐山 光三郎 ………… 313	アワーズ ……………… 150
雨宮 敬子 …………… 241	荒田 正信 …………… 341	阿波町花いっぱい運動 … 60
雨宮 彌太郎 ………… 104	アラッド, ロン ………… 42	粟谷川 虹 …………… 322
アメラジアンスクール・イ	荒舩 萌里 …………… 69	「あわわfree」 …… 128, 129
ン・オキナワ ………… 53	新巻遊歩道委員会 …… 16	安 みち ……………… 239
阿毛 香絵 …………… 256	新正 卓 ……………… 229	アンカーコム ………… 114
アヤウディン・ビン・アリ	荒町商店街振興組合 … 16	安行みどりのまちづくり協
…………………… 181	荒町壮年クラブ ……… 15	議会 …………………… 22
綾上ふれあいネットワーク	荒山 徹 ……………… 388	安渓 遊地 ……………… 98
……………………… 21	有家町技おこしグループ	安斉 重夫 …………… 398
綾子舞保存振興会 …… 101	……………………… 22	安西 大 ……………… 267
綾町 …………………… 12	有賀 佐知子 ………… 375	安西 勝 ……………… 47
綾門 優季 …………… 284	有我 祥吉 …………… 380	あんしん・あんぜん上鳥羽
綾小路 きみまろ …… 275	有賀 二郎 …………… 105	推進委員会 …………… 28
綾部 真紀 …………… 383	有賀 ゆう …………… 376	安政遠足侍マラソン …… 146
鮎澤 駿 ……………… 239	ありこ ………… 253〜255	安東 ウメ子 …………… 5
あゆみ福祉会工房しゅしゅ	有工メディアプロジェクト	安藤 榮作 …………… 264
…………………… 119	…………………… 114	安藤 しおん ………… 315
鮎家 ………………… 150	有定 久雄 …………… 217	安藤 周治 ……………… 12
荒 多惠子 …………… 227	有沢 佳映 …………… 400	安藤 知明 …………… 311
新井 章夫 …………… 316	有田 晋作 …………… 122	安藤 智貴 …………… 351
荒井 敦子 ……………… 61	有田 奈央 …………… 335	安堂 虎夫 …………… 328
荒井 和子 ……………… 6	有田 博 ……………… 209	安東 伸夫 …………… 210
新井 爽月 …………… 375	有馬 達也 …………… 387	安藤 はるえ ………… 320
荒井 千佐代 ………… 314	有馬温泉 ……………… 43	安藤 弘章 …………… 320
新井 豊美 …………… 381	有元 伸也 …………… 259	安藤 宏 ……………… 406
新井 肇 ……………… 372	有本 隆敏 …………… 347	安東 浩正 ……………… 37
荒井 光 ………………… 68	有本 庸夫 …………… 383	安東 みきえ ………… 400
荒井 康昭 …………… 208	有元 容子 …………… 235	安藤 元雄 …………… 378
荒井 優利奈 ………… 279	アリヤ・キッチャロエンウィ	安藤 萌 ……………… 224
荒井 良二 …………… 332	ワット …………… 203	安東 安子 …………… 189
新井信用金庫 ………… 82	有吉 玉青 …………… 357	安藤 葉子 …………… 361
洗平 信子 …………… 338	有吉 範敏 …………… 135	安藤 陽子 …………… 362
阿羅漢 ………………… 30	アール・アイ・エー金沢支	安藤 礼二 …………… 319
荒尾市新生地区公民館 … 14	社 ………………… 110	安藤醸造 ……………… 152
新生食品 …………… 150	アール・アイ・エー神戸支	安蒜 政雄 ……………… 35
新芽 衣織 …………… 254	社 ………………… 107	安養寺西区行政区 ……… 19
新垣 幸子 …………… 103	アルガマリーナ ……… 158	安楽寺 えみ ………… 231
新垣 汎子 …………… 317		

【い】

李 元寿 ･････････････････ 97
李 御寧 ･････････････････ 392
イ・ユンソク ･････････････ 203
飯尾 豊 ･････････････････ 223
飯岡 京子 ･･･････････････ 218
飯倉 章 ･････････････････ 405
飯倉 照平 ･･･････････････ 185
飯坂マラソン実行委員会
 ････････････････････････ 84
飯嶋 和一 ･･･････････････ 364
飯島 花奈 ･･･････････････ 195
飯島 忠亮 ･･････････ 277, 278
飯島 もとめ ･････････････ 338
飯島 裕一 ･･･････････････ 192
飯塚 友恵 ･･･････････････ 374
飯塚 洋子 ･･･････････････ 339
飯田 章乃 ･･･････････････ 208
飯田 安季 ･･･････････････ 250
飯田 賀奈子 ･････････････ 222
飯田 樹 ･････････････････ 258
飯田 弘道 ･･･････････････ 196
飯田 麻依 ･･･････････････ 350
飯田 みゆき ･････････････ 386
飯田 幸雄 ･･･････････････ 18
飯田市 ･････････････････ 14
いいだ人形劇フェスタ ･･･ 145
飯田文化会館 ･･･････････ 89
飯南町注連縄企業組合 ･･･ 65
「いいね!農style」 ･･･････ 131
飯野 高拓 ･･･････････････ 226
飯野 陽太 ･･･････････････ 239
飯間 智美 ･･･････････････ 237
飯森 七重 ･･･････････････ 338
飯山市 ･････････････････ 107
いえしま ･･･････････････ 28
硫黄島地区会 ･･･････････ 54
井岡 道子 ･･･････････････ 405
伊賀 勝子 ･･･････････････ 7
伊賀越 ･････････････････ 151
井垣 六郎 ･･･････････････ 82
伊ヶ崎 大理 ･････････････ 137
伊賀崎 美千代 ･･･････････ 351
伊賀市社会福祉協議会 ･･･ 94
伊賀地区朝日新聞サービス
 アンカー ･･･････････････ 124
伊賀の里モクモク手づくり
 ファーム ･･･････････････ 151
五十嵐 善蔵 ･････････････ 100
五十嵐 藤二 ･････････････ 92
五十嵐 晴夫 ･････････････ 241
五十嵐 日出夫 ･･･････････ 133
五十嵐 秀太郎 ･･･････････ 47
猪狩 明子 ･･･････････････ 315
井川 博年 ･･･････････････ 394
活き粋あさむし ･････････ 22
伊草 英男 ･･･････････････ 211
井口 時男 ･･･････････････ 318
生野まちづくり工房井筒屋
 運営委員会 ･････････････ 57
いくのライブミュージアム
 ････････････････････････ 56
イーグルバス ･･･････････ 4
池 崇一 ･････････････････ 316
池井 健 ･････････････････ 208
池井 昌樹 ･･･････････････ 399
池内 宏行 ･･･････････････ 78
池神 泰三 ･･･････････････ 280
池上 武男 ･･････････ 219, 269
池上 碧人 ･･･････････････ 69
池上 遼 ･････････････････ 71
池ヶ谷 政男 ･････････････ 403
池沢 夏樹 ･･････････ 318, 397
池庄司 淳 ･･･････････････ 237
池田 彩乃 ･･･････････････ 351
池田 有沙 ･･･････････････ 71
池田 勲 ･････････････････ 226
池田 香澄 ･･･････････････ 215
池田 勝彦 ･･･････････････ 256
池田 邦彦 ･･･････････････ 9
池田 紘一郎 ･････････････ 244
池田 詩織 ･･･････････････ 224
池田 茂光 ･･･････････････ 406
池田 智恵美 ･････････････ 383
池田 勉 ･････････････････ 180
池田 長康 ･･･････････････ 8
池田 八郎 ･･･････････････ 103
池田 浩樹 ･･･････････････ 204
池田 弘 ･････････････････ 76
池田 麻侑美 ･････････････ 382
池田 真理子 ････････ 237, 269
池田 美紀子 ･････････････ 167
池田 宗弘 ･･･････････････ 241
池田 泰子 ･･･････････････ 304
池田 友季美 ･････････････ 249
池田 陽一 ･･･････････････ 309
池田 葉子 ･･･････････････ 233
池田 陽子 ･･･････････････ 192
池田 良二 ･･･････････････ 270
池田泉州銀行 ･･･････････ 169
池谷 晶子 ･･･････････････ 403
池谷 敦子 ･･･････････････ 317
池谷 仁志 ･･･････････････ 121
池谷 陽子 ･･･････････････ 334
池中 武雄 ･･･････････････ 212
池永 康晟 ･･･････････････ 236
池永 陽 ･････････････････ 365
池邑 燦 ･････････････････ 375
池本 孝子 ･･･････････････ 303
池本 喜巳 ･･･････････････ 233
池山 達 ･･････････････ 213, 214
いこいの家 夢みん ･･･････ 31
井坂 あさ ･･･････････････ 362
井坂 道子 ･･･････････････ 362
いざかや まつもと ･･ 250, 254
居酒屋まつもと ･････････ 249
井崎 英里 ･･･････････････ 69
井崎 英乃 ･･･････････ 69, 70
諫早コスモス音声訳の会
 ････････････････････････ 16
イサム・ノグチ日本財団
 ････････････････････････ 65
伊座利の未来を考える推進
 協議会 ･････････････････ 20
石和 鷹 ･････････････ 313, 318
伊沢 ヒサ ･･･････････････ 6
石井 厚生 ･･････････ 242, 266
石井 和代 ･･･････････････ 400
石井 克己 ･･･････････････ 221
石井 佳代子 ･････････････ 257
石井 久美子 ･････････････ 314
石井 健治 ･･･････････････ 82
石井 孝一 ･･･････････････ 346
いしい しんじ ･･････ 327, 358
石井 泰地 ･･･････････････ 70
石井 隆義 ･･･････････････ 310
石井 久衣 ･･･････････････ 362
石井 方二 ･･･････････････ 101
石井 由治 ･･･････････････ 7
石井芸能保存会 ･････････ 94
石井食品 ･･･････････････ 113
石井物産 ･･･････････ 157, 158
石内 都 ･････････････････ 230
石浦 広行 ･･････････ 222, 223
石垣 正行 ･･･････････････ 282
石垣市特産品販売センター

……… 155	石毛 直道 ……… 186	石牟礼 道子 ……… 401
石垣島の泡盛と梅酒 請福酒造 ……… 154	石古 美穂子 ……… 370	石本 美儀 ……… 306
石神 悦子 ……… 384	石坂 芳樹 ……… 211, 214	石屋製菓 ……… 150
石狩市 ……… 19	石坂線21駅の顔づくりグループ ……… 27	石山 篤 ……… 42
石川 厚志 ……… 355	石崎 和夫 ……… 315	石山 修武 ……… 42
石川 恵美子 ……… 222	石崎 誠和 ……… 261	石山 竜 ……… 253
石川 勝利 ……… 281	石崎 雅男 ……… 363	伊集院 美奈 ……… 341
石川 久美子 ……… 103	石崎 未来 ……… 206, 262	井須 はるよ ……… 348, 382
石川 昊汰 ……… 376	石津 武史 ……… 227	イズミ ……… 45
石川 昭次 ……… 212, 213	石塚 元太良 ……… 233	いずみ 寿 ……… 248
石川 笙児 ……… 315	石塚 さく ……… 362	泉 沙織 ……… 278
石川 翔太 ……… 352	石塚 由加里 ……… 403	和泉 純子 ……… 301
石川 聖竜 ……… 70	石田 克 ……… 195	泉 清二 ……… 102
石川 たかし ……… 309	石田 知史 ……… 106	泉 辰江 ……… 5
石川 民雄 ……… 159	石田 夏月 ……… 338	泉 トメ ……… 6
石川 千秋 ……… 93	伊地知 ナナコ ……… 279	泉 直樹 ……… 385
石川 司 ……… 374	石戸谷 祐希 ……… 350	泉 菜々子 ……… 206
石川 直樹 ……… 232, 350	石野 美宙 ……… 356	泉 寛介 ……… 287
石川 奈津美 ……… 214	石巻市社会福祉協議会 ……… 95	泉 正彦 ……… 352
石川 紀実 ……… 370	石巻信用金庫 ……… 82	和泉 陸郎 ……… 281
石川 博雄 ……… 258	石巻スポーツ振興サポートセンター ……… 87	出水市 ……… 110
石川 まこ ……… 374	石巻青果 ……… 153	出水市立荘中学校ツルクラブ ……… 63
石川 雅英 ……… 209	石巻茶色い焼きそばアカデミー ……… 142	イズミタ ハルカ ……… 350
石川 瑞枝 ……… 336	石巻文化をはぐくむ港町づくり ……… 59	いずみの会生活学校 ……… 31
石川 明 ……… 350	石橋 あすか ……… 385	出水麓街なみ保存会 ……… 110
石川 良文 ……… 138	石橋 長武 ……… 101	泉谷 明 ……… 380
石川 りの ……… 376	石橋 沙也佳 ……… 350	出雲歌舞伎むらくも座 ……… 21, 62
石川県 ……… 111	石橋 延幸 ……… 182	出雲かみしお ……… 157
石川県金沢市 ……… 174	石橋 弘泰 ……… 216	出雲神話と神楽フォーラム実行委員会 ……… 92
石川県かほく市 ……… 176	石橋 真美 ……… 355	出雲ぜんざい学会 ……… 142, 143
石川県珠洲市 ……… 174	石橋 佑一郎 ……… 262	泉森 健志 ……… 211
石川県山中町 ……… 108	石原 薫 ……… 271	いす-1GP「キララ2時間ISU耐久レース」 ……… 149
石川県立音楽堂 ……… 89	石原 一輝 ……… 303	いせ あらた ……… 256
石川国際交流ラウンジ ……… 13	石原 慶子 ……… 204	井関 古都路 ……… 323
石川小学校区学社融合推進会議 ……… 20	石原 貴暉 ……… 260	イセキ開発工機共同企業体 ……… 176
石川テレビ放送 ……… 290〜292, 294	石原 てるこ ……… 399	伊勢市 ……… 109, 177
いしかわまちづくり技術センター・石川県土木部都市計画課 ……… 73	石原 由貴 ……… 71	伊勢市建設部 ……… 74
石倉 欣二 ……… 332	石原 義正 ……… 74	伊勢市都市マスタープラン策定委員会・市民ワークショップ運営委員会 ……… 74
石樽の里共育委員会 ……… 29	石原 理恵子 ……… 300	いぜな88トライアスロン大会 ……… 149
石黒 耀 ……… 397	石原 亮太 ……… 223	磯 祥男 ……… 277
石黒 賢一郎 ……… 267	石松 豊秋 ……… 263	磯貝 知哉 ……… 268
石黒 佐近 ……… 406	石丸 晶子 ……… 401	磯上 尚江 ……… 206
いしぐろ のりこ ……… 333	石丸製麺 ……… 86	磯﨑 憲一郎 ……… 313
石黒 則子 ……… 160	石水 信至 ……… 91	
石毛 惠美子 ……… 361	石村 えりこ ……… 299	
	石村 与志 ……… 47	

磯野 伸晃 ・・・・・・・・・・・・・・・ 354	一関市舞川第5区自治会	伊藤 幹治 ・・・・・・・・・・・・・・・ 185
磯部 まき ・・・・・・・・・・・・・・・ 403	・・・・・・・・・・・・・・・ 19	伊藤 君佳 ・・・・・・・・・・・・・・・ 369
磯辺 マサ子 ・・・・・・・・・・・・・・・ 6	一之瀬高橋の春駒保存会	伊藤 邦武 ・・・・・・・・・・・・・・・ 167
磯部ガーデン ・・・・・・・・・・・・・・・ 151	・・・・・・・・・・・・・・・ 91	伊藤 桂一 ・・・・・・・・・・・・・・・ 399
磯見 輝夫 ・・・・・・・・・・・・・・・ 270	一戸 徹 ・・・・・・・・・・・・・・・ 402	伊藤 慶二 ・・・・・・・・・・・・・・・ 201
磯村 弘 ・・・・・・・・・・・・・・・ 212〜214	いちのへ子どもオペレッタ	伊藤 圭佑 ・・・・・・・・・・・・・・・ 355
井田 勝己 ・・・・・・・・・・・・・・・ 242	劇団 ・・・・・・・・・・・・・・・ 21	いとう さえみ ・・・・・・・・・・・・・・・ 370
井田 照一 ・・・・・・・・・・・・・・・ 270	一ノ宮 慧 ・・・・・・・・・・・・・・・ 357	伊藤 小百合 ・・・・・・・・・・・・・・・ 349
井田 すみ子 ・・・・・・・・・・・・・・・ 308	一宮信用金庫 ・・・・・・・・・・・・・・・ 78	伊東 詩織 ・・・・・・・・・・・・・・・ 339
板垣 昭助 ・・・・・・・ 214, 215, 217	一麦会「麦の郷」 ・・・・・・・・・・・・・・・ 94	伊東 静江 ・・・・・・・・・・・・・・・ 379
板垣 徳市 ・・・・・・・・・・・・・・・ 226	市原 千佳子 ・・・・・・・・・・・・・・・ 394	伊東 潤 ・・・・・・・・・・・・・・・ 365
板橋 栄子 ・・・・・・・・・・・・・・・ 344	市原 千尋 ・・・・・・・・・・・・・・・ 404	井Field 祥子 ・・・・・・・・・・・・・・・ 343
板橋区 ・・・・・・・・・・・・・・・ 20	いちはら子育て応援団 ・・・ 55	伊東 正次 ・・・・・・・・・・・・・・・ 261
板橋区新聞販売同業組合	一番食品 ・・・・・・・・・・・・・・・ 86	伊東 四朗 ・・・・・・・・・・・・・・・ 274
・・・・・・・・・・・・・・・ 121	イチビキ ・・・・・・・・・・・・・・・ 86	伊藤 信吉 ・・・・・・・・・・・・・・・ 394
伊丹市 ・・・・・・・・・・・・・・・ 109	一広 ・・・・・・・・・・・・・・・ 151	伊藤 善市 ・・・・・・・・・・・・・・・ 133
伊丹酒蔵通り協議会 ・・・・・・ 109	市丸 ・・・・・・・・・・・・・・・ 101	いとう だいき ・・・・・・・・・・・・・・・ 253
伊丹市立演劇ホール ・・・・・・ 88	1万人のエイサー踊り隊	伊藤 大輔 ・・・・・・・・・・・・・・・ 323
板谷 和郎 ・・・・・・・・・・・・・・・ 212	・・・・・・・・・・・・・・・ 144	伊藤 孝恵 ・・・・・・・・・・・・・・・ 362
市 大樹 ・・・・・・・・・・・・・・・ 140	市山 七十郎 ・・・・・・・・・・・・・・・ 102	伊藤 隆 ・・・・・・・・・ 122, 218
いちい信用金庫 ・・・・・・ 80, 82	一輪亭 花咲 ・・・・・・・・・・・・・・・ 100	伊藤 たかみ ・・・・・・・・・・・・・・・ 358
一宇雨乞い踊り保存会 ・・・・・・ 106	一六本舗 ・・・・・・・・・・・・・・・ 119	伊藤 忠 ・・・・・・・・・・・・・・・ 103
一宇川 耕士 ・・・・・・・・・・・・・・・ 90	逸翁美術館 ・・・・・・・・・・・・・・・ 163	伊藤 達美 ・・・・・・・・・・・・・・・ 223
一円 周平 ・・・・・・・・・・・・・・・ 210	一鶴 ・・・・・・・・・・・・・・・ 118	伊藤 務 ・・・・・・・・・・・・・・・ 34
市川 恵美 ・・・・・・・・・・・・・・・ 227	樹 守 ・・・・・・・・・・・・・・・ 252	伊藤 恒良 ・・・・・・・・・・・・・・・ 234
市川 猿之助 ・・・・・・・・・・・・・・・ 274	いっくら国際文化交流会	いとう 菜のは ・・・・・・・・・・・・・・・ 300
市川 亀治郎 ・・・・・・・・・・・・・・・ 275	・・・・・・・・・・・・ 16, 50, 61	伊東 信行 ・・・・・・・・・・・・・・・ 187
市川 昭介 ・・・・・・・・・・・・・・・ 282	いっこく堂 ・・・・・・・・・・・・・・・ 274	伊藤 教子 ・・・・・・・・・・・・・・・ 260
市川 勢子 ・・・・・・・・・・・・・・・ 362	一色 邦彦 ・・・・・・・・・・・・・・・ 240	伊藤 紀代 ・・・・・・・・・・・・・・・ 370
市川 染五郎 ・・・・・・・・・・・・・・・ 275	一法師 誠 ・・・・・・・・・・・・・・・ 299	伊藤 晴 ・・・・・・・・・・・・・・・ 302
市川 団十郎 ・・・・・・・・・・・・・・・ 275	一本杉町町会 ・・・・・・・・・・・・・・・ 68	伊藤 秀男 ・・・・・・・・・・・・・・・ 333
市川 子団次 ・・・・・・・・・・・・・・・ 101	一本杉通り振興会 ・・・・・・ 100	伊藤 弘子 ・・・・・・・・・・・・・・・ 402
市川 博之 ・・・・・・・・・・・・・・・ 83	井出 三太 ・・・・・・・・・ 256, 257	いとう ひろし ・・・・・・・・・・・・・・・ 333
市川交響楽団 ・・・・・・・・・・・・・・・ 58	いで はく ・・・・・・・・・・・・・・・ 282	伊藤 博 ・・・・・・・・・・・・・・・ 344
市川市 ・・・・・・・・・・・・・・・ 18	井手 ひとみ ・・・・・・・・・・・・・・・ 351	伊藤 紘美 ・・・・・・・・・・・・・・・ 348
市川市新聞組合 ・・・・・・・・・・・・・・・ 125	出田 敬三 ・・・・・・・・・・・・・・・ 305	伊藤 比呂美 ・・・・・・・ 378, 401
いちき串木野・サリナス市	井戸 結菜 ・・・・・・・・・・・・・・・ 376	伊藤 博之 ・・・・・・・・・・・・・・・ 405
姉妹都市協会 ・・・・・・ 72	イトゥルビーデ, グラシェ	伊藤 史篤 ・・・・・・・・・・・・・・・ 368
市嶋 栄吉 ・・・・・・・・・・・・・・・ 101	ラ ・・・・・・・・・・・・・・・ 229	伊藤 舞 ・・・・・・・・・・・・・・・ 384
一乗観光フリーサービスク	伊藤 あおい ・・・・・・・・・・・・・・・ 238	伊藤 雅史 ・・・・・・・・・・・・・・・ 218
ラブ ・・・・・・・・・・・・・・・ 12	伊藤 晶 ・・・・・・・・・・・・・・・ 159	伊藤 正則 ・・・・・・・・・・・・・・・ 309
一瀬 のぼる ・・・・・・・・・ 211, 212	伊藤 亜矢美 ・・・・・ 206, 238	伊藤 真大 ・・・・・・・・・・・・・・・ 353
市田 和則 ・・・・・・・・・・・・・・・ 123	伊藤 杏奈 ・・・・・・・・・・・・・・・ 353	伊東 雅之 ・・・・・・・・・・・・・・・ 329
一ノ木 風子 ・・・・・・・・・・・・・・・ 280	伊藤 悦男 ・・・・・・・・・・・・・・・ 234	伊東 真奈 ・・・・・・・・・・・・・・・ 278
一の坂川風致保存協議会	伊藤 悦子 ・・・・・・・・・・・・・・・ 224	伊藤 幹翁 ・・・・・・・・・・ 303〜305
・・・・・・・・・・・・・・・ 13	いとう えみこ ・・・・・・・・・・・・・・・ 333	伊藤 光子 ・・・・・・・・・・・・・・・ 347
一ノ瀬 祥 ・・・・・・・・・・・・・・・ 339	伊藤 香織 ・・・・・・・・・・・・・・・ 383	伊藤 恵 ・・・・・・・・・・・・・・・ 340
一ノ瀬 正樹 ・・・・・・・・・・・・・・・ 166	伊藤 かおる ・・・・・・・・・・・・・・・ 159	伊藤 泰寛 ・・・・・・・・・・・・・・・ 333
一関市千厩町第13区自治会	伊藤 薫 ・・・・・・・・・・・・・・・ 136	いとう ゆうき ・・・・・・・・・・・・・・・ 253
・・・・・・・・・・・・・・・ 28	伊藤 一彦 ・・・・・・・・・・・・・・・ 345	伊藤 よし ・・・・・・・・・・・・・・・ 94

伊藤 嘉昭 ………… 185	いなみ国際木彫刻キャンプ	井上 嘉明 ………… 359
伊藤 嘉明 ………… 187	実行委員会 ……… 51, 62	井上 義夫 ………… 165
伊藤 致雄 ………… 320	稲美地活会 子育て支援あす	井上 佳子 ………… 97
伊藤 義行 ………… 309	なろ会 ……………… 28	井上 凛 …………… 328
伊藤 良平 ………… 269	井波彫刻協同組合 … 105	井上 稚菜 ………… 369
伊藤 瑠那 ………… 342	稲荷 正明 …………… 11	井上 和奏 ………… 342
伊藤 玲 …………… 249	戌井 昭人 ………… 299	井の頭・神田川を守る連絡
伊藤 渉 …………… 206	乾 敬治 ……………… 47	会 ………………… 16
伊藤けえらん ……… 119	乾 初江 …………… 403	伊野里 健 ………… 310
伊東里山クラブ ……… 30	犬浦 香魚子 ……… 327	猪瀬 光 …………… 229
伊東市立南中学校 … 311	犬飼農村舞台保存会 … 62	猪爪 彦一 ………… 256
伊藤漬物本舗 ……… 154	犬塚 聡敬 ………… 209	伊野波 盛正 ……… 102
糸数 沙恵 ………… 338	狗田 和志 ………… 206	猪原 健太 ………… 299
糸崎 公朗 ………… 231	犬竹 典子 ………… 320	猪原 龍介 ………… 138
糸島空き家プロジェクト	犬山市民活動支援センター	伊波 貞子 ………… 105
……………………… 31	の会 ……………… 32	伊庭 靖子 ………… 267
糸島みるくぷらんと … 119	犬山祭保存会 …… 92, 103	茨自販リサイクルセンター
糸瀬 早紀 ………… 199	井野 登志子 ……… 406	……………………… 150
糸田祇園山笠 ……… 149	いの とみか ……… 238	「茨女」 ………… 130, 131
いどばたカフェ・好縁 … 30	井上 厚 …………… 262	井原 健雄 ………… 133
井戸端手話の会 ……… 28	井上 勲 …………… 186	井原 木古 ………… 236
糸満大綱引 ………… 148	井上 佳奈 ………… 342	茨木 早苗 ………… 348
糸屋 鎌吉 ………… 381	井上 幸一 ………… 301	茨城アジア教育基金を支え
イトーヨーカ堂 …… 27, 109	井上 貞義 ………… 393	る会 ……………… 50
伊奈 英次 ………… 229	井上 正造 ………… 256	茨城県 ………… 96, 289
いな かぼち ……… 248	井上 瑞基 ………… 372	茨城県つくば市 …… 116
稲賀 繁美 ………… 166	井上 孝夫 ……… 245, 246	茨城県つくば市教育委員会
稲垣 意地子 ……… 368	井上 達夫 ………… 166	………………………… 4
稲垣 房子 ………… 373	井上 暖 …………… 258	茨城大学五浦美術文化研究
稲垣 良典 ………… 167	井上 稚菜 ………… 371	所 ………………… 162
田舎館村 田んぼアート … 65	井上 知子 ………… 134	井原放送 ……… 290, 291
稲川 武男 ………… 103	井上 友孝 ………… 321	伊比 安里 …………… 70
伊那市 ……………… 118	井上 奈巳子 ……… 213	揖斐 高 …………… 406
伊那食品工業 ………… 86	井上 博道 ………… 197	井吹東ふれあいのまちづく
稲荘農場まちづくりの会	井上 華恵 ………… 238	り協議会 ………… 28
……………………… 30	井上 ひさし …… 42, 396	伊部 隆太 ………… 350
稲田 峻 …………… 261	井上 壽 …………… 384	今井 章雄 ………… 181
稲田 真月 ………… 307	井上 秀樹 ………… 267	今井 昭彦 ………… 47
稲田 孝司 ………… 35	井上 秀治 ………… 306	今井 にこ ………… 255
伊那谷あんじゃね自然学校	井上 博 …………… 328	今井 ノリ子 ………… 8
……………………… 27	井上 宏人 ………… 383	今井 雅子 ……… 298, 299
猪名寺自治会 ……… 31	井上 武吉 ……… 241, 266	今井 松男 ………… 124
伊那人形芝居保存協議会	井上 芙美子 ……… 308	今井 充彦 ………… 208
……………………… 103	井上 冬彦 ………… 258	今井 美どり …… 246, 247
因幡 うにゃ ……… 249	井上 昌彦 ………… 208	今井 有希子 ……… 298
稲羽 白莵 ………… 329	井上 瑞基 ………… 371	今井 洋子 ………… 349
稲葉 雅彦 ………… 282	井上 みちる ……… 209	今泉 静香 ………… 349
因幡 祐香 ……… 247, 248	井上 安寿子 ……… 106	今泉 真治 ………… 256
稲穂金山活性化推進委員会	井上 夕香 ………… 333	今泉 美登里 ……… 271
……………………… 22	井上 よう子 ……… 267	今井町町並み保存会 … 107

今岡 昌子 ………… 231	オス ………………… 89	岩手中部水道企業団 … 96
今川社会福祉協議会ボラン	岩城製作所 ………… 208	岩手日報会 ………… 121
ティア部 ………… 94	いわき地域学会 …… 61	岩手ネットワークシステム
今田 彩夏 ………… 255	岩切 寿美 ………… 384	………………………… 168
今田 紗江 ………… 351	岩國 哲人 ………… 335	岩手放送 ……… 290, 293
今立町 ……………… 13	岩熊 敏夫 ………… 179	岩出山町 …………… 14
今西 健二 ………… 80	岩越 義正 ………… 383	岩成台一丁目町内会防犯隊
今西 乃子 ……… 334, 335	岩朝 清美 ………… 323	………………………… 29
今西 衛 …………… 137	岩佐 聖子 ………… 362	岩野 将人 ………… 353
今橋 理子 ………… 167	岩佐 なを ………… 359	岩野 勇三 ………… 241
今治焼豚玉子飯世界普及委	岩阪 恵子 ………… 401	岩橋 邦枝 ………… 401
員会 ………… 142, 143	岩崎 公則 ………… 125	岩橋 さやか ……… 370
今溝 訓 …………… 202	岩崎 邦彦 ………… 133	いわはま・よりと … 246
今道 友信 ………… 166	岩崎 宏太 ………… 127	岩渕 欣治 ………… 205
今宮戎 宝恵駕行列 … 65	岩崎 重樹 ………… 343	岩渕 史世 ………… 199
今村 啓爾 ………… 139	岩崎 末喜 ………… 282	岩堀 薫 …………… 92
今村 翔吾 ………… 311	岩崎 まさえ ……… 324	岩間 一雄 ………… 97
今村 光臣 ………… 351	岩崎 裕子 ………… 260	岩間 光介 ………… 328
今村 源 …………… 242	岩崎 若葉 ………… 341	岩見沢地区汚泥利用組合
今村 葦子 ………… 357	岩崎住民会議・藤と鹿島の	………………………… 176
今森 光彦 ………… 229	里プラン会議 …… 14	岩水 舞 …………… 200
伊万里はちがめプラン … 22, 172	岩下 明裕 ………… 98	岩美町観光協会 …… 154
井村 たづ子 ……… 312	岩下 啓亮 ………… 390	岩南 ………………… 20
いもと ようこ … 332〜334	岩下 尚史 ………… 166	いわむら かずお … 332
波母山 矩子 ……… 9	岩島麻保存会 ……… 105	岩村田本町商店街振興組合
癒しの熊野化粧筆 宮尾 … 118	岩清水 久生 ……… 222	………………………… 29
伊良子 序 ………… 392	岩瀬自治会 ………… 32	いわむら町まちづくり・
伊良波 弥 ………… 392	岩田 えりこ ……… 370	実行委員会 ……… 18
入江 和生 ………… 404	岩田 かほる ……… 314	岩本 和博 ………… 311
西表島農家援農環境ネット	岩田 慶治 ………… 185	岩本 しんじ ……… 217
ワーク ……………… 29	岩田 準子 ………… 393	岩本 剛 …………… 126
入来 和彦 ………… 375	岩田 壮平 ………… 235	岩本 哲臣 ………… 42
入澤 實 …………… 122	いわた としこ …… 317	岩本 宣明 ………… 281
入沢 康夫 ……… 378, 396	岩田 久人 ………… 181	岩森 道子 ………… 331
色川 武大 ………… 312	岩田 美子 ………… 368	岩谷 駿 …………… 269
いろどり …………… 114	磐田信用金庫 ……… 81	巌谷 藍水 ………… 390
岩井 俊雄 ………… 42	岩舘 正二 ………… 101	尹 澄清 …………… 179
岩井 未希 ………… 348	岩舘 隆 …………… 220	いんしゅう鹿野まちづくり
岩井 三四二 ……… 365	岩塚製菓 …………… 86	協議会 ……… 28, 109
岩井 理花 ………… 301	岩手絵の会 ………… 395	印田 千裕 ………… 278
岩井 亮馬 ………… 213	岩手県 ……………… 112	インドネシア森林環境協会
岩泉 晶夫 ………… 380	岩手県医療福祉情報化コン	………………………… 171
岩岡 正子 ………… 363	ソーシアム「ポラーノ広	印南 房吉 ……… 383, 384
岩上 巌 …………… 339	場」………………… 114	「因島ジャーナル」… 39
岩上 峰山 ………… 282	岩手県大船渡市 …… 175	因島水軍まつり …… 144
岩木 亜悠子 ……… 278	岩手県釜石市 ……… 175	
岩城 邦明 ………… 47	岩手県東和町 ……… 293	
岩城 けい ………… 358	岩手県立盛岡農業高等学校	【う】
岩城 武 …………… 125	………………………… 26	
いわき芸術文化交流館アリ	岩手国際理解推進協会 … 50	ヴァンドゥワラ,ウィリー・

F. ……………… 162	植松 二郎 …… 326, 346, 385	臼木 巍 …………… 342, 387
有為 エンジェル ……… 313	植松 三十里 …………… 365	臼杵 春芳 ………… 220, 221
宇井 眞紀子 …………… 232	植村 恒一郎 …………… 166	臼杵市 ………………… 13
ウィズアイ ……………… 27	上村 和歌子 …………… 103	臼杵市医師会 …………… 45
ヴィデーウス, シャスティーン ……………… 395	上山 原吾 ……………… 203	臼杵市生活学校 ………… 18
宇江 誠 ………………… 322	ウェルカムジョン万カンパニー ……………… 154	臼杵造船所 …………… 151
宇江佐 真理 …………… 364	ウェルモ ………………… 4	宇津ノ谷地区美しいまちづくり協議会 ………… 108
上坂 一夫 ……………… 221	ヴェンチュラ, ロナルド ……………………… 203	うずま川遊会 ………… 109
上﨑 暮潮 ……………… 307	うえんてら かんぱにぃ … 17	宇田 茂 ………………… 9
上柴 はじめ …………… 282	魚津たてもん保存会 …… 93	宇田 保 ………………… 13
上島 洋山 ……………… 102	魚住 安彦 ……………… 102	宇髙 健太郎 ……… 237, 269
上田 泉 ………………… 9	魚谷 繁礼 ………… 208, 209	宇田川 清江 …………… 298
植田 正治 ……………… 229	魚戸 おさむ …………… 335	宇田川 未森 …………… 341
上田 晴子 ……………… 382	魚晴 …………………… 247	宇田川 ゆに …………… 248
上田 早規 ……………… 342	魚谷繁礼建築研究所 …… 209	唄多子 ………………… 255
上田 とし ……………… 5	ウォールアート実行委員会 ……………………… 13	歌のボランティア・いちかわシャンテ ………… 55
上田 秀人 ……………… 365	ウ・オン ……………… 172	詩村 あかね …………… 353
上田 博友 ……………… 338	鵜飼 智洋 ……………… 212	内川 吉男 ……………… 381
上田 宏範 ……………… 46	宇梶 静江 ……………… 6	内子町 …………… 73, 109
上田 浩行 ……………… 199	宇梶 紀夫 ……………… 406	内子フレッシュパークから り ……………………… 114
上田 正昭 ……………… 184	宇神 幸男 ……………… 393	内子歴史と文化の里づくり ……………………… 61
上田 真弓 ……………… 279	請戸芸能保存会 ………… 94	内島 正雄 ……………… 222
植田 倫吉 ……………… 93	うさ ……………… 238, 335	内田 和花 ……………… 403
上田 萌杏 ……………… 254	宇佐 タミエ …………… 7	内田 賢悦 ……………… 135
上田 由美子 …………… 353	うさとる ……………… 254	内田 幸子 ……………… 322
上田 龍三 ……………… 188	宇佐見 英治 …………… 396	内田 聖子 ……………… 361
上武 やす子 ………… 5, 105	宇佐美 斉 ……………… 165	内田 園生 ……………… 392
上田野 出 ……………… 315	宇佐見 セツ夫 …… 215, 216	内田 正春 ……………… 211
上戸 彩 ………………… 275	宇佐見 摂夫 …… 212〜214	内田 東良 ……………… 363
上西 晴治 ……………… 318	宇佐美 直八 …………… 103	内田 晴之 ……………… 242
「うえの」 ……………… 38	氏家 国浩 ……………… 227	内田 政春 ………… 213, 214
上野 サダ ……………… 5	氏家 晋也 ……………… 304	内田 道雄 ……………… 404
上野 修一 ……………… 333	氏家 萌々菜 …………… 355	内田 麟太郎 …………… 333
上野 健夫 ……………… 354	潮田 滋彦 ……………… 282	内田 令子 ……………… 315
上野 哲也 ……………… 358	潮田 千尋 ……………… 71	打浪 紘一 ……………… 386
上野 真理 ……………… 277	牛木 秀祐 ……………… 212	内橋 克人 ……………… 397
上野 幸男 ……………… 7	牛込 進 ………………… 76	内村 和 ………………… 339
上野市 ………………… 111	宇治市 ………………… 13	内山 泰介 ……………… 257
上原 順子 ……………… 393	氏田 美月 ……………… 249	内山 はる香 …………… 71
上原 徹 ………………… 326	牛深ダイビングクラブ … 171	内山 真衣子 …………… 227
上原 利彦 ……………… 280	牛深ハイヤまつり実行委員会 ……………………… 93	内山 みどり …………… 339
上原 裕美 ……………… 287	牛房 翔子 ……………… 384	宇津尾集落 ……………… 32
上原 正志 ……………… 300	牛山 喜美子 ……… 329, 337	烏月 にひる …………… 327
上原 真人 ……………… 139	牛山 初美 ……………… 404	羽土 いづみ …………… 377
上原 美喜子 ……… 277, 278	卯月 イツカ …………… 391	ウッチャン・ナンチャン ……………………… 274
上平 幸生 ……………… 82	宇宿 一成 ……………… 354	
上間 郁子 ……………… 101		
植松 邦文 ……………… 310		
植松 奎二 ……………… 242		

宇津貫みどりの会 ……… 30	浦上 有子 ………… 320	エキナン ………… 150
宇都宮 芳明 ………… 166	浦上 義昭 ………… 261	えき・まちネットこまつ
宇都宮市 …………… 87	浦上いかだ下り大会実行委	…………………… 31
打吹地区歩行ネットワーク	員会 ……………… 17	エクストリームシリーズ実
を考える会 ……… 108	浦川 太八 …………… 7	行委員会 ………… 87
内海 桂子 ……… 273, 274	浦川 ツタ …………… 6	エクスプローラー北海道
内海 縣一 …………… 7	浦川治造 …………… 6	…………………… 26
内海 翔汰 ………… 304	浦川 ミヨ子 ……… 316	江口 功 …………… 271
内海 福溥 …… 243, 261, 269	浦河ウタリ文化保存会 … 5	江口 週 …………… 201,
内海 萌 …………… 304	浦澤 美里 ……… 250, 254	240, 242, 263, 266
内海 好江 ……… 273, 274	浦田 久美子 ……… 339	江口 節 …………… 359
内海 玲奈 ………… 385	浦野 シマ ………… 189	エグチ タカユキ … 246, 247
ウディチコ, クシュシトフ	浦野 千夏 …………… 71	江口 信子 ………… 315
………………… 264	占部 城太郎 ……… 181	江國 香織 ……… 357, 401
羽藤 ナツ ……… 249, 251	浦安市 …………… 109	エコシティ志木 …… 19
うどん茶屋水沢 万葉亭 … 119	浦安市国際交流協会 … 50	エコネット町田 …… 19
宇野 陽香 ………… 386	うり ……………… 246	エコの文化が根づくまち 小
宇野 南 …………… 70	漆畑 稔 …………… 309	坂 ……………… 64
鵜野 幸恵 ………… 299	漆原 直美 ………… 278	エコピュア佐久間 …… 16
ウパ花子 ………… 254	漆原 成美 ………… 350	エコロジーアクション桜が
冲方 丁 …………… 388	漆原 憲博 ………… 159	丘の会 …………… 29
うぶすな編集部 …… 28	ウルトラトレイル・マウン	エコロジーライフ研究会
うぶだき会と小浜島ばあちゃ	トフジ実行委員会 …… 84	…………………… 23
ん合唱団 ………… 65	宇和 静樹 ………… 310	江﨑 恵美子 ……… 383
ウプレティ, ナンダ・プラサ	宇和島信用金庫 …… 83	江﨑 晴城 ………… 124
ド ……………… 397	雲仙温泉 …………… 43	江﨑 友次郎 ……… 121
宇部市 …………… 109	雲仙市 …………… 109	江崎グリコ ……… 111
宇部市緑化運動推進委員会	雲南市加茂文化ホール ラ	江差追分会 …… 51, 58, 106
………………… 60	メール …………… 90	江尻 純子 ………… 337
宇部中央地区再開発推進協	海野 葵 …………… 311	江代 充 …………… 378
議会 ………………… 109		エース ……………… 372
宇部・美祢・山陽小野田産	**【え】**	エスエスケイ ……… 111
業観光推進協議会 … 56, 57		江釣子6区自治会 …… 30
「旨い!広島・宮島」 … 130, 131	エアロバティックジャパン	江連 晴生 ………… 324
甘木 つゆこ ……… 390	INかくだ2005 ……… 146	枝川 明敬 ………… 135
馬路村柚子のふるさと村づ	永 六輔 ……… 274, 298	越後 千代 ………… 352
くり ……………… 63	穎娃おこそ会 …… 32, 71	越後いといがわ塩の道を歩
海野 千秋 ………… 349	映画中之島製作グループ	く旅 ……………… 18
梅木 加津枝 ……… 67	………………… 59	越後三条鍛冶集団 … 106
梅沢 秀 …………… 245	栄芝 ……………… 103	越後上布・小千谷縮布技術
梅津 敏昭 ………… 370	榮太樓總本鋪 ……… 119	保存協会 ………… 164
ウメタ …………… 150	永和信用金庫 …… 79, 80	越後しろねを考える会 … 15
梅田 丘匝 ………… 357	えがおつなげて …… 27	えちごせきかわ大したもん
梅田 千代子 ……… 247	エガース, キヌコ … 348	蛇まつり ………… 145
梅谷 正吉 ………… 100	江川 さい子 ……… 322	えちごトキめき鉄道 … 158
梅玉 りえ ………… 252	江川 大輔 ………… 198	越前万歳保存会 …… 103
梅津 秀行 ………… 206	穎川 晴子 ………… 277	悦田 比呂子 ……… 301
楳茂都 陸平 ……… 100	恵木 永 …………… 346	越中野外音楽劇団 … 61
宇山 譲二 ………… 308		エディンガー, クラウディ
浦 正造 …………… 17		オ ……………… 230

江戸 建雄 …………… 46	品 …………………… 28	青梅宿アートFes 招き猫たちの青梅宿 …………… 144
衛藤 美奈子 …………… 366	遠藤 昭己 …………… 316	青梅信用金庫 ……… 78, 82
江戸からかみ協同組合 … 104	遠藤 薫 ……………… 386	邑楽町あすへひとこと編集委員会 …………… 18
江戸川区新聞販売同業組合 …………………… 123	円堂 紗也 …………… 320	大井 秀規 …………… 203
江戸家 猫八 …………… 273	遠藤 真也 …… 212, 214, 216	大井 康江 …………… 379
榎並 慶子 …………… 373	遠藤 寿美子 …………… 63	大石 宏太 …………… 342
恵庭市 ………………… 108	遠藤 竣 ……………… 352	大石 聡美 …………… 379
エヌシーネットワーク … 112	遠藤 忠雄 …………… 101	大石 直樹 …………… 199
エヌピーオー・フュージョン長池 ……………… 107	遠藤 透 ……………… 127	大石 泰彦 …………… 132
榎本 かのこ …………… 247	遠藤 利克 …………… 201	大泉 光一 …………… 166
榎本 千冬 …………… 224	遠藤 登希 …………… 356	大泉国際教育技術普及センター …………………… 52
海老一 染太郎 ………… 273	遠藤 真砂明 ………… 314	大分県 ………………… 113
海老一 染之助 ………… 273	猿童 マーチ ………… 239	大分県宇佐市 …………… 67
蛯沢 博行 …………… 385	遠藤 美香 …………… 206	大分県臼杵市 …………… 45
海老塚 耕一 …………… 263	遠藤 三雄 …………… 281	大分県文化財愛護少年団連絡協議会 …………… 164
戎野 ゆき子 …………… 379	遠藤 素子 …………… 223	大分県豊後高田市 ………… 3
海老名 和雄 …………… 227	遠藤 由季 …………… 360	大分県南落語組合 ……… 62
海老原 さち子 ………… 305	遠藤 律子 …………… 368	大分県民オペラ協会 …… 58
えひめJASL …………… 15		大分県立大分東高等学校ボランティア委員会 …… 19
えひめグローバルネットワーク …………………… 52	【お】	大分合同新聞KKYYプレスセンター会 …………… 123
愛媛県愛南町 …………… 3	オ・セムン …………… 203	大分合同新聞大分南部、大分植田、日出プレスセンター会 …………………… 125
愛媛県今治市 …… 143, 175	及川 彩子 …………… 343	
愛媛県内子町の町並み保存運動 …………………… 163	及川 寧々 …………… 69	大分合同新聞杵築市プレスセンター会 …………… 127
愛媛県大洲市 …………… 108	及川 均 ……………… 380	
愛媛県法人会連合会 ……… 4	尾池 亜美 …………… 279	大分合同新聞玖珠郡プレスセンター会 …………… 122
えひめ子どもチャレンジ支援機構 ……………… 31	おいしい!プロジェクト … 45	
愛媛春秋会女性部ひめいよ会 …………………… 126	生出地区コミュニティ推進協議会 ……………… 15	大分国際車いすマラソン大会 …………………… 146
愛媛信用金庫 …………… 82	老原営農組合ふれあい農園部 ……………………… 16	大分市 ………………… 72
愛媛放送 ……………… 294	追分温泉 ……………… 151	大分市福祉保健部大分市保健所 …………………… 45
えひめ町並博2004 ……… 146	追分生活改善グループ …… 12	大分市民健康づくり運動指導者協議会 …………… 45
エフ・ジェイ都市開発 … 150	追分町マチおこし研究所 …………………… 17	
エフピコ ……………… 20	王 雁 ………………… 205	大分市民健康ネットワーク協議会 …………… 45
「えべつeye」 …………… 131	王 暁平 ……………… 365	
江馬 道夫 …………… 281	王 盛烈 ……………… 236	大分人材育成・地域文化交流協会 …………… 28
江本 守男 …………… 163	王 遍浬 ……………… 346	
エライユ, フランシーヌ …………………… 161	王冠化学工業所 ……… 208	大分信用金庫 …………… 78
	黄金のかつお節屋 …… 154	大分水産 ……………… 119
江里 佐代子 …………… 103	逢坂 久美子 ………… 350	大分製紙 ……………… 24
えりも岬の緑を守る会 …… 20	王子田楽衆 …………… 103	おおいた姫島 ………… 155
えりりぼん …………… 254	奥田屋 ………………… 117	大分放送 ……………… 294
遠軽町社会福祉協議会 …… 94	近江中世城跡琵琶湖一周のろし駅伝 …………… 145	大分みらい信用金庫 … 78, 80
演劇集団創造 …………… 60		
遠州鉄道 ……………… 153	近江町いちば館管理組合 …………………… 110	
エンジョイネットワーク片	近江八幡市 …………… 108	

大井肉店 ………………… 157	「大阪春秋」 ……………… 38	太田 昭生 ……………… 226
大井まちづくりコミュニティ	大阪春秋 ………………… 58	太田 明栄 ……………… 260
研究会 …………………… 19	大阪商工会議所 ………… 169	太田 晶 ………………… 392
大岩2丁目福祉協力会 …… 16	大阪信用金庫 ………… 80, 82	太田 恵凜 ………………… 69
大内 郁乃 ……………… 342	大阪能楽養成会 ………… 100	太田 かほり …………… 324
大内 誠 ………………… 403	大阪府 ‥ 96, 173, 174, 176, 290	太田 圭 ………………… 260
大内田 康徳 …………… 136	大阪連合読売会 ………… 127	太田 三郎 ………………… 75
大内町 ………………… 14, 16	大崎 清夏 ……………… 364	太田 シゲエ ……………… 6
大内山塾 ………………… 50	大崎 二郎 ……………… 359	太田 隆明 ……………… 206
大浦 栄次 ……………… 160	大崎町衛生自治会 ………… 45	太田 貴子 ……………… 329
大浦 孝子 ……………… 219	大迫 古蓮 ……………… 256	太田 智子 ……………… 311
大江 清 ………… 211, 212, 244	大澤 勝弘 ……………… 234	おおた ともゆき ……… 239
大江 健三郎 …………… 317	大澤 榮 ………………… 354	太田 智之 ……………… 239
大江 巳之助 …………… 101	大澤 華子 ……………… 216	太田 野歩 ……………… 300
大江 豊 ………………… 350	大沢 秀直 ……………… 205	太田 治子 ……………… 357
大鹿 由希 ……………… 277	大澤 友加 ……………… 353	太田 浩 ………………… 134
大鹿歌舞伎保存会 ……… 102	大澤 ゆきの …………… 210	太田 真人 ……………… 221
大垣 友紀恵 …………… 332	大澤 ゆめみ …………… 209	太田 道夫 ……………… 208
大垣おやこ劇場 ………… 22	大沢農村振興会 ………… 28	太田 充 ………………… 133
大垣市生活学校 …………… 14	大塩 紗永 ……………… 219	太田 実 ………………… 343
大垣商工会議所 ………… 56	大下 一真 ……………… 407	大田 実穂 ……………… 269
大垣まちづくり市民活動支	大下 圭介 ……………… 343	大田 守邦 ………………… 90
援センター運営会議 …… 21	大下 百華 ……………… 262	太田 遙子 ……………… 376
大角 勝 ………………… 227	大槌商業開発 …………… 152	おおたオープンファクトリー
大潟村耕心 ……………… 17	大島 史洋 ……………… 407	実行委員会 ……………… 57
大川 ……………………… 152	大島 妙子 ……………… 333	大鷹 不二雄 …………… 313
大川 進 ………………… 385	大島 丈志 ……………… 398	おおたかの森トラスト …… 22
大木 貞吉 ……………… 226	大島 昌宏 ……………… 364	大瀧 隆夫 ……………… 243
大木 操 ………………… 187	大島 康紀 ……………… 256	大瀧 直子 ……………… 383
正親 里紗 ……………… 256	大島 瑠璃子 …………… 206	大滝 典雄 ……………… 331
おおくさ探検隊 …………… 24	大島造船所 ……………… 20	大滝むらづくり推進協議会
大口 玲子 ……………… 407	大島町 …………………… 14	………………………… 16
大口酒造 ………………… 152	大島村 …………………… 16	大竹 章義 ……………… 281
大久保 喬樹 …………… 165	大庄西中跡地活用団体「大	大竹 典子 ……………… 303
大久保 達夫 ……………… 68	庄おもしろ広場」 ……… 31	太田市 …………………… 96
大久保 白村 …………… 306	大城 広四郎 …………… 103	大田新聞販売同業組合 … 127
大久保 泰裕 ……………… 70	大城 貞俊 …… 279, 389, 406	大舘 勝治 ……………… 324
大河内 卓之 …………… 362	大城 未沙央 …………… 385	大館市まるごと体験推進協
大阪 一成 ……………… 195	大城 ゆり ……………… 354	議会 ……………………… 71
大阪ガス ………………… 111	大城区「花咲爺会」 ……… 20	大館曲ワッパ協同組合 … 105
大阪管内読売防犯協力会	大菅 新 ……………… 11, 70	大谷 加玲 ……………… 354
………………………… 127	大杉 明日香 ……………… 71	大谷 千華 ……………… 308
大阪市朝日会 …………… 123	大洲市町並みイベント実行	大谷 房子 ……………… 343
大阪市教育委員会 ……… 292	委員会 ………………… 108	大谷 護 ………………… 276
大阪市信用金庫 … 78, 81, 168	大角 哲寛 ……………… 343	大谷 美保 ……………… 281
大阪自然教室 …………… 22	大隈半島カルチャーロビー	大谷 従二 ……………… 47
大阪シティ信用金庫 ……… 83	………………………… 13	大谷 りら ……………… 178
大阪市都市型産業振興セン	大関 美栄子 ……………… 8	太田野歩 ………………… 300
ター・ソフト産業プラザ・	大曽根 彩乃 …………… 370	大津 侑子 ……………… 336
イメディオ …………… 113	宙塾 ……………………… 25	大塚 敦子 ……………… 333

大塚 清司 …………… 311	大庭 孝文 …………… 261	大三島町 …………… 17
大塚 さゆり …………… 70	大場 幹浩 …………… 281	大道 勇 …………… 78
大塚 孝治 …………… 182	大場 満郎 …………… 37	大南 信也 …………… 170
大塚 貴之 …………… 206	大庭 みな子 …………… 401	大宮 源一 …………… 379
大塚 のぶよし …………… 215	大橋 堅造 …………… 101	大牟田市 …………… 23
大塚 正昭 …………… 216	大橋 成美 …………… 339	大牟田市介護サービス事業
大塚 美都 …………… 349	大橋 紀雄 …………… 197	者協議会 …………… 45
大塚 幸絵 …………… 349	大橋 紘子 …………… 406	大村 和恵 …………… 303
大塚 義隆 …………… 7	大橋 政人 …………… 399	大村 虔一 …………… 13
大塚台団地自治会連絡協議	大橋 茉莉奈 …………… 384	大村 秀 …………… 341
会 …………… 18	大橋 裕生 …………… 375	おおむら たかじ …………… 317
大槻 哲郎 …………… 370	大橋 由佳 …………… 367	大村 真央 …………… 277, 278
大槻 満 …………… 48	大橋 遼士 …………… 375	大村 領 …………… 303
大津市 …………… 96	大畑 稔浩 …………… 267	大村市体育文化センター
大坪 孝二 …………… 381	大畑 幸恵 …………… 195	…………… 89
大坪 哲郎 …………… 300	大畑からかさ万灯保存会	大桃 沙織 …………… 224
大手 信人 …………… 181	…………… 92	大森 荘蔵 …………… 165
大友 ときえ …………… 379	大林 建太 …………… 212	大森 進平 …………… 251
大友 良江 …………… 219	大原 薫 …………… 349	大屋 研一 …………… 324
大友 良英 …………… 33	大原 健三 …………… 350	大矢 真嗣 …………… 243
大中 恩 …………… 303	大原 康介 …………… 354	大矢 高弓 …………… 268
大成 浩 …………… 241	大原 税子 …………… 197	大矢 真弓 …………… 243
邑南町雇用創造推進協議会	大原 哲夫 …………… 126	大山 淳子 …………… 299
…………… 44	大原 舞子 …………… 214	大山 泰弘 …………… 75
大西 章夫 …………… 267	大原 美恵 …………… 210	大和田 佳世 …………… 376
大西 功 …………… 326, 339, 346	大原 良太 …………… 214	大和田 百合子 …………… 350
大西 雲馬 …………… 282	大原美術館ギャラリーコン	丘 修三 …………… 357
大西 重太郎 …………… 101	サート …………… 64	おかあさん劇団「シアター・
大西 知子 …………… 282	大張物産センター なんでも	あだたら」 …………… 17
大西 成明 …………… 259	や …………… 27	岡井 隆 …………… 344
大西 正昭 …………… 226	大東 勲 …………… 123	小河内Oプロジェクト …… 29
大西 守博 …………… 259	大平 實 …………… 242, 264	岡上 和雄 …………… 190
おおにし農業小学校 …… 32	大深沢水園委員会 …… 22	岡崎 勇 …………… 9
大沼 達子 …………… 342	大府市 …………… 72	岡崎 きよみ …………… 203
大沼 徹 …………… 302	大府スケッチ研究会 …… 28	岡崎 シゲ …………… 213
大沼 菜摘 …………… 357	大渕 正義 …………… 226	岡崎 拓実 …………… 71
大沼 紀子 …………… 390	大船渡・かがり火まつり	岡崎 達也 …………… 224, 225
大沼製菓 …………… 155	…………… 145	岡崎 不二男 …………… 132
大野 麻子 …………… 260	大歩危祖谷温泉郷 …… 43	岡崎 佑哉 …………… 353, 354
大野 かほる …………… 339, 386	大洞 東平 …………… 226	岡崎信用金庫 …………… 80
大野 一雄 …………… 42	大堀相馬焼協同組合 …… 106	岡澤 敏男 …………… 397
大野 かよ …………… 199	大曲の花火 …………… 64	岡沢 ゆみ …………… 400
大野 経典 …………… 206	大曲の水辺に夢をつくろう	小笠原 健 …………… 343
大野 将磨 …………… 198	会 …………… 25	小笠原 紫織 …………… 285
大野 真鬼 …………… 259	大巻 伸嗣 …………… 201	小笠原 茂介 …………… 380
大野 俊郎 …………… 329, 362, 404	大馬越地区コミュニティ協	小笠原 久枝 …………… 350
大野 水季 …………… 341	議会 …………… 28	小笠原 由実 …………… 367
大野木 恭子 …………… 269	大松 達知 …………… 408	小笠原 陽子 …………… 207
大野市 …………… 110	大見 全 …………… 299	小笠原 由記 …………… 326
大庭 桂 …………… 361	碧海 寿広 …………… 11	岡田 育子 …………… 8

岡田 育美 ... 207	岡村 秀典 ... 139	「小川の庄」 ... 14
岡田 治 ... 227	岡村 誠 ... 137	小川ふるさとづくり委員会 ... 19
尾形 花菜子 ... 352	岡村 結梨 ... 239	小木 亜津子 ... 337
岡田 京子 ... 346, 390	岡本 敦生 ... 242	おぎ ぜんた ... 353
岡田 佳也 ... 251	岡本 勇雄 ... 34	沖 大幹 ... 181
尾形 祥行 ... 387	岡本 邦夫 ... 314	置鮎 琉美 ... 251
岡田 知紗 ... 70	岡本 十四郎 ... 387	荻久保 万作 ... 199
岡田 勤 ... 197	岡本 直美 ... 402	隠岐国分寺蓮華会舞保存会 ... 64
岡田 豊子 ... 257	岡本 信広 ... 137	隠岐古典相撲大巾会 ... 60
岡田 尚之 ... 302	岡本 啓 ... 364	尾木沢 響子 ... 405
岡田 成美 ... 217	岡本 文弥 ... 101	小木曽 左今次 ... 346
岡田 弘 ... 98	岡本 昌枝 ... 322	置賜百姓交流会 ... 50
岡田 博 ... 47	おかもと みさと ... 247	荻津 博子 ... 362
小形 正男 ... 182	龍哉 ... 355	興津 真紀子 ... 218
小形 真奈美 ... 278	岡谷 公二 ... 167	翁 竜生 ... 354
岡田 美津穂 ... 327	岡谷市文化会館 ... 88	翁 由花 ... 199
岡田 満 ... 258	岡谷市 ... 56	「おぎなう」 ... 131
尾形 八重子 ... 379	岡谷市観光協会 ... 56	沖縄うまいもの屋!長浜商店 ... 154
岡田 安弘 ... 182	岡谷商工会議所 ... 56	沖縄芸能史研究会 ... 63
岡田 裕 ... 106	岡山県 ... 111	沖縄県 ... 156, 176
岡田 陽子 ... 393	岡山県子ども会連合会 ... 24	沖縄県民踊研究会 ... 62
尾形 良一 ... 220	岡山県立図書館 ... 99	沖縄市民小劇場 あしびなー ... 88
緒方町生活学校 ... 19	岡山県立美術館 ... 88	沖縄新歌舞団大太陽 ... 90
岡田ゆめみたい ... 32	岡山市 ... 23, 175	沖縄全島エイサーまつり実行委員会 ... 92
雄勝法印神楽保存会 ... 93	岡山市ホタル生息調査ボランティア ... 175	沖縄タイムス中部支社編集部 ... 98
岡戸 優 ... 367	岡山弁はええもんじゃ〜ことばの祭り・建部 ... 146	「沖縄ツアーランド旅カタログ」 ... 128
岡野 * ... 312	岡山放送 ... 291	「沖縄通信「うるま」」 ... 41
岡野 弘彦 ... 166	小川 格 ... 182	沖縄民話の会 ... 58
岡野 由美子 ... 393	小川 恵美子 ... 238	荻野 アンナ ... 318
岡野 陽一 ... 243	小川 国夫 ... 318	荻野 進一 ... 324
小鹿野歌舞伎保存会 ... 92	小川 健 ... 138	荻野 晴 ... 341
岡の里事業実行委員会 ... 14	小川 広一 ... 306	沖本 まどか ... 138
岡林 郁生 ... 213, 215〜217	小川 栄 ... 343, 347, 406	沖山 宣晴 ... 238
岡原花咲かそう会 ... 32	小川 早苗 ... 7	沖山 充 ... 138
岡藤 真依 ... 252	小川 重喜 ... 78	荻原 季実子 ... 235
岡部 かずみ ... 384	小川 達雄 ... 397	奥 武則 ... 406
岡部 隆志 ... 237	小川 知恵 ... 384	奥 芳雄 ... 379
岡部 達美 ... 339, 362	小川 哲也 ... 76	奥井 あき ... 315
岡部 憲和 ... 385	小川 利雄 ... 257	奥出雲そば処 一福 ... 119
岡部 史 ... 332	小川 知宏 ... 368	オークヴィレッジ楽天市場店 ... 154
岡部 佑妃子 ... 349	小川 仁志 ... 10	「奥様ジャーナル」 ... 39
岡部町青年サークル森のたね ... 21	小川 峯正 ... 368	奥田 彰人 ... 227
岡松 和夫 ... 330	小川 誠 ... 202	
岡松バラ園 ... 151	小川 由有 ... 369	
尾上 新太郎 ... 9	尾川 裕子 ... 345	
岡村 桂三郎 ... 235	小河 洋子 ... 361	
岡村 光哲 ... 202	小川 洋子 ... 313	
岡村 民夫 ... 397	小川 美篤 ... 371, 402	
岡村 俊典 ... 122		

奥田 恭子 …… 227	り …… 65	小田 賢 …… 237
奥田 順市 …… 393	桶川市 …… 21	小田 真愛 …… 341
奥田 大智 …… 305	桶谷 秀昭 …… 318	小田 裕一郎 …… 281
奥田 隆明 …… 133	おけьと人間ばん馬 …… 60	小田 由季子 …… 343
奥田 弘 …… 397	お鯉 …… 104	小田 由紀子 …… 323
奥田 真行 …… 307	尾崎 要 …… 257	小田 豊 …… 77
奥田 實 …… 232	尾崎 紀世彦 …… 281	小高 朋子 …… 68
奥田 裕介 …… 311	尾崎 茂 …… 102	お互いさまねっと公田町団
奥田 芳久 …… 225	尾崎 千頭 …… 235	地 …… 30
奥平 とみえ …… 379	尾崎 隆 …… 37	小田倉 量平 …… 362
奥地の海のカーニバル …… 147	尾崎 隆志 …… 79	小田島 …… 152
尾口村 …… 21	尾崎 怜 …… 352	小田地域振興協議会 …… 26
小国山野草会 …… 28	長田 あいゆ …… 342	小田中 準一 …… 315
小国町 …… 17	長田 恵子 …… 309	小谷 元彦 …… 264
小国町コミュニティプラン	長田 弘 …… 359, 399	お旅まつり曳山八基曳揃え
推進チーム …… 17	長田 ゆう子 …… 336	…… 149
奥野 希美 …… 374	長田 佳子 …… 243	小樽あんかけ焼そば親衛隊
奥野 正男 …… 46	小山内 弘海 …… 381	…… 143
奥能登珠洲の秋祭りと「ヨ	小佐野 豊子 …… 379	小樽産業観光推進協議会
バレ」 …… 149	長部 日出雄 …… 166	…… 57
奥畑 信子 …… 387	納内地域づくり推進協議会	小樽市 …… 34
奥びわ湖スポーツクラブ実	…… 31	小樽信用金庫 …… 81
行委員会 …… 87	小澤 郁美 …… 385	小樽雪あかりの路 …… 146
奥豊後古代紫草蘇生研究会	小沢 一雄 …… 46	小樽雪あかりの路実行委員
…… 24	小沢 昭一 …… 296	会 …… 67
小熊 佐絵子 …… 277	小沢 昭一 …… 297	小田原柑橘倶楽部 …… 156, 158
小熊 りか …… 281	小澤 恒夫 …… 34	小田原市 …… 73
奥村 佳世子 …… 243	小澤 久 …… 262	小田原まちづくり応援団
おくむら きみか …… 308	小沢 摩純 …… 332	…… 44
奥村 せいち …… 324	押井 守 …… 42	越智 香住 …… 222
奥村 美枝 …… 387	おぢかアイランドツーリズ	落合 N …… 251
奥村 理英 …… 346	ム協会 …… 67	落合 直樹 …… 252, 253
奥矢根川桜堤を育てる会	小値賀町 …… 24	落合 里麻 …… 272
…… 18	押切 六郎 …… 34	おつけもの川伊屋 …… 118
奥山 絵梨香 …… 373	押田 良久 …… 101	「おっちゃんとおばちゃ
奥山 文幸 …… 396	忍足 良夫 …… 159	ん」 …… 130, 131
奥山 幸男 …… 8	押野 武志 …… 396	尾坪 大輔 …… 261
おぐら …… 251	渡島信用金庫 …… 82	オーテック …… 113
小椋 佳 …… 282	尾白 かおる …… 257	乙川 優三郎 …… 364
小倉 信一 …… 219	尾世川 正明 …… 359	乙武 洋匡 …… 333
小椋 健男 …… 101	尾関 昇 …… 5	音丸 耕堂 …… 101
小倉 豊文 …… 395	尾関 文亮 …… 70	小鳥 サワ …… 5
小倉 芳風 …… 254, 255	小薗 ミサオ …… 323	尾仲 浩二 …… 231
小倉 みなみ …… 69	小田 イト …… 5	女川町 …… 17
小倉祇園太鼓保存振興会	おだ えつお …… 247	小名浜玉川町連合会 …… 15
…… 93	小田 静夫 …… 36	鬼ごっこ協会 …… 84
小倉焼うどん研究所 …… 140, 141	小田 襄 …… 241	尾西 英 …… 340
小倉屋柳本 …… 86	織田 高広 …… 299	尾西食品 …… 151
小栗 昌子 …… 259	小田 高博 …… 216	鬼丸 智彦 …… 390, 405
桶ケ谷沼トンボの楽園づく	小田 真紀恵 …… 346	鬼村 テコ …… 403

小奴可地区芸能保存会 … 93	おびなた … 150	尾張 拓登 … 279
小貫 明 … 182	帯広アイヌ語教室 … 7	尾張朝日会知多支部 … 125
小野 昭 … 35	帯広カムイトウウポポ保存会 … 5	尾張中日会犬山支部「新聞生かし隊」 … 127
尾野 亜裕美 … 337	帯広市 … 111	尾張中日会津島支部 … 126
小野 清美 … 165	帯広信用金庫 … 78, 82, 83	御菓子司 栄堂 坂井敦子 … 154
小野 利勝 … 160	オフィス21 … 15	遠賀信用金庫 … 81
小野 知男 … 123	小布施堂 … 150	温泉中央南線街なか再生・目抜き通り整備協議会 … 108
小野 知世 … 355	小布施町 … 18	恩田 茂夫 … 68
小野 なるみ … 341	オープンソースベンダーフォーラム長崎 … 114	音戸の舟唄保存会 … 106
小野 博功 … 212	オペラシアターこんにゃく座 … 396	
緒野 雅裕 … 326	「オペレッタ・注文の多い料理店」上演グループ … 395	**【か】**
小野 光子 … 355	オホーツク委員会 … 111	
小野 見奈子 … 213	オホーツク北見塩やきそば応塩隊 … 141	甲斐 栄次郎 … 301
小野 由美子 … 349	オホーツクビール … 150	甲斐 英輔 … 321
オノ・ヨーコ … 264	小俣 英彦 … 204	甲斐 博 … 402
小野 玲子 … 159	小美玉市四季文化館 … 89	甲斐 史子 … 277
尾上 菊之助 … 274	オムざいる … 251	ガイアックス … 4
尾上 菊乃里 … 103	オームス,ヘルマン … 165	海木 茜 … 382
尾上 松也 … 276	面白ちんぐ倶楽部 … 12	外国人の子どものための勉強会 … 55
尾上蔵保存利活用促進会 … 22, 67	おもてなしスノーレンジャー … 70, 154	貝澤 耕一 … 8
小野川と佐原の町並みを考える会 … 109	魚本 藤子 … 355	貝澤 貢男 … 8
おのざき … 118	小元 幹子 … 303	貝澤 雪子 … 7
小野瀬 正 … 104	おもろ会 … 62	貝澤 ユリ子 … 8
小野託児サークル "このゆびと〜まれ♪" … 24	親子自然観察会小池しぜんの子 … 163	貝塚 茜 … 261
小野寺 紅葉 … 354	親子でつくる子育ての会わらしべの里 … 55	貝塚 靖子 … 320
小野寺 直彦 … 203	小柳津 周子 … 224	がいせん桜まつり … 145
小野寺 日向 … 354	「オヤノコト.マガジン」 … 128	貝原 昭 … 316
小野寺 布美 … 281	小山 美和子 … 237	海部町 … 18
小野寺 史宜 … 299	小山 泰之 … 223	かいや … 119
オノデラ ユキ … 230, 232	小山田 信子 … 379	かえで … 239
小野寺 玲華 … 341	小山レディース・イングリッシュ・クラブ … 13	加賀 孝司 … 124
尾道空き家再生プロジェクト … 30, 69	おゆみ野南21自治会 … 108	加賀カニごはん推進協議会 … 155
尾道市 … 14	及部 愛実 … 70	加賀百万石まつり実行委員会 … 92
尾道デニム … 155	オランダ家 … 119	加賀美 幸子 … 298
小野山 和代 … 220	折井 宏司 … 222	加賀美 桃志郎 … 329
大橋 重臣 … 204	織笠 昭 … 35	各務原キムチ鍋奉行所 … 141
小畑 弘己 … 36, 140	オリガス,ジャン・ジャック … 405	各務原市 … 95
小畑 雄嗣 … 232	折下 功 … 132	各務原市生活学校 … 29
尾花 仙朔 … 381	「オール関西」 … 39	各務原地下水研究会 … 171
おはなし会「三日月」 … 15	オレンジベイフーズ … 153	かがみ女性の会「ひまわり会」 … 19
おはなしきゃらばんセンター … 51		加賀屋 誠一 … 135, 138
おはなはん … 118		加賀谷 勇典 … 367
小原ECOプロジェクト … 70		
小尾 修 … 267		

香川 翔兵 ……………… 308	鹿児島県知覧町 ……… 164	柏崎市綾子舞保存振興会
香川 泰輝 ……………… 355	鹿児島信用金庫 ……… 78	………………………… 92
加川 智子 ……………… 259	鹿児島相互信用金庫 … 82	柏崎信用金庫 …………… 83
香川 ヒサ ……………… 407	鹿児島テレビ …………… 290	柏村 四郎 ……………… 361
香川 弘夫 ……………… 380	河西 京祐 ……………… 348	梶原 一龍 ……………… 93
香川 みわ ……………… 326	笠井 佐智子 …………… 404	梶原 公夫 ……………… 215
香川 良子 ……………… 91	かさい まり …………… 334	梶原 文男 ……………… 137
香川県産業技術センター発	笠井 佑起 ……………… 348	梶原 由加里 …………… 349
酵食品研究所 ……… 168	笠岡市立竹喬美術館 … 90	春日 美恵子 …………… 314
香川県善通寺土木事務所	風霧 みぞれ …………… 311	春日井市文芸館 ………… 89
……………………… 107	風越 みなと … 323〜325, 337	春日住民福祉協議会 … 17, 94
香川県長尾町CATVネット	笠島 清剛 ……………… 283	春日ダンボールコンポスト
ワーク ……………… 295	笠原 亜紀 ……………… 383	の会 ………………… 29
垣内 誠一 ……………… 257	笠原 さき子 …………… 340	粕加屋 伊ク代 ………… 257
柿澤 正志 ……………… 363	笠原 靖 ………………… 326	上総掘りをつたえる会 … 16, 55
柿田川自然保護の会 … 163	風間 彩花 ……………… 350	數見 美香 ……………… 199
柿沼 朋実 ……………… 206	風間 優介 ………… 97, 231	香住鶴 ………………… 151
柿野 …………………… 249	笠間市まちづくり教室 … 25	香津宮 裕介 …………… 251
柿の専門 奈良吉野いしい	笠松 彩夏 ……………… 386	粕谷 栄市 ……………… 399
……………………… 118	樫 田鶴子 ……………… 370	粕谷 征三 ……………… 379
柿の葉すし本舗たなか … 150	加地 理沙 ……………… 386	風瀬 一人 ………… 217, 254
牡蠣の森を慕う会 …… 171	梶尾 悠史 ……………… 11	風野 潮 ………………… 400
柿林 杏耶 ……………… 373	梶岡 百江 ……………… 261	風野 旅人 ……………… 346
柿本 稔 ………………… 337	樫崎 茜 ………………… 400	風野 真知雄 …………… 365
加来 万周 ………… 237, 260	梶田 琴理 ……………… 384	風野 涼一 ……………… 343
学生人材バンク ………… 30	梶谷 睦枝 ……………… 126	風森 さわ ……………… 389
学生団体学生+ ………… 31	果実工房 ……………… 118	カセル，アクセル ……… 201
角田 清文 ……………… 316	梶野 敬介 ……………… 202	加須市民平和祭〜ジャンボ
角田 光代 …… 313, 319, 358	梶原 朋子 ……………… 224	こいのぼり遊泳〜 … 149
楽竹会 …………………… 28	橿原市 ………………… 107	方緒 良 ………………… 332
角館のお祭り保存会 …… 85	橿原市ふれあいin新沢実行	片岡 昭雄 ……………… 379
角張 あゆ ……………… 277	委員会 ……………… 29	片岡 純子 ……………… 336
神楽門前湯治村 ………… 92	鹿島 綾 ………………… 278	片岡 鶴太郎 …………… 274
掛井 五郎 ………… 240, 241	加島 祥造 ……………… 394	片岡 夏紀 ……………… 377
筧 さくら ……………… 342	鹿嶋 裕一 ……………… 262	片岡 仁左衛門 ………… 297
掛川 源一郎 …………… 229	鹿島ガタリンピック …… 145	片岡 永 ………………… 361
掛川おかみさん会 ……… 28	鹿嶋市食生活改善推進連絡	片岡 秀太郎 …………… 104
掛川市西山口地区福祉協議	協議会 ……………… 24	片岡 真 ………………… 347
会 …………………… 30	菓子祭前日祭 ………… 149	片岡 美男 ……………… 256
懸田 弘訓 ……………… 106	梶山 伸一 ……………… 102	片貝花火まつり ………… 59
筧 忠治 ………………… 201	梶山 未来 ……………… 350	カタギ食品 ……………… 86
影山 信輝 ……………… 336	家住 利男 ……………… 220	片桐 和也 ……………… 209
影山 誠 ………………… 224	加生 亨 ………………… 224	片桐 聡子 ……………… 386
かこ さとし …………… 332	菓匠三全 ……………… 157	片桐 登 ………………… 92
栫井 昌邦 ……………… 136	柏木 節子 ……………… 309	片桐 泰志 ……………… 310
加古川市 ………………… 57	柏木 春彦 ……………… 326	片田 敏孝 ……………… 398
鹿児島オペラ協会 ……… 59	柏木 康武 ………… 212, 213	片平 千代子 …………… 341
鹿児島県大崎町 ………… 45	柏崎 驍二 ……………… 345	帷子川親水緑道白根地区愛
鹿児島県薩摩川内市 …… 44	柏崎コミュニティ放送「FM	護会 ………………… 109
鹿児島建築市場 ………… 113	ピッカラ」………… 115	帷子川親水緑道鶴ケ峰地区

愛護会 ………………… 109	加藤 覚 ………………… 261	門松 正春 ……………… 257
帷子川親水緑道ホタルの会	加藤 小百合 …………… 278	角谷 享 ………………… 271
…………………………… 109	加藤 シヅエ …………… 190	香取市 ………………… 109
帷子川親水緑道家敷地区愛	加藤 峻 ………………… 239	門脇 徹 ………………… 226
護会 …………………… 109	加藤 順子 ……………… 348	金井 昭雄 ……………… 76
片山 彩花 ……………… 337	加藤 唱子 ……………… 390	金井 清春 ………… 211, 212
片山 和哉 ……………… 212	加藤 昭次 ……………… 205	金井 秀雄 ……………… 303
片山 郷子 ……………… 336	加藤 二良 ……………… 393	金井 雅之 ……………… 336
片山 悟子 ……………… 225	加藤 真二 ……………… 36	金井 美恵子 …………… 312
片山 ひとみ ………… 323, 382	加藤 太江子 …………… 379	金井 道子 ……………… 226
片寄 貴之 ……………… 211	加藤 貴義 ……………… 207	金井 雄二 ……………… 394
かたりべの会 ………… 13	加藤 卓男 ……………… 42	金池 晴香 ……………… 283
勝浦町地域づくり井戸端塾	加藤 龍哉 ……………… 349	神奈川区すくすくかめっ子
実行委員会 ………… 14	加藤 親夫 ……………… 348	事業 …………………… 25
月山志津温泉 雪旅籠の灯	加藤 委 ………………… 201	神奈川県 ……………… 293
り ……………………… 147	加藤 輝雄 ……………… 126	神奈川県川崎市 …… 173～175
葛飾区 ………………… 110	加藤 伝一 ……………… 101	神奈川県商工労働局産業部
カッシーナ …………… 42	加藤 敏博 ……………… 367	………………………… 44
カット倶楽部 ………… 25	加藤 尚武 ……………… 165	神奈川県逗子市KopiLuwak
割烹旅館 銚子屋 ……… 116	加藤 七生 ……………… 222	………………………… 157
勝又 攻 ………………… 352	加藤 宣彦 ……………… 10	神奈川県藤沢市 ……… 45
勝又 浩 …………… 167, 405	加藤 典洋 ……………… 318	神奈川県大和市 ……… 113
勝俣 麗奈 ……………… 350	加藤 輝 ………………… 374	神奈川県横須賀市 … 112, 157
勝見 由香 ……………… 267	加藤 英人 ……………… 267	神奈川県立音楽堂 …… 90
勝村 公 ………………… 47	加藤 碩一 ……………… 397	神奈川県立大師高等学校
勝山 敏一 ……………… 97	加藤 博 ………………… 62	………………………… 177
勝山左義長まつり …… 149	加藤 文男 ……………… 381	「かながわ風土記」 …… 39
勝山左義長まつり実行委員	加藤 真 ………………… 186	金澤 佳音 ……………… 376
会 ……………………… 93	加藤 昌男 ……………… 398	金沢 秀城 ……………… 369
桂 歌丸 ………………… 275	加藤 町子 ……………… 7	金澤 美佳 ……………… 304
カテザ・ニャーシャ …… 340	加藤 真彩 ……………… 374	金澤 恵美 ……………… 239
ガーデンヴィレッジ平尾台	加藤 道子 ……………… 296	金沢・浅の川園遊会 … 145
管理組合 ……………… 108	加藤 光裕 ……………… 182	金沢を世界へ開く市民の会
ガーデンクラブ バーベナあ	加藤 恵 ………………… 210	………………………… 49, 58
わじ …………………… 24	加藤 祐那 ……………… 373	金沢市 ……… 72, 107, 108, 110
「カデンプラス」 ……… 130	加藤 佑理 ……………… 354	金沢市企業局 ………… 175
加戸 小百合 …………… 210	加藤 理花 ……………… 349	金沢市民芸術村 ……… 88
加藤 愛 ………………… 370	加藤 量章 ……………… 216	金沢信用金庫 ………… 81
加藤 昭男 …… 201, 240, 242	加藤 良造 ………… 260, 268	金沢21世紀美術館 …… 90
加藤 位知子 …………… 403	加藤 玲佳 ……………… 386	金沢杜の里まちづくり委員
加藤 彩花 ……………… 355	角川 正善 ……………… 211	会 ……………………… 108
加藤 恵美子 …………… 362	門倉 暁 …………… 328, 329	金田 弘 ………………… 359
加藤 勝登 ……………… 127	門倉 訣 ………………… 303	金田 房子 ……………… 325
加藤 桂 ………………… 216	門田 照子 ……………… 316	金津 沙矢香 …………… 271
加藤 九祚 ……………… 184	ガードナー, ケネス …… 161	「かなまちLive」 ……… 132
加藤 清克 ……………… 224	門真市 ……………… 107, 108	金村 孝之 ……………… 204
加藤 憲一 ……………… 122	門真市石原東・幸福北地区	金森 宰司 ……………… 218
加藤 健司 ……………… 208	共同整備事業組合 … 108	金森 悠夏 ……………… 355
加藤 孝造 …………… 42, 105	門真市末広地区共同整備事	金森 幸男 ……………… 122
加藤 恒太郎 …………… 222	業組合 ………………… 107	金森 由朗 ……………… 384

金谷 秀 ……………… 251	カフェまちづくりネットワーク ……………………… 55	カミチク情熱牧場 ……… 154
金屋町楽市inさまのこ … 148		加美町 …………………… 19
蟹江町商工会 …………… 31	株式会社ユニバーサルワーカーズ 軍艦島コンシェルジュ ……………………… 158	加美町箸荷地区消防団 … 17
カニエ・ナハ …………… 364		かみつえ酒呑童子太鼓倶楽部 ……………………… 21
蟹沢 民恵 ……………… 239	夏帆 ……………………… 253	
可児市文化創造センター ……………………… 89	香北町青年団 …………… 12	上出 優之利 …………… 227
	かほく冷たい肉そば研究会 ……………………… 142	上中町大鳥羽地区 ……… 12
蟹元 依子 ……………… 300		神野 信郎 ………………… 75
鹿沼相互信用金庫 ……… 79	嘉穂劇場 ………………… 64	上山 トモ子 …………… 382
鹿沼の名匠 ……………… 93	釜石虎舞保存会連合会 … 94	上山 安敏 ……………… 165
かねきち ………………… 118	釜石市 …………………… 72	加美ふるさと塾 ………… 16
金子 勇 ………………… 189	カーマイン ……………… 118	上町街づくり協議会 …… 108
金子 邦彦 ……………… 182	釜我 敏子 ……………… 106	上三原田歌舞伎舞台操作伝承委員会 ……………… 93
金子 健二 ……………… 266	鎌倉ガーディアンズ …… 30	
金子 幸代 ……………… 406	「かまくら春秋」 …… 39, 40	上三原田の歌舞伎舞台公演 ……………………… 144
金子 剛 ………………… 282	蒲郡市観光協会 ………… 87	
金子 兜太 ……………… 392	鎌田 喜八 ……………… 380	神谷 大介 ……………… 137
金子 透 ………………… 221	鎌田 恵務 ……………… 202	神谷 宣郎 ……………… 184
金子 朋樹 ……………… 260	鎌田 勉 ………………… 227	神谷 紀雄 ……………… 106
金子 信吉 ……………… 348	鎌田 仁 ………………… 195	神谷 由美 ……………… 260
金子 瞳 ………………… 338	鎌田 雪里 ……………… 309	神山 真湖 ………… 374, 375
金子 まゆみ …………… 223	かまぼこ板の絵展覧会 … 144	上山市民俗行事加勢鳥保存会 …………………… 66
金子 由実 ……………… 329	上 明子 ………………… 304	
金子 理沙 ……………… 245	上阿多古草ふえ会 ……… 16	亀井 俊介 ……………… 167
鹿乙原虫送り踊保存会 … 106	上天草市中央公民館 …… 30	亀井 秀雄 ……………… 404
金坂 直仁 ……………… 159	上浦 未来 ……………… 68	亀井 睦美 ……………… 319
金島地区楽しいまちづくり推進委員会 …………… 25	かみえちご山里ファン倶楽部 ………………………… 30	亀石 佐知子 …………… 210
		亀岡市自治会連合会 …… 45
カネスエ製麺所 ………… 118	神岡・町づくりネットワーク ……………… 57, 69, 84	亀山 祐介 ……………… 236
金田 貴子 ……………… 337		鴨居駅周辺まちづくり研究会・魅力つくり隊 …… 20
金田 羽衣吏 ……………… 71	上勝町 …………………… 15	
金藤 和明 ………………… 81	上川 龍次 ……………… 326	鴨居原市民の森 愛護会 … 28
金原 ひとみ …………… 326	上川名地区活性化推進組合 ……………………… 30	蒲生郷太鼓坊主 ………… 63
金平 靖子 ……………… 210		かものはしプロジェクト ……………………… 53
金巻 未来 ……………… 350	上京小売酒販組合 ……… 20	
金丸八幡神社宵宮神事保存会 …………………… 105	上五島町農業を楽しむ会連絡会 …………………… 18	萱野 茂 ……………… 6, 164
		かやの たかゆき ……… 97
金村 修 ………………… 230	神坂 真理子 …………… 305	かやの ひかる ………… 97
金本 かず子 …………… 350	上里 和美 ……………… 279	萱野 れい子 ……………… 7
金山地域区長サミット … 110	上路 有音 ………………… 71	加山 惠理 ……………… 337
金山町 …………………… 110	紙芝居ボランティアグループ「あじさいの会」 … 18	加山 雄三 ……………… 276
鹿野 晴男 ……………… 226		樫守 遼 …………… 309, 321
加納 果林 ……………… 335	上士幌町ウタリ文化伝承保存会 ……………………… 5	通くじら祭り …………… 149
狩野 彰一 ……………… 353		唐 十郎 ………………… 312
叶 公 …………………… 15	上條 千秋 ……………… 336	唐木 映里花 …………… 69
加納 光於 ……………… 270	上条 恒彦 ……………… 282	唐木 秀徳 ……………… 69
狩野 賢一 ……………… 302	上条 文穂 ……………… 203	からくりデザインフェスティバル'99 ……………… 144
鹿目 けい子 …………… 299	カミスガプロジェクト … 31	
樺山 祐和 ……………… 267	神近 匠 ………………… 217	辛子明太子の一結堂 …… 118
カフェパンセ湘南 ……… 117		からす川音楽集団 ……… 50

ガラス工房 弟子丸 ……… 156	川上 通夫 ……………… 216	川田 絢音 ……………… 378
烏山山あげ保存会 ……… 92	川上 由起 ……………… 386	川田 恵理子 …………… 384
柄谷 行人 ……………… 318	川北 弘明 ……………… 220	川田 喜久治 …………… 230
唐津街道姪浜まちづくり協議会 ……………… 31	河北 博文 ……………… 75	河田 政雄 ……………… 348
	川口 明子 ……………… 346	河竹 登志夫 …………… 48
唐津ケーブルテレビ …… 288	川口 有里花 …………… 341	川奈野 一信 …………… 7
唐津市内中高生27名 …… 74	川口 一朗 ……………… 349	川鍋 幸弘 ……………… 223
唐津市役所 ……………… 74	川口 静華 ……………… 278	川並鉄工 ……………… 208
唐津曳山取締会 ………… 92	河口 仁朗 ……………… 122	川西 政明 ……………… 318
ガリー, グレゴリー …… 398	川口 澄子 ……………… 322	川根温泉 ……………… 43
ガリアーノ, ジョン …… 42	川口 秀子 ……………… 373	河野 敬子 ……………… 390
ガリバーアクティブ'95委員会 ……………… 18	河口湖ステラシアター … 89	川野 圭子 ……………… 354
	川口市 …………… 107, 109	川野 里子 ……………… 407
カリブー ……………… 255	川口市プレイリーダー協議会 ……………… 28	河野 昭一 ……………… 185
刈谷市 ………………… 72		川野 永遠 ……………… 341
かりや消費者生活学校 … 28	川越igoまち倶楽部 …… 55	河野 正道 ……………… 135
かりゆし ……………… 151	川越いも友の会 ………… 61	河野 真知子 …………… 386
「軽井沢ヴィネット」 … 39	川越市 …………… 34, 288	河野 裕子 …… 345, 401, 407
佳例川を語る会 ………… 21	川越市都市計画部都市景観課 ……………… 73	川野 幸夫 ……………… 75
カレガリ, ジューリオ … 208		川野目亭 南天 ………… 398
カレッタ君のふる里を守る会 ……………… 17	川越市役所自主研究グループ「GUM」……………… 16	河俣 規世佳 …………… 400
		川畑 さおり …………… 91
カレッド, レシャード … 192	川﨑 正敏 ……………… 309	川端 真由美 …………… 304
川井 明子 ……………… 203	川﨑 陸 ………………… 240	川原 隆 ………………… 341
河合 敦 ………………… 48	川崎産業観光振興協議会 ……………… 56	河原 枇杷男 …………… 392
河合 慎之介 …………… 386		川人 博 ………………… 191
河合 真平 ………… 370, 402	川崎市 ………… 95, 177, 294	川平 敏文 ……………… 406
川井 敏明 ……………… 207	川崎市産業振興財団 …… 168	川又 明日香 …………… 278
川井 豊子 ……………… 352	川崎信用金庫 …………… 79	川又 慶子 ……………… 234
河合 道子 ……………… 367	カワ, サンドウィッチカフェサントピア ………… 156	川満 智 ………………… 307
河合 萌恵子 …………… 387		かわむら ……………… 152
川井 康之 ……………… 342	川重 茂子 ……………… 357	河村 亜紀 ……………… 205
川合 里穂 ……………… 373	川島 江美子 …………… 8	川村 麻美 ……………… 248
川内 倫子 ……………… 232	川島 宏司 ……………… 224	河村 篤 ………………… 237
川上 晶美 ……………… 210	川嶋 里子 ……………… 372	川村 栄二 ……………… 282
川上 明日夫 …………… 359	川島 知也 ……………… 248	川村 悦子 ……………… 267
川上 香織 ……………… 336	川嶋 秀樹 ……………… 209	川村 和美 ……………… 134
川上 けさ子 …………… 6	川島 完 ………………… 359	川村 清 …………… 121, 127
川上 健一 ……………… 358	川嶌 眞人 ……………… 178	川村 兼一 ……………… 7
川上 早紀 ……………… 387	川島 みどり …………… 189	河村 孝次 ……………… 393
川上 哲 ………………… 7	川津 羊太郎 ……… 276, 284	川村 祥介 ……………… 339
河上 省吾 ………… 133, 134	川津南やっちみる会 …… 32	川村 紗耶佳 …………… 206
川上 勉 ………………… 195	川瀬 彩 ………………… 339	川村 二郎 ……………… 318
川上 直樹 ……………… 211	川瀬 伊津子 …………… 348	川村 たづ子 …………… 48
川上 英幸 ……………… 7	川瀬 順輔 ……………… 105	川村 敏明 ……………… 190
川上 姫奈 ……………… 217	川瀬 白秋 ……………… 102	川村 友美 ……………… 224
川上 弘美 ……… 313, 318, 401	河瀬 裕子 ……………… 99	川村 均 …………… 311, 341
川上 実 ………………… 5	開懐世利六菓匠 ………… 65	川村 益美 ………… 124, 126
川上 未映子 ……… 364, 401	川添 登 ………………… 184	川村 マミ ……………… 320
	川副 義敦 ……………… 47	川村 光夫 ……………… 397

川村 湊 ……………… 318
河村 みゆ樹 …………… 379
川本 治 ……………… 260
川本 久美子 …………… 238
川本 皓嗣 ……………… 49
川本 三郎 ……………… 319
川本 忠 ……………… 199
川本 宜彦 ……………… 75
瓦木地区青少年愛護協議会
　……………………… 25
「瓦版や」……………… 128
韓 旭 ………………… 337
姜 小泉 ……………… 97
カーン星 ……………… 341
環境造形Q …………… 266
環境緑地設計研究所 …… 107
かんこ踊保存会 ……… 93
関西国際交流団体協議会
　……………………… 50
関西テレビ放送 …… 287, 288
関西ブロードバンド …… 113
観世 清和 …………… 106
観世 栄夫 …………… 297
巻生活学校 …………… 16
管清工業 ……………… 173
苅田 澄子 ………… 334, 402
神田 三亀男 ………… 361
神田 道夫 ……………… 37
神田 恵 ……………… 209
丸藤 真智子 ………… 219
関東ウタリ会 ………… 6
神無月 なな ………… 252
金成町立津久毛小学校 … 352
菅野 昭正 …………… 404
菅野 正憲 …………… 281
菅野 みさ子 ………… 343
感王寺 美智子 ……… 355
カンパニー リズム オ
　ブ ライフ CAMPANY
　RHYTHM OF LIFE
　……………………… 285
神林 洋右 …………… 315
蒲原 文郎 …………… 328
神原 るり …………… 245
「カンフェティ」……… 131
神戸 明子 …………… 369
神部 弘二 …………… 228
神部 恒子 …………… 304
神戸 はるか ………… 374
カンボウ，ミッシェル … 229

甘楽富岡子どもと本の会
　……………………… 26
甘楽町 …………… 22, 72
管路情報活用有限責任事業
　組合 ………………… 177

【き】

木内 綾 ……………… 59
木内 こう ……………… 14
木内 紫幽 …………… 315
木内 夏美 …………… 403
祇園ない藤商品名：JOJO
　……………………… 155
企画集団ミュー ……… 285
「季刊あおもり草子」… 38, 39
「季刊アトラス」………… 41
「季刊アンド・アルファ」
　……………………… 39
「季刊筏」……………… 39
「季刊誌らく」……… 131, 132
「季刊生命の島」………… 40
「季刊とよはし百撰」…… 40
「季刊ふるさと村通信」… 39
木岐まちづくり委員会"わ
　いわいkiki" ………… 27
企業組合ごめんシャモ研究
　会 ………………… 118
菊田 まりこ ………… 333
菊池 英子 …………… 159
菊池 和徳 …………… 386
菊池 順子 ……… 303, 304
菊池 俊匠 …………… 371
菊池 忠二 …………… 397
菊地 貞三 …………… 381
菊池 俊彦 …………… 139
菊池 紀子 …………… 371
キクチ マサフミ
　………………… 211, 214, 247
菊池 裕 ……………… 396
菊池製作所 …………… 150
菊畑 茂久馬 ………… 201
木﨑 康弘 ……………… 36
キサリオ ………… 199, 200
季巳 明代 …………… 371
岸 浩 ………………… 47
岸 由紀子 …………… 206
岸田 晶子 …………… 278

岸田 和久 …………… 307
きじとら ……………… 250
貴しま あずさ ……… 249
貴島 康男 ……………… 90
木島平ふるさと会議 …… 16
岸本 章 ……………… 235
岸本 知鶴子 ………… 218
岸本 ガーデンクラブ …… 19
紀州ふるさとの歌づくり
　……………………… 61
喜如嘉の芭蕉布保存会 … 100
城代 さや香 ………… 277
岸和田市 …………… 110
木津川市学研企画課企画政
　策係 ………………… 74
木瀬 浩詞 ……… 222, 223
木曽 秀夫 …………… 332
競 文宏 ……………… 126
北 久美子 …………… 267
喜田 久美子 ………… 382
木田 菜摘 …………… 261
木田 肇 ……………… 326
木田 有紀 …………… 259
北おおさか信用金庫 …… 82
北大路 欣也 ………… 275
北方 謙三 …………… 388
喜多方市喜多方プラザ …… 89
北方町生涯学習センター き
　らり ………………… 89
北上鬼剣舞連合会 ……… 93
北上川流域市町村連携協議
　会 ………………… 23
北上くらしのサロン …… 15
北上市 ……………… 173
北上信用金庫 ……… 78, 80
北上・みちのく芸能まつり
　実行委員会 ………… 91
北川 寿二 …………… 393
喜多川 平朗 ………… 101
北川 良紀 …………… 122
北九州エアターミナル … 151
北九州活性化協議会 …… 170
北九州芸術劇場 ……… 89
北九州産業観光センター
　……………………… 57
北九州市 ……… 56, 72, 108,
　109, 172, 176, 290, 291, 295
北九州タウンツーリズム
　……………………… 32
北島 敬三 …………… 232

喜多条 忠 …………… 282	「キッズジャーナル」 …… 40	岐阜新聞西濃会 ………… 125
北須磨団地自治会 ……… 29	キッズスクエア瑞穂 …… 24	岐阜信用金庫 ……… 78, 80
北詰 恵一 …………… 138	吉町親睦会 …………… 15	岐阜フラッグアート展2006
北田 克己 …………… 235	キッチンの科学プロジェク	……………………… 146
北代 司 ……………… 343	ト ……………………… 55	木部 博己 …………… 310
北出 尚 ……………… 321	キッフェル 恵美子 …… 336	君津まちづくりの会 …… 27
北道区 ………………… 15	木戸 貴博 …………… 209	木南 莉莉 ……… 136～138
北中山まちづくり委員会	木戸 真梨子 ………… 355	『君の椅子』プロジェクト
……………………… 32	鬼頭 あゆみ ………… 340	……………………… 65
木谷 樹 ……………… 254	鬼頭 克治 …………… 216	君和田 未来 ………… 338
北日本会 ……………… 121	きとう ちる ………… 403	金 相均 ……………… 203
北日本会新川支部 …… 127	鬼内 仙次 …………… 404	金 秀男 ……………… 230
北日本索道 …………… 152	鬼無里村 ……………… 13	金 寧万 ……………… 231
北日本新聞大田販売店 … 126	木夏 真一郎 ………… 310	金 姫眞 ……………… 206
北日本新聞ニュースセンター	紀南ふるさと開発センター	金 悠天 ……………… 338
城東 ………………… 126	……………………… 20	キム・ヨンボン ……… 202
北日本精機 …………… 152	絹谷 朱美 …………… 362	木村 明美 …………… 373
北日本造船 …………… 152	杵屋 巳吉 …………… 105	木村 亜里 …………… 376
北日本放送 ·· 288, 292, 294, 295	杵屋 巳太郎 ………… 103	木村 依音 …………… 340
来野 あぢさ ………… 235	稀音家 義丸 ………… 103	木村 郁夫 …………… 178
北野 謙 ……………… 232	木野 和子 …………… 331	木村 いと ……………… 6
北の起業広場協同組合 … 23	木内 克 ……………… 240	木村 和樹 …………… 341
北之庄沢を守る会 …… 108	きのくに信用金庫 ……… 81	木村 和子 …………… 373
北のパイオニア ………… 19	紀伊國屋書店 ………… 111	木村 香澄 ……………… 90
「北の街」 ……………… 39	城崎温泉 ……………… 43	木村 佳奈子 ………… 206
北畑 光男 …………… 359	木下 一夫 ……………… 80	木村 恭子 …………… 385
北原 亜以子 ………… 313	木下 訓成 ……… 323, 329	木村 桂子 …………… 251
北原 きよ子 …………… 8	木下 千聡 …………… 348	木村 圭吾 …………… 235
北原 万紀子 ………… 249	木下 富雄 …………… 223	きむら けん ………… 320
北原人形芝居保存会 … 106	木下 信子 ……………… 7	木村 賢太郎 ………… 240
北広島市西の里地区青少年	木下 昌輝 …………… 389	木村 敏 ……………… 166
健全育成連絡協議会 …… 23	木下 めいこ ………… 243	木村 澄子 …………… 104
北辺 史郎 …………… 379	木下 義信 …………… 213	木村 享史 …………… 307
北見信用金庫 ………… 79	木の実 ナナ ………… 275	木村 高士 ……………… 48
北村 依緒 …………… 257	木原 瑞希 …………… 384	木村 哲郎 …………… 125
北村 夏林 ……… 210～212	キビィズ ……………… 156	木村 とみ子 ………… 379
北村 早紀 …………… 206	ぎふ技術革新センター運営	木村 友彦 …………… 259
北村 周一 ……… 346, 392	協議会 ……………… 169	木村 尚紀 …………… 218
北村 大次 …………… 338	岐阜県関市 …………… 45	木村 仲久 …………… 258
北村 奈央実 ………… 375	岐阜県岐阜市 …… 116, 174	木村 ハル …………… 227
北村 光 ……………… 372	岐阜県下呂市 ………… 156	木村 英明 ……………… 35
北村 ひでき ………… 271	岐阜県高山市 ………… 67	木村 裕 ……………… 332
北村 木歩 …………… 211	岐阜県東白川村 ………… 3	木村 浩重 …………… 361
キタモト マサヤ …… 283	岐阜県御嵩町 ………… 44	木村 富美子 ………… 138
北森 彩子 …………… 380	岐阜県立大垣養老高等学校	木村 マサヱ …………… 8
北山 綾真 …………… 338	瓢箪倶楽部秀吉 ……… 32	木村 麻里子 ………… 253
北山村 ………………… 115	「ぎふ咲楽」 …………… 130	木村 万平 ……………… 97
きちづくり福井 ……… 32	岐阜新聞岐新会 ……… 121	木村 美香 …………… 348
木津川 昭夫 ………… 359	岐阜新聞城北会 本巣・大野	木村 迪夫 …………… 381
橘川 春奈 …………… 367	ブロック ………… 127	木村 ヤヱ子 …………… 7

木村 靖子 ……………… 227	「京都TOMORROW」…… 40	桐 りんご ……………… 391
木村 裕一 ……………… 332	協同組合三条工業会 …… 115	霧しな ………………… 150
木村 由美 …… 248, 249, 251	京都芸術センター ……… 88	霧島国際音楽ホール …… 89
木村 陽子 ……………… 106	京都高度技術研究所 …… 168	霧島食育研究会 ………… 24
木村 吉男 ………… 132, 133	京都国際学生の家 ……… 49	桐竹 智恵子 …………… 104
木村商店 ………………… 117	京都市 ……………… 289, 290	桐谷 あきひこ ………… 376
倪玫 玲 ………………… 237	「郷土誌 あさひかわ」 …… 39	桐谷 聖香 ……………… 349
木元 貴子 ……………… 320	京都試作ネット ………… 114	桐谷 昌樹 ……………… 369
木本硝子 ………………… 116	京都市上下水道局 ……… 176	桐野 夏生 ………… 313, 401
着物ウィークin萩 ……… 147	京都女子大子どもの劇場	桐原 道明 ……………… 102
ギャラリー絵の里芸術の泉	……………………………… 58	桐本 トモ ………………… 5
友の会 …………………… 20	京都造形芸術大学 ……… 208	桐生 葵 ………………… 249
キャンサーネットジャパン	京都造形芸術大学粟田プロ	桐生 敏明 ………………… 46
……………………………… 113	ジェクト ……………… 208	桐生市 …………………… 56
「キャンパスFUKUOKA」	京都中央信用金庫 …… 78, 80	桐生地域情報ネットワーク
……………………………… 39	京都能楽養成会 ………… 100	……………………………… 113
九州アクターズクラブ … 286	京都府 …………………… 72	桐生八木節まつり協賛会
九州朝日放送 ……… 290～292	京都府亀岡市 …………… 45	……………………………… 93
九州観光推進機構 ……… 84	京都府京田辺市 …… 44, 156	金 曠秀 ………………… 262
九州教具 ………………… 151	京都府自治体情報化推進協	金 思燁 ………………… 161
九州産交バス …………… 120	議会 …………………… 114	金 少勝 ………………… 137
九州ジージーシー岡山工場	京都府中小企業振興公社	金 湛 …………………… 137
……………………………… 151	……………………………… 112	金 聖姫 ………………… 202
九州地域環境・リサイクル	京都府北部国際交流協会	金 兌赫 ………………… 262
産業交流プラザ ……… 169	……………………………… 17	キーン，ドナルド … 33, 160
「九州文学」 …………… 388	京都府北部の福祉の街づく	琴海町 …………………… 18
九州旅客鉄道 …………… 119	り協会 ………………… 17	キングパン協業組合 …… 158
臼津歯科医師会 ………… 45	京ものづくり塾 ………… 20	金原亭 馬生 …………… 274
臼津薬剤師会 …………… 45	京のごちそう「三味洪庵」	「銀座通信 AVENUE」…… 41
救命のリレー普及会 …… 30	……………………………… 156	ギンザのサエグサ ……… 155
姜 信子 ………………… 97	京久 晶則 ……………… 210	「銀座百点」 …………… 40
共楽館を考える集い …… 19	京町家再生研究会 ……… 99	銀座ミツバチプロジェクト
京兼 史泰 ……………… 208	強羅花扇 円かの杜 …… 157	……………………………… 25
暁工房 …………………… 118	京洛工芸 ………………… 209	錦糸帖 始 ……………… 386
京極 夏彦 ……………… 313	清岳 こう ……………… 359	金城 唯喜 ……………… 104
行山流水戸辺鹿子躍保存会	清津 郷子 ……………… 404	金城 一国斎 …………… 104
……………………………… 94	きょうと情報カードシステ	金城 貴史 ……………… 225
京煎堂 …………………… 118	ム ……………………… 114	金城 智恵美 …………… 260
協創LLP ………………… 98	清見潟大学塾 …………… 12	金森商船 ………………… 150
京田 純一 ……………… 393	清水 九兵衛 ………… 240, 242	金田一 彩 ……………… 246
行田ゼリーフライ研究会	四世清元 梅吉 ………… 104	筋痛性脳脊髄炎の会 …… 55
……………………………… 141	清元 志寿太夫 ………… 101	キンニャモニャ祭り実行委
京田辺市観光協会 ……… 44	清元 寿国太夫 ………… 101	員会 …………………… 93
京築神楽の里フェスティバ	吉良 龍夫 ……………… 184	金原 聡子 ……………… 302
ル ……………………… 148	帰来 冨士子 …………… 383	勤労障がい者長崎打楽団「瑞
京築連帯アメニティ都市圏	鬼来迎保存会 …………… 105	宝太鼓」 ……………… 64
推進会議 ……………… 45	「きらめきTAKAOKA」	
京築地域ディレクター会	……………………………… 40	
……………………………… 45	きらり水源村 …………… 27	
「京都 THE 伏見」…… 39, 41	キラン，ハサン ………… 262	

【く】

クイチャーフェスティバル
　.................. 146
「クォータリーかわさき」
　................... 38
久貝 利佐美 403
久賀引山太鼓保存会 23
釘町 久磨次 101
久木元 絵理 349
くくのち 31
久後 育大 206
日下 ヨル 250, 251
日下部 ゆきじ 103
草川 八重子 322
岬田 正樹 221
草竹農園 156
草津温泉 43
草野 昭子 373
草野 完也 182
草野 理恵子 355
草橋 佑大 353
日馬 史恵 222
草間 彌生 33
具志川市水と緑を考える会
　.................... 19
久慈琥珀 150
久慈まめぶ部屋 142
郡上おどり保存会 91
釧路アイヌ語教室 6
釧路アイヌ文化懇話会 .. 6
釧路アイヌ民芸企業組合
　..................... 6
くしろ高齢者劇団 32
釧路市 56
釧路鳥取てらこや 32
くすくす 27
楠田 信吾 195
葛野 辰次郎 5
楠 イチ 250
くすのき しげのり 335
葛巻町 22
楠本 大伍 212
楠本 洋子 404
久住山 晃一 321
くりす たきじ 354
久世 建二 201

久世 光彦 313
久高 幸子 324
久谷 雄 363
下松ケーブルテレビ .. 294, 295
「グットラックとやま」.. 39
くつひも むすぶ 248
久津紐 むすぶ 248
久津輪 勝男 220
クドウ 198
工藤 明美 203
工藤 有為子 239
工藤 健策 357
工藤 さち子 7
工藤 哲 343
工藤 彦十郎 306
工藤 真生 199
工藤 真菜 277, 278
くどう よしと 198
国方 勲 340
国方 学 320
国東市 95
くにさだ きみ 359
国立駅前大学通り商店会
　.................... 109
くにたち桜守 21
国立市 109
くにたち富士見台人間環境
　キーステーション ... 28
クニハウス 20
国松 明日香 266
国光 洋二 133, 136
国本 武春 274
国森 康弘 334
国吉 史郎 321, 346
国吉 真治 280
くねづ 255
久野 治 42
久野 陽子 324
久原 弘 11
"句碑の里づくり"実行委員
　会 15
久保 久美子 8
久保 健太郎 337
久保 智子 68
久保 正彦 227
久保 よしの 323
窪島 誠一郎 97
窪田 あゆみ 350
久保田 俊介 349
窪田 善太郎 96

久保田 秀教 101
窪田 正克 230
久保田 結 205
熊谷 亜津 362
熊谷 絵美里 353
熊谷 絵梨香 352
熊谷 勝子 191
熊谷 カネ 7
熊谷 徳治 352
熊谷 誠 218
熊谷 友紀子 356
熊谷の子ども達を朝食で元
　気にする会 26
熊木 正則 160
熊坂 文 199
熊崎 阿樹子 206
熊崎 洋 311
熊澤 未来子 236
熊田 かほり 91
熊田 禎宣 136
熊野 佳奈 402
隈元 智子 83
熊本暮らし人祭り みずあか
　り 148
熊本県 290
熊本県建築士会山鹿支部まち
　づくり景観研究部会 .. 109
熊本県合志市 45
熊本県不知火町 108
熊本県高森町教育委員会
　.................... 3
熊本県ホタルを育てる会
　.................... 171
熊本県益城町 174
熊本県民テレビ .. 290, 291, 294
熊本県八代市 114
熊本県山江村 116
熊本県立劇場 89
熊本県立図書館 99
熊本市 176
熊本市教育委員会 162
熊本市現代美術館 89
熊本市国際交流振興事業団
　.................... 54
熊本史談会 60
熊本市立春日小学校 ... 20
熊本たけのこ会 50
熊本中央信用金庫 78
熊本放送 288, 295
粂 綾 372

久米 一仁 ………… 125	栗林 朋子 ………… 301	黒川 大介 ………… 223
久米 新吉 ………… 379	栗原 敦 …………… 404	黒川 哲義 …………… 70
久米 伴香 ………… 243	栗原 俊明 ………… 266	黒川 裕子 ………… 216
久米 美都子 ………… 97	栗原 利幸 …………… 82	黒川温泉観光協会 … 109
久米 良昭 ………… 134	栗原 敏郎 …………… 76	黒川温泉観光旅館協同組合
久米仙酒造 …… 154, 157	栗原 裕光 ………… 299	……………………… 109
クライナー，ヨーゼフ … 161	栗原 義明 ………… 160	黒川温泉自治会 …… 109
倉内 加代子 ……… 299	栗原市 ……………… 56	黒川能 ……………… 60
グラウンドワーク三島 ‥ 25, 108	グリーフサポートせたがや	黒木 登志夫 ……… 187
倉岡 智江 ………… 361	……………………… 55	黒坂 穂波 ………… 385
倉掛自治連合会 …… 30	栗村 和夫 ………… 159	黒魚 ……………… 250
倉沢 栄一 ………… 231	栗本 茂男 ………… 14	黒崎 彰 …………… 270
倉沢 徹雄 ………… 303	栗本 大夢 ………… 372	黒崎 晴生 ………… 226
倉敷市 ……………… 110	栗谷川 虹 ………… 323	黒崎 良乃 ………… 347
倉敷伝建地区をまもり育て	栗山町 ……………… 17	黒澤 絵美 …… 337, 361
る会 ……………… 110	栗山町オオムラサキの会	黒澤 彦治 ………… 324
倉敷町家トラスト ……… 110	……………………… 14	黒潮実感センター …… 31
くらし協同館なかよし … 27	グリーン・エコー …… 59	クロスワンコンサルティン
暮らしづくりネットワーク	グリーンクアパーク … 152	グ ………………… 110
北芝 ……………… 95	グリーンクラブ福田 … 16	黒瀬 加那子 ……… 339
くらしのお手伝いよねさと	グリーンバレー …… 3, 53	黒瀬 輝智志 ……… 226
……………………… 29	ぐるぐる海友舎プロジェク	黒田 昌吾 …… 220, 221, 223
蔵下 勝行 ………… 134	ト ………………… 32	黒田 千賀子 ……… 306
ぐらす・かわさき ……… 24	「ぐるっと生瀬」運行協議	黒田 富士雄 …… 214, 215, 217
倉田 叶望 ………… 375	会 ………………… 32	黒田 みこ ………… 372
倉田 真理子 ……… 382	「くるとん」 ………… 130	黒田 裕理 ………… 278
倉橋 由美子 ……… 313	グループ2000 ……… 12	黒田 留美子 ……… 177
蔵前 星児 …… 250, 251	来る福招き猫まつりin瀬戸	黒田 六郎 ………… 321
倉真地区まちづくり委員会	……………………… 147	黒田庄町子育て学習センター
……………………… 26	グループ「山形こまつ座」	ママ広報部 ……… 22
倉持 れい子 …… 311, 337	……………………… 15	黒羽 文男 ………… 362
蔵本 順子 ………… 159	くるみ ……………… 254	黒部 節子 ………… 381
倉本 園子 ………… 309	久留米市 …………… 107	黒部市 …………… 56, 111
倉元 敏見 ………… 260	久留米やきとり日本一の会	黒部市国際文化センター コ
「ぐらんざ」…… 128, 129, 131	………………… 140, 141	ラーレ ……………… 89
クランストン，エドウィン・	グレイニエツ，マイケル	黒松内町フットパスボラン
A. …………… 162, 365	……………………… 334	ティア ……………… 28
グランツ，アンドリュース	呉市 ………………… 57	黒丸踊保存会 ……… 93
……………………… 230	呉自社商品開発協議会 … 169	黒蜜 きなこ ……… 249
栗秋 正寿 …………… 37	呉信用金庫 ………… 79	黒森歌舞伎妻堂連中 … 92
クリエイ党 …… 224, 225	呉本 俊松 ………… 195	黒柳 徹子 ………… 275
栗賀 敦裕 ………… 252	クレグ，ルシアン …… 228	黒薮 次男 ………… 322
操上 和美 ………… 229	「クレーン」………… 388	黒蕨 壮 …………… 264
栗木 京子 …… 345, 407	黒井 健 …………… 334	桑子 麗以佳 ……… 341
クリスタルローズ … 209	黒石市 ……………… 109	桑島 法子 ………… 397
栗田 愛弓 ………… 384	黒石つゆやきそばHAPPY	桑田 一夫 ………… 178
栗田 すみ子 ……… 311	麺恋 ジャー …… 141, 143	桑田 トシ江 ………… 18
栗田 ふみか ……… 207	黒岩 卓夫 ………… 191	桑野 英夫 ………… 125
栗田 優輝 …………… 69	黒川 セツ ……………… 5	桑原 由美子 ……… 368
栗野町幸田地区 …… 18	黒川 創 …………… 319	桑山 利子 ………… 121

くわわ ……………… 248	気仙沼あそびーばーの会	「月刊佐渡国」 ………… 39
薫 くみこ ……………… 332	……………………… 32	「月刊しものせきウェーブ」 ……………………… 39
「群系」 ………………… 388	気仙沼信用金庫 …… 80, 82	
郡司 智至 ……………… 257	気仙沼つばき会 …… 70, 154	「月刊上州路」 …… 38, 40
郡司 正勝 ……………… 165	ゲタリンピック2000 … 145	「月刊タウン誌 かまん・くまの」 ………………… 39
郡司 雅人 ……………… 220	「月刊acute」 …………… 40	
くんのこほっぱ愛好会 … 23	「月刊CARREL」 ……… 130	「月刊タウン情報かがわ」 ……………………… 38
群馬県信用金庫協会 …… 81	「月刊CHONライフ」 … 38	
群馬県立利根実業高等学校 生物生産科 食品文化部 ……………………… 31	「月刊GUYZ」 ………… 131	「月刊タウン情報 とやま」 ……………………… 40
	「月刊LIVE STATION」 ……………………… 39	「月刊タウンマガジンあわわ」 …………………… 38
群馬交響楽団 ………… 163	「月刊Meets Regional」 ……………………… 39	「月刊チョンライフ」 … 39
「群馬風土記」 ………… 39		「月刊土佐」 …………… 38
	「月刊NICE TOWN」 … 39	「月刊西美濃わが街」 … 39
【け】	「月刊ossa」 ……………… 40	「月刊日本橋」 …… 39, 41
	「月刊PEOPLE」 ………… 39	「月刊ネクスト」 …… 131
茎永校区青年団 ………… 91	「月刊SAKURASAKU LIFE」 ……………… 129	「月刊のおがた」 ……… 39
慶應義塾大学先端生命科学研究所 ……………… 170		「月刊バスケット」 …… 39
	「月刊SARUBOBO」 …… 129	「月刊はたはた」 … 40, 41
敬業会ヴィレッジ興産 … 119	「月刊SEMBA」 …… 38, 39	「月刊広島美人」 ……… 40
蛍実行委員会 …………… 16	「月刊Simple」 ………… 130	「月刊武州路」 ………… 38
芸術と計画会議 ………… 52	「月刊ZERO・ひたかみ」 ……………………… 39	「月刊ぷらざ」 ………… 39
慶勝会 ………………… 151		「月刊 ぽっちぽっち NAGOYA」 …………… 39
渓仁会 ………………… 153	「月刊あおぞら」 ……… 40	
ケイズ ………………… 153	「月刊浅草」 …………… 40	「月刊まいけ」 ………… 40
傾聴グループぬくもりほっとらいん ……………… 55	「月刊アスリートマガジン」 ……………… 40, 41	「月刊みやこわが町」 … 39, 41
	「月刊アドバンス大分」 … 39, 40	「月刊メックス」 ……… 40
慶野 寿子 ……………… 402		「月刊大和路ならら」 … 128, 130
京葉教育文化センター … 49	「月刊あるふぁ」 ……… 39	「月刊ゆうほう」 ……… 40
劇団「ZENT-YOYO-CLUB」 ………………… 17	「月刊イエローページ」 … 40	「月刊リサイクルNEWS」 ………………… 38, 40
	「月刊筏」 ……………… 39	
劇団あしぶえ ……… 51, 62	「月刊うぃずY」 ……… 38	「月刊リサイクルデザイン」 …………………… 41
劇団青春座 ……………… 59	「月刊うづまっこ」 …… 39	
劇団前進座 …………… 296	「月刊ウララ」 ………… 40	「月刊リサイクルニュース」 …………………… 38
劇団チルドレン・ワークショップ ……………… 285	「月刊おあしす」 ……… 38	
	「月刊おたる」 ………… 39	「月刊リブながさき」 … 40
劇団はぐるま …………… 59	「月刊街こおりやま」 … 38	「月刊レジャー広島」 … 39
劇団「ババーズ」 ……… 29	「月刊カジュアルゴルフ」 ……………………… 129	月曜日の会 …………… 13
劇団プチミュージカル …………………… 285, 286		ケーブル北九州 ……… 291
	「月刊金沢情報」 ……… 39	ケーブルステーション北九州 ……………… 292, 293
劇団文芸座 ………… 49, 58	「月刊岐阜人」 ………… 41	
劇団炎 …………………… 58	「月刊キャロット」 …… 38	ケーブルワン …………… 114
劇団らあす …………… 398	「月刊京都」 ………… 38, 41	「弦」 …………………… 388
結柴 法子 …………… 210	「月刊くれえばん」 …… 40	嚴 紹璗 ………………… 162
「下水道のひみつ」制作チーム ……………………… 177	「月刊光が丘」 ………… 39	弦 哲也 ………………… 282
	「月刊神戸っ子」 … 38, 40	玄海人クラブ ……… 51, 62
下水流臼太鼓踊保存会 … 106	月刊神戸っ子 …………… 59	元気クラブ ……………… 29
気仙 ゆりか …………… 352	「月刊サクラサクライフ」 ……………………… 128	劍坂 理緒 ……………… 245
	「月刊サード」 ………… 39	原始布・古代織保存会 … 100

ケンズカフェ東京 ……… 117
現代版組踊「肝高の阿麻和
　利」 ……………………… 65
現代美術今立紙展実行委員
　会 ………………………… 61
ケンナ，マイケル ……… 233
けんぶち絵本の里を創ろう
　会 ………………………… 12
剣淵町特産研究グループ福
　有会 ……………………… 23
源平火牛祭り …………… 145
玄馬 佳奈 ……………… 215

【こ】

鯉江 直子 ……………… 368
鯉江 康弘 ……………… 368
鯉江 良二 ………………… 42
小池 彩織 ……………… 277
小池 徹 ………………… 125
小池 光 ………………… 344
小池 昌代 ………… 313, 378
小石川 章市 ……………… 7
小石川 セツ子 …………… 5
小泉 藍香 ……………… 336
小泉 詠子 ……………… 302
小泉 重次郎 …………… 101
小清水 漸 ……………… 201
小泉 俊己 ……………… 242
小泉 博 …………………… 10
小泉 茉莉 ……………… 337
小泉地区の明日を考える会
 …………………………… 30
小出 雪香 ……………… 341
小出郷広域事務組合 …… 20
小出郷文化会館 ………… 88
小岩 巧 ………………… 352
小岩井生活学校 ………… 13
小岩井農牧小岩井農場 … 57
高 子棋 ………………… 254
黄 霊芝 ………………… 392
古宇磯祭り実行委員会 … 21
甲賀 一宏 ……………… 304
工学院大学 ……………… 73
甲賀市 …………………… 23
合型地域スポーツクラブど
　んぐりクラブ屋台村 … 87
弘果弘前中央青果 ……… 151

高校生一万人署名活動実行
　委員会 ………………… 97
神坂 次郎 ……………… 184
香坂 直 ………………… 400
「合志あぐっと!村」運営協
　議会 …………………… 45
神品 正子 ……………… 283
甲州 たかね …………… 340
神代小路区 ……………… 109
神代小路まちなみ保存会
 ………………………… 109
神代鍋島塾 ……………… 109
弘仁会 魚津緑ヶ丘病院 … 151
高新会婦人部「なでしこ
　会」 …………………… 121
上妻 知佳 ……………… 342
河関 摩里子 …………… 209
高草会 …………………… 20
合田 クミ ………………… 7
合田 圭希 ……………… 326
閤田 真太郎 …………… 359
幸田 美佐子 …………… 320
合田 優 ………………… 384
甲田 綏郎 ……………… 103
溝田精肉店 肉工房みぞた
 ………………………… 119
幸田町生活学校 ………… 30
幸田町民会館 …………… 89
講談社 ………………… 399
高知市文化振興事業団 … 45
高知県 …………… 114, 176
高知県高知市 ……… 19, 45
高知県立美術館 ………… 89
高知工業高等専門学校 … 169
高知こどもの図書館 …… 20
高知市 ………………… 289
高知市民会議 …………… 45
高知市立高知商業高校生徒
　会 ……………………… 51
高知大学 ………… 168, 176
高知放送 ……………… 287
「交通マガジンφ〈ウー〉」
 …………………………… 40
江東公会堂 ……………… 89
香南市 ………………… 176
幸南食糧 ………………… 86
甲南本通商店街振興組合
 …………………………… 24
向野 一夏 ……………… 386
紅野 謙介 ……………… 406

河野 多恵子 …………… 318
河野 ちえこ …………… 373
河野 博忠 ……………… 133
鴻野 雅子 ……………… 256
河野 美奇 ………… 307, 308
河野 未来 ……………… 199
鴻野 元希 ……………… 311
河野 友見 ……………… 68
甲府市 ………………… 289
甲府鳥もつ煮でみなさまの
　縁をとりもつ隊 ……… 141
神戸YMCAクロスカルチュ
　ラルセンター ………… 50
神戸朝日会 …………… 121
「神戸から」 …………… 41
神戸市 …………… 107, 111, 176
神戸市第二次救急病院協議
　会 ……………………… 115
神戸ジャズ・ストリート実
　行委員会 ……………… 62
神戸新聞社 ……………… 62
神戸新聞但馬会 ……… 126
神戸信用金庫 ………… 81
神戸定住外国人支援セン
　ター …………………… 54
神戸ながたティ・エム・オー
 …………………………… 24
神戸フランツ ………… 118
神戸ランニングフェスティ
　バル実行委員会 ……… 84
神戸ルミナリエ ……… 144
港北区役所地域振興課 … 99
江北図書館 ……………… 65
光明 祐寛 ………………… 10
甲元 真之 ……………… 139
神山 千晶 ……………… 206
小浦 裕子 ……………… 323
高良 留美子 …………… 394
「耕Life」 ………… 129〜131
甲良町 …………………… 13
剛力 彩芽 ……………… 275
公立はこだて未来大学マリ
　ンIT・ラボ …………… 4
興梠 金長 ……………… 91
興和会 ………………… 152
小枝 ユリ ………………… 7
こえとことばとこころの部
　屋 ……………………… 31
郡 健二郎 ……………… 177
郡 妙子 ………………… 221

郡山信用金庫 …………… 80	心に響く文集・編集局 …… 26	くしま ………………… 29
古賀 昭子 ……………… 308	こころの家族特別養護老人	子育て支援のNPOまめっ
古賀 忠昭 ……………… 394	ホーム故郷の家 ……… 51	こ ……………………… 28
古賀 真由美 …………… 252	古今亭 志ん橋 ………… 273	子育て広場きらら ……… 26
古賀市 …………………… 20	古今亭 志ん朝 ………… 274	小園 公雄 ……………… 46
五個荘町 ………………… 17	古今亭 文菊 …………… 275	伍代 夏子 ……………… 282
小金 奈緒美 …………… 351	湖西フロンティア倶楽部	古代の里の鏡会 ………… 16
黄金崎不老不死温泉 …… 152	………………………… 30	古代の流れ源流「網代滝」を
五箇山自然文化研究会 … 21	小坂 由香子 …………… 341	守る会 ………………… 25
五箇山麦屋・こきりこ祭り	小坂 洋右 ……………… 98	小平 慎一 ……………… 10
実行委員会 …………… 93	小堺 一機 ……………… 273	小平市 …………………… 19
胡弓 かなた …………… 252	小堺 美夏子 …………… 328	小高 賢 ………………… 407
国際葛グリーン作戦山南	小坂井 宥佳 …………… 305	小滝 かれん … 251, 253, 254
町 ……………………… 17	小坂町 …………………… 57	コータッチ, ヒュー …… 161
国際基督教大学湯浅八郎記	小坂町国際交流協会 …… 20	児玉 士洋 ……………… 202
念館 ………………… 163	古座川ゆず平井婦人部 … 21	小玉 武 ………………… 326
国際芸術センター青森 … 89	越谷らるご ……………… 55	児玉 辰春 ……………… 332
国際渓流滝登りinななやま	小島 綾子 ……………… 260	児玉 千佳 ……………… 216
……………………… 145	小島 一郎 ……………… 232	小玉 春歌 ……………… 360
国際交流協会 ともだちin名	小島 清子 ……………… 104	こだま みわこ ………… 206
取 ……………………… 53	小島 尚 ………………… 223	児玉 義昭 ……………… 217
国際ジャパネスク歌舞伎	小島 洋志 ……………… 197	コタンスキ, ヴィエスワフ
………………………… 58	児島 宏嘉 ……………… 222	……………………… 161
国際都市仙台を支える市民	小島 瑞恵 ……………… 383	古地 敏彦 ……………… 221
の会 …………………… 51	小島 みすず …………… 349	コッコちゃん ………… 249
国際文化交流を進める会	小島 有香子 …………… 225	こてはし台調整池水辺を守
………………………… 16	小島 ゆかり ……… 345, 407	る会 …………………… 44
胡口 靖夫 ……………… 46	小島 洋子 ……………… 320	こてはし台調整池水辺づく
国蝶オオムラサキの山梨県	小島 鐐次郎 …………… 74	り協議会 ………… 44, 174
長坂町 ……………… 163	小島プレス工業 ………… 21	後藤 磯吉 ……………… 76
国分 綾子 ……………… 368	小清水 漸 ………… 241, 263	五藤 悦子 ……………… 354
国分 彩名 ……………… 255	「55才からの大人のフリーマ	後藤 薫 …………… 214, 215
国府 久美子 …………… 403	ガジン「リトルノ」」… 131	後藤 香澄 ………… 353, 354
国分 直一 ……………… 184	五所川原立佞武多運営委員	後藤 桂子 ……………… 67
国府町因幡の傘踊り保存会	会 ……………… 93, 105	後藤 順 ………………… 353
………………………… 92	御陣乗太鼓保存会 ……… 85	後藤 伸 ………………… 185
国府町有線テレビ ……… 291	小梢 みなみ …………… 340	後藤 俊夫 ……………… 258
国分寺の名にふさわしい文	小杉 かん子 …………… 222	後藤 のはら … 339, 341, 354
化都市を築く会 ……… 12	小杉 小二郎 …………… 267	後藤 向日葵 …………… 253
国分寺万葉植物園 ……… 162	小杉町 …………………… 18	後藤 雅尚 ……………… 70
小久保 純一 ……………… 9	コスキン・エン・ハポン 61, 65	後藤 正治 ……………… 258
小久保 光将 …………… 223	小菅 正夫 ……………… 334	後藤 康子 ……………… 340
国立大分工業高等専門学校	小菅むらづくり委員会 … 16	後藤 靖英 ……………… 10
足踏みミシンボランティ	コスモスイニシア ……… 109	後藤 ゆうひ ……… 341, 355
ア部 …………………… 53	「 子づれCHA・CHA・	後藤 友里 ……………… 204
小暮 政次 ……………… 344	CHA」 …………… 40, 41	五島市 ………………… 172
古源 風和 ……………… 255	古関 俊輔 ……………… 208	五島市EV・ITS実配備促進
小牛田町国際交流協会 … 23	ごせまちネットワーク・創	協議会 ………………… 44
「ここは牛込、神楽坂」… 41	……………………… 173	琴丘町 …………………… 22
「ココロエ愛媛」 ……… 131	子育て支援ネットワークと	こと京都 ………… 156, 158

コトナリエサマーフェスタ2007	147	
琴平町社会福祉協議会	95	
子どもが育つまち天白 天白子ネット	25	
子ども劇場和歌山県センター	23	
「子どもごころ美術館」を育てる会	16, 17	
子ども大学かわごえ	30	
子ども達の環境を考えるひこうせん	25	
子どもの権利支援センター ぱれっと	114	
子ども夢フォーラム	27	
子どもるーぷ袖ケ浦	27, 55	
コドモ・ワカモノまちing	32	
小鳥 サワ	6	
小仲 紀恵	208	
小長谷 建夫	311	
小梨 直	332	
小波 則夫	103	
コニカミノルタフォトイメージング	24	
小西 京子	346	
小西 欣一	303	
小西 啓睦	208	
小西 政司	309	
小西 るり子	368	
コーニツキー, ピーター	162	
小沼 智靖	222	
こね	253	
コーネル, ローラ	333	
五ノ池 迅	321	
木庭 久美子	280	
木場 博	393	
木幡 サチ子	6, 7	
小畠 広志	263	
小浜 ユリ	400	
小林 愛	383	
小林 章男	101	
小林 巌	160	
小林 香理	303	
小林 和代	299	
小林 勝利	227	
小林 加奈	305	
小林 紀晴	259	
小林 京和	222	
小林 敬生	270
小林 公司	9
小林 功治	320
小林 皓輔	253
小林 沙貴	338
小林 咲季	69
小林 静枝	361
小林 純子	256
小林 慎太郎	136
小林 清華	343
小林 大祐	302
小林 孝俊	341
小林 隆之	260
小林 達雄	139
小林 長太郎	326
小林 敏也	397
小林 尚武	213
小林 なつみ	386
小林 伸好	220
小林 秀雄	244, 304
小林 浩明	209
小林 博	187
小林 文香	206
小林 真子	342
小林 勝	258
小林 未紅	350
小林 みずほ	368
小林 道夫	166
小林 美成子	351
小林 美保子	393
小林 友香	348
小林 志鳳	373
小林 有里菜	336
小林 陽子	316
小林 義雄	184
小林 義彦	346
小春 久一郎	303
小日向 瞳	246
小檜山 賢二	231
小檜山 博	312, 330
ゴフィン, ジョス	333
五福ふれあいまちづくりの会	15
小藤 真紗子	382
小堀 彰夫	383
ごま	247
駒井 洋子	370
駒ヶ根高原美術館	20
駒ヶ根ソースかつ丼フライヤーズ	141
駒谷 遥也	70
小町 よしこ	316
小町ウイング	29
小松 英一郎	183
小松 健一	196
小松 弘道	221
小松 未都	362
小松 盛喜	124
小松 安弘	76
小松 由佳	37
小松市	57
五味 仁	234, 256
五味 太郎	332
こみこ みこ	390
小宮 康正	101
込山 駿	239
コミュニケーション・スクエア21	87
コミュニティ・サロン「アットホームはぎ」	55
小向得 ちのぶ	256, 257
小室 志をり	303
米・雑穀のみちのく農業研究所	155
米谷 栄二	133
米八	102
こもなみ倶楽部	29
菰淵 和士	9
小森 昭宏	303
小森 隆司	326
小森 輝彦	301
「¿ Cómo le va?」	129
古家 大祐	178
ごーやーどっとネット	119
小栁 義則	346
小谷野 友義	78
肥山 詠美子	183
小山 治郎	304
小山 隆司	338
小山 治男	80
小山 穂太郎	231
こやま 峰子	334
小山 良夫	244, 245
コーラスせきれい	397
ゴラブ, レオン	264
コリガンテイラー, カレン	396
コルヴィン, カラム	230
ゴールデンゲームズinのべおか大会実行委員会	87

「ゴールデンライフ」‥128, 129	崔 召東 ‥‥‥‥‥‥‥ 202	斎藤 恵子 ‥‥‥‥‥‥ 381
ゴレグリヤード, ヴラジスラフ ‥‥‥‥‥‥‥‥ 161	齋 正機 ‥‥‥‥‥‥‥ 256	齋藤 康一 ‥‥‥‥‥‥ 197
是永 昭宏 ‥‥‥‥‥‥ 269	齋栄織物 ‥‥‥‥‥‥ 117	斎藤 紗織 ‥‥‥‥‥‥ 199
「これも、うるま」‥‥ 129	「さいえんすふぇすてぃばるIN柳津」実行委員会 ‥‥ 24	齋藤 さくら ‥‥‥‥‥ 251
コロッケ ‥‥‥‥‥‥ 274	さいが あきこ ‥‥‥‥ 244	齋藤 參郎 ‥‥‥‥‥‥ 135
今 照芳 ‥‥‥‥‥‥‥ 220	雜賀 明子 ‥‥‥‥‥‥ 247	齋藤 周平 ‥‥‥‥‥‥ 252
今 久和 ‥‥‥‥‥‥‥ 352	才賀 フサエ ‥‥‥‥‥ 6	齊藤 信一郎 ‥‥‥‥‥ 234
今 道子 ‥‥‥‥‥‥‥ 228	災害・医療・町づくり ‥ 44	斉藤 慎二 ‥‥‥‥‥‥ 222
今 陽子 ‥‥‥‥‥‥‥ 282	災害に強い男鹿の地域づくり協議会 ‥‥‥‥‥‥ 30	齋藤 愼爾 ‥‥‥‥‥‥ 406
権左 武志 ‥‥‥‥‥‥ 167	斉木 和明 ‥‥‥‥‥‥ 299	斉藤 寿美子 ‥‥‥‥‥ 224
今在家 ガッツ!友・悠・遊‥‥‥‥‥‥‥‥‥‥‥ 17	西京信用金庫 ‥‥‥‥‥ 79	斉藤 せち ‥‥‥‥‥‥ 362
今城会 ‥‥‥‥‥‥‥ 151	三枝 昂之 ‥‥ 344, 405, 407	齋藤 孝 ‥‥‥‥‥‥‥ 396
近藤 愛 ‥‥‥‥‥‥‥ 249	細工豆腐製造卸販売の老舗「麩屋氏助」‥‥‥‥‥‥ 99	齋藤 隆 ‥‥‥‥‥‥‥ 201
近藤 昭代 ‥‥‥‥‥‥ 235	佐井倉 七夢 ‥‥‥‥‥ 253	斎藤 忠男 ‥‥‥‥‥‥ 381
近藤 彩映 ‥‥‥‥‥‥ 372	西国 葡 ‥‥‥‥‥‥‥ 331	斉藤 たみ子 ‥‥‥‥‥ 257
近藤 映子 ‥‥‥‥‥‥ 46	西條 樹 ‥‥‥‥‥‥‥ 239	斎藤 千明 ‥‥‥‥ 195, 205
近藤 一文 ‥‥‥‥‥‥ 123	西條 奈加 ‥‥‥‥‥‥ 365	斉藤 能 ‥‥‥‥‥‥‥ 220
近藤 貴美代 ‥‥‥‥‥ 371	西条産業情報支援センター‥‥‥‥‥‥‥‥‥‥ 169	齋藤 利幸 ‥‥‥‥‥‥ 127
近藤 久美子 ‥‥‥‥‥ 218	西条市 ‥‥‥‥‥‥‥ 114	齊藤 朋 ‥‥‥‥‥‥‥ 406
近藤 健 ‥‥‥‥‥‥‥ 337	埼玉県 ‥‥‥‥‥‥‥ 176	斎藤 紀子 ‥‥‥‥‥‥ 301
近藤 健児 ‥‥‥‥‥‥ 135	埼玉県自閉症協会 ‥ 54, 55	齋藤 柊 ‥‥‥‥‥‥‥ 249
近藤 沙紀 ‥‥‥‥‥‥ 377	埼玉県信用金庫 ‥‥‥‥ 79	齋藤 久 ‥‥‥‥‥‥‥ 311
近藤 孝 ‥‥‥‥‥‥‥ 102	埼玉県戸田市 ‥‥‥‥ 157	齊藤 洋大 ‥‥‥‥ 347, 406
近藤 千愛 ‥‥‥‥‥‥ 271	埼玉県北部地域ファーマーズマーケット推進実行委員会 ‥‥‥‥‥‥‥‥ 55	斎藤 史 ‥‥‥‥‥ 344, 401
近藤 亨 ‥‥‥‥‥‥‥ 33	埼玉県宮代町 ‥‥‥‥ 113	斎藤 文一 ‥‥‥‥‥‥ 395
近藤 ノリ子 ‥‥‥‥‥ 7	埼玉県連合読売会 ‥‥ 122	斎藤 雅也 ‥‥‥‥‥‥ 341
近藤 晴彦 ‥‥‥‥‥‥ 396	埼玉骨髄バンク推進連絡会‥‥‥‥‥‥‥‥‥‥ 55	齊藤 勝 ‥‥‥‥‥‥‥ 311
近藤 春美 ‥‥‥‥‥‥ 178	さいたま市 ‥‥‥‥‥ 108	斉藤 まち子 ‥‥‥‥‥ 348
近藤 幹夫 ‥‥‥‥‥‥ 386	さいたま市産業創造財団‥‥‥‥‥‥‥‥‥‥ 170	齋藤 万里 ‥‥‥‥‥‥ 248
近藤 萌花 ‥‥‥‥‥‥ 375	さいたま市北部拠点宮原地区まちづくり協議会 ‥ 108	齋藤 希史 ‥‥‥‥‥‥ 406
近藤 芳美 ‥‥‥‥‥‥ 344	さいたまスポーツコミッション ‥‥‥‥‥‥‥‥ 84	齋藤 美桜 ‥‥‥‥‥‥ 354
今野 和子 ‥‥‥‥‥‥ 383	サイデンスティッカー, エドワード ‥‥‥‥‥‥ 161	斉藤 実 ‥‥‥‥‥‥‥ 37
今野 金哉 ‥‥‥‥‥‥ 379	斉藤 亜希子 ‥‥‥‥‥ 348	西塔 恵 ‥‥‥‥‥‥‥ 248
今野 紀昭 ‥‥‥‥‥‥ 385	斉藤 五男 ‥‥‥‥ 215, 217	斉藤 保雄 ‥‥‥‥‥‥ 205
こんの ひとみ ‥‥‥‥ 334	齋藤 薫 ‥‥‥‥‥‥‥ 256	齋藤 悠一郎 ‥‥‥‥‥ 356
紺野 正博 ‥‥‥‥‥‥ 205	斉藤 和 ‥‥‥‥‥‥‥ 269	齋藤 至子 ‥‥‥‥‥‥ 367
紺野 真美子 ‥‥‥ 329, 361	齋藤 和男 ‥‥‥‥‥‥ 227	齋藤 友紀子 ‥‥‥‥‥ 349
今野 義雄 ‥‥‥‥‥‥ 192	齋藤 勝正 ‥‥‥‥‥‥ 243	齋藤 庸一 ‥‥‥‥‥‥ 380
近能 善斗 ‥‥‥‥‥‥ 69	斉藤 清貴 ‥‥‥‥ 299, 300	齋藤 里香 ‥‥‥‥ 206, 262
こんぴらや販売 ‥‥‥‥ 157		齋藤 亮一 ‥‥‥‥ 230, 231
昆布村(能戸フーズ)‥‥ 118		斉藤 礼子 ‥‥‥‥‥‥ 316
		斎藤商事 ‥‥‥‥‥‥‥ 118
【さ】		西都古墳まつり ‥‥‥‥ 145
		彩の国さいたま芸術劇場‥‥‥‥‥‥‥‥‥‥‥ 89
蔡 國華 ‥‥‥‥‥‥‥ 267		斉之平 伸一 ‥‥‥‥‥ 77
蔡 國強 ‥‥‥‥‥‥ 42, 264		最果 タヒ ‥‥‥‥‥‥ 364
		彩原 鈴莎 ‥‥‥‥‥‥ 253
		在間 洋子 ‥‥‥‥‥‥ 317
		西明寺 末一 ‥‥‥ 195, 218

さいわ

幸町1丁目コミュニティ委員会 ……… 32	会 ……………… 175	坂本 茂 ……………… 225
「ザウイークリープレスネット」………… 131	堺市社会福祉協議会 …… 95	坂元 純 ……………… 400
サウデク, ヤン ………… 229	堺市上下水道局 ……… 176	坂本 早加 …………… 216
サウンドファイブ夢の音会 ………………… 14	さかいで塩まつり …… 148	坂本 知光 …………… 125
佐江 衆一 …………… 364	寒河江 真之助 ……… 380	坂本 冬美 ……… 275, 282
佐伯 一麦 ……… 319, 330	栄 大樹 ……………… 342	坂本 真彩 …………… 238
佐伯灯籠保存会 ……… 92	さかえ市民みゅーじかるの会 …………… 55	坂本 麻衣子 ………… 134
三枝 和子 ……… 312, 401	さかえ地域通貨プロジェクト・イタッチ …… 29	坂本 円 ……………… 260
三枝 しずよ ………… 220	寒河江まつり「神輿の祭典」 ……………… 149	阪本 繭子 …………… 305
三枝 新 ……………… 351	坂上 優 ……………… 208	さかもと もか ……… 403
三枝 青雲 …………… 315	榊 初 ………………… 406	坂本 裕美奈 ……… 69, 70
三枝 寛子 …………… 369	酒木 恵 ……………… 214	坂元 洋介 …………… 237
三枝 正男 …………… 124	榊原 亜依 …………… 367	坂本善三美術館 ……… 90
サエグサ＆グリーン …… 119	榊原 和美 …………… 370	坂柳 沙也香 ………… 375
佐枝 せつ子 ………… 393	榊原 すずか ……… 373, 374	沙川 貴大 …………… 183
蔵王のブナと水を守る会 ……………… 21	榊原 太朗 …………… 215	寒川 典美 …………… 241
早乙女 太一 ………… 275	榊原 隆介 …………… 323	佐川 光晴 …………… 358
坂井 愛 ……………… 247	榊間 涼子 …………… 371	佐川 雄飛 …………… 255
酒井 天美 …………… 103	坂口 公代 …………… 336	佐川 芳枝 …………… 400
酒井 愛弓 …………… 255	坂口 遥 ……………… 209	佐川急便 ……………… 27
酒井 絵理香 ………… 376	坂口 みちよ ………… 375	鷺 只雄 ……………… 406
境 和彦 ……………… 136	坂口 美代子 …………… 75	沙木 実里 …………… 362
酒井 克典 …………… 269	佐賀県佐賀市 ………… 175	佐木 隆三 …………… 317
酒井 加奈 …………… 353	佐賀県武雄市 ………… 116	さぎいし公園運営委員会 ……………… 21
坂井 貴美子 ………… 304	佐賀市 ………………… 172	崎尾 均 ……………… 171
酒井 憲二 …………… 404	坂下地区みなみ号運営委員会 …………… 28	鷺沢 萌 ……………… 313
酒井 広司 …………… 233	坂下町商店街振興組合 … 23	崎戸町 ………………… 23
坂井 修一 …………… 407	佐賀新聞佐賀会 ……… 123	鷺の舞保存会 ………… 103
境 淳伍 ……………… 48	佐賀新聞販売店会佐賀会 ………… 124, 126	鷺舞保存会 …………… 91
境 節 ………………… 359	さかずき ……… 253, 255	ザ・キャビンカンパニー ……………… 239
酒井 隆 ……………… 260	坂田 大爾 …………… 47	砂金野菜振興会 ……… 15
酒井 タマ子 ………… 379	佐潟 隆一 …………… 125	朔 …………………… 251
坂井 敏法 …………… 354	酒田観光物産協会 …… 57	佐久川 弘 …………… 172
酒井 知子 …………… 402	酒田市 ………………… 57	咲木 ようこ ………… 356
酒井 奈々子 …………… 8	酒田市子どもと白鳥を愛する会 …………… 25	作原地区むらづくり推進協議会 ……………… 27
酒井 菜穂子 ………… 349	酒田商工会議所 ……… 57	櫻井 一宏 …………… 135
酒井 麻貴 …………… 383	佐賀電算センター …… 152	櫻井 寛治 …………… 309
酒井 政美 …………… 402	阪根 まさの ………… 378	桜井 敬史 ……… 237, 269
酒井 美佳 …………… 341	阪野 陽花 ……… 310, 406	櫻井 貞子 …………… 106
坂井 泰弘 …………… 353	榊間 弘勝 …………… 259	桜井 秀 ……………… 197
酒井 泰弘 ……… 135～137	坂巻 ちず子 …… 226, 227	櫻井 徳太郎 ………… 184
坂井 百合奈 ………… 352	相模鉄道 ……………… 108	桜井 智子 …………… 226
酒井 航 ……………… 224	坂本 藍子 …………… 261	櫻井 伸浩 …………… 261
堺活性化委員会 ……… 20	坂本 しげる ………… 247	桜井 ひかり ………… 390
堺市 ……………… 172, 176		桜井 祐一 …………… 241
堺市堺浜再生水利用者連絡		桜井 優花 …………… 338
		櫻井 幸雄 …………… 256

桜井 亮子	159	
さくらインターネット	153	
佐倉印旛沼ネットワーカーの会	22	
さくらえいきいきワーカー	19	
桜木 ゆみこ	239	
桜木 夢	371	
さくらさくカンパニー	285	
さくら茶屋にししば	32	
サクラダ	152	
櫻田 しのぶ	328	
桜庭 伸幸	282	
桜庭 芙美佳	349	
さくら福祉の会	26	
桜町まちづくり協議会	109	
桜流鏑馬	149	
さくらんぼ種飛ばしジャパングランプリ	146	
座・高円寺	90	
迫田 勝恵	382	
迫田 宏子	367	
笹 友	253	
笹浦 裕一朗	222	
笹岡 啓子	259	
笹川 奎治	320, 367	
佐々木 愛	238	
佐々木 茜	353	
佐々木 格	398	
佐々木 馨	97	
佐々木 要	220	
佐々木 恵子	315	
佐々木 啓介	137	
佐々木 高明	185	
佐々木 晋	387	
佐々木 孝保	352	
佐々木 ちぐさ	384	
佐々木 毅	166	
佐々木 透	276	
佐々木 寿信	303, 304	
佐々木 暢子	221	
佐々木 伸佳	223, 225	
佐々木 寿	98	
佐々木 ひとみ	400	
佐々木 ボグナ	398	
佐々木 昌夫	195, 203, 204	
佐々木 麻梨奈	383	
佐々木 幹郎	378	
佐々木 美和	67	
佐々木 安美	394	
佐々木 唯奈	387	
佐々木 優	214	
佐佐木 幸綱	344, 407	
佐々木 洋一	380	
佐々木 よし子	315	
佐々木 米蔵	220	
佐々木 亮太	353	
捧 武	258	
笹崎 龍雄	75	
笹島 友紀子	223	
笹戸 千津子	241	
笹友	251	
笹村 一郎	6	
笹村 二朗	7	
笹本 智弘	183	
笹森 美保子	367	
笹屋昌園	157	
笹山 久三	357	
サザンクス筑後	89	
佐治 薫子	60	
佐敷町文化センター・シュガーホール	88	
させぼ四ヶ町商店街協同組合	25	
サソーグラインドスポーツ	120	
定家 亜由子	210, 212, 213	
佐竹 直子	98	
ザッツ福島	150	
札幌アイヌ語教室	6	
札幌アイヌ文化協会	5	
札幌ウポポ保存会	5	
札幌芸術の森	89	
札幌こどもミュージカル育成会	51	
札幌こどもミュージカルグループ	60	
札幌市こどもの劇場やまびこ座	90	
札幌市都市計画部	73	
札幌テレビ放送	290, 294, 295	
サッポロビール	109	
「札幌文学」	388	
薩摩金山蔵	119	
さつま屋産業	157	
里	251	
佐渡 日出男	8	
里 佳孝	203	
佐土井 智津子	306	
佐藤 愛子	401	
佐藤 朱音	339	
佐藤 昭夫	227	
佐藤 章子	349	
佐藤 明日香	340	
佐藤 彩香	349	
佐東 新	251〜253	
佐藤 いずみ	361	
佐藤 絵里子	244, 245	
佐藤 佳織	214	
佐藤 翔	336	
佐藤 一明	203, 204	
佐藤 和夫	47, 391	
佐藤 和志	34	
佐藤 和哉	310	
佐藤 一旭	227	
佐藤 克教	205	
佐藤 花奈子	252	
さとう かよこ	254	
佐藤 公男	379	
佐藤 慶子	199	
佐藤 健太	355	
佐藤 紗也佳	349	
佐藤 茂夫	361	
佐藤 修平	355	
佐藤 昭一	105	
佐藤 次郎	48	
佐藤 信一	197	
佐藤 信太郎	259	
佐藤 鈴子	123	
佐藤 せつ	351	
佐藤 大空	355	
佐藤 多賀	159	
佐藤 太圭子	106	
佐藤 隆定	341, 386	
佐藤 孝	121, 396	
佐藤 忠史	216	
佐藤 忠勇	58	
佐藤 忠良	240	
佐藤 司	352	
佐藤 哲也	269	
佐藤 時啓	229, 233	
佐藤 亘弘	305	
佐藤 春雄	104	
佐藤 春郎	187	
佐藤 はる香	236, 261	
佐藤 晴香	352	
佐藤 光	167	
佐藤 秀昭	380	
サトウ ヒデコ	239	

佐藤 秀貴 …………… 349	佐中 恭子 …………… 343	澤谷 英勝 …………… 80
佐藤 広志 …………… 226	サニット・アクソンコー	佐原の大祭実行委員会 … 92
佐藤 寛乃 …………… 350	………………… 179	佐原囃子保存会 ……… 64
佐藤 宏之 …………… 35	サニーママ武蔵野 …… 55	孫 鵬 ………………… 204
佐藤 裕之 …………… 82	さぬき広島フォーラム推進	サンイン技術コンサルタン
佐藤 紅 ………… 250, 252	委員会 ……………… 19	ト …………………… 26
佐藤 雅英 …………… 229	「讃岐文学」 ………… 388	山陰中央新報会協同組合
佐藤 優 ……………… 33	佐野 由美子 ………… 373	……………………… 126
佐藤 松子 …………… 101	佐野 遥太 …………… 341	山陰中央新報会女性部「あ
佐藤 真菜 …………… 268	佐野 利恵 …………… 384	やめの会」 ………… 122
佐藤 真悠 …………… 354	鯖江市民主役条例推進委員	山陰中央テレビジョン放送
佐藤 美枝子 ………… 301	会 …………………… 45	……………………… 295
砂糖 みさ …………… 254	サバコ ……………… 203	三月 やよい ………… 246
佐藤 道子 …………… 97	ザ・ピープル ……… 17, 53	ザンギエフ てつびん … 250
佐藤 通雅 …………… 396	佐保 美千子 ………… 306	三区町環境保全隊 …… 30
佐藤 光幸 …………… 352	サポートハウスじょむ … 55	三玄 ………………… 117
佐藤 三代 …………… 379	座間市 ……………… 108	賛子 貴之 …………… 310
さとう 宗幸 …… 281, 282	様似民族文化保存会 …… 5	珊瑚 宣俊 …………… 281
佐藤 元美 …………… 193	寒川 孝久 …………… 17	三幸 ………………… 117
佐藤 もも ……… 376, 377	寒川 真由美 ………… 196	三郷町 ……………… 173
佐藤 八重子 ………… 350	鮫島 正行 …………… 238	山下 豊武奈 ………… 249
佐藤 康邦 …………… 166	鮫島 秀夫 …………… 346	三条市 ……………… 57
佐藤 泰正 …………… 396	さや ………………… 245	三条信用金庫 ………… 79
佐藤 優彩 …………… 251	「ザ・淀川」 ………… 39	サンジルシ醸造 ……… 86
佐藤 裕一郎 …… 239, 260	更科 えみ ……… 249, 251	サン・シング東海 …… 150
佐藤 佑香 …………… 355	更科 祥 ……………… 249	山村調査グループ編 … 97
佐藤 優宙 ………… 69〜71	さらみ ……………… 248	参天製薬能登工場 …… 151
さとう ゆうこ ……… 332	更家 悠介 …………… 76	サンデンファシリティ … 25
佐藤 幸枝 …………… 384	猿島 ………………… 157	サントリー ………… 118
佐藤 百合子 ………… 203	サルセド, ドリス …… 265	サントリービール …… 119
佐藤 洋一郎 ………… 139	沢 スミ子 …………… 6	三戸 大久 …………… 302
佐藤 容子 …………… 366	沢 まなみ …………… 307	サン海苔 …………… 118
佐藤 洋二郎 ………… 330	沢 竜二 ……………… 274	三瓶 光夫 …………… 206
佐藤 好孝 …………… 220	澤井 進 ……………… 7	サンポート高松トライアス
佐藤 理沙 …………… 353	沢井 トメノ ………… 5	ロン大会実行委員会 … 87
佐藤 麗菜 …………… 355	澤崎 美和子 ………… 256	三遊亭 円歌 ………… 274
サードウェーブ ……… 112	澤田 清 ……………… 18	三遊亭 円楽 ………… 275
佐藤養助商店 ………… 152	澤田 健勝 …………… 224	三遊亭 小円歌 ……… 274
サトーショータ ……… 198	澤田 耕輔 …………… 373	山陽小野田店主会 …… 123
サトシン …………… 334	澤田 榮 ……………… 379	山陽新聞山陽会 … 121, 123, 126
佐渡地域医療連携推進協	澤田 紗知 …………… 375	山陽新聞山陽会加盟の岡山
議会 ………………… 4	澤田 サンダー ……… 300	県内販売所 ………… 122
里地区コミュニティ協議会	澤田 志功 …………… 203	山陽放送 … 288, 289, 291〜295
………………… 31, 44	澤田 瞳子 …………… 365	サンヨーコーポレーション
佐渡版画村運動 ……… 58	沢田 俊子 …… 210, 367, 368	……………………… 157
里見 菊雄 …………… 77	澤田 知子 …………… 232	三陸いわて【魚】情報化チー
里見 静江 …………… 355	澤田 颯 ……………… 340	ム …………………… 115
里海 瓢一 …………… 323	澤田 万里子 ………… 224	三陸鉄道 …………… 398
里山クラブやかまし村 … 28	沢野 紀美子 ………… 380	
佐土原くじら会 ……… 17	沢村 文子 …………… 331	

【し】

「ジ・アース」 …………… 39
シアター365萩オフィス 劇団さくら組 …………… 17
しいな さいち ………… 375
椎名 初美 …………… 280
椎根コスモス生活改善グループ …………… 12
椎野 たか子 …………… 307
椎葉 昭二 …………… 172
椎葉平家まつり2008 … 147
ジェイエイフーズおおいた …………… 156
ジェイ・エム・エス … 153
シェス,ケタキ ……… 231
塩竈みなと祭 ………… 148
塩川 徹也 …………… 166
塩田 典子 …………… 372
塩月 寿籃 …………… 194
塩野 伯枝 …………… 382
塩谷 靖子 …………… 341
塩見 アイ子 ………… 257
汐見 薫 ……………… 328
汐見 文隆 ……………… 98
志賀 秋花 …………… 349
志賀 晶穂 ……………… 69
志賀 幸一 ……… 309, 311
志賀 芳彦 …………… 228
志賀 理江子 ………… 232
鹿追町 ………………… 72
鹿追町ファームイン研究会 …………… 14
視覚障害者パソコンアシストネットワーク ……… 55
滋賀県 ………………… 111
滋賀県草津市 ………… 116
滋賀県産業支援プラザ … 168
滋賀県米原市 ………… 157
滋賀県立芸術劇場びわ湖ホール …………… 89
滋賀県立甲良養護学校 … 20
四方 謙一 …………… 204
四賀村 ………………… 17
四季 さとる ………… 331
四季 千尋 ……… 250, 251
志気 フミ ……………… 6

「四季 本郷」 …………… 40
敷村 良子 …………… 390
シクロツーリズムしまなみ …………… 70
重 庄太郎 ……… 276, 279
重成 正雄 …… 211, 212, 217
重根 梨花 …………… 386
重松 清 ……………… 358
資源循環型社会発信地域創造グループ ………… 21
四郷串柿祭り実行委員会 …………… 18
四国こんぴら歌舞伎大芝居推進協議会 ……… 91
四国新聞販売店会「四国会」 …………… 122
四国新聞販売店会四国会女性部「温心会」 … 125
四国の秘境 山城・大歩危妖怪村 …………… 65
四国放送 ……… 288, 295
四国民家博物館 ……… 59
宍塚の自然と歴史の会 … 23
宍戸 あけみ ………… 350
獅子舞フェスタ ……… 146
四十雀 亮 …………… 390
時々輪 忠正 ………… 121
静岡音楽館AOI ……… 89
しずおか環境教育研究会「エコエデュ」 ……… 31
静岡県 ………… 112, 289
静岡県工業技術研究所 … 173
静岡県静岡市 …………… 4
静岡県信用金庫協会 … 78
静岡県浜松市 ………… 174
静岡県富士宮市 ……… 143
静岡県舞台芸術公園・静岡芸術劇場 ………… 89
静岡県松崎町 ………… 157
静岡県三島市 ………… 108
静岡県三島市地域振興部 …………… 44
静岡県焼津市 ………… 45
静岡県焼津市経済部 … 44
静岡県立御殿場高等学校 ……… 310, 311
静岡県立御殿場南高等学校 …………… 310
静岡市 …… 44, 108, 174, 293
「静岡時代」 ………… 129

静岡商工会議所 ……… 57
しずおか信用金庫 … 79, 80
静岡油化工業 ………… 173
雫石町国際交流協会 … 72
静内民族文化保存会 …… 5
至誠会救護施設・誠幸園 …………… 15
次世代のためにがんばろう会 …………… 30
資生堂 ………………… 157
自然観察さいたまフレンド …………… 55
「自然人」 …………… 130
自然生クラブ ……… 21, 52
自然と文化の森協会 … 26
「自然派マガジン 山女」 … 41
宍粟住建 …………… 209
シタテル ………………… 4
下の丁町内会 ………… 108
下町自主防災会 ……… 32
「下町タイムス」 ……… 38
下町タイムス社 ……… 60
七ヶ浜国際村 ………… 89
じっく …………… 198
実積 寿也 ……… 136, 137
四手井 綱英 ………… 184
〜史都多賀城〜 万葉復興祭 …………… 148
シナイモツゴ郷の会 … 23
品川 浩太郎 ………… 369
品田 悦一 …… 345, 406
信濃毎日新聞社出版部 … 97
信濃毎日新聞長野市店主会 …………… 125
「シニアNaviおかやま」 ……… 130, 131
シニアSOHO普及サロン・三鷹 …………… 113
地主共和商会 ………… 119
篠 貴一郎 …………… 346
紫野 貴李 …………… 356
篠 弘 ………………… 345
篠崎 海斗 ……………… 71
篠崎 剛 ……………… 136
篠島 周 ……………… 392
篠田 正浩 …………… 313
篠田 守男 …………… 240
篠ノ井公民館東福寺分館 …………… 96
しののめ信用金庫 …… 83

篠原 紀 ………… 356	嶋岡 晨 ………… 359	清水 琴友 ………… 246
篠原 勝之 ………… 313	島倉 千代子 ………… 275	清水 清次郎 ………… 47
四戸 亜里沙 ………… 337	島崎 聖子 ………… 322	清水 せき子 ………… 386
篠宮 敏明 ………… 224	島崎 友樹 ………… 299	清水 孝純 ………… 405
篠山 紀信 ………… 228	島前 苓 ………… 373	清水 卓二 ………… 299
柴 敦子 ………… 374	島津 あいり ………… 349	清水 武男 ………… 229
芝 祐靖 ………… 103	志摩スポーツコミッション	清水 哲男 …… 377, 381, 399
柴 幸男 ………… 283	………… 85	清水 智和 ………… 260
芝浦工業大学三浦研究室	シマダ ………… 152	清水 知子 ………… 301
………… 30	島田 淳子 ………… 331	清水 虎吉 ………… 5
柴岡 弘郎 ………… 185	嶋田 悦子 ………… 104	清水 はるか ………… 212
柴﨑 英子 ………… 315	嶋田 数男 ………… 220	清水 ひさ子 ………… 324
柴崎 友香 ………… 326	島田 修三 ………… 407	清水 秀昭 ………… 216
芝園団地自治会 ………… 31	島田 正吾 ………… 274, 296	清水 広六 ………… 312
柴田 愛子 ………… 333	島田 隆輔 ………… 398	清水 房雄 ………… 344
柴田 歌子 ………… 315	島田 奈都子 ………… 352	清水 雅世 ………… 328
新発田 奏 ………… 255	島田 瞳 ………… 339	清水 真由美 ………… 271
柴田 源太 ………… 206	島田 雅彦 ………… 313, 318	清水 みなみ ………… 247
柴田 秀一郎 ………… 226	嶋田 義仁 ………… 166	清水 泰雄 ………… 337
柴田 大 ………… 183	島田市 ………… 109	清水 良一 ………… 301
柴田 敏雄 ………… 232	島田大祭保存振興会 … 92	清水 良治 ………… 241
新発田川を愛する会 … 175	島立 理帆 ………… 342	清水 礼子 ………… 367
新発田市総合型地域スポーツクラブ「とらい夢」… 87	島谷 明 ………… 326	清水新聞販売組合 … 126
柴田町さくらの会 ………… 15	島田髷まつり ………… 148	清水洞の上自然を守る会
柴野 裕治 ………… 340, 341	島永 嘉子 ………… 309	………… 29
柴橋 伴夫 ………… 97	島貫 尚美 ………… 392	市民後見センターさいたま
柴又まちなみ協議会 … 110	島根イーグル ………… 152	………… 55
地場野菜イタリアン カポナータ ………… 157	島根県海士町 ………… 158	市民創作「函館野外劇の会」 …… 14, 61, 68
志布 正治 ………… 101	島根県隠岐の島町 ………… 87	市民ネットワーキング・相模川 ………… 19
シフォン富士 ………… 117	島根県芸術文化センターグラントワ ………… 89	しみんふくし滋賀 ………… 94
渋沢 孝輔 ………… 378	島根県津和野町教育委員会	志村 文彦 ………… 301
渋沢 龍彦 ………… 312	………… 162	下和泉住宅ボランティアグループ ………… 29
渋沢 博幸 ………… 133, 137	島根県松江市の八雲会 … 163	下市町 ………… 289
渋谷 和生 ………… 90	島根県邑南町 ………… 44	下内野自治会 ………… 28
渋谷 史恵 ………… 350	島野 慎太郎 ………… 102	下尾 和彦 ………… 221
澁谷 正史 ………… 187	島の旅社推進協議会 … 64	下尾 さおり ………… 222
渋谷区生活学校連絡協議会	島原市 ………… 108	下垣 仁志 ………… 140
………… 16	志満秀 ………… 119	下神内川二区 ………… 174
士別サフォーク研究会 … 61	島袋 光史 ………… 91	下川 敬明 ………… 317
シベール ………… 150	島村 潤一郎 ………… 328, 329	下川 博 ………… 347
シーポイント ………… 115	島村 信子 ………… 267	しもかわアイスキャンドルフェスティバル ………… 145
嶋 あやし ………… 321	嶋村 康 ………… 71	下川町 ………… 172
嶋 悦子 ………… 379	嶋守 恵之 ………… 329	下川町コロンブスの卵 … 12
志摩 末男 ………… 382	四万十市体育協会 ………… 87	下京田 果歩 ………… 70
島 遼介 ………… 377	清水 恵利花 ………… 269	下小城 愛紀 ………… 299
「島唄楽園シマウタパラダイス」 ………… 40	清水 公代 ………… 258	下田 治 ………… 242
島を美しくつくる会 … 28	清水 きよし ………… 311	
	清水 邦夫 ………… 312	
	清水 候鳥 ………… 324	

受賞者名索引　しよし

下津DHCクラブ 19
下出 翔太 225
下遠野 邦忠 187
下鳥 潤子 389
下西 善三郎 11
下関市民ミュージカルの会
　　　　.............. 61, 285
下関酒造 118
下関少年少女合唱隊 63
下関フィッシャーマンズワー
　フ 150
下平 知明 204
霜降銀座栄会 23
「下保倉地域づくり協議会」
　人口増チーム 18
霜村 英靖 215, 216
下山 普行 222
謝 志豪 181
車 柱万 202
謝 平 180
社会的包摂サポートセン
　ター 398
釈迦内SP実行委員会 30
釈迦内地区まちづくり協議
　会 21
釋永 維 225, 272
しゃくなげの森 119
じゃげな会 16, 17
ジャパン・コンテンポラリー
　ダンス・ネットワーク
　　　　.................. 52
「ジャポニスム」 131
張 強 204
ジャンセン, マリウス 161
朱 杞載 181
朱 星泰 262
朱 全安 9
朱 銘 201
周 一良 161
秋桜舎コスモスの家 95
住学協同機構「筑豊地域づ
　くりセンター」 15
「週刊きちじょうじ」 39
「週刊レキオ」 39
十三信用金庫 80
周南バルクターミナル 152
住文 150
十文字屋商店 楽天市場店
　　　　.................. 154
重要無形文化財久留米絣技

術保存会 102
宿南 保 47
宿場木屋瀬街づくりの会
　　　　.................. 19
祝嶺 恭子 104
寿山会 152
受賞辞退 318
朱成 255
ジュニア・グローバル・ト
　レーニング・スクール実
　行委員会 52
シュルツェ, グンドゥラ
　　　　.................. 230
ジュンイー 203
春風亭 一之輔 276
春風亭 一朝 275
春風亭 小朝 274
春風亭 昇太 274
「じゅん文学」 388
ショー, ジェフリー 42
城 達哉 278
城 千枝 316
上 紀男 282, 369
祥 まゆ美 314, 315
松栄堂 208
上越市南本町三丁目まちづ
　くり協議会 24
昇苑くみひも 157
生涯学習ボランティアグルー
　プ「わいわいTRY塾」
　　　　.................. 23
障がい児者芸術クラブ 55
小学生創作ミュージカル発
　表会 144
小学校環境教育研究会 ... 174
小学校卒業記念ナイトウォー
　ク実行委員会 23
上菅ボランティアグループ
　うららか会 22
小規模作業所「遊ゆうかぼ
　ちゃのお家」 22
上甲 彰 392
定山渓温泉 43
庄司 勲 160
庄司 千恵 403
庄司 直人 380
庄司 亮 213
城島 徹 97
定塚公民館「ばっちゃま劇
　団」 15

「小説家」 388
定禅寺ストリートジャズフェ
　スティバル 63
条田 念 309
城地 大祐 383
浄徳 十羽 304
庄内海浜美化ボランティア
　　　　.................. 20
庄内神楽座長会 93
庄内国際交流協会 50
湘南信用金庫 78, 83
城南信用金庫 82
湘南ふじさわシニアネット
　　　　.................. 45
湘南読売会 124
小児がん治療開発サポート
　　　　.................. 55
庄野 至 326
笙野 頼子 313, 318
上農 肇 10
城端水車の会 14
城端むぎや祭協賛会 92
情報ステーション 55
城北信用金庫 83
湫北台いきいきライフを推
　進する会 32
城陽生活学校 18
常陽ボランティア倶楽部
　　　　.................. 26
「常陽リビング」 131
浄るりシアター 89
昭和 こいる 274
昭和 のいる 274
昭和新山国際雪合戦 .. 64, 144
昭和新山国際雪合戦実行委
　員会 87
昭和信用金庫 80
昭和設計 109
昭和村からむし生産技術保
　存協会 164
松鶴家 千代菊 274
松鶴家 千代若 274
食育げんきッズ 24
食育研究会Mogu Mogu
　　　　.................. 55
食の安全安心を考える市民
　の会 55
食のトライアングル研究会
　　　　................. 140
ジョージ, プラット・アブハ

ラム ………… 396	城間 德太郎 ………… 104	信毎会連合会 ………… 121
白井 明大 ………… 394	城山 記井子 ………… 384	新町川を守る会 ………… 17
白井 靖之 ………… 347	城山 萌々 ………… 206	神馬 せつを ………… 314
白石 温子 ………… 349	師走祭り迎え火 ………… 144	新屋 和花 ………… 340
白石 かずこ ………… 381	紫波町有線放送劇団 ………… 12	新邪馬台国 ………… 60
白石 恭子 ………… 245	新 啓太郎 ………… 224	森羅万象堂 ………… 118
白石 久雄 ………… 361	信越放送 ……… 290～293, 295	
白石 浩之 ………… 35	新王子製紙米子工場環境ボ	
白石踊会 ………… 92, 106	ランティアグループ ………… 16	【す】
白汚 零 ………… 174	新オペラ座 ………… 285	
白老民族芸能保存会 ………… 5	新海 紀佐子 ………… 383	水光社家庭会 ………… 171
白方 伶亜 ………… 71	新貝 直人 ………… 403	水月 ぽ〜し ………… 247
白川 有理沙 ………… 350	新上五島町EV・ITS実配備	吹田市文化会館メイシア
白川 恵介 ………… 285	促進協議会 ………… 44	ター ………… 90
白川 雅樹 ……… 303, 304	新川 和江 ………… 394	「水路」 ………… 388
白木 ゆり ………… 248	新木場 たつみ ………… 246	スウォッチ ………… 42
白子町 ………… 24	新宮 克美 ………… 220	陶 次郎 ………… 322
白坂 愛 ………… 405	新宮 晋 ………… 201	末田 勝 ………… 218
白崎 歳華 ………… 387	神宮参道懇話会 ………… 109	末田 龍介 ………… 203
白崎 由宇 ………… 391	「神宮前二丁目新聞」 ………… 131	末永 敏明 ………… 235
白戸 智志 ………… 307	新組地区活性化協議会 ………… 15	末延 芳晴 ………… 167
白鳥 英美子 ………… 282	新家谷 栄次 ………… 211	末広区 ………… 17
白鳥 和也 ………… 310	信耕 正明 ………… 223	周防大島町 ………… 72
白鳥 みさき ………… 352	真光寺川を清流にする会	菅 英三子 ………… 301
白鳥 由莉 ………… 339	………… 25	菅 節也 ……… 212～214
白糠アイヌ語教室 ………… 6	人材育成ゆふいん財団 ………… 21	須賀 宣仁 ………… 135
白糠アイヌ文化保存会 ………… 5	新里 玲子 ………… 106	管 洋志 ………… 230
白根 拓実 ………… 69	新狭山1丁目自治会 ………… 17	スカイインテック ………… 154
白根大凧合戦 ………… 146	新沢 滋子 ………… 320	須賀川阿武隈高原散策ルー
白畑 晋 ………… 226	晋樹 隆彦 ………… 408	ト実行委員会 ………… 19
白浜 信之 ………… 48	真珠 まりこ ……… 333～335	須賀川信用金庫 ………… 79
白浜荘 ………… 151	信州いいやま観光局なべく	すかっ子セミナー実行委員
白保環境保護管理委員会	ら高原・森の家 ………… 68	会 ………… 23
………… 163	信州児童文学会 ………… 59	菅沼 美代子 ………… 311
白水 玖望 ………… 339	信州須坂町並みの会 ………… 14	菅野 紫帆子 ………… 341
白峰・桑品地区の雪だるま	信州せいしゅん村 ………… 68	菅野 倶子 ………… 383
まつり ………… 64	信州SOHO支援協議会 ………… 115	菅野 晴夫 ………… 186
白雪食品 ………… 153	「信州の旅」 ………… 40	巣鴨信用金庫 ………… 78
自立支援センターフィフテ	新宿区 ………… 73	菅原 一真 ………… 353
ィ ………… 21	新庄区まちづくり委員会	菅原 健太郎 ………… 352
知床100平方メートル運動	………… 23	菅原 沙恵 ………… 353
………… 164	新庄信用金庫 ……… 79, 81	菅原 さちよ ………… 235
しれなば あづみ ………… 246	新庄ミニFM発起人会 ………… 114	菅原 理史 ………… 355
しろうず さき ………… 239	身体気象農場舞塾 ………… 62	菅原 壮志 ………… 355
白水 徹也 ………… 183	神代地域活性化推進協議会	菅原 泰輝 ………… 354
城川町 ………… 20	………… 141	菅原 健彦 ………… 260
白田 敦子 ………… 361	新地 ヒサアキ ………… 226	菅原 力 ……… 353, 354
城田 孝一郎 ……… 241, 263	じんとにっく ハル ………… 251	菅原 徹也 ………… 354
白鳥拝殿踊り保存会 ………… 92	新内 仲三郎 ………… 103	菅原 春美 ………… 282
城間 栄喜 ………… 102	神保 伸子 ………… 67	

菅原 浩 …………… 79	杉山 由枝 …………… 337	鈴木 敏靖 …………… 262
菅原 文子 …………… 354	祐成 智美 …………… 303	鈴木 朋子 …………… 11
菅原 康 …………… 392	数河獅子保存会 …… 106	鈴木 智博 …………… 354
菅原 結 …………… 355	須坂市 …………… 115	鈴木 智之 …………… 357
菅原 蓮 ……… 354, 355	須坂市観光協会 …… 115	鈴木 寅重郎 ………… 100
杉浦 亜衣 …………… 307	須坂新聞 …………… 115	鈴木 奈穂子 ………… 271
杉浦 彰子 …………… 383	図師 沙也佳 ………… 341	鈴木 奈津子 ………… 239
杉浦 邦恵 …………… 231	鈴井 千佳代 ………… 403	鈴木 治雄 …………… 384
杉浦 康平 …………… 42	鈴影 ささゆき ……… 247	鈴木 久雄 …………… 242
杉浦 友香 …………… 373	鈴鹿・長宿区域街づくり協	鈴木 比佐雄 ………… 397
杉江 智 …………… 222	定運営委員会 …… 108	鈴木 秀治 …………… 262
スギサト リキ ……… 375	鈴木 明子 …………… 97	鈴木 宏 …………… 126
杉田 志保子 ………… 303	鈴木 昭人 …………… 238	鈴木 文孝 …………… 402
杉田 紘基 …………… 375	鈴木 敦子 …………… 205	鈴木 実 ……… 241, 263
杉田 弘子 …………… 167	鈴木 亜彌 …………… 254	鈴木 眞 …………… 256
杉田 愉 …………… 299	鈴木 彩加 …………… 199	鈴木 雅勝 …………… 136
杉谷 悠 …………… 279	鈴木 杏奈 …………… 352	鈴木 正宏 …………… 281
杉谷 芳子 …………… 382	鈴木 逸郎 ……… 210, 214	鈴木 真哉 …………… 47
杉並区第7生活学校 … 14	鈴木 一典 …………… 10	鈴木 真帆 …………… 376
杉野原の御田の舞保存会	鈴木 勝哉 …………… 83	鈴木 美紀 …… 69, 303, 383
…………… 106	鈴木 清隆 …………… 361	鈴木 美彩 …………… 341
杉原 丈夫 …………… 47	鈴木 清美 …………… 311	鈴木 美咲 …………… 353
杉原 勉 …………… 211	鈴木 邦彦 …………… 282	鈴木 実 …………… 201
杉原 由美子 ………… 299	鈴木 恵子 …………… 402	鈴木 實 …………… 396
杉村 京子 …………… 5	鈴木 敬太 …………… 349	鈴木 美春 …………… 310
杉村 隆 …………… 186	鈴木 健司 …………… 395	鈴木 めい …………… 310
杉村 フサ …………… 5	鈴木 心渚 …………… 69	鈴木 悠子 …………… 256
杉村 満 …………… 5	鈴木 梢 …………… 383	鈴木 悠朔 …………… 353
杉村 幸雄 …………… 349	鈴木 幸子 ……… 67, 319	鈴木 裕哉 …………… 354
杉本 章子 …………… 364	鈴木 聡士 …………… 135	鈴木 ゆき江 … 309, 375, 376
杉本 員博 …………… 324	鈴木 修一 …………… 205	鈴木 有布子 ………… 245
杉本 晋一 …………… 195	鈴木 純平 …………… 227	鈴木 ヨシ子 ………… 124
杉本 博司 …………… 230	鈴木 次郎 ……… 35, 279	鈴木 吉太郎 ………… 74
杉本 真人 …………… 281	鈴木 志郎康 …… 378, 394	鈴木 芳則 …………… 125
杉本 行雄 …………… 34	鈴木 誠司 …………… 326	鈴木 ヨチ …………… 7
杉森 美香 …………… 367	鈴木 清順 …………… 42	鈴木 理策 …………… 231
スキヤキ・ミーツ・ザ・ワー	鈴木 星穂 …………… 209	鈴木 里奈 …………… 367
ルド …………… 63	鈴木 孝枝 …………… 352	鈴木 理代 …………… 352
スキヤキ・ミーツ・ザ・ワー	鈴木 貴子 …………… 219	鈴木 涼子 …………… 231
ルド2010 ………… 147	鈴木 多加史 ………… 134	鈴木 渉 …………… 227
スキヤキ・ミーツ・ザ・ワー	鈴木 隆真 …………… 353	鈴田 滋人 …………… 104
ルド実行委員会 …… 52	鈴木 敬盛 ……… 311, 312	すずの会 …………… 95
杉山 早苗 ……… 310, 312	鈴木 忠司 …………… 35	煤孫1区自治会 ……… 32
すぎやま しげゆき … 244	鈴木 蝶次 …………… 379	鈴村 繁實 …… 212, 215, 216
杉山 純多 …………… 185	鈴木 常徳 …………… 123	鈴村 智広 …………… 215
杉山 直 …………… 182	鈴木 徹 …………… 106	寿々屋 …………… 119
杉山 高志 …………… 343	鈴木 杜生子 …… 353, 355	鈴与 …………… 152
杉山 正 …………… 96	鈴木 稔彦 …………… 74	すそのギョーザ倶楽部
杉山 雅之 …………… 195	鈴木 敏充 …………… 348	……… 140, 141
杉山 由紀 …………… 302	鈴木 吐志哉 ………… 262	須田 一政 …………… 228

須田 千恵 …………… 261	課 ……………………… 57	所 …………………… 126
スタイル・オブ・ジャパン	墨田区生活学校連絡会 … 22	静清信用金庫 ………… 81
……………………… 119	住みたくなるふるさとづく	井水 伶 ……………… 328
須高ケーブルテレビ … 115	り実行委員会 ………… 31	清野 倭文子 ………… 320
スタジオシャイニング … 285	墨田区横川生活学校と墨田	清野 隆志 …………… 225
須玉町歴史資料館 …… 111	区生活学校連絡会 …… 20	清野 美穂 ……… 252, 253
スタンフェルド, ジョール	すみだ地域ブランド推進協	西武信用金庫 ………… 79
……………………… 228	議会 …………………… 57	正寳 愛子 …………… 349
ステーキ ……………… 251	すみだトリフォニーホール	清明げんきの郷運営委員会
須藤 和之 …………… 269	………………………… 89	………………………… 31
須藤 隆成 …………… 352	炭谷 政孝 …………… 221	西友 …………………… 25
須藤 舞子 …………… 337	住友海上火災保険 …… 112	青来 有一 …………… 318
須藤 雅雄 …………… 211	住友生命保険相互会社 … 26	世入 育緒 …………… 227
須藤 泰孝 …………… 224	角谷 敏夫 …………… 98	西暦2000年世界民族芸能祭
須藤 洋平 …………… 364	角谷 陽子 …………… 368	"ワッショイ!2000" … 145
ストラーン 久美子 … 227	住みよい田園の郷づくり「ほ	清和文楽人形芝居保存会
ストロング, サラ・M. … 395	りだし劇団」………… 22	…………………… 63, 91
スナイダー, ゲーリー … 392	住吉 和敏 …………… 215	瀬尾 育生 …………… 405
須永 由紀子 ………… 348	住吉 玲子 …………… 373	瀬尾 孝子 …………… 205
砂川 城二 …………… 386	888 ……………… 251, 252	瀬尾 まいこ ……… 358, 390
砂川市地域交流センターゆ	スルッとKANSAI協議会	世界三大記念館「三笠」… 157
う ……………………… 90	……………………… 115	世界チェンソーアート競技
砂崎 知子 …………… 106	スルメ ………………… 254	大会IN東栄2006 …… 146
砂田 実法 …………… 341	「スロー朝日サリィ」… 128	瀬垣 維 ……………… 346
砂浜美術館 ………… 19, 66	「すろーかる」………… 128	瀬川 敏之 …………… 199
脚折雨乞 ……………… 148	諏訪 敦 ……………… 267	セカンドハンド ……… 52
須原 健太 …………… 341	洲脇 泰雄 …………… 105	せき あゆみ ………… 372
スバル興産 …………… 108	諏訪交響楽団 ………… 62	関 敬六 ……………… 273
スピース, ロバート … 391	諏訪湖温泉ラージボール卓	石 少華 ……………… 229
スペースアドベンチャーク	球大会実行委員会 …… 84	関 としお …………… 216
ラブ夜行星131 ……… 16	ズワックマン, エドウィン	関 肇 ………………… 406
スペロ, ナンシー …… 264	……………………… 231	関 富士子 …………… 381
「スポーツ文化新聞ola!」	諏訪間 順 …………… 36	関 麻里子 …………… 367
……………………… 129	ずんだもち …………… 252	関 雄二 ……………… 139
スマイルクラブ ……… 24		関 礼子 ……………… 404
須磨琴保存会 ………… 103	**【せ】**	関口 潮 ……………… 206
須磨寺前商友会 ……… 27		関口 多景士 ………… 280
すみ …………………… 248		関口 鉄夫 …………… 190
すみ 和晴 …………… 221	ゼイヴェル …………… 113	関口 哲也 …………… 228
角 ひろみ …………… 287	「正応寺ごんだの会」・正応	関口 尚 ……………… 358
住 太陽 ……………… 347	寺自治公民館 ………… 27	関口 眞砂子 ………… 315
隅 良子 ……………… 223	精華町北ノ堂まちづくり協	関口 安義 …………… 405
隅岡 豊 ……………… 79	議会 …………………… 19	関澤 昌 ……………… 340
澄川 喜一 …… 241, 263, 266	生活学校「チャレンジ相	関商工会議所 ………… 45
角田 和夫 …………… 258	馬」…………………… 18	積進 ………………… 152
住田 裕見 …………… 238	生活協同組合唐津ケーブル	積水化学工業 ………… 175
隅田川市民交流実行委員会	テレビジョン ……… 294	関田 比佐子 ………… 235
…………………… 23, 164	清木 元治 …………… 188	赤ektn工業 …………… 153
墨田区 ………………… 293	制作者集団猪八戒 …… 17	関根 清三 …………… 165
墨田区産業観光部産業経済	成城警察署管内ASA16販売	関根 正行 …………… 134

関根 靖子 ……………… 338	全国高等学校写真選手権大会「写真甲子園」…… 147	**【そ】**
関野 吉晴 ……………… 37	全国子供歌舞伎フェスティバルin小松 ………… 145	
関の工場参観日実行委員会 ……………………… 45	全国大学フラメンコフェスティバルin館山 …… 147	曺 摩柚 ………………… 69
関本 徹生 ……………… 208	全国太鼓フェスティバル	蒼院 紗羅 …………… 246
関本 真希 ……………… 341	………………… 63, 65	走雲峡ライン「桃源郷・里山づくり」ネットワーク …… 24
関谷 剛男 ……………… 187	全国太鼓フェスティバル実行委員会 …………… 93	総曲輪シティ …………… 110
関谷 義道 ……………… 201	全国小ちゃなしあわせ絵手紙展 ………………… 144	「蒼空」………………… 388
脊梁の原生林を守る連絡協議会 ………………… 171	全国読売防犯協力会 …… 122	創建 …………………… 109
瀬口 観司 ……………… 222	千住 博 ………………… 332	総合型地域スポーツクラブ「クラブレッツ」…… 22
瀬古 正 ………………… 81	千田 聖美 ……………… 298	綜合警備保障 …………… 26
セコム ………………… 110	千田 敬 ………………… 314	「総合文化誌 カルチャーちば」…………………… 41
せせらぎの郷 …………… 31	千田 奈緒子 …………… 278	草子 鞠 ………………… 245
瀬高町青少年ボランティア"みるく" …………… 22	千田 稔 ………………… 139	総社市社会福祉協議会 …… 95
世田谷区立世田谷文学館 ………………………… 90	千田 嘉博 ……………… 140	相馬 沙織 ……………… 353
世田谷信用金庫 ………… 81	仙台・青葉まつり協賛会 ………………………… 94	相馬 庸郎 ……………… 405
世田谷美術館 …………… 89	「仙台朝市通信」…… 130, 131	相馬 美智男 …………… 214
世田谷文化生活情報センター …………………… 88	仙台市 ………………… 176	早本 聡子 ……………… 403
世田谷まちづくりセンター ………………………… 73	仙台市産業振興事業団 … 168	宗谷 つとむ …………… 320
摂津信用金庫 …………… 79	仙台放送 ……………… 290	惣利好いとう会 ………… 21
摂津水都信用金庫 ……… 81	せんだいメディアテーク ………………………… 89	副島 雄太 ……………… 339
瀬戸 敬司 ……………… 312	千田町内会ほのぼの交流会 …………………………… 28	そえだ ひろ …………… 346
瀬戸 正人 ……………… 230	善通寺市 ……………… 107	添野 眞一 ……………… 363
瀬戸 美佳 ……………… 373	前鶴 政和 ……………… 134	そおりサイクルセンター ………………………… 45
瀬戸内 寂聴 ……… 33, 313	先帝祭上臈参拝行事実行委員会 ………………… 92	十川 和樹 ………… 340, 385
瀬戸内国際芸術祭2010 … 148	ぜんとう ひろよ ……… 280	曽川 大 ………………… 210
瀬戸内市 ……………… 173	全トヨタ労働組合連合会 ………………………… 27	則永 修 ………………… 210
瀬戸信用金庫 …………… 82	仙南芸術文化センター … 89	底上げYouth …………… 32
瀬戸田町 ………………… 34	全日本空輸 …………113, 119	ソーシャライズ ………… 29
瀬名 桃子 ……………… 198	全日本玉入れ選手権 …… 144	ソットサス, エットレ …… 42
セミナリヨの里からMerry X'mas in 北有馬実行委員会 …………………… 20	全日本チンドンコンクール ………………………… 64	袖野 勇夫 ………… 211, 212
瀬谷チャリティーコンサート実行委員会・瀬谷まほろば …………………… 14	全日本花いっぱい連盟 … 163	ソニーエナジー・デバイス ………………………… 25
世良 墨山人 …………… 236	仙波 佐知雄 ……… 210, 211	ソニー・ミュージックエンタテインメント ……… 112
芹沢 ヤエ ……………… 5	船波 幸雄 ……………… 382	曽根 紀子 ……………… 303
「セレブチケット」…… 130	「泉北コミュニティ」…… 39	曽根 レイ ……………… 341
全隠岐牛突き連合会 …… 66	仙北市 ………………… 116	其浦 清 ………………… 7
せんがまち棚田倶楽部 … 29	ゼンリン ……………… 176	園田 源二郎 …………… 239
千興ファーム …………… 119		園田 新 ………………… 300
全国かかし祭 …………… 63		園部 凱夫 ……………… 309
全国高校書道パフォーマンス選手権大会 ………… 147		宙 一秀 ………………… 198
		空 充秋 ………………… 241
		空木 由子 ……………… 198

空知信用金庫 81
空豆 249
白鳥 咲由莉 354
曽和 治好 208, 209
宋 元哲 301
孫 美幸 385
宋 敏鎬 363
村丸ごと生活博物館 172

【た】

第34回野毛大道芸 147
第3回TAGAWAコールマイ
　ン・フェスティバル〜炭
　坑節まつり〜 147
大河 静 248
大学通り学園・住宅地区景
　観形成協議会 109
鯛車復活プロジェクト ... 100
体験村・たのはたネットワー
　ク 68
醍醐 亮 311
醍醐コミュニティバス市民
　の会 27
太鼓集団 蒲生郷太鼓坊主
　.......................... 51
第3回コウノトリ未来・国際
　かいぎ 146
第十区自治会 25
大条 和雄 47
大昭和精機淡路工場 151
大雪地ビール 152
大山ハム 118
ダイソウ工業 150
大地の芸術祭・越後妻有アー
　トトリエンナーレ2000
　.......................... 145
大地の芸術祭実行委員会
　.......................... 67
大地みらい信用金庫 ... 80, 81
大堂 洋子 385
大道芸ワールドカップイン
　静岡 144
大道寺 陽子 379
大道地区まちづくり推進協
　議会 24
大日六商店会 25
ダイヘン産業機器 151
松明あかし 145

大門 孝蔵 262
「太陽笑顔fufufu..」 129
太陽会 152
平良 一樹 251
平 俊一 306
平 慎介 272
平良 敏子 100
平村郷土学習会 13
田内 大平 336
「タウンガイド帯広 コミュ
　ニティ・アイ」 40
「タウン誌 うつのみや」 .. 39
「タウン誌 深川」 39
「タウン情報 まつやま」 .. 39
高 賢一 11
たか たかし 281, 282
高井 俊宏 352
高井 彪向 342
互 盛央 167
高井 里沙 337
高岡 208
高岡 修 381
高岡 啓子 308
高岡 典男 242
高岡伝統伝統産業青年会×
　クリエイ党 224
高開石積ライトアップ 146
高木 秋尾 380
高城 彩 69
高木 かおり 268, 269
高木 喜久恵 8
高木 光司 209
高木 サダ子 226
髙木 俊一 269
高木 聖子 319
高木 富恵 216
高木 虎男 92
高木 仁三郎 395
高城 望 383
髙木 宏 .... 215〜217
髙木 弘 212, 213
高木 美月 377
高木 祐樹 .... 212〜215
髙木 悠司 216
高木 与志久 121
髙木 理世 215, 216
髙木町生活会議 15
高久 茂 205
高崎 昇平 234, 269
高崎市 72

タカ3 250
高幣 佳代 243
高階 杞一 399
髙島 圭史 236
髙嶋 直人 203
高島 宏美 367
髙嶋 由美子 397
「高島平新聞」 39
田頭 とみい 196
鷹栖町 13
高瀬会 151
ダガタ, アントワーヌ ... 231
高田 郁 328
高田 邦彦 230
高田 啓一 227
髙田 源一 211, 212
髙田 賢三 223
高田 咲子 10
高田 千種 385
高田 知波 406
高田 晴一 224
高田 英明 309
高田 衛 405
高田 裕子 367
高田 有利咲 209
高田信用金庫 78
高田地区コミュニティ活動
　推進会議 16
高千穂町観光協会 85
多可町 24
高津 寿美恵 323
高塚 陽一 227
髙月町雨森区 12
髙島 みい 250, 252
たかとりコミュニティセン
　ター 51
高梨 豊 229
高梨 雷霧 252
高鍋信用金庫 79
高野 英子 348
高野 和人 59
高野 公彦 407
高野 公一 325
高野 文生 324
高野 麻詩子 382
鷹の羽興業 151
高萩国際交流の集い実行委
　員会 49
高橋 愛 211
高橋 亮光 390

高橋 亜弓 …………… 247	高橋 光行 …………… 384	高谷 将美 …………… 121
高橋 歩夢 …………… 354	高橋 未夢 …………… 355	高柳 和子 …………… 382
高橋 功 …………… 191	高橋 睦郎 …………… 42	高柳 寛一 …………… 369
高橋 治 …………… 322	高橋 康子 …………… 362	高柳 匡 …………… 183
高橋 修 …………… 406	高橋 泰子 …………… 354	高山 恵利子 …… 339, 340, 386
高橋 和正 …………… 268	高橋 安則 …………… 127	高山 千暁 …………… 348
高橋 勝伸 …………… 248	高橋 唯 …………… 250	高山 登 …………… 201
高橋 加奈 …………… 245	高橋 勇治 …………… 123	高山 博子 …………… 234
高橋 兼吉 …………… 380	高橋 雄三 …………… 349	高山 裕樹 …………… 245
高橋 ぎいち …………… 227	高橋 幸雄 …………… 210	高山市 …………… 21
高橋 キョウシロウ …… 239	高橋 由紀雄 …………… 340	高山市河川美化連絡協議会
高橋 清 …………… 240	高橋 由季乃 …………… 387	…………… 163
高橋 空吾 …………… 250	高橋 義仁 …………… 380	高山自治会 …………… 32
高橋 慶 …………… 211	高橋 里佳 …………… 372	高山・デンバー友好協会
高橋 賢 …………… 211	高橋 隆三 …………… 216	…………… 72
高橋 源一郎 ……… 318, 397	高橋 怜央 …………… 355	高山「氷菓」応援委員会 ‥ 154
高橋 しげ子 …………… 299	高橋 和歌 …………… 277	宝 譲 …………… 380
高橋 秀悦 …………… 134	高橋 渉 …………… 354	宝井 馬琴 …………… 273
高橋 秋斗 …………… 353	高畑 勲 …………… 398	宝塚市社会福祉協議会 …… 95
高橋 順子 ……… 394, 399	高畑 宏治 …………… 257	たからばこ ……… 54, 55
高橋 彰一 …………… 59	高畠 ひろき …………… 371	財部 鳥子 …………… 378
高橋 史郎 …………… 68	高畠華宵大正ロマン館 …… 63	田川ホルモン喰楽歩 ‥ 142, 143
高橋 誠一 ……… 221, 224	鷹濱 春奈 …………… 269	田木 あやね …………… 254
高橋 千雁 …………… 308	高浜とりめし学会 …………… 142	滝 洸一郎 …………… 357
高橋 たか子 …………… 312	高原 菜月 …………… 342	滝 純一 …………… 267
高橋 昂大 …………… 354	髙平 つぐゆき …………… 303	瀧 千賀子 …………… 309
高橋 達矢 …………… 330	髙藤 典子 …………… 354	滝川 沙也佳 …………… 339
高橋 竹山 …………… 101	高部 友暁 …………… 368	滝川 野枝 …………… 328
高橋 俊子 …………… 235	高幣 美佐子 …………… 351	滝川 ゆず …………… 338
高橋 利忠 …………… 188	髙間 貴美子 …………… 237	薪能くるす桜実行委員会
高橋 友夫 …………… 303	鷹政 満伸 …………… 281	…………… 22
高橋 直樹 …………… 364	髙松 樹 …………… 208	滝沢 浩平 …………… 327
高橋 春子 …………… 379	髙松 右門 …………… 79	滝沢 聡 …………… 211
高橋 英夫 ……… 319, 406	高松市 …………… 292	滝沢 聰 ……… 211〜213
高橋 英樹 …………… 275	高松信用金庫 …………… 80	滝瀬 麻希 …………… 348
たかはし びわ …………… 238	田上 慶一 …………… 386	滝田 良美 …………… 382
高橋 房美 …………… 100	田上 知之介 …………… 222	滝本 順子 …………… 382
高橋 冨美子 …………… 359	田上 眞知子 …………… 307	滝本 正和 …………… 357
高橋 正雄 …………… 125	高見 ゆかり …………… 375	瀧本 友里子 …………… 206
高橋 正樹 …………… 328	高見沢 佳秀 …………… 192	瀧芳 …………… 156
高橋 雅史 …………… 267	高美台生活学校坂道 …… 32	滝呂緑化委員会 …………… 107
高橋 真史 …………… 277	高光 俊信 ……… 220, 221	多久古文書の村 …………… 59
高橋 雅美 …………… 243	高宮 紗綾 …………… 338	田口 栄一 …………… 304
高橋 正美 ……… 338, 385	高宮町 …………… 12	田口 靖子 …………… 304
高橋 正征 …………… 179	高宮町青年会「みんなの野菜畑」…………… 14	田口 芳郎 …………… 103
高橋 学 …………… 298		拓南製鐵 …………… 152
高橋 まゆ …………… 223	高村 典子 …………… 179	田熊 亮介 …………… 339
高橋 美枝子 …………… 379	高元 海奈絵 …………… 249	匠乃会 …………… 93
高橋 美知子 …………… 70	高森 美由紀 …… 341, 375, 386	嶽 きらら …………… 70
高橋 美智子 …………… 60	田ケ谷 雅夫 …………… 395	武 信吾 …………… 335

武石 貞文 ……………… 390	竹浪 祐介 ……………… 209	多田 聡志 ……………… 223
武石 なぎさ ……… 247, 248	竹西 辰人 ……………… 199	多田 憲美 ………………… 47
竹内 愛結 ……………… 376	竹の内 一人 …………… 315	多田 道太郎 …………… 318
竹内 郁夫 ……………… 184	竹の台エコタウンクラブ	多田 有花 ……………… 349
竹内 勝行 ……………… 234	………………………… 26	多田 幸正 ……………… 396
竹内 浩輔 ……………… 385	竹林 喜由 ……………… 258	多胎児サークルみど・ふぁ
竹内 駒香 ……………… 103	竹原 城文 ……………… 235	ど ………………………… 26
竹内 佐永子 …………… 376	武原 はん ……………… 101	多田エコグループたんぽぽ
竹内 次郎 ……………… 343	竹原 美也子 …………… 261	生活学校 ……………… 32
竹内 尽 ………………… 304	武生国際音楽祭推進会議	「ダ・ダ・スコ」 ……… 41
竹内 敏信 ……………… 197	…………………………… 51	多田農園 ……………… 117
竹内 尚俊 ………… 369, 370	武生市 ………………… 107	畳リサイクルの会 …… 171
竹内 秀実 ……………… 206	武部 英子 ……………… 237	多々良 栄里 …………… 226
竹内 洋岳 ………………… 37	武政 博 ………………… 368	多田羅 初美 …………… 306
竹内 幹惠 ……………… 384	武俣 由美子 ……………… 10	立川 初義 ………………… 47
竹内 睦夫 ……………… 348	武宮 閣之 ……………… 345	立川 裕二 ……………… 183
竹内 結哉 ……………… 355	竹本 朝重 ……………… 103	立川 瑠衣 ……………… 367
武雄テレビ …………… 291	竹本 朱花 ……………… 246	立川市 …………… 157, 158
竹熊 宜孝 ……………… 190	岳本 あゆ美 …………… 283	立川市災害ボランティアネッ
竹倉 日奈 ……………… 342	竹本 喜美子 …………… 389	ト ……………………… 55
竹光芸まつり ………… 145	竹本 越道 ……………… 102	立川市新生活運動推進協議
竹崎 勝代 ……………… 205	竹本 緑太夫 …………… 102	会 ……………………… 15
竹崎 美恵子 …………… 303	竹森 茂裕 ……………… 390	立木 十八 ……………… 329
竹沢 小静 ……………… 303	竹森 裕 ………………… 236	立俟武多 ……………… 144
竹下 玲子 ……………… 103	竹山 広 ………………… 344	橘 佳一郎 ……………… 124
竹柴 正二 ……………… 104	竹与井 かこ …………… 239	橘 斌 …………………… 92
竹末 志穂 ……………… 307	武輪水産 ……………… 118	橘 大五郎 ……………… 275
竹田 安嵯代 …………… 222	多言語社会リソースセンター	立岡 秀之 ……………… 226
竹田 佐知子 …………… 139	かながわ ……………… 53	「脱原発わかやま」編集委員
竹田 紗良 ………………… 71	田子 雅子 ……………… 337	会 ……………………… 98
武田 孝巳 ……………… 226	太宰府木うそ保存会 … 105	竜田 大輝 ……………… 245
武田 ちなみ …………… 215	田崎 力 ………………… 258	辰田 智子 ……………… 217
武田 てる子 …………… 366	田崎 尚美 ……………… 302	立浪 大樹 ……………… 223
武田 浩 ………………… 279	田﨑 舞 ………………… 383	辰巳 優 …………… 213, 217
竹田 真砂子 …………… 364	田近 日奈子 …………… 342	たつみや かなこ ……… 198
竹田 正美 ……………… 195	田島 千愛 ……………… 301	辰本 実 ………………… 226
武田 美穂 ………… 332, 333	田嶋 健 ………………… 238	伊達 邦子 ……………… 213
武田 由紀 ……………… 256	田島 諒子 ……………… 243	伊達信用金庫 …………… 79
竹田温泉群 ……………… 43	但馬信用金庫 …………… 82	立野 純平 ………… 223, 224
竹田市 ……………… 72, 108	多治見市 ……………… 107	建畠 哲 ………………… 378
竹田津 実 ……………… 229	多治見市文化会館 ……… 89	建畠 覚造 ……………… 241
竹田まちなみ会 ……… 108	ダジョン,デビッド …… 181	立松 和平 ………… 313, 358
竹鶴 寿男 ……………… 195	田尻 誠 ………………… 220	館山 智子 ……………… 374
竹と環境財団 ………… 171	田代 宏 ………………… 282	館山駅西口地区街づくり協
竹富町竹富島の皆さん … 34	タスト ………………… 151	議会 …………………… 19
武豊町民会館 …………… 90	多世代交流型コミュニティ	立山山麓生活学校 ……… 30
竹仲 博美 ……………… 368	実行委員 ……………… 31	田苗 恵 ………………… 369
武仲 浩美 ……………… 338	多世代交流館になニーナ	田中 昭雄 ……………… 328
竹中 ゆり ……………… 301	………………………… 29	田中 昭子 ……………… 304
竹中 義雄 ………………… 91	多田 一穂 ……………… 342	田中 綾乃 ……… 370, 383, 384

田中 楓 ……………… 71	田中 洋子 …………… 212	谷本 聡 ……………… 366
田中 薫 ……………… 199	田中 陽二 …………… 205	谷本 州子 …………… 316
田中 薫 ……………… 241	田中 ヨシハル ……… 212	谷本 勝 ……………… 211
田中 花実 …………… 376	田中 良彦 …………… 361	谷元 益男 …………… 317
田中 香津子 ………… 326	田中 律子 …………… 347	谷本 美弥子 ………… 405
田中 勝三 …………… 208	田中食品 ………………… 86	種子島アクションクラブ
田中 克尚 …………… 126	棚田inうきは彼岸花めぐり	……………………… 19
田中 清光 …………… 399	………………………… 144	種村 花音 …………… 250
田中 啓一 ……… 134, 135	棚田農業体験ツアー実行委	種村 季弘 …………… 313
たなか ごめす ……… 250	員会 …………………… 21	田浦町 ………………… 16
田中 佐太郎 ………… 104	棚田の郷かぶと ……… 29	田畑 茂 ……………… 346
田中 沙和 …………… 203	棚田LOVER's ………… 30	田畑 芙美子 ………… 384
タナカ サワコ ……… 248	棚橋 順子 …………… 280	田端 裕 ……………… 160
田中 修一 …………… 238	棚橋 荘七 …………… 262	田畑 了 ……………… 208
田中 樹里 …………… 216	田辺 朗 ……………… 202	田端 六六 …………… 328
田中 純子 …………… 199	田辺 栄吉 …………… 177	田原 明美 …………… 370
田中 伸 ……………… 256	田邉 和代 …………… 372	田原 桂一 …………… 228
田中 信太郎 ………… 240	田辺 小竹 …………… 201	田原 芳広 …………… 339
田中 澄江 …………… 401	田辺 聖子 …………… 313	「たびカタログ」 …… 129
田中 聖二 …………… 304	田邊 茉子 …………… 195	「旅の雑誌『伊勢志摩』」 … 39
田中 誠二 …………… 34	田邉 真利絵 ………… 350	田渕 恵美子 ………… 212
田中 卓也 …………… 239	田辺市熊野ツーリズムビュー	多文化共生センター …… 51
田中 正 ……………… 219	ロー …………………… 68	多文化共生センター東京
田中 淡 ……………… 139	田辺「長野郷明会」 … 14	……………………… 52
田中 千明 …………… 218	谷 甲州 ……………… 389	多文化まちづくり工房 … 53
田中 常治 …………… 93	谷 まり絵 …………… 306	食べる宝石「有機JAS雑穀」
田中 輝美 …………… 98	谷門 展法 …………… 383	をつくる高村英世 …… 156
田中 利則 …………… 307	谷川 恵一 …………… 404	玉岡 かおる ………… 326
田中 利彦 …………… 138	谷川 健一 …………… 184	玉川 宣夫 …………… 104
田中 とも江 ………… 191	谷川 俊太郎 ………… 333,	玉川学園 ……………… 112
田中 信行 …………… 106	335, 377, 394, 399	玉川上水の自然保護を考え
田中 教子 …………… 360	谷川 聖 ……………… 369	る会 …………………… 18
田中 ひかる ………… 341	谷川 智美 ……… 213, 215	多摩川精機 …………… 153
田中 弘子 …………… 258	谷川 みのる ………… 345	玉木 歩 ……………… 249
田中 房夫 …………… 336	谷川 友香 …………… 214	玉置 博司 …………… 48
田中 雅樹 …………… 271	谷川 義美 …………… 260	玉子屋やまたか ……… 117
田中 雅子 …………… 379	谷川 佳幸 …………… 301	玉城 詠光 …………… 14
田中 正俊 …………… 348	谷口 ありさ ………… 350	多摩信用金庫 …………… 82
田中 正秀 …………… 134	谷口 いわお …………… 13	多摩中央信用金庫 … 78, 79
田中 幹也 …………… 37	谷口 顕一郎 ………… 265	玉造温泉 ……………… 43
田中 美佐 ……… 222, 223	谷口 照知 …………… 222	玉屋 庄兵衛 ………… 104
田中 迪夫 …………… 323	谷口 維紹 …………… 188	玉利 明子 …………… 350
田中 美有紀 ………… 385	谷口 龍人 …………… 222	田村 悦子 …………… 361
田中 泯 ……………… 201	谷口 天平 …………… 223	田村 加寿子 ………… 404
田中 森恵 …………… 299	谷口 なな江 ………… 261	田村 康治 …………… 361
田中 裕介 ……… 245, 246	谷口 秀子 …………… 396	田村 定也 …………… 122
田中 雄祐 …………… 11	谷口 守 ……………… 138	田村 淳一郎 ………… 227
田中 由香利 ………… 214	谷口 友布稀 ………… 385	田村 彰悟 …………… 222
田中 結女 …………… 250	谷原 めぐみ ………… 302	田村 恒夫 …………… 92
田中 ゆめの ………… 342	だに丸 ………………… 253	田村 能里子 ………… 267

田村 英和 ………… 215
たむら ふみ乃 ………… 360
田村 みえ ………… 333
田村 睦夫 ………… 226
タムラ 良 ………… 217
タムラファーム ………… 117
たもかく ………… 111
田森 潤也 ………… 298, 300
田森 ノラ ………… 249
田谷 榮近 ………… 362
田屋 紀和 ………… 254
田屋 道子 ………… 222
田谷 力三 ………… 273
太良庄ふるさとづくり推進
  会議 ………… 22
たるいし まこ ………… 335
タルノフスカヤ藤原 瑛令
  奈 ………… 71
垂水区団地スポーツ協会
  ………… 12
ダワー, ジョン ………… 161
多和田 眞 ………… 134, 135, 137
多和田 葉子 ………… 313, 318, 401
俵 万智 ………… 401, 407
俵山地区発展促進協議会
  ………… 45
丹下 哲夫 ………… 105
丹後ええもん工房 ………… 57
丹後藤織り保存会 ………… 65
たんころりんの会 ………… 44
丹治 耕平 ………… 215
ダンスボックス ………… 53
「団地新聞 Green Town」
  ………… 40
丹藤 亜希子 ………… 301
ダントン, ステファン ………… 157, 158
丹野 則雄 ………… 220
丹野 雅景 ………… 224
たんのカレーライスマラソ
  ン ………… 145
丹波 元 ………… 346
丹波の黒太郎 ………… 150
丹波の森国際音楽祭シュー
  ベルティアーデたんば
  2004 ………… 146
田んぼアート【稲作体験ツ
  アー】 ………… 147
たんぽぽの家 ………… 50

【ち】

地域SNS基盤連携ネットワー
  クインフォミーム ………… 115
地域おこしグループ比栄会
  ………… 20
地域クラブ'わんりぃ' ………… 55
地域ぐるみ環境ISO研究会
  ………… 25
「地域雑誌「谷中・根津・千
  駄木」」 ………… 38～41
地域情報化モデル研究会
  ………… 3
「地域情報誌「みちくさ」」
  ………… 132
地域振興サポート会社まよ
  ひが企画 ………… 45
「ちいき新聞」 ………… 131
地域づくり団体未来塾 ………… 26
地域で共に生きるナノ ………… 55
地域の応援隊 和 ………… 30
「地域福祉サポートちた」
  ………… 95
「地域文化」 ………… 41
小祢理 ………… 147
崔 一 ………… 203
崔 実 ………… 327
チェルノブイリへのかけは
  し ………… 52
智音町活性化プロジェクト
  集団 ………… 50
近松伝承を活かすまち長門
  ………… 63
地球市民の会 ………… 50, 60
筑後川まるごと博物館 ………… 45
筑後田園都市推進評議会
  ………… 45
筑後吉井の小さな美術館め
  ぐり実行委員会 ………… 13
筑紫 美主子 ………… 102
筑間 武男 ………… 314
千々岩 拓郎 ………… 386
智頭町活性化プロジェクト
  集団 ………… 14
智頭町森林セラピー推進協
  議会 ………… 88
千田 さおり ………… 351
千田 菜瑠 ………… 355

千田 仁南 ………… 355
千田 基嗣 ………… 355
知多信用金庫 ………… 81
知多半島観光協議会 ………… 57
秩父アニメツーリズム実行
  委員会 ………… 155
秩父歌舞伎正和会 ………… 64, 103
秩父祭保存委員会 ………… 85
致道博物館 ………… 163
千歳アイヌ文化伝承保存会
  ………… 6
千歳市生活学校 ………… 12
知念 貞男 ………… 104
千野 香織 ………… 49
千野 茂 ………… 241
千葉 玲夕 ………… 356
千葉 香織 ………… 381
千葉 研之 ………… 283
千葉 弘太郎 ………… 257
千葉 さなえ ………… 206
千葉 新太郎 ………… 298
千葉 多喜子 ………… 281
千葉 よしの ………… 103
千葉ガーデンタウン有線テ
  レビ放送局 ………… 18, 288, 289
千葉県市川市 ………… 113
千葉県勝浦市 ………… 143
千葉県企業庁 ………… 109
千葉県知的障害者サッカー
  連盟 ………… 87
千葉県千葉市 ………… 3, 44
千葉県成田市 ………… 108
千葉県南房総市 ………… 158
千葉県立旭農業高等学校
  ………… 55
千葉県立東金病院 ………… 114
千葉市 ………… 108
千早 茜 ………… 313
千原 昭彦 ………… 324
ちびっこ夢ランド ………… 25
遅筆堂文庫生活者大学校
  ………… 67
ちひろ ………… 250
チーム黒塀プロジェクト
  ………… 27, 67, 99, 109
チームひだまり ………… 55
チームふくしま ………… 31
千村 マサル ………… 214
チャグチャグ馬コ ………… 149
茶郷 葉子 ………… 349

茶谷 恵美子 ……………… 369
茶谷 十六 ………………… 9
ちゃたん恵み温泉美浜の湯
　……………………………… 43
「茶の間しんぶん」 ……… 41
茶畑 よしこ ……………… 376
茶丸 ……………………… 250
チャレンジShopⅤ ……… 22
チャレンジャー支援機構パ
　ン工房ノアノア …… 54, 55
中越防災フロンティア …… 32
中央区 …………………… 108
中央地区やすらぎの街づく
　り協議会 ……………… 107
中海テレビ放送 ………… 115
中京テレビ ……………… 290
中京テレビ放送 …… 291〜293
中興化成工業 …………… 153
ちゅうごく産業創造セン
　ター …………………… 169
中国新聞中国会連合会 … 124
中国新聞販売センター … 123
中国新聞備東専売会 …… 127
中国放送 ………………… 288
中山間松尾集落 …………… 32
中日新聞春日井支部 …… 122
中日新聞瀬戸支部販売店会
　………………………… 123
中日新聞名古屋中日会 … 125
「中部ぺん」 ……………… 388
仲馬 達司 ………………… 324
中馬のおひなさん ……… 145
「チュスマ」 ……………… 129
張 珂 ……………………… 205
張 堅 ……………………… 260
長 みらい ………………… 69
長 洋弘 …………… 226, 258
銚子はね太鼓保存会 ……… 93
長征社 …………………… 97
朝鮮通信使行列振興会 …… 64
蝶多 則光 ………………… 5
町民情報室「未来クラブ」
　………………………… 23
眺楽座 ……………………… 63
チョコレート …………… 249
「ちょっとペッパー」 …… 131
知覧町 ……………………… 34
知里森舎 …………………… 7
知里真志保を語る会 ……… 6
知立山車文楽保存会・知立

からくり保存会 ………… 93
陳 敬寶 …………………… 232
陳 卓明 …………………… 203
陳 鎮東 …………………… 180

【つ】

築城 則子 ………………… 104
通園・通学路花むすびネッ
　トワーク 東京都足立区
　………………………… 24
塚口 洋子 ………………… 68
塚越 淑行 ………………… 347
司 茜 ……………………… 359
司 修 ……………………… 398
ツカダ …………… 157, 158
塚田 三樹子 ……………… 362
栂池ゴンドラリフト …… 152
津金 愛子 ………………… 238
塚原 桂子 ………………… 343
塚本 邦雄 ………………… 344
塚本 やすし ……………… 335
津軽こみせ ……………… 109
津川 有香子 ……………… 347
塚脇 淳 …………………… 266
つがわ狐の嫁入り行列 … 145
津川狐の嫁入り行列実行委
　員会 …………………… 62
月桜 葵 …………………… 246
築地場外市場商店街振興組
　合 ……………………… 111
「築地物語」 …………… 39, 40
つきしろ自治会 ………… 31
築田 純 …………………… 229
月乃 光司 ………………… 33
月原 保 …………………… 213
月本 裕 …………………… 390
津ぎょうざ小学校 … 142, 143
筑紫 磐井 ………………… 392
佃 弘行 …………………… 312
つくば市教育委員会 …… 113
つくばみらい市綱火保存連
　合会 …………………… 64
九十九 マナ ……………… 245
柘植地域まちづくり協議会
　………………………… 27
辻 章 ……………………… 313
辻 飛鳥 …………………… 255

辻 市衛 …………… 211, 212
辻 栄子 …………………… 16
辻 貞夫 …………………… 16
辻 タカ …………………… 100
辻 まゆみ ………………… 260
辻 真弓 …………………… 320
辻 征夫 …………………… 378
辻 義宣 …………………… 220
辻井 良 …………………… 392
辻尾 栄市 ………………… 48
辻田 悦子 ………………… 362
辻原 登 …………………… 319
津島 綾子 ………………… 350
対馬 佳祐 ………… 278, 279
対馬 美香 ………………… 395
津島 佑子 …… 312, 318, 401
対馬市 …………………… 173
対馬とんちゃん部隊 ‥ 142, 143
辻本 久美子 ……………… 276
都築 毅 …………………… 178
都築 瞳水 ………………… 69
続橋 達雄 ………………… 396
都竹 重二 ………… 212〜215
津田 敦 …………………… 181
津田 榮一 ………………… 209
津田 清和 ………………… 222
津田 清 …………………… 403
津田 敬一 ………………… 222
津田 武美 ………………… 96
津田 直美 ………………… 332
津田 信子 ………………… 18
津田 美佐子 ……………… 226
津田 命子 ………………… 7
津田 やよい ……………… 268
ツタヤオンライン ……… 112
土浦店主会 ……………… 123
土浦歴史と自然のふるさと
　づくり ………………… 60
土ケ内 照子 ……………… 368
土切 さつき ……………… 341
土田 史都子 ……………… 303
つちだ のぶこ …………… 333
土田 日禾 ………………… 250
土田 宏美 ………………… 348
土田 義晴 ………………… 332
土谷 武 …… 240, 241, 263
土取 利行 ………………… 42
土平 栄一 ………………… 223
土屋 栄子 ………………… 367
土屋 悦之助 ……………… 47

土屋 公雄 …………… 266	鶴岡市 ……………… 95	弟子 シギ子 …………… 6, 7
土屋 金哉 …………… 202	鶴岡信用金庫 ……… 78	弟子屈町屈斜路古丹アイヌ
土屋 望海 …………… 311	鶴岡地区医師会 …… 113	文化保存会 …………… 6
つちや はるみ ……… 374	敦賀 敏 …………… 309	弟子屈ユニバーサルデザイ
土屋 浩子 …………… 303	敦賀 ゆい ………… 386	ンプラザ ……………… 28
土谷 三奈 …………… 326	敦賀信用金庫 ……… 80	デジタルプティック …… 3
土屋 陽介 …………… 11	鶴来信用金庫・軽音楽部「ク	手塚 亜純 …………… 353
筒井 泉 …………… 182	レインズ」………… 82	手塚 和美 …………… 405
筒井 健太 ……… 373, 374	鶴崎おどり保存会 … 92	手塚 麻有子 ………… 247
筒井 政美 …………… 197	鶴澤 寛也 ………… 104	手づくり工房・ワーイワイ
筒井 康隆 …………… 312	鶴澤 藤蔵 ………… 105	………………………… 31
堤 隆 ………………… 36	鶴沢 友路 ………… 102	データホライゾン ……… 3
堤 春生 …………… 269	鶴澤 友勇 ………… 106	てっちりこ …………… 31
都出 比呂志 ………… 139	弦代公園の自然と環境を守	鉄の歴史村づくり …… 61
つなぎ美術館 ………… 90	る会 ……………… 15	鉄の歴史村地域振興事業団
「つなぐ通信」… 128, 129, 131	鶴田町 ……………… 12	………………………… 96
綱川 康平 …………… 352	ツール・ド・おきなわ協会	鉄板焼神戸Fuji ……… 119
恒川 祐美 …………… 286	…………………… 84	「鉄聞」……………… 129
常田 俊太郎 ………… 278	ツール・ド・三陸2013実行	鉄砲組百人隊出陣 …… 145
角田 佑一 …………… 10	委員会 …………… 84	手這坂活用研究会 …… 22
椿 …………………… 248	靏林 舞美 ………… 224	てほへ ……………… 32
椿 啓介 …………… 184	鶴見 和子 ………… 184	寺尾 麻実 …………… 337
椿 由美 …………… 337	津和野町 …………… 109	寺尾 紅美 …………… 368
津幡 知子 …………… 220	津和野町まちづくり検討委	寺尾 幸子 …………… 370
燕三条 工場の祭典 … 148	員会 …………… 109	寺岡 壽子 …………… 341
燕三条プライドプロジェク		寺岡 文子 …………… 103
ト・「燕三条 工場の祭典」	【て】	寺岸 和光 …………… 10
実行委員会 ………… 57		寺阪 明莉 …………… 386
燕商工会議所 ……… 169	鄭 継深 …………… 222	寺崎 知水 …………… 226
粒来 哲蔵 …………… 380	鄭 明修 …………… 181	寺崎はねこ踊り保存会 … 15, 93
坪井 秀人 …………… 405	ディアン・タマ財団 … 171	寺沢 薫 …………… 139
坪内 美樹 ……… 253〜255	ティー・エム・オー尼崎 … 25	寺澤 淳一 …………… 121
坪川 沙穂梨 ………… 383	ティーシャツ・ギャラク	寺下 昌子 …………… 316
坪田 瑶 …………… 337	シー …………… 111	寺島 絵里佳 ………… 90
坪山 豊 …………… 103	デイビス, ジェニファー	寺島 みちこ ………… 342
壺屋やちむん通り会 … 20	………………… 333	寺田 栄 ………… 242, 266
妻籠を愛する会	ティモーシュキン, オレック	寺田 冴夕水 ………… 348
……… 30, 32, 110, 162	A. ……………… 180	寺町通り地区まちづくり協
津村 記久子 ………… 327	ティリム, ガイ …… 231	定運営委員会 ……… 110
津村 耕佑 …………… 42	天売島おらが島活性化会議	寺町まちづくり協議会 … 17
津山 正順 …………… 230	…………………… 32	テラ・ルネッサンス …… 53
つやま新産業創出機構 … 168	出口 正二 ………… 346	照葉まちづくり協会 … 109
津山信用金庫 ………… 83	出口 哲生 ………… 182	照井 謹二郎 ………… 395
津山ホルモンうどん研究会	出口 裕弘 ………… 318	テレビ岩手 ……… 291, 293
……………… 141, 142	てぐらた人和夢実行委員会	テレビ新広島 ……… 288
露口 啓二 …………… 232	…………………… 15	テレビ長崎 …… 288, 289, 293
鶴居タンチョウ鶴愛護会	デーケン, アルフォンス	テレビ西日本 … 289, 290, 295
…………………… 163	………………… 190	テレビ山口 ………… 288
鶴尾 隆 …………… 187	デサント ………… 84, 88	典厩 五郎 …………… 389
鶴岡織物工業協同組合 … 57		天空の楽園 日本一の星空ナ

イトツアー 149
天神崎の自然を大切にする
　会 22, 23
天神崎保全市民協議会 163
天神橋3丁目商店街振興組
　合 20, 26
天体界道100kmにちなんお
　ろちマラソン全国大会
　........................... 146
天楓 一日 347
天明 佳臣 189
でん六 86
天明水の会 171
天覧山・多峯主山の自然を
　守る会 21
天理大学雅楽部 103

【と】

土居 恒夫 269
土井 智宏 209
土居 義彦 386
土居 良三 165
ドイチェス・フェストinな
　ると 144
「ドイツニュースダイジェス
　ト」 130, 131
董衎 208
東奥会 126
東奥会青森方部会 124
東音中島 勝祐 104
東海市健康応援ステーショ
　ン 45
東海商工会議所 45
東海テレビ放送
　............ 288, 291, 293〜295
堂垣 園江 327
「どぅぎゃん」 130
東京都公園協会緑と水の市
　民カレッジ事務局 73
東京大学 73
東京大学生産技術研究所関
　本研究室 4
東京都 .... 110, 173〜175
東京東信用金庫 82
東京都下水道局 175, 176
東京都写真美術館 89
東京都墨田区 295

東京都世田谷区 87
東京都調布市立富士見台小
　学校 174
東京都日野市 116
東京都町田市 45
東京都町田市経済観光部
　............................ 44
東京都港区 87
東京都立産業技術研究セン
　ター 169
東京都連合日華会 125
東京能楽養成会 100
東京放送 288
東京北斎会 46
道具×安井未星×尾崎迅
　........................... 224
童劇ブーポ 62
峠の国盗り綱引き合戦 65
東郷 克美 405
東郷 隆 388
道後温泉 43
同志社大学 44
どうしん小樽販売所会 ... 125
唐人踊り保存会 103
道新会札幌八日会 121
東尋坊愛のマラニック実行
　委員会 85
島前ふるさと魅力化財団隠
　岐國学習センター 4
「とうちゃんのこたべ」 ... 131
道東観光開発 150
東野 治之 139
東野 光男 222
東濃信用金庫 81
東原 那美 47
藤部 明子 231
藤フーズ 119
東武鉄道 109
東部読売会 122
当別町 72
東峰テレビ 3
東北開墾 120
東北工芸製作所 117
東北醬油 86
東北風土マラソン&フェス
　ティバル 85
東北福祉大学ボランティア
　センター 26
東北放送 292
どうまえ あやこ 333

当麻八起会 12
灯向 亮 299
当目公民館 19
とうもろこし3万坪迷路
　........................... 144
洞爺湖温泉観光協会 84
當山 忠 280
当山 昌直 98
東洋アーツ 22
東洋自動機 153
「とうよこ沿線」 38
東横沿線を語る会 60
燈籠祭 149
童話の里「わらべサークル
　協議会」 14
十日町市地域おこし実行委
　員会 29
十日町地域広域事務組合
　............................ 24
遠野市 34
遠野市民センター 90
遠野市民の舞台 59
遠山 久美子 350
遠山 サキ 6, 7
遠山 静雄 101
都会と田舎を結ぶ食育ネッ
　ト 26
十勝清水コスモスファーム
　（風車） 157
「十勝の生活応援マガジン
　Chai」 132
戸川 幸一郎 238
土岐 良平 14
時枝 俊江 190
時をつむぐ会 27
時里 二郎 359, 381
時田 岩吉 7
時田 志美子 7
時田 慎也 390
時田 也寸子 205
時田工業 157
とぎつカナリーホール 89
時任 奏 246
ときめき国際学校実行委員
　会 73
ときめき・らんど はなみず
　き 22
磨家 信一 322
常盤平団地自治会 28
トーク・ウベ21 15

徳岡 久生 ……………… 381
徳岡 弘之 ……………… 324
徳島活性化委員会 …… 30
徳島魚類 ……………… 119
徳島県阿波踊り協会 …… 85
徳島国際人形劇フェスティ
　バル実行委員会 ……… 62
徳島市 ………………… 108
徳島市東船場商店街振興組
　合 …………………… 108
徳島新聞販売会 …… 123, 124
徳島新聞販売会婦人部「み
　つわ会」鳴門支部 …… 126
徳島新聞みつわ会美馬支部
　……………………… 122
徳田 栄基 ……………… 216
徳竹 雅子 ……………… 402
外口 玉子 ……………… 191
徳永 恂 ………………… 166
徳永 進 ………………… 189
徳永 澄憲 ……… 133, 136, 138
徳永 久志 ……………… 245
徳永 博之 ……………… 347
徳永 正弘 ……………… 91
徳永 瑞子 ……………… 191
徳平 尚彦 ……………… 227
毒蝮 三太夫 …………… 274
徳丸北野神社田遊び保存会・
　赤塚諏訪神社田遊び保存
　会 ……………………… 93
床 明 …………………… 8
床 ヌプリ ……………… 6, 7
床品 美帆 ……………… 329
床鍋とことん会 ……… 22
とこなめ国際やきものホー
　ムステイ実行委員会 … 14, 51
所 宏樹 ………………… 222
土佐絵金歌舞伎伝承会 … 63
戸澤 三二子 …………… 341
戸沢村国際交流協会 …… 52
年をとらないための生活講
　座 ……………………… 16
都市基盤整備公団千葉地域
　支社 ……………… 107, 108
都市基盤整備公団中部支社
　………………………… 107
都市基盤整備公団東京支社
　………………………… 107
都市基盤整備公団土地有効
　利用事業本部 ………… 108

都市再生機構 ………… 108
都市再生機構埼玉地域支社
　………………………… 109
都市再生機構千葉地域支社
　………………………… 109
戸嶌 奈々聖 …………… 374
豊島区 ………………… 291
豊島区立舞台芸術交流セン
　ター …………………… 90
豊島子どもWAKUWAKU
　ネットワーク ………… 31
とだ かずき …………… 372
戸田 常一 ……………… 137
戸田 裕介 ……………… 202
戸田 喜守 ……………… 207
戸田市 ………………… 23
戸谷 成雄 ……………… 263
栃尾表町区まちづくり委員
　会 …………………… 109
とちお 夢しお21 ……… 19
栃木蔵の街音楽祭実行委員
　会 ……………………… 62
栃木県 ………………… 176
栃木県足利市産業観光部
　………………………… 44
栃木県大田原市 ……… 158
栃木県鹿沼市 ………… 45
栃木県シニアセンター … 22
栃木市 ………………… 109
栃木市商店会連合会 … 109
栃木の例幣使街道を考える
　会 …………………… 109
栃工高国際ボランティアネッ
　トワーク …………… 21, 51
戸塚団地自治会 ……… 107
鳥取県倉吉市 ………… 108
鳥取県立図書館 …… 98, 99
鳥取市 ………………… 109
鳥取食品工業 ………… 119
鳥取信用金庫 ………… 82
鳥取とうふちくわ総研 … 140
トッポノッポ ………… 247
土手 康子 ……………… 368
百々 俊二 ……………… 232
百々 俊雅 ……………… 235
都内中部朝日会渋谷ブロッ
　ク会 ………………… 123
砺波子供歌舞伎曳山振興会
　………………………… 105
となみの農産物生産グルー

プ協議会 ……………… 24
斗南どんどこ健康村 …… 32
殿川小水力発電研究会 … 32
鳥羽 耕史 ……………… 390
鳥羽 鐐一 ……………… 103
土橋 章宏 …………… 299, 310
土橋 いそ子 …………… 315
鳥羽屋 里長 …………… 103
土肥 春夫 ……………… 384
飛田 泉 ………………… 376
杜方 徹夫 ……………… 210
苫小牧アイヌ文化保存会
　………………………… 7
苫小牧郷土文化研究会 … 163
苫小牧信用金庫 …… 79, 82
戸松 泉 ………………… 406
戸松 かさね …………… 251
土松 真理子 …………… 70
苫前町 ……………… 21, 107
苫前町くま獅子保存会 … 23
苫前町まちおこし対策推進
　協議会 ……………… 107
泊の歴史を知る会 …… 25
富浦 千弥 ……………… 251
冨岡 次子 ……………… 337
富岡 多恵子 ……… 318, 401
冨岡 紀子 ……………… 305
冨岡 ゆう ……………… 376
冨岡 洋子 ……………… 339
冨岡 美子 ………… 310, 362
富岡製糸場を愛する会 … 31
富岡製糸場世界遺産伝道師
　協会 ………………… 65
富川 正輝 ……………… 349
冨嶋 さくら …………… 252
冨嶋 奏 ………………… 254
冨田 勲 ………………… 398
富田 そのこ …………… 282
冨田 眞吏 ……………… 356
富田 正子 ……………… 299
冨田人形共遊団 ……… 106
冨田人形保存愛好会 … 16
冨永 房枝 ……………… 291
冨永 水紀 ……………… 320
富浜地区ボランティア連絡
　協議会 ……………… 18
富山 富美子 ………… 362
富山 昌彦 ……………… 306
登米秋まつり協賛会 …… 93
友枝 昭世 ……………… 104

友枝 喜久夫 ……………… 101
友清 崇 …………………… 301
友田 竜将 ………………… 387
友永 博志 ………………… 282
友の会たすけあい ………… 29
鞆・町並ひな祭実行委員会
　………………………………… 44
友寄 総市浪 ……………… 279
戸谷 成雄 …………… 201, 242
戸矢 洋栄 ………………… 226
戸谷 洋志 ………………… 11
土谷棚田の火祭り ………… 146
外山 愛美 ………………… 371
外山 陽子 ………………… 33
富山インターネット市民塾
　………………………………… 113
富山県 ……………………… 111
富山県井波町 ……………… 164
富山県射水市 ……………… 44
富山県黒部市 ……………… 175
富山県芸術文化協会 ……… 50
富山県利賀村の国際舞台芸
　術研究所 ………………… 163
富山県入善町 ……………… 173
富山県民謡おわら保存会
　…………………………… 63, 91
富山市 ……………… 108, 110
富山テレビ放送 … 288, 289, 292
「富山の女性誌 まいけ」… 39
豊岡 彩夏 ………………… 246
豊岡 靖かず ……………… 338
豊岡市民プラザ …………… 89
豊川 重雄 ………………… 5
豊川 遼馬 ………………… 374
豊川いなり寿司で豊川市を
　もりあげ隊 ……………… 141
豊島 加純 ………………… 334
豊島 久真男 ……………… 186
豊嶋 曜 …………………… 261
豊田 裕美 ………………… 338
豊田 悠衣 ………………… 387
豊田 征男 …………… 237, 243
トヨタカローラ熊本 ……… 19
豊田市 ……………… 109, 114
豊田市国際交流協会 ……… 51
トヨタ自動車トヨタボラン
　ティアセンター ………… 25
豊田まちづくり …………… 109
豊中市 ……………… 289, 290
豊中市社会福祉協議会 …… 95

豊根村・サウジアラビア王
　国交流促進委員会 ……… 72
豊橋技術科学大学・愛知県
　東三河建設事務所 ……… 176
豊橋交響楽団 ……………… 58
豊橋信用金庫 ……………… 80
豊原 清明 …………… 363, 381
豊福 知徳 ………………… 266
豊増 秀男 …………… 213, 217
トーヨーリトレッド ……… 151
トライアスロン世界選手権
　シリーズ横浜大会組織委
　員会 ……………………… 88
トライアングル …………… 56
トラボックス ……………… 112
ドリアン助川 ……………… 334
鳥居 沙帆 ………………… 375
鳥居 真知子 ……………… 375
鳥居 雄三 ………………… 257
取兜 甲児 ………………… 348
鳥越 基子 ………………… 82
取手アートプロジェクト
　…………………………………… 64
取手ぶるく ………………… 28
鳥の劇場 …………………… 53
鳥谷 朋衛 ………………… 377
ドレスラー, ピーター …… 232
トロッコ王国美深の会 …… 20
トロンダイム, ルイス …… 333
トワ・エ・モア …………… 60
十和田市現代美術館 ……… 89
十和田信用金庫 …………… 79
十和田バラ焼きゼミナール
　…………………………… 141, 142
董 書兵 …………………… 203
どんぐりの会 ……………… 32
富田林市 …………………… 110
富田林寺内町をまもり・そ
　だてる会 ………………… 110
トンボと自然を考える会
　…………………………………… 61

【な】

「ナイスいさはや」………… 128
ナイツ ………………… 275, 276
内藤 明 …………………… 408
内藤 絹子 …………… 195, 221

内藤 徹 ……………… 135, 137
内藤 範子 ………………… 195
内藤 広 …………………… 42
内藤 麻衣子 ……………… 348
内藤食品工業 ……………… 157
内堀醸造 …………………… 152
ナイン ……………………… 250
直江 謙継 ………………… 345
中 寒二 …………………… 380
中 他見男 ………………… 342
中 好幸 …………………… 48
永井 恵理子 ……………… 389
ナカイ, ケイト・W. ……… 166
永井 利明 ………………… 299
永井 伸和 ………………… 61
中井 延也 ………………… 241
中井 英夫 …………… 267, 312
仲井 英之 ………………… 403
中井 正弘 ………………… 47
永井 ますみ ……………… 359
永井 学 ……………… 260, 269
永井 康夫 ………………… 220
永井 友理 ………………… 339
永井 里依 …………… 222, 223
長池 博子 ………………… 190
長池地区ため池環境づくり
　ワークショップ ………… 16
長居公園元気ネット ……… 29
ながい黒獅子まつり ……… 147
永井地区まちづくりの会
　…………………………………… 31
中出 武彦 ………………… 271
中海テレビ放送 …………… 115
中江岩戸神楽保存会 ……… 107
長尾 有紗 ………………… 385
中尾 一和 ………………… 177
中尾 臣裕 ………………… 126
中尾 忠明 …………… 213〜215
中尾 千恵子 ……………… 311
長尾 春花 ………………… 278
中尾 眞 …………………… 77
中尾 美佐子 ……………… 372
中尾 三十里 ……………… 369
長岡 輝子 ………………… 396
長岡 宏 …………………… 109
永長 直人 ………………… 182
中上 哲夫 ………………… 394
仲川 暁実 ………………… 350
中川 オサム・ジェームス
　…………………………………… 232

中川 進一 ……… 80	長沢 靖浩 ……… 9	永田 美穂 ……… 385
中川 大 ……… 134, 135	永澤 優岸 ……… 351	永田 祐子 ……… 385
中川 広子 ……… 298	長沢 吉勝 ……… 124	永田 洋一郎 ……… 199
中川 ひろたか ……… 333	中下 重美 ……… 304, 353	中田 里沙 ……… 217
中川 晶子 ……… 338	中島 晶子 ……… 339	仲代 達矢 ……… 296
中川 将幸 ……… 214, 310	仲島 昭広 ……… 235	中田区 ……… 23
中川 衛 ……… 104	中島 郁子 ……… 302	中谷 明子 ……… 307
中川 美保子 ……… 10	中島 京子 ……… 313	中谷 晴男 ……… 226
中川 幸夫 ……… 42, 231	中島 国彦 ……… 404	中谷 路子 ……… 102
中川 由起子 ……… 127	長嶋 作造 ……… 93	中谷 由衣 ……… 336
中川 洋子 ……… 310, 311	中島 俊市郎 ……… 223	永谷園 ……… 157
中川 善雄 ……… 104	中嶋 祥子 ……… 218	中田屋 ……… 119
中川 良貴 ……… 304	中島 隆博 ……… 167	長津 功三良 ……… 397
中川建築デザイン室 ……… 108	中島 経夫 ……… 180	永津 みどり ……… 200
那賀川町社会福祉協議会	中島 智弘 ……… 210	中塚 鞠子 ……… 359
……… 18	中島 豊子 ……… 301	中津川市 ……… 110
中口 千恵子 ……… 102	中島 直俊 ……… 299	なかつ村移住者推進協議会
長久手町文化の家 ……… 89	中島 奈津子 ……… 206, 262	……… 19
長倉 洋海 ……… 230	中島 信男 ……… 221	永冨 雪子 ……… 226
中小場大豆研究会 ……… 18	中島 福太郎 ……… 253	長友 未来 ……… 339
長坂 麻美 ……… 307	中島 フミト ……… 250	長瀞・二の堀を愛する会
永坂 佳緒里 ……… 384	中嶋 萌賀 ……… 342	……… 20
長坂 大 ……… 208	中島 素子 ……… 70	長縄 光延 ……… 159
中崎 千枝 ……… 402, 403	中島 基善 ……… 77	中新田バッハホール ……… 60
長崎 夏海 ……… 358	中島 靖子 ……… 103	中西 静香 ……… 206
長崎県 ……… 114, 290	中島 由美子 ……… 343	中西 進 ……… 165
長崎県佐世保市 ……… 154	中島 洋一 ……… 104	中西 大輔 ……… 37
長崎県産業労働部 ……… 44	中島川を守る会 ……… 58	中西 貴子 ……… 212
長崎県世界青年友の会 ……… 51	中条 孝子 ……… 326	中西 弘貴 ……… 359
長崎県対馬市 ……… 143	中条 均紀 ……… 258	中西 恵 ……… 211, 213
長崎国際交流塾 ……… 52	長洲町 ……… 19	中西 由紀 ……… 215
長崎じげもん豚と雲仙しま ばら 鶏の肉工房みぞた	永積 洋子 ……… 165	長沼 都 ……… 322
……… 118	永瀬 忠志 ……… 37	中根 和広 ……… 224
長崎・セントポール姉妹都 市委員会 ……… 72	中世古 光正 ……… 123	中根 哲彦 ……… 217
長崎伝習所 ……… 14	中園 成生 ……… 98	中根 房子 ……… 159
長崎伝習所「国際交流塾」	中空 よおい ……… 276	中根 裕希子 ……… 366
……… 17	中田 一於 ……… 106	中野 一義 ……… 268, 269
長崎伝統芸能振興会 ……… 85	永田 和宏 ……… 345, 407	中野 沙羅 ……… 327
長崎放送 ……… 290〜292, 294	長田 堅二郎 ……… 203, 204	中野 伸一 ……… 181
長崎明清楽保存会 ……… 103	中田 重顕 ……… 393	中野 新治 ……… 395
長崎ランタンフェスティバ ル ……… 145	長田 重一 ……… 188	仲野 鈴代 ……… 311
中里 雅光 ……… 178	中田 澄江 ……… 340, 385	中野 千秋 ……… 349
中里 友豪 ……… 279	中田 朋樹 ……… 69, 385	中野 俊子 ……… 236
中沢 新一 ……… 186, 318	永田 暢也 ……… 212, 214	中野 智晴 ……… 205
永沢 透 ……… 328	永田 陽菜 ……… 214	永野 寿代 ……… 294
中澤 日菜子 ……… 276, 283	永田 裕美 ……… 374	長野 ヒデ子 ……… 332
長沢 靖 ……… 332	永田 法順 ……… 103	永野 誉玲 ……… 214, 216, 217
	中田 雅久 ……… 126	長野 まゆみ ……… 313
	中田 光彦 ……… 125	中野 真里子 ……… 212
		中野 美月 ……… 327

長野 実乃里 …………… 239	中原 政人 …………… 315	中村 妙子 …………… 385
中野 由貴 …………… 371	中原 ミキオ ……… 214〜216	中村 孝子 …………… 379
永野 淑能 ………… 213, 215	中原 らいひ …………… 327	中村 卓史 …………… 182
長野県 ………………… 156,	長房 勇之介 …………… 339	中村 隆俊 …………… 77
174, 291, 293, 295	中藤 毅彦 ………… 232, 259	中村 タケ …………… 106
長野県上田市 ……… 173, 174	長洞元気村協議会 ……… 30	中村 智恵子 ………… 305
長野県上高井郡小布施町	仲町まちづくり協議会 … 21	中村 俊彦 …………… 137
………………………… 163	永松 果林 …………… 350	中村 友美 …………… 369
長野県教育委員会 ……… 294	永松 茂 ……………… 91	中村 信喬 …………… 105
長野県共同電算 ………… 114	永松 俊雄 …………… 136	中村 典子 …………… 69
長野県下水道公社 ……… 177	永松 雪美 …………… 91	中村 梅花 …………… 101
長野県工業技術総合セン	ながまつ ようこ ……… 320	中村 橋之助 ………… 274
ター ………………… 169	中丸 美繪 …………… 326	中村 八大 …………… 281
長野県坂城町立村上小学校	永水小学校山村留学里親制	中村 秀男 …………… 211
………………………… 174	度実施委員会 ………… 17	中村 仁美 …………… 348
長野県塩尻市 …………… 3	中道南地区 エコニンジャク	中村 太士 …………… 181
長野県下伊那郡大鹿歌舞伎	ラブ …………………… 19	中村 真紀子 ………… 278
保存会 ………………… 163	長嶺 和足 …………… 217	中村 又五郎 ………… 101
長野県信用金庫協会 …… 78	なかむら …………… 157	中村 眞美子 ………… 239
長野県千曲市 …………… 176	中村 彰彦 …………… 364	中村 万之丞 ………… 101
長野県長野市若穂支所 … 156	中村 明弘 …………… 227	中村 美技子 ………… 340
長野県山形村農村情報セン	中村 哲 …… 97, 191, 397	中村 瑞希 …………… 90
ター ………………… 292	中村 綾子 …………… 382	中村 実千代 ………… 71
長野国際親善クラブ …… 50	中村 征夫 …………… 230	中村 緑里 …………… 238
ながのこどもの城いきいき	中村 勇人 …………… 257	中村 稔 ……………… 216
プロジェクト ………… 27	中村 歌右衛門 ……… 296	中村 三春 …………… 397
長野市 …………………… 109	中村 恵美 …………… 363	中村 メイコ ………… 297
中之島まつり …………… 63	中村 栄美子 ………… 160	仲村 萌々子 ………… 391
中瀬 喜陽 …………… 185	中村 恵理 …………… 301	中村 祐輔 …………… 187
長野灯明まつり ………… 148	中村 薫 ……………… 382	中村 ゆか里 ………… 277
ナカノナガメ …………… 254	中村 勝信 ……………… 7	中村 有希 …………… 223
長野放送 ………………… 291	中村 雅峯 …………… 104	中村 豊 …… 309, 331, 356
中野木工 ………………… 118	中村 花木 …………… 355	中村 芳子 …………… 306
中橋 和昭 ……………… 11	中村 勘九郎 ………… 274	仲村 涼子 …………… 348
中畑 長次郎 …………… 101	中村 勘太郎 ………… 275	中村 瑠南 …………… 354
中畑 智江 …………… 360	中村 吉右衛門 ・ 105, 275, 297	ながめ黒子の会 ……… 15
中畑 正志 …………… 167	中村 公彦 …………… 300	仲元 治 …………… 244
長濱 要悟 ……………… 16	中村 邦夫 …………… 226	中本 道代 …………… 394
長浜曳山文化協会 ……… 85	中村 紗也 …………… 377	中本 ムツ子 …………… 6
ながはま御坊表参道商店街	中村 獅童 …………… 275	長屋 清臣 …………… 48
振興組合 ……………… 26	中村 雀右衛門 …… 101, 296	長屋 潤 ……………… 390
長浜市 …………………… 34	中村 周平 …………… 338	中屋 望 ……………… 382
長浜曳山祭総当番 ……… 92	中村 守己 …………… 281	中谷 芙二子 ………… 201
長浜曳山祭保存会 ……… 59	中村 俊亮 …………… 380	なかや みわ ……… 333, 334
「長浜みーな」 ………… 41	中村 俊郎 ……………… 75	中山 江梨子 ………… 341
中林 忠良 …………… 270	中村 祥子 …………… 385	中山 勘治 …………… 93
長原 勲 …………… 237, 269	中村 慎一 …………… 139	中山 恵子 ……… 133, 135
中原 早紀子 ………… 206	中村 伸一郎 ………… 396	中山 忍 ……………… 374
中原 静子 ………… 213, 217	仲村 すひの ………… 198	長山 志信 …… 309, 321, 393
中原 正夫 …………… 402	中村 大輔 …………… 137	中山 輝也 …………… 76

中山 直子 ………… 316
中山 直美 ………… 237
中山 実咲 ……… 251〜253
中山 理代 ………… 199
中山 翠 …………… 338
中山 嘉太郎 ………… 37
中山 善晴 …………… 99
永吉 喜恵子 ……… 383
流 政之 ……… 201, 241
流山市立博物館友の会 … 12
中脇 初枝 ……… 358, 390
南木 佳士 ………… 313
なぎさ虹の会 ……… 55
南木曽町 ………… 110
なぎビカリア会 …… 19
なぎら 健壱 ……… 275
名倉 鳳山 ………… 106
名護 宏英 ………… 279
長合 誠也 ………… 338
名越 昭司 ………… 101
名越 琢真 ………… 215
名護市民会館 ……… 89
なごみの里 ………… 23
名古屋観光コンベンション
 ビューロー ……… 56
名古屋市中日会 …… 121
名古屋新市内中日会 … 121
名古屋むすめ歌舞伎 … 62
名古屋リサイクル推進協議
 会 ……………… 122
梨木 香歩 ………… 401
ナジタ, テツオ …… 161
なす もみじ ……… 249
那須塩原市生活学校 … 29
那須田 淳 ………… 358
なだち えんと … 211, 212
なつ ………………… 254
南津 泰三 ………… 310
夏崎 涼 …………… 309
「ナッセ熊本」 …… 132
夏麻の会 ………… 164
なつの 夕里 ……… 375
なつの 由紀 ……… 369
なつまちおもてなしプロジェ
 クト …………… 155
なでしこ防災ネット … 29
名取 隼希 ………… 349
七海 冨久子 ……… 371
七尾 一央 ………… 324
七尾山の寺地域振興会 … 70

七尾市徳田地区ふるさと活
 性化推進委員会 …… 18
七條鮨定 ………… 208
七日町通りまちなみ協議会
 ………………… 110
菜の花学校 ………… 16
鍋澤 保 ……………… 7
鍋島 正一 ………… 267
ナベル …………… 153
生ゴミリサイクル亀さんの
 家 ………………… 31
浪打自治会緑地協広運営委
 員会 …………… 107
浪江焼麺太国 …… 142
名村 麻紗子 ……… 368
苗村 吉昭 ………… 359
なら100年会館 …… 90
奈良一奈良漬 いせ弥 … 119
奈良県葛城市 ……… 4
奈良県三重県読売会 … 122
なら国際映画祭実行委員会
 ………………… 53
なら女性フォーラム … 12
奈良中央信用金庫 … 79, 80
なら灯花会 ……… 145
楢橋 朝子 ………… 232
奈良 一高 ………… 228
楢原 北悠 ………… 202
楢原ゆうあい会 …… 32
成清 仁士 ………… 98
成沢 希望 ………… 386
成沢 未来 ………… 383
成田 聡子 ………… 221
成田 すず ………… 382
成田 弘樹 ………… 374
成田 博之 ………… 301
成田 匡希 …… 298, 300
成田 實 …………… 348
ナリタカ …………… 198
成田祇園祭実行委員会 … 93
成田太鼓祭 ……… 147
成ケ島を美しくする会 … 18
成沢 自由 ………… 340
鳴沢 恵 …………… 390
成瀬 武史 ………… 369
成瀬 好徳 …… 223, 224
成瀬 瑠衣 ………… 355
鳴門市 …………… 72
鳴門「第九」を歌う会 … 66
縄田 ムツ …………… 17

南海放送 ……… 289, 295
南紀白浜温泉 ……… 43
南橘リサイクルの会 … 19
南郷村 ……………… 13
南郷村百済の里づくり … 61
南国殖産 ………… 153
南信州・飯田産業センター
 ………………… 169
南総里見まつり …… 146
なんちゅうカレッジ実行委
 員会 ……………… 45
南都 …………… 68, 153
南砺市いなみ国際木彫刻キャ
 ンプ2011 ……… 148
南砺市福野文化創造セン
 ター ……………… 89
難波 典子 ………… 300
難波 洋三 ………… 139
難波田 節子 ……… 404
南原 あい ………… 279
なんぶ農援隊 ……… 21
南部盛岡チャグチャグ馬コ
 保存会 …………… 91
南方圏交流センター … 49
南房総文化財・戦跡保存活
 用フォーラム …… 25
難民支援協会 ……… 53

【に】

新潟県十日町市 …… 87
新潟県東蒲原郡津川町 … 294
新潟県見附市まちづくり課
 ………………… 44
新潟県妙高市 ……… 4
新潟県村上町屋商人会 … 67
新潟市 …… 4, 73, 87, 175, 176
新潟市地域・魅力創造部
 ………………… 73
新潟市民芸術文化会館 … 88
新潟市民謡連盟 …… 93
にいがた雪室ブランド事業
 協同組合 ……… 169
にいがた総おどり …… 149
新潟大学工学部 … 109
新潟テレビ21 …… 294
新潟日報会 ……… 124
新潟放送 ……… 293〜295
新潟北部開発協議会青年部

……………………………… 15	西川 雅典 ……………… 220	……………………………… 32
新冠民族文化保存会 ……… 6	西川 マリア ……………… 285	西平 愛 …………………… 218
新島 舞子 ………… 247〜249	西川 美穂 ………………… 223	西房 浩二 ………………… 267
新井田 セイノ …………… 5	西九州共聴 ……………… 291	西峯 行雄 ………………… 121
新井田 幹夫 ……………… 7	西口 功 …………………… 124	西村 公朝 ………………… 201
新野 恭平 ………………… 195	西久保 隆 ………………… 392	西村 叡 …………………… 82
新納 里子 ………………… 336	西崎 茂 …………………… 400	西村 三郎 ………………… 166
新居浜市 …………………… 57	西沢 朱実 ………………… 47	西村 繁男 ………………… 334
新居浜市おもちゃ図書館き	西沢 郁輝 ………………… 70	西村 大記 ………………… 200
しゃポッポボランティア	西沢 杏子 ………………… 394	西村 大喜 ………………… 204
グループ …………… 19, 26	西塩子の回り舞台歌舞伎公	西村 敏雄 …………… 238, 334
新居浜市太鼓祭り推進委員	演 ………………………… 145	西村 治雄 ………………… 79
会 ………………………… 93	西塩子の回り舞台保存会	西村 浩幸 ………………… 203
新美 千尋 ………………… 338	……………………… 64, 99	西村 正徳 …………… 195, 203
新山 芳美 ………………… 282	西島 恭之 ………………… 329	西村 匡弘 ………………… 79
仁枝 安子 ………………… 376	西陣・田中伝 …………… 208	西村 美恵子 ……………… 382
仁尾八朔人形まつり2002	西新道錦会商店街振興組合	西村 美佳孝 ……………… 309
……………………………… 145	……………………………… 19	西村 光展 ………………… 206
二階 武宏 ………………… 206	西薗 心愛 ………………… 376	西村 泰則 ………………… 317
二階堂 正宏 ……………… 254	西園 多佳子 ……………… 340	西村 嘉彦 ………………… 348
二ヶ領用水の再生を考える	西田 耕三 ………………… 406	西米良神楽保存会 ……… 105
市民の会 ………………… 13	西田 淑子 ………………… 211	西本 鶏介 ………………… 334
二鬼 薫子 ………………… 346	西田 敏行 ………………… 275	西本 幸司 ………………… 70
肉のいとう ……………… 154	西田 洋文 …………… 216, 217	西本 朱里 ………………… 71
肉のふがね ……………… 118	西田 真琴 ………………… 211	西本 昌平 ………………… 105
にぐるまの会生活学校 …… 22	西田 眞人 ………………… 235	にしもと よう …………… 334
西 あゆみ ………………… 223	西田 味加 ………………… 214	西馬音内盆踊保存会 … 63, 92
西 和夫 …………………… 49	西田 睦 …………………… 180	西森 涼 …………………… 311
西 加奈子 ………………… 326	西田 良り ………………… 397	西山 香子 ………………… 372
西 啓子 …………………… 301	西町・総曲輪再開発ビル管	西山 研二 ………………… 210
西 成彦 …………………… 396	理組合 …………………… 110	西山 徹 …………………… 224
西 常雄 …………………… 240	「にしてつニュース」 …… 130	西山 由華 ………………… 340
仁志 寛人 ………………… 215	西富田藍の会 ………… 16, 21	西山 瑠依 ………………… 206
西 史夏 …………………… 284	仁科 真弓 ………………… 250	西山製麺 ………………… 86
西 雅秋 …………………… 242	仁科 友里 ………………… 356	21世紀えひめニューフロン
西井 恵美 …………… 211, 214	西永 耕 …………………… 348	ティアグループ ………… 28
にじいろクレヨン ………… 32	西奈良ふるさとづくり交歓	21世紀未来博覧会 ……… 145
西海 宏美 ………………… 257	委員会 …………………… 13	西和賀町文化創造館銀河ホー
西浦 稔 …………………… 78	西日本新聞エリアセンター	ル ………………………… 89
西岡 寿美子 ……………… 359	連合会 ……… 122, 123, 126	ニセコ綺羅街道住民会議
西岡 久雄 ………………… 133	「西日本文化」 …………… 39	……………………………… 107
西尾信用金庫 ……………… 82	西沼メダカ保存会 ………… 18	ニセコ21世紀まちづくり委
にしがき ようこ ………… 400	西野 恵次郎 ……………… 211	員会 ……………………… 107
西神楽エコ農村共生対流推	西野 康造 …………… 242, 266	二代目喜一郎 …………… 257
進協議会 ………………… 31	西野 陽一 ………………… 201	日段 ……………………… 152
西軽井沢ケーブルテレビ	西林 久美子 ……………… 362	日南市 …………………… 34
……………………………… 61	西林 由花 ………………… 217	ニチフリ食品 …………… 86
西川 古柳 ………………… 102	西原 健次 …… 309, 321, 343, 346	日鉱金属 ………………… 27
西川 聡 ……………… 223, 383	西原 友市 ………………… 211	日光軒 …………………… 116
西河 紀男 ………………… 74	西原自然公園を育成する会	日光杉並木街道保存委員会

……………………… 162	
日穀製粉 …………… 157	
新田 恵実子 ………… 371	
ニッポン高度紙工業 …… 150	
蜷川 紘子 …………… 278	
二ノ宮 ……………… 252	
ニノミヤ, リッキー …… 332	
仁平井 麻衣 … 337, 349, 352	
二瓶 みち子 …… 304, 305	
日本一短い手紙一筆啓上賞	
活動 ……………… 62	
日本海政令市にいがた 水と	
土の芸術祭2009 …… 147	
日本海テレビジョン放送	
………… 288, 291, 294, 295	
日本海テレビ放送 …… 287	
日本玩具博物館 ……… 62	
日本銀行 …………… 111	
日本下水道事業団 … 174～176	
日本サスティナブル・コミュ	
ニティ・センター … 3, 113	
日本食べる通信リーグ … 120	
日本新聞販売協会近畿地区	
本部 …………… 121, 127	
日本新聞販売協会和歌山県	
紀南支部 ………… 123	
日本スポーツGOMI拾い連	
盟 ……………… 84	
日本スポーツごみ拾い連盟	
……………………… 87	
日本スポーツ雪かき連盟	
……………………… 84	
日本青年館 ………… 105	
日本体育大学社会貢献推進	
機構 ……………… 119	
日本テレビ放送網 …… 293	
日本トイレ研究所 …… 175	
日本のお手玉の会 … 16, 63	
日本のふるさと遠野まつり	
……………………… 148	
日本はきもの博物館 …… 59	
日本初のホタル舟 …… 149	
日本文化財漆協会 …… 105	
日本文理大学 ……… 87	
日本放送協会報道部 … 293	
二本松信用金庫 ……… 79	
日本ライツ ………… 150	
ニューCOARA ……… 62	
丹生川宿儺かぼちゃ研究会	
……………………… 155

入善町下山芸術の森発電所	
美術館 …………… 89	
ニューズ・インターナショ	
ナル ……………… 221	
仁淀川紙のこいのぼり … 144	
如来田の環境を守る会 … 14	
人形劇カーニバル飯田 … 60	
人形劇カーニバル飯田実行	
委員会 ………… 50, 164	
「人間情報紙「夢見る人」上	
十三版」 …………… 41	
にんじんネット協議会 … 114

【ぬ】

額田 勲 …………… 191	
ヌーゾー, ジョン …… 301	
布橋灌頂会実行委員会 … 65	
沼隈町 ……………… 13	
沼倉 順子 ………… 355	
沼津市立沼津高等学校 … 312	
沼田 真琴 ………… 223

【ね】

根上町 ……………… 23	
ネイチャーネットワーク・	
プロジェクト ……… 113	
根木 実 …………… 352	
根岸 創 …………… 203	
ねじめ 正一 …… 332, 388	
ネシャット, シリン …… 264	
根知むらおこしふるさと協	
会 ………………… 15	
熱血!!勝浦タンタンメン船	
団 …………… 142, 143	
ねどふみの里保存会 …… 23	
ネフスキー, ニコライ … 96	
根室 総一 ………… 310	
根本 甲子男 ………… 101	
根本 昌幸 ………… 354	
根本 幸江 ………… 405	
根本 与三郎 ………… 5	
根本 若奈 ………… 349	
寝屋川あいの会 ……… 32	
寝屋川市民たすけあいの会	
……………………… 95

【の】

ノアすさみ ………… 19	
農業法人大地 ……… 118	
能作 ……………… 155	
能島 浜江 ………… 236	
農村歌舞伎 葛畑座 …… 24	
能年 玲奈 ………… 275	
納場地区コミュニティ推進	
協議会 …………… 15	
能生町漁業協同組合青年部	
……………………… 20	
農林ピック・そばフェスタ	
2002 ……………… 145	
直方市美術館 ……… 90	
野上 健司 ………… 329	
野上 卓 …………… 280	
野上 玲緒 ………… 403	
野上記念法政大学能楽研究	
所 ………………… 102	
能川 光陽 ………… 102	
野城 裕子 ………… 375	
野口 五百里 …… 211～213	
野口 英二 ………… 363	
野口 健 …………… 223	
野口 健（アルピニスト）	
………………… 33, 37	
野口 卓 …………… 281	
野口 武彦 ………… 165	
野口 田鶴子 ………… 398	
野口 光江 ………… 362	
野口 翠 …………… 68	
野口 芽以 ………… 240	
野口 泰久 ………… 281	
野口 里佳 ………… 233	
のこのっくす ……… 253	
野坂 昭如 …… 33, 313	
野崎 有以 ………… 364	
野崎 乗 ……… 216, 217	
野崎 文子 ………… 208	
野澤 勇 …………… 239	
野沢 友理 ………… 249	
のし ……………… 253	
野島 亜悠 ………… 384	
野島 光世 ………… 379	
野尻 敏夫 ………… 341	
のしろ白神ネットワーク	

……………………… 29	野メダカを育てる会 …… 15	萩原 義弘 ……………… 232
野角 孝一 ……………… 261	野本 和幸 ……………… 167	朴 沙羅 ………………… 383
能勢 健生 ………………… 68	野本 亀雄 ………………… 5	朴 真理子 ……………… 382
能勢 浄瑠璃の里 ………… 64	野本 敏江 ………………… 8	白石 恵子 ……………… 344
野田 拓弥 ……………… 371	野本 ハナエ ……………… 7	博英会 …………………… 153
野田 哲生 ……………… 189	野本 久栄 ………………… 8	白甕社 …………………… 58
野田 哲也 ……………… 270	のもと ゆきお ………… 247	白王町集落営農組合 …… 30
野田 寿子 ……………… 394	野本 ヨシエ ……………… 7	白山川を守る会 ………… 18
野田 秀樹 ………………… 33	野本 リヨ ………………… 5	白十字会 ………………… 153
野田 雄一 ……………… 201	野矢 茂樹 ……………… 167	爆笑問題 ………………… 274
野田 夕希 ……………… 260	乗政DVC ………………… 17	白田 誉主也 …………… 269
能登 昭博 ……………… 126	ノルテ・ハポン …………… 54	ぱくぴーこ ……………… 245
能登 剛史 ………………… 33	ノロ燐 …………………… 201	「HAKODADI」 ………… 39
のと共栄信用金庫 ……… 82		函館インフォメーション・
能登キリコ祭り振興協議会	【は】	ネットワーク ………… 111
……………………………… 92		函館からトラスト事務局
能登信用金庫 …………… 78		……………………………… 22
能登ふるさと博 灯りでつな	「はいから」 …………… 130	はこだてクリスマスファン
ぐ能登半島 能登・千枚田	廃棄物対策豊島住民会議	タジー実行委員会 …… 110
あぜの万燈 …………… 147	……………………………… 171	函館市 ……………… 56, 110
野中 福雄 ………… 215, 217	俳句甲子園実行委員会 … 65	函館市伝統的建造物群保存
野中里山倶楽部 ………… 24	羽賀 週 ………………… 252	会 ……………………… 110
野波 成恵 ……………… 383	芳賀 日出男 ……… 103, 196	函館信用金庫 …………… 81
野々内 宏 ………… 236, 243	芳賀 祐太朗 ……………… 71	函館の歴史的風土を守る会
野の花館設立準備会 …… 16	博多祇園山笠振興会 …… 85	……………………………… 110
野原村元気づくり協議会	博多港開発 ……………… 109	はこだて冬フェスティバル
……………………………… 32	博多町人文化連盟 ……… 60	実行委員会 …………… 110
のびのびリサイクル所 … 24	博多ふくいち …………… 154	はこだて街なかプロジェク
信国 真載 ……………… 133	はかた夢松原の会 …… 13, 61	ト ……………………… 110
延島 みお ……………… 368	羽金山振興会 …………… 14	箱根十七湯 ……………… 43
信時 哲郎 ……………… 398	袴田 規知代 …………… 260	「ハコラク」 …………… 130
のぶみ ……………… 334, 335	袴田 里帆 ……………… 321	波佐文化協会 …………… 62
ノーブル, アン ………… 233	萩 真沙子 ……………… 309	飯山満中学校区青少年の環境
野部 真優美 …………… 260	萩尾 健司 ……………… 339	を良くする市民の会 … 21
延岡市健康長寿推進市民会	萩岡 松韻 ……………… 105	橋口 譲二 ……………… 229
議 ……………………… 45	萩市 ……………………… 95	橋爪 幸子 ……………… 352
野間 祥子 ……………… 257	萩市総務部財政課 ……… 96	橋立 佳央理 …………… 352
野町 和嘉 ………… 197, 230	萩田 諭 ………………… 246	橋立 英樹 ……………… 349
乃美小学校区ふるさと活性	萩田 光雄 ……………… 282	橋野 カナ ……………… 198
化推進協議会 …………… 15	萩原 清子 …………… 136〜138	パシフィックプログラムマ
野宮 淳子 ……………… 301	萩原 良巳 ……………… 136	ネージメント ………… 109
野見山 潔子 …………… 338	萩本 欽一 ……………… 274	橋本 顕光 ……………… 311
野村 和未 ……………… 342	萩本 範文 ……………… 170	橋本 憲範 ……………… 321
野村 義一 ………………… 6	萩原 享 ………………… 199	橋本 佳奈 ……………… 238
野村 恵子 ……………… 230	萩原 朝子 ………… 348, 349	橋元 京子 ……………… 127
野村 万作 ……………… 296	萩原 奈苗 ……………… 304	橋本 紗季 ……………… 338
野村 万之丞 ……………… 42	萩原 博文 ………………… 36	橋本 詩音 ……………… 354
野村 洋一 ………………… 10	萩原 博光 ……………… 186	橋本 節 ………………… 206
野村 洋子 ……………… 361	萩原 由男 ……………… 310	橋本 珠衣 ……………… 340
野村 良一 ……………… 136		橋本 裕臣 ……………… 241

はしもと まさよ ……… 403	畠山 耕治 ……… 220	ハックの家 ……… 29
橋本 美恵子 ……… 159	畠山 重篤 ……… 397	八光信用金庫 ……… 78
橋本 喜典 ……… 345	畠山 直哉 ……… 230	初沢 亜利 ……… 232
橋本 嘉幸 ……… 187	畠山 みな子 ……… 379	初芝 彩 ……… 350
橋谷 桂子 ……… 368	波多コミュニティ協議会	八匠 ……… 108
蓮 まこと ……… 198	……… 29	初瀬川 ウメ ……… 100
蓮井 良之 ……… 286	幡多信用金庫 ……… 79	初田 哲男 ……… 182
葉月 詠 ……… 360	畑田 脩 ……… 348	バッタリー村 ……… 16
八月 万里子 ……… 346	畑田 智明 ……… 344	ハットウ・オンパク ……… 67
羽月 由起子 ……… 367	旗智 里奈 ……… 71	服部 静子 ……… 310
バーズ・ビュー ……… 3	波多野 泉 ……… 194, 195	服部 匡志 ……… 397
蓮見 凛 ……… 245	秦野 一宏 ……… 398	服部 憲幸 ……… 259
長谷 侑季 ……… 392	波多野 早紀 ……… 342	服部 良一 ……… 47
長谷川 朝子 ……… 307	はたの にこ ……… 251	服部の自然を守る会 ……… 16
長谷川 郁夫 ……… 405	羽田野 良太 ……… 361	はっぴいひろば とまとさん
長谷川 一夫 ……… 256	秦野市 ……… 291	家 ……… 29
長谷川 憲司 ……… 326	八王子いちょう祭り祭典委	発憤の会 ……… 19
長谷川 興蔵 ……… 184	員会 ……… 17	バード, マルカム ……… 332
長谷川 摂子 ……… 358, 400	はちおうじ子ども食堂 ……… 55	馬頭町国際交流会 ……… 14
長谷川 たえ子 ……… 367	八王子市 ……… 107	ハトゥム, モナ ……… 265
長谷川 知水 ……… 324	八王子まつり実行委員会	鳩間島音楽祭 ……… 147
長谷川 直也 ……… 256	……… 92	バドワース, ニック ……… 332
長谷川 敬雅 ……… 222	蜂飼 耳 ……… 363	花井 美紀 ……… 347
長谷川 双葉 ……… 204	蓮賀 まさとき ……… 246	花泉町 ……… 18
長谷川 雅也 ……… 237, 260	八汐 ……… 152	花崎 育代 ……… 405
長谷川 三千子 ……… 165	八戸エコ・リサイクル協議	花里 孝幸 ……… 180
長谷川 穂 ……… 311	会 ……… 20	「話の缶詰 こんせるぶ」 ……… 38
長谷川 祐次 ……… 315	八戸市まちづくり文化スポー	花田 功 ……… 214, 216
長谷川 喜久 ……… 243	ツ観光部観光課 ……… 57	花田 衛 ……… 215〜217, 253
長谷川 義史 ……… 333〜335	八戸市民創作オペラ協会	花と緑のマイタウン綾部推
長谷部 奈美江 ……… 363, 367	……… 60	進協議会 ……… 15
長谷部 文孝 ……… 322	八戸せんべい汁研究所	花巻おはなしキャラバン
櫨本 万里野 ……… 339	……… 140〜142	……… 14
パーソナルサポートセン	八戸地方えんぶり連合協議	花巻・賢治を読む会 ……… 397
ター ……… 45	会 ……… 92	花巻混声合唱団 ……… 395
秦 榮子 ……… 178	八戸ポータルミュージアム	花巻信用金庫 ……… 81
畑 勝日佐 ……… 221	……… 90	花巻農高鹿踊り部 ……… 396
羽田 敬二 ……… 316	八戸屋台村(北のグルメ都	花巻文化村協議会 ……… 22
秦 慎太郎 ……… 225	市) ……… 23	花巻ユネスコ・ペ・セルク
秦 達夫 ……… 197	八俣ふきの芽会 ……… 15	ル ……… 397
畑 雅明 ……… 367	八幡酒蔵工房 ……… 28	花潜 幸 ……… 355
畠 ゆかり ……… 311	八幡信用金庫 ……… 81	花柳 壽輔 ……… 297
畑ヶ中2子ども会エコクラ	蜂谷 惇起 ……… 349	花柳 千代 ……… 103
ブ ……… 21	八郎 ……… 250	花柳 寿南海 ……… 103
幡ケ谷・西原・笹塚商店街	八老劇団 ……… 64	花山 多佳子 ……… 345
連合会 ……… 114	はつかいち縦断みやじま国	塙山学区住みよいまちをつ
畠山 あえか ……… 367	際パワートライアイスロ	くる会 ……… 16, 95
畠山 かなこ ……… 383	ン大会実行委員会 ……… 87	羽生 朝子 ……… 349
畠山 京子 ……… 403	初鹿野 剛 ……… 301	羽生 たまき ……… 384
畠山 憲司 ……… 322	初川 渉足 ……… 331	羽生 野亜 ……… 221

羽生 輝 ……………… 237	浜松観光コンベンションビューロー ……………… 56	林 良嗣 ……………… 137
羽田 麻美 ……………… 349	浜松餃子学会 ……… 141	林 量三 ……………… 346
羽田 美奈 ……………… 218	浜松交響楽団 ………… 62	林公民館ふるさと部会 …… 23
羽田 里加子 …………… 11	はままつ子育てネットワークぴっぴ ……………… 114	林郷 亨 ……………… 221
羽ノ浦町商工会青年部 …… 20	浜松市 …………… 110, 172	林田 恒夫 …………… 230
馬場 あき子 ……… 344, 401	浜松市立気田小学校 …… 174	林原 玉枝 …………… 332
羽場 颯樹 …………… 321	「浜松百撰」 …………… 38	林家 いっ平 ………… 275
幅 千里 ……………… 367	浜松まつり凧揚げ保存会 ……………… 59	林家 こぶ平 ………… 273
馬場 ダイ …………… 348	浜村 淳 ……………… 298	林家 正蔵 …………… 275
馬場 宏樹 …………… 338	ハマヤ ……………… 119	林屋 晴三 ……………… 42
馬場 裕美 …………… 249	ハーモニィカレッジ …… 17	林家 ぺー …………… 274
馬場 美里 …………… 362	早川 榮二 …………… 195	早瀬 馨 ……………… 323
馬場 友紀 …………… 323	早川 和見 ……………… 48	隼瀬 大輔 …………… 222
母親クラブエンジェルスマイル ………………… 26	早川 一光 …………… 190	早瀬 徹 ……………… 356
羽場祭礼同志会 ………… 22	早川 史織 …………… 339	早池峰神楽保存会 ……… 85
母と学生の会国際女子留学生センター ………… 49	早川 史郎 …………… 305	隼人町鈴かけ馬おどり保存会 ………………… 91
「パハヤチニカ」 ………… 41	早川 紀秋 …………… 244	原 勲 ………………… 135
羽部 ちひろ ………… 238	早川 真由 …………… 348	原 功 ………………… 81
垣生山よもだ会 ………… 15	早川 満 ……………… 379	原 千恵 ……………… 239
濱 健夫 ……………… 180	早川 ゆい …………… 406	原 和男 ……………… 158
濱 日吉 ………… 210, 212	早川 義一 …………… 102	原 和雄 ……………… 205
浜垣 誠司 …………… 397	林 明日子 …………… 205	原 和義 ……………… 385
浜川 沙彩 …………… 340	林 勇男 ……………… 348	原 子朗 ……………… 395
浜北少年科学クラブ …… 24	林 イツ子 …………… 5, 8	原 天保 ……………… 247
浜口 拓 ……………… 393	林 一枝 ……………… 103	原 尚彦 ……………… 390
濱口 弥生 …………… 393	林 香与子 ……………… 77	原 麻理子 …………… 278
浜詰 涼子 …………… 384	林 久美子 …………… 339	原 光生 ……………… 315
浜田 淳子 …………… 303	林 沙織 ……………… 375	原 泰子 ……………… 281
浜田 一男 …………… 334	林 佐和子 …………… 195	原 陽子 ……………… 348
浜田 晋 ……………… 189	林 紫乃 ……………… 337	原 亮 ………………… 353
浜田 知明 …………… 201	林 瀬津子 …………… 361	原 利代子 …………… 317
浜田 亘代 …………… 336	林 隆喜 ……………… 228	原口 啓一郎 ………… 331
浜田 広介 …………… 332	林 武史 ……………… 201	原科 幸彦 …………… 136
濱田 実桜 …………… 386	林 久雄 ……………… 220	原鶴温泉 ………………… 43
浜田 守太郎 ……… 91, 101	ハヤシ ヒロコ ……… 246	原田 治 ……………… 324
浜田石見神楽社中連絡協議会 …………………… 85	林 紘子 ……………… 244	原田 和明 …………… 225
浜田市世界こども美術館創作活動館 …………… 89	林 真 ………………… 261	原田 佳奈 …………… 352
浜田市立石正美術館 …… 89	林 昌子 ……………… 325	原田 潤 ……………… 352
濱名 ヒロミ ………… 199	林 正子 ……………… 301	原田 鈴香 …………… 373
浜中 麻理子 ………… 214	はやし しまり ……… 332	原田 恒司 …………… 182
はまなか21世紀プラン会議 ………………… 15	林 美紀子 …………… 205	原田 渚 ……………… 349
濱野 京子 …………… 358	林 美音子 …………… 106	原田 のぎ …………… 251
浜野 幸子 …………… 292	林 森次 ……………… 260	原田 規子 …………… 368
浜松NPOネットワークセンター ……………… 52	林 靖子 ………… 268, 269	原田 雅江 …………… 367
	林 康之 ……………… 224	原田 正純 …………… 191
	林 侑輝 ……………… 374	原田 康男 ……………… 49
	林 洋子 ……………… 395	原田地区通院車運営委員会 ………………… 28
		バリアフリー伊豆研究会

……………………	19
針生 乾馬 ……………	104
針生 美智子 …………	301
はりまスマートスクールプロジェクト ……………	114
針谷 崇之 ……………	271
針谷 まさお …………	362
バルア, スマナ ………	192
春岡学区子ども会育成連絡協議会 ……………	21
遼川 るか ……………	349
春木 麻衣子 …………	233
治武 美加 ……………	321
バルト小石 ……………	274
春採アイヌ古式舞踊釧路リムセ保存会 ……………	5
春成 秀爾 ……………	139
バルバース, ロジャー …	397
バルビエリ, オリーボ …	229
春間 美幸 ……………	374
晴海一丁目地区第一種市街地再開発事業設計共同体 ……………	108
晴海をよくする会 ……	108
晴海コーポレーション …	108
治山 桃子 ……………	372
伴 和久 ………………	372
潘 星道 ………………	261
「ハンケイ500m」 ……	130, 131
播州歌舞伎ファンクラブ ……………	23
磐州通り街づくり協定運営委員会 ……………	109
パン祖のパン祭 ………	66
半田 蒼遼 ……………	299
半田 嵩行 ……………	403
半田 美和子 …………	301
坂東 亜里 ……………	310
坂東 公美子 …………	200
坂東 八重之助 ………	101
板東 弥五郎 …………	102
坂東 八十助 …………	274
板東 米子 ……………	101
坂内 敦子 ……………	349, 350
阪南大学国際観光学部 松村嘉久研究室 ……………	68
坂野 桃子 ……………	374
半村 良 ………………	312
バンライ ………………	112

【ひ】

斐伊川流域環境ネットワーク ……………	24
柊 ……………………	327
日置 卓也 ……………	323
比嘉 康雄 ……………	49
檜垣 萌子 ……………	82
美楽アートクラブ ……	22
比角地区子ども育成会 …	29
日影 丈吉 ……………	313
日笠 芙美子 …………	359
東芦田村おこしの会「ごりんかん」 ……………	19
東伊豆町大川区 ………	18
東尾 緯子 ……………	304
東近江創作ミュージカル劇団クレムス ……………	285
東大阪"モノづくり観光"活性化プロジェクト協議会 ……………	68
東かがわ市とらまるパペットランド ……………	90
東川氷土会 ……………	60
「東九州道ぐるまっぷ」 …	130
東沢地区協働のまちづくり推進会議 ……………	28
東島 賀代子 …………	367
東瀬戸 智也 …………	69
東田端まちづくり協議会 ……………	28
東地区街づくり会議 …	110
東調布信用金庫 ………	78
東通村郷土芸能保存連合会 ……………	93
東野 真衣 ……………	239
東の辻二部町内会 ……	25
東松島市 ………………	172
東松山女性のネットワーク ……………	24
東森 理恵 ……………	212
氷鉋 揚四郎 …………	134
氷上 忍 ………………	182
「光が丘ima'am」 ……	131
光と風 …………………	55
光町特産品販売企業組合 ……………	21
日川 キク子 …………	7

日川 キヨ ………………	5
日川 清 …………………	8
氷川 きよし ……………	274
曳汐 奏輝 ………………	69, 70
疋田 善平 ………………	191
樋口 英一 ………………	13
樋口 奎人 ………………	225
樋口 源一郎 ……………	184
樋口 幸子 ………………	234
樋口 利明 ………………	159
樋口 範子 ………………	404
樋口 仁 …………………	125
樋口 鳳香 ………………	357
樋口 正博 ………………	374
樋口 裕重子 ……………	221
ビクトル, アン …………	97
日暮 謙一 ………………	260
ヒゲイカ …………………	255
肥后 真二 ………………	216
「飛行船」 …………………	388
肥後銀行(肥後の水資源愛護基金) ……………	24
ヒコサカ ノリコ ………	239
彦坂 まり ………………	316
ひこ・田中 ……………	399
彦名地区チビッ子環境パトロール隊 ……………	21
彦根市 …………………	107, 109
彦根市本町地区共同整備事業組合 ……………	109
尾西信用金庫 ……………	83
久生 哲 …………………	392
火坂 雅志 ………………	365
久永 和季 ………………	217
久野 智裕 ………………	326
久松 由理 ………………	337
土方 リコ ………………	253
菱刈町和牛青年部 ……	17
菱川 諒 …………………	212
日紫喜 恵美 ……………	301
日紫喜 芳美 ……………	260
菱田 宏治 ………………	101
菱田 信也 ………………	286
菱田 博俊 ………………	282
ピジョー, ジャクリーヌ ……………	161
樋田 礼子 ………………	237
比田井 民子 ……………	36
日高 堯子 ………………	407
日高 敏隆 ………………	184

日髙 博子 ………… 403	会 …………………… 15	平井 茂彦 …………… 17
ひたかみ水の里 ……… 19	姫田 忠義 ………… 104	平井 純 …………… 226
日田市 …………… 107, 118	百姓堂本舗 ………… 156	平井 拓哉 ………… 354
日立郷土芸能保存会 … 85	百萬人の身世打鈴編集委員	平井 南帆 ………… 375
日立シビックセンター … 89	会 …………………… 97	平井 有理 ………… 212
ひたちなか市文化会館 … 89	百桃 カロン ……… 255	平井 玲子 ………… 349
妣田豊原塾 …………… 61	ひやま女性会議 ……… 20	平石 厚史 ………… 203
飛弾野 数右衛門 …… 231	日向 夏海 ………… 383	平出 和也 …………… 38
ひだの かな代 …… 333, 334	日向 泰基 ………… 216	平出 隆 …………… 330
肥田野 登 ………… 135	「ビューティフルディッシュ」 ……………… 132	平出 美穂子 ………… 98
ひだまりの会 ………… 24	兵吉屋 ……………… 120	平尾 彰子 ………… 178
飛田和 笑美 ……… 403	兵庫神鍋高原マラソン全国大会実行委員会 …… 88	平岡 栄二 ………… 260
ビッグひな祭り ……… 145	兵庫県 ……………… 72	平岡 真実 ………… 352
ピッコロシアター ……… 60	兵庫県明石市 ……… 143	平小城活性化協議会 … 27
備中国新見庄ロマンの里づくり委員会 ………… 15	兵庫県神戸市 ‥ 157, 173, 175	「ひらがなタイムズ」 ‥ 39〜41
ひっぽ筆まつり実行委員会 ……………………… 17	兵庫県篠山市 ……… 113	平川 詩織 ………… 369
一日市郷土芸術研究会 … 105	兵庫県信用金庫協会 ‥ 82, 170	平川 裕弘 ………… 166
ビートたけし ……… 274	兵庫県豊岡市企画部コウノトリ共生課 ………… 66	平光 良至 ………… 307
日登美 杏 ………… 300	兵庫県西宮市 ……… 112	平澤 佳奈 ………… 386
「瞳としっぽ」 ……… 128	兵庫県養父市 …… 156, 158	平澤 信一 ………… 398
人吉球磨広域行政組合 … 113	兵庫県立尼崎青少年創造劇場 ……………………… 88	平澤 めぐみ ……… 371
日向川 伊緒 ……… 310	兵庫県立芸術文化センター ……………………… 89	平島 毅 …………… 238
日生カキお好み焼き研究会 ……………………… 23	兵庫県立洲本実業高等学校 ……………………… 21	平田 栄美 ………… 246
ビナード, アーサー … 363	兵庫県立龍野実業高等学校デザイン科 ………… 27	平田 隆宏 ………… 195
ひなまる ………… 252	兵庫県立三原高等学校郷土部 ……………… 103	平田 千晶 ………… 256
日沼 よしみ ……… 385	ひょうご産業活性化センター ……………… 168	平田 俊子 …… 378, 381, 401
ぴの ……………… 250	兵庫陶芸美術館 ……… 90	平塚 和正 ………… 351
日野 啓三 …… 312, 317	ひょうたん池自然を考えよう会 ……………… 22	平塚 直隆 ………… 283
日野 智之 ………… 208	漂探古道 …………… 21	平塚地区新聞販売組合 … 124
檜枝岐いこいと伝統の村づくり ……………… 61	氷点下の森 氷祭り … 146	平手 清恵 ………… 392
日野ヶ丘町内会 交通問題研究会 ………………… 30	兵頭 浩ノ章 ……… 205	ヒラド・ビッグ フューチャーズ ……………… 17
ひばのくに 雪の大食卓会 ……………………… 64	兵藤 裕己 ………… 405	平取アイヌ文化保存会 … 5
雲雀丘山手緑化推進委員会 ……………………… 22	兵頭 与一郎 ………… 47	平取町二風谷アイヌ語教室 ………………………… 5
日比野 幸 ………… 301	日吉台の福祉を語る会・あじさいくらぶ ……… 27	ピラニ・モヨ ……… 203
ひまわり信用金庫 …… 83	ひょっこりひょうたん田代島 ………………… 23	平沼 康彦 …………… 75
氷見市社会福祉協議会 … 94	平井 杏子 ………… 346	平野 淳一 ………… 304
姫からの贈り物 …… 118	平井 幸輝 ………… 209	平野 哲文 ………… 183
姫崎 由美 ………… 227	平井 覚 …………… 271	平野 真悠 ………… 340
姫路市 ……………… 56		平野 ゆき子 ……… 324
姫路信用金庫 ……… 79		平野 由希子 ……… 325
「姫路文学」 ……… 388		平野 利太郎 ……… 101
姫島車えび養殖 ……… 60		平野 稜子 ………… 346
ひめじ町衆の祭典実行委員		平林 敏彦 ………… 359
		平松 伴子 ………… 159
		平松 誠 …………… 246
		平本 早恵 ………… 216
		平元 盛親 ………… 197
		平山 英樹 ………… 235

平山 裕人 ………………… 47	日和 聡子 ………… 363, 378	福井 貞子 ……………… 104
平山 由香利 …………… 199	樋脇町 …………………… 16	福井 秀夫 ……… 134, 135, 137
平山 裕未花 …………… 338	枇杷阪 秀明 …………… 122	福井 雅人 ……………… 371
平山町内まちづくり協議会	日和崎 尊夫 …………… 270	福井 幸江 ……………… 329
………………………… 20	日和佐八幡神社 秋まつり	福井県環境科学センター
ひるぜん焼そば好いとん会	………………………… 149	………………………… 111
………………………… 141	ビン・アワン, イドリス ‥ 202	福井県鯖江市 …………… 45
蒜山酪農農業協同組合 … 150	備仲 臣道 ……………… 323	福井県生活学校連絡協議会
蛭田 均 ………………… 267		………………………… 14
ヒロ ……………………… 253	**【ふ】**	福井県福井市 …………… 173
広井 力 ………………… 242		福井県立音楽堂ハーモニー
広川 泰士 ……………… 233	ファーム ………………… 150	ホールふくい …………… 90
ひろさき環境パートナーシッ	「ファンファン福岡」 …… 131	福井新聞坂井地区7販売店
プ21 …………………… 27	フィスター, マーカス …… 333	………………………… 127
弘前キュイジーヌ「奇跡の	「ぷうめらん」 ………… 128	福井新聞福井会 …… 122, 125
りんごかりんとう」 … 155	フェアトレード東北 …… 29	福井中央信用金庫 ……… 78
弘前市 …………………… 172	笛田 満里奈 …………… 338	福栄村特産品開発グループ
弘前ねぷた保存会 ……… 85	フェラン, アン ………… 232	………………………… 22
広島アジア文化会館 …… 50	フェルム・ド・外海 …… 16	福尾 久美 ……………… 402
広島ケナフの会 ………… 17	フォス, フリッツ ……… 161	福岡 克也 …………… 134, 135
広島県安芸郡海田町立海田	「フォトライフ四季」 ‥ 130, 131	福岡 さだお ……… 326, 346
東小学校 ……………… 174	フォーラム小城 …………… 13	福岡 青河 ……………… 328
広島県廿日市市 …………… 87	フォーラム鹿島 …………… 14	ふくおか たつろう …… 250
広島県広島市 ‥ 174, 175, 291	フォルテス, ミゲル・D. ‥ 180	福岡 正臣 ……………… 243
ひろしま産業振興機構 … 168	フォレストキーパーズ …… 14	福岡 道雄 ……………… 241
広島市下水道局 ………… 175	フォレストコーポレーショ	福岡アジア美術館 ……… 89
広島市新川場商店街振興組	ン ……………………… 120	福岡教育大学附属福岡小学
合 ……………………… 12	深井 隆 …………… 241, 263	校 ……………………… 175
広島シティケーブルテレビ	深江菅細工保存会 ……… 105	福岡県大牟田市 ……… 45, 174
………………… 294, 295	深沢 晶子 ……………… 405	福岡県春日市 …………… 45
広島信用金庫 ………… 78, 80	深澤 英司 ……………… 348	福岡県北九州市 ………… 174
広島大学 ………………… 170	深沢 勝彦 ……………… 405	福岡県福岡市 ………… 4, 174
広島テレビ放送 ‥ 289, 291, 292	深沢 助雄 ………………… 9	福岡県立北九州高等学校『魚
廣瀬 昭典 ……………… 215	深澤 崇史 ……………… 69	部』 …………………… 65
廣瀬 きよみ …………… 235	深澤 建己 ……………… 350	福岡市 ……………… 108, 109
廣瀬 佐紀子 …………… 261	深沢 直人 ……………… 42	福岡市住宅供給公社 …… 109
廣瀬 由利子 …………… 222	深澤 幸雄 ……………… 270	福岡町つくりもんまつり
廣瀬 理紗 ……………… 206	深津 朝雄 ……………… 359	………………… 64, 149
廣田 晃士 ……………… 373	深瀬 昌久 ……………… 229	福岡ひびき信用金庫 …… 83
広田 徹 ………………… 205	深野 誠一郎 …………… 105	福岡放送 ………………… 292
広谷 明雄 ……………… 81	深町 一夫 ……………… 363	福澤 郁文 ……………… 199
広谷スタジオ …………… 208	深海 武範 ……………… 218	福祉劇団・鶴亀 ………… 17
ヒロネ アヤコ ………… 271	深谷 知歩 ……………… 376	福祉21茅野・行政・社会福
廣野 桂子 ……………… 137	深谷 亮太 ……………… 376	祉協議会 ……………… 94
広野 卓 ………………… 48	吹上浜砂の祭典 ………… 144	福島 杏奈 ……………… 214
廣野 トヨ ………………… 7	浮気自治会 ……………… 16	福島 菊次郎 …………… 233
広橋 説雄 ……………… 188	蕗谷 龍生 ……………… 309	福島 貴咲 ……………… 304
広部 英一 ……………… 359	福 明子 ………………… 316	福嶋 健二 ……………… 183
広松 伝 ………………… 163		福島 聡 ………………… 374
広森 守 ………………… 269		福島 典子 ……………… 219

福島 泰樹 ……………… 407	室 ……………………… 26	藤城 清治 ……………… 398
福嶌 義宏 ……………… 179	藤 なおみ ……………… 348	藤田 昭子 ……………… 201
福島 玲奈 ……………… 213	藤 竜之介 ……………… 282	藤田 久仁香 ……… 208, 209
福島県新地町 ……………… 4	藤井 昭子 ……………… 105	藤田 圭一 ……………… 320
福島県南会津郡舘岩村 … 163	藤井 健三 ………………… 97	藤田 幸治 ………… 222〜224
福島県立博物館 ………… 89	藤井 貞和 ……………… 381	藤田 収哉 ……………… 203
福島信用金庫 …………… 83	藤井 聡子 ………… 237, 269	藤田 真一 ……………… 406
福島の子どもたちとつなが	藤井 重寿 ………………… 46	藤田 智恵子 …………… 386
る宇部の会 …………… 31	伏井 晋平 ……………… 195	藤田 千鶴 ……………… 404
福島民報会 ……………… 127	藤井 颯太郎 …………… 284	藤田 哲夫 ……………… 344
福島民友会 ……………… 125	藤井 大我 ………………… 70	藤田 哲也 ……………… 237
福住町町内会 …………… 27	ふじい 忠一 …………… 201	藤田 直樹 ……………… 368
福田 岩緒 ……………… 333	藤井 哲 …………… 205, 206	藤田 晴央 ……………… 399
福田 栄香 ……………… 106	藤井 哲信 ……………… 223	藤田 真理 ……………… 224
福田 喜兵衛 …………… 101	藤井 智美 ………… 236, 237	藤田 光義 ……………… 361
福田 廣平 ………………… 91	藤井 仁司 ………… 343, 384	藤田 裕喜 ……………… 123
福田 茂 ………………… 340	藤井 正男 ……………… 383	藤田 有佳子 …………… 210
ふくだすぐる …………… 332	藤居 正康 ……………… 224	藤田 陽子 ……………… 134
福田 敬 ………………… 329	藤井 巳菜海 …………… 372	藤田 善啓 ……………… 223
福田 尚美 ……………… 316	藤井 洋治 ……………… 125	藤谷 治 ………………… 327
福田 正彦 ……………… 349	藤江 じゅん …………… 400	藤谷 怜子 ……………… 404
福田 雅宏 ……………… 226	藤岡 明房 ……………… 137	藤戸 琢也 ……………… 221
福田 良輔 ……………… 159	藤岡 弦太 ……………… 302	藤波 喜競 ………… 214, 217
福武 総一郎 ……………… 34	藤岡 武雄 ……………… 344	藤野 征一郎 …………… 224
福田農場ワイナリー …… 151	藤岡 正敏 ……………… 310	藤野 次史 ………………… 36
福地 崇生 ………… 132, 133	藤掛 幸智 ……………… 224	藤野町 ………………… 290
福永 葵 ………………… 341	藤川 今日子 …………… 211	富士宮やきそば学会
福長 香織 ………… 203, 204	藤川 堯子 ………………… 67	…………… 20, 140, 141
福永 加奈 ……………… 268	富士川っ子の会 ………… 32	藤間 勘紫恵 …………… 102
福永 浩太 ……………… 223	富士川・夢・未来 ……… 29	藤間 勘祖 ……………… 106
福永 繁雄 ……………… 315	藤木 泉 ………………… 353	藤巻 元彦 ……………… 310
福永 伸哉 ……………… 139	藤木 春華 ……………… 349	富士見市民文化会館キラリ
福永 博司 ……………… 121	藤木 麻衣 ………………… 70	☆ふじみ ……………… 89
福原 薫 ………………… 368	伏木相撲愛好會 ………… 65	ふじみの国際交流センター
福間 健二 ……………… 378	藤倉 清光 ……………… 350	………………………… 20
福本 潤也 ………… 135, 138	ふじくわ 綾 …………… 390	藤宮 史 ………………… 249
福本 弘明 ………………… 83	不二コントロールズ …… 151	藤村 享平 ……………… 299
福屋 …………………… 151	藤崎 均 …………… 223, 224	藤村 法子 ……………… 238
福山 義一 ………………… 46	藤崎 美乃 ……………… 278	藤村 瑞希 ……………… 387
福山 博文 ………… 135, 137	ふじさと元気塾 ………… 30	藤村 玲子 ……………… 103
福山市 ………………… 107	藤里町社会福祉協議会 … 95	藤本 イサム …………… 195
福山市教育委員会 ……… 44	藤沢 美由紀 …………… 349	藤本 節子 ……………… 222
福山市「鞆を愛する会」… 14	ふじさわこどもまちづくり	藤本 たか子 …………… 319
福山商工会議所 ………… 107	会議実行委員会 ……… 30	藤本 敏弘 ………………… 80
福山久松通商店街振興組合	藤沢市 ………… 111, 115, 289	藤本 琇丈 ……………… 101
………………………… 107	藤沢町国際交流協会 …… 51	藤本 美智子 …………… 385
袋井宿たまごふわふわほっ	藤沢野焼祭 ……………… 146	藤本 倫正 ……………… 307
と隊 ………………… 141	「富士山周辺公園ガイド」	藤本 弥三郎 …………… 102
不幸の手紙棒クン ……… 247	………………………… 131	藤森 重紀 ……………… 352
富国生命保険相互社広報	藤島 一郎 ……………… 191	藤森 照信 ……………… 201

藤森 ますみ …………… 311	冬川 文子 …………… 406	ブルーボックス ……… 156
藤守の田遊び保存会 …… 93	冬木 諒平 …………… 280	古俣 あやね ……… 244, 245
藤山 新右衛門 ………… 403	冬野 良 ……………… 405	古本 常志夫 …………… 211
藤山 増昭 ……………… 317	ブラウン 蕗七 ………… 70	古谷 櫂 ………………… 70
藤原 淳寛 ……………… 372	ブラジル友の会 ………… 53	古屋 誠一 ……………… 229
藤原 彩人 ……………… 204	プラス2001 ……………… 12	古谷 博子 ……………… 205
藤原 加奈子 …………… 238	プラス・アーツ ………… 53	古屋 雅子 ……………… 243
藤原 きゅう …………… 247	ブラッカー, カーメン … 184	古屋産業 ……………… 119
藤原 秀一 ……………… 268	ブラーネン, ヨルマ …… 233	ふれあいネットひらかた
藤原 拓磨 ……………… 350	富良野演劇工場 ………… 88	……………………… 29
藤原 伸顕 ……………… 215	富良野市 ………………… 22	ふれあいの家―おばちゃん
藤原 信子 ………………… 6	フラワーボランティアの会	ち ……………………… 27
藤原 浩士 ……………… 209	……………………… 108	ふれあい広場ポーポーの木
藤原 瑞基 ……………… 354	「フランスニュースダイジェ	……………………… 31
藤原 通人 …… 212〜215, 217	スト」 ………………… 129	プレイスメディア ……… 109
藤原 美幸 ………… 303, 380	フリーウエイ ………… 111	フレーバーズ ………… 119
藤原 師仁 ……………… 322	「フリースタイルな僧侶たち	プロクルー …………… 154
藤原 侑貴 ……………… 327	のフリーマガジン」 … 129	プロジェクトおおわに事業
藤原 由布子 …………… 214	ふりだし屋 …………… 154	協同組合 ……………… 30
文月 悠光 ………… 364, 394	ブリーディー, リー …… 201	プロジェクト保津川 …… 45
賦句 辰治 ……………… 83	ふりや かよこ ………… 332	プロバンスクラブ ……… 20
布施 幹夫 ……………… 159	ふるいえ ちえこ ……… 320	フロンティア清沢 ……… 31
フタバ …………………… 86	古内 えみ ……………… 212	府玻 綾子 ……………… 260
渕田 美佐子 …………… 383	古垣内 求 ……………… 387	文化鑑賞クラブ「ふれあい
復刊ドットコム ………… 112	古川 和子 ……………… 192	企画」 ………………… 16
復興支援ネットワーク淡路	古川 君子 ……………… 159	「文学街」 …………… 388
島 ……………………… 30	古川 さゆり …………… 307	「文学の蔵」設立委員会 … 20
復興なみえ町十日市祭 … 148	古川 紀 ………………… 310	文化サロン「クリエイト'89」
フデ …………………… 262	古川 佑美 ……………… 247	……………………… 16
不登校問題を考える東葛の	古川町 …………… 13, 108	文化文政風俗絵巻之行列
会「ひだまり」 ……… 55	古川町区長会 ………… 108	……………………… 148
フードバレーとかち推進協	古郡 弘 ………………… 242	「文芸中部」 ………… 388
議会 ………………… 170	古崎 昭 ………………… 183	豊後高田市 ……………… 24
フードバンクかごしま … 31	ふるさと開発研究所 …… 62	豊後高田市観光まちづくり
フードバンク山梨 ……… 32	ふるさと五島をつくる会	……………………… 67
船尾 修 ………………… 259	……………………… 12	豊後高田 昭和の町 …… 64
舟木 徹男 ……………… 11	「ふるさと十勝」 ……… 39	
舟越 桂 …………… 242, 263	ふるさと栃尾里山倶楽部	**【へ】**
船越 浩明 ……………… 304	……………………… 30	
舟越 保武 ……………… 240	ふるさと百餅祭り …… 146	米寿屋 ………………… 117
船越 和太流 …………… 347	古澤 健太郎 …………… 328	平城西地区社会福祉協議会
舟崎 克彦 ……………… 332	古澤 慎一 ……………… 137	……………………… 18
舟田 華夏 ……………… 342	古澤 力 ………………… 183	平成25年老神温泉大蛇祭り
ブナの森を育てる会 … 172	古澤 道夫 ……………… 362	……………………… 148
舟橋 ひとみ …………… 69	古澤 洋子 ……………… 236	平成かかしカーニバル実行
船本 達也 ……………… 234	古嶋 和 ………………… 393	委員会 ………………… 16
吹雪 ゆう ……………… 328	古瀬 陽子 ……………… 382	平成船手組 三津浜焼き … 156
ふみこ農園 …………… 119	古野興業 ……………… 151	平野 啓子 ……………… 298
文野 広輝 ……………… 346	古橋 龍也 ……………… 69	ベイリー, ウォルター … 201
籔 日菜子 ……………… 340	古藤 有理 ……………… 337	

ベウレ・ウタリの会 ……… 6
「別冊関学文藝」 ……… 388
別府八湯 ……… 43
別府八湯温泉名人会理事長
　……… 156
紅水晶 ……… 249
蛇澤 美鈴 ……… 337
ベビースマイル石巻 ……… 32
ヘリ・ドノ ……… 201
ベルク, オギュスタン ……… 161
「ヘルス・グラフィックマガ
　ジン」 ……… 131
ヘルスケア基盤整備事業推
　進コンソーシアム ……… 114
ヘルナンデス, アンソニー
　……… 230
ベンクス, カール ……… 33
弁天通青年会 ……… 28
辺見 庸 ……… 364

【ほ】

帆足 日菜待 ……… 373
帆足 星海 ……… 373
帆足 みゆき ……… 316
保泉 充 ……… 260
放課後こどもクラブ
　Bremen ……… 32
放課後児童クラブ「つるお
　か子どもの家」 ……… 22
方言を語り残そう会 ……… 30
防災まちづくりの会・東久
　留米 ……… 30
宝山 かおる ……… 304
宝生 房子 ……… 404
法政大学社会学部メディア
　社会学科藤代裕之研究室
　……… 98
房総IT推進協議会 ……… 114
豊北地区社会福祉協議会連
　合会 ……… 95
訪問の家 ……… 94
蓬莱地区再生事業推進協議
　会 ……… 107
外園 彩香 ……… 278
ほかほかリンゴ ……… 253
穂苅 春雄 ……… 260
保木本 佳子 ……… 287

北越急行 ……… 151
「北狄」 ……… 388
北房ぶり市 ……… 145
ポークランド ……… 150
北陸信用金庫 ……… 79
北陸先端科学技術大学院大
　学 ……… 113, 169
北陸婦人問題研究所 ……… 164
「北陸文学」 ……… 388
保坂 美季 ……… 68, 385
星 あきまさ ……… 281
星 すばる ……… 285
星 匡朗 ……… 250
星川 そら ……… 254, 255
星川 ヒロ子 ……… 332
星すばるジャズダンススタ
　ジオ ……… 285, 286
保科 宗宏 ……… 227
星野 嘉助 ……… 34
星野 健二 ……… 219
星野 透 ……… 324
星野 八郎 ……… 306
星野 泰司 ……… 347
星野 優 ……… 69
星野 道夫 ……… 332
星野 美智子 ……… 270
星野 泰斗 ……… 347
星のふるさと ……… 45
星の都絵本大賞 ……… 144
星山 日和 ……… 249
ホスピィー ……… 152
穂積製材所プロジェクト
　……… 31
細江 英公 ……… 230
細江 守紀 ……… 136
細川 一人 ……… 6
細川 貴恵 ……… 219
細川 正二郎 ……… 213
細川 剛 ……… 230
細川 史子 ……… 91
細川 みき ……… 374
細川 宗英 ……… 240
細越 健一 ……… 159
細田 傳造 ……… 364
細見 和之 ……… 399
細谷 幸子 ……… 310
細谷 清吉 ……… 59
細谷 博 ……… 404
保田井 智之 ……… 263
ほたるの里「三鷹村」 ……… 13

ぼたん きょうすけ ……… 374
ぼたん会 ……… 24
北海信用金庫 ……… 81
北海道 ……… 289, 290, 292
「北海道味と旅」 ……… 40
北海道岩見沢市 ……… 4
北海道恵庭市 ……… 175
北海道北広島市 ……… 175
北海道くしろ蝦夷太鼓 ……… 64
北海道釧路市・釧路町 ……… 143
北海道熊石観光協会 ……… 18
北海道国際婦人協会 ……… 50
北海道札幌市YOSAKOI
　ソーラン祭り組織委員会
　……… 67
北海道情報大学 ……… 169
北海道新聞温根別販売所
　……… 124
北海道新聞上士別販売所
　……… 124
北海道新聞士別北販売所
　……… 124
北海道新聞士別南販売所
　……… 124
北海道新聞社 ……… 96
北海道新聞多寄販売所 ……… 124
北海道 しんや タラバ蟹カ
　レー ……… 155
北海道大学 ……… 168
北海道鉄道観光資源研究会
　……… 57
北海道テレビ ……… 289, 290
北海道ニセコ町 ……… 107
北海道日本ハムファイター
　ズ選手会 ……… 335
北海道バーバリアンズラグ
　ビーアンドスポーツクラ
　ブ ……… 85
北海道放送 ……… 288〜291, 294
保津川遊船企業組合 ……… 45
北國新聞北國会 ……… 121, 124
北國新聞北國会珠洲支部
　……… 123
北國新聞北國会七尾鹿島支
　部 ……… 122
北國新聞北國会羽咋支部
　……… 122
堀田 明日香 ……… 393
堀田 正子 ……… 338
堀田 満 ……… 185

堀田 有未	337	
堀田 善衛	165	
ほっと大東	30	
ほっとハウス	29	
ほっとプラス	55	
ほっと村	28	
北方教育同人懇話会	162	
北方圏国際シンポジウム	52	
仏の里の民話を語る会	15	
仏山 輝美	268	
保戸田 時子	287	
蛍原 寿吉	253, 254	
ボナ植木	274	
ほのぼの研究所	55	
ホープ印刷	21	
ほべつ銀河鉄道の里づくり委員会	13, 395	
ポポポポーン	255	
穂村 月宏	255	
穂村 弘	319	
甫守 哲治	316	
「法螺」	388	
「ホライゾン」	41	
「歩らいぶ」	131	
「ボラット」	129, 130	
ボランティアグループおてだま	14	
ボランティアグループまちづくり倶楽部	22	
ボランティアゆう遊	28	
堀 悦子	8	
堀 和久	364	
堀 紀幸	223, 224	
堀 道雄	179	
堀 みどり	200	
ほり ゆきこ	369	
堀内 敦子	355	
堀内 澄子	348	
堀内 統義	316	
堀内 祐輔	341	
堀江 謙一	37	
堀江 沙オリ	381	
堀江 拓也	362	
堀江 敏幸	319, 330	
堀江 典子	138	
堀江 柾夫	227	
堀江 真純	350	
ポリエチレンライニング工法協会	177	
堀尾 青史	395	
堀尾 信夫	107	
堀尾 幸男	201	
堀川 真	334, 335	
堀川 恭	263	
堀口 富男	348	
堀越 眞	276	
堀米 薫	402	
堀本 文次	34	
ボルツ, ルイス	229	
ポール牧	274	
ポレポレ	29	
ボワブリエール	119	
本郷 次雄	184	
本常 夢月	71	
本田 郁實	261	
本田 しおん	337, 339	
本田 成親	324	
本多 勝成	248	
本田 杉子	245	
本多 勉	48	
本田 徹	191	
本多 寿	316	
本田 裕人	307	
本多 美也子	324	
ほんだ みゆき	402	
本田 安次	102	
本田 有香	38	
本田 良一	98	
本田技研工業	27	
ホンダ太陽	20	
ボンヌフォア, イヴ	391	
本野 シオリ	251	
ポンプラサート, チョンラック	180	
本保 実	222	
本坊酒造	154	
ほんま	117	
本間 素登	383	
本間 大翔	254, 255	
本間 友巳	9	
本間 陽子	244	
本間 米子	337	
本間 梨予	250	
本町商人通り振興会	14	
本町のまちづくりを考える会	110	
本町まちなみ委員会	107	
本村 拓哉	298	
本耶馬渓町	21	

【ま】

マイスター工房八千代	28	
舞鶴観光協会	57	
舞鶴市	108	
真板 雅文	203, 266	
マイナー, アール	48, 161	
毎日新聞大阪市・府毎日会連合会	125	
毎日新聞京都兵庫販売会連合会	125, 126	
毎日新聞近畿専売会連合会	125	
毎日新聞中国四国セールスセンター	126	
毎日新聞中四北専売連合会	125	
毎日新聞播淡専売会	127	
毎日新聞・福島民報販売店会安達太良会	124	
毎日放送	287〜293, 295	
マイヤーウィッツ, ジョール	228	
マウラー, インゴ	42	
前 登志夫	344	
前尾	255	
前川 正雄	74	
前川 幹	385	
前澤工業	176	
前島 友菜	251	
マエダ	152	
前田 新	355	
前田 一朗	226	
前田 恵実子	343	
前田 金弥	104	
前田 健太郎	309	
前田 幸作	103	
真枝 志保	390	
前田 常作	201	
前田 孝充	103	
前田 千絵子	195	
前田 哲明	266	
前田 俊彦	97	
前田 浩	188	
前田 愛美	384	
前田 三菜津	349	
前田 美乃里	339	

前田 悠陽	387	
前田 優香	341	
前田 嘉則	10	
前田建設工業	27	
前津江村	22	
前野 ジョナサン和志	213	
前原 正治	380	
前山 博茂	310	
前山 みなも	249	
真壁 伝統ともてなしのまちづくり	65	
まき あきら	239	
万木 章	239	
マギー司郎	275	
万亀 佳子	359	
マギー審司	275	
蒔田 淳一	310	
蒔田 俊史	343	
牧野 広大	224, 271	
牧野 財士	396	
牧野 聡子	384	
牧野 環	237, 269	
牧野 はるか	70	
牧野 浩紀	205	
牧野 真由美	301	
牧野 良成	385	
枕崎水産加工業協同組合	152	
まごころサービス福島センター内子育て支援部門こども緊急サポートネットワークふくしま	30	
まごの手	28	
馬籠新興クラブ	23	
馬籠地域づくり推進協議会	110	
政井 繁之	362	
政岡 風太郎	393	
正岡 みわ子	208	
柾木 花耶	249, 250	
正木 萬平	76	
マザー牧場	117	
政森 暁美	206	
真境名 佳子	102	
増子 忠道	190	
益子アートウォーク実行委員会	56	
増登 春行	311	
まじま みゆき	245	
真嶋 みゆき	245	
真下 宏子	316	
真謝 稔	280	
増井 一平	101	
増井 洋子	220	
増島 淳隆	315	
益田 喜頓	273	
増田 啓子	314	
増田 進	189	
増田 善之助	46	
増田 のり子	301	
マスダ, ヒデカズ	392	
増田 政	362	
益田 万里香	250	
増田 みず子	313, 318	
増田 瑞穂	310, 311	
増田 緑	393	
増田 悠菜	209	
増田 義雄	357	
桝田 吉行	269	
マスダカルシ	238	
益田市保健・医療・福祉のまちづくりワーキング	18	
増坪町地区の明日を考える会	14	
増野 智紀	204	
増野 光教	5	
増村 博	396	
益本 光章	382	
増山 たづ子	233	
間瀬 絵理奈	369	
間瀬 輝	374	
間瀬 海伽	403	
馬瀬村	18	
又吉 博美	279	
町 英和	301	
「街角こんぱす」	128	
「まちかどプレス」	40	
まち研究工房	29	
街・建築・文化再生集団	25	
「町雑誌 千住」	41	
まちづくりカンパニー	14	
まちづくり研究会	12	
まちづくり島田	109	
まちづくり長野	109	
まちづくりブック伊勢制作委員会	74	
まちづくり真壁	67	
町田 康	378	
町田 俊一	220	
町田 須美恵	256	
町田ウォーキング協会	55	
マチダ・ラボ	45	
町並み景観保全委員会	108	
町並み保存事業を応援する会	109	
街野 海	375	
街野 優森	376	
まちの駅ネットワーク焼津まちにいいこと創造委員会	44	
街の家族	31	
まちのよそおいネットワーク	23	
まちひとこと総合計画室	110	
松 めぐみ	199	
松合の町並み保存会	108	
松井 章	140	
松井 更	349	
松井 茂樹	269	
松井 正三	100	
松井 直子	403	
松井 憲昭	121	
松井 誠	275	
松井 由	285	
松居 竜五	49	
松井 利世子	277	
松生 歩	235	
松井証券	112	
松浦 一樹	10	
松浦 勝子	337, 340	
松浦 夏帆	71	
松浦 隆浩	209	
松浦 尊麿	190	
松浦 主税	269	
松浦 寿輝	330, 378	
松浦 充人	257	
松浦 裕三	199	
松浦 麗	302	
松浦体験型旅行協議会	67	
松江 泰治	230, 232	
松江警察署	111	
松江市	18, 72, 114, 115	
松江市および松江市社会福祉協議会	95	
松江市八雲林間劇場	89	
松江水燈路	148	
松尾 一朝	225	
松尾 静明	359	
松尾 拓実	369, 370	

松尾 文雄 ………… 384	松田 美穂 ………… 372	松本 幸四郎 ……… 275, 296
松尾 倫之介 ………… 68	松田 素子 ………… 332	松本 智 …………… 70
松岡 香 …………… 336	松田 幸緒 ……… 328, 347	松本 善造 ………… 218
松岡 圭介 ………… 195	松平 健 …………… 275	松本 団升 ………… 102
松岡 幸三 …………… 71	松平 莉奈 ………… 261	松本 周子 ………… 402
松岡 春樹 ………… 403	松谷 千夏子 ……… 236	松本 知沙 ………… 316
松岡 麻衣子 ……… 277	まっつ ………… 248, 249	松本 鶴子 ……… 100, 227
松岡 真白 ………… 255	まっと活性化委員会 …… 29	松本 朋子 ………… 281
松岡 裕子 ………… 374	松戸市社会福祉協議会 明	松本 伸洋 ………… 209
松尾塾子供歌舞伎 … 102	第二西地区社会福祉協議	松本 憲幸 ………… 299
松川 明彦 ………… 347	会 …………………… 55	松本 春野 ………… 335
松川 千鶴子 ……… 340	松戸まちづくり交流室テン	松本 舞 …………… 376
松木 秋佳 ……… 268, 269	ト小屋市民事務局 …… 20	松本 侑也 ………… 217
松本 博 …………… 404	松永 あやみ ……… 371	松本 宜子 ………… 223
松喜屋 …………… 154	松永 勝彦 ………… 171	松本 黎子 ………… 324
松坂 浩 ……………… 83	松永 圭太 ………… 224	まつもと市民芸術館 … 90
松阪まちづくりセンター	松永 賢 …………… 195	松本信用金庫 ……… 79
……………………… 22	松永 八重子 ………… 7	松本地区まちづくり協議会
松崎 加代 ………… 349	松中 亮治 ……… 134, 135	………………… 107
松崎 しげる ……… 281	松永日本刀剣鍛錬所 … 116	松山 巌 …………… 318
松崎 十朗 ………… 235	松波 康男 ………… 226	松山 公勇 ………… 83
松﨑 寿実 ………… 206	松並 百合愛 ……… 339	松山 愛未 ………… 308
松﨑 千鶴 ………… 277	松野 章弘 ………… 222	松山 幸民 ………… 310
松﨑 智則 ………… 352	松野 栄治 ………… 224	松山 良子 ………… 339
松崎 浩 …………… 122	松野 友香 ………… 350	松山・21世紀イベント こと
マツザワ …………… 116	松葉 侑子 ………… 375	ばのちから2001 …… 145
松澤 和宏 ………… 397	松橋 英 …………… 342	松山市 …………… 292
まつざわ くみ …… 376, 377	松浜 夢香 ………… 348	「松山百点」………… 40
松下 亀太郎 ………… 46	松林 新一 ………… 349	松行 彬子 ……… 134, 137
松下 サトル ……… 205	松原 亜実 ………… 269	松行 輝昌 ………… 137
松下 早穂 ………… 310	松原 出 …………… 207	松行 康夫 ……… 134, 137
松下 拡 …………… 191	松原 政祐 ………… 267	松吉 久美子 ………… 9
松下 裕 …………… 405	松原 千明 ………… 224	松浦体験型旅行協議会 … 67
松下 曜子 ………… 310	松原 まり ………… 278	祭in大町・北安曇'97炎 … 144
松下 吉衛 ………… 162	松藤 和人 ………… 35	まど・みちお ……… 394
松下電工 …………… 111	松丸 春生 ………… 324	マドウス, チェマ …… 230
松嶋 雄昭 ………… 315	松村 ちひろ ……… 261	的場 郁賢 ………… 329
松島 寿三郎 ……… 102	松村 哲秀 ………… 346	的場 優 …………… 305
松嶋 節 …………… 393	松村 彦次郎 ……… 396	まどろみ枕 ……… 248
松嶋 ちえ ………… 326	松本 愛郎 ………… 339	真鍋 アントン …… 205
松嶋 チエ ………… 357	松本 章男 ………… 406	真鍋 修 ……… 237, 260
松島 トミ ……………… 5	松本 秋則 ………… 203	まなべ ゆきこ …… 299
松島 英樹 ………… 238	松本 あすか ………… 69	マニット・スリワニチブーン
マツダ …………… 27, 112	松本 彩 …………… 373	ン ………………… 231
松田 司郎 ………… 396	松本 一美 ………… 350	真庭観光連盟 ……… 56
松田 テルオ ……… 216	松本 邦吉 ………… 381	真庭市 ……… 109, 172, 173
松田 輝男 ……… 212, 213	松本 敬子 ………… 362	真庭市久世エスパスセン
松田 輝雄 ………… 211	松本 圭嗣 ………… 223	ター …………… 89
松田 英雄 ………… 125	松本 圭二 ………… 378	眞野 * …………… 312
松田 弘 …………… 105	松本 賢一 ………… 125	真野 光一 ………… 329

真野地区まちづくり推進会 ……… 12, 94	マロニー ……… 86	三上 トシ子 ……… 7
まはら 三桃 ……… 358	まろにえ21 ……… 28	三上 友子 ……… 235
真帆 沁 ……… 310, 338	まろにえ21・まろにえばばちゃんショップ ……… 45	三上 操 ……… 386
ままとーん ……… 20	マングローブ植林行動 ……… 171	箕川 恒男 ……… 97
馬見塚 吾空 ……… 307	マンゴーパイン ……… 252	美川生活学校 ……… 31
マミーズ・ネット ……… 30	曼珠沙華 ……… 247	みかん農家・紀州はら農園 原和男 ……… 156
マメ行者プロジェクト ……… 45	マンダイ ……… 152	美樹 克彦 ……… 282
豆田地区町並み保存推進協議会 ……… 107	万場町三区「かたる会」 ……… 12	三木 悦子 ……… 222
豆原 啓介 ……… 382	まんまるママいわて ……… 32	三木 卓 ……… 319
黛 信彦 ……… 322	万葉集全20巻朗唱の会 ……… 144	三木 俊治 ……… 241
眉村 卓 ……… 312	万葉火実行委員会 ……… 15	三貴工業 ……… 151
迷 ……… 250		右嶋 恵理 ……… 224
マリーンパレス ……… 152	【み】	右谷 専一郎 ……… 159
マリンフード ……… 86		ミク ……… 255
マルイチ産商 ……… 151	美麻地域づくり会議 ……… 28	三國 結衣 ……… 254, 255
マルイチ高橋 ……… 154	味一番 ……… 117	三国 洋子 ……… 281
丸尾 聡 ……… 283	三井楽町牛心会 ……… 21	みくに産業 ……… 108
丸岡歌舞伎物語 ……… 24	三浦 愛子 ……… 260	三国町安島区 ……… 23
丸亀市猪熊弦一郎現代美術館 ……… 90	三浦 景生 ……… 201	ミクル劇団 ……… 285
丸木 清浩 ……… 77	三浦 しをん ……… 327	御食国若狭倶楽部 ……… 140
丸久小山園 ……… 86	三浦 精子 ……… 9	三咲 光郎 ……… 346
丸子まちづくり協議会 ……… 32	三浦 健志 ……… 299	御崎 恵 ……… 285
丸島 隆雄 ……… 48	三浦 哲郎 ……… 317	三崎 百音 ……… 69
マル井 ……… 86	三浦 久宜 ……… 160	三崎朝一協同組合 ……… 119
丸善市町 ……… 157	三浦 布美子 ……… 274	岬町社会福祉協議会 ……… 95
丸田 明彦 ……… 63	三浦 雅士 ……… 318	ミサキ電機 ……… 153
マルタイ ……… 86	三浦 真佳 ……… 369	三崎まぐろラーメンズ ……… 141〜143
マルタ水産 ……… 118	三浦 豊 ……… 340	みさと ……… 31
丸徳海苔 ……… 155	三浦 理恵子 ……… 386	美里 敏則 ……… 406
丸二 ……… 208	三浦海業公社 ……… 152	三郷インターナショナルコミュニティ ……… 14
マルハ物産 ……… 86	三浦藤沢信用金庫 ……… 79, 81	みさとチューリップの会 ……… 20
丸林 愛 ……… 336	三重アクターズ養成所 ……… 285	美里フットパス協会 ……… 32
まるはら ……… 150	三重県 ……… 109, 112	三郷村国際交流協会 ……… 15
丸毛 昭二郎 ……… 370	三重県朝日会四日市支部 ……… 123	みさと八街区町会あかねグループ ……… 13
丸茂 春菜 ……… 348	三重県桑名市 ……… 158	三沢 厚彦 ……… 263
丸森町 ……… 15	三重県総合文化センター ……… 90	三沢 寛志 ……… 267
丸谷 馨 ……… 97	三重県松阪市 ……… 143	ミサンガ ……… 254
丸谷 才一 ……… 313	三重県立相可高等学校 ……… 28	三島 君太郎 ……… 216
丸屋本社 ……… 153	三重県立相可高等学校『調理クラブ』 ……… 65	三嶋 忠 ……… 324
まるや本店 ……… 118	三重大学浅野研究室 ……… 74	みしまコロッケの会 ……… 141
丸山 勝広 ……… 163	みおちづる ……… 400	三島市観光協会 ……… 44
丸山 健 ……… 210	三鑰 彩音 ……… 261	三島市ふるさとガイドの会 ……… 44
丸山 浩司 ……… 205	みかこ ……… 252	三島商工会議所 ……… 44, 108
丸山 順子 ……… 337	三笠公園 ……… 157	三島信用金庫 ……… 83
丸山 雅仁 ……… 282		
丸山サンクチュアリ ……… 20		
マレーシア自然協会 ……… 171		

三島町老人クラブ連合会女
　性部 …………………… 20
水 真里子 ………………… 78
三栖 幸生 ………………… 227
水井 秀雄 ………………… 348
みずかみ かずよ ………… 394
水上 佳理奈 ……………… 387
水上 荘詠 ………………… 102
美杉 しげり ……………… 406
水木 しげる ……………… 42
水木 節子 ………………… 300
水木 亮 …………… 326, 383
美月 レイ ………………… 369
みずき町会 ……………… 107
水越 由起子 ……………… 269
水澤 紀 …………………… 71
水沢給食センター ……… 152
水島 知周 ………… 355, 356
水田 勢二 ………………… 202
水田 日和 ………………… 216
水谷 章人 ………………… 196
水谷 あづさ ……… 349, 350
水谷 すま子 ……………… 402
水谷 文宣 ………… 367, 368
水谷 八重子 ……… 274, 296
水谷 豊 …………………… 275
水登 麻里子 ……………… 269
水と文化研究会 ………… 171
水野 きみ ………………… 367
水野 九右衛門 …………… 162
水野 久美子 ……………… 307
水野 次郎 ………………… 310
水野 二郎 ………………… 332
水野 政男 ………………… 211
ミズノマサミ …………… 239
水野 円香 ………………… 369
水野 真奈香 ……………… 351
水野 真由美 ……………… 350
水野 由基 ………………… 372
水野 由梨 ………………… 371
水野 良恵 ………………… 372
水谷 天音 ………………… 372
水野谷 剛 ………………… 134
水橋ミニクラブ「アドベンチ
　ャーじょうじょう」…… 28
水原 紫苑 ………………… 407
水辺に遊ぶ会 …………… 24
水辺のまち新湊 ………… 44
三角 みづ紀 ……… 363, 378
「ミスモ箱根」…………… 131

ミセスファーマーズ …… 23
溝部 美幸 ………………… 300
溝部 隆一郎 ……………… 392
三田 華 …………………… 326
三田 宏行 ………………… 205
三鷹市芸術文化センター
　………………………… 89
みたけ地域活性化委員会
　………………………… 44
みたけ華ずしの会 ……… 57
三田生活学校 …………… 12
見田元七商店 …………… 119
「みちくさ」…………128〜130
「みちくさうるま」…128, 130
道下 愛恵 ………………… 383
道谷 将貴 ………………… 70
密 祐快 …………………… 195
三井 栄 …………………… 138
三井 淑香 ………………… 219
三井 俊樹 ………………… 226
三井 康壽 ………… 137, 138
三石民族文化保存会 …… 5
三井物産 ………………… 112
三日市大町商店街振興組合
　………………………… 29
三ツ木 茂 ………………… 323
みっ子 …………………… 254
三越伊勢丹 ……………… 118
ミツ精機 ………………… 150
ミッテルドルフ, クラウス
　………………………… 231
三野 陽子 ………………… 10
光平 洋子 ………………… 257
光本 岳士 ………………… 220
光山 明美 ………………… 390
三津山 和代 ……………… 301
ミティラー美術館 ……… 51
みと …………………253, 254
御堂島 正 ………………… 36
水戸芸術館 ……………… 88
水戸市国際交流協会 …… 72
水戸女性フォーラム …… 26
三友 仁志 ………… 133, 136
翠庵 ……………………… 223
みどり しんた …………… 213
「緑いっぱい市民運動」世話
　人会 …………………… 21
緑がおいしい北の郷探偵団
　………………………… 23
緑が丘ふれあい交流会実行

委員会 …………………… 30
緑川 裕子 ………………… 199
緑区食生活等改善推進員会
　………………………… 24
みどりのゆび …………… 44
水上 洪一 ………………… 336
水上 貴洋 ………………… 383
みなかみ18湯 …………… 43
皆木 信昭 ………………… 359
水無田 気流 ……… 363, 381
水瀬 蒼 …………………… 248
湊 哲一 …………………… 225
南部川村 ………………… 19
南部町 …………………… 16
水俣市 …………………… 23
水俣市社会福祉協議会 … 95
水俣市地域婦人会ゴミ減量
　女性会議 ……………… 21
水俣市立水俣第二中学校生
　徒会 …………………… 171
南 コニー ………………… 10
南 ちゑ …………………… 101
南 ひろみ ………………… 238
南 稔 ……………………… 306
南 容子 …………………… 225
南 良和 …………………… 232
南朝日イルミネーションを
　灯す会 ………………… 19
南大沢 健 ………………… 329
南丘コミュニティ委員会
　………………………… 16
南小国町 ………………… 109
南方熊楠顕彰会 ………… 64
南茅部沿岸農業大学 …… 59
南川 亜樹子 ……………… 386
南川 和之 ………………… 212,
　　　　　214, 215, 244, 248
南川 三治郎 ……………… 197
南河 潤吉 ………………… 372
南河内こどもステーション
　………………………… 29
南澤 孝男 ………………… 315
南島 絵里子 ……………… 196
南島 孝 …………… 196, 226
南舘 麻美子 ……………… 262
南日本新聞指宿地区南日会
　………………………… 124
南日本放送 ……………… 295
南の島の星まつり ……… 146
南北海道国際交流センター

……………………… 49	宮尾 洋輔 ……………… 225	……………………… 156
「みなみマガジン」 ……… 129	宮川 顕二 ……………… 405	宮崎県綾町 …………… 157
南町商店街事業共同組合	宮川 治佳 …………… 348, 349	宮崎県北の地域医療を守る
……………………… 108	宮川 泰 ………………… 282	会 ………………… 45
南町並み保存会 ………… 107	宮川 惟愛 ……………… 376	宮崎県日南市 …………… 4
源 高志 ………………… 346	宮城 幸子 ……………… 105	宮崎県延岡市 …………… 45
ミニシティ・プラス …… 32	宮城 徳子 ……………… 329	宮崎大学エコフィード高品質
「みにむ」 ………………… 40	宮城 俊彦 ……………… 137	肉生産プロジェクトチー
峰崎 成規 ……………… 315	宮城 能造 ……………… 101	ム ………………… 169
峯田 敏郎 ……………… 263	宮城会 ………………… 102	宮崎日日新聞宮日会 …… 121
峯村 隆 ………………… 336	宮城県 ………………… 174	宮崎部品 ……………… 151
みね屋 ………………… 150	宮城県一迫商業高等学校 商	宮崎放送 ……………… 291
峰山地区コミュニティ協議	業研究部 地域活性化プロ	宮里 政充 ……………… 280
会 …………………… 28	ジェクトチーム ……… 28	宮沢 章夫 ……………… 319
みのかも文化の森 美濃加茂	宮城県岩出山町 ………… 108	宮沢 あけみ …………… 299
市民ミュージアム …… 90	宮城県大崎市 …………… 173	宮沢 賢治 ……………… 332
美濃市 ………………… 108	宮城県気仙沼市 日本下水道	宮澤 恒太 ……………… 337
蓑田 貴子 ……………… 229	事業団 ……………… 175	宮沢 さとみ …………… 257
簑田 哲日兒 …………… 266	宮城県産業技術総合セン	宮澤 朝子 ……………… 402
美野島校区まちづくり協議	ター ………………… 170	宮澤 ナツ ……………… 238
会 ………………… 108	宮城県仙台市 …………… 45	宮澤 ななせ …………… 239
美濃流し仁輪加 ………… 63	宮城県古川土木事務所 … 108	宮沢 信雄 ……………… 190
身延竹炭生産組合 ……… 17	みやぎ産業振興機構 …… 170	宮澤 芳文 ……………… 209
美濃和紙あかりアート展	宮岸 泰治 ……………… 404	宮沢賢治の会 …………… 395
……………………… 145	宮城・ベラルーシ協会 … 72	宮司 孝男 …………… 309〜312
美濃和紙あかりアート展実	みやぎ村田町蔵の陶器市	宮地 豊 ………………… 204
行委員会 …………… 99	……………………… 146	宮地 璃子 ……………… 370
三原 愛子 ……………… 224	三宅 一生 ……………… 264	宮下 明浩 ……………… 369
三原 道子 ……………… 371	三宅 一樹 ……………… 194	宮下 香代 ……………… 224
三原 黎香 ……………… 71	三宅 克俊 ……………… 346	宮下 響子 ……………… 368
三春町 ………………… 109	三宅 節子 ……………… 159	宮下 自由 ……………… 354
三船 滉季 ……………… 376	三宅 宏明 ……………… 272	宮下 すずか …………… 400
御舩 道子 ……………… 397	三宅 政弘 ……………… 278	宮下 正昭 ……………… 97
壬生の花田植保存会 …… 92	三宅 理恵 ……………… 302	宮下 真理子 …………… 269
三保 理 ………………… 282	宮腰 奈美 ……………… 79	宮島 功 ……………… 196, 226
みほし …………………… 239	宮腰情報機械 …………… 150	宮嶋 真一郎 …………… 191
美保神社大祭奉賛会 …… 65	宮古テレビ ……………… 294	宮島 宏子 ……………… 315
三股町立文化会館 ……… 89	宮坂 歩実 ……………… 239	宮島 正人 ……………… 48
実村 文 ………………… 377	宮坂 翔子 ……………… 348	宮嶋 桃子 ……………… 342
三村 悦公 … 211, 213, 214, 216	宮坂 陽太 ……………… 239	宮代 健 ………………… 336
三村 統 ………………… 70	宮崎 健二 ……………… 255	宮田 貫司 ……………… 305
三村 伸絵 ……………… 236	宮崎 甲 ………………… 194	宮田 隆 ………………… 328
三村 諒 ………………… 216	宮崎 昭司 ……………… 361	宮田 晃瑠 ……………… 377
宮 静枝 ………………… 381	宮崎 遥 ………………… 253	宮田 譲 ………………… 134
宮 せつ湖 ……………… 317	みやざき ひろかず ……… 332	宮武 徇史 ……………… 276
宮 規子 ………………… 326	宮崎 真由美 …………… 331	宮田ほたるの里を守る会
宮内 勝典 ……………… 319	宮崎 万里 ……………… 277	……………………… 28
宮内 知子 ……………… 223	宮崎 泰彦 ……………… 262	宮地 豊 ………………… 202
宮内 憲夫 ……………… 359	宮崎 和加子 …………… 191	宮津市連合婦人会 ……… 21
宮内 真由 ……………… 370	宮崎キャビア事業協同組合	宮寺 結花 ……………… 370

宮戸 聡 ………………… 299
宮永 甲太郎 …………… 203
みやにし たつや
　　　………… 332, 333, 335
宮西 達也 ……… 332〜335
宮西 祐里 ……………… 385
宮野 晶 ………………… 406
みやのかわ商店街振興組合
　　　………………………… 29
宮之城町 ………………… 23
宮原 邦夫 ……………… 280
宮原 さくら …………… 341
宮原 和香 ……………… 260
宮平 初子 ……………… 101
宮堀 武四郎 ……… 213, 216
深山 あいこ …………… 326
宮前区子どもの遊び場を考
　える会 ……………… 15, 17
美山木ごころ一座 ……… 25
美山村生活改善友の会 … 18
宮村 正治 ………… 214, 215
宮本 晃子 ……………… 385
宮本 一夫 ……………… 139
宮本 慈 ………………… 342
宮本 徹志 ……………… 361
宮本 知明 ……………… 69
宮本 直輝 ……………… 215
巳屋本 ナンナ ………… 248
宮本 美恵子 …………… 16
宮本 佳範 ……………… 10
宮本 遼 ………………… 227
宮本 亮 ………………… 299
宮本 玲依 ……………… 217
宮森 さつき …………… 287
宮森 庸輔 ……………… 67
宮脇 俊三 ……………… 313
みゆき会 ……………… 151
ミューザ川崎シンフォニー
　ホール ………………… 90
ミュージカル「BREATH」
　ASAHIKAWA ………… 21
ミュージカル♪カンパニー
　R.O.D ……………… 286
ミュージカルカンパニウ
　エスト ………… 285, 286
ミュージカルカンパニー ク
　レムス ……………… 285
ミュージカル劇団ヤング・
　ゼネレーション ……… 59
ミュージカルスクール

WITH …………………… 285
ミュージカルランドじゃめ・
　びゅ ……………… 285, 286
明見神社鎮守の森を育てる
　会 ……………………… 23
妙高市 ………………… 173
三好 和義 ……………… 196
三好 克美 ……………… 238
三好集団給食施設協議会
　　…………………………… 26
未来工業 ………………… 42
みらいサポート石巻 …… 3
未来谷 今芥 …………… 327
三輪 佳乃子 …………… 210
三輪 真子 ……………… 212
ミンストレル・キュイク・
　チン・チェー ……… 232
ミンナソラノシタ ……… 32
「みんなにやさしいトイレ会
　議」実行委員会 ……… 32

【む】

向井 哲朗 ………… 15, 18
向井 成子 ……………… 383
向井 政治郎 …………… 7
向井 良吉 ……………… 241
鵡川アイヌ語教室実行委
　員会 …………………… 7
鵡川アイヌ文化伝承保存会
　　……………………………… 6
むかわたんぽぽ研究所 … 16
麦田 穣 ………………… 351
椋 誠一朗 ……………… 307
椋元 浩水 ……………… 321
無限会社ファンファン会 … 17
務古 一郎 ……………… 345
武庫之荘4丁目地区まちづく
　り協議会 …………… 109
向原 祥隆 ……………… 97
武蔵ケ丘ご近所クラブ … 30
「武蔵野から」 ………… 41
武蔵野市 ………… 172, 176
武蔵野市民文化会館 …… 89
武蔵野中央公園紙飛行機を
　飛ばす会連合会 ……… 63
武蔵野ユニフォーム … 119
無印良品 ………………… 42
むそう ………………… 95

六田 貴之 ……………… 194
無茶雲 ………………… 390
むつみ造園土木 ………… 25
武藤 糞子 ………… 339, 341
武藤 靖人 ……………… 124
宗像 和重 ……………… 405
宗像 哲夫 ………… 324, 325
宗像 利浩 ……………… 106
宗像 弘之 ……………… 346
宗像総合市民センター … 90
ムニョス, オスカー …… 233
宗井 優 ………………… 208
むの たけじ …………… 398
無明舎 ………………… 96
無翼 …………………… 342
村井 修 ………………… 229
村居 なるみ …………… 387
村尾 磯子 ………………… 8
村尾 イミ子 …………… 316
村上 昭夫 ……………… 380
村上 栄一 ……………… 102
村上 恵璃華 …………… 355
村上 京子 ……………… 350
村上 潔 ………………… 123
村上 定一郎 …………… 61
村上 智香 ……………… 349
村上 力 ………………… 195
村上 ときみ ……… 368, 371
村上 智彦 ……………… 192
村上 正郎 ……………… 123
村上 靖子 ……………… 392
村上 恭通 ……………… 139
村上音楽事務所 ……… 118
村上市 ………………… 109
村上大工匠の会 ……… 109
村上町屋商人会 ………… 27
むらかみ町屋再生プロジェ
　クト ………… 27, 67, 109
むらかみ宵の竹灯籠まつり
　　………………………… 148
村木 智子 ……………… 369
村口 知巳 ……………… 300
村越 由美 ……………… 123
村崎 えん ……………… 390
紫川マイタウンの会 … 109
むら芝居「一字座」 …… 14
ムラ芝居「いちう座」 … 15
『村芝居』白百合座・やった
　ろ―21 ………………… 12
村瀬 智之 ……………… 11

村瀬 由衣 ……………… 336	……………………… 37	本木 和彦 ……………… 348
村田 喜代子 …………… 401	メイ文庫 ………………… 51	本木二丁目地区まちづくり
村田 九郎兵衛 ………… 101	明宝ハム ……………… 117	連絡会 ……………… 108
村田 真吾 ……………… 340	明宝村 …………………… 18	モトスミ・オズ通り商店街
村田 秀雄 ……………… 79	妻鹿 弘子 ……………… 67	振興組合 ……………… 24
村田 昌一 ……………… 178	恵 茉美 ………………… 356	モトチンコ ……………… 252
村田 政之 ……………… 81	恵み野花のまちづくり団体	本埜村 ………………… 107
村田 美和 ……………… 403	連合会 …………… 20, 108	本橋 成一 ……………… 335
むらた ゆり …………… 239	めぐり菜 ……………… 154	本林 勝夫 ……………… 344
村田 好章 ……………… 367	目黒 愛実 ……………… 249	もとぶ牧場商店 ……… 118
村田 佳彦 ………… 221, 222	めごちも ……………… 252	本村 佳奈子 …………… 262
村野 温 ………………… 404	目崎 徳衛 ……………… 404	もとやま ゆうほ ……… 399
村橋 明郎 ……………… 299	メサフレンドシップ …… 22	本寄 直助 ……………… 248
村松 詩絵 ……………… 235	召田 喜和子 ……… 346, 393	ものがたり文化の会 … 395
村松 滋 ………………… 343	「目白大学新聞」 ……… 131	ものづくり共和国 …… 111
村松 千恵子 …………… 211	メゾッテン，バート …… 391	もみ あげる …………… 246
村松 友視 ……………… 313	メタウォーター …… 176, 177	木綿街道振興会 ………… 29
村松 昌明 ……………… 212	めだかふぁみりい ……… 94	百瀬 智宏 ……………… 267
村松 靖彦 ……………… 337	目取真 俊 ……………… 330	モモタ イツキ ………… 252
村元 信江 ……………… 16	メランベルジェ，ガブリエ	桃太郎少年合唱団 ……… 63
村山 佳代子 …………… 224	ル …………………… 396	桃山 晴衣 ……………… 42
村山 早紀 ……………… 400	メリーゴーランド ……… 28	森 合音 ………………… 382
村山 純子 ……………… 335	メルコジャパン ……… 152	森 敦子 ………………… 261
村山 二永 ……………… 304	メルベイユ，クリスチャン	森 一郎 ………………… 167
村山 春菜 ……………… 236	……………………… 333	森 詠 …………………… 358
村山 斉 ………………… 183	メレディス，フィリップ	森 絵都 ………………… 399
村山 美咲 ……………… 253	……………………… 102	森 和彦 ………………… 260
村山 祐司 ……………… 134	メロー静岡 …………… 117	森 一歩 ………………… 316
牟礼 慶子 ……………… 404	めん工房 ほさか ……… 117	森 圭 …………………… 200
室 弥太郎 ……………… 9, 10		森 浩一 ………………… 185
室井 睦美 ……………… 349	【も】	森 誠一 ………………… 181
室岡 ヨシミコ ………… 300		森 荘已池 ……………… 395
室根村第12区自治会 …… 18	萌葱 …………………… 248	森 貴也 …………… 203, 204
むろはし くにえ ……… 226	最上 寿之 ………… 241, 263	森 千恵子 ………… 340, 342
室蘭観光推進連絡会議 … 57	最上 真理恵 …………… 245	森 夏子 …………… 320, 370
室蘭やきとり逸匹会 … 140	モジダス ……………… 111	森 信勝 ………………… 98
室蘭ルネッサンス ……… 13	もち米の里ふうれん特産館	守 弘勝 ………………… 221
	………………………… 23	森 博子 ………………… 219
【め】	望月 佐也佳 …………… 348	森 紘 …………………… 10
	望月 緋霞 ……………… 246	森 万紀子 ……………… 312
芽衣 …………………… 249	望月 博征 ……………… 122	森 政子 ………………… 271
メイあさかセンター …… 31	望月未来×高岡漆器 …… 225	森 雅春 ………………… 214
銘建工業 ……………… 151	餅田 彩葉 ……………… 356	森 正史 ………………… 209
明治コミュニティ推進協議	もち麦生産組合 ………… 26	森 まゆみ ……………… 401
会 ……………………… 28	茂木 正幸 ……………… 262	森 真理 ………………… 178
明治村 ………………… 162	茂木町 …………………… 15	森 茉莉 ………………… 312
明大山岳部 ……………… 37	素庵 …………………… 223	森 美恵 ………………… 257
明大山岳部OB会炉辺会	元石 恵理奈 …………… 217	森 光子 ………………… 274
	元石 弘子 ……………… 217	森 泰生 ………………… 321
		森 優希 ………………… 371

森内 俊雄	312
森岡 泉	392
もりお みずき	405
森岡 貞香	344
森岡 ゆりあ	278
盛岡大通商店街協同組合	28
盛岡劇場	88
盛岡さんさ踊り実行委員会	92
盛岡信用金庫	83
森川 詩歌	387
森川 美幸	214
森川 祥文	214
森河 依	250
森口 華弘	103
森崎 和江	96, 394
森下 麻子	269
森下 陽	322
森島 隆晴	133
森島 輝雄	227
モリタ,エレーヌ	395
森田 志宝	225
森田 節子	225
森田 剛行	299
森田 力	262
森田 俊和	9
森田 宙花	340
森田 弘輝	326
森田 文	372
森田 昌宏	208
森田 優子	348
森田 有理恵	352
森田 りえ子	235
森岳まちづくりの会	15
盛永 省治	224
森永乳業	118
森野 楓	246
森野 ミズキ	246
森ノ夕夜	251
森ノオト	32
もりのこびとたち	32
森藤村づくり推進協議会	31
森水 陽一郎	340
杜村 眞理子	309
森村 泰昌	42, 231
森本 旺輔	305
森本 修	244
森本 佳奈	253
森本 多恵子	371, 377
森本 多岐子	325
森本 千穂	234
森本 津弓	350
森元 輝彦	379
森本 ひさえ	369, 373
森本 寿枝	367
森本 舞	278
森本 安之助	103
森本 有香	215
森屋 善之助	100
守谷 直紀	209
森谷 実	211
森山 京	332
森吉 健	268
森は海の恋人運動	65
森渡り拍子保存会	24
諸井 健夫	183
諸藤 成信	361
モンゴルに風力発電を贈る会	72
モントレージャズフェスティバルin能登実行委員会	67
モントレージャズフェスティバルin能登2005	146
門別ウタリ文化保存会	6
モンベル	85
門馬 貴子	354

【や】

八重 清次郎	5
八重 フサ	6
八重樫 榮吉	104
八重樫 克羅	317
やえがし なおこ	400
八尾河内音頭まつり振興会	94
八尾の川を考える会	19
八百万人	3
八木 茂樹	222
八木 正司	227
八木 みちお	213
八木 義徳	96
八木沢 里志	356
八木田 順峰	379
柳生 じゅん子	316
柳生 二千翔	284
矢切地区社会福祉協議会 子育て支援「みんなといっしょ」	24
夜高あんどん祭り	145
弥栄村青年セミナー	13
矢崎 景子	253
矢崎 未來	70
矢沢 昭郎	324
矢澤 希空	69
矢澤 宙空	69
矢沢加工所企業組合	158
八潮市	20
矢島カップMt.鳥海バイシクルクラシック大会実行委員会	84
八代 亜紀	282
矢代 くるみ	384
弥城 なつき	248
八代環境パトロール隊	32
八代妙見祭保存振興会	93
矢津 将也	277
安井 華奈子	349
安井 佐和子	384
安井 武次	91
保井 智貴	242
安井 丸男	205
安井 未星	224
安江 孝明	101
安江 リエ	334
八杉 美紗子	384
椰月 美智子	358
安来節保存会	94
安島 道男	105
安塚町	14
安田 暁男	10
安田 敦夫	235, 243
安田 育代	235
保田 春彦	242, 263
安田 光男	80
ヤスダエンジニアリング	176
安富町「末広区」	14
保永 展利	138
安永 浩	98
安原 輝彦	352
安原 智子	198
安水 稔和	381, 394
やすらぎの里ましが丘推進委員会	24

野生野 猫 ……… 253	八幡 智子 ……… 8	……… 92
矢田 秀人 ……… 203	八幡川リバーマラソン大会	山上 超夢 ……… 245
矢田部 宏 ……… 303	委員会 ……… 87	山上 藤悟 ……… 309
"矢中の杜"の守り人 ……… 29	八幡屋 ……… 151	山上 路夫 ……… 281, 282
八千代蛍の宿路の会 ……… 29	藪内 佐斗司 ……… 263	山川 浩次郎 ……… 234
谷津 芳男 ……… 122	藪神地区を考える会 ……… 12	山川 静夫 ……… 298
八槻都々古別神社楽人会・	矢吹 泰子 ……… 349	山川町 ……… 17
御田植保存会 ……… 85	矢吹 雄平 ……… 137	やまき 美里 ……… 328
やっちみろかい酒谷 ……… 17	藪崎 佳樹 ……… 121	山岸 昭枝 ……… 405
八橋 萌 ……… 385	矢部 駿 ……… 250	山岸 麻美 ……… 384
八柳 斉 ……… 124	矢部 直輝 ……… 208	山岸 伊佐子 ……… 243
柳内 光子 ……… 76	矢部村 ……… 15	山北 敏比幸 ……… 257
柳井市観光協会 ……… 46	山 あらた ……… 248	山北棒踊り保存会 ……… 103
柳井市観光ボランティアの	山あいの里育成会 ……… 18	山北町 ……… 15
会 ……… 46	山内 野乃子 ……… 386	山際 みちる ……… 254
梁川 和奏 ……… 354	山内 昶 ……… 165	山口 朱音 ……… 373
柳川ソーラーボート大会	山内 真央 ……… 371	山口 明笑 ……… 376, 377
……… 144	山内 まどか ……… 261	山口 昭彦 ……… 209
柳 真 ……… 254	山内 美樹子 ……… 328	山口 綾香 ……… 213, 215
やなぎ みわ ……… 230	山内 道雄 ……… 259	山口 伊太郎 ……… 102
柳澤 大悟 ……… 327	山浦 めぐみ ……… 236	山口 笑愛 ……… 376, 377
柳澤 紀子 ……… 270	山岡 亜由美 ……… 370	山口 勝己 ……… 363
柳沢 正人 ……… 235	山岡 一晴 ……… 101	山口 果南 ……… 353
柳沢 優子 ……… 261	山岡 けいわ ……… 361	山口 栄 ……… 303
柳沢 雄二 ……… 210	山岡 純子 ……… 376	山口 孝子 ……… 62
柳田 勉 ……… 182	山岡 節子 ……… 234	山口 拓登 ……… 375
柳田 俊雄 ……… 35	山岡町 ……… 21	山口 尚哉 ……… 348
柳橋 朝じ ……… 101	山折 哲雄 ……… 166, 185	山口 仁奈子 ……… 324
柳橋歌舞伎定期公演 ……… 149	山鹿市 ……… 109	山口 牧生 ……… 241
柳原 隆 ……… 406	山頭 範之 ……… 226	山口 昌弘 ……… 182
柳原 満月 ……… 247	山鹿 彩美 ……… 325	山口 幹幸 ……… 137
柳原 陽子 ……… 336	山懸 寿夫 ……… 263	山口 光代 ……… 314
柳原 義達 ……… 240	山形県朝日町 ……… 45	山口 裕子 ……… 261
柳家 小さん ……… 102, 273	山形県 あつみ温泉萬国屋	山口 謠司 ……… 167
柳家 小里ん ……… 273	……… 157	山口 吉彦 ……… 62
柳家 権太楼 ……… 274	山形県櫛引町 ……… 91	山口 類 ……… 136
柳家 さん喬 ……… 274, 275	山形県白鷹町 ……… 295	山口県長門市 ……… 45
柳谷 千恵子 ……… 345	山形県花笠協議会 ……… 85	山口県柳井市 ……… 46
柳瀬川をきれいにする会	山形県置賜農業高等学校	山口県立徳山商業高等学校
……… 32	……… 65	……… 112
柳谷自治公民館 ……… 26	山形交響楽団 ……… 63	山口鷺流狂言保存会 ……… 65
矢沼 冬星 ……… 314	山形国際ドキュメンタリー	山口情報芸術センター
谷根千工房 ……… 61, 164	映画祭 ……… 64	「YCAM」 ……… 89
矢野 顕子 ……… 42	「やまがた散歩」 ……… 39	山口放送 ……… 288, 290～292
矢野 晶子 ……… 324	山形食品 ……… 118	やまさか暮らし研究会 ……… 17
矢野 寛治 ……… 98	山形新聞西村山地区販売店	山崎 和彦 ……… 127
矢野 千恵子 ……… 349	……… 127	山崎 一穎 ……… 405
矢野 莉亜 ……… 348	山形放送 ……… 288, 291～293	山崎 健治 ……… 9
矢野 玲子 ……… 277	山形村 ……… 13	山崎 佐保子 ……… 300
矢萩 和幸 ……… 226	山鹿灯籠まつり実行委員会	山崎 シマ子 ……… 7

山崎 純子 ……………… 271	山田 光 ………………… 201	山根 知子 …………… 11, 397
山崎 善次郎 …………… 396	山田 弘 ………………… 215	山根 真奈美 …………… 304
山崎 恒裕 ……………… 320	山田 裕通 ………………… 75	山根 基世 ……………… 298
山崎 哲郎 ……………… 195	山田 博之 ……………… 231	山根六郷研究会 ………… 15
山崎 春香 ……………… 338	山田 文男 ……………… 208	山野 大輔 ……………… 370
山崎 正治 ………………… 46	山田 美知男 …………… 269	山野 優花 ……………… 323
山崎 巡 ………………… 198	山田 道則 ……………… 269	山野井 妙子 ……………… 37
山崎 蓉子 ……………… 315	山田 光昭 ……………… 282	山野井 泰史 ……………… 37
山崎 陽子 ……………… 332	山田 實 ………………… 233	山之内 朗子 ……… 323, 324
山崎 良弘 ………………… 67	山田 嘉和 ……………… 199	山の薬剤師たち ………… 29
山崎 倫子 ……………… 191	山田 律子 ……………… 178	山枡 紳二郎 …………… 195
山崎 るり子 …………… 381	山田 良三 ………………… 46	山道 暁恵 ……………… 403
山崎エコアップ会 ……… 21	山竹 伸二 ………………… 10	山嶺 豊 ………………… 379
山崎の谷戸を愛する会 … 14	山田平安堂 ……………… 119	山村 悦夫 …………… 133, 135
山鹿 良之 ……………… 101	やまち かずひろ ……… 376	山村 精 ………………… 100
山下 昭 ………………… 226	山手 一郎 ……………… 310	山村 萌子 ……………… 247
山下 歩 ………………… 328	山手 二郎 ……………… 309	山室 弘一 ……………… 217
山下 悦夫 …… 309, 392, 393	山手総合計画研究所 …… 110	山室 真澄 ……………… 181
山下 寛治 ……………… 315	山手まちづくり推進会議	山本 茜 …………… 106, 271
山下 尚志 ………………… 46	………………………… 110	山本 明比古 …………… 267
山下 哲郎 ……………… 218	大和 昭彦 ……………… 379	山本 明 ………………… 315
山下 夏生 ……………… 218	大和 幸子 ……………… 216	山本 敦子 ……………… 257
山下 奈美 …… 336, 348, 382	やまと そら …………… 403	山本 絢子 ………………… 70
山下 ひかる …………… 216	大和 昭彦 ……………… 379	山本 郁子 ……………… 216
山下 太 ………………… 199	大和 保男 ……………… 105	山本 一身 ……………… 217
山下 雅子 ……………… 366	大和 悠河 ……………… 274	山本 栄子 …………… 8, 348
山下 洋輔 ………………… 42	やまと郡山環境を良くする	山本 音也 ……………… 389
山下 義人 ……………… 106	市民の会 ……………… 32	山元 和美 ……………… 211
山下 欣宏 ……………… 328	大和信用金庫 …………… 81	山本 香代 ……………… 301
山下 莉奈 ………………… 69	大和高田・リズモー都市友好	山本 恵一郎 …………… 309
やましろ ……………… 119	協会及び大和高田市 … 73	山本 桂馬 ……………… 314
山添村環境リサイクルの会	「やまとびと」 …… 130, 131	山本 高聖 ……………… 351
………………………… 16	大和町ふるさと塾「景観ウ	山本 幸太郎 ……………… 92
山田 麻実 ……………… 278	オッチング」 …………… 18	山本 光留 ……………… 205
山田 敦心 ……………… 331	山中 佳織 ……………… 338	山元 梢 ………………… 384
山田 亜美 ……………… 255	山中 敏史 ……………… 139	山本 貞子 ……………… 384
山田 勲 ………………… 18	山中 乃鈴香 ……………… 71	山本 早苗 ……………… 375
山田 詠美 ……………… 313	山中 弘子 ……………… 282	山本 茂利 ……………… 217
山田 京子 ……………… 341	山中 良太 ………………… 69	山本 秀太郎 …………… 210
山田 恭輔 ………………… 71	山中 れい子 …………… 383	山本 潤一 ………………… 79
山田 圭一 ………………… 11	山中木地挽物技術保存会	山本 淳子 ……………… 406
山田 小夏 ……………… 383	………………………… 106	山本 純ノ介 …………… 304
山田 紗冬 ……………… 386	山梨県 …………………… 173	山本 翔平 ……………… 277
山田 脩二 ………………… 42	山梨県山梨市 …………… 174	山本 真一 ………… 237, 269
山田 純嗣 ……………… 218	山梨大学 ………………… 168	山本 真治 ……………… 102
山田 憧子 ……………… 386	山梨中央銀行 …………… 169	山本 隆 ………………… 178
山田 真二 ……………… 268	山成 せつこ …………… 323	山本 拓弥 ……………… 387
山田 たかし …… 321, 324, 405	山西 靖人 ……………… 135	山本 雅 ………………… 188
山田 隆司 ……………… 361	山根 幸子 ……………… 384	山本 達治 ……………… 234
山田 千佳 ……………… 238	山根 俊夫 ……………… 219	山本 長之助 …………… 101

受賞者名索引　　　　　　　　　　　　　　　　　　　　　　よこい

山本 輝久	393
山本 徳次	75
山本 十四尾	397
山本 俊夫	235
山本 とし子	348
山本 直哉	331
山本 成美	371
山本 文利	7
山本 真央	385
山本 正道	241, 242, 263
山本 勝	124
山本 町子	350
山本 眞弓	227
山本 美貴	217
山本 道子	313
山本 緑	402
山本 美代子	359
山本 恵	217
山本 森平	323
山本 弥祐	349
山本 ヤス子	6
山本 雄三	268
山本 四雄	349
山本 良平	122
山本貴金属地金	152
山元町こどもエコクラブ「はっぱあず」	18
山本能楽堂	54, 71, 100
ヤマモリ	86
山ゆりの会	25
山脇 立嗣	280
八女市	109
八女町並みデザイン研究会	109
八女福島 住まう文化のまちづくり	65
八女福島伝統的町並み協定運営委員会	109
八女文化遺産保存・活用ネットワーク	69
矢本町	13
家森 澄子	385
家森 信善	135
家森 幸男	177
小山田 浩子	327
屋良 美枝子	279
八幡浜元気プロジェクト	32
ヤン, ウイリアム	229
梁 湛旭	337

| 梁 朱蕙 | 203 |

【ゆ】

ユーアイネット柏原	55
湯浅 弘章	299
湯浅 誠	192
湯浅 良介	211
ユー&ミーの会	30
由井 夏子	340
油井 美奈子	272
結那 禮子	340
ゆいの里街中サロンなじみ庵	26
ゆいまーる沖縄	158
柳 美里	313, 330
游 美媛	311
優佳	250
ゆうしろう	255
由水 十久	101
有線ブロードネットワークス	113
邑南町観光協会	44
ゆうの森	120
夕焼けプラットホームコンサート	148
ゆうゆうグリーン俵山	32, 45
悠々ライフ	44
佑来 弘章	67
夜雁 赤春	247
湯川 れい子	281
湯川を美しくする会	21
由紀 さおり	282
雪合戦インターナショナル	53
雪だるまウイーク'98	144
「ゆきのした」	39
「ゆきのまち通信」	40
幸村 愛果	340
ゆげ女性塾	20
遊座 守	343
遊座 理恵	356
遊佐町民俗芸能保存協議会等	91
湯沢市岩崎地区町内協議会	26
ユーシー産業	151
楱原史談会	58

ユーダイ, エドワード	353
湯田温泉スリッパ卓球	148
遊貴	249
湯田まちサポーターズ	19
ユッケ	253
ユノ	252
由乃	251
柚木 奎亮	308
柚木 沙弥郎	395
湯ノ熊 うい	245
弓場 剛	309
湯原 和夫	240
ゆびとま	112
ゆふいんFamily	23
由布院温泉観光協会	34
湯布院自然と文化の町づくり	59
ユーフォーテーブル	154
弓野 広貴	350
弓の木町4丁目地区市街地再開発組合	107
湯村 光	242
ユメ	252
夢空間松代のまちと心を育てる会	28
夢倶楽部あしたか	18
夢路	248
夢二郷土美術館	59
夢のマネージメント社	26
夢枕 獏	313, 388
ゆめ・まち・ねっと	29
ゆもとや	152
湯山 昭	303～305
由良 浩明	278
ゆるキャラまつりIN彦根〜キグるミさみっと2009〜	147
ユンキホン	213

【よ】

楊 志強	203
ヨウ ジャユー	200
葉 祥明	332, 333
八日市大凧保存会	51, 61
八日市護国地区町並保存会	109
横井 和彦	326

郷土・地域文化の賞事典　487

横井 稔 ……………… 374	横山 雪子 ……………… 260	吉田 知子 ……………… 313
横尾 忠則 ………… 201, 313	よさのうみ福祉会 ……… 95	吉田 知広 ……………… 340
横尾 正明 ……………… 298	吉井 恵璃子 …………… 331	吉田 直弘 ……………… 209
横尾歌舞伎 ……………… 64	吉井 秀夫 ……………… 140	吉田 奈未 ……………… 349
横沢 優貴 ……………… 214	吉江 正元 ……………… 362	吉田 遥香 ……………… 386
横須賀市 ‥ 18, 19, 56, 72, 289	よしお よしたか ……… 300	吉田 ひとみ …………… 223
横須賀集客促進実行委員会	吉岡 麻江 ‥ 211〜213, 215, 217	吉田 文憲 ………… 381, 398
……………………………… 56	吉岡 杏那 ……………… 367	吉田 文彦 ……………… 405
横瀬 信子 ……………… 405	吉岡 健 ………………… 345	吉田 文雀 ……………… 102
横田 早紀江 …………… 33	吉岡 悟 ………………… 223	吉田 穂高 ……………… 270
横田 さくら …………… 374	吉岡 順一 ……………… 260	吉田 昌男 ……………… 395
横田 滋 ………………… 33	吉岡 崇仁 ……………… 181	吉田 雅也 ……………… 211
横田 みなみ …………… 370	吉岡 正人 ……………… 267	吉田 光昭 ……………… 187
横田 有紀子 …………… 366	吉岡 充 ………………… 191	吉田 美保 ……………… 301
横手 恵子 ……………… 320	吉岡 良一 ……………… 380	吉田 みゆき …………… 260
横手やきそばサンライ'S	吉岡 れん子 …………… 159	吉田 萌 ………………… 370
………………………… 140, 141	吉川 紀久代 …………… 234	吉田 佑衣 ……………… 69
横濱 JAZZ PROME- NADE ………………… 148	吉川 喜洋子 …………… 208	吉田 侑加 ……………… 261
	芳川 誠 ………………… 267	吉田 幸央 ……………… 221
よこはま映画祭 ………… 62	吉川 満 ………………… 221	吉田 芳夫 ……………… 240
よこはま川を考える会 … 12	吉崎 志保子 …………… 46	吉田 里沙 ……………… 385
「ヨコハマコレクション」	吉澤 薫 ………………… 405	吉田 亮子 ……………… 126
……………………………… 38	吉澤 遥香 ……………… 246	吉田 ルイ子 …………… 231
横浜市 ……………… 108〜111, 172, 175, 176	吉島 伸一 ……………… 103	ヨシタケ シンスケ …… 335
	吉塚 加代子 …………… 210	吉田町竜勢保存会 ……… 61
横浜市港北図書館 ……… 99	吉蔵エックスワイゼットソ リューションズ ……… 44	吉谷 省三 ……………… 322
横浜市立本町小学校 …… 112		よしなが こうたく …… 334
横浜信用金庫 …………… 80	吉田 明 ………………… 314	吉永 小百合 ……… 275, 297
よこはま水環境ガイドボラ ンティア ……………… 175	吉田 陽 ………………… 341	吉永 正一 ……………… 19
	吉田 絵里子 …………… 225	吉永 慎二郎 ……………… 9
「横濱タウン新聞」 …… 131	吉田 薫 …………… 353, 354	吉中 裕也 ……………… 268
横浜町手づくり友の会 … 12	吉田 恭子 ……………… 277	吉永 文治 ………… 215, 216
横浜と共に130年 聘珍樓	吉田 敬子 ……………… 373	吉永醸造店 …………… 157
…………………………… 154	吉田 慶治 ……………… 380	吉乃 かのん …………… 390
横浜能楽堂 ……………… 88	吉田 公平 ……………… 280	吉野 栄 ………………… 323
横浜美術館 ……………… 90	吉田 小波 ……………… 250	嘉野 さつき …………… 392
よこはまホタル村 …… 15, 17	吉田 淳子 ……………… 220	吉野 輝信 ……………… 78
横浜マリノス …………… 87	吉田 庄太朗 …………… 101	吉野 まひる …………… 309
横堀 就海 ……………… 356	吉田 漱 ………………… 344	吉野 美智子 …………… 10
横道 万里雄 …………… 103	吉田 直 ………………… 195	吉野 光久 ……………… 329
横山 勝也 ……………… 103	吉田 大悟 ……………… 135	吉野 ヨノメ …………… 254
横山 翔平 ……………… 272	吉田 大志郎 …………… 212	吉羽 楓 ………………… 69
横山 隆 …………… 248, 249	吉田 敬直 ……………… 164	吉原 幸子 ……………… 378
横山 拓也 ……………… 284	吉田 正 ………………… 234	吉原 英雄 ……………… 270
横山 てる子 …………… 368	吉田 達子 ……………… 366	吉増 茂樹 ……………… 390
横山 直之 ……………… 211	吉田 玉男 ……………… 102	吉見 正信 ……………… 398
横山 信夫 ………… 213, 216	吉田 玉女 ……………… 106	吉村 朝 ………………… 269
横山 久利 ……………… 126	吉田 多最 ………… 235, 236	吉村 華織 ……………… 302
横山 麻里子 …………… 349	吉田 千恵 ……………… 260	吉村 和敏 ……………… 233
横山 充男 ……………… 404	吉田 勉 ………………… 391	吉村 金一 ………… 314, 353

吉村 くるみ ……………… 223	米本 太郎 ……………… 91	
吉村 健二 ………… 280, 376	米元 優曜 ……………… 271	【り】
吉村 登 ………………… 405	米屋 …………………… 76	
吉村 紀子 ……………… 315	米山 毅 ………………… 247	李 恩敬 ………………… 301
吉村 英樹 ……………… 124	よのなか塾 ……………… 32	李 元淑 ………………… 206
吉村 冬子 ………………… 6	読売西部七日会 ………… 127	李 禹煥 …………… 201, 270
吉村 実 ………………… 239	読売センター上石見 …… 126	李 佳芬 ………………… 205
吉村 芙子 ……………… 104	読売センター士別 ……… 124	李 慶美 ………………… 223
善本 彩 ………………… 352	読売センター石神井 …… 124	李 絳 …………………… 310
吉本 隆明 ……………… 397	読売センター石神井北口	李 相琴 ………………… 358
吉本 ばなな ……… 313, 401	……………………… 124	李 芒 …………………… 391
吉元 ますめ ……… 248, 249	読売センター石神井公園	李 優蘭 ………………… 404
吉本 マスメ …………… 246	……………………… 124	リアス・アーク美術館 …… 90
吉元 樹広 ……………… 373	読売センター生山 ……… 126	力丸 光雄 ……………… 47
吉本 有希 ……………… 249	読売テレビ ……………… 290	陸前高田市国際交流協会
与田 久美子 ……… 384, 385	読売テレビ放送 … 291, 293, 295	………………………… 53
依田 茂夫 ……………… 404	読売東京七日会 ………… 127	リサイクルハウス・エコー
依田 みずき …………… 338	四方木 四五六 ………… 322	ひまわり ………………… 18
四日市市 ………………… 72	四方木町内会 …………… 15	リックス, ボ・アンドレア
四日市とんてき協会 …… 142	四方田 犬彦 …………… 318	セン ……………………… 9
四街道食と緑の会 ……… 25	依藤 亨 ………………… 178	リティポンブン, ニティ
四元 康祐 ……………… 378	「よりみち.」 …………… 131	……………………… 171
淀井 敏夫 ……………… 263		りと ……………………… 255
淀川 アリス …………… 249	【ら】	リトル石巻プロジェクト
淀川 啞栗鼠 …………… 248		……………………… 155
淀川区「1千人の第九」運営	頼 圭二郎 ……………… 317	「リトル・ママ」 ………… 131
委員会 ………………… 125	ライフアップサポート …… 55	リバークリーン・エコ炭銀
与那国町伝統織物協同組合	ラウシェンバーグ, ロバー	行 ……………………… 31
……………………… 164	ト ……………………… 264	リービ 英雄 …………… 319
米子 昭男 ……………… 37	楽 吉左衛門 …………… 42	「リブながさき」 ………… 40
米子音楽祭実行委員会 … 12	楽天 …………………… 112	リブネット ……………… 120
与那嶺 貞 ……………… 102	「楽遊」 ………………… 129	「りぶらぼ」 …………… 130
與那嶺商会楽天市場店 … 154	「楽遊IDOL PASS」 …… 131	リベスキンド, ダニエル
米丘 寅吉 ……………… 97	ラクーン …………… 112, 120	……………………… 264
米川 忠臣 ……………… 405	ラッセン, クリスチャン・	りほ ……………………… 255
米川 千嘉子 …………… 407	R. …………………… 332	リーマン, アントニー V.
米川 敏子 ……………… 102	「ラビット通信」 ………… 41	……………………… 366
米川 稜也 ……………… 386	ラフルーア, ウィリアム・	劉 岸偉 ………………… 167
米倉 涼子 ……………… 275	R. …………………… 165	劉 晗峰 ………………… 227
米澤 研二 ……………… 208	ラベンダーの会 ………… 107	劉 宏軍 ………………… 104
米沢 民明 ……………… 182	らぼっと・わーくす …… 209	笠 真生 ………………… 183
米沢信用金庫 ………… 81, 82	ラポン …………………… 249	竜王町そば振興会 ……… 21
米沢生物愛好会 ………… 19	ラララリオ, ダン ……… 202	留学生スキーインストラク
米田 治 ………………… 321	ランガット下水道整備プロ	ター『おもてなしスノー
よねだ はるひこ ……… 237	ジェクト日本チーム …… 176	レンジャー』育成プロジェ
米田 京 ………………… 328	嵐山町 …………………… 13	クトチーム ……………… 84
米田 有花 ……………… 278		留学生と交流を進める会
米林 雄一 ……………… 263		………………………… 17
米村 憲治 ……………… 281		琉球ガラスグラス専門店
米村 竜治 ……………… 47		

【り】

kubagasaya	154
琉球国祭り太鼓	51, 61
琉球放送	290
龍谷大学	112
龍造寺 信	310
柳亭 小燕枝	273
流氷あいすらんど共和国	12
流氷あいすらんど共和国北海道・室蘭ルネッサンス	13
寮 美千子	313
領家 奈津子	123
霊山プロジェクトおよびNPO再生可能エネルギー推進協会	173
りょうた	254
両津市羽二生21委員会	14
りょおみ	252
旅館吉田屋 食と農のインキュベーションのろNOLO	27
緑園都市コミュニティ協会	108
凛	250
林 淑美	404
リンク	220
リンクコーポレーション	157, 158
リンクスポーツエンターテインメント	87
リンハルト, セップ	161

【る】

ルーシュ, バーバラ	161, 184
るち	252, 255
ルマニエール, ニコル・クーリッジ	105
ル ミュゼ ドゥ アッシュ KANAZAWA	117
留萌信用金庫	80

【れ】

レイミア	254
歴史と文化のガーデンアイランド 下蒲刈島	66
レスパスコーポレーション	153
レッツウォークお山参詣	149
レッドライスカンパニー	155
レディースネット袋井	19
「レディス・マガジン ぴっく・あっぷ」	39
「レディース ますだ」	39
レディメイドプロダクツ	156
レーモン, カール	58
レラの会	6
煉獄 団十郎。	247

【ろ】

ロイヤルブルーティージャパン	156
麓郷振興会	29
六郷生活学校	12
麓友会	18
六路木 里司	348
ロケット団	275
ローゼンフィルド, ジョン	161
六花亭北海道	152
ロッキー	198
驢馬	247, 248
路真 行方	198

【わ】

ワイズスタッフ	115
和井田 勢津	317, 386
ワイヤーオレンジ	118
若尾 秀次	197
若尾 儀武	394
若栗 ひとみ	382
若狭 徹	140
若狭熊川宿まちづくり特別委員会	27
若狭路活性化研究所	84
若狭三方五湖観光協会	68
若杉 聖子	223
若妻の翼	14
若月 真紀	249
若月 陽子	207
和歌の浦万葉薪能の会	23
若林 奮	241, 242
若林 雅教	127
若林 路佳	355
若林 美智子	104
若林 優稀	310
わが街さやまの防災ネットワーク	55
我がまちの縁側	30
若松 かつ子	282
若松 歓	304
若松 孝二	33
若松 正司	304
若松 若太夫	101
若宮稲荷神社竹ン芸保存会	104
わかやま絵本の会	16
和歌山県観光連盟	155
和歌山県田辺市 紀南養護専攻科を考える会	28
和歌山県毎日会	123
和歌山県読売会和歌山支部	126
和歌山市立有功東小学校	23
脇 真珠	357
ワキサカ, ジェニ	365
脇田 愛二郎	263
脇町	17, 107
わくわくくらぶ	26
若生 徹	133
和合 亮一	363, 381
和光市コミュニティ協議会	28
和光市食文化研究会	27
和光自然環境を守る会	55
和光市地域子ども防犯ネット	28
和光・緑と湧き水の会	55
和佐田 稔	379
和喰 博司	328
鷲塚 貴紀	222
鷲田 早紀	384
輪島土蔵文化研究会	100
早稲田大学	73
早稲田大学卯月研究室唐津プロジェクトチーム	74

早稲田大学後藤研究室 ⋯⋯ 74
和田 明広 ⋯⋯⋯⋯⋯⋯⋯⋯ 8
ワダエミ ⋯⋯⋯⋯⋯⋯⋯⋯ 42
和田 一久 ⋯⋯⋯⋯⋯⋯ 105
和田 茂樹 ⋯⋯⋯⋯⋯⋯ 391
和田 時男 ⋯⋯⋯⋯⋯⋯ 101
和田 直樹 ⋯⋯⋯⋯⋯⋯ 197
和田 夏実 ⋯⋯⋯⋯⋯⋯ 371
和田 ひとえ ⋯⋯⋯⋯⋯ 236
和田 マサ子 ⋯⋯⋯⋯⋯ 227
和田 嘉海 ⋯⋯⋯⋯⋯⋯ 14
「私のかまくら」⋯⋯⋯ 39, 41
私たちのまちから生ゴミを
　100％出さない会 ⋯⋯⋯ 16
綿田 千花 ⋯⋯⋯⋯⋯⋯ 367
渡辺 一史 ⋯⋯⋯⋯⋯⋯ 98
渡部 克己 ⋯⋯⋯⋯⋯⋯ 199
渡邊 加奈子 ⋯⋯⋯ 206, 262
渡辺 かほ ⋯⋯⋯⋯⋯⋯ 251
渡邊 勘太郎 ⋯⋯⋯⋯⋯ 105
渡辺 キミヲ ⋯⋯⋯ 212, 213
渡邊 恭子 ⋯⋯⋯⋯⋯⋯ 260
渡辺 京二 ⋯⋯⋯⋯ 97, 166
渡邉 楠恵 ⋯⋯⋯⋯ 213, 214
渡辺 惠子 ⋯⋯⋯⋯⋯⋯ 387
渡辺 謙 ⋯⋯⋯⋯⋯⋯⋯ 33
渡辺 早苗 ⋯⋯⋯⋯⋯⋯ 218
渡部 志登美 ⋯⋯⋯⋯⋯ 306
渡辺 秀晴 ⋯⋯⋯⋯⋯⋯ 225
渡辺 萩風 ⋯⋯⋯⋯⋯⋯ 307
渡辺 善舟 ⋯⋯⋯⋯⋯⋯ 307
渡部 卓 ⋯⋯⋯⋯⋯⋯⋯ 123
渡辺 武雄 ⋯⋯⋯⋯⋯⋯ 102
渡辺 毅 ⋯⋯⋯⋯⋯⋯⋯ 358
渡辺 雄大 ⋯⋯⋯⋯⋯⋯ 350
渡辺 玉枝 ⋯⋯⋯⋯⋯⋯ 37
わたなべ ちなつ ⋯⋯⋯ 335
渡辺 照夫 ⋯⋯⋯⋯⋯⋯ 81
渡辺 輝子 ⋯⋯⋯⋯⋯⋯ 315
渡邊 なの子 ⋯⋯⋯⋯⋯ 254
渡辺 英基 ⋯⋯⋯⋯⋯⋯ 352
渡辺 秀樹 ⋯⋯⋯⋯⋯⋯ 205
渡辺 仁美 ⋯⋯⋯⋯⋯⋯ 367
渡邉 ひとみ ⋯⋯⋯⋯⋯ 349
渡辺 平江 ⋯⋯⋯⋯⋯⋯ 362
渡辺 真樹子 ⋯⋯⋯⋯⋯ 349
渡辺 昌明 ⋯⋯⋯⋯⋯⋯ 282
渡辺 美佐子 ⋯⋯⋯⋯⋯ 297
渡辺 柚。 ⋯⋯⋯⋯⋯⋯ 255
渡邊 由香 ⋯⋯⋯⋯⋯⋯ 300

渡辺 行夫 ⋯⋯⋯⋯⋯⋯ 266
渡邉 祐美子 ⋯⋯⋯⋯⋯ 209
渡辺 ゆり ⋯⋯⋯⋯⋯⋯ 248
渡辺 芳明 ⋯⋯⋯⋯⋯⋯ 393
渡辺 好子 ⋯⋯⋯⋯⋯⋯ 366
渡辺 良弘 ⋯⋯⋯⋯⋯⋯ 6
和多二 人則 ⋯⋯⋯⋯⋯ 252
綿引 智彦 ⋯⋯⋯⋯⋯⋯ 126
綿引 はるな ⋯⋯⋯⋯⋯ 243
渡辺 伸悟 ⋯⋯⋯⋯⋯⋯ 67
渡部 雄吉 ⋯⋯⋯⋯⋯⋯ 229
和田町観光協会 ⋯⋯⋯⋯ 14
綿谷 修 ⋯⋯⋯⋯⋯⋯⋯ 231
わだやま国際文化交流協会
　⋯⋯⋯⋯⋯⋯⋯⋯⋯⋯ 73
渡会 克男 ⋯⋯⋯⋯⋯⋯ 317
渡会 三郎 ⋯⋯⋯⋯⋯⋯ 311
わたらせ渓谷鐵道各駅イル
　ミネーション ⋯⋯⋯⋯ 147
渡良瀬ネット運営委員会
　⋯⋯⋯⋯⋯⋯⋯⋯⋯⋯ 12
渡里 彰造 ⋯⋯⋯⋯⋯⋯ 258
渡利 與一郎 ⋯⋯⋯⋯⋯ 385
亘理いちごっこ ⋯⋯⋯⋯ 29
稚内信用金庫 ⋯⋯⋯ 78, 80
ワックジャパン ⋯⋯⋯⋯ 68
ワップフィルム ⋯⋯⋯⋯ 30
和銅鉱泉旅館 ⋯⋯⋯⋯⋯ 151
和平ブレイズ ⋯⋯⋯⋯⋯ 156
わらじで歩こう七ヶ宿 ⋯ 149
わらべ ⋯⋯⋯⋯⋯⋯⋯⋯ 28
わるさ神の会 ⋯⋯⋯⋯⋯ 18
ワン、ウェン・シオン ⋯ 181
ワンダフル沖縄 ⋯⋯⋯⋯ 154

【ん】

「んだっちゃ!」⋯⋯⋯⋯ 129

【英数】

0.7 ⋯⋯⋯⋯⋯⋯⋯⋯⋯ 253
「1010」⋯⋯⋯⋯⋯⋯⋯ 40
16区地域振興協議会 ⋯⋯ 19
1997佐賀熱気球世界選手権
　⋯⋯⋯⋯⋯⋯⋯⋯⋯⋯ 144
2009しかりべつ湖コタン

⋯⋯⋯⋯⋯⋯⋯⋯⋯⋯ 147
2015年の公共交通をつくる
　会 ⋯⋯⋯⋯⋯⋯⋯⋯⋯ 32
「Ag」⋯⋯⋯⋯⋯⋯ 128, 130
AGF関東 ⋯⋯⋯⋯⋯⋯ 153
AMSOMKID,Chatchawan
　⋯⋯⋯⋯⋯⋯⋯⋯⋯⋯ 204
Aoyagi,Fay ⋯⋯⋯⋯⋯ 307
「aoyama PRESS」⋯⋯ 39
「apple」⋯⋯⋯⋯⋯⋯⋯ 128
ASA赤羽ほか北ブロック
　ASA10販売所 ⋯⋯⋯ 125
ASA稲穂 ⋯⋯⋯⋯⋯⋯ 121
ASA下石神井 ⋯⋯⋯⋯ 121
ASA石神井北口 ⋯⋯⋯ 121
ASA石神井公園 ⋯⋯⋯ 121
ASA世田谷ブロック ⋯ 122
ASA高松 ⋯⋯⋯⋯⋯⋯ 121
ASA手稲東部 ⋯⋯⋯⋯ 121
ASA西野 ⋯⋯⋯⋯⋯⋯ 121
ASA練馬春日町 ⋯⋯⋯ 121
ASA八軒 ⋯⋯⋯⋯⋯⋯ 121
ASA発寒 ⋯⋯⋯⋯⋯⋯ 121
ASA富士見台 ⋯⋯⋯⋯ 121
ASA淀川 ⋯⋯⋯⋯⋯⋯ 125
「a un」⋯⋯⋯⋯⋯⋯⋯ 130
「a・un」⋯⋯⋯⋯⋯⋯ 128
Austin,Lynn ⋯⋯⋯⋯ 307
「avanti」⋯⋯⋯⋯ 128, 129
BankART1929 ⋯⋯⋯ 53
Batabyal,Amitrajeet A.
　⋯⋯⋯⋯⋯⋯⋯⋯⋯⋯ 137
「Beautiful dish」⋯⋯ 130
Berry,Ernest J. ⋯⋯⋯ 307
Bezjak,Štefanija ⋯⋯ 307
BINDHANI,Sunil ⋯⋯ 204
「Bird's Eye」⋯⋯⋯⋯ 38
「Blue Star Magazine」
　⋯⋯⋯⋯⋯⋯⋯⋯⋯⋯ 128
Bluger,Marianne ⋯⋯ 307
Brady,Dan ⋯⋯⋯⋯⋯ 308
CCV ⋯⋯⋯⋯⋯⋯⋯⋯ 45
Chen,Zhenhua ⋯⋯⋯ 138
chihiro ⋯⋯⋯⋯⋯⋯ 250
「Cho-co-tto」⋯⋯⋯⋯ 131
「ChuClu」⋯⋯⋯⋯⋯ 129
「Chusma」⋯⋯⋯⋯⋯ 128
Cityかまがや編集室 ⋯ 20
CK ⋯⋯⋯⋯⋯⋯⋯⋯ 247
「Club Fame」⋯⋯ 39, 40
coba ⋯⋯⋯⋯⋯⋯⋯⋯ 33
Cobb,David ⋯⋯⋯ 307, 308

「Co-Co Life 女子部」 …… 128	I LOVE遠賀川実行委員会	「MIRAIKU」 …………… 129
Colabo ………………… 30	……………………… 15	「MiSMO」 …………… 131
「COMPANY?」………… 128	INAKAイルミ@おおなん	miso ………………… 208
「Confetti」 …………… 130	……………………… 148	MIYAGI子どもネットワー
「CO・TO・EN」 ……… 40	INE OASA …………… 21	ク ………………… 25
CORVIA ……………… 198	JAいきつき いちご部会	mizuiro ……………… 155
「CUT IN」 …………… 128	……………………… 19	「mogmag」 …………… 130
「CUT IN AVAN」 ……… 130	JA京都やましろ ……… 156	momo ………………… 252
「DACO」 ………… 130, 131	JA三島函南 …………… 44	Murray,Paul A. ……… 49
Damjanovic,Radivoje Rale	「JIMORE」 …………… 128	naft …………………… 223
………………………… 307	Joksimovic,Slobodan …… 307	NAGAOC ……………… 18
DeNA ………………… 112	「JP01」 ……… 129, 130, 132	「Nagoya発」 …………… 40
DIYヘルプ …………… 16	JR下灘駅フィールドミュー	nanoda ……………… 31
Do it!松阪鶏焼き肉隊 … 143	ジアム運営委員会 …… 68	NARDI Ssn. ………… 204
DONPRASRI,Surachai	JST 復興促進センター … 169	「Nasse北九州」 ……… 129
………………………… 204	JTBグローバルマーケティ	Nazansky,Boris ……… 307
「D-PRESS」 …………… 132	ング&トラベル ……… 4	NC …………………… 255
East Hand …………… 22	JVC山形 ……………… 51	necoco ………… 253, 254
ENVISI ……………… 100	KAGAYA ……………… 398	NetComさが推進協議会・鳳
e-まなびネット郡山 …… 114	「KAI FACT Magazine」	雛塾 ………………… 113
Fazihardean,Tengku M.	……………………… 131	「NEW COAST」 ……… 38
………………………… 135	KAI OTSUCHI ………… 4	「news」 …………… 129, 130
FLAGS ……………… 225	「kai-wai」 …………… 128	NHK大分放送局 ……… 293
FMC混声合唱団 ……… 58	「KAMAKURA」 ……… 128	NHK大阪放送局
「Fのさかな」 … 128～130, 132	「KamoZine」 ………… 128	…………… 289, 290, 293
「Geen徳島版」 ………… 128	「kawagoe premium」 … 131	NHK岡山放送局 ……… 291
Genki 青年会 ………… 52	kawagoe premium …… 131	NHK沖縄 ……………… 288
George,Beverley ……… 307	KBC九州朝日放送 …… 294	NHK沖縄センター …… 292
GET21なんかん 音と光の	「KEMONOTE」 ……… 131	NHK帯広 ……………… 287
カウントダウン ……… 145	KING KALAKAUA	NHK金沢放送局
「GO GUY !」 …………… 128	THE "MERRIE	…………… 289, 291, 292
GRA ………………… 155	MONARCH"伊香保	NHK北九州 …………… 293
Green Road SIX ……… 27	ハワイアンフェスティバ	NHK熊本放送局 … 292, 293
Green Works ………… 28	ル …………………… 147	NHK札幌 ………… 290, 294
Growth ……………… 156	Kirkup,James ………… 308	NHK首都圏放送センター
G&U技術研究センター	KOPA ………………… 31	……………………… 295
………………………… 175	KOSHIKI ART	NHK仙台 ………… 288, 289
HALL ………………… 245	PROJECT …………… 44	NHK東京放送センター
HALOS ……………… 116	KRAJCBERG,Frans …… 201	…………………… 291, 292
HAMARA FARM ……… 117	「KUHANA!」映画部 … 156	NHK鳥取放送局 ……… 293
「HARU」 ………… 128, 130	LAZYBONEZ ………… 156	NHK富山放送局 ……… 293
hatsutoki 島田製織 …… 154	「Lighthouse」 …… 129, 130	NHK長崎放送局
Haynes,Kingsley E. …… 138	LINK UP …………… 209	…………… 289, 291, 294
「Hen」 …………… 129, 130	「LUNCH PASSPORT」	NHK長野 ……………… 295
Heuvel,Cor van den …… 391	……………………… 129	NHK名古屋 ……… 288～290
「Hoo-JA!」 …………… 131	maimi ………………… 250	NHK奈良センター …… 292
HRD ………………… 152	「MALタウンすくらむぶ	NHK新潟放送局 ……… 292
Hryciuk,Marshall ……… 307	る」 ………………… 40	NHK函館 ………… 289, 294
「IBARAKI ZiMAN」 …… 130	Mama's Cafe ………… 30	NHK番組制作局 ……… 295
「iDolspot」 …………… 128	「Medetta!」 …………… 129	NHK広島放送局
IHIキャスティングス相馬工	Mega ………………… 208	…………… 288, 289, 292, 293
場 …………………… 151	「Member」 …………… 130	
「iisakaii」 ………… 128, 129	MIDORI ……………… 252	

NHK福井放送局 ····· 292, 293	S-AIR ···················· 52	YOSAKOIソーラン祭り組
NHK福岡放送局 ····· 291, 295	SAVE IWATE ············ 155	織委員会 ················ 92
NHK福島放送局 ·········· 291	「Scenic Byway」 ········· 131	ZAWA ···················· 253
NHK編集センター ········ 289	SENDAI光のページェント	
NHK放送総局 ······· 288, 289	実行委員会 ············· 13	
NHK前橋 ·················· 294	「Simple」 ················· 39	
NHK松江放送局 ····· 291, 293	SINRAPARATSAMEE,	
NHK松山放送局 ····· 288, 293	Punyisa ················ 204	
NHK宮崎放送局 ·········· 292	SIORI ··················· 251	
NHK盛岡放送局 ·········· 294	siori ····················· 250	
NHK横浜放送局 ····· 289, 293	「soccer MAMA」 ········ 129	
NHK和歌山放送局 ········ 293	Social Academy寺子屋	
「NICHIGO PRESS」 ····· 130	·························· 32	
NINLABON,Chaiyan	「SOFT」 ·················· 40	
························ 204	somme ·················· 254	
NOA♪ ············· 252, 254	「Sora Maga」 ············ 130	
Norshteyn,Yuriy ········· 201	SouMa ·················· 272	
NTT第二法人営業本部	SOWA,Hal ··············· 208	
························ 111	「SPOON」 ··········· 40, 41	
NTTドコモ ················· 4	STAND ·················· 114	
O‐KAKIプロジェクト	「Step」 ··················· 129	
·························· 23	Summers,Marie ·········· 308	
omi ······················ 198	「T2」 ···················· 130	
「OSAKA-JIN」 ············ 40	「Tabeyu」 ················ 129	
Ower,John ··············· 308	Tara,Eduard ············· 308	
「PALPAL交流事業岩手推進	TATSUKI ················ 245	
本部・PALPAL世田谷実	TimeAge ·················· 4	
行委員会」 ··············· 13	TITO ···················· 308	
「PATENAVI」 ············ 130	TOGA天空トレイル大会実	
Peace Field Japan ········ 53	行委員会 ················ 85	
「peeps hakodate」 ········ 129	TRipole ·················· 224	
「Pen+『下水道のチカラ』」	TRI大分AE ··············· 153	
制作プロジェクトチー	TRYWARP ··············· 115	
ム ····················· 176	tupera tupera ············ 335	
PHD協会 ············ 50, 171	URE×SHUN ············ 225	
Plažanin,Darko ··········· 307	Verm,Satya Bhushan ····· 391	
「pocket」 ················· 130	Visual Voice ············· 209	
RACDA ··················· 20	WACわかやま ············ 23	
「Raku：Me」 ············· 130	「Water-Path」 ············· 41	
Re♡Birthプロジェクト実	「Weekly J-Angle」 ········ 131	
行委員会 ··············· 158	「Weekly LALALA」 ······ 130	
「Region」 ················· 129	「We湘南」 ················ 39	
REVO501 ················· 15	WIDE University School of	
Ristić,Dragon J. ··········· 307	Internet ················ 113	
Ritere,Baiba ············· 271	withTARO ··············· 225	
RKB毎日放送 ······· 288, 289	With優 ··················· 30	
「RMaMa」 ················ 128	「Wonderful Style」 ··· 130, 131	
roji-ren niigata ············ 73	Wコロン ················· 275	
Rosonshi ················ 307	YC根津 ·················· 127	
「Rural」 ·················· 132	YC東駒込 ················ 127	
Ryoto ··················· 254	YC本郷 ·················· 127	
	YC本駒込 ················ 127	
	YKK ····················· 56	

郷土・地域文化の賞事典

2017年7月25日　第1刷発行

発　行　者／大高利夫
編集・発行／日外アソシエーツ株式会社
　　　　　　〒140-0013 東京都品川区南大井6-16-16鈴中ビル大森アネックス
　　　　　　電話 (03)3763-5241(代表)　FAX(03)3764-0845
　　　　　　URL http://www.nichigai.co.jp/
発　売　元／株式会社紀伊國屋書店
　　　　　　〒163-8636 東京都新宿区新宿 3-17-7
　　　　　　電話 (03)3354-0131(代表)
　　　　　　ホールセール部(営業)　電話 (03)6910-0519

　　　　　　電算漢字処理／日外アソシエーツ株式会社
　　　　　　印刷・製本／株式会社平河工業社

不許複製・禁無断転載　　　　　《中性紙三菱クリームエレガ使用》
〈落丁・乱丁本はお取り替えいたします〉
ISBN978-4-8169-2668-6　　　Printed in Japan,2017

本書はディジタルデータでご利用いただくことができます。詳細はお問い合わせください。

郷土ゆかりの人物総覧
―データブック・出身県別3万人

A5・1,100頁　定価（本体14,200円＋税）　2011.1刊

郷土ゆかりの人物を調べるツール。都道府県ごとに出生・出身・ゆかりのある人物を一覧できる。日本史上の人物から現代の政治家、研究者、作家、芸術家、スポーツ選手、芸能人まで古今の人物を幅広く収録。あの有名人の出身地は？　といった検索が可能な「人名索引」付き。

事典・日本の地域遺産
―自然・産業・文化遺産

A5・430頁　定価（本体12,000円＋税）　2013.1刊

官公庁、地方自治体、学会・各種団体、国際機関によって選定・登録された日本の地域遺産を通覧する事典。近代化を支えた土木・建築・技術から自然・文化まで有形・無形の遺産を収録、地域の魅力を再発見できる。地域遺産73種の見出しのもとに4,700件の登録・認定名を記載。

日本全国 発祥の地事典

A5・560頁　定価（本体9,500円＋税）　2012.7刊

主に明治期以降におこった産業・文化、歴史の事物起源を示す発祥の地1,247件を収録した事典。製鉄、企業、大学、農産物、医学、鉄道、姓氏、祭礼、芸能など様々な発祥の地を掲載。

日本の祭神事典
―社寺に祀られた郷土ゆかりの人びと

A5・570頁　定価（本体13,800円＋税）　2014.1刊

全国各地の神社・寺院・小祠・堂などで祭神として祀られた郷土ゆかりの人物を一覧できる。歴史上の有名人をはじめ、地域に貢献した市井の人まで多彩に収録。都道府県ごとに人名のもと、その人物の概略と社寺の由緒や関連行事・史跡等も記述。

データベースカンパニー
日外アソシエーツ

〒140-0013　東京都品川区南大井6-16-16
TEL.(03)3763-5241　FAX.(03)3764-0845　http://www.nichigai.co.jp/